KB230607

금융
내 돈이 불어나는 재테크
재테크
성공론

금융 재테크 성공론

내 돈이 불어나는 재테크

한만봉 · 장석숙 지음

한국학술정보㈜

재테크는 있는 것을 가지고 불리는 것을 말한다. 금융재테크는 돈을 가지고 불려서 노후에 또는 미래에 살기 좋고 편안함을 추구하는 것이다. 금융재테크는 우리가 살고 있는 사회에서 끊임없이 만들어지고, 없어지기도 하며, 변형되기도 한다. 이것은 우리가 살아가는 동안에 삶을 통하여 피력되는 하나의 움직임인 것이다.

재테크에 대해서 제대로 이해하지 못하고 살아간다는 것은 무의미한 인생을 살아가는 것이요, 삶의 역동성을 느끼지 못하는 것이다. 단순하게 인간은 돈을 버는 기계적인 존재로 매일매일 시간을 보내다가 월급을 받고, 연봉을 받는 그런 식이라면 재테크가 필요 없다. 재테크는 움직이는 것이다.

발전 가능성을 보고 움직이고, 미래 가능성을 보고 움직이는 것이다.

재테크란 기업이 어떤 물건을 생산할 때 필요한 것이 있을 것이다. 예전이나 지금이나 필요한 것이 있는데 그것은 자본＋노동력인 것이다. 무슨 사업을 벌이려는 생각을 가지고 있는 사람이 있다. 하지만 돈이 없다. 빌려야겠죠.

나를 믿어달라고 이야기하면서 1년 뒤에 은행이자보다 높게 주면서 갚겠다고 돈을 빌리는 수가 있다. 이걸 채권을 발행한다고 한다. 신용도가 낮은 회사(중소기업)일수록 이율이 높다. 부도 직전의 회사들은 매우 높은 이율의 채권을 발행하기도 하지만 망하면 깡통이므로 안 사기도 한다.

국가도 이걸 발행한다. 국채라고 한다. 국가도 사업을 벌여야 하니까 국채를 발행하면서 미래 재테크를 위해 움직인다. 국채가 이자가 제일 낮다고 보면 된다.

그 다음 대기업(삼성전자나 이런 기업)<중소기업 이런 식으로 이자가 붙는다고 생각하면 된다. 이게 싫어서 나를 믿고 같이 공동투자하자고 하는 사람들이 생겼다. 이게 주식이다. 전체 주식 중에 절반 이상을 가지고 있으면 그 회사의 경영에 관여할 수 있다. 이런 방식을 만들어 낸 것이다. 통상 얼마나 가지고 있느냐를 가지고 지분이라고 한다. 주식은 기업이 이익이 많이 나야 가격이 올라간다. 계속 성장하는 기업은 그만큼 시장을 독점하고 있을 것이고 그 가치는 매우 높을 테니까 사려는 사람(단순 투자(공동투자)하는 사람＋기업의 경영에 참여하려는 사람)이 많겠다. 부동산, 선박, 실물(금, 기타) 등등을 가지고 가격이 변함에 따라서 시세차익을 얻는다든지 아니면 사놓고 버틴다든지 해서 자신이 번 돈을 더 크게 불리는 것 자체가 재테크라고 할 수 있다.

은행 적금도 재테크이다. 일반적으로 은행에 저금하고 시간이 흐르면 이자가 발생하고 그 이자를 위해 은행에 돈을 넣어 놓는 것이 재테크이다. 변동 폭은 그리 많지 않다. 요즘에는 환율(외국돈의 가치), 외국돈을 사서 올랐을 때 팔아 수익을 내는 재테크도 있다. 본 책에서는 이러한 재테크를 다양하게 다루려고 한다. 부동산, 동산, 금융, 실물경기, 투자, 투기, 주식, 채권, 보험, 펀드 등 다양한 재테크에 대해서 재테크 전문가이자 미래에셋 파이넌셜 컨설팅인 FC 장석숙 전문가가 금융 부분을 다룬다. 부동산 및 주식 부분은 한만봉 공저자가 다루어 성공하는 재테크란 무엇이며 어떻게 하는 것이 큰돈을 벌고 노후에 행복하게 살 것인가를 허심탄회하게 논의하며 이해하기 쉽게 기술하였다.

책에서 다하지 못한 이야기에 대해서 언제든지 강의를 요청하면 성실하게 달려가서 강의하여 여러분들의 욕구를 충족시키고, 궁금해하는 것을 명쾌히 알려 드릴 것을 지면으로나마 약속한다. 많이 불러주시고 공저자를 적극 활용하여 여러분의 미래가 성공적이 되고 재테크의 달인이 되길 바란다.

2006년도부터 책 집필을 하게 된 동기는 신례원 우체국 이승희 선생님께서 동기부여를 시켜준 덕분이다. 대학교에서 경제학을 강의하고 있는데, 강의가 좋고, 삶에 도움이 많이 되어 인터넷으로 '만봉경제학'을 찾아보았더니 없어서 책을 써 보는 것이 어떻겠느냐는 이야기를 하였고 이에 결심하고 책을 집필하여 지금까지 오게 되었다. 그때의 그 선택이 잘한 일이라고 생각한다. 그리고 고마움을 느낀다.

한 권의 책을 만들고 난 후의 느낌은 좀 더 잘 만들 걸 하는 후회함이 조금 있게 된다. 그러나 미흡한 부문들은 앞으로 계속 보완해 나가 세계에 두루 사용되는 책으로서 손색이 없도록 만들겠다. 끝으로 이 책이 출판되기까지 물심양면으로 도움을 주신 분들께 감사를 표한다. 특히 세밀하게 출판 관계의 모든 면을 챙겨주신 강태우 선생님과 한국학술정보(주) 사장님께 감사를 표한다. 또한 이론적 근거를 찾아준 혜전대학교 박명순 선생님, 홍성 농업인연합회 사무장 조복화 선생님, 이론적 정보를 항상 자세히 알려주신 한국폴리텍대학 전 민영오 학장님, 고려대학교 은사님이신 김동규 학장님, 고려대학교 표시열 부총장님께도 감사를 표한다. 아무쪼록 본 책을 통하여 국민 모두가 재테크에 성공하여 풍요로운 삶이 되고, 보다 재미있고, 활기찬 삶을 영위하며 크게 배우는 효과적인 국민교육의 좋은 결실이 되었으면 하는 바이다.

2009년 1월
고려대학교 중앙도서관에서 저자 씀

목차 C o n t e n t s

I

금융재테크 이론

01

재테크의 개념

재테크는 단순한 상품 나열이 아니라 목적과 돈의 분배 위험률 분배 그리고 미래에 대한 시뮬레이션을 통해 피드백하고 수정하는 과정의 결과를 거쳐야 최상의 재테크가 나온다.

자산관리 통장은 잉여금(나의 금융권에 넣어져 있는 자금)에 대한 관리 통장, 그러니까 1억의 여유 자금 중에 펀드 5,000만 원, 적금 2,000만 원, 주가지수연동예금 2,000만 원, CMA1,000만 원 이런 식으로 나뉘어 관리하는 통장이고 그리고 통장 쪼개기라는 말이 나오는데 재테크의 기본은 적절한 분산과 위험률 배분 그리고 목표에 의한 포트폴리오 이 네 가지인데 그 분산의 대표적인 예가 통장 쪼개기라는 것이다. 통장 쪼개기는 쉽게 말해서 재정목적을 목표금액과 기간을 포함해서 세분화하고 그것을 구분해서 유지하라는 건데, 예를 들면

생활비 통장 내집장만 통장: 목표 1억(5년) 월 145만 원. 육아/교육 통장: 목표(20년) 매월 20만 원씩 20년 투자하되 최초 10년은 수익금과 적립금을 교육에 투자하고, 다음 10년은 유학이나 결혼자금으로 준비하는 것이다.

노후준비 통장: 매월 30만 원씩 20년간 노후자금 연금재원

예비자금 통장: 보너스 등 잉여자금(수시입출)

그런데 목표를 정할 때 고려점이 있다. 현재 수입과 지출 투자 가능 금액에 따라서 거기에 맞도록 포트폴리오를 구성하는 게 중요하다.

그런데 아무리 이율이 좋다고 가정해도 중요한 것이 개인의 성향이다. 위험률을 감수할 수 있는 수준을 의미한다. 예를 들어서 300만 원이 모두 펀드에 들어가면 3년이면 1억 5천이 조금 안 된다. 하지만 그렇게까지 하려면 상대적으로 위험률이 월 100만 원보다 3배가 높아진다. 그렇다고 이 돈이 0원이 되지는 않는다. 1억 5천이 되어야 하는데 수익률이 낮아 9,000만 원 정도가 될 수도 있다는 거다. 그래도 그냥 은행에 넣어둔 것보다는 1,000만 원이 적으니 그 위험을 감당할 수 있느냐이다.

펀드선택에서도 우리나라에 3,000여 개 펀드가 있는데 그중에서 나에게 맞는 것을 고르라면 힘드니까 일단 은행에서 권해 주는 걸로 한다. 그런데 은행은 판매회사고 가입 시 꼭 설명해 주는 것이 "투자손실의 책임은 고객에게 있습니다."이다.

그러면서 내가 300이 있으면 일부 직원 분들은 "300을 다 하세요."라고 하니 나에게는 잘되면 좋지만 아닐 땐 독이 되는 것이다. 그래서 중요한 것이 포트폴리오를 구성해서 분산하는 것인데 혼자 하기 힘드니까 전문가와 상의하여 포트폴리오를 구성하는 것이다. 예를 들어 5,000만 원의 자금과 월 100만 원을 꾸준히 저축하는 분인데 5년 후 결혼/주택마련을 위하여 5년을 계획했다고 치자.

장기주택마련 저축 30만 원, 은행적금 50만 원 적립식 펀드 10만 원, 예비자금(보통예금) 10만 원으로 계획하였다고 볼 때, 그런데 5년간 저축결과로 장기주택 마련 20,150,250원＋적립식 펀드(연 15% 수익률 기록 시) 8,968,169원＋적금(5.2%) 33,354,390원＋보통예금 6,000,000원 총 합계 68,472,809원 마련 가능하다.

장기주택 마련 저축(7년 만기 이율 4.7%): 월 10만 원→6,716,750(원금 120,012,634(원금 1800만 원: 안정)

VUL(수익률 10% 가정): 월 30만 원→22,955,778(원금 1800만 원: 미들리스크 미들리턴)

적립식 펀드(수익률 15% 가정): 월 30만 원→29,615,400(원금 1,800만 원: 하이리스크 하이리턴)으로 ☞ 79,303,562원 기존 68,472,809원보다 약 1,083만 원 추가이익 발생하도록 펀드로(과거수익률의 50%만 적용) 설계할 수도 있다.

또 5,000만 원의 경우는 5년 투자 시 그분은 예금투자를 계획했다고 칠 때. '묻지마' 예금저축 6% 예금은 가입 후 5년 후 만기 시 64,306,942원이고, 다른 방법으로는 펀드를 이용하는 것이다. 일단 3,000만 원은 주식형 펀드를 이용하는 것이다. 600을 먼저 넣고 월 30만 원씩 60개월이면 1,800만 원, 나머지 600만 원을 주식이 폭락할 때마다 적정금액을 추가한다. 그러면 600만 원은 연 15%만 가정해도 11,491,669원 정도 되고 30만 원씩 한 것은 약 3,618원 정도 될 거고 나머지는 원금만 더해도 5,367만 원+a는 되겠다. 15% 수익은 지난 1년 수익의 50%만 적용한 결과이다. 그리고 2,000만 원은 농수협을 이용해 예금으로 26,669,808원을 만들고 총 8,033만 원으로 '묻지마'보다는 약 1,570만 원이 더 될 수 있도록 설계했다. 물론 각각의 경우는 성향이 다르기 때문에 방법과 종목이 다르다.

하지만 머리가 좀 아프지만 재정설계를 통해 투자기법과 방법을 모색한 것은 '묻지마'보다는 수익이 많게 된다.

마지막으로 간단히 말하자면 돈 굴리는 수단이 중요한 것이다. 성경에도 달란트비유가 있다. 달란트를 나누어 주었는데 어떤 사람은 그것을 잘 굴려서 이익을 내었는데, 어떤 사람은 두렵고 걱정이 앞서 땅에 묻어 두었다고 했다. 그랬더니 나중에 손해가 없는 것으로 알았는데, 주인이 와서 "이 미련한 것아" 하면서 그 달란트를 빼앗아서 다른 사람에게 주었다고 했다. 이것은 움직이고 활동하라는 것이다. 재테크의 기본은 돈을 불리려고 노력하는 데 있다.

대외적인 악재가 쏟아지고, 경기가 바닥을 가지 않는 이상 재테크는 성공할 수밖에 없다는 것이 금융 전문가들의 이야기이다.

재테크는 돈을 굴리는 활동이라고 요약할 수 있다.

금융재테크란

재테크는 돈을 벌고 있거나, 돈이 현재 있거나 할 경우 가능하다. 돈을 버는 방법은 간단하다. 많이 벌고 적게 쓰면 되는 것이다. 어떻게 많이 버느냐, 어떻게 적게 쓰느냐는 고민해 보아야 한다. 간단히 말씀드리면 가장 안정적인 방법은 돈을 은행에 계속 모아놓는 것이다. 가장 빨리 벌거나 망하는 방법은 주식을 하는 것이라 할 수 있다. 대박 아니면 쪽박이라는 말이다. 그렇지만 주식으로 재테크만 잘해도 큰돈을 쉽게 벌 수 있다. 과거에는 그렌빌의 법칙이나, 다우존스의 법칙이 그대로 맞아떨어졌다. 3파동을 지나면 오르거나 내리거나 하였는데, 21세기인 현재는 그러한 이론대로 주식이 움직여 주지 않으며, 단타와, 기관투자, 세력들이 그것을 그대로 놔두지 않고, 변형시키고, 자기들 이윤을 위해 개미를 죽이거나, 기업을 합병, 공시번복 등을 통하여 작전을 펼 때가 많다는 것을 기억해야 한다. 즉 과거의 패턴대로 움직이지 않는다는 것이다.

위험이 큰 것일수록 많이 벌거나 잃는다. 돈이 없으시다면 창업 아이템을 생각해서 주변사람들에게 투자해 달라고 하고 그 돈으로 창업한 뒤 돈을 벌면 되지만 그게 쉽진 않다. 돈을 은행에 넣어 두었을 때는 일반 이자가 붙지만, 복리이자로 사 금융에 넣어 두었을 때는 엄청나게 이윤을 볼 수 있다. 그래서 요즘 많은 병폐들을 양산하고 있고, 사 금융의 피해자가 생기는 것이다.

복리 이자에 대해서 간단하게 표로 설명하면 다음과 같다.

보통은 원금에 이자가 붙는데, 복리는 이자에 이자까지 붙는다.

기 간	수 익	총 금액	수익률
1개월	1,000원	11,000원	10.00%
2개월	1,100원	12,100원	21.00%
3개월	1,210원	13,310원	33.10%
4개월	1,331원	14,641원	46.41%
5개월	1,464원	16,105원	61.05%
6개월	1,610원	17,715원	77.15%
7개월	1,771원	19,486원	94.86%
8개월	1,948원	21,434원	114.34%
9개월	2,143원	23,577원	135.77%
10개월	2,357원	25,934원	159.34%
11개월	2,593원	28,527원	185.27%
12개월	2,852원	31,379원	213.79%

산에서 눈이 한주먹 내려오는데 내려오다 보면 다른 눈들까지 붙어서 내려와 있을 때는 눈사람만큼 커지는 효과이다. 그런데 과연 이런 것이 일반 금융에서 가능할까? 불가능하다는 것이다. 병폐들이 많다는 것이다.

금융재테크는 돈을 어떻게 굴려서 얼마만큼의 수익을 가져다주는가가 관건이다.

Ⅱ

금융기관과 투자

국제통화기관

1) IMF(International Monetary Fund, 국제통화기금)

국제 유동성 공급과 국제수지조정 메커니즘을 금환본위제도와 조정가능 고정환율제도를 원활히 달성시키기 위한 국제지급기구.

(1) 목적

- 국제통화 협력 촉진
- 국제무역확대와 이를 통한 가맹국의 고용 및 실질소득 향상
- 외환시세 안정과 경쟁적 평가절하 방지
- 경상거래에 대한 다각적 결제제도의 확립과 외환거래 제한 철폐
- 단기 국제수지 불균형에 대한 IMF의 신용공여
- 가맹국의 국제수지 불균형 기간 단축 및 경감 의무
- 통화의 교환성 보장

(2) 기구 및 가맹국

- 기구: 총회, 상임이사회, 보조기구
- 가맹국: 2002년 말 현재 184개국(참고: www.imf.org)

(3) 자금원 및 운용

- 자금원: 가맹국의 출자금
- 리저브 트란쉐(reserve tranche)
- 크레디트 트란쉐(credit tranche)

(4) 특별인출권(Special Drawing Right, SDR)

- 국제유동성 부족현상을 해결하기 위한 일종의 준비자금
- 참여국이 국제수지 조정을 목적으로 다른 참여국으로부터 필요한 통화를 취득하기 위하여 사용할 수 있는 일종의 권리

(5) IMF의 역할

- 1950년대 말: 미 달러화의 상대적 안정으로 본래의 기능을 원활히 수행
- 1960년대: 기축통화인 달러화의 신인도 하락, 선진국과 일반차입협정을 체결하여 주요국이 외환시장 개입자금을 적극 지원, 국제유동성 부족 보충을 위해 특별인출권(SDR) 제도를 도입
- 1970년대: 변동환율제도 공인, 국제통화제도의 개혁, 가맹국의 환율정책에 대한 감독기능을 대폭 강화, 중기 신용제도 도입
- 1980년대 중반: 구조조정 금융제도 신설, 개발도상국에 대한 지원(IBRD의 기능과 일부 중첩)
- 1990년대: 사회주의 국가에 대한 신용공여에 치중, 국제금융시장이 크게 동요될 때마다 기능을 전면 재조정해야 한다는 개편론이 대두되고 있음

(6) 우리나라와의 관계

- 여타 가맹국과 마찬가지로 국제통화질서의 안정 등을 위한 가맹국으로서의 의무
- 1997년 동남아 국가들의 외환위기의 영향으로 외환시장이 급격히 악화되어, 국가부도의 위기에 처함으로써, IMF와 스탠바이드 협정을 체결(1997. 12. 4)하여 총 155억에 SDR에 해당하는 신용을 수혜

2) BIS(Bank for International Settlements: 국제결제은행)

(1) 머리말

- 중앙은행 간 협력을 증진하고 국제금융거래를 위한 다양한 편의를 제공할 목적으로 1930년에 선진국 중앙은행들을 중심으로 결성된 국제금융기구, 흔히 경제 협력 개발기구로 일컬어짐
- 통화정책, 외환, 은행감독 및 경제분석 등의 분야에서 선진국들과 정책현안을 논의하고 정보를 교환함으로써 금융개방화 및 국제화 추세하에서 통화정책의 실효성을 높이는 데 기여
- 여타 국제기구와 달리 가입국에 대하여 특별한 의무를 부과하지 않음

(2) 국제결제은행의 성격과 기능

가. BIS의 설립과 법률적 성격
- 제1차 세계대전 이후 헤이그 협정이 22개국 정부 간에 서로 체결됨에 따라 협정의 이행을 위한 배상금 결제 전담기구로서 국제결제은행의 설립을 결정, 설립헌장을 채택
- 관계당사국: 영국, 프랑스, 이탈리아, 벨기에, 일본, 독일 등의 6개국과, 설립 예정지인 스위스

· 설립목적
- 중앙은행 간의 협력증진
- 국제금융거래를 위한 편의 제공
- 국제결제업무와 관련된 수탁자 및 대리인으로서 역할 수행

나. BIS의 조직체계
· 총회
· 이사회
· 집행부
- 총재
- 사무총장
- 일반부서

다. BIS의 주요 기능과 활동
· 중앙은행과의 여수신 업무
· 국제통화협력 센터로서의 기능
· 중앙은행 간 각종 전문가회의에 대한 실무지원
· 주요 국제금융경제 관련회의 참석
· 기타
- 국제금융협정 이행 대리인으로서의 역할
- 중앙은행에 대한 단기유동성 지원
- 조사연구 활동
  a. 동향분석 및 각종 통계의 작성
  b. 국제금융 및 경제에 관한 현안문제 조사연구

(3) BIS 규제가 국내은행에 미치는 영향과 대응방안

- 우리나라는 지금까지 BIS 비회원국이었지만 은행감독원에서 <금융기
  관 경영지도에 관한 규정>을 제정하여 1995회계년도 말 이후 BIS 자

기자본비율을 8% 이상으로 유지토록 함으로써 BIS 규제를 도입함

－BIS 규제는 위험자산을 포함한 자산의 증가를 억제하고 자기자본의 충실에
역점을 두고 있으므로, 은행의 양적 성장에서 질적 성장으로의 전환이
불가피하다.

금융산업의 대내외 경쟁력 제고와 아울러 금융제도의 안정성 및 은행경영
의 건전성 확보에 더욱 노력하여야 할 것이다. 앞으로 금융기관의 자율경영
과 경쟁을 제한하는 각종 제도와 관행을 개선하고, 은행감독방식도 본격적인
간접규제방식으로 전환하여야 할 것이며 은행자산의 건전성 규제나 책임경
영체제확립과 관련된 규제는 더욱 보완하고 강화하여야 할 것이다.

3) EMS(European Monetary System: 유럽통화제도)

(1) 서 론

1979년 3월 13일 유럽통화제도(EMS) 출범

(2) "Werner－Plan"의 출현배경과 내용

가. 경제 및 통화동맹을 완성하여 회원국의 중요한 경제정책의 결정 권한
을 유럽 공동체에 이양하며 유럽공동체 내에 단일통화를 창설한다는
것이 목적
나. 경제 각 분야의 정책 입안이나 그 결정과정에서 회원국들은 유럽공동
체와의 사전협의를 강화 또는 의무화
다. 유럽공동체의 경제 및 통화정책에 대한 조정 기능을 확대하도록 한 것
라. 세계 경제의 위기에 당면한 유럽공동체 각 회원국들은 공동체의 결속
을 다지기보다는 자기 나라의 경제 난국을 수습하고 자기 나라의 이
익에 더욱 몰두

유럽단일통화창설에 대한 열의 감퇴

마. 유럽통화정책 면에서 "Snake – System"을 창설함으로써 사실상 후에 유럽
    통화 제도(EMS) 형성의 기초를 닦아 유럽공동체의 통화정책을 위한 결
    속에 크게 기여

(3) "Snake – System"과 공동환율유동제의 발전

가. 1970년대 유럽공동체의 통화정책은 "Werner – Plan"에서 "Snake – System"
    중심
나. 축소 변동제는 궁극적으로 유럽공동체 회원국 간의 통화가치변동을
    제거하는 것이 목표
다. 가맹 회원국 중앙은행들은 그 변동폭이 초과되는 경우 역내통화로 개
    입하게 됨
라. 외환시장 개입 결과 발생하는 임차는 가맹국 중앙은행 간에 정산한다.
마. 1973년 3월 19일 보완책으로서 소위 환율 공동 변동제를 유럽환율동
    맹이 채택

(4) EMS의 성립과 유럽통화단위(ECU)의 역할

가. Snake – System 시행한 지 8년 만에 EMS출범 – EC 9개국 중 영국 제
    외한 8개국 참여
나. ECU(European Currency Unit)란 새로운 통화단위를 고안하여 사용하
    게 되었으며 핵심적으로 수행되고 있다.

국제개발금융기관

1) IBRD(International Bank for Reconstruction and Development: 세계은행)

일명 세계은행(World Bank)이라고도 하며, 제2차 세계대전의 종전과 함께 설립되어 전재복구와 경제개발자금의 지원임무를 담당하여 왔으며, 현재는 전 세계 개발도상국을 대상으로 한 장기개발 자금의 주요 창구가 되고 있다.

(1) 목적

- 가맹국의 부흥과 개발을 원조
- 민간의 대외 투자 촉진, 보완
- 국제무역의 장기적인 균형발전과 국제수지의 균형을 유지, 촉진하고 가맹국의 생산성, 생활수준 및 노동조건의 향상에 기여

(2) 자금원 및 운용

- 가맹국은 2002년 현재 183개국(참고: www.worldbank.org)
- IBRD의 자금조달은 가맹국이 가입 시나 출자 시 자국에 배정된 주식을 인수하고 이에 해당금액을 출자해야 하는데 이를 가맹국의 출자금이라 하며 IBRD의 자본금이 된다.
- IBRD의 자금운용은 주로 회원국 정부, 정부기관 및 민간기업 등을 대상으로 대출로 이루어지고 있으며, 차입국의 1인당 GNP에 따라 고·중·저소득국으로 분류하여 표준융자 기간을 설정하고 있다.

2) IFC(International Finance Corporation: 국제금융회사)

장래성 있는 민간기업을 육성하고 민간투자를 촉진시키기 위한 자금으로서 1956년 7월에 수권자본 1억 달러로 IBRD의 자매기구로서 설립되었다.

(1) 목적

- 개발도상국에 있어서의 생산적인 기업에 대한 민간투자를 장려함으로써 경제발전에 기여
- 국내자본시장의 육성을 지원함과 동시에 국제민간자본의 이동을 촉진

(2) 자금원 및 운용

- IFC의 재원은 전액 금 또는 미 달러로 납입되는 가맹국의 출자금과 IBRD로부터의 차입금, IFC기투자분의 매각 및 이자, 약정수수료 등 기타 수입으로 조달
- IFC의 자금운용은 가맹국의 민간기업에 대한 대출이나 증권투자의 형태로 운용

· IFC는 개발도상국의 경제발전을 위해서 민간부문에 투자를 제공하는 유일한 정부 간의 기구라는 점이 기능상 특징이다.

3) IDA(International Development Association: 국제개발협회)

개발도상국의 경제개발을 촉진하기 위해 보통 조건보다도 국제수지 부담이 적은 개발자금을 공여하기 위하여 1960년 11월 설립, 세계은행과 국제금융공사의 업무를 보완하며, 최빈국에게 최장기 무이자의 개발자금을 지원한다.

(1) 목적

경제 성장을 촉진하기 위하여 세계은행의 신용조건에 미치지 못하는 국가에 개발 금융을 제공하는 데 있다. 자금공여목적이나 방법은 원칙상 IBRD와 같다.

(2) 재원조달과 운용

회원국의 출자금과 출연금, 잉여금 및 IBRD 순익으로부터 이전수입 등으로 재원을 조달하고 있다.

4) MIGA(Multilateral Investment Guarantee Agency: 국제투자보증기구)

(1) 설립배경과 목적

비상업적 위험에 대한 보증과 개발도상국에 대한 투자촉진을 목적으로 하므로 선진국 투자가들에게 보다 많이 개발도상국에 투자하도록 유도하게 되고, 따라서 중남미 외채위기 이후 크게 위축된 개발도상국의 유동성 문제

를 해결하는 데 이바지함

(2) MIGA의 주요 특징

· 국제법 및 회원국가의 국내법하에서 자치적인 완전법인으로 존재
· 제조업에 대한 투자, 모든 부분의 경제활동까지 업무 영역이 광범위하다.
· 비상업적 위험에 대한 투자보증뿐 아니라 투자 촉진시키기 위한 업무
  도 수행

(3) MIGA의 가입 및 자본금

· 독자적인 보증활동을 위한 기초재원으로서 납입자본금을 설정함
· 수권자본금은 신규회원국의 자본금 납입 시 자동적으로 증액된다.
· 회원국의 납입자본의 납부에 있어 10%는 현금으로 이루어지며, 10%는
  예치되지 않고, 양도가 불가능한 약속어음이나 이사회가 인정하는 바
  동일가치로 인정

(4) MIGA의 주요 업무

가. 보증대상 위험 및 투자
① 보증대상 위험
비상업적 위험으로 인식되고 있는 3가지 위험, 즉 투자가가 취득한 투자
유치국통화의 외국 통화로의 환전 및 국외송금제한, 권리박탈, 전쟁 및 시
민소요 등의 위험 외에 계약위반 및 불이행 위험을 보증대상으로 한다.

② 보증대상 투자
자본의 효율적 운영을 위해 보증대상을 건전투자에 한하도록 하고 있다.

나. 투자유치국의 허가 및 대리업무
MIGA는 투자보증계약을 체결하기 전에 투자유치국 정부의 보증계약에

대한 허가를 요구

다. 보상금의 지급

보상금 지급결정은 신속한 지급을 보장하기 위해서 총재가 결정하도록 되어 있는데, 보증계약 및 이사회의 기준과 일치해야 한다.

라. 타 보증기관과의 관계

MIGA의 보증활동은 국가 내에 투자보증기구가 없는 회원국가의 투자가에 대한 보증, 타국 내 및 지역보증기관과의 공동투자보증이나 그들에 대한 재보증, 또한 건전한 개발계획임에도 불구하고 타 기관으로부터 보증을 받지 못한 투자나 국적이 상이한 투자가 집단에 의해 자금이 공여된 투자에 대한 보증 등에 중점을 두고 있다.

마. 재보험

MIGA는 회원국가의 국내투자보증기관, 지역투자보증기관 및 회원국가의 민간 보험업자에게 재보험업무를 수행한다.

바. 보증한도

MIGA의 총 보증한도는 앞서 언급하였듯이 자본금, 적립금 및 재보증액합계액의 1.5배까지 가능하며, 이사회는 이의 증액을 총회에 요구할 수 있는 바, 5배 이내에서 증액이 가능하다. 이러한 한도설정은 오직 리스크의 분산을 목적으로 하고 있기 때문에 각 투자유치국의 보증한도 설정 시 그 국가의 MIGA에 대한 자본기여 정도와는 무관하다.

사. 투자촉진업무

회원국 간의 자본흐름을 촉진시키기 위해 보증업무의 보완활동으로서 개발도상국의 투자정보조사 및 보급, 직접투자 촉진활동 및 투자환경개선을 위한 기술상의 상담과 지원 등을 수행한다.

아. 후원받는 투자에 대한 보증

국내에 투자보증 제도를 갖지 못한 회원국은 이 제도를 이용함으로써 국내투자가들에게 보증을 제공할 수 있으며 보증기구를 보유한 회원국에 있어서도 국내보증기구가 전액 부담해야 할 투자에 대한 보증을 후원제도하에서도 일부만 부담하게 됨으로써 그들에게 위험분산의 기능을 제공

(5) MIGA의 회계관리

MIGA는 재정적으로 자급자고적인 기관이 될 것으로 보이나, 회계상의 효율성, 자율성을 보장하기 위해서 MIGA는 보험금, 수수료 및 기타 요금을 요구

(6) 조직

가. 총회
나. 이사회
다. 총재·직원

(7) 투표권 및 대표권의 조정

모든 국가가 회원국이 되었을 경우 1부 국가와 2부 국가가 동등한 투표권을 보유해야 한다는 인식을 반영하고 아울러 각 회원국의 투표권은 상대적인 납입자본의 규모에 비례하도록 설정되어 있다. 한편, MIGA의 업무개시 후 3년째 되는 해에 총회는 두 그룹 간의 투표권의 균형을 점검하기 위해 투표권의 재배분을 실시

(8) MIGA의 신분보장

MIGA에 불이익을 주는 조치는 오직 관련 회원국의 영토 안에 있는 재참에 의해서 취해지며 재판은 자유로워야 한다. 사법조치 이외의 행정조치에 대해서는 면책됨

(9) 회원의 탈퇴, 유예 및 업무중지

MIGA 가맹 후 3년 동안은 탈퇴할 수 없으나 그 이후에는 MIGA에 신고함으로써 언제든지 탈퇴할 수 있다. 한편, 회원국이 협약서상의 의무를 이행하지 않는 경우, 총회는 그 회원국에 대한 회원국 자격의 유보를 결의할 수 있다. 그리고 이사회는 긴급사태가 발생한 경우 등에 신규보증업무의 수행을 포함한 MIGA의 활동을 일정 기간 중지시킬 수 있다.

(10) 분쟁해결

협약서의 해석 및 적용에 대한 회원국 MIGA 간의 분쟁은 이사회가 결정하며 총회의 동의를 얻어야 한다.

(11) 기타 사항

가. 협약서 개정
회원국들의 부담증가 및 권리약화를 방지하는 두 가지 측면을 고려한다.

나. MIGA의 업무개시
MIGA의 협약서는 1부그룹 국가의 5개국, 2부그룹 국가의 15개국 이상이 찬성하여 이들 국가의 납입자본금이 수권자본금의 1/3에 달하게 되면 효력을 발휘한다.

다. 적용 지역
MIGA의 협약서는 회원국의 사법권하에 있는 전 영토에 적용된다.

(12) MIGA의 향후전망

MIGA의 출범으로 지금까지 민간자본 자신의 책임하에 놓여 있었던 선진국자본의 해외투자 위험을 MIGA가 부담하게 됨으로써 선진국 투자가로부터 보다 많은 개발도상국 투자를 유도하게 될 것이다.

5) ADB(Asian Dvelopment Bank: 아시아개발은행)

(1) 목적

아시아 및 극동 지역의 경제성 및 경제협력을 증진하고 아시아의 발전도
상국의 경제개발에 기여하고자 하는 것임

(2) 기구 및 가맹국

가. 기구
① 총회
② 이사회
③ 부총재

나. 가맹국
역내 가맹국 41개국＋역외 가맹국 16개국＝57개국

(3) 재원조달과 운용

가. 재원의 조달
① 일반자본재원
② 특별기금(양허성 자금지원재원)

나. 재원의 운용 융자와 기술지원 및 협조융자로 운용되고 있다.

(4) 우리나라와의 관계

설립당시부터 적극 참여하고 있는 국제개발금융기관

6) AFDB(African Development Bank: 아프리카개발은행)

(1) 설립목적

아프리카 여러 나라의 경제·사회개발을 추진하는 것을 목적으로 설립

(2) 조직과 주요 업무

가. 조직
① 총회
② 이사회

나. 주요 업무
가맹국의 경제·사회개발을 위한 특정 프로젝트를 대상으로 한 직접 대출, 전자대금의 대출 그리고 보증·출자 및 기술원조이다.

(3) 재원조달과 운용

AFDB의 자금조달 및 운용업무는 크게 일반재원에 의한 통상업무와 특별기금에 의한 특별업무로 나눌 수 있다.

7) AFDF(African Development Fund: 아프리카개발기금)

(1) 설립목적

AFDF의 융자활동 분야를 교육·직업훈련 등 경제발전에 필수적인 분야에까지 확대, 지원할 목적과 역외 자금유입을 통하여 재원부족문제를 해결하고 양허적 융자를 전담하기 위해 설립

(2) 조직과 주요 업무

가. 조직
① 총회
② 이사회

나. 주요 업무
지역(다국 간) 프로젝트에 대한 무이자융자와 국내프로젝트 또는 프로젝트 관련조사에 필요한 자금을 무상원조로 제공한다.

(3) 재원조달과 운용

AFDF의 재원은 대부분이 AFDB와 참가국의 출자금이며, AFDF가 수취하는 자금 및 수입금으로 구성되어 있다.

8) EBRD(European Bank for Reconstruction and Development: 유럽부흥개발은행)

(1) 설립목적

중·동부 유럽국가들의 정치민주화와 경제개혁을 촉진하고 시장경제체제로의 이행을 지원하기 위해 설립

(2) 조직과 주요 업무

가. 조직
① 총회
② 이사회

나. 주요 업무

가맹국에 대한 융자, 투자, 증권인수, 보증 및 기술지원 등을 행한다.

(3) 재원조달과 운용

가. 일반자본재원
나. 특별기금재원

03

국제금융감독기구

1) 바젤위원회(Basle Committee: 은행규제감독위원회)

(1) 설립목적

은행감독 당국 간 상호 협력을 위하여 G-10 중앙은행 총재회의에서 국제 결제은행의 후원 아래 설립

(2) 회원국

독일, 이탈리아, 프랑스, 벨기에, 네덜란드, 스위스, 스웨덴, 영국, 미국, 캐나다, 일본(이상 G-10), 룩셈부르크 등 12개 국가의 대표

(3) 회의개최

연 3~4회 스위스 바젤에서 개최

(4) 주요 업무

은행감독 업무의 질적 수준 향상을 도모하고 국제적인 표준화를 추구

(5) 우리나라 참가현황

핵심준칙 검토그룹회의에 비G – 10국가그룹의 회원자격으로 참가

(6) 바젤위원회 제정 주요 은행감독지침

가. 은행의 국외점포의 감독에 관한 일반원칙 제정
나. 국제상업은행의 자본충실도 문제와 부외영업의 증대문제 검토 및
　　은행 자본충실도의 비교를 가능케 하는 측정체계 개발
다. 자기자본비율에 관한 국제적인 통일기준 마련
라. 다국적 은행 감독기준 제정
마. 파생금융상품거래 위험관리지침 채택
바. 시장리스크를 반영하는 자기자본비율 산정방식 도입
사. 효과적인 은행감독을 위한 핵심준칙 확정
아. 금융그룹 감독방안
자. 대출금 회계 및 공시의 건전한 실무지침

(7) 최근 주요 활동

가. 자기자본규제제도의 개선
은행계정의 신용리스크 측정방식 개선

나. 신용리스크 관리에 대한 감독지침 발표
① 대출금 회계 및 공시의 건전한 실무지침 제정
② 신용리스크 관리원칙 잠정안 발표

2) 국제증권관리위원회기구(IOSCO)

(1) 설립목적

효율적 시장규제방안 마련, 국제증권거래에 관한 감독 및 기준설정 등 공통 관심사에 대한 논의 등을 통해 상호 간 협력증진을 도모하기 위해 창설

(2) 회원

가. 정회원

각국의 증권관리·규제당국은 의결권을 갖고, 집행위원회 위원 자격이 될 수 있는 정회원으로서 대표위원회 위원이 된다.

나. 준회원

각국의 정회원 이외의 공적 증권관리·규제당국은 준회원이 될 수 있다.

다. 관계회원

자본시장 관련 국제기구 또는 집행위원회 추천을 받은 기관은 관계회원

(3) 주요 조직

가. 대표위원회

정회원의 대표 또는 그 대리인으로 구성된다.

나. 집행위원회

전문위원회와 신흥시장위원회 의장, 각 지역위원회 의장, 각 지역위원회에서 선출된 당해 지역 소속정회원 각 1인, 대표위원회에서 선출된 정회원 9인으로 구성

다. 지역위원회

아·태 지역위원회 등 4개 지역 위원회가 있으며 집행위원회에서 논의되

고 있는 사안에 대하여 회원의 의견을 취합·조정

라. 신흥시장위원회

신흥시장 지역국가 대표로 구성되어 산하에 5개 실무연구반을 두고 그 연구결과를 집행위원에 보고

마. 사무국

사무국의 직무는 IOSCO의 연차총회 주관 및 각종 위원회의 기록 유지, 타 기관에 대하여 IOSCO 대표, 연차보고서 작성, 집행위원회가 부여한 기타 기능의 수행

(4) 최근 활동현황

가. '증권규제의 목적과 원칙' 시행 추진
나. Hedge Fund 관련 규제 장치 추진
다. Joint Forum 결성 및 관련 보고서 작성

3) 국제보험감독관 협의회(IAIS)

(1) 목적

국제 보험감독관 간 상호관심사, 현안 논의 및 표준보험 감독기준 제정

(2) 조직

가. 총회
나. 집행위원회
다. 소위원회
라. 사무국

(3) 주요 활동:

가. 프랑스 파리 제3차 총회(1996. 10. 12∼14)
나. 호주 시드니 제4차 총회(1997. 9. 2∼4)
다. 멕시코 칸쿤 제5차 총회(1998. 9. 28∼10. 1)

■ 아·태 지역위원회

1) 개요

1987년 제12차 연차총회에서 처음으로 구성된 IOSCO 산하 지역위원회로서 IOSCO 회원국 중 아시아·태평양 지역에 속하는 회원들로 구성되어 있다. 의장국은 인도가 맡고 있으며 19개국(23개 기관)이 회원국이다.

2) 검사관계자회의

불공정행위 적발사례 발표, 증권규제기관의 법적 권한 및 한계, 외국규제기관과의 등의 관심사를 논의한다.

3) 국제보험 감독관협의회

(1) 설립목적

보험시장의 공정성과 효율성 증대를 위한 비영리 국제단체로서 보험시장의 국제화와 국내·외 경제에서 보험이 차지하는 비중이 증대함에 따라 국제 보험 감독관 간 상호 관심사, 현안논의 및 표준보험 감독 기준의 제정을

목적으로 설립

(2) 가입자격

일반회원은 해당국 보험 분야에 감독권을 지니는 기관이다.

옵서버는 보험과 관련이 있는 국제·국내 정부기관 및 집행위원회가 인정하는 개인 또는 단체

(3) 조직

가. 총 회
정관개정, 회원가입 등 중요 사항을 결정하는 최고 의결기관

나. 집행위원회
IAIS 연간 활동프로그램 및 예산작성, 각종 회의 프로그램 작성 및 회의준비

다. 소위원회
연간 7~8회 정도 회합하거나 전화회의 등을 통하여 활동하며 활동결과는 책자로 발간하여 회원들에게 제공

라. 사무국
스위스 바젤 국제결제은행에 위치하여 집행위원회·총회의 의사기록 보조, 회원신청서류 검토 및 집행위원회 활동지원

(4) 최근 주요 활동

가. 프랑스 파리 제3차 총회(1996. 10. 12~10. 14)
집행위원회가 총회에 상정한 IAIS 활동강화 및 표준보험감독기준 작성 등 7개 안을 만장일치로 결의

나. 호주 시드니 제4차 총회(1997. 9. 2～9. 3)

Insurance Supervisory Principles 등 2개 감독기준을 제정

다. 멕시코 칸쿤 제5차(1998. 9. 28～10. 1)

Supervisory Standard on Licensing 등 3개 표준보험감독기준을 제정

라. 기타

금융감독기구협의제에 참가하여 Supervision of Financial Conglomerates에 관한 보고서를 공동 출간

일반은행

1-1) 일반은행의 의의

은행에는 일반은행과 특수은행이 있다. 전통적인 의미에서 은행이란 예금을 받아 대출이나 어음할인 등 단기적인 상업자금을 공급하는 좁은 의미의 상업은행을 지칭한다. 이를 설립 근거법에 따라 일반은행과 특수은행으로 분류하고, 일반은행은 은행법에 의해 설립되어 동법의 규제를 받는 금융기관을 말하며, 특수은행은 각 특수 은행법에 근거하여 설립 규제되는 금융기관이다. 한편 은행은 고유계정과 분리된 별도의 계정(은행신탁계정)으로 신탁업법에 의한 신탁업을 겸영하고 있다.

일반은행은 은행법에 따라 설립하여 업무를 영위하는 금융기관으로서 단기의 예금 수입 대출 및 지급결제업무를 고유업무로 하고 있다는 점에서 통상 상업은행이라고도 한다. 일반은행은 영업 구역의 제한 여부에 따라 전국을 영업 구역으로 하는 시중은행과 영업 구역이 특정 지역으로 제한된 지방은행 그리고 외국은행 국내지점으로 구분된다. 한국의 일반은행은 개별

은행이 본점 이외에 다수의 지점을 설치하여 업무를 영위하는 지점은행제도를 채택하고 있다. 일반은행은 요구불예금으로 조달된 자금을 단기대출로 운용하는 장기금융업무도 취급하고 있으며 이 외에도 신탁업무, 신용카드업무를 별도로 인가를 받아 겸영하고 있다. 현재 시중은행 11개 기관, 지방은행 6개 기관, 외국은행 국내지점 62개 기관 등이 있다.

1-2) 일반은행의 종류

(1) 시중은행

시중은행이란 조흥은행, 우리은행, 제일은행, 서울은행, 외환은행, 신한은행, 한미은행, 하나은행, 국민은행 등 은행법에 의해 설립되고 전국을 영업구역으로 하는 은행을 지칭한다. 시중은행의 주요 업무로는 예금, 대출 등 고유한 여·수신 업무와 유가증권투자업무, 내·외국환업무가 있으며 부수업무로는 국고금의 수납·지급과 발행국채의 보관·교부 및 원리금지급업무 그리고 지방자치단체 및 공공기관의 공과금이나 사용료 등의 수납대행업무 외에 금고대여업무와 팩토링업무도 취급하고 있다. 또 금융통화위원회의 인가를 받아 취급하는 겸영업무로는 신탁업과 신용카드업이 있는데, 신탁업이란 금전, 부동산, 동산 및 기타 재산권을 수탁받아 위탁자의 이익이나 특정목적을 위해 관리하는 업무로서 은행법이 아닌 신탁업법에 의해 규제를 받는다는 점이 특징이다.

(2) 지방은행

지방은행도 은행법에 의해 설립된 일반은행이지만 시중은행과는 달리 영업 구역이 전국이 아닌 특정 지역으로 제한되어 있다. 현재 대구은행, 부산은행, 광주은행, 제주은행, 전북은행, 경남은행 충청 하나은행 등이 있는데, 모두가 1967년부터 1971년 사이에 설립되었다. 하나은행은 국제구호기금을 받으면서 설립된 은행이고 나머지는 예전 은행이다.

(3) 외국은행 국내지점

외국은행 국내지점은 설립근거를 은행법에 두고 있으나 외국환은행으로 서뿐만 아니라 자본금에 해당하는 영업기금을 외국에서 조달하는 등의 특수성으로 인해 외국환거래법의 적용도 아울러 받고 있다.

1-3) 은행의 금융상품

(1) 예금상품

예금이란 예금자가 금융기관에 대하여 일정한 금전의 보관을 위탁하고 금융기관은 이를 수탁함으로써 성립되는 일종의 임치계약인데, 금융기관은 이를 자유로이 사용할 수 있고 반환 시에는 동일액의 금전을 환급하면 된다는 점에서 소비임치계약이라 할 수 있다. 예금은 예입·인출이 자유롭고 따라서 이자가 없거나 저리의 이자를 받는 요구불예금과 일정 기간 동안 예치해 둠으로써 보다 높은 이자를 받은 저축성예금으로 구분된다.

가. 요구불예금
① 보통예금
보통예금은 대표적인 요구불예금으로서 거래자 입장에서 볼 때 가입대상, 예치금액, 예치 기간, 입출금 횟수 등에 아무런 제한 없이 자유롭게 거래할 수 있는 예금종목이며, 은행 측에는 저리로 자금을 조달할 수 있는 재원이 된다.
보통예금의 자금원은 일반적으로 당좌거래를 하지 않고 있는 중소상공업자의 일상적인 수입금 및 지출금의 출납예금, 현금보관의 위험을 피하기 위한 일시적인 자금 그리고 당좌거래자의 일시여유자금 등으로 구성되어 있다. 이자계산방법은 일반적으로 6개월마다 평균예금잔액에 대하여 이자를 계산하여 원금을 가산한다.

② 당좌예금

ㄱ. 의의: 당좌예금은 은행과 당좌거래계약을 체결한 자가 일반 상거래로
취득한 현금, 수표 등을 은행에 예입하고 그 예금잔액 범위 내 또는
당좌대출한도 범위 내에서 거래은행을 지급인으로 하는 수표 또는
거래은행을 지급장소로 하는 약속어음의 발행에 의하여 현금지급사
무를 은행에 위임하고자 개설한 예금이다.
당좌예금은 그 성질상 입출금이 빈번하므로 때에 따라 잔액부족으로
수표금지급이 이행될 수 없는 경우가 발생하기 쉬운데, 이러한 부족
자금을 충당하기 위하여 당좌대출이란 융자방법과 연결되어 있다.

ㄴ. 가입대상: 당좌거래대상자는 일정자격을 갖춘 법인 또는 사업자등록
증을 소지한 개인(임의조합 또는 단체 제외)에 한하고 있는데, 구체
적인 거래대상기준 등은 각 은행별로 차이가 있다.

ㄷ. 금리: 이자 없음

ㄹ. 예치한도: 제한 없음

③ 가계당좌예금

ㄱ. 의의: 가계당좌예금은 개인수표의 활성화를 통해 국민의 현금사용을
줄이고 신용사회의 조기정착을 기하고자 도입된 제도로 일반당좌예
금과는 달리 이자가 지급되는 가계우대성 요구불예금이다.

ㄴ. 가입대상: 신용상태가 양호한 개인으로서 구체적인 자격기준은 각 은행
이 자율적으로 결정(자영업자는 신용평가결과 평점이 60점 이상인 자)

ㄷ. 예치한도: 제한 없음

ㄹ. 이자지급: 3개월마다 원금에 가산(복리)하며 이자율은 연 1%(3개월
평균 잔액 100만 원 초과분에 대해서는 연 3.0% 적용)

ㅁ. 취급기관: 은행

④ 별단예금

ㄱ. 의의: 별단예금이란 예금, 대출, 환업무 등 각종 은행업무를 수행하는 과정에서 발생하는 미결제 또는 미정리예수금 타 계정으로 처리하기가 곤란한 예금 또는 특정자금 등의 일시적 보관금 처리에 이용되는 편의적 계정을 말한다. 따라서 별단예금은 일반예금종목과는 달리 한 가지 종류의 예금이 아니므로 거래약관도 없고 예금증서나 통장도 발급하지 않으며, 예치 기간도 일정치 않아 원칙적으로 이자를 지급하지 않지만 보통예금이자율을 적용할 수도 있다.

ㄴ. 별단예금 처리자금: 별단예금으로 처리하는 자금은 자기앞수표 발행자금, 당좌거래 개설보증금, 주식 등의 청약증거금 또는 납입금, 사채 원리금 및 주식배당금의 지급자금 등 여러 가지가 있으나 자기앞수표의 발행자금이 대부분을 차지한다.

⑤ 공공예금

지방자치단체와의 금고사무 취급계약에 의해 재산세, 등록세, 주민세 등의 지방세와 수도료 등의 공공요금 수납대행업무를 취급하는 예금이다. 공금예금은 예수 및 지급업무가 지방자치단체와의 개별계약에 의해서만 이루어진다는 점에 그 특징이 있으며, 일반적으로 보통예금이자율이 적용된다.

나. 저축성예금

① 정기예금

정기예금은 일정한 예치 기간을 미리 정하여 일정금액을 예치하고 기간 만료 전에는 원칙적으로 지급을 청구할 수 없도록 되어 있는 기한부예금으로 가장 저축성이 강하다. 정기예금은 은행의 입장에서는 약정된 예치 기간 동안 지급청구에 응해야 할 부담이 적기 때문에 다른 예금보다 자금을 장기간 안정적으로 운용할 수 있는 이점이 있으며, 예금주의 입장에서는 약정기간이 길수록 높은 이자가 보장되므로 비교적 유리한 재산증식수단이 되고 있다.

정기예금은 은행뿐만 아니라 농, 수협, 상호저축은행 그리고 우체국에서도 취급하고 있다.

ㄱ. 일반정기예금

  a. 가입대상 및 예치한도: 제한 없음

  b. 예치 기간: 1개월 이상 5년 이내에서 자유로이 선택 가능

  c. 금리: 자유화

  d. 이자계산: 월단위로 이자를 지급할 수 있으며 복리로 원금에 가산할 수도 있다.

ㄴ. 주택청약예금

  a. 의의: 아파트분양 신청자금을 은행으로 흡수하여 부동자금을 산업자금으로 유도하고 부동산투기를 억제하고자 도입된 예금으로 일정금액의 목돈을 일시에 정기예금으로 예치하여 일정 기간 경과되면 민영주택 청약권이 주어진다. 모든 은행에서 취급하고 있으며, 주택청약저축·예금·부금 중 1계좌만 전 금융기관을 통하여 1인 1계좌만 가능하다.

  b. 가입대상: 당해 주택건설 지역에 거주하는 만 20세 이상의 국민인 개인 혹은 법적 조건을 갖춘 재외동포 및 외국인(20세 미만인 단독 세대주는 가입이 불가능하다.)

  c. 계약 기간: 1년(1년 경과할 경우 당첨 시까지 자동재예치)

  d. 금리: 정기예금금리와 동일

  e. 청약우선순위: 1순위는 가입 후 2년이 경과한 자이며, 2순위는 가입 후 6개월이 경과한 자이다. 3순위는 1·2순위에 해당하지 않는 자이다.

  f. 세금우대: 우대세율(10.5% 적용 가능)

  g. 이자계산: 매월 이자지급식 또는 만기 이자지급식

  h. 취급기관: 은행(산업, 수출입, 제주은행 제외)

② 저축예금

ㄱ. 의의: 저축예금은 은행이용인구의 저변확대를 도모하고 가계예금의 획기적 증대를 도모하기 위해 도입된 가계우대 예금제도의 하나로 입·출금이 자유로운 결제성 예금이다.

ㄴ. 가입대상: 실명의 개인

ㄷ. 가입좌수·예치 기간·예치한도: 제한 없음

ㄹ. 금리: 자유화

ㅁ. 이자계산방법: 매 3개월마다 평균예금잔액에 대해 이자를 계산하여
이를 원금에 가산(복리)

ㅂ. 취급기관: 은행(농, 수협 중앙회 포함), 우체국

③ 기업자유예금

ㄱ. 의의: 기업자유예금은 제2금융권에 대한 은행의 수신경쟁력을 제고하
기 위하여 도입된 제도로서 입·출금이 자유로우면서도 당좌예금이
나 보통예금에 비해 상대적으로 높은 금리가 적용되나 예입 후 7일
이 경과한 예금에 한하여 이자가 지급된다.

ㄴ. 가입대상: 법인 및 사업자등록증을 소지한 개인

ㄷ. 예치한도: 제한 없음

ㄹ. 금리 및 이자계산방법: 선입선출방식에 다른 실예치 기간별로 차등금
리를 적용해 이를 원금에 가산

  a. 7일 이상: 자유화

  b. 7일 미만: 무이자

④ MMDA(시장금리부 수시입출금식 예금)

ㄱ. 의의: MMDA(Money Market Deposit Account)는 금액에 제한 없이
통장을 개설할 수 있고 수시로 입·출금할 수 있으며, 높은 이자를
지급한다는 점에서 저축예금과 차이는 없으나 예치금액에 따라 지급
이자율을 차등한다는 점에서 다르다. 종합금융회사의 어음관리계좌,
투자신탁회사의 MMF 등과의 경쟁상품이다.

ㄴ. 취급기관: 은행

ㄷ. 예치 기간·가입대상·가입금액: 제한 없음

ㄹ. 금리: 이자율은 은행별로 자유화되어 있으며, 평잔액이 일정한도(500
만 원)를 넘으면 보다 높은 금리를 적용(복리)

⑤ 정기적금

정기적금은 일정한 기간 후에 일정한 금액을 지급할 것으로 약정하고 매월 특정일에 일정액을 적립하는 예금제도로, 푼돈을 모아 목돈을 마련하는 데 가장 보편적인 장기저축성예금이며, 대출에 대한 담보로 활용되기도 한다.

ㄱ. 일반정기적금

    a. 의의: 일반정기적금은 정기적금 중 가장 보편적인 예금제도로서 통상 정기적금이라고 불리고 있다. 만기 후에는 적용금리가 가입당시 약정 이율의 1/2 이하로 낮아지는 데 유의해야 한다. 세금우대종합저축 한도 내에서 1년 이상 가입 시에는 세금우대혜택을 받을 수 있다.

    b. 가입대상: 제한 없음

    c. 계약 기간: 6개월 이상 5년 이내에서 1개월 단위로 자유로이 결정

    d. 계약금액: 월 1만 원 이상 제한 없음

    e. 금리: 각 금융기관이 자유로이 결정

    f. 취급기관: 은행, 상호저축은행, 농, 수협 단위조합, 신용협동조합, 새마을금고, 우체국

ㄴ. 장학적금

    a. 의의: 장학적금은 학생들의 저축심을 고취하고 취학자녀가 있는 가정의 교육비마련을 지원하기 위해 도입되었으며, 이자소득에 대해서 세제상 혜택을 주고 있다.

    b. 가입대상: 미취학아동, 초·중·고등학생

    c. 계약 기간: 6개월 이상 6년 이내에서 월단위로 계약

    d. 예입한도: 총액기준으로 200만 원 이내(미취학아동 및 초등학생은 잔액기준으로 100만 원 이내)

    e. 가입계좌: 1인 10계좌 이내

    f. 취급기관: 은행, 상호저축은행, 신용협동조합, 농, 수협 단위조합, 새마을금고, 우체국

ㄷ. 가계우대정기적금

    a. 의의: 가계우대정기적금은 금리우대를 통하여 가계의 목돈마련을 지

원함과 아울러 은행과 제2금융권과의 금리불균형을 시정하여 은행의 수신기반을 강화하고자 실시된 장기성 가계우대저축으로, 만기 시까지 적금관계대출을 받지 않을 경우 일반정기적금 금리인 기본금리 외에 특별금리를 가산한다.

  b. 가입대상: 개인

  c. 계약 기간: 1년 이상 3년 이내로 매월 단위로 가능

  d. 금리: 자유화

  e. 가입한도: 월 1만 원 이상 제한 없음

  f. 취급기관: 은행, 상호저축은행, 농, 수협 단위조합, 신용협동조합, 새마을금고, 우체국

⑥ 상호부금

ㄱ. 의의: 상호부금은 사금융인 계가 변천된 제도로서 일정한 기간을 정하여 그 중도 또는 계약 기간 만료 시에 은행이 가입자에게 일정한 금액을 급부하여 줄 것을 약정하고 정기적으로 소정의 부금납입을 약정하는 예금이다. 상호부금은 그 내용이 일반정기적금과 유사하나 중도급부금의 지금이 당초부터 약정되는 특징이 있다.

ㄴ. 가입대상: 개인 및 중소기업자

ㄷ. 금리: 자유화

ㄹ. 계약 기간: 1, 2, 3, 4, 5년

ㅁ. 계약금액: 정액정립식(1만 원 단위로 제한 없음). 자유적립식(월 1만 원~500만 원 이내에서 수시적립)

ㅂ. 대출

  a. 대출자격 발생 시기: 총 납입 횟수 1/4회차 이상 부금납입 후

  b. 대출한도: 상호부금 계약금액 범위 내(은행마다 상이)

ㅅ. 취급기관: 은행

⑦ 주택청약부금

ㄱ. 의의: 분양받고자 하는 주택규모에 맞추어 매달 저축하면 거래 기간

과 저축실적에 따라 주택관련자금을 대출받을 수 있고 지역별 청약
예금 예치금액 이상이 되면 전용면적 85m²(25.7평) 이하의 민영주택
또는 60m²(18평) 초과~85m² 이하의 민간건설 중형국민주택 청약권
이 주어지는 저축이다. 주택은행에서만 취급하였으나 2000년 3월 27
일부터 전 은행에서 취급하고 있다. 기존의 주택은행 청약부금가입자
들이 계좌를 해약하고 다른 은행에 가입하는 경우 기존의 가입 기간
을 인정받지 못한다.

ㄴ. 가입대상: 20세 이상인 국민(법적 조건을 갖춘 재외동표 및 외국인
가능) 또는 세대주(단, 20세 미만 단독세대주는 제외)

ㄷ. 계약 기간: 2~5년(각 은행별 상이)

ㄹ. 적립방법: 자유적립식 또는 정액적립식(각 은행별로 상이)

ㅁ. 세금혜택: 우대세율(10.5%) 적용 가능

ㅂ. 참고사항: 가입 후 2년이 경과하고 납입인정금액이 지역별 85m² 이하
청약예금 예치금액 이상을 납입한 경우에는 청약예금으로 변경 가능

⑧ 장기주택마련저축

자유적립식 장기저축상품으로 일정요건을 갖추면 비과세혜택이 주어지고
주택구입이나 신축자금을 장기로 대출받을 수 있는 특별우대상품이다. 20년
이상의 장기주택자금을 대출받는 데에 유리한 상품이며, 비과세효과를 감안
하면 실효수익률도 높은 편이다.

ㄱ. 상품특징: 가입대상제한, 장기주택자금대출 수혜, 비과세 및 소득공제
혜택

ㄴ. 취급기관: 은행, 상호저축은행

ㄷ. 가입대상: 만 18세 이상 무주택자 또는 전용면적 85m²(약 25.7평) 이
하의 1주택 소유자(전 금융기관을 통해 1인 1통장)

ㄹ. 계약 기간: 7년 이상(계약 기간은 은행별로 상이)

ㅁ. 적립방법: 매월 100만 원 이내에서 1만 원 단위로 자유적립 가능

ㅂ. 금리: 자유화

ㅅ. 주택자금 대출

  a. 자금용도: 주택구입자금, 신축자금

  b. 대출금액: 저축원금과 이자합계액의 최고 4배와 순소요자금 중 적은금액

  c. 대출 기간: 저축 기간에 따라 20년 이상 33년 이내

  d. 상환방법: 원리금 균등분할상환

  e. 대출자격: 기간, 담보 등 은행별로 차이가 있음

ㅇ. 세금혜택: 비과세(7년 이상 가입 시), 소득공제(연간 납입액의 40% 범위 내, 최고 300만 원까지)

⑨ 주택청약저축

ㄱ. 의의: 월부금을 일정 기간 불입하면 국민주택이나 전용면적 $60m^2$(18평) 초과~$85m^2$(25.7평) 이하의 민간건설 중형국민주택을 분양 또는 임대하는 경우 청약권이 주어지는 정기적금형태의 저축이다. 주택은행에서만 취급하고 있으며, 세금우대종합저축제도와는 별도로 1세대 1계좌에 한해 우대세율 적용을 받을 수 있다.

ㄴ. 가입대상: 무주택 세대주(1세대 1계좌)

ㄷ. 계약 기간: 국민주택입주자로 선정되는 날까지

ㄹ. 월부금: 2만 원에서 10만 원까지 5천 원 단위

ㅁ. 청약순위: 1순위는 가입 후 2년이 경과하고 매월 저축금을 연체 없이 24회 이상 납입한 자이며, 2순위는 가입 후 6개월이 경과하고 매월 저축금을 연체 없이 6회 이상 납입한 자이다.

⑩ 근로자장기저축

ㄱ. 의의: 근로자의 저축증대를 도모하기 위해 도입한 근로자 세금우대상품으로 목돈마련에 유기한 3년 이상의 장기저축상품이다. 월급여액에 관계없이 모든 근로자가 가입할 수 있으며, 투자신탁회사에서는 근로자 장기수익증권이란 명칭으로 취급하고 있다. 세금우대 종합저축 한도 내에서 1년 이상 가입 시에는 세금우대혜택을 받을 수 있다. 투자신탁회사의 경우 공사채형과 주식형으로 구분되며, 수익률은 운용실

적에 따라 달라진다.

ㄴ. 가입대상: 전 근로자(월 급여 제한 없음)

ㄷ. 저축 기간: 3~10년(3년 이상 경과 시 세금우대)

ㄹ. 저축한도: 월 급여액의 범위 내에서 월 5천 원~50만 원까지(연 600
만 원까지 가능)

ㅁ. 금리: 자유화

ㅂ. 이자지급방법: 만기 시 원리금 지급

ㅅ. 취급기관: 은행, 상호저축은행, 우체국, 투자신탁회사

⑪ 근로자우대저축

ㄱ. 의의: 비과세 근로자우대저축은 저소득근로자의 저축의욕을 고취하고
자 마련된 상품으로서 이자소득이 전액 비과세되며, 모든 금융기관에
서 취급하고 있다. 추자신탁회사에서는 근로자우대신탁, 증권회사에
서는 근로자우대증권저축, 보험회사에서는 근로자우대보험이란 명칭
으로 취급하고 있다. 사망, 해외이주, 퇴직 및 해외이직 등으로 중도
해지하는 경우에는 손해 없이 가입당시 약정이율로 비과세혜택을 받
을 수 있다.

ㄴ. 가입대상: 연봉 3천만 원 이하의 근로자로서 1인 1계좌에 한해 가입
할 수 있다.

ㄷ. 가입금액: 월 1만 원 이상 월 50만 원 한도 내에서 적립할 수 있다.

ㄹ. 예치 기간: 3~5년

ㅁ. 세금혜택: 3년 이상 예치 시 비과세

ㅂ. 금리: 자유화(신탁의 경우 실적 배당)

ㅅ. 특징: 은행권에 가입하는 경우 저축과 신탁 중 하나만 가입할 수 있다.

ㅇ. 취급기관: 은행, 농, 수협 단위조합, 신용협동조합, 새마을금고, 상호
저축은행, 우체국, 투자신탁회사, 증권회사, 보험회사

⑫ 외화예금

외화예금은 원화가 아닌 달러 등 외화로 예금하는 저축상품을 말한다. 외

화예금은 입출금이 자유로운 외화보통예금, 일정 기간 동안 적립하는 외화
정기예금 등 일반인을 대상으로 하는 상품과 외화당좌예금 등 기업을 대상
으로 하는 상품으로 구분된다. 거주자가 원화를 가지고 외화를 매입하여 외
화예금을 한 경우에는 인정된 거래에 따른 지급을 위한 경우를 제외하고는
원화로만 인출할 수 있다. 또한 외화예금을 외화종합통장으로 거래하면 실
적에 따라 해외송금이나 환전 시 수수료를 면제받을 수 있다.

⑬ 생계형 비과세저축
ㄱ. 의의: 65세 이상의 개인, 장애인, 상이자, 생활보호대상자 등 저소득
   자의 생계안정을 위하여 도입한 1인당 2,000만 원 한도 내에서 비과
   세되는 특별우대저축이다. 만기제한이 없이 금융기관에서 취급하는
   저축(신탁, 보험, 공제, 증권저축, 채권저축)에 가입하면 된다. 전 금
   융기관을 통틀어 1인당 1통장만 가입 가능하다. 만기제한이 없기 때
   문에 중도해지하거나 만기 후에도 비과세혜택을 받는다. 기존예금 또
   는 신탁상품에 특약형태로 가입 가능하다.
ㄴ. 취급기관: 은행, 농, 수협 단위조합, 신용협동조합, 새마을금고, 상호
   저축은행, 우체국, 투자신탁회사, 증권회사, 보험회사, 특별법에 의해
   설립된 직장공제회(대한교원공제회, 군인공제회, 대한지방행정공제회,
   대한소방공제회, 경찰공제회)
ㄷ. 가입대상
  a. 거주자인 만 65세 이상의 개인
  b. 장애인 복지법 제29조 규정에 의하여 등록된 장애인
  c. 국가유공자등예우 및 지원에 관한 법률 6조 규정에 의해 등록된 상이자
  d. 국민기초생활보장법 2조 2화에 의한 생활보호대상자
ㄹ. 대상예금: 금융기관에서 취급하는 저축(저축예금, 정기예금, 적금, RP,
   신탁, 예탁금, MMF, 수익증권 등)
ㅁ. 제외대상: CD, 표지어음, 무기명 정기예금, 기존의 비과세예금(신탁),
   기업자유예금, 당좌예금, 발행어음, CMA, 외화예금 등

ㅂ. 예치 기간: 제한 없음

ㅅ. 가입한도: 2,000만 원 이내(2,000만 원 한도 내 비과세)

ㅇ. 금리: 해당 금융상품별 이율적용(신탁의 경우 실적 배당)

ㅈ. 예금보호 여부: 가입상품의 성격에 따라 결정

⑭ 특판정기예(적)금

ㄱ. 의의: 최근 들어 금융기관들이 신상품을 판매할 때 고객유치를 위해
   기본금리에 특별금리를 얹어주거나 밀레니엄 기념, 창립기념, 은행 간
   합병이나 해외자본유치 등과 관련한 고객사은행사의 하나로 한시적
   으로 일정금액한도를 정하여 특별판매하는 정기예(적)금의 일종이다.

ㄴ. 취급기관: 은행, 상호저축은행, 종합금융회사, 증권회사 등 일부 금융기관

ㄷ. 상품종류: 정기예(적)금, 부금, 신탁, 국공채 등

ㄹ. 예치 기간: 일반 정기예(적)금과 동일(금융기관별로 다양)

ㅁ. 예치한도: 대체로 500만 원 이상(특판적금이나 부금은 대부분 자유적
   립식으로 운용)

ㅂ. 금리: 기본금리에 0.5% 포인트 내외의 특별금리 가산

ㅅ. 이자계산: 매월마다 이자지급 EH는 이자를 원금에 가산(복리)

ㅇ. 세금혜택: 우대세율(10.5%) 적용 가능

(2) 실세금리반영 금융상품

가. 양도성예금증서

① 의의

양도성정기예금증서(CD: Certificate of Deposit)는 정기예금에 양도성을 부여한 것으로서 무기명할인식으로 발행된다. 양도성예금증서는 채권과 유사한 성격을 가지며, 비교적 수익성이 높고 환금성 및 안정성이 보장되는 금융상품으로 제3자에게 양도가 가능한 증서이므로 유통시장에서도 매매가 가능하다. 은행에서 발행된 증서를 직접 살 수 있고, 종합금융회사나 증권회사에서 유통되는 양도성예금증서를 살 수도 있다.

② 취급기관

은행, 종합금융회사, 증권회사

③ 발행대상

제한 없음

④ 수익률

실세금리 연동형 확정금리

⑤ 예치 기간

30일 이상 제한 없음(91일이 일반적임)

⑥ 예치한도

제한 없음(보통 1,000만 원 이상)

⑦ 이자지급

예치 기간 동안의 액면금액에 대한 이자를 액면금액에서 차감하여 발행한 후 만기지급 시 증서소지인에게 액면금액을 지급한다(할인식).

⑧ 특징

증서의 만기 전에 은행에서의 중도해지는 불가능하며, 다만 유통시장(증권회사, 종합금융회사)을 통해서 매각하여 현금화할 수 있다. 또 만기 후에는 별도의 이자 없이 액면금액만을 지급받게 된다.

나. 환매조건부채권

① 의의

환매조건부채권매매(RP: Repurchasing Agreement)는 일정 기간 경과 후에 일정한 가격으로 동일채권을 다시 매수하거나 매도할 것을 조건으로 한 채권매매방식이다. 채권의 경우 유통시장에서의 이자율과 수급동향에 따라 채권을 현금화시키는 데 상당한 자본손실을 감수해야 한다. RP를 이용할 경우 자금의 수요자는 채권매각에 따를 자본손실 없이 단기간 필요한 자금을 보다 쉽게 조달할 수 있으며, 반면에 일시적으로 여유자금을 보유하고 있는 투자자도 자본손실위험 없이 자금을 운용할 수 있다.

② 가입대상자

제한 없음(개인, 법인)

③ 대상증권

국채, 지방채, 특수채

④ 매매단위

10만 원 이상 제한 없음(은행별로 최저단위는 두고 있음)

⑤ 약정 기간

제한 없음

⑥ 금리

실세금리 연동형 확정금리

⑦ 취급기관

은행, 종합금융회사, 증권회사, 한국증권금융, 우체국

⑧ 참고사항

예금자보호대상은 아니지만 정부, 지방자치단체 등이 발행한 국공채를 대상으로 투자되므로 안정성이 높은 편이다. 대부분 만기가 지난 후에는 별도의 이자를 가산해 주지 않는다는 점에 유의해야 한다.

다. 표지어음

① 의의

금융기관이 기업으로부터 매입(할인)해 보유하고 있는 상업어음이나 외상매출채권을 다시 여러 장으로 쪼개거나 한데 묶어 액면금액과 이자율을 새로이 설정해 발행하는 어음이다. 은행 및 상호저축은행이 대표적인 단기금융상품 중 하나로 3개월 이상 6개월 이내의 단기여유자금 운용에 유리한 상품이다. 금유 기간이 표징음의 방행인 및 지급인이 되므로 안전성이 높은 편이며, 만기 전 중도해지가 불가능하나 배서에 의한 양도는 가능하다. 할인매출의 특성상 만기 후의 경과 기간에 대해서는 별도의 이자지급 없이 액면급액만을 지급하는 데 유의해야 한다. 종금사에서는 표지팩토링어음과 표지무역어음 두 종류로 판매된다.

② 상품특징
금융기관 발행어음, 실세금리연동형, 선이자지급, 중도해지불가

③ 취급기관
은행, 종합금융회사, 상호저축은행

④ 금액
제한 없음(보통 500만 원 이상)

⑤ 기간
원 어음의 최장만기일 범위 내
ㄱ. 은행: 30일~360일
ㄴ. 종합금융회사: 30일~180일
ㄷ. 상호저축은행: 1일~180일

⑥ 이자지급
할인식(선이자지급식)

⑦ 금리
실세금리 연동형 확정금리

라. 금융채
① 의의
한국산업은행(산업금융채권), 중소기업은행(중소기업금융채권), 한국주택은행(주택채권), 국민은행 등 은행들이 장기자금을 조달하기 위하여 발행하는

장기채권이다.

금융채의 발행금리는 시중금리와 연동되어 있고 원리금의 지급을 발행은행이 보증하며, 이자지급방식에 따라 할인채, 복리채, 금리연동부 이표채로 구분한다. 세금우대 종합저축한도 내에서 1년 이상 가입 시에는 세금우대혜택을 받을 수 있다.

원칙적으로 중도환매되지 않으므로 만기 이전에는 증권회사에 매각하여 현금화할 수 있다. 금융채를 통장식이 아니라 실물로 직접 매입하게 되면 세금우대혜택이 없다.

② 취급기관
은행, 증권회사

③ 가입대상
제한 없음

④ 투자 기간
1년, 2년, 3년, 5년

⑤ 투자단위
10만 원 단위(복리채의 경우 10만 원 이상 1만 원 단위)로 제한 없음

⑥ 이자계산
ㄱ. 할인채: 할인발행 후 만기에 채권의 액면금액을 지급
ㄴ. 복리채: 만기에 원금과 함께 지급(3개월마다 복리로 계산)
ㄷ. 이표채: 일정 기간(1개월/3개월)마다 이자를 지급하고, 만기에 원금을 지급

마. 소액채권저축
① 의의
개인의 소액채권투자를 지원하기 위해 도입된 세금우대저축으로 국채, 지방채, 금융채를 거래하는 방식으로 취급되고 있다. 세금우대 종합저축 한도 내에서 1년 이상 가입 시에는 세금우대혜택을 받을 수 있다.

통상 일정액을 불입하고 채권통장을 개설하는 방식(통장식)으로 거래되는데, 채권을 실물로 구입하거나 만기 이전에 보유채권을 유통시장(증권회사)에서 매도하게 되면 세금우대혜택을 받을 수 없다.

② 취급기관
은행, 증권회사

③ 가입대상
개인

④ 계약 기간
1년 이상

⑤ 주요 투자대상증권
국채, 지방채, 통화안정증권 및 산업금융채권, 중소기업금융채권, 주택채권, 수출입금융채권, 기술개발금융채권, 국민은행채권

(3) 대출상품

가. 상호부금
① 의의
일정한 기간을 정하여 부금을 납입하면 중도 또는 만기에 일정금액 대출자격이 부여되는 저축이다. 이 상품은 대출수해가 가능하고, 확정금리부 적립식 저축이라는 특징을 갖고 있다. 저축방법에는 정액적립식과 자유적립식이 있는데 정액적립식은 월 1만 원 단위로 제한 없으며, 자유적립식은 월 1만 원~500만 원 이내 수시 적립이 가능하다. 중도해지이율의 경우 1개월 미만 예치 시에는 이자가 없으나 1개월 이상 1년 미만 예치 시에는 연 2.0%, 1년 이상 예치 시에는 연 5.0%가 적용된다. 만기 후에는 적용금리가 가입당시 약정이율의 절반수준 이하로 낮아진다는 데 유의하여야 한다. 만기 후 이율은 만기 후 1년 이내에는 가입당시 약정이율의 1/2이 적용되고

만기 후 1년 초과 시에는 연 1.0%가 적용된다. 또한 예금자보호법에 의해 상시 보호되는 상품이다. 세금우대종합저축 한도(일반인 4,000만 원, 노인과 장애가 6,000만 원, 미성년자 1,500만 원) 내에서 1년 이상 가입 시에는 세금우대 혜택을 받을 수 있다.

② 취급기관
은행

③ 가입대상
개인 및 중소기업자

④ 계약 기간
1, 2, 3, 4, 5년

⑤ 대출
ㄱ. 대출자격 발생 시기: 총 납입 횟수 1/4회차 이상 부금 납입 후
ㄴ. 대출금액: 상호부금 계약금액 범위 내(은행마다 상이)

나. 신용부금
① 의의
계약 기간 동안 일정금액을 매월(또는 매일) 적립한 후 만기일에 원리금을 지급받는 적립식 저축상품으로서, 가입 즉시 계약금액 범위 내에서 대출을 받을 수 있고 세금우대 혜택도 받을 수 있다. 대출수혜가 가능하고 은행의 상호부금과 유사한 상품이다. 계약금액은 10만 원 이상 10만 원 단위로 제한 없으며, 중도해지이율은 1년 미만 예치 시에는 약정이율의 1/3, 1년 이상 예치 시에는 약정이율의 1/2이다. 만기 후 이율은 보통예금금리(연 1.0%)가 적용된다. 또한 상시로 예금보호가 된다. 세금우대종합저축 한도(일반인 4,000만 원, 노인과 장애자 6,000만 원, 미성년자 1,500만 원)내에서 1년 이상 가입 시에는 세금우대 혜택을 받을 수 있다. 상호부금과는 달리 1회차 불입과 동시에 대출을 받을 수 있으며, 대출을 받지 않을 경우에

는 기본금리 외에 특별금리를 가산하여 만기에 원리금을 수령하게 된다. 대
출한도는 대체로 개인은 최대 1억 원 이내, 중소기업은 최대 40억 원 이내
이다.

② 취급기관
상호저축은행

③ 가입대상
제한 없음

④ 적립방법 및 계약 기간
ㄱ. 월부금식: 6, 12, 18, 24, 36, 48, 60개월
ㄴ. 일부금식: 100일

다. 종합통장
① 의의
종합통장 자동대출제도를 이용하면 자신의 예·적금 거래실적, 신용카드
이용실적, 공과금 납부실적, 급여 이체실적 등에 따라 일정 범위 내에서 대
출약정 기간 동안 필요한 자금을 수시로 빌려 쓸 수 있는 혜택을 받을 수
있다. 통장잔액이 마이너스(−)일 때에는 그 금액과 기간에 따라 대출이자
를 내면 된다. 종합통장이란 예·적금 및 대출 등 각종 은행업무를 통합거
래할 수 있고 고객별로 차별화된 부가서비스를 제공받을 수 있는 통장이다.
대출금액은 통장 잔액란에 마이너스(−)로 표기되며, 대출 기간 중 여유자
금이 있으면 즉시 상환할 수 있어 만기에 구애받지 않고 빌려 쓴 기간에
대해서만 이자를 내므로 이자부담을 줄일 수 있다. 카드결제, 각종 공과금
자동이체 등을 종합통장에 자동이체 등록해 두면 납부일자에 잔액이 없더
라도 자동으로 대출이 이루어지므로 연체에 따른 불이익을 줄일 수 있다.

② 취급기관: 은행(산업은행, 수출입은행 제외)
상호저축은행, 새마을금고, 신용협동조합 등도 은행의 종합통장 자동대출

제도와 유사한 대출을 취급하고 있음

③ 대출조건

예금평잔(보통 3개월), 정기예·적금 및 부금의 납입액, 급여(연금) 이체액, 최근 2년간 신용카드 이용액, 공과금 납부액, 외환거래 등 은행 거래실적과 거래 기간을 종합적으로 고려하여 산정

④ 대출한도

보통 1,000만 원 이내(신용도가 높거나 부동산 또는 예·적금을 담보로 제공할 경우에는 최고 5,000만 원까지 한도가 확대됨)

⑤ 대출 기간

1년 이내(거래실적에 따라 3년까지 가능)

⑥ 대출방법

대출한도 범위 내에서 필요할 때마다 수시로 인출하는 회전식 자동대출로 대출 기간 만료 시에는 대출금액을 전액 상환한 후에 다시 대출

⑦ 상환방법

여유자금이 있을 때마다 종합통장에 입금하면 입금액만큼 대출금액이 자동으로 상환

⑧ 대출이자

대출금액 및 일수에 따라 매월 정산하여 종합통장 잔액에서 정리되며, 현행 대출 이자율은 대체로 10.0~14.0% 수준으로 거래실적, 대출금액, 고객 신용도 등에 따라 차등 적용

⑨ 채권보전

담보, 연대보증 또는 신용(직업, 대출금액 등에 따라 채권보전방법이 달라짐)

(4) 은행의 신탁상품

신탁이라 함은 신탁설정자(위탁자)와 신탁을 인수하는 자(수탁자)와의 특별한 신임관계에 의하여 위탁자가 특정의 재산권을 수탁자에게 이전하거나 기타의 처분을 하고 수탁자로 하여금 일정한 자(수익자)의 이익을 위하여 또는 특정의 목적을 위하여 그 재산권을 관리·처분하게 하는 법률관계로서 재산을 중심으로 구성된 재산관계제도의 일종이라고 할 수 있다.

신탁이라는 법률관계가 성립하려면 신탁관계인, 신탁행위 및 신탁재산(재산권)이라는 구성요소가 필요하다.

금전신탁은 금전을 신탁재산으로 인수하는 신탁형태를 총칭하여 일컫고 있으며 신탁종료 시 신탁재산을 금전으로 교부하는 신탁으로 재산신탁과는 구별된다.

한편 재산신탁은 신탁의 인수 시에 신탁재산으로 금전 이외의 재산을 수탁하여 신탁종료 시 신탁재산을 현상 그대로 수탁자에게 교부하는 신탁을 의미한다.

가. 맞춤형 신탁

① 의의: 기존의 특정금전신탁을 변형한 상품으로 고객이 운용대상(부동산, 국채, 선물, 옵션 등), 운용방법 및 운용조건을 자유롭게 지정하고 은행은 고객의 지시에 따라 운용하여 신탁 기간 종료 시 운용수익을 배당하는 주문형 신탁상품이다. 세금우대 종합저축 한도 내에서 1년 이상 가입 시에는 세금우대혜택을 받을 수 있다. 기존의 특정금전신탁은 24개 운용대상자산 중 2가지 이내 항목을 지정해 운용하도록 제한되어 있었고 1년이 지나야 중도해지수수료가 면제되었으나, 맞춤형 신탁은 투자 기간과 운용자산을 고객이 마음대로 선택할 수 있고 3개월이 지나면 중도해지수수료가 면제된다.

② 상품특징: 예탁한도 제한, 5년 이상 채권형은 분리과세 가능, 랩어카운트(Wrap Account)형 상품

③ 취급기관: 은행

④ 가입대상: 제한 없음

⑤ 최저예탁한도: 채권형은 5천만 원 또는 1억 원 이상, 주식형은 10억 원 이상

⑥ 예탁 기간: 3개월 이상

⑦ 예탁방법: 거치식

⑧ 배당률: 실적 배당

⑨ 수익계산: 만기 일시지급식 또는 이자지급식(계약으로 정함)

나. 단위형 금전신탁

① 의의: 신탁단위(펀드)별로 일정한 판매 기간을 정하여 다수의 고객으로부터 금전을 신탁받아 대출 및 주식·채권 등에 운용하고 운용수익을 배당하는 상품이다. 투신사의 수익증권이나 뮤추얼펀드와 유사한 투자형 금융상품이나 위험자산 편입비율이 50% 이내로 제한되어 있다. 주식운용비율에 따라 안정형(주식 10% 이내), 안정성장형(30% 이내), 성장형(50% 이내) 및 주식에 전혀 투자할 수 없는 채권형이 있다. 기준가격이 일정목표치를 달성하면 성장형에서 안정형으로 전환하여 운영하는 전환형이나 채권운용 시 신용등급 A급 이상인 회사채, A3 이상인 어음 등 우량채권으로만 운용하는 클린형도 있다.

② 상품특징: 추가신탁불가, 중도해지불가

③ 취급기관: 은행

④ 투자금액: 보통 1백만 원 이상(은행마다 상이)

⑤ 투자 기간: 1년 1개월 이상

⑥ 수익률: 실적 배당

⑦ 수익계산: 만기 일시지급

다. 추가형 금전신탁

① 의의: 신탁단위(펀드)별로 다수의 고객으로부터 금전을 신탁받아 대출 및 주식·채권 등에 운용하고 운용수익을 배당하는 상품이다. 단위형 금전신탁과는 달리 추가신탁이나 중도해지가 가능한 것이 특징이다.

② 상품특징: 추가신탁 가능, 중도해지 가능, 실적 배당

③ 취급기관: 은행

④ 투자금액: 개별식 100만 원 이상, 적립식 1만 원 이상(최저 투자금액 은행별로 상이)

⑤ 투자 기간: 1년

⑥ 입금방식: 개별식(입금·해지자유), 적립식

⑦ 수익률: 실적 배당

⑧ 세금혜택: 우대세율(10.5%) 적용 가능

라. 노후생활연금신탁

① 의의

개인의 노후생활 및 장래의 생활안정을 목적으로 일정 금액을 5년 이상 거치 또는 적립하고 만기 후에는 계약내용에 따라 원리금을 일시금, 연금 또는 일시금과 연금을 혼합한 형태로 지급받을 수 있는 장기저축상품이다. 가입대상은 만 18세 이상의 개인으로 제한되어 있으며, 신탁 기간은 5년 이상 1년 단위로 정하되 만기 시의 수익자 연령이 만 40세 이상이 되도록 정해야 한다. 은행과 투자신탁회사에서 각각 노후생활연금신탁과 노후생활 연금투자신탁이라는 명칭으로 판매되고 있다. 1년 예치 후에는 중도해지하 더라도 세금우대가 가능하고 중도해지수수료가 없다. 세금우대 종합저축 한 도 내에서 세금우대가 가능하나 2000년 12월 31일 이전 가입자에 대해서는 세금우대 종합저축 한도와 별도로 세금우대혜택을 받는다. 가입당시 수익자 가 만 40세 이상이면 즉시 연금식인 경우 거치 기간에 관계없이 바로 연금 을 지급받을 수 있다. 채권시가평가제가 적용되는 상품(2000년 7월 1일 이 후 가입 시 신노후생활연금신탁으로 판매)이나 원금 이하로 운영될 경우 은 행에서 원금을 보전해 준다.

② 상품특징

가입대상제한, 실적 배당, 연금지급형, 세금우대 가능

③ 취급기관

은행, 투자신탁회사

④ 가입대상

ㄱ. 위탁자: 만 18세 이상 개인(1인 1통장)

ㄴ. 수익자: 위탁자 본인 또는 위탁자가 지정한 개인으로 만기일 기준으
로 만 40세 이상 개인

⑤ 신탁 기간

5년 이상 1년 단위로 하되 수익자의 연령이 만 40세 이후가 되는 기간까
지로 정하여야 함

⑥ 최저신탁금액

적립식 1만 원 이상, 즉시 연금식 100만 원 이상

⑦ 적립방식

ㄱ. 적립식: 매월 또는 매분기마다 일정금액을 정기적립 또는 자유적립

ㄴ. 거치식: 신탁금액을 일시에 납입

⑧ 수일률: 실적 배당

⑨ 배당금 지급방식

ㄱ. 일시금식: 신탁원리금을 신탁 기간 만료 시 일시에 지급

ㄴ. 연금식: 신탁원리금을 5년 이상(연 단위) 매월 또는 매분기별로 지급,
단 적립원금 합계액이 100만 원에 미달하는 경우 연금지급 없이 일시
금 지급

ㄷ. 혼합식: 신탁원리금을 일시금과 연금으로 혼합하여 지급

⑩ 예금보호 여부

상시보호(은행), 단 투자신탁회사는 별도 안전기금으로 보호

마. 개인연금

① 의의

개인연금은 부실한 공적 연금을 임의연금으로 보강하면서 금융실명제 실시로 둔화되었던 저축의욕을 고취하고자 1994년 6월 도입된 상품으로 노후생활 및 장래의 생활안정을 목적으로 일정금액을 적립하여 연금으로 원리금을 수령할 수 있는 금융상품이다.

② 취급기관

은행, 투자신탁회사, 생명·손해보험사, 농, 수협 중앙회 및 단위조합, 신협, 우체국, 증권투자회사(뮤츄얼펀드)

③ 가입자격

만 18세 이상의 국내 거주자(2000년 이전가입 개인연금의 경우 만 20세 이상)

④ 저축방법

매월 또는 분기별로 월기준 100만 원(분기별로 납입할 경우 300만 원)까지 1만 원 단위로 자유적립 또는 정액납입이 가능하다. 단, 2001년 2월 이후 신설된 개인연금저축에 가입한 경우 과거 개인연금저축과 신설 개인연금저축을 모두 합하여 분기별 600만 원까지 가입이 가능

⑤ 저축 기간: 적립 기간+연금지급 기간
ㄱ. 적립 기간: 10년 이상 1년 단위로 수익자가 만 55세(보험회사는 62세)가 넘을 때까지
ㄴ. 연금지급 기간: 적립 기간 만료일로부터 5년 이상 1년 단위로 정함

⑥ 수익률
실적 배당, 금리연동형 또는 확정형

⑦ 연금수령주기 및 지급방식
ㄱ. 수령주기: 월단위 수령(수익자 요청 시 3개월, 6개월, 1년 단위로 가능)

ㄴ. 지급방식: 정액식 지급(수익자 요청 시 체증식 가능)

⑧ 세제혜택

ㄱ. 2000년 이전가입: 비과세(10년 이상 가입 시), 소득공제(연간 적립액의 40% 범위 내, 최고 72만 원까지, 5년 이상 가입 시)

ㄴ. 연금수령 시 정상과세, 소득공제(연간 적립액의 100%, 최고 240만 원 한도까지, 5년 이상 가입 시)

⑨ 예금보호 여부

상시보호(투자신탁회사, 증권투자회사 제외)

⑩ 참고사항

ㄱ. 만기 전 중도해약하거나 계약 기간 만료 후 일시금형태로 지급받는 경우 이자소득세가 정상과세(16.5%)됨

ㄴ. 가입자의 사망, 해외이주, 천재지변, 가입자의 퇴직, 사업자의 폐업 등 특별 중도해지사유에 해당되거나 5년 이상 적립한 경우는 중도해지하더라도 소득공제분은 추징당하지 않으나 이자소득세는 정상과세됨

ㄷ. 개인연금은 은행, 보험회사, 투자신탁회사 등 여러 기관에서 취급하고 있으므로 수익률, 연금지급방식, 부대서비스 등 제반계약조건을 비교한 후 선택하는 것이 유리함

ㄹ. 가입자는 만기 전에 연금의 지급 기간 및 지급방법을 변경할 수 있음

ㅁ. 취급하는 신설 개인연금저축의 경우에는 가입자가 저축 가입일로부터 5년 이내에 중도해약하는 경우 불입원급의 누계액(매년 240만 원 한도)에 5%의 가산세가 부과됨

ㅂ. 기존 가입자의 경우 신규가입한 경우 분기별 최고 600만 원까지 가입할 수 있으며, 기존 상품은 300만 원 한도 내에서 비과세, 가입금액의 40% 범위 내 72만 원까지 소득공제가 가능하고, 신규상품은 가입금액의 100% 법위 내 240만 원까지 소득공제가 가능한 반면 연금수령 시 소득세가 부과된(연간 총소득공제한도 312만 원)

ㅅ. 특히 소득공제혜택을 유지하면서 현재 가입하고 있는 개인연금을 다른 기관으로 옮길 수 있음(은행, 보험, 투신 등)

바. 근로자우대신탁

연간 급여총액 3,000만 원 이하 근로자의 재산형성을 돕기 위한 실적 배당 금융상품으로 이자소득세가 면세되는 비과세상품이다. 은행을 비롯한 전 금융기관에서 취급하며, 갓 직장을 갖게 된 근로자나 맞벌이 부부가 가입하기 적당하다.

비과세 가계저축과는 달리 저축계정과 신탁계정 중 하나만 가입할 수 있고, 1인 1통장으로 가입금액은 매월 1만 원에서 50만 원 한도이다.

2-1) 은행업의 현황과 전망

(1) 업계의 현황

가. 산업의 특성

은행은 예금의 예입, 유가증권 기타 채무증서의 발행에 의하여 불특정 다수인으로부터 채무를 부담함으로써 조달한 자금을 대출하는 업무를 통하여 주식회사로서 이익을 창출함은 물론 국민경제의 발전에 이바지하고 있다. 주식회사인 은행은 근본적으로 영리를 추구하는 기업이라는 측면에서 상법을 적용받는 일반기업과 다를 바가 없지만, 경제주체들에게 자금을 공급하는 금융중개기능 등을 수행한다는 측면에서 본다면 수익성뿐만 아니라 공공성 또한 강조되는 특성을 지니고 있다. 현재 우리나라의 은행은 중앙은행인 한국은행과 일반은행 및 특수은행으로 구성되어 있다. 당행과 같은 일반은행은 은행법에 의해 설립된 금융기관으로서 전국을 영업 구역으로 하여 일반대중으로부터 예금 등의 형태로 자금을 취득하는 수신업무, 수취한 자금을 수요자에게 장단기 대출형식으로 공급하는 여신업무, 환업무, 신탁업무 및 신용카드업무 등 광범위한 금융업무를 취급하고 있다.

나. 산업의 성장성

우리나라 은행산업은 1997년 IMF사태 이후, 5개 부실은행의 퇴출, 기업들의 부도로 인한 대규모 부실채권 발생 등 금융 불안 사태를 경험했다. 이후 적극적인 부실채권 감축과 내수 중심의 경기 회복 등에 따라 대부분의 은행들이 수익성 면에서 급속히 회복하였으나, 최근에 들어와서 전 세계적인 경제불황 가능성이 커지고 아울러 국내 경제도 민간 소비 및 건설부문의 성장세가 급격하게 둔화되면서 은행산업의 성장성이 약화되고 있다. 특히 작년 하반기부터 심각해진 개인신용부문의 부실 문제가 당분간 지속될 것으로 보이며, 최근 들어 중소기업부문의 부실 위험도가 커지고 있는 상황에서 은행산업의 성장성은 당분간 둔화되리라 예상된다.

다. 경쟁요소

IMF 금융위기 직후 대규모 부실채권 발생으로 은행이 퇴출되는 초유의 사태를 겪으면서 은행업에서 리스크 관리의 중요성이 크게 부각되었으며, 최근 개인부문의 연체율 급증으로 경쟁요소로서 리스크 관리의 중요성이 더욱 강조되고 있다. 국민은행, 우리금융그룹, 하나은행, 신한금융지주 등 은행업종 내에서 벌어지고 있는 일련의 합병으로 우리나라 은행산업도 금융선진국과 같이 규모의 경제나 시장지배력을 갖추고 금리, 서비스 등을 선도하는 리딩뱅크의 역할을 수행할 수 있는 역량 또한 중요해지고 있다. 또한, IT산업의 눈부신 발전에 따라 인터넷뱅킹, 모바일뱅킹 등 과거와는 다른 영업형태가 전개되고 있어 금융선진국 수준의 금융인프라 구축이나 대규모 전산투자를 감내할 수 있는 수익성을 지니고 있는 은행과 그렇지 못한 은행 간의 격차는 더욱 커질 것으로 보인다. 아울러, 은행산업도 글로벌화되면서 효율적인 리스크관리시스템, 성과중심의 인사 및 보상시스템, 책임과 권한이 명확한 사업부제 등 모든 경영시스템이 Global Standard에 적합하지 않으면 고객과 투자자들에게 신뢰를 얻기 어려운 상황이 되었다.

라. 관련법령 또는 정부의 규제 등

은행은 일반 주식회사와는 달리 금융중개기능 및 통화신용정책 등을 수행하기 때문에 은행의 건전성 유지와 관련하여 아래와 같은 법령 등의 규제를 받고 있다.

　◎ 은행법, 신탁업법, 외국환관리법, 금융산업구조 개선에 관한 법률
　◎ 은행법감독규정 등

(2) 우리나라 금융산업(은행업)의 전망

　은행업계는 M&A열풍이 불 것으로 보인다. 외국 금융기관이나 펀드에 의한 국내은행 지분매입이 늘어날 전망인데 이는 외국 금융기관이 국내 금융산업의 일에 대해 비교적 밝은 전망을 하고 있기 때문이다. 더구나 국내 은행의 지분 이동이 주로 외국펀드에 의해 주도되고 있으며 이들 펀드는 단기차익을 노리고 투자하는 경향이 있다. 미국 투자펀드인 론스타(lone star)가 외환은행 인수를 계기로 국내 은행산업은 토종 big4(국민, 우리, 신한, 하나)와 외국자존이 주인인 medium의 구도로 재편되고 있다. 더구나 국내 은행의 대주주 상당수가 외국펀드이기 때문에 이들의 주도하에 은행의 합종연횡이 활발히 이루어질 것으로 보인다.

　한편 이들 외국 자본들이 참여한 은행들은 국내 소매금융시장 공략에 적극적으로 나서고 있어 국내 은행들과 시장 쟁탈전을 벌일 것으로 전망된다. 외국자본 참여 은행들은 도입 초기인 PB(Private Banking), 모기지론 등을 성장잠재력이 풍부한 매력적인 상업기회로 인식하고 이들 분야에 더욱 공격적인 영업을 펼칠 것으로 예상된다. 이미 제일은행은 기업대출을 축소하면서 소매금융 중심의 영업을 전개하고 있으며 스탠다드차터드 은행도 국내지점을 통한 소비자 금융 업무를 강화하고 있다. 또한 씨티, HSBC 등도 소매금융확대를 위한 영업망 확충 및 가계대출 증대에 적극 나서고 있다.

　이 밖에도 은행들은 수익성 개선을 목적으로 명예퇴직 실시 및 점포 축소 등 내부 구조조정을 본격화할 것으로 예상된다. 또한 비업무용 부동산 매각 및 인터넷 기반의 콜센터 운영을 통한 통신비 절감 등 수익성 개선을 위한 다양한 방안을 추진할 것으로 전망된다. 그리고 은행들은 수익증권판

매와 방카슈랑스 상품판매 확대 등을 통해 수수료 수익비중 확대를 도모할 것으로 보인다. 한편 정부의 강렬한 부동산 가격 안정 대책에 따라 주택 담보 대출의 만기연장 및 신규취급 시 대출요건을 강화할 것으로 전망된다.

3-1) 국민은행

(1) 회사의 현황

'KB국민은행'은 최대경영목표를 '성공적인 통합'으로 정했다. 전 임직원이 철저한 계획을 세우고 관리하고 실천함으로써 통합의 가장 어려운 부분인 IT통합을 2002년 9월 추석을 기해 무난히 마무리 지었고, 이원화된 조직과 채널 그리고 CI 등을 단계적으로 정리하였으며, 인사제도까지 통합하여 명실공히 하나된 통합은행으로 거듭나게 되었다. 또한 중복 자회사를 합병하고, 영업전망이 불투명한 부실 자회사를 매각하는 등 한 해에 4개 자회사를 정리함으로써 자회사 구조조정을 일단락 지었다. 이러한 성과에 힘입어 대외적으로는 세계적 신용기관인 Moody's, S&P, Fitch사 등으로부터 국가 신용등급수준의 신용평가 등급을 받았으며, 세계적인 금융지 ≪The Banker≫誌 국민은행을 3년 연속 한국 최우수은행으로 선정한 바 있다.

그러나 지난 한 해 국내 경기 침체에 따른 가계여신 및 신용카드의 연체 증가, SK글로벌 사의 회계분식, LG카드사태 등 계속되는 금융시장의 혼란으로 많은 어려움을 겪었다. 그러한 환경 속에서 국민은행은 국민카드사 합병으로 인한 경영 불확실성 해소, 정부의 당행 지분 전량매각 완료, 120여 개 영업점의 통폐합 등 지속적 구조조정 진행, 모바일뱅킹 서비스, 방캉슈랑스 등 신규 수익원 발굴 등을 위해 노력하였다.

(2) 목적사업

목적사업	비 고
▶ 은행법에 의한 은행업무 ▶ 신탁업법에 의한 신탁업무 ▶ 여신전문금융업법에 의한 신용카드업무 ▶ 전 각호에 부수 또는 관련되는 업무 ※ 은행은 상기업무 이외에 관계법령에 의한 인가권자의 인가를 얻어 다른 업무를 겸영할 수 있음	-

(3) 재무정보

(단위: 백만 원)

구 분	제4기 1분기	제3기	제2기	제1기	제38기
현금 및 예치금	4,913,459	6,526,345	4,599,356	7,503,624	6,355,464
유가증권	26,820,606	26,908,462	30,940,750	33,417,354	19,351,305
대출채권	139,559,426	141,143,674	126,730,561	107,029,959	50,570,411
고정자산	2,948,580	3,019,556	3,092,616	2,924,471	1,272,126
기타자산	10,104,407	6,484,239	6,135,558	6,018,394	3,972,267
자산총계	184,346,478	184,082,276	171,498,841	156,893,802	81,521,573
예수금	130,637,739	132,180,272	123,109,653	115,161,304	56,522,145
차입금	13,905,133	10,902,800	10,690,754	12,556,052	7,066,273
사채	16,456,920	19,192,581	17,539,007	9,076,028	6,674,942
기타 부채	14,608,372	13,392,109	9,784,798	11,186,876	7,001,692
부채총계	175,608,164	175,667,762	161,124,212	147,980,260	77,265,052
자본금	1,681,896	1,681,896	1,641,293	1,498,487	1,698,067
자본잉여금	6,230,738	6,230,738	5,864,752	5,683,964	1,600,590
이익잉여금	1,813,056	1,662,119	2,742,335	1,427,475	875,045
자본조정	(987,376)	(1,160,239)	126,249	303,616	82,819
자본총계	8,738,314	8,414,514	10,374,629	8,913,542	4,256,521
부채와 자본총계	184,346,478	184,082,276	171,498,841	156,893,802	81,521,573
매출액	4,982,799	15,556,986	15,584,501	10,993,905	8,851,893
영업이익	211,460	76,084	2,265,765	845,546	893,627
경상이익(손실)	228,517	(1,146,444)	1,893,618	1,092,251	1,039,396
당기순이익(손실)	151,258	(753,348)	1,310,291	740,565	719,700

주) 제38기는 구)국민은행 금액임

(4) 지점설치현황

(단위: 개점)

지 역	지 점	출장소	사무소	합 계
서울특별시	458	16	–	474
부산광역시	84	2	–	86
대구광역시	54	3	–	57
인천광역시	52	3	–	55
광주광역시	24	0	–	24
대전광역시	31	4	–	35
울산광역시	15	0	–	15
경기도	211	10	–	221
강원도	13	1	–	14
충청북도	17	1	–	18
충청남도	22	2	–	24
전라북도	20	0	–	20
전라남도	17	1	–	18
경상북도	28	3	–	31
경상남도	33	1	–	34
제주도	6	0	–	6
계	1,085	47	–	1,132

주) 지점에는 본점이 3개 지점으로 포함됨(RM, PB점포의 경우 지점에 포함하여 작성)

(5) 사업내용

【예금상품】

가. 입출금이 자유로운 예금

상품명	주요 내용	기 간	최저예수금
보통예금	- 가입대상: 제한 없음	1일 이상	1원
저축예금	- 가입대상: 개인	1일 이상	1원
인터넷 저축예금	- 가입대상: 개인 - 우대서비스: 자동화 기기 및 전자금융 수수료 면제	1일 이상	1원
국민아파트 생활통장	- 가입대상: 아파트관리사무소(대표자) 또는 아파트 관리비 자동납 부를 원하는 개인 - 관리사무소 통장과 입주민의 관리비 자동납부 통장을 연결 관리	1일 이상	1원

상품명	주요 내용	기 간	최저예수금
KB우대 저축통장	- 가입대상: 개인 - 금리: 매일 최종 잔액별로 차등금리 적용	1일 이상	500만 원 (단, 계좌개설 후에는 제한 없음)
기업자 유예금	- 가입대상: 법인 및 개인사업자	1일 이상	1원
KB우대 기업통장	- 가입대상: 법인 및 개인사업자 - 금리: 예치 후 8일 이상 경과한 예금의 매일 최종 잔액에 대해 차등금리 적용	1일 이상	1억 원 (단, 계좌개설 후에는 제한 없음)
당좌예금	- 가입대상: 법인 또는 개인사업자로 일정한 자격을 갖춘 자	1일 이상	1원
가계당좌예금	- 가입대상: 개인 또는 개인사업자로 일정 자격을 갖춘 자	1일 이상	1원

나. 종합통장

상품명	주요 내용	기 간	최저예수금
KB종합통장	- 가입대상: 개인 - 모계좌: 보통, 저축, 가계당좌예금 - 연결계좌: 당행 모든 예금 및 신탁	- 1일 이상 - 단, 연결계좌는 개별기준에 따름	- 1원 - 단, 연결계좌는 개별기준에 따름
KB기업 종합통장	- 가입대상: 법인 및 개인사업자 - 모계좌: 보통, 가계당좌, 기업자 유예금 - 연결계좌: 당행 모든 예금 및 신탁	- 1일 이상 - 단, 연결계좌는 개별기준에 따름	- 1원 - 단, 연결계좌는 개별기준에 따름

다. 여유자금 운용에 유리한 상품

상품명	주요 내용	기 간	최저예수금
일반정기예금	- 가입대상: 제한 없음 - 이자지급방법: 월이자지급식, 만기이자지급식	- 1개월 이상 5년 이내	10만 원
국민수퍼 정기예금	- 가입대상: 제한 없음 - 금리구조: 고정금리형, 실세금리연동형 - 이자지급방법: 월이자지급식, 만기이자지급식, 월복리식 - 분할인출 가능(고정금리형, 3회 이내)	- 1개월 이상 3년 이내 - 월복리식: 1년 이상	100만 원
KB리더스 정기예금 KOSPI200 (12호)	- 가입대상: 제한 없음 - 상품유형: 안정수익, 상승수익, 하락·상승 수익추구형 - 적용금리: 주가지수 등락에 따라 변동 ◎ 안정수익추구형: 최저 0%~최고 연 8.0% ◎ 상승수익추구형: 최저 0%~최고 연 11.0% ◎ 하락·상승수익추구형: 최저 0%~최고 연 16.45%	- 1년	500만 원
KB절세형 정기예금	- 가입대상: 거주자인 개인 - 이자지급방법: 월이자지급식, 연이자지급식, 만기이자지급식 - 종합과세 및 분리과세 자유롭게 선택	- 5년	5,000만 원
양도성예금	- 가입대상: 제한 없음 - 이자지급방법: 이자 선지급 방식 - 발행방법: 액면금액에서 할인액을 차감한 금액을 선급하여 매출한 후 만기 시 액면금액으로 상환	- 30일 이상	500만 원

라. 목돈마련에 유리한 상품

상품명	주요 내용	기 간	최저예수금
일반정기적금	- 가입대상: 제한 없음	- 6개월 이상 3년 이내	1만 원
KB상호부금	- 가입대상: 제한 없음 - 저축방법: 정액적립식, 자유적립식 - 우대서비스: 급부대출, 만기부금편리 대출, 부금담보대출	- 6개월 이상 5년 이내	5만 원
'내집마련' 주택부금	- 가입대상: 개인 - 우대서비스: 주택자금 및 가계일반자금 대출	- 1, 2, 3, 4, 5년	5만 원
캥거루통장	- 가입대상: 만 19세 미만인 거주자 - 월저축금: 월 500만 원 이내에서 3만 원 이상 1만 원 단위 로 자유롭게 저축 - 우대서비스 ◎ 상해보험 무료가입 ◎ 3회까지 분할 인출 가능 (재예된 계좌에 한함)	- 2년(2년 단위 자동 재예치)	10만 원
KB카드 우대적금	- 가입대상: KB카드를 보유한 개인(1인 1계좌) - 저축방법: 월 10만 원 이상 1만 원 단위 정액적립 - 우대서비스: 연이율 1.0%p에 해당하는 금액을 현금지급(지급 요건 충족 시)	- 1년	10만 원

마. 청약 관련 상품

상품명	주요 내용	기 간	최저예수금
주택청약예금	- 가입대상: 당해 주택건설 지역에 거주하는 만 20세 이상의 개인 또는 세대주 - 순위발생: 가입 후 2년 경과 시 1순위 발생	- 1년(1년 단위 자동 재예치)	지역별 · 평형별 해당예치금액
주택청약부금	- 가입대상: 당해 주택건설 지역에 거주하는 만 20세 이상의 개인 또는 세대주 - 저축방법: 정액적립식, 자유적립식 - 순위발생 ◎ 1순위: 가입 후 2년 이상 경과하고 납입인정금액이 지역 별 청약예금 예치금액 이상인 경우 ◎ 2순위: 가입 후 6개월 이상 경과하고 납입인정금액이 지 역별 청약예금 예치금액 이상인 경우	- 정액적립식: 2, 3년 - 자유적립식: 2, 3, 4, 5년	- 정액적립식: 10만 원 - 자유적립식: 5만 원
20대자립통장 청약예금	- 가입대상: 당해 주택건설 지역에 거주하는 만 20세 이상 35세 이하의 개인 - 우대서비스 ◎ 군생활 중 군인상해, 기타 기간 중 다양한 상해사고 보장	- 1년 (1년 단위 자동 재예치)	지역별 · 평형별 해당예치금액
20대자립통장 청약부금	- 가입대상: 당해 주택건설 지역에 거주하는 만 20세 이상 35세 이하의 개인 - 저축방법: 자유적립식 - 우대서비스 ◎ 군생활 중 군인상해, 기타 기간 중 다양한 상해사고 보장	- 2년	- 30만 원

바. 비과세 상품

상품명	주요 내용	기 간	최저예수금
장기주택 마련저축	- 가입대상: 만 18세 이상 무주택 세대주 또는 전용면적 85㎡ 이하의 1주택 소유 세대주 - 혜택 ◎ 이자소득에 대해 비과세 ◎ 연말정산 시 소득공제 ◎ 긴급자금대출, 주택자금대출 등	7, 8, 9, 10년	1만 원

【주택자금대출 및 부동산담보대출】

가. 자금별 대상자 및 주요 내용

자금용도	대상자	주요 내용
구입자금 (경락포함)	주택을 구입하는 자	매매계약 체결일로부터 소유권 이전 후 3개월 이내 신청
중도금 납입자금	- 주택사업자로부터 공동주택을 분양받아 총분양대금의 10% 이상을 납부하고 분양계약을 체결한 자 - 조합주택(지역·직장·재건축·재개발)의 조합원 - 분양(조합)주택 전매로 총 구매대금의 10% 이상을 납부하고 분양계약을 승계한 분 ※ 계약금을 제외한 미 납입금액에 한하여 대출신청	- 분양계약 체결 후부터 분양대금 완납 전까지 ※ 소유권 보존등기 완료 후에는 구입 자금 또는 신축자금(조합원)으로 신청
신축자금	자기명의의 대지에 주택을 신축하고자 하는 자	건물착공 전 또는 소유권 보존등기일로부터 3개월 이내 신청
전세자금	임차보증금의 10% 이상을 계약금으로 지불하고 주택 임대차계약을 체결한 자로서 주민등록등본상 부양가족이 있는 만 20세 이상인 세대주	- 계약서상 입주일 또는 주민등록등본상 전입일 중 빠른 날로부터 3개월 이내 신청 - 계약갱신의 경우 계약갱신일부터 3개월 이내 신청
리폼자금	주택을 리폼(증축 또는 수선 등)하고자 하는 자	건축허가(신고)일 또는 공사계약일로부터 준공 전까지 신청
For You 장기대출 (구입, 담보)	주택(보동산 포함)을 구입(경락), 담보제공하는 분 ※ 주택 이외 부동산은 담보대출로 운용	- 주택자금은 매매계약 체결일로부터 소유권 이전 후 3개월 이내 신청 - 거치 기간: 총 대출 기간의 30% 범위 이내에서 3년 이상 10년 이내 연 단위 - 총 대출 기간: 10년 이상 35년 이내 - 거치 기간 중 고정금리 적용하며 거치 기간 종료 후 12개월 주기별 변동이율을 만기까지 적용

자금용도	대상자	주요 내용
3, 6, 12개월 주기별 변동금리부 부동산담보대출	본인 또는 제3자 소유 주택 또는 일반부동산 담보제공자	- 대출금액: 담보사정가격 범위 이내(단, 통장자동대출은 3억 원 이내) - 주택담보: 최장 35년 이내 - 일반부동산: 최장 15년 ※ 통장자동대출은 5년 이내 6, 12개월 주기로만 가능

나. 대출한도: 자금별 소요자금에 대한 대출비율 및 담보평가 금액 범위 이내

다. 대출 기간: 최장 35년 이내에서 월단위로 지정하며, 분할상환 방법의 경우에는 대출 기간의 30% 이내에서 최장 5년까지 거치 기간 지정 가능. 단, 전세자금은 최장 8년 이내

상환방법		주요 내용
분할상환	원금균등상환	할부금 납입 시마다 일정 금액의 원금이 상환되어 할부금이 감소하는 방식
	원리금균등상환	매월 할부금이 같으며, 대출 초기에는 할부금 중 대부분이 이자로 상환되며 기간의 경과에 따라 이자는 줄어들고 원금상환금액은 늘어나는 방식
	고객지정 원금상환	매월 상환되는 원금을 고객이 지정하는 방식으로 필요시마다 상환원금의 변경이 가능함. 만기에 잔액이 남아 있을 경우 일시에 상환
	일시상환	매월 이자만 납부하고 원금은 만기에 일시상환하는 방식으로 5년 이하의 단기대출만 해당

라. 상환방법: 아래의 상환방법 중 고객이 지정 주) 1. 할부금고정제도: 대출 기간 10년 이내의 원리금균등 분할상환대출에서 금리변동 시에도 최초의 할부금이 만기까지 유지되며, 만기에 잔액이 남을 경우 일시에 상환하는 제도 (대출신청 시 고객별도 신청) 2. 분할상환 방법은 대출취급 후에도 고객 요청 시 상환방법 변경이 가능 3. 전세자금대출은 원(리)금분할상환 방법만 적용

■ For You 스타론
- 대상대출: 부동산담보대출(구입자금 포함)
- 금융서비스: 금리할인 옵션서비스
ㅇ 고객이 일정 금리할인율을 지정하면 당초 대출금리에서 지정할인율을 차감 적용하여 대출금리를 인하시켜 주고 그 대가로서 고객이 금리할

인수수료를 지불하는 개념

■ 공사모기지론 주요 내용
- 대상자: 주택의 구입, 보전, 상환용도의 자금이 필요한 소득증빙이 가능한 만 20세 이상 만 65세 이하의 국내에 거주하는 국민
- 주요 내용
◎ 대출만기는 20, 15, 10년이며 대출 기간 동안 고정금리를 적용하고 상환방식은 원리금 균등분할상환 방식
◎ 1년의 거치 기간 설정이 가능하며, 대출금액의 20%까지 만기에 일시상환할 수 있는 옵션 선택 가능
◎ 대출금액은 2천만 원 이상 2억 원 이하에서 백만 원 단위로 취급
◎ 개인별 소득금액과 부채금액에 따라 담보인정비율(LTV)을 차등 적용
◎ 한국주택저당공사와의 기본업무 협약 및 양수도 확약에 의해 취급하며 취급개시 후 일정 기간마다 저당 채권을 공사로 양도

【CSS 및 기타 대출】

상품명	대 상	최고한도	기 간
CSS평가에 의한 신용대출	CSS평가 후 대출적격 판정을 받은 자	- 동일인당 무보증 최고 5천만 원 - 보증인 입보 시 1억 원	- 일시상환: 1년 이내, 기한연장 시 최장 10년 - 분할상환: 5년 이내
예·적금담보 대출	본인 및 제3자 명의의 당행 예·적금에 가입한 자	예·적금 납입 범위 내	- 예·적금만기일 이내
적금대출	정액적립식정기적금: 월순에 따라 계약 기간의 1/4회차 이상 연체 없이 납입한 자	(적금계약액 - 해지원리금) 이내	- 적금만기일 이내 - 1년 미만 경우는 1년
	자유적립식정기적금: 계약 기간의 1/4 이상 경과한 자	(적금평잔의 8배 - 해지원리금) 이내	
상호부금 급부금대출	부금급부대출: 부금 1/4회차 이상 납입한 자	- 정액적립식: (계약액 - 해지액) 이내 - 자유적립식: (부금평잔의 10배 - 해지액) 이내	- 부금만기일 이내 - 1년 미만 경우는 1년
KB우대고객에 대한 신용 대출	국민은행 선정 KB우대고객(VIP, 최우수, 우수, 우대 고객)	동일인당 최고 1억 원	- 일시상환: 1년 이내, 기한연장 시 최장 10년 - 분할상환: 5년 이내

상품명	대 상	최고한도	기 간
군인생활 안정자금대출	중사 이상 5년 이상 복무자로서 소속 부대장 발급'군인생활안정 자금융자추천서'로 대출을 신청 하는 자	최고 2천만 원 이내로 군인생활 안정자금 추천서장금액. 단 퇴직 금의 1/2 범위 내에서 최고 5 천만 원 이내	− 3년 이내 만기일시상환 − 3년 초과 10년 이내 원리금 균등 또는 원금 균등분할상환
군인연금 수급권자에 대한 대출	군인연금수급권자로서 당행에 연 금수령계좌를 보유하고 있는 자	최고 1천만 원 이내	− 5년 이내 원리금균등 분할상환
공무원연금 수급권자에 대한 대출	당행에 공무원연금 수령계좌 보 유자	최고 2천만 원 이내	− 5년 이내 원리금균등분 할상환
치과개원의에 대한 대출	(주)오스템추천고객	신용대출로 최고 1억 5천만 원 이내 단, 공동차주 시 3억 원	− 3년 만기 일시상환 − 3년 이내 원리금균등상환
선생님 우대대출	초·중·고교 및 대학교(전문대 학 포함) 교직원 및 국·공립초 등학교 병설유치원 교사로서 대 출신청일 현재 재직하고 있는 자	개인신용등급별 차등 최고 6천 만 원 이내	1년 이내 만기일시상환(기한연 장 시 최장 10년) 5년 이내 분 할상환
거래실적에 의한 종합통장자동 대출	− 한가족알찬통장등 종합 통장 3개월 이상 거래 자 − 최초 급여이체일로부터 3개 월 이상 급여 이체자	모계좌 예금 및 연결계좌예금평 잔, 급여이체 실적, 자동이체실 적 등에 의해 실적한도산정	− 1년 이내 만기일시상환 − 5년 이내 분할상환
공무원가계자 금대출	현직 공무원으로서 '공무원가계 자금융자추천서'로 대출을 신청 하는 자(군무원 포함)	퇴직금의 1/2 범위 내에서 5천 만 원 이내	− 3년 이내 만기일시상환 − 3년 초과 10년 이내 원리금 균등 또는 원금 균등분할상환
에이스전문직 대출	일정한 국내 자격증을 소지한 현 직 종사자로 의사(한의사, 수의 사 포함), 변호사 등 전문직 종 사자	무보증 최고 5천만 원	− 1년 이내 일시상환식 − 5년 이내 원금 또는 원리금 균등분할상환
이체자금대출	한가족알찬통장, 만수무강통장 등 종합통장을 모계좌로 하여 정기적 지급금 또는 자동이체출 금을 연결등록한 고객	100만 원 이하	1년 이내, 특별한 사유가 없는 한 1년 단위로 자동연장
전자자동대출	텔레뱅킹, 인터넷뱅킹 가입고객 중 전자자동대출거래약정을 체 결한 당행 KB우대고객 또는 예 수금 거래자	− KB우대고객별 무보증 한도 − 예적금납입액 범위 내	− 종합통장자동대출: 1년(최장 10년까지 연장 가능) − 예적금담보대출: 해당 예적 금 만기일 이내
부부사랑 신용대출	대출상담표에 의해 대출 상담 후 대출가능 여부로 판정된 부부로 서 만 27세 이상 55세 이하인 자	− 연소득 범위 내 최고 10백만 원 − 연소득이 5백만 원 미만일 경우 5백만 원까지 취급	원금·원리금균등 분할상환(5년 이내)
'캥거루가족레 저통장' 가입자에 대한 무보증대출	'캥거루가족 레저통장'에 가입한 고객으로서 소득, 재산세 등 일 정 기준을 만족하는 자	무보증 300만 원 이내	1년 일시상환, 3년 원리금균등분할상환
플래티늄카드 가입고객에 대한 대출	당행 플래티늄카드 발급고객(본 인회원에 한함)에 대한 가계대출	최고 5천만 원	− 1년 이내 일시상환 − 5년 이내 분할상환

상품명	대 상	최고한도	기 간
복리후생 인터넷대출	e - Xanadu 회원사 소속 임직원으로서 당행에서 대출승인을 받은 정식직원	대출한도 및 대출금리는 회원사 신용도 및 직급에 따라 차등 승인된 금리를 적용	- 1년 이내 일시상환 - 5년 이내 원금 또는 원리금 균등분할상환

【일반운전자금대출】

가. 원화대출금 부문

상품명	주요 내용	대 상	기 간
외상매출채권 전자대출(순구매, 역구매)	구매기업과 판매기업 간의 물품 거래와 관련하여 발생하는 매출 채권을 담보로 당행이 인터넷 등 전자적 방법에 의해 판매기업에게 물품 대금을 선지급(대출)하고, 일정 기간 경과 후 구매기업으로부터 대출금을 상환받는 제도임	- 순구매: 다수의 판매업체로부터 납품받는 신용상태 양호한 구매기업 - 역구매: 다수의 대리점 또는 특약점 형태로 상품을 판매하는 신용상태 양호한 판매기업	최장 10년 이내
기업구매자금 대출	사업자등록증을 교부받은 기업 간의 거래와 관련하여 그 기업의 사업 목적에 부합하는 경상적 영업활동으로써 재화 및 용역을 구매하는 기업에 대하여 환어음(인터넷 방식 또는 판매대금 추심의뢰서) 결제를 위해 취급하는 대출	사업목적에 부합하는 경상적 영업활동으로써 재화 및 용역을 구매하는 업체	최장 10년 이내
구매카드대출(순구매, 역구매) 구매카드(순구매, 역구매)	구매기업과 판매기업 간의 물품 거래와 관련하여 발생하는 납품대금을 구매카드시스템 등 전자적 방법에 의해 당행이 구매기업을 대신하여 판매기업에게 대금을 선지급하고 일정 기간 경과 후 구매기업으로부터 물품대금을 상환받는 제도	- 순구매: 다수의 판매업체로부터 납품받는 신용상태 양호한 구매기업 - 역구매: 다수의 대리점 또는 특약점 형태로 상품을 판매하는 신용상태 양호한 판매기업	최장 10년 이내
Medical Loan	국민건강보험공단에 의료급여비 또는 요양급여비 청구채권을 보유하는 병원, 의원, 약국 등에 대하여 동 청구채권을 담보로 취급하는 대출	국민건강보험법 제40조(요양기관) 또는 의료급여법 제9조(의료급여기관)	최장 10년 이내
기업일반운전 자금대출	기업의 운영에 필요한 자금을 지원하는 대출	사업자등록증소지자	최장 3년 이내
기업일반시설 자금대출	건물, 공장, 기계 등 고정적인 설비의 취득, 신설, 확장 등 일체의 시설설치에 소요되는 자금과 이에 수반되는 부대비용 지출에 소요되는 자금을 대출	대상시설: 대출신청일 현재 계획 중인 시설 및 신청일로부터 소급하여 3개월 이내 설치된 시설	최장 10년 이내
단기시설자금 대출	일반시설자금대출과 동일하나, 단기 일시상환 방식의 대출	대상시설: 대출신청일 현재 계획 중인 시설 및 신청일로부터 소급하여 3개월 이내 설치된 시설	3년 이내
장기운전자금 대출	특정용도(창업비, 연구개발비, 임차자금 등)의 운전자금을 소요자금으로 하는 장기성 대출 상품	- 당행 선정 중점육성기업 - 당행기업신용등급 BB등급 이상인 기업	5년 이내

상품명	주요 내용	대 상	기 간
기업종합통장 자동대출	기업종합통장 가입자에 대한 약정한도 범위 내에서 수시 입출금식 대출 상품	- 사업등록증 소지자로서 - 기업운영자금이 필요한 자	최장 3년 이내
사모사채인수	사채발행회사의 중장기 자금지원	자산 신용상태가 우량한 기업	사채상환 기일 이내
원화·외화 지급 보증	거래기업에 대한 당행의 지급보증서 발급으 로 영업활동 및 기타 기업활동에 대한 간접 지원 상품	- 융자담보지급보증 - 상업어음보증 - 사채발행지급보증 - 기타(계약이행보증, 관세 보증 등)	최장 5년 이내
기업운전 급부금	상호부금가입자에 대한 대출 상품	상호부금 가입자	5년 이내
총액한도대상 할인어음	중소기업 간 경상적 영업활동에 따른 자금결 제를 위해 발행된 어음을 은행이 할인하는 제도	중소기업이 할인 의뢰한 상업어음	어음지급기일
지정어음할인	정기 심사 시 본부에서 선정한 업체가 발행 또는 직전배서하거나 할인 의뢰한 상업어음 을 인적, 물적 담보 없이 할인하는 제도	법인 및 개인 기업	한도거래: 1년 이내 건별거래: 어음의 지급기일
기타 할인어음	총액한도대상 외 어음(자기발행어음 등)을 할 인하는 제도	제한 없음	어음지급기일
기업당좌대출	당행과 당좌예금 거래 중인 업체가발행한 어 음 및 수표를 약정한도 범위 내에서 대출로 결제하는 제도	당좌 거래 중인 기업	1년 이내
기금대출 (정책자금 대출)	대외기관과의 협약에 의해 당해 기관에 조성 된 기금에서 차입하여 실수요자에 지원하는 대출 상품	협약기관에서 추천한 기업	협약체결 기간 범위 내
분양주택건설 자금대출	1단지 2호(세대) 이상의 주택을 자기소유의 대지에 건설하여 분양하고자 하는 자에 대한 대출	사업자등록 소지자	최장 3년 이내
건설업자운전 자금대출	1단지 내에 20호(가구) 이상의 주택을 건설 하여 분양 또는 임대하고자 하는 자에 대한 대출	주택건설사업등록업자	3년 이내
대지구입자금 대출	1단지 2호(가구) 이상의 주택을 건설하여 분 양하기 위하여 대지를 구입하고자 하는 자에 대한 대출	법인 및 개인기업	1년 이내에서 입주자모집 공고기일 이내
주택조합에 대한 주택사업비 대출	조합설립 인가를 득한 재건축 또는 재개발 주택조합으로서 시공사가 다음 각 호의 1에 해당하는 주택조합에 대한 대출 - 당행 고객등급BB 이상인 기업 - 기업어음신용등급 A3급 또는 회사채 신용 등급 BBB급 이상인 기업	조합설립 인가를 득한 재건축 또는 재개발 주택조합	최장 3년 이내

나. 외화대출금 부문

상품명	주요 내용	대 상	통 화	기 간
일반외화대출(운전)	당행이 조달한 외화자금을 재원으로 지원하는 대출	운전 및 시설자금의 용도에 부합하는 자금지원을 요청한 기업으로 별도 제한 없음	USD JPY EUR	최장 10년 이내
일반외화대출(시설)				
특별외화대출	한국은행으로부터 외화대출용 수탁금을 차입하여 운전 및 시설자금으로 취급하는 대출			

【신 탁】
가. 신탁상품 부문

상품명	주요 내용	신탁 기간
특정금전신탁	– 가입대상: 제한 없음 – 위탁자가 자산운용 대상·방법을 지정 – 위탁자별 단독운용/관리 상품	계약으로 정함
단위금전신탁	– 가입대상: 제한 없음 – 신탁종류(주식편입 비율에 따라): 성장형, 안정 성장형, 안정형, 채권형 – 신탁 기간 만료 시 펀드 청산	판매 개시일로부터 3개월 이상 펀드별 구분
(신)추가금전신탁	– 가입대상: 제한 없음 – 신탁종류(주식편입 비율에 따라): 성장형, 안정 성장형, 안정형, 채권형 – 추가입금과 일부 해지 가능	매 신탁건별로 3개월 이상 펀드별 구분
신노후생활 연금신탁	– 가입대상: 만 18세 이상의 개인 – 신탁종류: 적립식, 즉시 연금식 – 1년 이상 경과 후 해지 시 중도해지수수료 면제 – 은행에서 원금보장	– 적립 기간: 수익자 연령 40세 이상 – 연금지급 기간: 5년 이상 연 단위
연금신탁	– 가입대상: 만 18세 이상 개인 – 분기당 300만 원까지 불입 가능 – 연간 불입액의 100%까지(240만 원 한도) 연말 소득공제 혜택	– 적립 기간: 10년 이상 수익자 연령 55세 이상까지 – 연금지급 기간: 5년 이상
퇴직신탁	– 가입대상: 근로기준법상 퇴직금제도를 적용받는 업체(상시 5인 이상 업체) – 수익자: 위탁자의 퇴직신탁 가입 근로자 및 임원 – 신탁이익에 대해 원천징수 면제	신탁계약 해지일 또는 퇴직일
부동산 투자신탁	– 가입대상: 제한 없음 – 부동산의 매입·개발, 부동산대출, 부동산 관련 유가증권에 투자	모집펀드별로 구분
(신)신근로자 우대신탁	– 가입대상: 연 급여 3천만 원 이하 근로자 – 분기당 150만 원 이내 불입 가능 – 신탁이익에 대해 전액 비과세	3년 이상 5년 이하 월단위

상품명	주요 내용	신탁 기간
적립식목적신탁(실적)	– 가입대상: 제한 없음 – 자유적립식 – 이익원가식, 이익복리식, 이자지급식 운영	1년 6개월 이상 월단위
비과세가계신탁	– 가입대상: 개인(1세대 1통장) – 분기당 300만 원까지 불입 가능 – 신탁이익 전액 비과세	3년 이상 5년 이하 월단위
신종적립신탁	– 가입대상: 제한 없음 – 자유적립식 – 만기 후 분할인출 가능	1년 6개월 이상 월단위
(신)개인연금신탁	– 가입대상: 만 20세 이상 – 분기당 300만 원까지 가입 가능 – 이자 연간 불입액의 40%까지(72만 원 한도) 연말 　소득공제 혜택 – 은행에서 원금보장	– 적립 기간: 10년 이상 수익자 　연령 55세 이상까지 – 연금지급 기간: 5년 이상
유가증권신탁	– 가입대상: 제한 없음 – 수탁 유가증권의 보관, 관리, 처분서비스	계약으로 정함
금전채권신탁	– 가입대상: 자산유동화법률에 의하여 자산유동대상 　자산을 가진 자 – 금전채권을 수탁받아 수익자를 위하여 추심 등 관 　리처분할 것을 목적으로 하는 신탁	계약으로 정함
동산·부동산 신탁	– 가입대상: 제한 없음 – 동산·부동산을 관리, 처분, 담보 및 개발을 목적 　으로 수탁받아 운용하고, 신탁종료 시 그 현상대로 　교부하는 신탁	계약으로 정함

나. 신탁대출 부문

상품명	대 상	최고한도	기 간
가계자금대출	개 인	담보물 및 소요자금 등에 대한 대출비율 범위 내	5년 이내 (주택자금은 10년 이내)
기업자금대출	기업(개인사업자 포함)		운전자금 3년 이내 (시설자금은 10년 이내)
수익권담보대출	당행 금전신탁가입자	○ 장부가평가상품: 표면잔액의 　90% 이내 ○ 시가평가상품: 기준 금액의 　신탁종류별 담보비율 범위 내	당해 신탁의 해지일 이내

【투자신탁상품】

유 형	상품명	주요 내용	특 징
MMF	클린 MMF	- 투자 기간: 30일 이상 - 가입대상: 개인, 법인 - 신탁재산운용 ◎ 국공채, 통안채 ◎ 우량 유동자산 등	장부가 계산방식으로 안정적인 수익률을 창출하는 단기상품
	신종 MMF	- 투자 기간: 1일 이상 - 가입대상: 개인, 법인 - 신탁재산운용 ◎ 국공채, 통안채 ◎ 우량 유동자산 등	
채권형 투자신탁	본드플러스채권투자 신탁	- 투자 기간: 1년 이상 - 가입대상: 개인, 법인 - 신탁재산운용 ◎ 국공채, 통안채, 회사채 등	해외채권과 국내채권에 함께 투자, 보수적이며 안정적 수익창출
	KB국공채단기채권 1	- 투자 기간: 90일 이상 - 가입대상: 개인, 법인 - 신탁재산운용 ◎ 국공채, 통안채 등	채권형 단기투자상품단기채 위주 듀레이션유지전략을 통한 안정적 수익 추구
	Big & Safe적립식 채권투자신탁	- 투자 기간: 12~36개월(월단위) - 가입대상: 개인, 법인 - 신탁재산 운용 ◎ 채권 60% 이상 등	저평가 채권을 발굴하여 소액 장기투자를 통해 장기 안정적인 수익 추구
	LG국공채06채권투자 신탁	- 투자 기간: 180일 이상 - 가입대상: 개인, 법인 - 신탁재산 운용 ◎ 국공채 60% 이상	국공채 위주 투자로 안정성을 강조한 클린펀드
	KB국공채 인덱스 알파 장기 채권투자신탁	- 투자 기간: 365일 이상 - 가입대상: 개인, 법인 - 신탁재산 운용 ◎ 채권 및 채권 관련 파생 상품 70% 이상	장기 투자로 인한 금리위험 회피 및 장기 안정적인 수익률 추구
혼합형 투자신탁	KB스타 블루혼합투자신탁	- 투자 기간: 90일 이상 - 가입대상: 개인, 법인 - 신탁재산운용 ◎ 주식 30% 이하 등	고배당, 가치주에 투자함으로써 안정적 초과수익 추구
	베스트클릭90혼합투 자신탁	- 투자 기간: 90일 이상 - 가입대상: 개인, 법인 - 신탁재산운용 ◎ 주식 30% 이하 등	- ING의 금융공학을 활용한 원금보존 추구형 - NAV 최대치의 90% 이상 가치 유지
	베스트클릭80혼합투 자신탁	- 투자 기간: 90일 이상 - 가입대상: 개인, 법인 - 신탁재산운용 ◎ 주식 40% 이하 등	- ING의 금융공학을 활용한 원금보존 추구형 - NAV 최대치의 80% 이상 가치 유지

유 형	상품명	주요 내용	특 징
혼합형 투자신탁	베스트클릭100혼합 투자신탁	- 투자 기간: 90일 이상 - 가입대상: 개인, 법인 - 신탁재산운용 ◎ 주식 30% 이하 등	- ING의 금융공학을 활용한 원금보존 추구형 - 가입 후 5년 경과 시 NAV 최 대치의 100% 이상 가치 유지
	삼성 멤버스95혼합 투자신탁	- 투자 기간: 180일 이상 - 가입대상: 개인, 법인 - 신탁재산운용 ◎ 주식 30% 이하	시스템 운용펀드로서 투자원금의 95% 보존추구형 상품
	KB스타 적립식혼합투자신탁	- 투자 기간: 18개월 이상 - 가입대상: 개인, 법인 - 신탁재산 운용 ◎ 주식 30% 이하 등	적립식 불입으로 인한 분산투자 효과로 평균화효과이익(Cost Average Effect) 추구
	미래 인디펜던스50 혼합투자신탁	- 투자 기간: 90일 이상 - 가입대상: 개인, 법인 - 신탁재산 운용 ◎ 주식 50% 이하	- 안정성장형 뮤추얼펀드 - 채권과 주식의 적정 Portfolio 배분으 로 안정적인 수익 추구
주식형 투자신탁	KB 스타 레드주식투자신탁	- 투자 기간: 90일 이상 - 가입대상: 개인, 법인 - 신탁재산운용 ◎ 주식 60% 이상 등	저평가 성장주식에 투자하는 고수익, 고 위험 상품
	미래 솔로몬 선취형주식 1	- 투자 기간: 없음 - 가입대상: 개인, 법인 - 신탁재산운용 ◎ 주식 60% 이상 등	- 판매한도 1,000억 원 - 고수익, 고위험 상품 - 선취보수 수취로 환매가 자유로움
	KB스타 적립식주식투자신탁	- 투자 기간: 36개월 이상 - 가입대상: 개인, 법인 - 신탁재산 운용 ◎ 주식 60% 이상 등	적립식 불입으로 인한 분산투자 효과로 평균화효과이익(Cost Average Effect) 추구
	국민 1억 만들기 주식투자신탁	- 투자 기간: 36개월 이상 - 가입대상: 개인, 법인 - 신탁재산 운용 ◎ 주식 60% 이상 등	- 평균화 효과이익(Cost Average Effect) 추구 - 목표금액 조기 달성 시 자동 해지
	템플턴그로스주식투 자신탁 3호	- 투자 기간: 90일 이상 - 가입대상: 개인, 법인 - 신탁재산 운용 ◎ 주식 60% 이상	Bottom-up 방식에 의한 가치주 투자 로 장기 안정적 고수익 추구
	Step-Up비과세장 기주식투자신탁	- 투자 기간: 1년 이상 - 가입대상: 세법상 거주자 - 신탁재산 운용 ◎ 주식 60% 이상	- 1년 이상 투자 시 비과세 혜택 - 다단계 보존기법을 통해 변동성을 활 용한 수익 창출
	삼성 인덱스알파주식투자 신탁1호	- 가입대상: 세법상 거주자 - 신탁재산 운용 ◎ 주식 및 관련 파생상품 60% 이상 ◎ 채권 35% 이하	- 지수 대비 초과수익률 달성을 목적으 로 하는 인덱스 펀드 - 중도환매 수수료 없이 언제든지 환매 가능

유 형	상품명	주요 내용	특 징
주식형 투자신탁	KB스타업종대표주 적립식주식투자신탁	– 가입대상: 제한 없음 – 신탁재산 운용 ◎ 주식 및 관련 파생상품 60% 이상 ◎ 채권 및 유동자산 40% 이하	– 시가총액, 업종 내 경쟁력, Brand를 고려한 업종 대표주 선정 – 적립식 주식투자상품으로 분산투자 효과
	미래 좋은 기업주식투자신탁 K-1	– 가입대상: 제한 없음 – 신탁재산 운용 ◎ 주식 및 관련 파생상품 60% 이상 ◎ 채권 및 유동자산 40% 이하	– 경영투명성, 주주가치 우선 경영 등 기업지배구조 우수 기업 투자 – 적립식 주식투자상품으로 분산투자 효과
해외펀드	프랭클린하이일드채 권투자신탁	– 가입대상: 개인, 법인 – 신탁재산 운용 ◎ 미국 하이일드채권 ◎ 미국 이외 지역 투자적격 등급 채권	대형펀드의 장점을 활용한 광범위한 분 산투자로 국내채권형 대비 고수익 추구
	프랭클린인컴주식혼 합투자신탁	– 가입대상: 개인, 법인 – 신탁재산 운용 ◎ 미국 하이일드채권 ◎ 미국 이외 지역 투자 적격 등급 채권	기업실적 향상에 따른 고배당 및 전환 사채 투자를 통한 추가수익 추구
	템플턴차이나펀드	– 가입대상: 개인 및 법인(단 미국인 가 입 불가) – 신탁재산 운용 ◎ 주식 60% 이상(중국, 대만, 홍콩)	– '브릭스(BRICs)투자'의 수익성＋선 진국 투자의 '안정성' – 해외자산 분산투자를 통한 고수익 추구
	피델리티 태평양 펀드	– 가입대상: 개인 및 법인(단 미국인 가 입 불가) – 신탁재산 운용 ◎ 주식 60% 이상(일본, 호주, 중국 등)	– '브릭스(BRICs)투자'의 수익성＋선진 국 투자의 '안정성' – 해외자산 분산투자를 통한 고수익 추구

4-1) 관심 금융상품

(1) 정기예금보다 높은 수익을 기대한다면……

은행의 정기예금은 안전한 금융상품일 수는 있어도 만족할 만한 수익을
기대할 수 있는 예금상품은 아닌 것 같다. 목돈을 가지고 금융상품에 투자
하여 높은 수익을 기대하기를 원한다면 어느 정도의 위험을 감수하고 분산
투자 차원에서 일부의 금액을 간접투자 상품에 투자해야만 재테크 수익을
기대할 수 있는 시점이 도래한 것 같다. 요즈음에는 은행을 거래하는 고객

들도 은행의 상담원과 재테크 상담을 하다 보면 과거에는 투신사에서만 취급했던 간접투자 상품에 대한 상담을 흔히 접하게 된다. 따라서 확정금리인 정기예금보다 좀 더 높은 수익을 기대하는 고객을 위해 국민은행에서 취급하고 있는 간접투자 금융상품을 고객의 투자성향에 맞춰 제공하고자 한다.

가. KB국공채 단기 채권투자신탁1호

① 상품특징정기예금보다는 높은 수익을 기대하면서 손해를 안 보는 게 최상의 재테크 전략이라고 믿는 보수안정형 투자자에게 적합한 상품이며, 부도위험이 없는 안전자산인 국공채에 투자하는 단기채권 투자상품.

② 국공채 및 관련 파생상품에 60% 이상을 투자하고, 유동성 자산 및 기업어음에 40% 이상을 투자하여 운용함.

③ 기타

가입대상	가입금액	투자 기간
제한 없음	100만 원 이상	90일

나. KB스타 블루 안정혼합투자신탁

① 상품특징 어느 정도 수익도 추구하면서 약간의 위험도 감내할 수 있는 고객에게 적합하며 투자자산에 30% 이하를 배당성향이 높은 주식이나 저평가된 가치주에 투자함.

② 신탁재산운용주식 및 주식 관련 파생상품에 30% 이하를 투자하고 채권 및 채권 관련 상품에 60% 이상을 투자함.

③ 기타

가입대상	가입금액	투자 기간
제한 없음	100만 원 이상	90일

다. KB스타 레드 성장주식투자신탁

① 상품특징수익성이 최우선이며, 수익성을 위해서는 위험을 충분히 감수할 수 있는 고객에게 적합한 상품으로서 투자자산에 60% 이상을 저평가 주식 및 주식 관련 파생상품에 투자함.

② 신탁재산운용주식 및 주식 관련 파생상품에 60% 이상을 투자하고 채권 및 채권 관련 파생상품에 40% 이하를 투자함.

③ 기타

가입대상	가입금액	투자 기간
제한 없음	100만 원 이상	90일 이상

라. 랜드마크 신 MMF

① 특수한 경우를 제외하고는 단기자금을 수시로 입·출금할 수 있으며, 환매수수료가 없음. 잔존만기가 짧고, 채권 및 유동성 자산에 최적 편입으로 단기자산에 주로 운용하는 상품으로 단기 유동자금을 안전하게 투자하고자 하는 고객에게 적합함.

② 신탁재산 운용신용평가 등급 A − 이상 채권(국공채, 회사채)에 투자하고 A3 − 이상 유동성 자산(CP, CD, CALL, 예금 등)에 투자함.

③ 기타

(2) 사회 초년생 목돈 만들기……

가. KB우대 정기적금

① 월적립액, 계약금액, 계약 기간을 자유롭게 정하여 거래할 수 있는 '목돈마련' 적립식 상품.

② 계약 기간은 6개월에서 36개월 이내로 하고 최저 1만 원 이상 원 단위로 매월 일정한 금액을 적립하며 최고 예치한도 없음.

③ 세금우대선택이 가능함(세금우대, 일반과세, 생계형).

④ 만기이율

기 간	정액적립 시
6개월 이상~1년 미만	3.60
1년 이상~2년 미만	3.90
2년 이상~3년 미만	4.05
3년	4.20

예) 월 800,000만 원씩 36개월 납입하였다면 적용금리는 4.2%로 세전이

자는 1,864,800원이다. 여기서 세금우대와 일반과세의 선택에서 금액이 차이가 나는데 세금우대를 받을 경우 세후이자는 1,668,996원이고 그렇지 않은 경우 1,557,108원이다. 만기지급액은 세금우대 경우 30,468,996원이고 일반과세 경우 30,357,108원이다.

바. KB상호부금

① 소정의 금액 범위 및 소정의 납입 기간 내에서 자유롭게 납입하여 목돈을 마련하는 자유적립식 상품.

② 계약 기간은 1년에서 5년으로 회차별 1만 원 이상 원 단위로 월 500만 원까지 자유롭게 저축 가능함.

③ 매 회차별 불입한 월부금의 경과 기간에 따라 차등금리가 적용됨.

④ 정기적금에 비하여 자율적으로 적립하는 상품이기 때문에 3년 이하의 경우 정기적금보다 만기이율이 적다.

가입대상	가입금액	투자 기간
제한 없음	100만 원 이상	1일 이상

(3) '내집마련'을 위하여……

가. 주택청약 예금

① 거주 지역별 희망주택 면적에 따른 예치금액을 가입 시 일시에 예치하고, 일정 기간이 경과하면 민영주택(85㎡ 이하 가입자는 민간건설 중형 국민주택 포함) 청약우선권이 부여되는 정기예금.

② 전 금융기관을 통하여 청약예금, 청약부금, 청약저축 중 1인 1계좌만 가입 가능.

③ 만 20세 이상으로 주택건설 지역에 거주하거나, 세대주인 경우에는 만 20세 미만인 경우도 가입 가능함(단, 20세 미만 세대주 중 단독세대주는 가입 불가).

④ 지역별 청약 예치금액　　　　　　　　　　　　　　　(단위: 만 원)

지역별 예치금액 청약가능면적(전용면적)	서울 / 부산	기타 광역시	기타 시 및 군
85㎡(약25.7평)이하	300	250	200
102㎡(약30.8평)이하	600	400	300
102㎡초과 135㎡이하	1,000	700	400
135㎡(약40.8평)초과	1,500	1,000	500

나. 주택청약 부금

① 민영주택 또는 민간건설 중형 국민주택을 분양받기 원하는 자에 대하여 분양 우선순위를 부여하기 위해 주택건설촉진법 및 주택공급에 관한 규칙에 의거 판매하는 목적부 적금.

② 가입대상은 주택청약예금과 동일.

③ 적립방법에는 최저 10만 원 이상 1만 원 단위로 정해진 월 저축금을 매월 약정일에 납입하는 정액적립과 5만 원 이상 50만 원 이내 1만 원 단위로 금액을 자유로이 하여 매월 약정일에 납입하는 자유적립방법이 있음.

④ 만기이율: 2003년 기준 3.50%

⑤ 중도해지 이율: 1개월 미만 − 0.0%/1〜3개월 미만 − 1.0%/3개월 이상 − 2.0%

예) 월 800,000만 원씩 36개월 납입하였다면 적용금리는 3.5%로 세전이자는 1,554,000원이다. 세금우대를 받을 경우 세후이자는 1,390,830원이고 그렇지 않은 경우 1,297,590원이다. 만기지급액은 세금우대 경우 30,190,830원이고 일반과세 경우 30,097,590원이다.

다. 청약저축

① 적금형식으로 매월 정해진 날에 저축금을 순위별로 정해진 기간 이상 저축하면 국민주택(민간건설 중형 국민주택포함) 청약우선권이 부여되는 저축.

② 주택건설 지역에 거주하는 무주택 세대주로서 1세대 1계좌에 한하며,

20세 미만인 단독세대주는 가입 불가함(60세 이상 또는 장애인인 직계존속을 부양하는 호주승계 예정자는 세대주가 아니더라도 세대구성원 전원이 무주택이면 가입 가능).
③ 계약 기간은 국민주택의 입주자로 선정될 때까지임.
④ 매월 2만 원 이상 10만 원까지 5천 원 단위로 자유롭게 납입.
⑤ 만기이율 (연이율, 세전, 단위: %)

기 간	자유적립식 (변동금리)
1개월이상~1년미만	2.50
1년이상~2년미만	5.00
2년이상	6.00

〈참고자료〉 국민은행 홈페이지 – www.kbstar.com, www.kisdi.re.kr, 금융기관론, 〈수험서〉 투자상담사.

기타 금융기관

1) 리스

(1) 정의

리스(Lease)는 좁은 의미로는 금융리스(Finance Lease)를 가리킨다. 대법원의 판례에서 지칭하는 리스는 이것을 뜻한다. 판례에 따르면, 리스계약은 시설대여 계약이라고도 하며 리스(시설대여)회사(리스업자: Leasor)가 리스이용자(대여시설이용자: Leasee)가 선정한 물건(예: 기계류)을 취득하여(간접리스의 경우) 그 물건에 대한 직접적인 유지관리 책임을 지지 않으면서 리스이용자에게 일정 기간(리스 기간) 동안 사용하게 하고 그 기간에 걸쳐 일정한 대가(리스료)를 정기적으로 분할 지급받음으로써 투자금을 회수하는 것을 내용으로 하는 계약을 말한다.

(2) 종류

가. 운용리스와 금융리스

운용리스(Operating lease)는 불특정한 다수를 대상으로 가동률이 높은 기계류, 예컨대 의료기기·자동차·건설기계·복사기·전산기기 등을 임대하여 투하자본을 회수하는 리스이다.

운용리스의 경우에는 임대인이 리스물건의 수선의무, 위험부담 및 하자담보책임을 지는 것이 원칙이지만, 금융리스의 경우에는 리스업자가 이러한 책임을 지지 않는 것이 원칙이다.

나. 관리리스

리스에는 이 밖에 관리리스(Maintenance lease, Service lease)라는 것이 있다. 이것은 임대인이 물건의 수선, 정비, 보수, 관리 등의 업무를 맡는 것이다. 자동차, 컴퓨터 기타 각종 건설용 기계류의 유지 등에 적합한 업무이다.

다. 매각후리스

리스에는 또 매각후리스(Sale and lease back, Lease back)가 있으며 이것은 이용자가 원래 소유하던 물건을 매각처분하고 동시에 그 매수인으로부터 다시 임차하는 것이다.

주로 고가의 장비매입으로 다액의 현금지출이 예상되는 기업이 자금난을 해소하는 방법으로 이용한다. 전업리스회사, 보험회사, 은행 기타금융회사 적합.

라. 매상비율리스

이 밖에 매상비율리스(Percentage lease)라는 것이 있으며 이것은 임대인이 임대료의 지급방법으로서 판매에서 얻은 총 매상액에 대한 소정의 비율에 따른 리스료를 지급하는 것을 내용으로 하는 것이다. 판매점 등의 임대료의 지급방법으로서 이용된다.

(3) 리스업자의 권리와 의무

가. 리스업자의 권리

리스업자의 리스이용자에 대한 권리로는 리스료 지급청구권, 리스 기간이 만료한 때의 리스물건반환청구권 등이 있다. 이러한 것은 동시에 리스이용자의 의무가 된다.

나. 리스업자의 의무

① 목적물 조달의무

리스계약이 성립하면 리스업자는 리스이용자가 지정한 목적물을 공급자로부터 구입하여 이용자에게 인도하거나 또는 이용자가 지정하는 장소에 설치하도록 하여야 한다.

② 목적물의 인도지연책임

민법상으로는 임대차계약에서 임대인은 목적물을 임차인에게 인도하고 계약존속 중 사용, 수익에 필요한 상태를 유지할 의무가 있으나 리스계약에서는 목적물의 인도가 지연되거나 하자가 있는 경우에도 약관에 의하여 리스업자는 책임이 없음을 정하는 것이 보통이다.

(4) 리스이용자의 의무

가. 리스물건의 수령, 차수증 교부의무

리스이용자는 매도인이 공급하는 리스물건을 인수하고 소정의 장소에 설치한 후 소정 기간 내에 검사를 마치고 리스업자에게 차수증을 교부하여야 한다. 리스이용자는 이 차수증을 교부한 날로부터 목적물을 사용할 수 있다.

나. 리스료지급의무

리스이용자는 리스물건의 사용, 수익에 대한 대가로서 리스업자에 대하여 리스료를 지급할 의무가 있다. 리스료는 리스 기간에 비례하여 정하기도 하나 그렇지 않은 경우도 있다. 정액법, 체감법, 체증법.

다. 부보의무

리스이용자는 약관이 정하는 바에 따라서 보험자와 동산종합보험 또는 배상책임보험 등 손해보험계약을 체결할 의무를 진다. 이 경우 보험회사는 보험자가 되고 피보험자는 리스업자가 되나 리스이용자와 공동피보험자가 되는 수도 있다.

라. 담보제공의무

리스이용자는 약관에 의하여 리스업자가 정하는 방법으로 채무이행을 보증하는 담보를 제공하여야 한다. 이 밖에도 실무상 리스계약서에는 연대보증인이 연서하는 것이 보통이므로 2중 담보가 되는 셈이다.

마. 목적물 보관의무

리스이용자는 리스물건을 선량한 관리자의 주의로써 보관하여야 한다.

바. 목적물 수선의무

리스이용자는 약관에 따라서 리스물건이 정상적으로 그 기능을 유지하도록 보전하여야 하며, 이를 위하여 자기의 비용부담으로 그 보수에 관한 계약을 매도인과 체결하도록 되어 있다.

사. 표지부착의무

리스이용자가 목적물을 인도받은 때에는 지체 없이 그 물건에 리스업자의 소유임을 명시하는 표지를 부착하도록 하는 것이 약관상의 일반적인 의무로 되어 있다.

아. 목적물 불양도의무

리스이용자는 리스물건을 타인에 양도하지 못한다. 왜냐하면 그 소유권이 리스업자에게 있기 때문이다. 리스이용자는 또 이 밖에 리스업자의 소유권을 침해하거나 제3자로 하여금 그 목적물을 사용·수익하게 하지 못한다.

자. 목적물 반환의무

리스 기간이 종료한 때에는 리스이용자는 리스물건을 리스업자에게 반환하여야 한다. 다만, 재리스계약이 성립한 때에는 반환하지 않아도 된다.

(5) 리스이용자의 권리

가. 목적물 사용권

리스이용자는 리스 기간 동안 리스물건을 약정된 방법에 따라 사용, 수익할 권리가 있다. 리스계약상의 본질적인 권리인 것이다. 사용 장소는 당사자가 미리 약정한 곳이라야 하며 리스업자의 동의 없이 리스물건을 임의로 이동하지 못한다.

나. 재리스의 청약

리스이용자는 리스 기간이 만료한 때에는 약관에 따라 재리스계약의 청약을 할 수 있다. 이 청약은 약관상 리스 기간이 만료하기 전(보통 2개월 전)에 하는 것이 상례이며 재리스 기간은 1년이 보통이다. 재리스계약의 조건은 종전의 그것과 동일한 것이 일반적인 경우이다.

다. 리스계약해지권의 불인정

리스이용자는 약관에 의하여 리스 기간 중 리스계약을 해지하지 못하게 되어 있다. 리스사업자는 리스이용자의 채무불이행에 대하여 계약해지권을 행사할 수 있는데, 리스이용자가 해지할 수 없다고 하는 것은 불공평한 것 같으나 이것은 리스계약의 경제적(금융적) 성격에서 비롯된 것이다.

즉 리스업자는 리스이용자의 요구에 따라서 그가 지정한 물건을 거액의 비용을 지출하여 구입하여 제공하는 것이므로 리스이용자가 임의로 해지할 수 없게 한 것이다.

(6) 리스물건공급자와 리스업자 및 이용자의 법률관계

가. 리스업자와 공급자 간의 관계

리스업자는 리스이용자가 지정하는 물건을 공급자에게 발주하게 되며, 이 양자 간에는 매매계약이 성립하므로 리스이용자에게 목적물을 공급하면 리스업자는 공급자에 대하여 대금지급의무를 지게 된다.

나. 리스이용자와 공급자와의 관계

리스업자의 목적물 발주에 따라 공급자는 리스이용자에게 당해 물건을 인도하거나 이용자가 지정하는 장소에 설치할 의무를 지닌다. 리스이용자는 목적물의 사용·관리에 관하여 공급자의 지시에 따라야 한다.

2) 신용카드

(1) 세계 최초의 신용카드

신용카드를 최초로 만든 사람은 시카고의 사업가 프랭크 맥나마라(Frank McNamara)로서 그의 친구인 변호사 랄프 슈나이더(Ralph Schneider)와 함께 1950년 신용카드를 만듦(세계 최초의 신용카드인 다이너스카드).

(2) 우리나라 신용카드의 효시

1969년 신세계백화점이 삼성그룹 임직원을 대상으로 발급한 것이 시초였다. 전문 신용카드사의 첫 등장은 78년 7월 코리안 익스프레스가 처음이며 그해 9월 한국신용카드가 설립됐다.

(3) 개념

회원의 결제능력 범위 내에서 신용을 부여함으로써, 신용카드가맹점에서 물품의 구입 또는 용역의 제공 등을 받고, 이를 결제할 수 있는 증표로서 신용카드업자(외국에서 신용카드업을 영위하는 자를 포함한다.)가 발행한 것을 말한다.

(4) 종류

가. 신용카드

소비자신용의 일종으로 카드발행사와 계약을 체결한 회원은 신용카드가맹점에서 상품이나 서비스를 구입할 경우 카드발행사가 교부한 카드를 제시하고 전표에 서명을 하면 현금의 지출 없이 구매가 가능. 대금은 발행사의 거래은행을 통해서 판매의 일정 기간 후에 회원의 예금계정에서 자동적으로 결제되기 때문에 회원은 대금 결제 시까지 입금 처리

나. 직불카드

직불카드가맹점으로 등록된 업소에서 물품 또는 서비스를 구입할 수 있고, 현금인출도 가능한 겸용카드

① 물품용역구매기능: 직불카드가맹점에서 물건을 구입할 때 직불카드로 결제하면 고객계좌에서 자동 인출되어 다음날 가맹점 계좌로 자동 입금
② 현금카드기능: CD기 또는 ATM기를 통한 현금인출

다. 체크카드

신용카드가맹점에서 일반적인 신용카드와 동일한 방식으로 이용하되 그 이용대금의 거래승인과 동시에 회원의 결제계좌에서 즉시 지급, 결제되는 기능을 부가한 신용카드로 회사별로 소액의 신용기능을 부여

라. 선불카드

사용자가 먼저 자신의 계좌 및 카드에 충전을 시켜서 충전된 금액만큼 사용하는 카드

카드사용금액을 자신이 정할 수가 있으며, 과소비를 막는 데 도움이 되지만, 충전하는 게 번거로움

마. 스마트카드

IC카드(intergrated circuit card)라고도 하며, 자기카드와 비교할 때 매우 큰 기억 용량과 고도의 기능 및 안정성을 지니고 있다. 1970년 프랑스에서

개발되어 금융기관에서 사용하기 시작하였으며, 이후 미국에서도 개발되었다. 스마트카드를 기능 및 내부 구조 면에서 분류하면 대체로 다음과 같이 3종류로 나눌 수 있다.

① 메모리형 스마트카드: 마이크로프로세서가 내장되지 않은 스마트카드로서 공중전화카드나 물품구입권같이 유가증권으로 취급될 수 있는 분야에 주로 사용하는 메모리 외에 보안장치(security logic)가 포함된 방식이 있고, 의료보험증과 같이 순수 데이터 보관용으로서 메모리만 내장된 방식도 있음

② 마이크로프로세서 내장 스마트카드: 마이크로프로세서와 메모리를 내장하여 연산, 데이터 보호 등 고도의 기능을 수행

③ 대화형 스마트카드: 마이크로프로세서, 메모리, I/O 프로토콜, 응용프로그램을 내장하여 정보의 쌍방향 전달 가능

(5) 문제점

* 신용카드회사들이 회원확보 경쟁에 치중하면서 신용카드를 남발
* 부모동의 없이 소득 없는 미성년자에게까지 카드를 발급
* 사용실적이 없는 카드도 회원동의를 제대로 받지 않고 갱신대체 발급
* 고가의 경품을 제공하면서까지 카드발급을 유인

(6) 필요조치

* 회원의 의사와 결제능력을 감안하여, 신용카드 이용한도를 부여하도록 개선
* 회원의 의사를 반영하여 이용한도 책정

(7) 신용카드의 기능

가. 소비자 신용기능

신용카드는 어느 정도 수준까지의 신용을 비교적 아무런 장애 없이 자동

적으로 공여 받을 수 있게 해 준다는 점에서 소비대출의 새로운 수단으로 인식되고 있다. 따라서 신용카드 보유는 다음과 같은 측면에서 소비자의 신용 이용 가능성 정도를 확대시켜 주는 기능을 한다.

가. 즉각적 신용공여기능: 신용카드는 신용카드 소유자에게 주어진 신용한도 내에서 신용에 대한 수요가 있을 때 지체 없이 신용을 공여한다.
나. 지불연기기능: 신용카드는 일정 기간 동안의 지불연기를 가능케 하여 신용카드 소유자로 하여금 소득자 지불시점의 시차를 극복할 수 있게 한다.
다. 할부형태의 차입기능: 신용카드는 신용카드 소비자들이 장기간 할부형태의 차입을 가능하게 하여 할부형태로의 재화 및 서비스구매 가능성을 높여준다.

나. 신분증명기능

신용카드는 일정한 자격을 갖추고 있는 자에게만 발행되므로 카드의 정당한 소지자는 신분이 확실하고 신용도가 높다고 할 수 있으며 구매자격을 식별하고 대금 청구 시 피청구자의 신분을 확인시키는 기능을 한다.

다. 지불기능

신용카드는 소비자의 지불수단으로서 현금이나 수표에 비해 안전성, 보편성, 간편성, 기록정리 등의 장점을 지니고 있다. 신용카드 한 장만 가지고 있으면 일상적인 소비생활에서 별다른 불편을 느끼지 못하고 있다. 아울러 얼마 전 선보인 선불카드와 조만간에 나올 데빗카드(직불카드: debit card)가 일상화되면 현금 없는 사회는 가속화될 것이다.

3) 할부금융

(1) 할부금융의 개요

할부금융은 자동차 및 주택 등 소비자가 일시불로 구입하기 어려운 고가 상품 구입 시 필요한 자금을 할부금융사(카드사 포함)가 판매사 대리점에

일시불로 지급하고 소비자가 이를 분할하여 상환하는 금융서비스방식을 일
컫는다.

할부금융은 소비자에게 자금을 대여해 준다는 점에서 소비자 금융의 성
격을 띠고 있지만, 동시에 물품 대금이 일시에 생산자 또는 제품판매자에게
직접 지급되므로 생산자도 실질적인 수혜자로 볼 수 있어 이들에 대한 유
통금융의 일종으로도 볼 수 있는 선진 판매제도다.

(2) 할부금융 거래 흐름도

가. 물품구입 및 할부금융 신청(할부금융약정서 작성)
나. 할부금융 및 계약체결 약정서
다. 심사, 계약의사 확인 제출(서류심사를 거쳐 대출승인 여부결정(적격,
   부적격, 보완))
라. 물품 인도
마. 할부금 일시지급
바. 할부금 납부 청구

(3) 할부금융 이용 시 장점

가. 소비자 측면
① 계획적인 소비 지출 계획 수립 가능
본인의 소득을 미리 예상하여 불입계획을 세운 후 제품구입대금을 매월
일정 금액씩 상환함으로써 과소비를 막고 계획적인 소비 생활을 할 수 있다.

② 미래소득의 현재화로 생활수준향상도모
장기분할 납부방식에 따라 현재 적은 부담으로도 필요한 물품을 구입할
수 있으므로 구매력은 증대되고, 생활수준이 향상된다.

③ 물품하자나 A/S 부족에 대한 신뢰성 제고
물품 구입 시 물품하자나 A/S 문제 등이 발생할 경우 약관이 정하는 기

준범위 안에서 교환 또는 반환이 용이하다.

나. 제휴점 측면

① 자금의 유동성 증대

물품 판매대금을 일시에 현금으로 회수함으로써 유통 및 생산 자금의 흐름을 원활히 할 수 있고, 유동성 확보로 수익성을 제고할 수 있다.

② 매출 증대 및 재고 감소 효과 발생

현금 일시불 구매가 어려운 소비자의 구매가 가능해져 매출이 증대된다. 또한, 비수기의 잠재수요고객을 할부금융으로 유도해 매출 증대 및 재고감소가 가능하다. 그리고 경쟁 제휴점과의 차별화 요소를 획득하여 치열한 경쟁상황에서 우위를 점할 수 있다.

③ 대금 회수 기능

대금회수를 00카드 할부금융서비스에서 대신해 주므로 제휴점은 채권회수 및 채권 조직관리의 부담 없이 판매에만 전념할 수 있다.

4) 신기술금융회사

(1) 개요

기술력과 장래성은 있으나 자본과 경영기반이 취약한 기업에 대해 자금지원 및 경영 기술 지도 등을 통해 수익을 추구하는 회사를 말한다. 현재 벤처캐피탈회사는 '여신전문금융업법'에 의거해 설립된 신기술사업금융회사와 '중소기업창업지원법(1986년 4월 제정)'에 의해 설립된 중소기업창업투자회사이다.

우리나라의 벤처캐피탈회사는 여신전문금융업법에 의한 신기술사업금융회사(금융감독위원회 등록 및 감독)와 중소기업창업지원법에 의한 중소기업창업투자회사(산업자원부 등록 및 감독)가 있다. 창업투자회사는 종래에는 출자만 허용하고 융자는 금지되었으나 벤처금융의 활성화를 위한 대책의 일환으로 1997년 하반기부터 융자 및 팩토링업무도 허용되었다.

사업개시일 7년 이내의 중소기업에 출자만 하는 창업투자회사와는 달리 융자업무도 해 줄 수 있다는 점에서 차이가 난다.

융자한도는 소요자금의 90~100%이며 상환 기간은 8~10년(거치 기간 3년 이내 포함)이며, 원리금 상환을 대신해 사업결과로 발생하는 매출액에 비례한 로열티를 일정 기간 받는다.

그리고 사업 실패 시에는 최소상환금만 물면 된다.

(2) 발전과정

가. 1974년 한국기술진흥 설립

나. 1981년 특별법에 의한 한국종합기술금융 설립

다. 1986년 12월 '신기술사업금융지원에 관한 법률'의 제정으로 신기술사업금융회사로 전환

라. 2004년 5월

(3) 업무소개

가. 신기술사업자에 대한 투자

나. 신기술사업자에 대한 융자

다. 신기술사업자에 대한 경영 및 기술의 지도

라. 신기술사업투자조합의 설립

마. 신기술사업투자조합 자금의 관리운용

바. CRC(기업구조조정업무)

사. M&A

아. 사업자대출

자. 팩토링

(4) 현재 감독원에 등재된 신기술금융업자

가. 기보캐피탈
나. 삼성벤처투자
다. 미래에셋벤처캐피탈
라. TG벤처
마. KTB네트워크
바. 아이텍인베스트먼트
사. 기은캐피탈
아. 산은캐피탈(신기술금융업무를 수행하지만 시설대여업으로 등록되어 있다.)

5) 증권금융회사

(1) 개요

증권금융회사는 증권회사와 일반투자가에게 증권의 취득·인수·보유 및 매매와 관련한 자금을 공급하거나 증권을 대여해 주는 증권 금융업무를 전문적으로 취급하는 금융기관을 말한다.

증권거래법에 의하여 재무부장관의 인가를 받아 설립된 회사로 증권거래소에 등록되어 있는 증권회사에 대하여 증권투자에 필요한 증권금융업무와 유가증권시장에서의 매매거래에 필요한 자금이나 유가증권을 대부하는 업무를 행한다.

(2) 발전과정

- 1955년: 28개 증권사가 공동 출자하여 한국연합증권금융주식회사 설립
- 1962년: 증권거래법에 의거 증권금융기관으로 지정되면서 한국증권금융주식회사로 개칭

- 1968년: 자본시장육성책의 일환으로 정부가 자본금의 50% 현물출자
- 1975년: 국제금융사로부터 직접투자와 차관 유치
- 1991년: 12월 국제금융공사(IFC)의 지분 신설 증권사에 매각, 정부지분
  도 민간에 매각됨으로써 순수 민간영리법인으로 변화
- 2002년 말: 한국증권금융(株)의 총 자산규모 19.6조 원(현재)

(3) 주요 업무

가. 유통금융(流通金融): 유통시장에서 주식을 샀다가 파는 단기매매에
  필요한 자금을 증권회사를 통하여 대부
나. 인수금융(引受金融): 발행시장에서 증권회사가 채권이나 주식을 인수
  하는 데 필요한 자금을 대부
다. 담보금융(擔保金融): 증권매입에 필요한 자금을 증권을 담보로 대부

미국과 유럽의 주요 국가에서는 예금은행이 일반 업무와 함께 증권금융을 취급하고 있는 데 반하여, 우리나라와 일본에서는 증권금융만을 전담하는 특수한 전담기관이 설립되어 있다. 우리나라의 경우 한국증권금융주식회사가 1962년에 제정된 '증권거래법'에 의거 유일한 증권금융기관으로 지정되어 있다. 우리나라에서는 다른 금융기관이 증권담보금융을 거의 해 주지 않기 때문에 증권시장에서의 증권금융회사의 역할이 매우 중요하다.

(4) 상품소개 ☞예시: (주) 엠엔에스 증권금융

가. 주식매입 자금 신용융자(단, 관리종목/장외종목은 제외)
담보: 융자금으로 매입한 주식
상환방법: 매입한 주식은 언제든지 자유롭게 매도
융자이율: 15일 0.75%, 30일 1.5%

나. 주식담보 대출

주식담보 융자란 보유 주식의 급격한 하락으로 자금이 묶여 있는 경우 보유하고 있는 주식을 담보로 하여 융자를 받는 상품.

고객이 보유한 유가증권을 증권사에 현물입고 및 대체하면 거래소 종목은 전일종가의 70%, 코스닥 종목은 대용가의 100%를 대출하는 방식.

대출 기간은 1년까지이며 이율은 2%.

다. 미수금 상환자금융자

미수금 상환자금융자 – 미수로 매입한 주식가격이 하락하였을 경우 치명적인 손실을 입을 수 있는데 이때, 리스크관리 차원에서 투자자의 투자수익을 위해 지원되는 융자시스템.

주식을 매입한 후 증권사 위탁구좌에 미수금 발생 시 당사에 요청하면 미수금을 상환해 주는 것이며 이율은 2%. 담보는 매입한 주식이며, 상환방법은 매도상환 또는 현금상환하면 된다.

라. 신용만기주식 상환자금융자

고객이 증권사에서 3개월 만기로 주식을 매입한 경우 당사에서 증권사 신용융자금을 상환해 주는 방식. 상환방식은 현금상환 혹은 매도상환의 방식이 있다. 담보는 증권사에서 신용으로 매입한 주식이며 당사금융자금의 이율은 2%.

6) 증권투자회사

(1) 개요

회사형 증권투자신탁(뮤추얼펀드)으로서 자산을 유가증권 등에 투자하여 그 수익을 주주에게 배분하는 업무를 수행한다. 증권투자회사의 거래형태는 주식의 환매가 가능한지의 여부에 따라 개방형과 폐쇄형으로 구분된다.

우리나라의 경우 기존까지는 폐쇄형 증권투자회사의 설립만이 허용되었으나, 2001년 2월 개방형 투자신탁에 관련된 법개정이 이뤄져 향후 개방형 증권투자거래를 허용하고 있으며 우선적으로 폐쇄형이 개방형으로 전환할 수 있도록 해두었다.

개방형의 경우에는 주주가 판매회사의 주식의 환매청구를 할 수 있으며 판매회사는 증권투자회사에 순자산액에 기초하여 상정한 매수가격을 기준으로 주식의 매수를 청구하게 된다.

환매제도가 없는 폐쇄형의 경우에는 주식이 증권거래소에 상장되거나 코스닥 시장에서 거래된다. 폐쇄형에 비해 환매가 가능한 개방형은 환금성이 높다는 장점이 있다.

(2) 설립 시 유의점

증권투자회사를 설립하기 위해서는 대통령령이 정하는 자본금 규모(8억원) 등의 요건을 갖추어 금융감독위원회에 등록하여야 한다. 증권투자회사는 상법상의 주식회사이나 본점 이외의 영업점을 설치하거나 직원의 고용 또는 상근 임원을 둘 수 없는 서류상의 회사이기 때문에 증권투자회사는 자산의 운용, 보관, 모집판매, 기타 일반사무를 각각 별도의 자산운용회사, 자산보관회사, 판매회사, 일반사무수탁회사에 위탁하여야 한다.

7) 선물회사

(1) 개요

선물회사는 선물거래소에서 거래되는 파생상품 등의 거래를 중개하는 회사이다.

선물거래(futures transaction)는 규격, 품질, 수량 등이 표준화되어 있는 특정상품 또는 지수를 계약체결 시 정한 가격(선물가격)으로 미래 일정 시점에 인도 및 인수할 것을 약속하는 거래로서 계약체결은 거래소 형태의 특정한 장소에서 일정 시간 동안 경쟁매매 방식으로 이루어지며 계약만기 전이라도 반대매매를 통해 중도 청산할 수 있는 상거래의 일종이다.

(2) 선물거래의 유용성

가. 주식시장의 새로운 투자대상으로의 역할 주식시장의 새로운 투자대상으로서 이익을 노린 투자(투기거래)라는 점을 들 수 있다. 주가가 올라갈 것으로 예상하는 투자자는 선물 또는 콜 옵션을 사들이거나 풋 옵션을 매도해, 주가가 떨어질 것으로 예상하는 투자자는 선물 또는 콜 옵션을 팔거나 풋 옵션을 사들여 예상이 적중할 경우 투자에 따르는 이익을 얻을 수 있다.

나. 시장이 하락해도 이익 가능

선물시장은 매수부터 하고 주가 오른 후에 매도하여 이익을 취하는 방법뿐만 아니라, 장차 시장 하락이 예상될 경우 매도부터 하고 하락한 후에 매수하여 차익 취하는 방법도 제도적으로 편리하게 열려 있다. 시장이 오르든 내리든 모든 경우에 이익을 취할 수 있는 시장이다. 주식시장에서 투자자가 취하는 행동, 즉 주식을 보유하고 있거나 대주한 데 따른 포지션의 위험을 예방하기 위한 헤지 역할을 한다. 예를 들어 주식을 사 놓고 예상이 빗나가 떨어질 경우에 대비해 선물을 팔거나 풋 옵션을 사 놓아 손실을 예방하는 것이다.

다. 차익거래가 가능

주가지수 선물 가격과 주식시장 현물 가격 간의 차이, 선물과 옵션상품 간의 가격 차이를 노려 투자(차익거래)하는 것이 가능하다. 즉 만기 시에는 주식시장의 주가지수 종가로 청산하지만 그 시점까지는 선물 시세와 주가지수 간에 차이가 존재하게 된다. 이것을 '베이시스'라고 하는데 이 차이가 심한 경우 7포인트까지 나타난 사례도 있었다. 이 때문에 선물 가격이 현물지수를 밑돌면 선물을 사면서 주식을 팔고, 선물가격이 현물가격을 웃돌면 선물을 팔면서 주식을 사는 차익거래가 가능하다.

라. 스프레드 거래가 가능

서로 다른 상품이나 서로 다른 선물시장의 동일 상품 간 가격 차이를 이용해 투자(스프레드 거래)하는 것이다. 예를 들면 만기가 많이 남아 있는 차근월물(2009년 6월물)이나 원월물(2009년 9월물)을 사면서 근월물(2009년 3월물)을 팔거나 또는 그 반대의 투자가 가능하다. 얼핏 앞에서 언급한 '차익거래'와 비슷해 보이지만 예상이 빗나갈 경우 손해를 볼 위험이 있다는 점이 차익거래와는 다르다.

마. 적은 현금으로 훨씬 많은 주문 매매 가능

현물시장은 1억 원어치 주식을 사려면 (신용융자한도가 폐지되었지만)4천만 원은 있어야 한다. 신용거래보증금 100만 원과 기간경과이자는 별도 추가된다. 선물시장은 신규개설 시 증거금이 3천만 원으로 비싸지만 1억 원어치 선물을 사려면 현금이 1,500만 원만 있으면 된다(주문금액의 15%). 이 15%도 10%(1천만 원어치)만큼은 주식, 채권 같은 유가증권으로 대체할 수 있어 실제 필요한 현금은 500만 원이다. 대체 가능한 유가증권이 있으면 보유현금의 20배까지 거래할 수 있기 때문에 선물투자는 현물투자보다 훨씬 많이 벌 수 있고 반대로 훨씬 손실이 클 수 있다.

바. 종목 수가 훨씬 감축

현물시장은 코스닥까지 포함하여 1,000여 개에 이르는 종목 중에 선택을 해야 하고 시장의 방향도 같이 고민해야 하지만 선물시장은 시장의 방향만 예측하면 종목 선택은 고민거리가 안 된다. 주가지수 선물시장이 신설 3년 만에 매일 거래대금 2조~4조에 이르는 급성장을 이룩한 요인 중에 하나가, '당월물', '근월물' 2개 상품만 예측, 거래하면 된다는 점이다. 현재 금리, 달러, 금 선물시장도 실거래되는 종목은 많아야 10개 정도이다.

사. 시세운동이 기술적 분석에 더욱 부합

현물 주식은 기업의 내재가치 평가 및 기술적 분석이론이 함께 작용하여 시세운동 추세가 형성되지만 선물은 추상적 '가격'만 뽑아낸 상품이기 때문에 복잡 다양한 기업 내재가치 평가작업 없이 기술적 분석만 공부해도 시세운동 예측이 가능하다.

(3) 선물투자 시 유의점

가. 어떤 종류의 투자자가 될 것인가?

자신이 투자를 전업으로 하는 투자자가 될 것인지, 부업으로 하는 투자자가 될 것인지를 한번 짚어 두어야 한다는 것이다. 대부분 일반투자가들은 부업으로 하는 경우가 많은데 이 경우에도 증권거래소에서 주식이나 선물 등이 거래되는 시간 내내 증권회사 객장에서나 사무실 혹은 집의 터를 통해서 또는 증권회사 영업직원과의 전화통화를 통해서 시세의 움직임을 끊임없이 파악하면서 거래할 수 있는지, 아니면 하루에 몇 번이나 1주일에 몇 번 정도로 가끔씩 시세와 손익을 확인하면서 거래할 수밖에 없는 입장인지를 잘 판단해야 한다.

많은 시간을 투자할 수 있는 투자가가 유리할 수는 있지만 그렇다고 해서 전업으로 매달려 투자하는 것이 반드시 유리하지는 않다.

나. 투자목적은 무엇인가?

투자목적을 정할 때 가장 주목해야 할 것이 '위험 대(對) 보상비율'과 '지렛대 효과'라는 것이다. 도산할 위험이 거의 없는 은행에 예금한 경우 그 보상(이자)은 다른 투자대상에 비해 미미하다. 같은 금액으로 복권을 구입한 경우 당첨되지 않을 확률(위험)은 상당히 높은 반면 당첨되었을 경우의 보상은 매우 크다. 일반적으로 여유자금을 투자할 때 이런 양극단 중간 어딘가에 위치한 '위험 대 보상비율'을 가진 투자방법을 선택하는 것이라 할 수 있다. 선물은 상당히 높은 '위험 대 보상비율'을 가진 상품이다. 절대로 손해가 나서는 안 될 자금을 주식 등에 투자했다가 낭패를 보는 경우를 주

변에서 흔히 볼 수 있는데, 투자자금의 성격과 투자자의 상황에 맞지 않는
'위험 대 보상비율'을 가진 상품에 투자한 데서부터 원인을 찾을 수 있다.

다. 투자대상을 어떻게 잡을 것인가?

'위험 대 보상비율'과 투자자금의 성격, 투자자의 상황, 취향 등을 고려하
여 투자목적을 정했다면 그에 맞는 투자대상 상품을 골라야 한다. 투자대상
을 반드시 한 가지에 국한할 필요는 없으나, 상품의 종류가 늘어날수록 각
각의 상품에 투자할 수 있는 힘이 분산된다는 점을 염두에 두어야 한다.

라. 선물·옵션투자에 맞는 증권사를 선택하라

주가지수선물이나 옵션에 투자하기 위해서는 증권회사에 계좌를 개설하
게 되는데, 이때 어떤 증권회사를 선택하는가가 중요하다.

첫째, 선물이나 옵션거래가 활발한 회사를 고르는 것이 좋다.

둘째, 증권회사의 주문전달시스템을 사전에 물어 체크할 필요가 있다.

셋째, 선물 및 옵션거래가 활발한 회사의 경우에도 주문을 접수할 수 있
는 직원 수가 충분한지 살펴야 한다.

넷째, 적중률이 높은 예측자료나 시장상황에 대한 분석 자료를 얻을 수
있는 회사가 보다 유리하다.

마. 투자규모를 정확히 설정하라

현재 주가지수 선물 또는 옵션을 거래하기 위해서는 최소한 3천만 원 이
상의 투자자금이 있어야 한다. 일단 그 이상의 자금이 마련되어 투자가 가
능해지더라도 투자규모에 대한 사전 계획이 분명하지 않으면 실패하는 경우
가 많다. 습관적으로 풀베팅하는 투자자는 시장에서 그리 오래 살아남지 못
한다는 것이 거의 확실하다. 파생상품의 본고장인 미국에서는 전문 투자자
들이라도 한 번의 거래에서 투자원금의 50% 정도를 투자하면 지나치다고
말할 정도이다. 이런 맥락에서 투자규모를 정할 때 최초 가용자금의 몇 %를
투자할 것인지, 한 번 거래 시 몇 % 정도의 지렛대 효과를 사용할 것인지,
최초 투자가 실패로 끝났을 경우 추가로 자금을 투입할 것인지, 하게 되면

얼마나 더 투입할 것인지, 몇 회까지 투입할 것인지 하는 구체적인 계획과 원칙을 갖고 시작해야 감정에 이끌려 큰 손해를 보는 것을 예방할 수 있다.

(4) 선물거래의 분류

가. 매매형 선물거래

당사자가 미리 정한 가격으로 미래의 일정한 시기에 상품, 통화를 매매하거나 또는 반대매매를 통하여 결제하는 거래 예) 상품선물, 외환선물, 금리선물 등

나. 지수형 선물거래

당사자가 사전에 상품, 통화 또는 이에 의하여 산출한 일정한 수치로서 약정한 수치와 장래의 일정한 시기에 당해 지수와의 수치 차에 의하여 산출한 금전의 수수를 약속한 거래
예) 주가지수선물

다. 옵션거래

당사자 일방이 상대방의 의사표시에 의하여 거래를 성립시킬 수 있는 권리(옵션)를 상대방에게 부여하고, 그 권리를 부여받은 상대방은 당사자 일방에게 그 권리에 대한 대가(프리미엄)를 지불할 것을 약정하는 거래
- 매매형 및 지수형 선물거래: 선물옵션거래
- 일반상품 또는 금융상품의 매매거래: 현물옵션거래

(5) 상품소개

가. 3년 국채선물(KTB)

국채선물 거래대상은 만기 3년, 표면금리 8% 및 6개월 단위 이자지급방식의 국고채권이며, 거래단위는 액면 1억 원이다. 선물의 기초자산인 국고채권들의 평균금리를 기준으로 만기 시 최종결제가격을 산정하므로 만기시점의 수익률 및 가격을 예측하여 이를 기준으로 거래를 한다. 따라서 금리

변동 예측이 국채선물거래에서 가장 중요한 요소이다.

－ 장점

예컨대 향후 금리상승 전망 시 현물포지션의 금리리스크 관리를 할 수 있는 장점이 있다.

국채 발행 물량이 확대되면서 지표채권이 회사채에서 국고채로 전환된 가운데 여타 채권 보유자도 교차 헤지를 통해 국채선물을 활용하여 금리리스크를 관리할 수 있다. 또한 차익거래 등 현물과 선물을 연계한 다양한 투자기법을 활용할 수 있는 장점이 있다.

나. 3년 국채선물옵션

선물거래소에서 거래되고 있는 KTB선물을 기초자산으로 하는 옵션상품으로서, 국내 최초의 미국형 옵션이며, 선물옵션이다.

－ 장점

KTB 선물옵션은 3년 국채선물을 대상으로 하는 선물옵션이며 옵션만기일 이전에 언제라도 권리행사가 가능한 미국형 옵션으로서 국내 최초의 선물옵션 상품인 동시에 미국형 옵션상품이다. 국채 현물은 주로 장외시장을 통해 거래되기 때문에 일반 투자자들이 가격정보 접근이 상당히 어려운 데 반해 국채 선물은 장내시장에서 거래되므로 유동성이 높고 가격이 실시간으로 공시되는 장점이 있어 옵션거래에 보다 적합하다고 볼 수 있다. 투자자들은 선물과 옵션을 연계하는 다양한 투자전략을 통한, 폭넓은 헤지기회를 가질 수 있으며, 국내 채권시장의 질적 성장, 유동성 증가, 채권 장외상품시장의 발전 등에도 크게 기여할 것이다.

다. 5년 국채선물

5년 국채선물 거래대상은 만기 5년, 표면금리 8% 및 6개월 단위 이자지급방식의 국고채권이며, 거래단위는 액면 1억 원이다. 선물의 기초자산인 국고채권들의 평균금리를 기준으로 만기 시 최종결제 가격을 산정하므로 만기시점의 수익률 및 가격을 예측하여 이를 기준으로 거래한다.

라. KOSPI200 선물

코스피200선물은 한국증권거래소에 상장된 주권200종목의 시가총액을 기준으로 산출된 코스피200 지수를 거래대상으로 하는 상품이다. 이처럼 코스피 200선물은 주가지수를 거래대상으로 하고 있어 최종결제방법으로 현금결제를 채택하고 있다.

마. KOSPI200 옵션

코스피200옵션은 한국증권거래소에 상장된 주권200종목의 시가총액을 기준으로 산출된 코스피200지수(산출기준시점 1990. 01. 03)를 거래대상으로 하는 옵션상품이다. 이처럼 코스피200옵션은 주가지수를 거래대상으로 하고 있어 최종결제방법으로 현금결제를 채택하고 있다.

바. CD선물

양도성 정기예금증서(CD)는 은행이 발행한 양도 가능한 무기명 예금증서로 은행의 정기예금에 양도성을 부여한 것으로 은행이 발행하고 증권회사와 종합금융회사의 중개를 통해 매매된다. 중도해지는 불가능하나 양도가 자유로워 현금화가 용이한 유동성이 높은 상품이다. CD금리는 단기금리의 기준금리로써 변동금리채권, 주가지수선물 및 옵션시장의 기준 금리로 활용되며 미래의 일정 시점에서 수도결제할 CD를 현재 시점에서 선물시장을 통해 미리 매매하는 것이다. 즉 미래의 일정 시점(CD선물만기일)에서 형성될 91일몰 CD가격을 현재 시점에서 예상하고 매매하는 것이다.

- 장점

CD선물은 적은 투자금액으로 높은 수익을 얻을 수 있다. CD금리 선물거래는 금리의 상승과 하락을 예측하여 CD금리선물을 매매함으로써 적은 투자금액으로 높은 수익을 얻을 수 있다. 또한 단기금리변동에 민감한 자산이나 부채를 보유한 기업은 금리리스크를 헤지하기 위해 CD금리선물을 이용할 수 있다.

사. 미국달러 선물

미래 일정 시점에서 수도 결제할 미국달러화를 현재 시점에서 미리 매입하거나 매도하는 거래이다. 미국의 달러화, 일본의 엔화 등 외국통화는 우리 관점에서 보면 주식이나 채권과 같은 하나의 금융상품이다. 금융상품의 가치는 시장에서 형성되는 가격으로 결정된다. 미국 달러화는 외환시장에서 거래되며, 환율로써 그 가치를 나타낸다. 환율은 끊임없이 변화하기 때문에 미래 일정 시점의 환율을 현재 시점에서 예측하는 일은 매우 어려운 일이며, 투자자마다 각양각색의 견해를 갖는다. 달러선물은 선물시장에서 다양한 시황관을 지닌 투자자들이 모여 미래의 달러화를 매입/매도하는 거래다.

－ 장점

누구나 참여가 가능한 시장으로 중소기업은 물론 일반 개인들도 소정의 요견만 갖추면 참여할 수 있다. 달러선물환거래는 해약이 쉽지 않은 반면, 선물시장에서는 자신이 보유하고 있는 포지션을 만기일 전이라도 자유롭게 청산할 수 있다.

아. 미국달러 옵션

미국달러 옵션거래는 특정한 환율로 달러화를 사거나 팔 수 있는 권리를 매매하는 거래로 콜옵션(call option)과 풋옵션(put option)이 있다. 옵션은 특정한 가격(환율)에 달러를 매수할 수 있는 권리를 갖는 콜옵션과 특정한 가격에 달러화를 매도할 수 있는 권리를 가지는 풋옵션이 있다. 매수자는 권리만을, 매도자는 의무만을 지닌 계약인 만큼 매수자는 매도자에게 대가를 지불해야 하는데 이것을 '옵션프리미엄'이라 한다. 옵션가격은 시장에서 매수자와 매도자의 수급에 의해 결정된다.

－ 장점

달러선물과 달리, 달러옵션 거래는 달러를 사고파는 권리에 대한 프리미엄만 지급하면 되므로 선물에 비해 레버리지 효과가 더욱 크고, 특히 옵션 매수자의 손실은 지불한 프리미엄으로 한정된다는 장점이 있다. 옵션거래를 이용하여 다양한 투자기법을 활용할 수 있다. 옵션품목은 현물의 가격 변동에 따라 신규로 계속 상장되는 특성이 있어 거래품목이 다양하다.

자. KOSDAQ50선물

코스닥시장의 주가변동을 파악하는 코스닥50지수를 기초자산으로 하는 주가지수선물로서 KOSDAQ50선물은 주가변동에 따른 위험관리 수단의 제공, 현물선물 간의 차익거래 수단 제공 등을 위해 기존의 KOSPI200선물에 이어 상장된 주가지수선물이다.

- 장점

해저(Hedger)의 요구에 부응할 수 있도록 전체 시장을 잘 대표하고, 대형주 위주의 종목구성으로 지수조작의 가능성이 거의 없다. 차익거래 등의 활성화에 기여할 수 있다.

KOSDAQ50선물은 기관투자가, 외국인투자자의 코스닥 시장참여를 증대시키고 있다.

차. KOSDAQ50옵션

코스닥50옵션은 코스닥시장에서 거래되고 있는 주식 중에서 대표적인 50개 종목으로 만든 지수를 옵션 계약으로 상품화한 주가지수 옵션이다.

- 장점

한국선물거래소가 코스닥50선물에 이어 2001년 12월 14일 상장시킨 코스닥50옵션은 다양한 금융기법으로 가격변동위험에 대처할 수 있음은 물론 비교적 저렴한 비용으로 리스크를 관리할 수 있어 투자손실에 대비한 안전벨트로서의 역할을 할 수 있을 것이다. 코스닥50옵션은 그 자체만으로도 매력적인 상품이지만 다른 금융상품들과 결합될 때 그 가치가 더욱 빛을 발하게 된다. 코스닥50옵션은 투자자들이 원하는 수익패턴을 디자인해 줄 수 있을 뿐만 아니라 수익창출의 기회를 가질 수 있게 안내해 줄 것이다.

카. 금 선물

미래 일정 시점에서 인수, 인도할 금괴(Gold Bar)를 현재 시점에서 선물시장을 통해 미리 매입하거나 매도하는 거래이다. 금 가격에 대해 다양한 시황관을 지닌 투자가들이 모여 미래 시점에서 인수, 인도할 금괴를 거래하는 것을 말한다. 예를 들어, 4월 1일 현재 금 투자자가 6월물 금 선물(매수가 10,000원/g) 1계약을 매수하면 6월물 만기일(6월 30일)에 4월 1일의 매수가격으로 표준금괴를 인수받을 수 있다.

- 장점

금은 불변의 가치를 지니고 있어 중요한 자산보전의 수단으로 이용되며, 실물자산 중 환금성이 가장 뛰어나다. 과거에 화폐로 이용되어 왔으며, 오늘날에도 국제적인 결제 수단으로도 이용되는 금은 장신구, 장식품 등으로 이용될 뿐만 아니라 반도체, 항공기, 첨단건축물의 주요 소재로도 이용된다. 따라서 금은 인플레이션 헤지기능을 가지고 있어 자산구성 다변화 및 위험분산에 이용된다. 금은 부동산과 같은 가치와 현금의 유동성을 동시에 지닌 투자재이다.

8) 자금중개회사

(1) 서울외국환중개회사

가. 설립

서울외국환중개주식회사(SMBS)는 2000년 5월에 설립되어 외국환의 매매 및 원화자금의 거래를 전문적으로 중개하는 종합자금중개회사이며, 주요 통화에 대한 환율을 산출 고시하는 기관이다. 1970년부터 30년 넘게 외국환 중개업무를 수행해 온 금융결제원으로부터 업무와 전문 인력, 시설 등을 승계받아 설립된 회사이다. 외국환 중개의 경우 전체 거래량의 2/3 내외를 중개하고 있으며, 2001년 2월에 개시한 원화자금 중개도 전체 거래량의 절반 가까이를 처리하고 있다.

나. 주요 업무
① 외국환 매매중개
Voice-box broking system과 Electronic broking system의 장점을 모아 자

체 개발한 Hybrid Voice/Electronic Broking System을 이용하여 외국환매매를 중개하고 있다. 이 시스템은 외환거래의 자동 체결, 거래 체결내역의 관리 및 송부, 정보제공 기능 등을 고루 갖추고 있어 신속, 정확하게 중개업무를 수행할 수 있는 시스템이다.

ㄱ. 참가기관: 은행, 외국은행 국내지점, 종합금융회사 등 약 70개

ㄴ. 거래시간: 은행 영업일(토요일 제외)의 오전 9:30 – 12:00, 오후 1:30 – 4:30

ㄷ. 거래통화: 미 달러화와 일본 엔화

ㄹ. 거래종류

  a. 현물환: 외환매매 계약의 성립과 동시, 거래일로부터 2영업일에 외환을 결제하는 거래

  b. 선물환: 외환매매 계약 체결 후 일정 기간(통상 2영업일)이 경과한 미래의 특정일에 외환을 결제하는 거래

  c. 스왑: 현물환을 매도하는 동시에 선물환을 매입하거나 반대로 현물환을 매입하는 동시에 선물환을 매도하는 것과 같이 결제일과 거래방향을 달리하여 체결하는 거래

ㅁ. 최저거래금액/거래단위

  a. 미 달러화: 100만 달러/거래단위는 50만 달러의 배수

  b. 일본 엔화: 1천만 엔/거래단위는 1천만 엔의 배수

ㅂ. 거래주문 가격단위

  a. 현물환, 선물환: 10전 단위

  b. 스왑: 1전 단위

ㅅ. 거래절차

  a. 외국환은행으로부터 거래주문 접수(직통전화 이용)

  b. 거래주문 내역을 전산시스템에 입력

  c. 전산시스템에 의한 자동거래 체결 및 체결 내역 송부

ㅇ. 인도일

  a. 현물환: 계약체결 익익영업일(Spot)

b. 선물환

계약 기간을 일로 정한 경우: 매매계약체결 익익영업일로부터 계약 기간 만료일 계약 기간을 월로 정한 경우: 매매계약체결 익익영업일로부터 각 월의 해당일 계약 기간을 분기말로 정한 경우: 매매계약체결 익익영업일로부터 각 분기의 최종 영업일

c. 스왑: 현물환, 선물환 거래에 준함

ㅈ. 자금결제: 원화자금은 대부분 한국은행에 개설되어 있는 당좌예금 계좌이체로 결제하고 외화 자금은 해외점포 또는 해외거래은행의 계좌를 통하여 결제하고 있다.

ㅊ. 시간 외 거래중개: 외국환매매 거래시간 종료 후에 외국환은행이 외국환포지션 등을 조정하거나 기타 필요에 따라 외국환매매 의뢰를 요청하는 경우에도 거래를 중개하고 있다.

② 외화자금(콜)거래 중개

미 달러화, 일본 엔화, 유로화, 영국 파운드화 등 4개 통화를 대상으로 외국환은행 간 1년 이하 단기 외화자금의 대차거래를 중개하고 있다. 국내 외국환은행은 물론이고 국내은행 해외지점도 이 거래에 참가하고 있다.

ㄱ. 참가기관: 은행(해외지점 포함), 외국은행 국내지점, 종합금융회사 등 약 100개

ㄴ. 거래시간: 은행 영업일(토요일 제외)의 오전 9:30 – 12:00, 오후 1:30 – 4:30

ㄷ. 거래통화: 미 달러화, 일본 엔화, 유로화, 영국 파운드화

ㄹ. 거래종류: O/N(overnight), T/N(tomorrow next), S/N(spot next), 1, 2, 3주일물, 1, 2, 3, 6개월물, 1년물

ㅁ. 최저거래금액/거래단위: 10만 달러(또는 1천만 엔, 10만 유로, 10만 파운드)의 배수

ㅂ. 거래절차: 외국환은행으로부터 거래주문 접수(직통전화 이용) 거래체결 및 체결 내역 통보

ㅅ. 금리: 국제금융시장 금리를 기준으로 자율 결정함

ㅇ. 인도일: 원칙적으로 계약체결 익익영업일(value spot)이지만 O/N은 계약체결 당일, T/N은 계약체결 익영업일, S/N은 계약체결 익익영업일

ㅈ. 자금결제: 은행 간 외화자금결제는 대부분 해외점포 또는 해외거래은행의 계좌를 통하여 이루어짐

③ 파생금융상품 거래 중개

환율변동 등과 관련된 파생금융상품의 외국환은행 간 거래를 중개하고 있다. 현재 Average Price F/X 등 7종의 파생금융상품을 중개하고 있으며, 국제금융시장에 대한 꾸준한 조사연구와 자체 개발을 통해 앞으로 더욱 다양한 중개상품을 제공할 수 있도록 노력하고 있다.

ㄱ. Average Price F/X

ㄴ. 통화스왑(Currency Swap)

ㄷ. 금리스왑(IRS: Interest Rate Swap)

ㄹ. 통화옵션(Currency Option)

ㅁ. Average Price Strike Option

ㅂ. 차액결제 선물환(NDF: Non-deliverable Forward)

ㅅ. 차액결제 스왑(NDF Swap)

④ 원화자금거래중개

원화자금거래 중개에는 후발주자이다. 다음과 같은 업무를 수행한다.

ㄱ. 원화콜 거래

ㄴ. 환매조건부채권(Repurchase Agreement) 매매

ㄷ. 양도성예금증서(Negotiable Certificates of Deposit) 매매

ㄹ. 어음(CP) 매매

⑤ 환율고시

재정경제부의 지정을 받아 매일 시장평균환율을 산출하여 외국환은행의 대고객거래와 기업의 회계처리에 참고가 되는 매매기준율로 고시한다.

ㄱ. 매매기준율

ㄴ. 재정(裁定)된 매매기준율

ㄷ. 통화선도환율

(2) 한국자금중개주식회사

가. 설립

- 한국자금중개주식회사는 1996년 7월 금융기관 간 단기자금 중개를 전담하는 전문중개회사로 설립되었다. 그동안 제1금융권, 제2금융권 및 외국은행 간 3분화되어 있던 단기자금 시장의 통합과 안정이라는 설립목적을 바탕으로 자금중개의 공정성과 효율성을 높이고 자금운용 및 조달에 소요되는 시간과 인력을 경감시킴으로써 참가기관의 간접 거래비용을 절감시킨 효과도 가져왔다.

- IMF 이후 우리나라 금융은 효율성 제고와 국제화를 위하여 외환시장의 기반구축이 시급한 정책과제가 되었다. 정부당국에서는 낙후된 우리나라 외환시장의 발전방안의 하나로 상업적인 외환중개회사 제도의 도입을 추진하였다.

- 이러한 정책의 일환으로 한국자금중개주식회사는 1998년 11월 재정경제부로부터 외국환 중개업무인가를 받아 1999년 2월 1일 외국환 중개업무를 시작하게 되었다. 우리나라 최초의 상업적 외환중개회사라는 점에서 중요한 위치를 차지하고 있다.

- 한국자금중개주식회사는 총 93개의 회사가 주주로 참여하고 있다.

① 은행: 국내은행 20개사/ 외국계은행 2개사

② 종금: 24개사

③ 증권: 32개사

④ 보험: 2개사

⑤ 리스: 11개사

⑥ 기타: 2개사

나. 주요 업무

① 외환부문중개업무

1999년 2월 1일부터 국내 외국환 은행 간 4개국 통화(미 달러와 일본 엔화, 유로화, 영국 파운드화)에 대한 외환(FX)매매거래와 1년 미만의 단기 외화자금을 무담보로 대여, 차입하는 외화 콜(Money)거래는 물론 외화 스왑(Swap)거래를 중개하여 대고객거래에서 발생하는 외환의 수급과 외환포지션 조정을 원활하게 하고, 외환시장 정보의 효율적 제공 등을 통하여 외환시장 활성화에 기여하는 서비스를 제공하고 있다.

ㄱ. 참가기관: 외국환은행으로 인가된 국내은행, 외국은행 국내지점 및 종합금융회사

ㄴ. 거래형태: USD/KRW 현물환 거래중개의 대부분을 차지하는 Value Tomorrow, Value Spot 중에서 Value Tomorrow의 매매거래 중개가 압도적으로 높게 나타나고 있다.

ㄷ. 기본 거래금액: FX, Money, Swap 거래중개에 있어서 기본 거래금액은 모두 US$1 Mio이다.

ㄹ. 거래시간: 월~금요일 오전 09:30~12:00, 오후 01:30~04:30까지로 정해져 있다. 단, FX의 당일 결제물(Value Today)의 거래중개는 오전 09:30에서 10:30까지만 이루어진다.

　a. 외환매매중개(FX Market)

　　거래통화: 원/달러(현물환, 선물환)

　　기본거래금액: U$1 Mio

　　거래시간: 월~금요일 오전 09:30~12:00, 오후 01:30~04:30

　　단, 당일 결제물(Value Today)은 오전 09:30~10:30

　　참가기관: 외국환은행으로 인가된 국내은행, 외국은행 국내지점 및 종합금융회사

　b. FX SWAP Market

　　거래통화: 원/달러

　　기본거래금액: U$1 Mio

거래시간: 월~금요일 오전 09:30~12:00, 오후 01:30~04:30

단, 당일 결제물(Value Today)은 오전 09:30~10:30

참가기관: 외국환은행으로 인가된 국내은행, 외국은행 국내지점 및 종합금융회사

　c. 외환콜자금거래 중개(Money Market)

거래통화: 미 달러화, 일본 엔화(유로화, 영국파운드화 거래실시 예정)

거래상품: 1일물(O/N, T/N, S/N), 1~3주일물, 1~3개월물, 6개월물, 1년물

기본거래금액: U$ 1 Mio, ￥ 1億

거래시간: 월~금요일 오전 09:30~12:00, 오후 01:30~04:30

참가기관: 외국환은행으로 인가된 국내은행, 외국은행 국내지점 및 종합금융회사

② 원화부문중개업무

ㄱ. 콜거래 중개업무

ㄴ. 양도성예금증서(CD)매매 중개업무

ㄷ. 환매조건부채권매매(RP) 거래중개업무

ㄹ. 어음매매의 중개업무

③ 파생상품중개업무

ㄱ. 스왑, 옵션 등의 파생금융상품 중개

ㄴ. 스왑 금리 등의 가격고시

④ 채권중개업무(IDB): 채권매매의 중개업무

9) 유동화 전문회사

(1) 연혁

자산유동화란 유동화 전문회사 등이 자산보유자로부터 유동화 자산을 양도 또는 신탁 받아 이를 기초로 유동화 증권을 발행하고 당해 유동화 자산의 관리·운용·처분에 의한 수익으로 유동화 증권의 원리금·배당금·수익금을 지급하는 것을 말한다.

유동화 전문기관은 자산유동화 관련 법률에 의한 자산유동화를 영위하는 유동화 전문회사, 자산유동화를 전업으로 영위하는 외국법인 및 신탁회사를 말한다. 1999년 6월 말 현재 11개 유동화 전문기관(7개 유동화 전문회사, 3개 유동화 전업외국법인, 1개 은행신탁)이 등록하여 자산유동화 업무를 영위하고 있다.

자산유동화 제도는 금융·외환위기 이후 금융기관 및 기업의 구조조정 과정에서 금융기관과 성업공사 등이 보유하고 있는 채권·토지 등의 자산을 원활히 매각하여 구조조정에 따른 사회적 비용을 줄일 수 있는 제도적 장치를 마련하기 위하여 도입되었다. 이에 따라 1998년 9월 자산유동화에 관한 법률이 제정되었고 1999년 4월부터는 주택저당채권의 유동화를 통해 장기주택 금융기반을 확충하고자 주택저당채권유동화회사법이 시행되었다.

(2) 종류

가. 유동화 전문회사

유동화 전문회사는 자산유동화 계획에 따라 유동화 자산의 양수·양도 또는 다른 신탁회사에의 위탁, 유동화 자산의 관리·운용·처분, 유동화 증권의 발행·상환, 자산유동화 계획의 수행에 필요한 계약의 체결, 유동화 증권의 상환 등에 필요한 자금의 일시적인 차입, 여유자금의 투자 등의 업무를 수행한다.

그러나 유동화 전문회사는 상법상의 유한회사로서 본점 외의 영업소를 설치할 수 없으며 직원을 고용할 수 없는 서류상의 회사이기 때문에 유동화 자산의 관리·운용·처분에 관한 업무는 자산관리자에게 위탁하여야 하며 그 이 외의 업무는 자산보유자 또는 기타 제3자에게 위탁하여야 한다.

한편 보유자산을 유동화할 수 있는 자산보유자는 은행, 보험회사, 증권회사 등 금융기관과 한국자산관리공사(이전의 성업공사), 한국토지공사 등이다. 유동화할 수 있는 자산은 채권, 부동산, 기타 재산권 등으로 현금흐름을 창출할 수 있는 모든 형태의 자산을 포괄한다.

유동화 증권의 형태는 출자증권, 사채, 수익증권, 기타 증권 또는 증서 등이며 증권발행은 상법, 증권거래법, 신탁업법 등 관계법령을 따르게 되어 있다.

유동화 전문회사가 자산을 유동화하기 위해서는 자산유동화에 관한 계획을 금융감독위원회에 등록해야 하며 유동화 자산의 양도에 관한 자산양도 등록절차를 거쳐야 한다.

한편 자산유동화를 촉진하기 위하여 채권의 양도와 관련된 대항요건 구비절차 간소화하고 저당권이 설정되어 있는 채권의 양도 시민법에 규정된 저당권이 전 등기를 금융감독위원회에 의자산양도 등록으로 대신할 수 있도록 특례를 인정하고 있다.

1998년 12월 처음으로 자산유동화에 관한 법률에 따른 자산유동화 증권이 발행되기 시작한 이래 1999년 6월 말 현재 총 2조 원의 자산유동화 증권이 발행되었다. 자산유동화 증권의 형태별로 보면 사채가 전체의 82.7%(금액기준)를 차지하고 있으며 출자증권 및 수익증권이 각각 11.6%, 5.7%를 차지하고 있다. 한편 유동화 자산의 유형은 카드할부채권, 자동차할부채권, 리스채권, 부동산담보채권, 대출채권 등으로 다양하다.

나. 주택저당채권유동화 회사

주택저당채권유동화 회사법에 의거한 주택저당채권유동화 회사는 금융기관으로부터 주택저당채권을 양도받아 이를 담보로 주택저당채권담보부채권을 발행하고 그 원리금을 지급하거나 주택저당채권을 양도받아 이를 기초로 주택저당증권(수익증권)을 발행하고 그 주택저당채권의 관리·운용·처분에의 한 수익을 분배하는 업무를 영위하는 회사이다. 한국주택저당채권유동화(주)가 1999년 10월에 주택저당채권유동화회사법에의 한 주택저당채권유동화 업을 인가받았다. 주택저당채권유동화 회사는 유동화 전문회사와 달리 실체가 있는 회사로서 최저자본금 250억 원의 주식회사이어야 한다. 그러나 주택저당채권유동화 업무가 본질적으로 자산유동화 업무와 동일하므로 채권유동화 계획의 등록, 주택저당채권 양수 시 등록, 채권양도와 관련된 대항요건구비절차간소화, 민법에 규정된 저당권 이전등기에 관한 특례인정 등은 유동화 전문회사의 경우와 동일하게 적용된다.

한편 주택저당채권유동화회사는 자기자본의 20배 이내에서 주택저당증권의 지급을 보증할 수 있으며 자금조달수단으로 자기자본의 10배 이내에서 회사채발행 및 자기자본 이내의 금융기관차입이 허용되어 있다.

다. 자산담보부채권(Asset Backed Security, ABS)

자산담보부채권이란 금융기관 등이 보유한 대출 관련 채권이나 상업용 부동산 등의 자산을 담보로 발행하는 증권을 말하는데 1980년대 중반 이후 미국에서 각종 채권 및 자산의 유동화를 목적으로 개발되기 시작하였다. 자산담보부채권의 초기형태로는 주택저당대출을 대상으로 한 주택저당담보부채권(Mortgage Backed Security)을 들 수 있으며 이후 이 기법이 여타 자산에까지 확대 적용되면서 최근에는 자동차 대출담보채권, 신용카드대출담보채권, 리스대출담보채권 등을 총칭하는 말로 사용되고 있다. 자산담보부채권을 발행함으로써 얻을 수 있는 이득은 만기가 안 된 대출채권(자산)을 투자자에게 팔 수 있는 형태로 증권화함으로써 대출을 조기에 회수하는 효과가 있을 뿐만 아니라 발행채권의 신용등급에 따라서는 낮은 이자율로 채권을 발행할 수 있어 여타 자금조달방법에 비해 보다 저렴한 비용으로 자금을 조달할 수 있다는 점이다. 일반적으로 자산담보부채권을 발행하는 방법은 다수의 보유채권을 묶어 펀드를 설정하고 이를 근거로 동 채권발행을 위해 설립된 특수목적회사(Special Purpose Company)를 통해 채권을 발행하는 절차를 밟게 된다. 우리나라에서도 금융기관 부실채권 해소를 위해서는 성업공사(현재의 한국자산관리공사)에서 기업과 금융기관으로부터 매입한 부동산과 대출채권 등을 담보로 자산담보부채권을 발행하는 것이 시급하다는 인식하에 자산담보부채권을 발행할 수 있도록 특별법을 제정하였다(이에 의해 성업공사가 한국자산관리공사로 이름이 변경되었다.).

10) 투자자문회사

(1) 투자자문 시장의 의미

투자자문업은 유가증권이 가치 또는 투자판단에 대하여 조언 내지 투자일임을 영업으로 하는 업이다.

투자자문업은 국민소득 증가와 금융자산 축적의 진전에 수반되어 유가증권 투자수요가 확대됨에 따라 발생되는 금융서비스산업의 하나로 국민의 '자산관리업'으로 크게 발전하고 있다. 자산관리업은 투자자문회사, 투자일임회사, 증권투자회사의 운용회사, 투자신탁회사 등이 수행하는 유가증권과 투자에 대한 직·간접적인 서비스를 포함하는 개념이다.

(2) 투자자문의 기능

가. 경제적 기능

정보의 효율성을 제고시켜 사회적 비용인 대리인비용과 정보의 수집과 생산에 드는 비용 등 거래비용을 절감시킴으로써 시장의 효율성을 증대시킨다. 이는 많은 전문가들이 상호보완적으로 협조함으로써 정보의 공유효과와 정보탐색비용의 절감 등의 전문성에서 기인한다.

나. 역기능

① 투자자문회사의 도덕적 해이: 투자자문회사가 자신의 이익을 위해 자사보

유종목을 추천하여 고가로 매각하거나 펀드매니저들의 프론트러닝행위나 사취적 투자권유행위 등 투자자에 관한 정보를 이기적으로 유용할 가능성이 있다.

② 정보구입자의 역선택문제: 투자자가 투자자문회사에 대한 정보부족으로 투자자문회사가 불성실 또는 무능력으로 인해 단순히 타 회사가 추천한 종목을 추천하는 등 투자자에게 가치가 낮은 정보를 제공하더라도 이를 알 수 없는 문제점이 있다.

(3) 투자자문회사와의 거래과정

가. 계좌개설: 거래할 증권사에 고객이 직접 계좌개설

나. 투자자문 및 일임계약: 계약 기간, 금액, 투자자산의 종류, 성과보수에 관한 내용 등 세부사항을 계약서에 명시

다. 수수료 납부: 기본 수수료 – 통상 계약자산의 1% 내외의 1년 수수료 선납 성과 수수료 – 정기예금 이율을 초과하는 수익금의 일정비율

라. 자산의 운용: 소속된 운용전문인력에 의한 운영

마. 계약자산에 대한 정기적인 보고: 전화 또는 문서에 의해 월별 분기별 등 정기적인 운용결과 보고

바. 계약만료: 해지 또는 자산정산 후 성과보수 지금, 재계약 계약만료 이전 자문계약해지 가능

〈참고문헌〉

화폐와 금융시장(정운찬)
금융시장론(김종선, 김종오)
http://ecodic.naver.com/(네이버 경제용어 사전)
http://jusik119.wo.to/
http://www.bok.or.kr/boks/pgm/svc/html/bulletin.htm?v_logchk = yes&v_current =
    00000334
http://www.imeritz.com/

특수은행

1) 특수은행이란?

특수은행은 국민 경제적인 입장에서 보아, 반드시 지원하거나 또는 육성해야 하는 중요 부문이지만, 일반은행에 의한 민간금융에 의존할 수 없는 경우, 그런 부문에 대하여 주로 장기이고 저리의 자금공급을 전적으로 담당하게 된다. 그러므로 특수 은행은 국민 경제적으로 특수한 목적을 달성하기 위하여 설립되게 되는데, 정부의 적극적인 자금지원을 받을 뿐만 아니라, 은행을 설립하기 위한 특수은행법이 제정되고 그에 의거하여 설립된다. 특수은행이 행하는 금융활동은 정책금융, 즉 특정한 목적을 실현하기 위한 수단으로서 채택되는 금융이며, 이는 주로 일반은행이 담당하는 상업금융과 대조되는 것이다. 우리나라에서는 1962년부터 경제개발 계획이 실시되기 시작한 이후로 특수은행이 많이 설립되기 시작하였다. 그런데 우리나라의 특수 은행은 대부분이 그들의 고유한 정책금융과 아울러 일반은행 업무를 겸해서 보고 있다는 점이 특색이다. 그 결과 특수은행과 일반은행의 분업이 명백히 이루어지지 않을 뿐만 아니라, 오히려 특수은행이 일반 은행화하는 경향을 보이고 있다. 외환위기 이후 우리나라의 금융사업은 지속적인 금융 및 기업구조조정을 통해 기존에 누적된 부실을 제거함으로써 금융건전성의 기초를 확립하고자 하였다. 이 과정에서 부실 금융회사의 퇴출과 인수합병 등을 통해 대형화와 겸업화가 촉진되었고, 자본시장 개방확대와 함께 외국 자본의 국내 금융산업 진출이 확대되게 되었다. 또한 권역 간 영역 파괴 및 종합 금융서비스 제공 기능 확충, 금융회사의 지배구조 및 경영방식의 질적 개선 등을 보이면서 선진 금융산업과의 격차를 좁히고 국제적 경쟁력을 확보할 수 있는 기반을 마련하였다.

특수은행은 1950년대부터 설립되어 우리나라의 경제 발전을 보조하기 위하여 수익성과 건전성을 뒤로한 채 정부의 정책으로 성장을 중시하게 되었다. 하지만 부실기업을 퇴출하고 대형화, 겸업화되고 있는 금융 산업 추세에서 특수은행도 제외될 수 없다. 건전한 자본 확충과 재무상태로 각 특수은행에 적합한 방식으로 각자의 역할을 재정립하면서 다양한 금융수요에 효과적으로 대응할 수 있는 체제를 갖출 것이 요구되고 있다.

2) 특수은행의 현황과 실태

(1) 한국산업은행

가. 현황

국가산업 부흥과 국민경제발전 촉진을 위한 주요 산업자금의 공급을 목적으로 설립되어 재정자금, 해외차입금, 산업금융채권 발행 등으로 기간산업과 수출산업 및 중화학 공업을 중점적으로 지원해 왔다.

시장의 원활한 작동을 위하여 시장실패 보완, 새로운 시장조성, 금융산업 발전 선도 등 적극적인 역할을 수행함으로써 외환위기 조기 극복 및 경제의 성장 잠재력을 확충하고 있다.

① 신용경색 해소를 위한 기업금융 강화

기업의 설비투자를 촉진을 위한 설비자금 및 일시적 자금난 해소를 위한 운영자금 등 자금공급을 확대하며 담보가 부족한 유망 중소기업들을 지원하여 신용여신을 확대한다.

② 경제재도약을 위한 성장잠재력 확충

지식 기반산업 등 미래 성장동력산업 육성을 주도하고 지방 유망중소기업, 벤처기업 창업, 기업의 지방이전, 지역 특화전략상업개발 등 지역경제 균형발전을 위한 금융지원 강화를 위해 노력하고 있다.

③ 기업구조조정 및 자본시장 안정화

기업금융 수행과정에서 체득한 경험과 노하우를 적극 활용하여 주요 현안 대기업의 구조조정을 주도하였으며 주관 워크 아웃기업에 대해 강도 높은 구조조정으로 대상기업 모두 경영정상화를 달성할 수 있었다.

향후의 계획은 금융의 겸업화, 증권화 추세에 대응하여 국책은행으로서 역할을 충실히 수행하기 위하여 직·간접금융을 포괄하는 종합 금융서비스 체제를 구축하고 적정수익을 확보하여 국내 최고의 기업 금융전문은행으로 발전하여 글로벌 종합금융서비스를 제공하고자 한다.

나. 실태

한국산업은행은 한국산업은행법에 의거하여 설립된 특수법인으로 기업대출을 전문으로 하는 국영은행으로서 장기적인 산업자금의 공급을 주목적으로 내세우고 있다. 한국산업은행은 장기산업 금융을 전담하는 국책은행의 하나로 정부의 경제개발 시책에 부응하여 주로 사회간접자본의 형성과 중화학공업 개발에 필요한 대규모 장기성 자본을 융통해 주는 데 주력하고 있으며, 이를 위하여 산업금융채권의 발행권을 독점하고 있다. 또한 한국산업은행은 중소기업지원을 통해 수출유망중소기업 지원, 첨단벤처 중소기업 지원, 지역균형개발을 위한 지방소재 중소기업에 대해 지원활동을 벌이고 있다. 이와 더불어 국책은행으로서 국가경제의 핵심적 과제인 지방경제 활성화와 지역 간 균형발전을 지원하기 위하여 지방산업단지 입주업체에 대한 입주자금 지원, 외국인 투자업체 적극 지원, 지방자치 단체와 공동으로 펀드 조성하여 주식투자, 전환사채인수, 투자조합출자를 운영하고 있다.

(2) 한국수출입은행

가. 현황

정부·국내 금융기관 또는 해외로부터 차입금·수출입 채권의 발행 등을 통해 자금을 조달하여 수출입·해외투자 및 해외 자원 개발에 필요한 금융을 공급하며, 최근에는 상품수출 촉진과 외국기술 도입 및 해외투자를 위한 대출과 이에 부수되는 보증업무에 특화하고 있다. 90년대부터는 남북협력기금업무를 취급하며 남북협력의 중요성의 증대로 수출입은행의 역할은 더욱 중요시되고 있다. 또한 우리나라는 국민소득 2만 달러 달성을 눈앞에 두고 있기 때문에 이에 필요한 국가 전략산업에 대한 적극적인 수출지원 확대가 필요하다. 조선, IT 분야는 우리의 전략산업으로서 새로운 수출동력으로서의 뒷받침을 해 주고 있다.

자원빈국으로서 석유, 가스 등 필수자원의 해외개발 사업에 대한 지원을 하기도 하며, 최근에는 동북아 허브를 위하여 경제중심 건설에 목표를 두고 있다.

① 동북아 경제허브 지원

ㄱ. 동북아 물류 허브 - 선박수출 금융, 해운회사의 국적 선대 확보자금 지원, 선박 운용 회사에 대한 출자 지원을 한다.

ㄴ. 동북아 R&D 허브 - 수출입금융을 통한 첨단 기술산업 육성을 한다.

동북아 개발금융 지원을 통해 동북아 경제협력 및 경제 허브 지원을 위한 금융 수단 간 시너지 효과 극대화를 하고 역내 각국의 경제 및 투자환경, 산업 및 프로젝트 정보의 제공이 가능하게 됨으로써 대외 경제의 위상을 강화하기 위한 전략을 가지고 있다.

나. 실태

한국수출입은행은 수출입과 해외투자 및 해외 자원개발에 필요한 금융을 공여함으로써 국민경제의 건전한 발전을 도모하고 대외 경제 협력을 촉진하기 위하여 1976년에 설립되었다. 수은의 주요 업무는 중장기 신용에 의한 수출입과 해외투자 및 자원개발에 필요한 자금을 지원하는 것으로 자본재 수출자금 대출, 기술제공자금 대출, 외국인에 대한 대출, 수입자금 대출, 해외사업 및 투자자금 대출, 외국 정부 등에 대한 출자자금 및 외환결제자금 대출, 채무보증, 자원개발 및 대외경협자금 대출 업무 등이다. 현재 수은의 국제 신용등급은 국제신용평가사인 스탠더드 앤 푸어스(S&P)에서 A - 등급을 부여받아 '안정적'이라는 등급을 부여받았다. 이는 한국 정부의 지원을 받는 공식정인 수출 신용기관으로서 수출입은행의 공적인 역할과 한국의 수출 주도의 성장 전략, 무역 및 투자 정책 등에 근거한 평가 결과라 볼 수 있다. 한국수출입은행은 현재 '중국진출자문센터'를 개설, 운영하고 있는데 이는 중국이 우리나라의 최대수출국인 동시에, 지난해 우리나라가 무역을 통해 벌어들인 전체 무역수지 흑자의 86.6%에 달하는 1백 34억 6천만 달러를 안겨준 최고의 무역파트너로서 앞으로의 교역이 증가할 것에 대비한 자문센터이다.

또한 한국수출입은행은 대외경제협력기금(EDCF)을 지원하고 있다. 이는 후발개도국의 경제개발을 위한 유상원조를 제공함으로써, 대내적으로 우리 수출산업을 지원하고, 대외적으로는 우리의 개발경험전수와 함께 개도국이 빈곤을 극복하는 데 기여하고 있다.

(3) 중소기업은행

가. 현황

중소기업에 대한 효율적인 신용제도를 확립함으로써 중소기업의 자주적인 경제활동을 원활히 하고 이들의 경제적 지위 향상을 도모할 목적으로 설립되었다. 최근 경제가 미국, 일본 등 선진국의 경기 회복세와 중국 수출이 활기를 띠고 있음에도 불구하고 중소기업은 내수 부진과 관련하여 활력을 극복하지 못하고 어려움을 겪고 있다. 이에 따라 중소기업은행은 자산 건전성을 기반으로 사업다각화를 통해 중소기업을 뒷받침하기 위해 노력하고 있다.

시중은행의 합병으로 기업은행이 우위를 점하기 위하여 대출금액이 20억 원 이상인 중소기업에 대해 기업금융 전문가를 배치하고 고객별로 차별화되고 전문화된 금융서비스를 제공함으로써 중소기업 금융시장에서 비교 우위를 유지하고 있다. 이런 노력의 결과로 기업은행은 다른 특수은행보다 좋은 평가를 받고 있다. 기업은행의 전체 대출금 중 80%가 중소기업 대출임에도 불구하고 연체율이 안정적이며 신용카드 자산도 안정적이어서 대출자산이 건전함을 보여주고 있다.

기업은행은 앞으로도 중소기업 시장에서 경쟁력과 중소기업의 안정적인 성장을 위해 주력하여 견고하게 성장할 것임을 보여주고 있다.

나. 실태

중소기업은행은 광업, 공업, 제조업, 기타 서비스업에 종사하는 중소기업자에 대한 효율적인 신용제도를 확립함으로써 그들의 자주적인 경제활동을 원활히 하고 경제적 지위의 향상을 도모하려는 목적으로 1961년 8월 설립되었다.

주요 사업은 중소기업자에 대한 자금의 대출과 어음의 할인, 예금과 적금 업무, 주무장관의 승인을 얻은 중소기업의 주식, 사채의 응모·인수·보증, 내·외국환과 보호예수(保護預受), 지급승인 등이 있다. 이러한 중소기업은행은 기업은 물론 개인고객을 대상으로 운영되고 있어, '고객제일주의' 등을 내세운 고객감동을 실천하고 고객의 이익과 만족을 추구하는 경영윤리를 내세워 일반은행과 경쟁을 벌이고 있다. 명칭 또한 일반인들은 중소기업은행은 일반 업무는 하지 않는다고 인식하는 경향이 두드러져 기업은행으로 변경했다.

기업 고객에 대해선 창업정보, 기업경영정보, 중소기업동향 등을 제공하고 있다. 특히 중소기업은행도 수출입은행과 마찬가지로 우리 경제의 중국 진출이 늘어남에 따라 '중국데스크'를 마련해 중국 현지 제휴기관인 '북경 국연컨설팅사', '청도국제상회'와 연계한 투자상담 및 각종 현지 대행 절차 서비스를 실시하고 있다.

(4) 농협협동조합

가. 현황

1956년에 금융조합 및 동 연합회를 모체로 발족한 농업은행을 1961년에 중소기업은행과 농업협동조합 중앙회로 분리하여 창립되었다.

IMF 구제 금융체제하에서 금융구조조정의 일환으로 1999년 9월 농업협동 조합법의 제정으로 농업협동 중앙회, 축산업협동조합 중앙회 및 인삼협동조 합 중앙회가 농업협동조합 중앙회로 2000년 7월부터 통합되어 출범하게 되 었다.

1961년 설립 당시에 농촌개발을 위해 정부 주도로 설립되었고, 전 농업 인을 대상으로 사업이 수행되었다. 따라서 전국적 계통조직으로 운영되고 있으며, 농가의 영농과 가계에 관련된 다양한 사업을 수행하고 있다.

농협은 신용사업과 경제사업을 경영하는 종합농협이다. 따라서 농협은 농 가영농과 가계의 종합지원에 유리하며, 각종 사업의 연계를 통하여 유기적 상호보완이 가능하다. 또한 운동체적 성격과 경영체적 성격을 공유하고 있 으므로 운동체로서 봉사위주의 농민지도와 농촌개발을 중시하는 한편, 경영 체로서 수지균형 유지와 능률·경영성과를 중시하고 있으며, 정부의 각종 농촌개발사업을, 즉 식량증산·유통개선·농촌복지 등 정책사업을 정부로 부터 위촉받아 수행하고 있다. 또한 농업생산자조합과 지역조합으로서의 기 능을 수행하고 있으므로 농촌 지역의 종합지원 및 개발센터의 역할도 수행 하고 있다.

기존에는 농업경제를 위해서 주로 업무가 이루어졌으나 금융환경 변화에 대응하여 다양한 활동을 전개하고 있다. 90년대 후반에 이르면 수익성을 극대화하기 위하여 자금을 운용하고 관리하고 있다. 내실 위주 공제사업 추진으로 안정성장을 기반으로 하여 건정성을 확립하는 데 주력하고 있다.

(5) 수산업협동조합

가. 현황

1962년 4월에 어민과 수산제조업자의 협동조합을 촉진하여, 그들의 경제적 지위를 향상시키고 또 수산업의 생산력을 증강시키기 위해 설립되었다. 이 중에 신용사업을 취급하고 있는 기구는 수산업 협동조합 중앙회와 지구별 수산업 협동조합 뿐이다. 신용사업부문의 업무내용은 수산금융을 전담한다는 점을 제외하면 일반은행과 같이 일반 여·수신 및 지급보증, 내·외국환, 상호부금, RP, 신탁 및 신용카드 등의 업무를 취급한다.

90년대까지는 수산정책자금 지원에 중점을 두었지만 세계화되어 가는 동북아의 수산은행으로서 탈바꿈하기 위하여 경영혁신을 통하여 지속적인 도약을 위해 준비 중이다.

3) 해당금융기관의 금융상품

(1) 한국산업은행

가. 기업고객
① 예금상품: 여유자금 운용상품 - 산은지수연동정기예금, 다모아 맞춤정기예금. 적립식 목돈마련 상품 - 다모아 실세자유적금, 일반정기적금. 단기운용상품 - 양도성 예금증서(CD), 표지어음, 환매체. 수시입출금 가능상품 - 다모아 기업예금
② 신탁상품: 펀드형 상품 - 산은추가금전신탁, 퇴직신탁. 단독펀드 운용상품 - 맞춤특정금전신탁, 자사주특정금전신탁. 신탁대출 - 수익권/예금담보대출

③ 산업금융채권: 복리채(1년채 · 3년채 · 5년채), 할인채(1년채 · 3년채), 이
   표채(3년채 · 5년채 · 10년채)

나. 개인고객

① 예금상품: 여유자금 운용상품 – 하이파이브 회전정기예금, 건강프리미
   엄 정기예금. 적립식 목돈마련 상품 – 다모아 실세자유적금, 일반정기
   적금. 단기 운용상품 – 양도성 예금증서(CD), 표지어음, 환매채. 수시
   입출금 가능상품 – 다모아 수퍼저축예금

② 신탁상품: 연금형 상품 – 연금신탁, 신노후 연금신탁, 펀드형 상품 – 부
   동산 투자신탁, 산은추가금전신탁, 단독펀드운용상품 맞춤특정금전신
   탁, 특정분리과세신탁 신탁대출 – 수익권/예금 담보대출

③ 투자신탁상품: 주식형 – 코리아ELF 주식투자신탁 1호 혼합형 – 코리아
   ELF 혼합투자신탁 1호

(2) 한국수출입은행

가. 포괄수출금융

과거 수출실적을 근거로 향후 수출에 필요한 자금을 개별계약 건별이 아
닌 포괄금융 방식(일괄 대출)으로 지원

나. 중소기업 수출 특례신용대출

신용도가 낮거나 담보력이 부족한 수출 중소기업의 L/C 수출거래를 지원
하기 위하여 수출이행에 필요한 제작자금을 지원

다. 중소규모자본재 수출자금대출

수출계약금액이 미화 2천만 달러 이하인 수출거래로서 제작 기간과 수출
대금 회수 기간이 6월 미만인 단기수출거래를 지원

라. 단기수출자금대출

수출물품의 제작 기간과 물품 인도 후 대금결제 기간을 합하여 6월 이상

소요되는 거래로서, 수출대금이 수출물품의 인도 후 2년 이내에 결제되는
수출거래에 대하여 제작·수출에 필요한 자금을 지원

마. 장기수출자금대출

수출물품 인도 후 수출대금 결제 시까지 기간이 2년 이상인 대규모 자본
재 등의 수출거래에 대하여 제작·수출에 필요한 자금을 지원

바. 전대자금대출

외국의 금융기관 또는 정부 등을 차주로 하여 일정규모의 신용한도(Credit
Line)를 설정해 주고 우리나라 제품을 수입하는 외국기업이 우리나라 수출
자에 대한 결제자금으로 사용토록 하는 금융 지원제도

사. 해외투자(사업)자금대출

해외투자사업을 하고자 하는 기업 또는 이미 진출한 해외현지법인의 시
설 확장과 교체 및 운전자금이 필요한 기업에 대한 지원

아. 수입자금대출

국가경제적으로 장기 안정적인 확보 또는 적기수입을 요하는 주요 자원
및 상품, 공장자동화 또는 환경오염방지 관련 시설재 수입거래, 주요 자원
의 개발을 위한 개발수입거래를 지원

(3) 중소기업은행

가. 소기업 자금

'중소기업기본법' 및 동법 시행령에 의한 소기업으로서 동일인당 대출잔
액이 10억 원 이하인 업체에 대출

나. 창업자금

새로이 중소기업을 설립하는 자(설립한 날로부터 5년 이내 포함)

※ 벤처기업, 기술집약형중소기업, NT마크 등 우수기술보유기업 우선지원

다. 벤처기업 자금
'벤처기업 육성에 관한 특별조치법'에서 정한 벤처기업
기술신용보증기금의 '기술우대보증대상기업'
사업성과 기술력이 우수한 기술집약형 첨단산업, IT(정보통신), NT(나노기술), BT(바이오) 등 신기술·신산업 분야의 기술력 보유기업

라. 벤처플러스 대출
'벤처기업 육성에 관한 특별조치법'에서 정한 벤처기업
기술신용보증기금의 '기술우대보증대상기업'

마. 직접 투자
3년 이내 협회중개시장등록 또는 증권거래소 상장 예정업체

바. '기술혁신형 중소기업(INNO – BIZ)' 대출
중소기업청으로부터 INNO – BIZ기업으로 선정되어 기술신용보증기금의 신용보증서를 발급받은 중소기업

사. SOHO대출
당행대출이 2억 원 미만이고, 간편장부대상자인 중소 개인사업자

아. 사업장부지구입자금대출
자가사업장 마련을 위하여 대출취급일로부터 1년 이내 건물 착공이 가능한 사업장부지를 구입하는 중소기업

자. 건물 신·증축 및 기계구입자금대출
건물 신·증축 및 기계 등을 구입하고자 하는 중소기업

차. 상업용부동산저당대출
상업용부동산을 담보로 제공하는 중소기업자(업종제한 없음)

카. 사업장분양자금대출
벤처빌딩, 아파트형공장, 상가 등을 사업용 목적으로 일반분양 또는 임대

분양을 받고자 하는 중소기업 및 예비창업자

4) 투자자 입장에서의 특수은행

제일 안전하고 든든한 은행은 따로 있다. 그 은행은 바로 국책은행이다.

국책은행이란, 국가에서 특수한 목적을 가지고 만든 국가에서 책임을 지고 운영하는 은행을 말하여, 국내에는 모두 5개의 국책은행이 있다.

시중의 은행은 일반은행, 국책은행으로 크게 분류된다.

일반은행은 개인이 세운 일종의 금융회사인 셈이다.

그렇지만 국책은행은 개인이 아닌, 국가에서 세운 금융기관이기 때문에 훨씬 튼튼하다. 많은 사람들이 국민은행을 튼튼하다고 생각하는데, 하나만 알고 둘을 모르는 격이다. 아무리 잘나가는 회사도 안 좋은 시기가 있다.

대우그룹도 한때 튼튼한 대기업임을 과시했었지만, 보란 듯이 지금은 망한 기업이다. 기업이라는 것이 이런 것이다. 잘나가는 때도 있으면, 못 나가는 때도 있다. 국민은행은 개인이 세운 기업에 속하는 은행이기 때문에, 물론 현재는 돈은 많겠지만 그것이 언제까지 유지될 것이라는 것은 어느 누구도 장담하지 못한다. 그리고 나라가 망하기 전에 기업들이 먼저 망하는 것은 당연한 이치이자 순리이다. 따라서 국책은행은 나라가 망하지 전까지는 죽어도 망하지 않는다.

왜냐하면 이들은 국가의 뒷받침을 받고 있기 때문이다. 요즘에는 국민은행도 반국책은행으로서 주택은행과 합병하여 주식가치도 올라가고, 활동력도 좋아지고 있다. 그러나 우리는 관심 있게 보아야 할 것이 있다. 예전에 IMF에도 은행이 망하는 실제사례를 눈으로 많이 보여줬다. 따라서 튼튼하기로만 은행의 기준을 매긴다면, 당연히 국책은행에 견줄 만한 은행은 아무도 없다.

(1) 한국산업은행

(2) 농협중앙회(농협)

(3) 기업은행

(4) 한국수출입은행

(5) 수협중앙회(수협)

이 중에서 기업은행과 농협, 축협은 우리에게도 잘 알려진 금융기관이다. 튼튼한 것으로만 따진다면, 볼 것도 없다. 농협은 지역 신협과 합병하여 BIS 기준도 좋아지고 있다. 국책은행에 투자하는 것이 바람직하다고 할 수 있다.

07

비금융기관

1) 종합금융회사

(1) 정의

종합 금융회사는 1975년 12월에 공포된 종합금융회사에 관한 법률에 의거하여 1976년 4월에 설립된 한국 종합 금융 주식회사를 효시로 도입되었다. 종합 금융회사를 설립하게 된 배경은 영국의 머천트뱅크나 미국의 투자은행과 같은 종합적인 금융서비스를 제공하고, 외자지원과 중장기 설비금융을 원활히 하고, 금융의 국제화를 촉진하는 동시에 선진 금융기법을 도입하기 위한 것이었다.

(2) 종합 금융회사의 업무내용

종합 금융 회사의 업무 내용은 매우 광범위하나 실제로는 외자 도입 및 시설 대여 업무에 치중하고 있다. 외자업무는 외화차입 및 외화대출, 외화

표시지급보증, 외국환 및 연불수출어음의 매매, 국내기업을 위한 외자도입의 주선 등을 포함한다. 유가증권업무는 자기계정에 의한 유가 증권의 매매 그리고 유가증권의 인수, 모집 및 매출주선 업무를 말한다. 종합금융회사는 상환 기간 2년 6개월 이상의 사채를 발행하여 이 자금을 주로 중장기 대출로 운용한다. 그 밖에 종합금융회사는 공사채형 수익증권에 한하여 증권투자신탁업무를 취급하며, 1978년부터 시설 대여 업무를, 1979년부터 팩토링 업무를 영위하고 있다.

(3) 종합금융회사의 금융상품

가. 정기예금
나. 정기적금
다. 신용부금
라. 자유적립예금
마. 상호신용계
바. 보통예금

사. 발행어음(자발어음)

종합금융회사가 영업자금 조달을 위해 자체 신용으로 융통어음을 발행하여 일반 투자자에게 매출하는 형식의 금융상품으로서 가계나 기업의 단기 여유자금을 운용하기에 적합한 상품이다. 금융기관이 직접 발행하는 어음인 만큼 투자자 입장에서 예치 기간이나 금액에 적합한 상품을 어제든지 구할 수 있다는 장점이 있다. 중도환매가 가능하나 기간별 약정금리의 60~80% 수준의 중도해지이율이 적용된다. 기업어음에 비해서는 수익률이 다소 낮으며, 무담보부 기업어음과는 달리 예금자 보호대상이다.

아. 기업어음

우리나라의 기업어음(CP)은 2개 이상의 신용평가기관에서 신용등급 B등급 이상을 받은 업체가 발행한 어음으로 담보 없이 신용으로 발행되는 것이 대부분이며 일부는 금융기관의 지급보증을 첨부한 보증어음도 있다. 현재 기업어음의 신용등급은 A1에서 D까지 6개 등급으로 구분된다. CP의 할인 및 중개시장에는 종합금융회사, 증권회사 등이 참여하고 있다.

CP의 발행방법에는 직접발행과 간접발행이 있다. 직접발행은 발행회사가 인수자의 인수 없이 투자자에게 직접 매각하는 방식으로 우리나라의 경우 기업어음 중개시장으로 통칭한다. 중개어음의 경우 신용등급 B등급 이상의 적격업체가 발행한 무담보어음으로 종합금융회사의 중개를 통해 거래된다. 중개어음은 중도환매가 불가능하나 중개회사를 통한 재매각은 가능하다.

그리고 간접발행은 발행된 CP를 일단 인수자가 인수하였다가 투자자에게 판매하는 방식으로 투자자가 요구하면 즉시 환매가 가능하다. 이 경우 기업어음은 종합금융회사의 지급보증 유무에 따라 담보부 기업어음과 무담보부 기업어음으로 구분된다. 전자는 어음발행인, 보증인 및 인수인의 채무불이행 발생 시 보증한 종합금융회사가 그 채무를 부담할 것을 약속하는 어음이며, 후자는 채무불이행이 발생할 경우에도 종합금융회사가 그 채무를 이행할 책임이 없는 어음을 말한다.

자. 어음관리계좌

어음관리계좌(CMA: cash management account)는 화폐시장에 직접 참여하기가 어려운 일반 투자고객을 위하여 금융기관이 다수의 고객으로부터 자금을 조달하여 이 자금을 주로 기업어음이나 통화조절용 채권 등 단기금융 자산에 운용하고, 그 운용수익을 예탁 기간에 따라 투자자에게 차등 지급하는 상품으로 현재 종합금융회사에서 취급하고 있다.

우리나라의 어음관리계좌의 기본모형은 미국의 CMA에서 유래된 것이지만 이보다는 오히려 단기형 수익증권상품을 취급하는 투자신탁의 수익증권과 자산운용방법 및 수익률 결정 면에서 유사하다. 그러나 운용대상 자산이 종합금융회사의 어음관리계좌의 경우 각종 어음, 채권, CD 그리고 정기예금, 단기 국공채 등 지급준비자산이 주종을 이루고 있는 데 비해 투자신탁회사의 단기수익증권의 경우 국공채, 사채, 주식, 콜론, 금융기관이 발행 보증 또는 매출하는 어음 및 채무증서가 주종을 이루고 있다.

2) 투자신탁회사

(1) 의의

일반대중의 영세자금을 모아 증권에 투자하고 그 수익을 투자자에게 분해한다.

증권투자신탁은 개인이 직접 유가증권을 보유하는 대신에 전문적으로 투자자에게 유가증권의 투자운용을 의뢰하는 제도이다. 우리나라의 증권투자제도는 1969년 8월에 제정된 '증권투자신탁업법'에 그 법적 근거가 마련되었고 1970년 5월에 한국투자 공사가 주식형 수익증권을 발매함으로써 처음으로 출현하였다.

(2) 업무내용

우리나라 투자신탁회사는 고유업무인 증권투자신탁업무 이외에 신탁형 증권업무와 유가 증권의 인수 및 매매업무를 수행하고 있다.

첫째로 증권투자 신탁업무는 투자신탁회사가 펀드를 설정한 후 수익증권을 발행하여 일반 투자자에게 매각하고 이와 같이 조달된 자금을 신탁재산으로 운용하여 여기서 생긴 투자수익을 투자자에게 배분하는 과정을 포함한다.

둘째로 신탁형 증권저축은 저축은행에 제한이 없고 입출금이 자유로우며 단기성 저축수단인데 금리가 낮아 실적은 매우 미미한 실정이다.

셋째로 유가 증권의 인수 및 매매 업무는 투자신탁회사가 투자신탁업무 및 신탁형 증권저축업무를 통하여 조달한 자금을 운용하기 위한 것이다.

유가 증권의 인수는 주식형 투자 신탁재산과 재형투자신탁에 대한 신주의 우선 배정, 주식형 투자 신탁재산에 편입된 상장 주식에 대한 유상 증자 청약, 발행시장을 통한 회사채인수 및 국공채인수를 말한다.

유가증권의 매매를 보면 주식의 경우 투자신탁회사는 주식인수단 참여가 금지되어 있기 때문에 유통시장으로부터의 매입이 대부분이며 유통시장에서의 매입 및 매도가 모두 활발하다.

투자 신탁회사의 채권 매매를 보면 발행시장에서의 인수와 유통시장에서의 매매를 통해 편입하고 있다.

(3) 증권투자신탁

가. 특징

증권투자신탁은 투자신탁회사 등 전문적인 투자기관이 증권투자에 대한 전문적인 지식이 없거나 자금규모가 영세한 다수의 투자자로부터 자금운용에 대한 신탁을 받고 이를 유가증권에 투자하여 그 운용수익을 배분하여 주는 증권투자 대행제도로서 다음과 같은 특징을 지닌다.

첫째, 신탁제도에 의한 공동투자로서 불특정다수의 일부 투자자로부터 자금을 모집하여 공동기금을 형성하고 이를 동일한 관리주체에 의해 투자운용하는 제도이다.

둘째, 전문가에 의한 대행투자로 일반투자자를 대신하여 신탁재산을 운용하고 그 결과로 발생된 이익을 투자자에게 되돌려줌으로써 투자효율을 높이는 동시에 투자기회를 크게 확대하고 있다.

셋째, 대중으로부터 수탁된 대규모자금에 의한 분산투자이다.

넷째, 증권시장에 자금을 공급하여 장기산업 자금조달을 원활하게 할 뿐만 아니라 증권시장에서 증권물량 및 가격조정기능을 수행함으로써 증권시장의 안정적 성장에 기여하고 있다.

나. 종류

일반적으로 증권투자신탁제도는 투자대행기관의 법률적 조직형태에 따라 계약형과 회사형으로, 수익권의 환매 가능 여부에 따라 개방형과 폐쇄형으로, 신탁재산의 운용관리권한의 위임 여부에 따라 고정형과 관리형 등으로 구분하고 있다.

계약형은 위탁자, 수탁자 및 수익자 간의 신탁계약에 의거하여 이루어지는 형태로 우리나라와 일본, 독일이 이 형태를 취하고 있으며, 최근 영국에서 증가하고 있는 단위형도 이에 속한다.

계약형 투자신탁은 신탁재산을 설정, 운용하는 위탁자와 그 재산을 보관, 관리하는 수탁자 간에 체결된 계약인 신탁약관에 따라 균등하게 분할된 지분증서인 수익증권을 수익자인 투자자가 취득하는 형태로 이들 삼자 간의 법률관계는 모두 신탁약관이 법적 기초가 된다.

즉 위탁자는 투자신탁을 설정하여 수익증권을 발행, 이를 수익자에게 매출하여 자금을 조성하고 이 자금으로 증권에 투자, 운용하는바, 이에 따른 관리사무인 신탁재산의 보관 및 출납, 증권의 배당 및 이자지급에 관련된 업무 등을 수탁자가 대행하게 된다.

계약형 투자신탁은 다시 투자신탁원금의 추가설정 여부에 따라 단위형과 기금형 또는 추가형으로 나누어진다.

단위형은 동일한 계약에 의거하여 1회의 설정으로 끝나는 형태로 일단 설정된 펀드는 원본의 추가설정이 불가능하나 해약에 의해 원본의 감소는 가능하며, 기금형은 동일한 신탁계약으로 언제든지 수익증권을 추가발행하거나 환매함으로써 펀드의 추가설정 및 해약이 가능하다.

회사형 투자신탁은 증권의 대행투자를 목적으로 설립된 회사, 즉 증권투자회사가 일반대중에게 주식을 발행하고 그 운용수익을 배당하는 제도로, 미국의 경우 대부분 이 형태를 취하고 있으며 영국의 투자신탁도 회사형이다.

또한 설정 당초 신탁재산에 편입된 유가증권의 종목과 수량을 신탁 기간 종료일까지 변경할 수 없는 것을 고정형 투자신탁이라 하고 신탁약관에 의해 위탁회사의 재량으로 편입, 유가증권을 자유로이 변경할 수 있는 것을 융통형(관리형) 투자신탁이라고 한다. 한편 환매허용 여부에 따라 신탁 기간 중 자유로이 환매가 인정되는 것을 개방형 투자신탁, 수익자의 사망이나 천재지변 등 소정의 사유발생 시에만 환매가 인정되는 것을 폐쇄형 투자신탁이라 하며, 투자대상 유가증권에 따라 주식형 수익증권과 채권형 수익증권으로 구분하기도 한다.

다. 우리나라의 증권투자신탁

우리나라의 증권투자신탁은 신탁계약에 의해 조직, 운용되는 계약형의 형태를 취하고 있으며, 그 법률관계는 신탁재산의 운용담당자인 위탁회사, 신탁재산의 보관, 관리 담당자인 수탁회사 및 수익권의 귀속주체인 수익자 등에 의해 구성된다. 또한 우리나라에서는 융통형 투자신탁이 대부분인데, 이는 기동성 있는 운용으로 수익의 극대화를 도모하기 쉽다는 장점이 있다.

라. 증권투자 신탁과 신탁

구 분	증권투자신탁(계약형)	신 탁
당사자	세 당사자(위탁자, 수탁자, 수익자) 간의 신탁계약에 의한 신탁관계	좌 동
신탁재산관리	독립성(고유재산과 구분관리)	좌 동
수익의 귀속	수익자	좌 동
목적물	금전에 한함	제한 없음(금전대출 가능)
운용대상	유가증권, 단기 금융자산, 외화증권 등으로 제한(금전대출 불가능	
운용자	위탁자(수탁자는 보관, 관리)	수탁자
수익증권	반드시 발행	발행 안 할 수도 있음
상대방	불특정다수인	특정인과도 가능

(4) 종류

가. 수익증권

수익증권은 신탁재산을 증권시장에 상장된 주식과 채권 등에 일정비율로 투자, 운용하고 여기에서 발생한 수익금 전액을 실적 배당하는 수익성, 환금성을 고루 갖춘 상품이다.

신탁재산의 운용대상 유가증권이 주로 주식과 채권이기 때문에 투자자가 배분받는 수익률이 일정하지는 않으나 상장성과 고율배당이 예상되는 주식에 대해 우선 투자하므로 비교적 높은 수익률을 기대할 수 있다. 수익증권은 투자자나 투자금액에 제한은 없으나 그 종류가 다양하므로 보유자금의 규모, 투자 기간, 수익증권 거래가격 및 수익률에 직접 영향을 미치는 각 수익증권별 편입비율 등을 감안하여 투자종목에 적합한 상품을 미리 선택하여야 한다.

수익증권은 증권시장에 간접투자하는 효과를 기대할 수 있는 유용한 금융상품이지만 주식이나 채권에 대한 직접투자와 비슷한 성격을 가지고 있어 높은 수익을 얻을 수 있으나, 원금손실도 발생할 수 있다. 그러나 전문지식과 노하우를 가진 투자신탁회사가 우량한 유가증권에 분산투자하고 증시변화에 탄력적으로 대응하는 등 위험을 최소화하고 있다.

수익증권의 매매는 신탁재산의 실질 재산가치를 나타내는 기준가격에 의해 이루어지는데, 구체적으로 신탁재산에 편입되어 있는 주식, 채권의시가 상당액에 배당금, 이자, 매매익, 평가액 등을 공제한 후 수익증권의 발행 총좌수로 나누어 산출한다.

수익증권에 자산운용 내역에 따라 채권형 펀드와 주식형 펀드로 구분된다.

채권형 펀드에는 주식이 편입되지 않고 자산총액의 60% 이상을 채권으로 운용한다. 반면 주식형 펀드는 자산총액의 60% 이상이 주식으로 운용된다.

즉 채권형은 약관상 채권 및 금리선물에의 최저투자비율이 신탁재산의 60% 이상이다. 반면, 주식형은 약관상 주식 및 주가지수선물, 옵션에의 최저투자비율이 신탁재산의 60% 이상이다. 그리고 혼합형 펀드는 다시 채권혼합형과 주식혼합형으로 나눌 수 있다. 채권혼합형은 신탁재산을 주로 채권 등에 투자하는 상품으로 주식에의 최고편입비율이 50% 미만인 경우이다. 주식혼합형은 신탁재산을 주로 주식 등에 투자하는 상품으로 주식에의 최고편입비율이 50% 이상인 경우이다.

나. 신종MMF(Money Market Fund)

투자신탁회사가 여러 고객이 투자한 자금을 모아 이를 주로 양도성예금증서(CD), 기업어음(CP), 만기 5년 이하의 국채 및 만기 2년 이하의 통안채 등 금융자산에 투자하여 얻은 수익을 고객에게 돌려주는 단기실적 배당상품이다. 최저가입금액의 제한이 없고 환금성이 높은데다 시중 실세금리 수준의 수익을 올릴 수 있어 소액투자는 물론 언제 쓸지 모르는 단기자금을 운용하는 데 유리한 저축수단이다. '99년 3월 22일부터 신규판매된 수익증권의 일종으로 종전의 MMF와는 달리 환매수수료가 부과되지 않는다. 은행의 MMDA, 종합금융회사의 CMA 및 단기공사채형 수익증권과 경쟁상품이다. 증권계좌와 연결하여 대기자금을 예치 시 상대적으로 높은 수익을 얻을 수 있다.

다. 뮤추얼 펀드

뮤추얼 펀드(mutual fund)는 투자자로부터 돈을 모아 펀드를 만들어 운용한 뒤 투자수익을 실적대로 돌려준다는 점에서 수익증권과 비슷하다. 그러나 뮤추얼 펀드는 주식회사 형태를 취하고 있기 때문에 투자자들이 주주가 된다는 점이 투신사 주식형 펀드와 다른 특징이다. 투자자는 뮤추얼 펀드 자산운용회사와 판매 대행계약을 맺은 증권사 및 은행에서 펀드주식을 매입하는 형태로 투자에 참가한다.

뮤추얼 펀드는 자산운용의 기동성이 최대 장점으로 꼽힌다. 즉 거대조직인 대형투신사보다 소수정예로 구성된 뮤추얼 펀드의 자산운용회사가 의사결정 과정이나 기동성이 뛰어나다. 운용의 투명성과 독립성에서도 대형 투신사 주식형 펀드보다 높은 점수를 받는다.

또 뮤추얼 펀드는 1년간 중도환매를 막고 있기 때문에 펀드운용을 당초 계획대로 끝까지 운용할 수 있다는 장점이 있다. 환매가 잦을 경우 펀드 규모가 줄어들어 펀드매니저들이 운용에 어려움을 겪을 수 있는 주식형 펀드의 문제점을 보완했다고 할 수 있다.

뮤추얼 펀드는 나중에 증권거래소나 코스닥시장에 상장되어 펀드주의 매매가 가능하게 된다. 거래가 활성화될 경우 언제든지 중도에 돈을 찾을 수 있게 되는 셈이다.

한편 뮤추얼 펀드는 최소 투자금액이 1백만 원에서 3백만 원 이상인 데 반해 주식형 펀드는 단돈 1천 원이라도 투자할 수 있다. 또 뮤추얼 펀드는 상법상 회사이기 때문에 운용수수료 외에도 등록세, 임원보수, 회계감사보수 등 등기비용을 투자자(주주)들이 추가로 부담해야 하는 단점이 있다.

세금우대종합저축 한도 내에서 1년 이상 가입 시에는 세금우대 혜택을 받을 수 있다. 뮤추얼펀드는 자산운용회사 펀드매니저의 과거실적과 투자전략, 펀드운용 설명서 등을 점검한 후 자신에게 적합한 펀드를 선택하여야 하며 가입 후에도 펀드의 운용내역을 수시로 확인하는 것이 바람직하다. 폐쇄형의 경우 일단 펀드에 가입하면 중도환매가 불가능하나 펀드가 증권거래소 등에 상장되는 경우에는 보유주식을 매각하여 현금화할 수 있다(자본금 800억 원 주주 수 1,000명 이상이면 증권거래소 상장이 가능하고, 자본금 8억 원 이상이면 코스닥 시장에 등록이 가능).

뮤추얼 펀드에 투자할 수 있는 방법은 새로 설정되는 펀드에 가입하거나 주식시장에 상장되어 있는 뮤추얼 펀드의 주식을 매입하는 방법이 있다. 외국의 주식과 채권, 선물옵션 등에 투자하고 중도환매가 가능한 개방형 해외 뮤추얼 펀드도 취급돼 있다.

－수익증권과 뮤추얼 펀드의 비교

구 분	수익증권	뮤추얼펀드
설립형태	신탁계약	펀드자체가 주식회사
발행증권	수익증권	주 식
투자자의 지위	수익자	주 주
설립규제	사전인가받은 투신사에 한함.	설립이 자유로움
통제제도	감독기관의 감독	주주에 의한 자율규제, 이사회운영
중도환매방법	중도환매 가능(환매수수료 징구)	주식매각을 통해 현금화 가능(폐쇄형), 환매 가능(개방형)
취급기관	투자신탁회사, 증권회사, 은행	증권회사, 은행

라. 하이일드펀드

수익증권의 일종으로서 신용등급이 낮은 채권에 집중 투자하는 고위험 고수익의 간접투자상품이다. 신탁재산의 50% 이상을 신용등급 BB＋ 이하 회사채와 B＋ 이하 기업어음 등 투기등급채권에 투자하기 때문에 투기등급

펀드, 정크본드펀드, 고수익 고위험 펀드라고도 부른다. 하이일드펀드는 투기등급 채권에 투자함에 따라 투자위험이 큰 반면 원금손실 일부보전, 공모주 우선배정 등의 혜택이 주어진다. 세금우대 종합저축 한도(일반인 4,000만 원, 노인과 장애인 6,000만 원, 미성년자 1,500만 원) 내에서 1년 이상 가입 시에는 세금우대 혜택을 받을 수 있다. 판매사나 운용사가 펀드설정액의 5~10%를 투자하고 만기상환 시 원금의 손실이 발행하면 동 투자액 범위 내에서 일반투자자들의 원금손실을 보전해 준다(단위형의 경우만 해당).

마. 후순위담보채펀드(CBO: Collateralized Bond Obligation)

수익증권의 일종으로서 은행과 투신사들이 보유하고 있는 투기등급의 부실채권을 모아 이를 담보로 발행한 채권담보부증권(CBO) 가운데 후순위채권에 주로 투자하는 펀드를 의미한다. 금융권의 부실채권 유동성 제고를 위해 발행하는 후순위채 소화용으로 개발된 CBO펀드는 하이일드펀드와 비슷한 상품이지만 후순위채권을 25% 이상 편입하는 것과 하이일드펀드에 비해 더 많은 공모주를 배정받을 수 있다는 점이 다르다. 세금우대종합저축 한도 내에서 1년 이상 가입 시에는 세금우대 혜택을 받을 수 있다. 하이일드펀드와 같이 판매사나 운용사가 펀드설정액의 5~10%를 투자하고 만기상환 시 원금의 손실이 발행하면 일반투자자들의 원금손실을 보전해 준다(단위형의 경우만 해당).

바. 엄브렐러 펀드

엄브렐러 펀드는 투자자가 시장상황에 따라 다른 펀드로 자유롭게 전환할 수 있는 펀드로서 하나의 약관(엄브렐러 수익증권 저축약관) 아래 여러 개의 하위(sub)펀드가 있는 모양이 마치 우산 같다고 해서 엄브렐러라는 이름이 붙게 되었다. 하위펀드로 머니마켓펀드(MMF), 공사채형 수익증권, 안정형 수익증권, 성장형 수익증권, 정보통신펀드, 코스닥전용펀드 등(회사별로 자율적으로 구성) 7개까지 편입할 수 있으나 스폿펀드, 단위형펀드, 해외투자펀드 등은 엄브렐러펀드에 편입할 수 없다. 장세변화에 탄력적으로 운용이 가능하며, 환매수수료가 없어 단기운용이 가능하다는 특징을 갖는다. 세금우대 종합저축 한도 내에서 1년 이상 가입 시에는 세금우대 혜택을 받을 수 있다. 수익률을 높이기 위해서는 금리와 주가의 움직임을 보고 전환시점을 잘 포착하여야 한다.

3) 우체국

(1) 우체국의 발전과정

우체국예금업무는 1961년 12월(우편저금법)의 제정 이후 체신업무의 부대업무로 운용되어 오다가 1977년 3월부터 동법의 폐지로 일시 중단되었다. 그러나 1982년 12월에 제정된 '체신예금 보험에 관한 법률'에 의거하여 1983년 7월부터 다시 전국의 체신관서에서 체신예금업무를 취급하게 되었다. 1990년 6월에는 전국 우체국의 온라인이 구축됨으로써 체신예금의 업무가 크게 확충되었다. 1995년에는 우체국전산망과 은행전산망이 연결되어 체신관서의 금융서비스가 한층 개선되었다.

(2) 우체국예금의 종류

우체국예금은 요구불예금과 저축성예금으로 구분되어 있는데, 저축성예금이 예금총액의 96.5%를 차지한다. 요구불예금에는 보통예금과 우표예금이 있고, 저축성예금에는 정기예금, 정기적금, 저축예금, 자유저축예금 및 학생장학적금이 있다.

(3) 우체국의 특징

우체국예금은 그 원리금에 대하여 정부가 지급책임을 지고 있으므로 지급준비금 적립의무가 없으며, 기업예산특별회 계법의 규정에 따라 정부예산의 통제를 받는다. 또한, 우체국은 경영주체가 정부이므로 영리만을 목적으로 하지 않는 데다 원리금이 확실하게 보장되며, 우체국 간 온라인으로 연결된 대규모 점포망을 갖추고 있다는 특징을 갖는다.

4) 신용협동기구

(1) 의의 및 종류

신용협동 기구는 영세소득자의 저축증대와 금융편의를 도모하기 위해 조합원들에 의해 운용되는 저축기관으로 조합원 상호 간의 공동이익을 추구할 목적으로 운용되고 있다.

신용협동기구에는 거주 지역, 직장 등 공동유대관계로 조직된 신용협동조합과 도시, 농촌 등 지역적 유대관계로 조직된 새마을금고, 농어촌 지역의 농어민으로 조직된 농, 수협 회원 조합(상호금융)이 있다.

(2) 신용협동기구의 발전과정

신용협동조합과 상호금융은 1972년 8월 공포된 신용협동조합법에 의거하여 영위되며, 새마을금고는 1982년 12월에 제정된 새마을 금고법이 적용되고 있다.

이를 살펴보면

첫째로 신용협동조합은 1960년 부산의 성가신용협동조합을 효시로 주로 교회, 학교, 직장 등을 단위로 전국적으로 확산되었으며, 1972년 신용협동조합법이 제정되면서 발전의 전기가 마련되었다.

1999년 6월 말 현재 1538개가 인가되어 21조 원에 이르는 자산을 운용하고 있다.

둘째로 상호금융은 농협, 수협 및 축협의 단위조합이 농어촌 지역에서 저축을 촉진하고 금융 서비스를 제공하기 위해 1969년부터 취급하고 있는 업무이다.

셋째로 새마을 금고는 1964년 이후 새마을 사업의 하나로서 마을 단위로 조직되기 시작하여 1982년 새마을 금고법을 제정함으로써 법적 기반을 갖추게 되었다.

전 금고를 회원으로 하여 조직된 새마을 금고 연합회는 금고에 대한 지도 감독, 금고로부터 예탁금 등의 예수, 금고에 대한 대출 등의 업무를 수행한다.

한편 예탁금에 대한 보호 장치로서 새마을 금고 연합회의 안전기금을 설치 운영하고 있다.

(3) 신용협동기구의 금융상품

신용협동기구의 금융상품은 농, 수협 단위조합의 상호금융과 신용협동조합 및 새마을금고 등 신용협동기구가 취급하는 저축을 총칭한다. 신용협동기구의 저축은 은행의 예금 및 적금과 성격이 유사한 예탁금 및 적금으로 구분된다. 신용협동기구는 상호유대를 가진 영세소득자들이 푼돈을 저축하여 자금을 필요로 하는 조합원들에게 융통하여 줌으로써 회원들의 자금과 부족을 스스로의 힘으로 해결하려는 금융조직이기 때문에 금리 및 세제 면에서 은행의 예, 적금보다 유리한 특징을 가지고 있다.

① 보통예탁금

입출금이 자유로운 요구불예금으로 은행에서 취급하는 보통예금과 유사하며 가입대상 및 예치한도에 제한이 없다. 금리는 연 1.5% 이내이며 이자는 연 2회원금에 가산한다. 한편 2,000만 원 이하 예탁금의 이자소득에 대해서는 비과세하며 농특세 1.5%만 부과하는 혜택을 주고 있다.

② 자립예탁금

언제나 입출금이 가능하며 개인의 가계자금을 우대하기 위한 예탁금으로 예치일수에 비해 높은 금리를 받을 수 있는 예금이다. 은행에서 취급하는 저축예금과 유사하며 예치한도에 제한이 없다. 금리는 자유화되어 있으며 이자는 3개월마다 원금에 가산한다. 보통예탁금과 같이 2,000만 원 이하 예탁금의 이자소득에 대해서는 농특세 1.5%만을 부과하고 있다.

③ 자유저축예탁금

은행의 자유저축예금과 상품내용이 동일하며 2,000만 원 이하 예탁금의 이자소득에 대해서는 비과세한다(농특세 1.5% 부과). 금액의 규모 및 시기에 제한 없이 입출금이 자유로우나 선입선출법에 의거 예치 기간에 따라 이자가 계산된다.

④ 정기예탁금

은행에서 취급하는 정기예금과 유사하며 가입대상 및 예치한도에 제한이 없다. 예탁 기간은 5년 이내로 월 또는 연 단위로 정하며 특별한 사정이 있어 고객이 요청하는 경우에는 일 단위로 정할 수도 있다.

정기예탁금의 이자는 매월지급 또는 만기일시지급하며 금리는 자유화되어 있다. 상호금융권을 통틀어 1인당 2,000만 원 이하 예탁금의 이자소득에 대하여 비과세(농특세 1.5% 부과)한다. 신용협동조합의 예탁금은 예금자 보호법에 의한 보호대상 상품인 반면 새마을금고 및 농/수협 단위조합의 경우는 자체적인 안전기금에 의한 예금자보호제도를 운용하고 있다.

⑤ 정기적금

은행에서 취급하는 정기적금과 유사하며 가입대상에 제한이 없고 월부금 및 계약금액도 자유로이 정할 수 있다. 만기에 이자를 지급하며 이자율은 자유화되어 있다.

⑥ 자유적립적금

저축금액과 납입일자가 자유롭고 고수익이 보장되는 저축상품으로 특히 소득 시기, 소득금액이 불규칙한 농민이나 상인에게 적합한 상품이다.

계약 기간은 5년 이내에 월단위로 할 수 있다.

⑦ 신용협동조합 및 새마을금고 출자금

신용협동조합 및 새마을금고에서는 상호금융의 저축수단을 동일하게 취급하고 있을 뿐만 아니라 이 외에도 조합의 자본금을 형성하는 출자금도 취급하고 있다.

⑧ 상호금융(농/수협 단위조합)의 농어가 목돈마련저축

농어민의 생활안정과 재산형성을 지원하기 위해 도입된 특별우대 비과세 저축으로 목돈마련에 유리한 3년 이상의 장기저축상품이다. 가입자에게는 기본금리 이외에 법정장려금리를 가산하여 원리금을 지급한다. 농어촌의 계절적인 자금사정을 고려하여 분기 또는 반년납부도 가능하며 납입한도를 가구단위로 계산하되 한도 내에서는 여러 구좌로 나누어 가입할 수 있다.

5) 상호저축은행

(1) 의의 및 발전과정

상호저축은행은 영세상공인과 서민의 금융편의와 저축증대를 목적으로 일정 지역의 주민과 그 지역에 영업장 또는 근무처를 둔 사람들을 대상으로 예금 및 대출업무를 영위하기 위해 1972년 제정된 상호저축은행법에 의해 설립된 서민 금융기관이다.

2002년 3월부터 상호신용금고에서 상호저축은행으로 명칭이 변경되었다.

(2) 상호저축은행의 업무

상호저축은행의 주요 업무는 수신업무 여신업무 부대업무 등이 있다.

수신업무에는 보통예금과 같이 입출금이 자유로운 예금, 정기예금처럼 일정 기간 동안 예치를 목적으로 하는 예금, 일정한 금액을 정기적으로 적립하여 만기에 목돈을 찾아가는 부금 및 적금들이 있다.

부대 업무로는 자금이체나 추심업무인 내국환 업무, 귀중품을 보관하는 보호예수업무, 대여금고, 야간금고, 공과금 수납 등 대행업무가 있다.

(3) 상호저축은행의 상품

상호신용금고는 서민과 영세상공인에 대한 금융편의 제공과 저축의 증대를 통한 재산형성 지원을 목적으로 하고 있기 때문에 다른 금융기관보다 비교적 높은 이자를 지급한다.

상호신용금고에서 취급하는 금융상품으로는 여유자금운용상품으로 정기예금과 표지어음이 있으며, 목돈마련상품으로 정기적금, 가계우대정기적금, 신용부금, 자유적립예금, 상호신용계 등이 있다. 근로자를 위한 상품으로는 근로자우대저축과 근로자장기저축이 있으며, 주택마련을 위한 상품으로 장기주택마련저축이 있다. 학자금마련 상품으로는 장학적금이 있으며, 입출금이 자유로운 상품으로는 보통예금, 저축예금, 기업자유예금 등이 있다.

상호신용금고에서 취급하는 상품 중 정기예금, 정기적금, 가계우대정기적금, 신용부금, 근로자우대저축, 근로자장기저축, 장기주택마련저축, 장학적금 등은 세금우대가 가능한 상품이다.

가. 정기예금

여유자금을 5년 이내의 일정 기간 동안 확정금리로 예치하면 높은 수익을 얻을 수 있는 가장 보편적인 장기저축성 예금으로 매월 이자 지급식과 만기지급식 중에서 선택할 수 있으며, 세금우대 종합저축 한도 내에서 1년 이상 가입 시에는 세금우대혜택을 받을 수 있다. 가입대상에는 제한이 없으며, 가입 기간은 1개월에서 60개월까지 월단위로 가능하다. 계약금액은 10만 원 이상이면 된다.

나. 정기적금

일정금액을 정기적으로 납입하여 만기일에 원리금을 지급받는 목돈마련을 위한 가장 보편적인 장기저축상품으로 세금우대로 가입도 가능하다. 예치 기간은 월적금의 경우 6개월 이상 5년 이내에서 월단위로 가능하며, 일적금은 100일 이상 3년 이내에서 10일 단위로 가능하다. 계약금액은 월 1만 원 이상 제한 없다. 한편 가계우대정기적금은 매월 일정금액을 정기적으로 납입하여 만기일에 원리금을 지급하는 예금인데, 대출 또는 담보로 제공되지 않는 경우에는 만기 시 특별이자를 지급하며 세금우대로 가입도 가능하다. 가입대상은 금고별로 1인당 1계좌만 허용되며 예치 기간은 6개월 이상 5년 이내에서 1개월 단위로 예치가 가능하다. 계약금액은 월 1만 원 이상 제한 없다.

다. 신용부금

신용부금은 가입즉시 계약금액 범위 내에서 대출을 받을 수 있는 적금식 상품으로 1개월 이상 선납하였을 경우 선납이자를 지급하며, 세금우대로 가입이 가능하다. 예치 기간은 월부금식의 경우에는 6개월 이상 5년까지 1개월 단위로 가능하며, 일일부금은 매일 적립하며 3년 이내 가입이 가능하다.

라. 자유적립예금

일정 기간 동안 금액 및 횟수에 제한 없이 자유로이 예금을 납입하고 만기일에 원금과 이자를 지급받는 것으로 이자는 월복리로 계산된다. 가입대상에는 제한이 없으며, 납입금액도 1,000원 이상이면 제한이 없다. 계약 기간은 3개월 이상 5년 이내에서 월단위로 가능하다.

마. 상호신용계

상호신용금고만이 취급하는 저축 및 대출상품으로, 일정수의 계좌로 조를 편성하고 정기적으로 일정한 금액을 계원으로부터 납입받아 추첨에 의하여 선정된 계원에게 급부(대출)하는 저축상품이다. 계약 기간은 32개월, 26개월, 18개월, 13개월, 180일, 100일이 있다.

바. 보통예금

거래대상, 예치한도의 제한 없이 언제든지 입/출금이 가능한 예금으로 각종 공과금 등의 자동이체 계좌로 사용하거나 금고 간 및 타 금융기관과의 송금계좌로 활용할 수 있다. 이자는 매월 계산되며, 원금에 가산된다.

(부록) 금융상품의 선택

　금융상품은 취급기관도 많고 상품의 종류도 매우 다양한 데다 상품마다 장단점이 있어 어느 금융기관의 어떤 금융상품을 선택해야 할지 몰라 난감해할 때가 많다. 일반적으로 금융상품을 선택할 때에는 서로 상반되는 관계에 있는 안전성과 수익성 그리고 환금성 등 3가지 요소를 적절히 고려하여야 한다. 이 밖에도 저축의 목적이나 기간 등 현실적으로 고려하여야 할 사항이 여러 가지가 있다. 따라서 효율적인 투자를 위하여 이러한 현실성을 감안하여 금융상품을 분리해 볼 필요가 있다.

　아래의 내용은 투자자들이 금융기관에 투자 시 고려해야 할 부분들 중 몇 가지 대표하는 것들을 모아 분류한 것이다. 아래의 내용에서 우리 조의 주제가 아닌 증권회사나 은행 등은 가급적 배제하였다.

1. 저축 기간별 주요 금융상품

구 분	투자신탁회사	종합금융회사	우체국	상호저축은행, 신용협동기구
1개월 이내	MMF	CP, CMA	저축예금	예탁금, 보통예금
1~3개월 이내	MMF, 단기채권형수익 증권	표지어음, CP, CMA		예탁금, 표지어음(상호저축은행)
3~6개월	단기수익증권	발행어음	RP	예탁금, 표지어음(상호저축은행)
6개월~1년 이내	수익증권	발행어음, 표지어음, CP, CMA		정기예금, 예탁금
1년 이상	수익증권, 연금투자신탁, 후순위채펀드, 엄브렐러펀드, 뮤추얼펀드		정기기금, 연금보험	정기예금, 예탁금, 연금보험(공제)

2. 안전성을 고려한 선택

(1) 우량 금융기관 판단지표

구 분	주요 경영지표	공통사항
종합금융회사, 상호저축은행	BIS기준 자기자본비율 부실여신비율	− 경영공시 내용 − 감독당국의 경영평가 결과 − 국제신용평가 기관의 신용등급 − 최근의 주가수준 등
투자신탁(운용)회사	펀드수익률	

(2) 예금보험제도

금융기관이 영업정지나 파산 등으로 고갱의 예금을 지급하지 못하게 될 경우 해당 예금자는 물론 전체 금융제도의 안정성도 큰 타격을 입게 된다. 이러한 사태를 방지하기 위하여 우리나라에서는 예금자보호법을 제정하여 고객들의 예금을 보호하는 제도를 갖추어 놓고 있는데, 이를 '예금자보험제도'라고 한다.

예금보험은 "동일한 위험을 가진 사람들이 평소에 기금을 적립하여 만약의 사고에 대비한다."는 보험의 원리를 이용하여 예금자를 보호하는 제도이다.

즉 예금자보호법에 의해 설립된 예금보험공사가 평소에 금융기관으로부터 보험료를 받아 기금을 적립한 후, 금융기관이 예금을 지급할 수 없게 된 금융기관을 대신하여 예금을 지급하게 된다.

한편 예금보험공사는 '예금보험가입 금융기관이 취급하는 예금'만을 보호한다. 그런데 여기서 꼭 알아두어야 할 점은 모든 금융상품이 다 '예금'은 아니라는 것이다.

'예금'이란 금융기관이 만기일에 약정된 원리금을 지급하겠다는 약속하에 고객의 금전을 예치받는 금융상품만을 말한다.

따라서 실적 배당신탁이나 수익증권과 같이 고객이 맡긴 돈을 유가증권 매입이나 대출 등에 운용한 실적에 따라 원금과 수익(이자 상당)을 지급하는 '투자상품'은 '예금'이 아니다. 운용실적이 좋은 경우에는 큰 수익을 올릴 수 있지만, 운용실적이 나쁜 경우에는 원금도 손실을 볼 수 있다.

이렇게 예금보험가입 금융기관(은행, 증권회사, 보험회사, 종합금융회사, 상호저축은행과 신용협동조합)이 취급하는 금융상품 중에서도 예금자보호법에 의해 보호되는 것과 보호되지 않는 것이 있는데, 이를 구체적으로 알아보면 다음과 같다.

■ 종합금융회사
- 항상 보호
: 발행어음, 표지어음, 98. 9. 30 이전에 발행한 담보부배서매출어음, 어음관리계좌(CMA)
- 비보호
: 98. 9. 30 이전에 발행한 담보부배서매출어음을 제외한 매출어음, 수익증권, 종금사발행채권, 환매조건부로 매입한 채권(RP)

■ 상호저축은행
- 항상 보호
: 예금, 적금, 부금, 계금, 표지어음

■ 신용협동조합
- 항상 보호
: 출자금· 예탁금 및 적금
- 비보호
: 공제상품

3. 수익성을 고려한 선택

수익성은 투자로 인하여 높은 이자수익이나 가격상승 이익을 기대할 수 있는 정도를 말하는데 다른 조건이 동일하다면 수익률이 높은 금융상품을 선택하여야 한다. 그런데 수익성, 안전성, 환금성은 서로 상충되는 경우가 많으므로 저축자금의 성격에 따라 수익성, 안전성, 환금성의 중요도를 달리하는 방식으로 금융상품을 선택해야 한다. 각 금융기관 창구에서는 다양한 형태로 수익률을 제시하고 있어 고수익 금융상품을 선택하려면 표면금리 수준 이외에도 이자지급방법(단리 또는 복리), 확정금리 또는 변동금리 여부, 세금우대 여부 등 수익률에 실질적인 영향을 미치는 요인을 정확히 이해할 필요가 있다. 그러므로 수익을 극대화하기 위해서는 수익에 영향을 미치는 요소들이 모두 반영된 세후 실효수익률을 기준으로 금융상품을 선택하여야 하겠다.

종류	주요 내용	비 고
확정금리	예금할 때 약정한 금리가 만기까지 고정되어 있는 금리	대부분의 은행 예금상품
변동금리	실적 배당률이나 만기 때의 시장금리를 적용	은행의 금전신탁, 투자신탁(운용)회사의 수익증권
연동금리	CD유통수익률 등 시장의 실세금리에 연동하여 매일 또는 매월 금리를 고시하고 그 금리를 일정 기간 동안 확정하여 부여하는 경우의 금리	은행의 실세금리 연동형 정기예금
단 리	예금의 만기에 이자를 1회 계산하여 지급하는 방식	표면금리가 동일하다면 복리상품이 실효수익률 면에서 유리
복 리	만기 이전에 일정 기간 단위(1개월, 3개월, 6개월, 1년 등)로 이자를 계산하여 원금에 가산하는 방식	
표면금리	예금증서, 채권 등의 표면에 기재된 이자율을 말하며 단순히 연간 이자수입만을 나타내는 금리	–
총 수익률	만기까지 받는 총수익의 투자원금에 대한 비율	–
연평균 수익률	만기가 1년 이상인 상품에 있어서 만기까지의 총 수익률을 계약 연수로 나누어 산출한 수익률	–
실효수익률 (연수익률)	원금, 이자 및 그 이자의 재투자수익 등을 모두 더한 총수입금액의 원금에 대한 1년 단위 증가율	실효수익률에서 세금까지를 고려한 세후 실효수익률이 금융상품 선택 기준이 됨

- 금리 등 수익률 관련 용어
* 세후 실효수익률 계산방법(이자를 매월, 3개월, 6개월마다 복리로 계산하여 원금에 가산하는 1년 만기 저축의 경우):
$\{1 + R/n \cdot (1 - t)\}n - 1$
(R: 표면금리, n: 12, 4 또는 2 등 연간 이자지급회수, t: 세율)

- 비과세 저축상품의 종류
특히 비과세나 세금우대 저축상품의 경우, 이자(배당)소득에 대한 세금을 전혀 물지 않거나 낮은 세율을 적용받게 되는 관계로 세후 실효수익률이 높아지는 효과가 있으므로 한도 범위 내에서는 최우선적으로 가입할 필요가 있다. 통상 시장 실세금리를 반영하는 신탁상품의 경우 금리 하락 시에는 수익률도 함께 하락하게 되므로 향후 시장금리가 하락할 가능성이 있는 경우에는 확정금리형 상품이 오히려 유리할 수 있다. 최근 들어서는 기존 상품보다 특별 우대금리가 적용되는 한시판매 금융상품이나 신상품들이 많이 나오고 있으므로 평소 금리동향과 함께 저축정보의 수집에도 관심을 가져야 하겠다.

저축종목	취급기관
장기주택마련저축	은행, 상호저축은행
개인연금신탁, 투자신탁, 보험	전 금융기관(증권사 제외)
농어가목돈마련저축	농, 수협 단위조합
출자금(신용협동기구)	농, 수협 단위조합, 산림조합, 새마을금고, 신협
예탁금(신용협동기구)	농, 수협 단위조합, 산림조합, 새마을금고, 신협
장기저축성보험	보험회사, 농, 수협중앙회, 신협, 새마을금고의 공제, 우체국보험
비과세생계형저축	전 금융기관, 직장공제회(특별법설립)

4. 환금성을 고려한 선택

환금성(또는 유동성)이란 자금이 필요한 때에는 언제든지 보유 금융상품을 별다른 손해 없이 현금화할 수 있는 정도를 말한다. 수익성이 낮은 금융상품은 입출금이 자유로워 환금성이 높은 반면 기간이 장기인 저축성예금이나 신탁, 채권 등은 중도해지나 환매에 따른 불이익이 클 수 있으므로 환금성이 낮다고 할 수 있다. 따라서 투자를 위한 단기 대기성 자금이나 일상의 생활자금은 수시 입출금이 가능한, 즉 환금성이 높은 상품을 이용하는 것이 바람직하다. 환금성은 부록 1번에서 분류한 기간과도 밀접한 관계가 있으므로 부록 1번을 참고하길 바라며 여기에서는 따로 분류하지 않을 것이다.

(부록) 제2금융권

기관별	설립근거법(제정년도)	설립목적
종합금융회사	종합금융회사에관한법률(1975)	기업에 대한 외화자금 및 중장기설비 금융지원
신용협동기구 －상호금융 －신용협동조합 －새마을금고	－ 신용협동조합법(1972) － 신용협동조합법(1972) － 새마을금고법(1982)	협동조합을 바탕으로 조합원에 대한 저축 및 금융편의 제공
상호저축은행	상호저축은행법(1972)	영세상공인 및 서민에 대한 금융편의를 제공하고 저축증대도모
체신관서	체신예금, 보험에 관한 법률(1982)	국민저축의욕 고취 및 우정사업재원 조달

☞ 여기까지 전체적인 제2금융권에 대한 설명이었다. 다음으로 설명할 내용은 세부적인 내용으로 상호저축은행을 더 깊이 조사하였다.

☞ **상호저축은행(우리 상호저축은행과 부산 상호저축은행을 비교해 보았다.)**

1. 설립배경

상호저축은행은 제2금융권에 속하는 금융기관으로 민과 영세 상공인의 금융 편의도모와 저축증대를 위해 1972년 상호신용금고법이 제정되어 설립된 금융기관이다.

정부는 사채 등 지하경제의 제도권 흡수를 위해 지난 72년 이른바 '8·3 조치'를 실시, 기업에 대한 사채를 동결했고 단기금융업법, 상호신용금고법, 신용협동조법 등 이른바 사금융양성화 3법(1972)과 종합금융회사에 관한 법률(1975)을 제정했다.

이에 따라 투자금융회사, 상호신용금고, 신용협동조합, 종합금융회사 등 다양한 형태의 비은행 금융기관이 신설 또는 정비되었으며 음성자금의 피난처였던 사채업의 양성화 차원에서 적극 육성됐다.

2. 기능

상호저축은행은 사금융을 제도금융으로 흡수, 발전시키고자 1972년 8월에 공포된 '상호신용금고법'에 의거하여 설치된 서민금융기관이다.

상호저축은행의 취급업무는 먼저 수신업무에 있어서는 종래에는 일정 기간을 정하고 부금을 납입하여 기간의 중도 또는 만료 시 부금자에게 일정 금액을 급부할 것을 약정하는 신용금부금업무, 일정구좌수별로 기간과 금액을 정하고 정기적으로 계금을 납입하도록 하여 구좌마다 추첨, 입찰 등의 방법에 의해 계원에게 금전의 급부를 약정하는 상호신용계업무와 부금예수금 등이 주된 업무였다.

그러나 1994년과 1997년 두 차례에 걸친 '상호신용금고법' 개정으로 업무범위가 종합적인 예금 및 저금업무로 확대되었다.

한편 여신업무로는 종래에는 종합적인 어음할인, 소액신용대출 등이 주를 이루고 특히 어음할인대상이 계원 또는 부금가입자에 한정되고 소액신용대출은 할부상환방식으로 제한되었으나 1994년과 1997년 법 개정으로 이와 같은 제한이 해제되어 자금의 대출업무로 범위가 확대되었다. 이와 동시에 부대업무로 공과금 대리수납, 보호예수, 내국환, 표지어음 매출업무 등이 허용되었으며 1997년 12월 '상호신용금고법'의 개정으로 외국환업무 취급도 허용되었다.

★우리상호저축은행★

회사소개

일 자	내 용	비 고
1997. 1. 15.	한마음금고 외 8개 금고 (주)조흥상호신용 금고에 대한 인수기관 선정	
1997. 3. 12.	창립총회 개최	
1997. 3. 17.	영업인가	
1997. 3. 19.	법인 설립 등기	
1997. 5. 27.	(주)조흥상호신용금고 계약이전(인수)의 결정	
1997. 5. 30.	본점 영업개시	부전동 229

일 자	내 용	비 고
1997. 9. 9.	덕천동 지점 개점	덕천동 398 - 13
2000. 3. 6.	덕천동 지점 사옥 이전	덕천동 399 - 11
2001. 3. 5.	본점 사옥 이전	부전동 536 - 18
2002. 3. 1.	우리상호저축은행으로 전환	
2003. 1. 30.	자본금증자(20억 원) 납입자본금 155억 원	

위 치

▶ 소재지: [614 - 846] 부산광역시 부산진구 부전동 536 - 18

▶ 우리상호저축은행은 상업의 중심지라 할 수 있는 서면에 위치하여 고객이 이용하기 편하며, 우리상호저축은행을 모르는 사람도 쉽게 찾아갈 수 있는 곳에 위치하고 있다.

3. 예금상품 및 대출상품

■ 예금상품

《예치식 예금》

1) 정기예금

(1) 단리식

－여유자금을 맡기시면 확정이자로 계획된 생활이 보장되는 금융상품이다. 고객이 원하는 전 금융기관으로 이자이체가 가능하다.

(2) 복리식

－이자를 복리식으로 계산, 매월 이자가 원금에 가산되어 만기 시 또는 중도해약 시 최고의 확정수익을 드리는 상품이다. 계약 기간 중 필요시 매월 이자를 드리는 단리식으로 전환이 가능하며 편하게 여유자금을 늘일 수 있는 금융상품이다.

2) 표지어음

－일시여유자금, 단기자금 등의 운용에 가장 유리한 상품이다.

《적립식 예금》

1) 수입부금
- 확정금리로 재산형성에 알맞은 적립식 상품이며, 일정 기간 경과 후 대출도 받을 수 있는 상품이다.

2) 가계우대 정기적금
- 일정한 금액으로 목돈마련을 하기 위한 우대상품이다.

3) 자유 적립예금
- 일정한 기간을 정하고 자유롭게 부금을 납입할 수 있으며 만기 시 월 복리로 이자를 지급하는 상품이다.

《요구불 예금》

1) 보통예금
- 분기별로 이자를 지급하는 입, 출금이 자유로운 예금이다. 단 하루만 맡겨도 은행보다 이자가 훨씬 많다.

《비과세 예금》
'세금(16.5%)이 無'
[우리 생활안정] 비과세 예금 판매개시
- 이 예금은 세금이 전혀 없으며, 금융소득 종합과세 대상이 되지 않는다.
- 또한 이 예금은 예금자보호법에 의해 보장된다.

■ 대출상품

《과목별 대출》

1) 계약금액 내 대출
  ▷ 대출자격: 신용부금 가입자 중 거래 실적 및 신용상태가 양호한 자

로 부산·경남 인근 지역에 직장이나 사업장을 둔 자(대출 시 신규가입
가능).

2) 일반자금 대출
▷ 대출자격: 직장인 또는 일반 사업자로 부산·경남 인근 지역에 직장
이나 사업장을 둔 자.

3) 어음 할인(가계수표 포함)
- 상거래에서 받으신 어음을 보다 신속하고 손쉽게 할인하여, 지급기일
전에 자금을 효율적으로 운영할 수 있다. 또한 당사가 선정한 우량어
음에 대해서는 신용으로 우대금리를 적용한다.

4) 종합통장 대출
당사의 보통예금과 연계하여 정하여진 한도 범위 내에서 수시 입출금을
할 수 있어 매우 편리하며 해당은행으로의 송금도 가능하다.

《담보별 대출》

1) 신용대출
- 부산·경남 인근 지역에 직장이나 사업장을 둔 자, 일반 사업자나 직
장인들에게 담보 없이 신용으로 간편하고, 신속하게 대출

2) 담보대출
- 자금이 필요할 때 언제든지 대출받을 수 있는 담보대출이다.

3) 예·적금 담보대출
▷ 대출대상: 예, 적금 가입자에 대한 담보대출

《테마 대출》

1) 아파트 입주자 신용대출

- 우리상호저축은행에서는 거래실적이 없어도 고객님의 아파트 입주에 따른 소요자금을 대출
  ▷ 대출자격: 신규아파트 입주자

2) 개인사업자 신용대출
- 1년 이상 영업 중인 개인사업자를 위한 신용대출을 지원
  ▷ 대출자격: 업종에 관계없이 영업 기간이 1년 이상인 개인사업자

3) 우수기업체 발행어음할인
- 거래실적이 없어도 우수 중견기업체가 발행하는 어음을 우선적으로 할인된다.
  ▷ 할인자격: 우수중견 기업체 발행어음 또는 상거래 시 거래처로부터 받은 어음
  ※ 법인은 법인체 구비서류

S. W. O. T 분석

강 점	약 점
1. 위치상 유리 2. 지역정보의 유리 3. 지역사회의 영향력 4. 높은 대출 비율	1. 규모의 열세 2. 업무의 다양성 부족 3. 전문 인력의 부족 4. 인적, 물적, 투자 마인드 미약 5. 기획, 조사 능력의 부족 6. 신상품 개발 능력의 부족 7. 공신력 및 안전성 문제
기 회	위 기
1. 지방자치시대의 본격적인 실시 2. 지역경제의 균형개발에 대한 관심 고조 3. 공동 전산망과 금융 결제원 가입 4. 틈새시장의 공략	1. 전반적 금융시장의 침체 2. 수익률 저하 3. 금융기관의 구조조정 4. 금융의 지역기반 약화

타사(부산상호저축은행)와 비교

★부산상호저축은행★

■ 예금상품
① 보통예금: 입출금이 자유롭다
② 정기적금: 일정한 기간 동안 가입한도를 정하고 목돈마련을 위해 높은 금리를 지급하는 적금상품.
③ 신용부금: 목돈마련도 하고 중도에 대출도 받을 수 있는 적금식 상품.
④ 자유적립예금: 예치 기간을 정하고 그 기간 중에 미리 정한 금액이나 불특정금액을 정기 또는 부정기적으로 입금하는 예금이다.
⑤ 정기예금: 일정 기간 여유자금 운영에 있어 최고의 수익률을 보장하는 상품이다
⑥ 표지어음
⑦ 세금우대종합저축: 개인을 대상으로 이자수익에 대하여 일반 세율(16.5%)보다 낮은 세율(10.5%)을 적용해 주는 세금우대 상품
⑧ 생계형저축: 개인에게 허용되는 저축 등으로 운용되며 이자에 대한 소득세를 전액 비과세 적용되는 금융상품
⑨ 장기주택마련저축: 무세, 연말소득공제 혜택, 우대금리

■ 대출상품
① 소상공인 지원자금
② 무보증 신용대출
③ 예·적금담보 대출
④ 어음할인
⑤ 마이너스 통장대출
⑥ 부동산 담보대출
⑦ 보증서 담보대출
⑧ 경락 잔금대출

⑨ 리모델링 대출

■ 기관투자
① 채권
② 국공채
③ 수익증권
④ 프로젝트 파이낸싱 – 최초도입
※ 프로젝트 파이낸싱

〈개념〉

프로젝트 파이낸싱이란 대출금의 원리금 상환이 해당 프로젝트에서 발생되는 현금 흐름에 의존하여 이루어지는 금융거래 방식이다.

해외 건설 및 대형 프로젝트에서 빈번히 등장하고 있으며, 자금조달의 기초를 프로젝트를 추진하려는 사업주의 신용이나 물적 담보의 가치에 두지 않고 동 프로젝트 자체의 수익성에 두는 금융기법으로 최근에는 건설업체의 자산개발 분야에도 본 방식이 도입되고 있다.

〈부산상호저축은행의 고객서비스〉

① 바로바로 서비스(ARS)
– 해외에서도 전화로, 지리산 계곡산청 삼장면까지도 송금 가능하다.
– 전화로 잔액조회 및 사고신고, 비밀번호 변경이 가능하다.

② 자동송금 서비스(CMS)
– 고객이 거래하는 은행의 통장에서, 고객이 지정하는 날에 지정한 액수 (적금, 대출금이자)가 자회사의 고객계좌로 자동 송금된다.
– 바로바로 서비스(ARS)로 잔고 조회를 하면 된다.

③ 무인민원발급서비스

- 설치점포에 오시면 아래와 같이 서비스를 받으실 수 있다.
- 설치점포: 초량동본점, 덕천동본점, 충무동지점

④ 건강진단, 의료진단 할인 서비스(동의한방병원, 침례병원)

- 저희를 만나시면 부산 대형병원의 각종 병원비용에 할인혜택이 있다
  (침례병원, 동의대 한방병원).

⑤ 예식장 및 회의실 대관 서비스(문화센터)

- 영사기에 최신식 조명시설까지 갖춘 시설로 예식장 및 회의실을 대관
  한다.

⑥ 교양문화강좌 서비스(문화센터)

- 좋은 시설에 저렴한 가격으로 여러 가지 교양강좌를 개설한다.

⑦ 핸드폰 및 하나로 카드 충전 서비스

- 핸드폰은 무료로 충전할 수 있다(초고속 충전20분).
- 하나로 카드와 부산은행 디지털카드를 충전할 수 있다.

⑧ 혈압 측정 서비스

- 무료로 혈압 및 맥박을 측정할 수 있다.

⑨ 공과금 수납 서비스

- 공과금을 내시기 위해 많은 시간을 기다리시지 말 것.
- 우리는 3분 이내에 납부하실 수 있다.

⑩ 부산2상호저축은행(덕천동)에 오면

- 삼성증권에서 삼성맨이 기다리고 있다.
- 삼성화재, 동부화재에서 자동차 보험, 상해보험 상담도 받아 볼 수 있다.
- 빨간펜 선생님에게 자녀들의 진학상담, 교육상담을 받으실 수 있다.
- 기차표, 비행기표 예매 및 국내외 각종 여행 상담도 받아 볼 수 있다.

〈우리 상호 저축은행의 문제점〉

현재 우리상호저축은행의 가장 큰 문제점은 수익정의 저조이다. IMF 이후로 수익성이 많이 낮아졌는데, 물론 이것은 다른 금융기관도 마찬가지일 것이다.

하지만 우리상호저축은행은 시중은행과는 달리 비은행기관이기 때문에 형편이 더욱 어려운 실정이다. 우선 사람들에게 널리 알려져 있지 않으므로 우량고객확보에 있어서도 어려움을 겪고 있으며, 수익성을 높이기 위해서 여러 가지 활동을 하고 있지만 상호저축은행이라는 제도적 한계가 있으므로 그러한 활동에도 제한이 있다.

이러한 수익성문제를 해결하기 위하여 다음과 같은 개선방안을 제시해 보았다.

〈개선방안 및 결론〉

1) 적절한 마케팅 전략의 필요

① 예금부문

CRM(고객 관계 마케팅)을 기본으로 하여 우대금리 유인책과 지속적인 서비스를 통해 고객충성도를 높이기 위하여 노력해야 하며, 그 밖에 20/80 법칙에 대한 관리와 private banking을 통하여 예금을 늘릴 수 있다.

※ 20/80 법칙

전체 고객의 20%가 은행수익의 80%를 차지하는 것

※ private banking

은행이 거액 자산가들을 대상으로 자산을 종합 관리해 주는 고객서비스를 말한다. 대부분 장기 예금으로서 수익성이 높기 때문에 새롭게 주목받고 있는 자산관리방법이다. 선진국에서는 벌써부터 널리 통용되고 있는 제도로, 한국에서는 1992년 6월 한미은행이 처음으로 도입하였으며, 2002년 9월에는 조흥은행에서도 실시하였다.

자산관리는, 전담자인 프라이빗 뱅커(private banker)가 거액 예금자의 예금·주식·부동산 등을 1 대 1로 종합 관리하면서 때로는 투자상담도 하는데, 대부분의 경우 이자율이 높고, 수수료를 면제해 주는 혜택도 있다. 은행들은 거액 예금자의 수가 전체 고객 수에 비해 극히 적기는 하지만, 수신고로 볼 때는 이들 소수가 차지하는 비중이 엄청나기 때문에 갈수록 프라이빗 뱅킹은 늘어날 전망이다.

② 대출

우리상호저축은행은 은행에 비해 금리가 조금 높은 편이다. 이로 인해 예금자의 경쟁력은 높아지지만 대출자의 경쟁력은 낮아지게 된다. 이런 현상을 해결하기 위해 틈새시장을 공략하기 위한 노력이 필요하다. 틈새시장의 공략의 방안으로는 아파트 담보대출(은행에서는 제도적으로 50% 이하로 대출해 줄 수 있지만, 저축은행에서는 70%~80%까지 대출 가능), 높은 LTV(대출비율)제공, 니치마켓 공략(일수시장, 전문시장 등) 등이 있다.

2) 고객서비스 강화

① 고객건강관리 서비스

주 고객의 연령대가 높기 때문에 부산상호저축은행과 같이 혈압계 설치를 통한 고객건강에 대한 서비스 실시할 수 있다.

② VIP고객관리 서비스

VIP고객에게 증정하는 사은품 이외에도 이들을 위한 특별공간마련을 통하여 고객 서비스를 강화할 수 있으며, 전문직 종사자들이 은행을 방문할 때, 편하게 올 수 있도록 차량을 제공하는 방법이 있다.

③ 고객쉼터 마련

고객이 은행에서 대기하는 시간 동안 편하고 효율적인 시간을 보내도록 고객을 위한 쉼터를 마련한다.

3) 직원교육의 강화

직원교육의 강화를 통해 효율적인 업무처리와 고객에 대한 친절을 강화한다.
=≫금융기관은 무엇보다 고객과의 관계가 중요하다. 그러므로 위와 같
은 개선방안과 함께, 수익성을 높이기 위해 효율적인 인적 자원관리
와 개편, 고객서비스 강화를 통하여 고객의 충성도와 만족도를 높여
야 할 것이다.

〈참고문헌〉

우리나라 금융기관 현황 http://ipcp.edune4u.net/~teacher09/commerce/bank.htm
윤봉한, 황선웅(1999), (금융기관론), 문영사.
제2종 투자상담사 3권(금융상품비교분석)
http://opendic.naver.com
이필상 금융경제학 박영사 1996.
강길환 금융기관론 대왕사 1998.
웹사이트 참고
www.bok.or.kr/공개자료실 및 경제용어 풀이

한국금융의 역사성

우리나라의 금융제도의 기원은 신라시대로부터 시작되어, 보다 더 구체적인 형태의 기구나 모양의 구축은 고려시대나 조선시대에서 살펴볼 수가 있다. 고려시대에는 대표적으로 寶, 長生庫, 契가 있다.

* **객주(여각)**
 - 지방의 생산자 또는 상인들의 물자를 보관하여 원매자를 찾아 매각해 주는 영업

* **寶**

보란 어떤 사업을 유지 경영하기 위하여 기본재산을 설립, 그것을 자본으로 운영하여 이식을 획득함으로써 영속적으로 운영하는 재단을 말함(불교사원 운영방법 및 유지수단)
 - 도매업, 창고업, 위탁판매업, 운송업, 예금, 대부업, 환업, 숙박업, 발행인

* 長生庫

보와 같이 주로 사원에서 운영하는 것으로서 자금을 대여하여 이자를 취득, 재산을 증식시키고 자본을 저장하는 고(庫)를 지칭

* 契

신라시대의 가배, 향도에서 연유되어 고려시대에 크게 번창함(동년계, 동족계, 문무계 등이 있었음)
계는 공동사회적인 조직에서 보와 장생고와 차이점이 있음

* 개성의 시변
- 개성상인 간 행하여진 일종의 대금업
- 유휴자금 보유자와 자금수요자 간 환전거간이 개재하여 무담보로 자금의 대차를 이루는 것
- 낙변이라 부르는 금리계산법과 이에 의한 단기유휴자금의 대부운용이 가능

* 계와 전당포:
- 계원이 정액의 금품을 거출 추첨, 입찰 또는 그 밖의 방법으로 거출금을 계원에게 융자해 주는 사업조직
- 개인적인 대금업과는 달리 상호신용에 국한됨(통계, 작파가 있음)

* 외획(차인):
- 일종의 환업무를 담당한 재래의 금융기관
- 각 지방군수에 대하여 징수한 세금을 국고에 납부하기 전 제3자에게 급부할 탁지부대신의 명령

구 분	시대적 특징	법령 및 제도
식민지 2단계 (1926~1937)	일정 소화연대 초부터 중일전쟁 시작 전 기간 - 1928년: 삼남은행 조선상업은행에 흡수. 경남은행, 대구은행 합병 - 1930년: 경상공립은행 경일은행에 흡수 - 1931년: 호서은행, 한일은행 합병 - 1933년: 선남상업, 경일은행 합병 북선상업, 조선상업은행 변신 호남은행, 동남은행 흡수 - 1935년: 제18은행 식산은행에 흡수	세계적 불황의 파급에 따른 기업합리화 정책 시기(은행합병 등) - 1928년: '금융제도 연구회' 조직 - 금융조합령, 저축은행령 공포 - 경상합동은행 발족 - 1931. 6: '조선신탁령' 제정. 설립요건 강화 - 동일은행 발족 - 대구상공은행 발족
식민지 3단계 (1938~1945)	중일전쟁 개전 후부터 8·15 해방 전 기간 대륙침략을 위한 군수산업체제로의 전환 일본자본의 카르텔 완성 - 1938년: '조선금융단' 발족 - 1943년: 대구상공, 경상합동, 호남은행 합병	전시금융 체제로 질적 전환 및 일본 산업자본 이 은행자본과 제휴 - 1937. 10: 자금조달법, 외국환관리법 등 공포 - 금리평준화 및 저축장려운동 전개 - 군사비충당 증세조치 및 일본금융자본 도입 - 1943년: '할증금부정기예금제' 실시 '중요산업자금 채권원리금 보증제도'

항목	주요 정책	추진 사항
금융의 자유화	1. 금리의 자유화 - 1998. 12~ : 정책금융을 제외한 모든 여신 금리 대상 실시 물가불안으로 인한 금리규제로 실효성 상실. - 1997. 7: 3개월 미만의 저축성 금리도 자유 화됨. 2. 금융산업 진입제한 완화 - 1990년대부터 금융산업의 신규진입 규제 크 게 완화 3. 금융기관의 업무 영역 확대 - 은행: 일부증권업무, 표지어음발행, 수익증권 판매, 외국환 등 - 비금융기관: 외국환업무 및 은행업무 일부 확대 4. 금융제도의 안정성 강화 - 금융기관의 건전성 강화를 위한 국제적 규제 제도 도입 - 1996년 BIS와 OECD 가입에 따라 효율적 개편(선진국 수준의 금융기관 감독, 검사의 연계성 강화)	- 1991. 8: '4단계 금리자유화 추진계획' 발표 (한국은행) - 현재 거의 모든 금리가 자유화됨. - 초단기 수신금리와 재정자금 대출금리는 제외(요 구불예금과 7일 미만 기업자유예금) - 신규진입: 하나, 보람, 평화은행 - 일반전환: 국민, 주택은행 - 신종 환매조건부채권매도, 국공채환매, 신탁업무 등 - 보험사, 투자신탁사, 상호신용금고, 리스회사 등 확대 - CAMEL 방식도입 5개 부문 절대평가 - 시장규율 강화 및 공시제도 도입 확대운영 - '예금자 보호법' 등 공적 안전망 확보
금융의 개방화	1. 외국 금융기관의 국내진출 확대 2. 외국인의 국내증권투자 자유화	- 수요심사제, 사무소전치주의 및 지점 설치기준 폐지 - 증권사 합작사 설립기준 제정 및 위탁매매업무 허용 - 외국인의 유가증권 취득 및 총액투자한도 확대

항목	주요 정책	추진 사항
금융산업의 구조조정	−금융산업의 구조개선에 관한 법률 전면개정 (97. 3)	−예금보험공사와 부실채권정리기금 지원
선물거래소 개설	−'선물거래법' 제정 및 한국선물거래소 개설	−증권거래법 개정 및 파상상품 거래 제도적 마련

표로 다시 요약하여 살펴보면 다음과 같다.

한국금융제도의 역사적 발전

◎ 우리나라의 금융기관과 화폐제도

단계	분류	시대	연도	기관명	내용	특성	법령 및 제도	화폐	내용
1	재래의 금융	고려		보	어떤 사업의 경비충당 목적으로 기본재산을 설립하여 그 이식으로 각종 사업을 운영하는 재단	− 사원운영 유지수단 − 이익사회적인 조직			
				장생고	보와 같이 주로 사원에서 운영하는 것으로 자금을 대여 이자를 획득하여 재산을 증식	− 공동사회적인 조직			
				계	사교를 목적으로 시작하여 고려시대에 크게 번창, 동년계·동족계·문무계 등	− 국고 역할 − 봉건적 화폐자본축적의 폐단			
		조선		객주 (여각)	지방상인의 물자를 보관, 원매자를 찾아서 매각해 주며 위탁판매업·운송업·창고·예금·대부·숙박업 등을 겸함			상평통보	인조11년에 상평청을 설치하여 상평통보를 주조하기 시작하면서 화폐의 사용 제도화
				시변	일종의 대금업으로 유휴자금 소유자와 자금 수요자 중간에 환전거간이 개재하여 무담보로 자금의 대차를 이루는 것				

단계	분류	시대	연도	기관명	내용	특성	법령 및 제도	화폐	내용
1	재래의 금융	조선		외획 (차인)	− 외획: 군수에 대한 세금을 국고에 납부 전에 직접 제삼자에게 급부할 탁지부대신의 명령 − 외획제도: 중앙지방 간 또는 지방상호 간 유일한 자금유통기구 − 차인: 지방에 나아가서 물자를 구입하여 판매하는 상인	일종의 환업무를 담당한 재래의 금융기관		당오전 당백전	정부는 조세수입의 부족보전을 위해 명목가치와 실질가치의 격차가 큰 당오전 당백전 등을 주조하여 유통시킴
				계	계원이 정액의 금품을 거출하여 일정일·장소에서 추첨 또는 입찰 등의 방법으로 거출금을 계원에게 융자하는 사업조직 △통계: 일심계, 상신계, 장여계라고도 불린 것으로 계원 수는 보통 200명 정도 △작파: 제용계, 흥복계, 길성계, 창신계라고도 하며, 월 2회의 개계일에 총괘금의 일부를 적립한 후에 잔액을 불도하는 것으로 계의 해산은 최후의 일구추첨번호가 출통할 때 의포된다.	♣참고♣ 국권피탈 후 일제는 자본침략과 협동체파괴를 목적으로 계를 해산시켰다. 계는 광복 후 부흥하고 6·25 후 서민금융을 지배하였으나, 유휴자본의 회전촉진 및 대부이자의 고율로 인플레이션조장과 계조직의 무질서로 사회문제로까지 대두.		묵은 마제은	청국인 거류지역은 국경지방에 외국통화의 유통도 이루어짐
				전당포	1894년 갑오경장과 1898년 전당포세칙의 시행과 더불어 활발해졌다. 높은 사금리와 수탈권력의 행사로 인해 소생산을 파괴하는 결과를 가저왔다.				
			1833	경성전환국	화폐 주조의 관리업무 중앙화			금화, 은화, 동화	실효를 거두지 못함
			1834 ~				금, 은, 동화 등 15종의 근대화폐를 주조		

단계	분류	시대	연도	기관명	내용	특성	법령 및 제도	화폐	내용
2	근대적 금융의 도입		1878	제일은행	6月 일본 '제일은행'의 부산지점 설치	최초의 근대적 금융기관	청일전쟁 후 '신식화폐장정' 공포	은본위	폐제의 확립을 시도하였으나 백동화만이 남발되어 경제 혼란을 초래하였다.
			1880 ~ 1903		제일은행의 원산(1880), 인천(1883), 한성(1888), 목포(1898), 진남포(1903), 군산(1903), 평양, 대구에 지점, 출장소 설치	일본계은행의 독점적인 금융기반 확립			
			1889	제18은행	부산과 원산에 설립				
			1891	제58은행					
		갑오경장	1894 ~	조선은행	한국계은행 설립 자본력의 부족으로 1년 안에 폐점하였다.	목적: 상공업자의 권익 보호			
				한흥은행					
				제국은행					
			1897	한성은행	한국 최초의 은행	민족금융기관의 출발			
			1899	대한천일은행	민족자본에 의한 설립				
			1901				2월 '화폐조례' 공포 일본원(은)화 유통을 금지	금본위	노일전쟁으로 제대로 실시되지 못함
		을사조약 체결	1905	한일은행	한국인실업가의 공동출자로 전국규모의 일반은행 설립	목적: 은행의 경영난 해소와 업무 정상화	'화폐조례실시에 관한 건' 공포 / 제일은행과 '폐정리사무 집행에 관한 계약'을 체결	제일은행권	일본통화도 법화로 통용 / 제일은행권을 법화로 통용
			1906				'은행조례' 공포		한성 천일은행 지금 대하
			1907	흥업은행	일본계은행				
			1908	밀양은행	일본계은행			엽전 (준보조화폐)	11월 백동화의 회수 마치고 엽전유통

단계	분류	시대	연도	기관명	내용	특성	법령 및 제도	화폐	내용
3	일제하의 금융	한일합방 ~ 일정 대정 말기	1911~1925 일본상업자본과 토착민족자본이 금융기관으로 집결되어 은행이 난립상을 이루고 일정이 재한특수정책금융기관을 육성하였던 기간						
			1909	한국은행	10월 최초의 현대적 중앙은행 제일은행의 국고 및 발권업무와 13개 점포를 승계하여 중앙은행의 역할	은행제도의 기초 정비	7월 '한국은행조례' 공포	한국은행권	1910년 ~ 1원, 5원, 10원권 지폐 발행
			1911	조선은행	8월 15일 한국은행의 개칭 – 일본금융정책의 현지대행		2월 '조선은행법' 공포	조선은행권의 유통을 촉진	
			1912	조선사업은행	대구에 설립, 후에 조선은행	한, 일본인의 공동출자		조선은행권	
				구포은행	구포에 설립, 후에 경남은행				
				칠성은행	원산에 설립	일본인 독자			
			1913	부산상업은행		한, 일본인의 공동출자			
				대구은행					
				경성은행	원산에 설립	일본인 독자			
				호서은행	충남에 설립	한국인 독자			
			1916	삼화은행	진남포에 설립				
			1917	신의은행	〃	일본인 독자경영			
			1918	동래은행	〃		6월 '조선식산은행령' 공포	일본은행권	우리 나라 화폐 유통 금지
				조선식산은행	10월 설립 산업·공공금융과 일반은행업무	특권 부여와 엄격한 감독	'조선은행법' 개정		
			1919	원산상업은행					
			1920	해동은행	고성에 설립		'조선식산은행령' 실시		
				경일은행					
				경상공립은행	대구에 설립				
				호남은행	광주에 설립				
				평양신탁주식회사 설립					
				부산신탁주식회사 설립					

단계	분류	시대	연도	기관명	내용	특성	법령 및 제도	화폐	내용
3	일제하의 금융	일정소화년대초 ~ 중일전쟁시작	1922				'무진업령' 제정	일본은행권	
			1926~1937 한국에 파급된 세계적 불황에 따른 기업합리화정책의 하나로 은행합병이 이루어진 기간						
			1928	경상합동은행	8월 경남・대구은행 합병		'금융조합령' 공포		단위은행의 현대적 착안점을 법문화
							'저축은행령' 공포		
			1929	금융조합 중앙금고	농자금, 수해복구자금 등을 지원하고 일반은행 업무 취급				
			1931				6월 '조선신탁령' 제정		− 신탁업 설립요건 강화
							'은행권 금태환 정지에 관한 긴급칙령' 공포		
							'관리통화제' 실시		
			1932	조선신탁 주식회사					
			1933	대구상공은행	1월 선남상업은행과 경일은행이 병합 발족	산업체제변동 자극방지			
				밀양은행	은행령 적용으로 자연 해산				
					12월 민족 측 보통은행은 107개소가 됨				
			1935	제18은행	식산은행에 흡수				
			1936				'무진업령' 개정		기업합병 용이
			1937				'자금조달법'		단기적으로 한국경제의 현지자변체제 정비
							'외국환관리법'		
							'출입품임시조치법'		

단계	분류	시대	연도	기관명	내용	특성	법령 및 제도	화폐	내용
3	일제 하의 금융	중일전쟁 개전 전후 ~ 8·15 해방	1938~1945 전시금융체제로의 전환 및 은행합병의 최후양상이 나타난 시기로 일본산업자본과 은행자본 제휴 시기 이 시기의 한국경제의 특징은 일본의 대륙침략을 위한 중공업 중심의 군수사업체 강화와 일본자본의 Cartel 완성에 있다.					
			1938	조선금융단	금리평준화와 저축장려 운동 전개				
			1939				'물자동원 계획'		군수공업 체제
			1943	조선중앙무진회사	무진회사의 단일회사 체제로의 전개		'조선중요산업 자금 공급에 관한 규제' 실시		
					은행령 개정에 따라 대구상공은행이 상업은행에, 경상합동은행이 한성은행에, 호남은행이 동일은행에 각각 흡수 합병		'중요산업자금 채권원리금 보증제도' 실시		식산채권의 발행 용이
4	1950년대	8·15 해방 ~ 자주금융제도 확립	1948	대한민국정부	8월 수립	사회적 혼란과 격심한 인플레이션	'한미경제원조협정' 체결	한국은행권	ECA원조의 효율성 제고와 경제안정 노력
			1950	한국은행	6월 12일 중앙은행으로 창립기본 설립목적 -통화가치의 안정과 건전한 신용제도의 확립	민주적인 자주금융체계로 대체	3월 '경제안정 15원칙' 공표		우리나라 금융제도의 기본법의 성격
							5월 5일 '한국은행법'과 '은행법' 제정공포		
		6·25 동란 ~ 금융제도 개편	1950				6월 28일 대통령긴급명령으로 '금융기관 예금지불에 관한 특별조치령' 공포		세대당 1주 1만 원, 월 3만 원으로 예금지불을 제한
							'예금대불제' 실시		남하 피난민
							7월 22일 한국은행은 신한국은행권(천원권, 백 원권) 발행		-한국은행법 제69조 3호 규정에 의거, 임시적격성을 부여한 비상대출

단계	분류	시대	연도	기관명	내용	특성	법령 및 제도	화폐	내용
4	1950년대	6·25 동란 ~ 금융제도 개편					8월 26일 '조선은행권의 유통 및 교환에 관한 건' 공포		9.15 ~ 51. 4.30 까지 4차 걸쳐 조선은행권을 한국은행권으로 교환
			1951				2월 '금융기관 자금운용에 관한 임시조치요강' 제정		
							5월 '금융기관 자금운용에 관한 준칙'으로 수정되어 실시		
		휴전 ~ 경제재건을 위한 금융제도 정비	1953			휴전 후 1956년까지의 복구기간 동안 인플레이션 완화와 한국은행의 여신체제가 점차 확립	2월 대통령긴급명령으로 '제1차 긴급통화 및 금융조치' 단행		누적된 인플레이션을 제거 및 산업활동 안정
							7월 휴전 이후 '일반은행법' 실시		
							12월 14일 '경제재건 및 재정안정계획에 관한 합동경제위원회 협약' 체결		UN군 사령부와 체결
			~ 1956	한국산업은행	한국산업은행의 발족과 일반은행의 민영화, 시중은행 통합, 농업금융제도 정비, 지방은행의 발족 등		'산업은행법' 시행		휴전 이후 장기산업 지원
							'긴급산업자금융자취급요강' 마련		금융통화위원회가 산업자금 소통을 위해
			1957	서울은행	11월 19일 최초의 민간출자 지방은행인 설립 인가		최초로 '재정금융안정계획' 실시		통화가치 안정과 단일환율 유지에 주력
			1959				3월 '출자한도제' 폐지		

단계	분류	시대	연도	기관명	내용	특성	법령 및 제도	화폐	내용
5		경제개발 5개년계획	1961	농업협동조합	설 립	− 정부의 영향력 강화 − 경제개발계획을 효율적으로 지원하기 위한 성장금융체제로 변모			
				중소기업은행	설 립				
		성장금융체제	1962				'한국은행법' 제1차 개정		
							'증권거래법'과 '보험업법' 제정		
			1963	국민은행	설 립	특수은행 대거 설립			
	1960 ~ 1990년대 초반		1966					주화 제조	한국조폐공사 십 원, 오 원, 일 원 제조
			1967	한국외환은행					
				대구은행 부산은행	지방은행 설립				
			1969	한국주택은행					
			1970					백원 주화	11월 발행
		제도금융화 및 금융구조의 다원화	1972				'8・3긴급경제조치'	오백원 백동화	− 사금융 제도금융화, 다원화
							'단기금융업법', '상호신용금고법', '신용협동조합법' 제정		사금융양성화 3법
							'기업공개촉진법' 제정		주식소유 분산
			1974	한국투자신탁	설 립				
			1977	증권관리위원회	증권시장의 감독 및 관리체제를 확립				
				증권감독원					

단계	분류	시대	연도	기관명	내용	특성	법령 및 제도	화폐	내용
5	1960 ~ 1990 년대 초반	금융안정화 및 자율경영체제	1981 ~ 1983	신한은행 / 한미은행	82~82년 중 시중은행 설립	시장기능 중심의 경제운용	시중은행 모두 민영화간접규제방식 이행	주화 5종	은행의 자율경제체제를 확립 신화폐체계 정비
					12개 투자금융회사, 58개 상호신용금고 및 1개 투자신탁회사 신설				
			1988 ~ 1989	동화은행	여덟 번째 시중은행		1988년12월 '금리자유화조치' 단행		정책금융을 제외한 여신금리와 장기수신금리 등에 대한 최고이율 규제 철폐
				동남은행 / 대동은행	중소기업전문은행				
					5개 지방투자신탁회사, 11개 지방리스회사 등 추가 설립				
		금융자유화 및 개방	1990				11월 '국내지점 설치기준'과 '합작회사 설립기준' 제정		외국증권 회사
			1991		8개 투자금융회사가 하나은행, 보람은행 및 5개 증권회사로 전환		3월 '금융기관의 합병 및 전환에 관한 법률' 제정		4단계로 수립•발표 대부분 금리 자유화
							8월 '금리자유화 추진계획'		
			1992	평화은행	11월 열네 번째 시중은행설립: 근로자에 대한 금융지원 위주		외국인의 국내 상장주식에 직접 투자 허용		
							6월 외국보험회사에 대해 업무용 부동산 취득 등 허용		
			1993				6월 '제3단계 시장개방계획' 발표		
							8월 12일 '금융실명제' 실시		실지명의로 모든 금융거래
							11월~1997. 7월 금리자유화계획 2~4단계 조치 시행		

단계	분류	시대	연도	기관명	내용	특성	법령 및 제도	화폐	내용
5	1960 ~ 1990 년대 초반		1994				3월 '총액대출 제도' 도입		중앙은행 재할인정 책 유동성 조절 기능 제고
							8월 은행에 대한 '경영 공시제도' 도입		
							12월 '증권거 래법' 개정		주 가 지 수 선 물 거 래 제도 도입
		WTO 체제 출범	1995	국민은행	1월 일반은행으로 전환		3월 외국인의 증권투자자금을 대상으로 외환 입출 허용		
							4월 '상호신용 금고법' 개정		
							5월 증권산업 개방확대 추진 방안 마련		
							7월 투자금융 회사의 기능 재정립방안 마련		
							8월 증권산업 개편방안		
							9월 은행의 국공채 창구 판매업무 허용		
							12월 '예금자 보호법' 제정		증 권 회 사 와 투자신 탁회사 간 상 호 진 출 가능
							'선 물 거 래 법' 제정		
							'증권신탁업법' 개정		
							'종합금융회사 에 관한 법률' 개정		
		BIS와 OECD 가입	1996		7월 15개 투자금융회사가 종합금융회사로 전환		은행 비상임이 사제도 도입, M&A제도개선 등의 조치 시행		대 외 경 쟁 력 증진을 위해

단계	분류	시대	연도	기관명	내용	특성	법령 및 제도	화폐	내용
		BIS와 OECD 가입	1996	한국주택은행	8월 일반은행으로 전환		5월 증권시장 개설과 함께 외국인 투자 허용 증권거래소에서 주가지수 선물 거래 시작		
							9월 투자신탁 회사의 단기금융상품펀드 (MMF) 취급 허용		
6 7		1990년대 후반 ~	IMF 와 금융위기	1997				97년 초 IMF 로부터 긴급차관을 도입		금융 개혁 단행. 구조조정 추진
							1월 '금융개혁위원회'가 대통력 직속기구로 출범		3차례 광범위한 금융개혁 과제 제시
							'금융산업의 구조개선에 관한 법률' 제정		
							3월 '금융기관의 합병 및 전환에 관한 법률' 전면 개정		
							4월 '보험회사 설립허가기준' 제정		
							7월 3개월 미만 저축성예금 금리의 자유화		
							증권거래소에서 주가지수 옵션 거래 도입		
							'보험업법' 개정		보험회사 주주자격 제한 폐지
							'금융기관 부실자산 등의 효율적 처리 및 성업공사의 설립에 관한 법률' 제정		

단계	분류	시대	연도	기관명	내용	특성	법령 및 제도	화폐	내용
6 7	1990 년대 후반 ~	금융 구조 조정	1998	동화은행 경기은행 충청은행 대동은행 동남은행	6월 퇴출 조치		1월 '여신전문 금융업법' 제정		신용카드, 리스, 할부 금 융 회 사 등의 진입 제한 완화
							2월 단기금융 상품에 대한 외국 인 투자 허용		외국인 투자 촉진
				국민은행	국민은행과 한국장기신용은 행과 합병		4월 '금융감독기 구의 설치 등에 관한 법률' 제정		금융감독기 능을 통합
							'외국인투자규정' 개정		손해사정업 과 보험계 리업에 대 한 외국인 투자 허용
							5월 외국인의 국내주식투자한도 폐지		
							9월 '외국환관리 법' 폐지 '외국환거래법' 제정		
							'증권투자신탁업 법' 개정		수 익 증 권 판매업무를 일반은행과 특수은행에 도 허용
							'증권투자회사법' 제정		회사형 증 권투자신탁 의 취급 허용
							10월 '금융업 경영통일공시기준' 제정		공시제도를 전반적으로 개선
							11월 '외국인 투자촉진법' 제정		부동산 투자신탁 허용
							12월 퇴직금일시 금신탁 허용		근로자 퇴직금의 안정적인 지급
			1999	한빛은행	1월 한국상업은 행과 한일은행 합병	대외거래 규제 최소화	회계처리준칙 제 정 재무제표를 기 업회계기준에 따 라 작성토록 명시		

단계	분류	시대	연도	기관명	내용	특성	법령 및 제도	화폐	내용
6 7	1990 년대 후반 ~	금융 구조 조정	1999	하나은행	하나은행과 보람은행 합병		2월 보험중개인업을 허가제서 등록제로 전환		보험산업의 경쟁촉진을 위해
							3월 국책은행 건전성감독규정 제정		
							4월 '외국환거래법' 시행		
				한국선물 거래소	부산에 개장		'증권거래법' 개정		증권업 진입제한 완화
							경제적 수요심사 제도 폐지		외국은행의 설치 심사 요건
				제일은행	9월 미국의 Newbridge Capital을 주축으로 하는 콘소시엄에 매각		7월 '인허가지침' 제정		은행 · 증권 · 보험 등 12개 업종
							12월 자산건전성 분류기준 시행		
			2008						

금융리스크

금융리스크에 대한 설문을 보면 리스크 관리가 이해될 것이다.

I. 금융리스크 관리에 관한 설문

은행 및 부서		작성자	
			전화번호:

1. 아래 표 작성 시 선진금융기관의 금융리스크 관리수준을 A라 하면 귀행의 수준이 어느 정도인지 해당란에 ○표 하여 주시기 바란다.

항목별	A	B	C	D	E
〈리스크관리 인식도〉					
· 경영층의 리스크관리에 관한 인식 및 의지 정도	매우 높음	대체로 높음	보통수준	미흡	무관심
· 총 직원들의 리스크관리에 관한 인식 정도	매우 높음	대체로 높음	보통수준	미흡	무관심

항목별	A	B	C	D	E
〈조직·규정·보고체계〉					
·이사회 내 리스크관리 위원회 운영	매우 적극 운영	적극 운영	보통 수준	미흡한 수준	불운영
※ 위원회 회의 개최	'99 상반기 중: 정기회의( )회, 임시회의( )회				
·부서직원 간 리스크 측정 관리 협의 회 운영	매우 적극 운영	적극 운영	보통 수준	미흡한 수준	불운영
·독립된 리스크관리부서(팀) 설치	설치 시기(19 년) 팀원/총 직원(/)				미설치
·리스크관리 관련 규정·지침·기준 제정 운영 정도	100% 제정	80% 이상	60% 이상	40% 이상	20% 이상
·리스크관리 제 규정에 대한 관련 부서의 준수 정도	100% 준수	80% 이상	60% 이상	40% 이상	20% 이상
〈인재의 확보·육성〉	필요 전문가의				
·리스크관리 관련 전문가 확보 수준	100% 확보	80% 이상	60% 이상	40% 이상	20% 이상
〈연수 부문〉					
·행 내 총 직원에 대한 리스크관리 연수 실시 정도	100%	80% 이상	60% 이상	40% 이상	20% 이상
※ 리스크 관리 관련 행 내 자체 집합 연수 대상 및 실시	리스크담당만 대상	리스크담당 + 본점직원	리스크담당자 + 본점직원 + 영업점직원 대상 실시		실시 안 함
	'99 상반기 중: 행 내 연수 실시( )회, 연인원( )명				
·리스크관리 업무매뉴얼 작성 비치	100%	80% 이상	60% 이상	40% 이상	20% 이상

항목별	A	B	C	D	E	F
〈리스크 측정〉	총 측정대상 업무의					
·시장리스크 측정 정도	100%	80% 이상	60% 이상	40% 이상	20% 이상	10% 이상
※시장리스크측정 DB구축	100%	80% 이상	60% 이상	40% 이상	20% 이상	10% 이상
·유동성리스크 측정 정도	100%	80% 이상	60% 이상	40% 이상	20% 이상	10% 이상
※유동성리스크측정DB구축	100%	80% 이상	60% 이상	40% 이상	20% 이상	10% 이상
·금리리스크 측정 정도	100%	80% 이상	60% 이상	40% 이상	20% 이상	10% 이상
※금리리스크측정 DB구축	100%	80% 이상	60% 이상	40% 이상	20% 이상	10% 이상
·신용리스크 측정 정도	100%	80% 이상	60% 이상	40% 이상	20% 이상	10% 이상
※ 신용리스크측정 DB구축	100%	80% 이상	60% 이상	40% 이상	20% 이상	10% 이상
·종합리스크 측정 정도	100%	80% 이상	60% 이상	40% 이상	20% 이상	10% 이상

항목별	A	B	C	D	E	F
〈리스크 관리〉	총 관리대상 업무의					
· 리스크허용한도 설정	100%	80% 이상	60% 이상	40% 이상	20% 이상	10% 이상
· 금리가격 수준 결정	100%	80% 이상	60% 이상	40% 이상	20% 이상	10% 이상
· 고객별 대출실행 결정	100%	80% 이상	60% 이상	40% 이상	20% 이상	10% 이상
· 부문별 운용자산 배분	100%	80% 이상	60% 이상	40% 이상	20% 이상	10% 이상
· 부문별 자기자본 배분	100%	80% 이상	60% 이상	40% 이상	20% 이상	10% 이상
· 부문별 성과평가	100%	80% 이상	60% 이상	40% 이상	20% 이상	10% 이상
· 종합적인 리스크 관리	100%	80% 이상	60% 이상	40% 이상	20% 이상	10% 이상
〈전산화 부문〉						
· 리스크관리시스템 구축	100%	80% 이상	60% 이상	40% 이상	20% 이상	10% 이상

2. 아래 표는 파생상품 거래 및 관리항목이며, 해당란에 체크하기 바란다.

항목별	A	B	C	D	E	
〈파생금융상품 거래목적〉	99년 상반기 중 파생상품 총 계약금액을 100으로 하여					
· 수익률 제고목적	80% 정도	60% 정도	40% 정도	20% 정도	10% 정도	1% 정도
· 리스크(포지션) 헤지목적	80% 정도	60% 정도	40% 정도	20% 정도	10% 정도	1% 정도
· 신금융기법습득목적	80% 정도	60% 정도	40% 정도	20% 정도	10% 정도	1% 정도
· 기타〈　　〉	80% 정도	60% 정도	40% 정도	20% 정도	10% 정도	1% 정도
합 계	4개 항목을 합산하여 100%로 일치 요망					
〈파생상품거래내용〉	99년 상반기 중 파생상품 총 계약금액을 100으로 하여					
· 외환 선물·선도	80% 정도	50% 정도	20% 정도	10% 정도	5% 정도	1% 정도
· 금리 선물·선도	80% 정도	50% 정도	20% 정도	10% 정도	5% 정도	1% 정도
· 주식 선물·선도	80% 정도	50% 정도	20% 정도	10% 정도	5% 정도	1% 정도
· 통화스왑	80% 정도	50% 정도	20% 정도	10% 정도	5% 정도	1% 정도
· 금리스왑	80% 정도	50% 정도	20% 정도	10% 정도	5% 정도	1% 정도
· 통화옵션	80% 정도	50% 정도	20% 정도	10% 정도	5% 정도	1% 정도
· 금리옵션	80% 정도	50% 정도	20% 정도	10% 정도	5% 정도	1% 정도
· 주식옵션	80% 정도	50% 정도	20% 정도	10% 정도	5% 정도	1% 정도
· 신용 파생 상품	80% 정도	50% 정도	20% 정도	10% 정도	5% 정도	1% 정도
· 기타〈　　〉	80% 정도	50% 정도	20% 정도	10% 정도	5% 정도	1% 정도

항목별	A	B	C	D	E	
합 계	10개 항목을 합산하여 100%로 일치 요망					
〈파생상품 거래관리〉						
· 파생상품거래전담팀설치	설치 시기(19 년) 팀원/총 직원(/)					미설치
· 파생상품포지션점검빈도	분기평균 ( )회 점검, 최상위 점검자직위( )					
· 파생거래경영층보고빈도	분기평균 ( )회 보고, 최상위 보고자직위( )					
· 파생상품리스크크기측정	분기평균 ( )회 측정			매 거래 시마다 측정		측정 안 함

Ⅱ. 금융리스크 측정관리 실태

1. Market Risk(VAR)

은행 및 부서		작성자	
			전화번호:

가. 시장리스크(VAR) 측정: 모델구축 여부 및 내용파악 목적

VAR	모델 명칭	모델 S/W	산정 방식	측정 기간	관찰 기간	신뢰 수준	이용 지표	측정 계정
원화채권 VAR								
외화채권 VAR								
원화주식 VAR								
외화주식 VAR								
외환 VAR								
파생상품 VAR(스왑) (옵션) (선물) (선도)								

1. 모델명칭은 측정모델의 자체고유이름 또는 도입시스템명을 기재

2. 모델S/W는 외부도입시스템 S/W명 또는 PC이용 S/W(엑셀 등)명을 기재하고 ( ) 내에 S/W 및 H/W의 외부도입 소요액(억 원 단위)을 기재

3. 산정방식은 Delta－normal, Stress Testing, Monte Carlo, Historical Simulation 등

4. 측정 기간은 VAR 측정 기간으로 1일, 10일, 30일 등으로 표시

5. 관찰 기간은 과거데이터 변동성 등의 관측 기간을 1년, 2년 등으로 표시

6. 신뢰수준은 95%, 97.5%, 99% 등으로 표시

7. 이용지표에는 VAR 측정에 이용하는 지표(Risk Factors)를 기재(복수기재 가능)

   ㅇ 채권: 지표채권가격, 개별채권가격, 듀레이션 등

   ㅇ 주식: 종합주가지수(베타), 업종주가지수(베타), 개별주가 등

   ㅇ 외환: 종합포지션, 통화별포지션 등

   ㅇ 파생: 듀레이션, 델타, 감마, 베타 등

8. 측정계정에는 은행, 신탁, 모두(은행＋신탁) 등으로 표시

9. 리스크 측정결과치 관련 최근 출력자료(또는 보고자료) copy 1부 첨부 요망

나. 시장리스크(VAR) 관리: 리스크 관리 내용파악 목적

측정대상	최종 보고	보고 주기	측정 활용	리스크 허용한도 설정				합산 방법	개발계획
				설정기준 및 방법	적용	담당	주기		
원화채권 VAR									
외화채권 VAR									
원화주식 VAR									
외화주식 VAR									
외환 VAR									
파생상품 VAR									

1. 최종 보고에는 최종 보고자를 기재하고 결재단계가 몇 단계인지 (   ) 내에 기재

2. 보고주기에는 최종 보고자 앞 보고주기를 일, 주, 월 등으로 기재

3. 측정활용에는 단순보고, 한도관리, 투자배분, 자본배분, 성과평가 등으로 기재

4. 한도설정기준 및 방법에는 자기자본의 몇 %, 유가증권의 몇 % 기준 등 설정기준을 기재하고 어떤 방법으로 설정하는지 간략히 기재

5. 한도적용에는 1일기준, 주평균기준, 월평균기준 등으로 기재

6. 한도담당에는 누가 최종적으로 한도를 결정하는지 기재

7. 한도주기에는 한도의 변경주기를 매일, 수시, 1월간격, 1분기간격 등으로 기재

8. 합산방법에는 개별 자산의 측정VAR를 단순합산하는 경우 단순합산, 개별 또는 부문자산 측정VAR의 상관도를 반영하는 경우 상관합산이라고 각각 기재

9. 개발계획에는 현재 개발추진 중인 측정대상을 개발시점~완료시점으로 표시

10. VAR 이외에 리스크 허용한도를 설정, 운용하고 있는 경우 그 설정 내용 첨부 요망

다. 종합시장리스크(종합VAR) 측정: 각종 리스크 합산수준 측정 목적

VAR	종합 VAR	측정 여부	합산방법	개발계획
증권VAR	원화채권 + 원화주식			
	외화채권 + 외화주식			
	원화채권 + 외화채권 + 원화주식 + 외화주식			
	( )			
종합VAR	( )			
	( )			

1. 측정 여부에는 부문별 종합VAR 산정 여부를 O X로 표시
2. 합산방법에는 부문별 자산의 측정VAR를 단순합산하는 경우 단순합산, 개별 또는 부문자산 측정VAR의 상관도를 반영하는 경우 상관합산이라고 각각 기재
3. 개발계획에는 현재 개발추진 중인 측정대상을 개발시점~완료시점으로 표시
4. 종합VAR의 (　　　　　　)에는 여타 산정하고 있는 시장리스크 종합VAR를 기재

2. Credit Risk

은행 및 부서		작성자	
			전화번호 :

가. 신용리스크 분석모델: 모델 구축 운용여부 파악 목적

분석대상	신용리스크 분석모델명	시스템명	분석유형	분석목적	평가방식
개인고객 신용카드	☐ ☐				
중소기업	☐ ☐				
대기업	☐ ☐				
유가증권	☐				
파생상품	☐				

1. 분석모델명에는 분석대상별 측정활용하고 있는 분석모델명을 기재
2. 시스템명에는 분석모델별로 외부도입시스템 Vendor 또는 이용S/W명 (엑셀 등)을 기입하고 (　) 내에 S/W 및 H/W의 외부도입 소요액(억 원 단위)을 기재

3. 분석유형에는 Credit Scoring, Logit, Discriminant, Neural Network, ZETA, EDF(KMV), CreditMetrics, CreditRisk＋, Judgemental, Decision Tree 등 어떤 분석 방법과 유사한지 기입

4. 분석모델별 분석목적에는 아래 예에 따라 기입(복수기입 가능)

   o 신용등급의 산정　　o 부실확률의 계산　　o 등급하락확률의 계산

   o 상시감시 및 회수기준(Trigger Point) 등 산정　　o 기타 <　　　　>

5. 평가방식에는 평점부여방식, 등급부여방식 등으로 기재하고 등급부여 방식의 경우 7등급, 9등급 등과 같이 등급단계를 (　) 안에 표시

6. 유가증권과 파생상품에는 거래상대방의 신용리스크를 측정하는 경우에만 작성

7. 리스크 측정결과치 관련 최근 출력자료(또는 보고자료) copy 1부 첨부 요망

나. 분석이용지표(신용리스크 분석모델별): 모델별 이용지표 내용 파악 목적

분석모델 (명칭)	이용지표(개수)										
	재무 비율	고객 특성	신용 등급	거래 관계	대출 특성	여신 규모	주가 동향	금융 지표	경제 동향	비계량	기타
☐											
☐											

1. 운용 중인 신용리스크 분석모델별로 구성지표의 개수를 해당란에 기입

2. 재무비율은 재무제표에 의한 비율 지표 등

3. 고객특성은 나이, 주택소유 여부, 업종 등 개인과 기업의 특성지표

4. 신용등급은 외부평가기관 평가등급 지표

5. 거래관계는 거래 기간, 연체 여부 등 지표

6. 대출특성은 담보대출, 신용보증, 증권화 등 지표

7. 여신규모는 여신취급금액별 차등지표

8. 주가동향은 거래고객의 상장주가 지표

9. 금융지표는 콜금리, 회사채수익률 등 금리지표와 원달러 환율 등 환율지표
10. 경제동향은 물가상승률, GNP 등 경제지표
11. 비계량에는 경영태도 등 비계량 측정지표
12. 분석이용지표의 세부내역 첨부 요망

다. 신용리스크 관리(신용리스크 분석모델별): 리스크관리 내용 파악 목적

신용리스크 분석모델명	분석 목적	최종 보고	보고 주기	측정 활용	리스크 허용한도 설정				개발 계획
					설정기준과 방법	적용	담당	주기	
☐									
☐									
☐									

1. 분석모델명에는 측정활용하고 있는 분석모델명을 기재
2. 분석목적에는 모델별 분석목적을 아래 예에 따라 기입(복수기입 가능)
   o 측정치 단순보고   o 리스크한도의 관리   o 대출(거래) 여부의 결정
   o 대출금 조기회수   o 대출금리(스프레드) 결정   o 고객부문별 자산배분
   o 부문별 자본배분   o 부문별 성과평가   o 기타 <   >
3. 최종 보고에는 최종 보고자를 기재하고 결재단계가 몇 단계인지 ( ) 내
   에 기재
4. 보고주기에는 최종 보고자 앞 보고주기를 일, 주, 월 등으로 기재
5. 측정활용에는 단순보고, 한도관리, 투자배분, 자본배분, 성과평가 등으로 기재
6. 한도설정기준과 방법에는 자기자본의 몇 %, 대출의 몇 % 기준 등 설
   정기준을 기재하고 어떤 방법으로 설정하는지 간략히 기재
7. 한도적용에는 1일기준, 주평균기준, 월평균기준 등으로 기재
8. 한도담당에는 누가 최종적으로 한도를 결정하는지 기재
9. 한도주기에는 한도의 변경주기를 매일, 수시, 1월간격, 1분기간격 등으
   로 기재

10. 개발계획에는 현재 개발추진 중인 측정대상을 개발시점~완료시점으
로 표시

11. 모델에 의한 분석 이외에 신용리스크 허용한도를 설정, 운용하고 있
는 경우(예컨대, 업체별·산업별 여신한도 등) 그 설정내용 첨부 요망

3. **Liquidity Risk**: 유동성리스크 측정관리 내용파악 목적

은행 및 부서		작성자	전화번호 :

분석모델(명칭)	측정 및 관리 내용								
	분석내용	분석대상	분석계정	분석기간	최종보고	보고주기	개발계획	시스템 명칭	시스템 제공
☐									
☐									

1. 분석내용에는 유동성갭, 만기갭, Regression, Simulation 등 기재
2. 분석대상에는 원화, 외화 또는 모두로 표시
3. 분석계정에는 은행, 신탁 또는 모두로 표시
4. 분석 기간에는 3Mo, 6Mo, 1Yr 등 분석하는 대상 기간을 모두 기재
5. 최종 보고에는 최종 보고자를 기재하고 결재단계가 몇 단계인지 ( )
   내에 기재
6. 보고주기에는 최종 보고자 앞 보고주기를 일, 주, 월 등으로 기재
7. 개발계획에는 개발 또는 보완 추진 중인 모델을 개발시점~완료시점
   으로 표시
8. 시스템 명칭에는 외부도입 시스템 고유이름을 기재
9. 시스템 제공에는 외부도입 시스템 Vendor를 기재
10. **리스크 측정결과치 관련 최근 출력자료(또는 보고자료) copy 1부 첨
    부 요망**

4. **Interest Rate Risk**: 금리리스크 측정관리 내용파악 목적

분석모델(명칭)	측정 및 관리 내용								
	분석내용	분석대상	분석계정	분석기간	최종보고	보고주기	개발계획	시스템 명칭	시스템 제공
☐									
☐									

1. 분석내용에는 금리감응갭, 듀레이션갭, Regression, Simulation 등 기재
2. 여타 내용은 Liquidity Risk 작성내용과 동일
3. **리스크 측정결과치 관련 최근 출력자료(또는 보고자료) copy 1부 첨부 요망**

5. **Operational Risk(검사부)**: 운영리스크 관리 내용파악 목적

은행 및 부서		작성자	
			전화번호:

가. 상시감시시스템 운용(내부 검사부서 운용에 국한)

상시감시 시스템명	상시감시 항목 건수											
	예금 입금	예금 인출	환결제	대출 실행	대출 상환	외환 매매	채권 매매	주식 매매	수표 관리	경비 집행	전산 접근	기타
☐ 영업점												
☐ 본부부서												

1. 각 항목별 상시감시대상 항목 건수를 기재(예: 무통장인출 1억 이상＝1건)
2. 전산접근에는 End－user의 전산 접근오류(ID오류, 비밀번호 오류 등) 감시항목 건수
3. 외환, 채권, 주식 등 딜링에 대한 상시감시는 본부 부서란에 기재

나. 전산 프로그램 오류검색 시스템 운용(내부 검사부서 운용에 국한)

오류검색 시스템명	시스템 운용 내용					
	개발여부	측정주기	오류검색내용	개발계획	시스템 명칭	시스템 제공
☐						
☐						

1. 개발 여부에는 자체개발인 경우 O 표시, 범용인 경우 X 표시
2. 측정주기에는 전산담당부서에 대한 오류검색 주기를 연 1회 정기감사 시, 수시(불시), 신규프로그램 작성즉시, 프로그램 보완 갱신 즉시 등으로 기재
3. 오류검색내용에는 주로 어떤 항목을 체크하는지 간단히 기재
4. 계발계획에는 개발이나 보완 추진 중인 시스템을 개발시점~완료시점으로 표시
5. 시스템 명칭에는 외부도입 시스템 고유이름을 기재
6. 시스템 제공에는 외부도입 시스템 Vendor를 기재

6. 리스크 관리체제: 리스크 관리체제 파악 목적

은행 및 부서		작성자	
			전화번호:

가. 리스크관리위원회(명칭:)

구 분	성 명	현 직위	위원회의 기능
위원장			
위 원			
간 사			

1. 현 직위에는 내부직원인 경우 직위만 외부직원인 경우 소속기관과 직위를 기재
2. 위원회 기능에는 위원회 설립 관련 규정에서 정한 기능을 기재

위원회 의결 및 검토 내용	건 수

1. 98년 7. 1~99년 6. 30까지(1년) 위원회에서 의결하거나 검토한 주요 내용을 적의 구분 기재하고 주요 내용별 건수를 기재(위원회가 수행하는 주요 업무 파악 목적)

나. 리스크전담부서(팀)(명칭:)

리스크측정 관리 담당직원 수(명)								전담부서 주요 기능
총 괄	시 장	신 용	유 동	금 리	기 타	계	(이공)	

1. 리스크전담부서 소속직원 수만 기재하고 (이공)에는 전담직원 중 물리학 수학 등 이공계 학과 전공자 수를 기재
2. 전담부서 주요 기능에는 전담부서 직제분과 관련 규정에서 정한 기능을 기재

전담부서 수행 사업	전담부서 추진 중 사업

1. 98년 7. 1~99년 6. 30까지(1년) 전담부서에서 수행했거나 현재 추진 중인 사업(프로젝트) 내용을 기재(전담부서가 수행하는 주요 사업 파악 목적)

7. 리스크 측정관리상의 현안 및 애로사항

항목별	현안 및 애로사항
□ 경영층 및 직원들의 인식	
□ 리스크 관리기법 습득	
□ 리스크 측정모델 개발	
□ 리스크 측정 데이터 수집	
□ 리스크 관리 전산화 추진	
□ 리스크관리 규정·제도 변경	
□ 분석전문가 확보	
□ 기타	

1. 금융리스크 측정 및 관리업무 수행 추진상의 현안과 애로사항을 기재
   (금융당국에서 추진 또는 지원해 주었으면 하는 사항 포함)

<참고> 금융리스크 측정기법의 공동개발에 관하여

공동개발희망 분야	공동개발 방안
□ 시장리스크 　○ 　○ □ 신용리스크 　○ 　○	

1. 금융당국, 협회, 신용기관 등과 함께 금융리스크(시장리스크, 신용리스
   크……)별로 공동개발 희망하는지 여부와 그 방안(의견)을 기재

10

일본의 여신심사 연수소개

일본 은행들은 버블경제시대의 양적 확대를 지양하고, 고도화·다양화되고 있는 고객의 니즈(needs)를 포착하여 은행 측에서 다양한 제안을 하는 방향으로 여신전략을 운용하고 있다. 이러한 방침하에 각 은행은 본부에 융자개척 전담팀을 설치, 영업점과 공동으로 우량대출처 확보에 나서고 있다. 그러나 여신담당자들은 지금까지 오랫동안 담보관행에 의존해 왔던 탓으로 고객의 자금용도 및 상환 가능성 등 그 실상을 파악하는 능력이 부족하여 여신운용의 효과를 극대화하지 못했다. 이에 따라 신규대출에 대한 철저한 심사가 우선 과제로 대두되고 있으며 대출건전성 확보의 시발점인 영업점 여신심사업무의 인력 강화가 긴급과제로 나타나고 있다.

이로 인해 최근 일본 주요 은행들이 실시하고 있는 영업점 여신심사 인력의 양성 및 심사능력 강화를 위한 연수사례를 살펴보고 국내은행의 여신심사인력 양성에 대한 시사점을 찾아보겠다.

10년 전후의 행원을 대상으로 심사부 훈련제도 시행

1) 미에(三重)은행: '심사부 훈련제도'

심사의 현장에서 실제로 영업점으로부터 올라오는 품의서의 1차 심사를 심사부 담당자와 1 대 1로 행하는 '심사부 훈련제도'를 실시하고 있다. 이 은행은 1994년 10월부터 영업점의 대부계 직원을 심사부에 파견해 심사실무를 쌓도록 하고 있는데 심사부에서는 바쁜 달(예컨대 6월, 9월, 12월)을 제외하고 원칙적으로 매달 2명씩 훈련시키고 있다.

(1) 주요 대상: 입행한 지 10년 정도의 대부계 직원
(2) 주된 목적: ① 여신판단능력 제고 ② 융자안건의 발굴능력 제고

인사부와 연수부에 의해 선발된 연수생은 2주간(10영업일)에 걸쳐 심사부에 배치되어 기업고객을 담당하는 심사제1과의 심사역으로부터 맨투맨 방식으로 교육을 받게 된다. 특히 이 제도의 특징은 신규거래처 개발능력에 중점을 두고 있는데 실제의 융자안건을 통해서 어떤 자료를 수집하고, 어떤 방법으로 분석해서 안건을 처리해 가는지를 집중적으로 교육시킨다. 요컨대, 영업점에서는 접할 수 없는 다양한 융자안건도 다루게 되고, 현재까지 취급했던 적이 없기 때문에 간과해 왔던 업종·자금·조건 등에 대해서도 이해를 높임으로써 신규 대출안건에 필요한 판단능력을 기르게 된다. 이 제도의 추진내용을 10일간의 연수일정표를 통해 살펴보면, 우선 인사부와 연수부에서 연수생을 공동선발해 심사 트레이니(trainee:연수생 훈련) 발령을 냄과 동시에 사전과제를 부여한다. 연수생은 이 사전과제를 심사부 훈련 시작 전 제출하도록 되어 있는데 사전과제는 기업고객으로부터의 대출 신청을 받은 경우에 그 기업의 특징을 파악하고 자금운용표를 작성하는 것이다. 이 사전과제는 연수과정 첫날에 개별로 평가된다. 연수생은 심사를 담당하는 심사역과 맨투맨 방식으로 영업점에서 올라온 융자품의서의 1차 심사를 행하게 된다. 연수생은 하루에 대략 6건의 심사대상 안건을 채택하는데 학

습안건으로는 ①신규고객 안건 ②타행에서 거래를 바꾼 기업고객 안건 ③ 문제거래선 등의 3가지 패턴을 선택한다. 심사안건이 채택되면 연수생은 이 안건들의 검토에 들어가게 되며 다음의 6개 항이 쓰인 양식(sheet)을 활용해 안건별로 훈련생이 설명을 하도록 한다. 6개 항목은 ①대출처에 대한 사항 기술 ②자금용도, 투자효과 ③상환 자금의 원천, 변제충당 관련 내용 체크 ④채권보전에 관한 내용 체크 ⑤대출금리 및 은행에 대한 수지기여도 평가 ⑥종합판단에 의한 소견 등이다. 연수생이 양식을 제출하면 심사역, 부부장 순으로 검토한 후, 최후에 부장의 결재가 이루어지면 1차 심사는 종료된다. 물론 결재가 나기까지에는 연수생과 심사역, 연수생과 부부장 사이에 몇 번 이고 검토를 위한 의견교환이 이루어지며, 이것이 연수생에 있어서는 귀중 한 학습체험이 된다. 1차 심사 과정이 종료되면 연수생에게 중간과제가 부 과되는데 연수생은 토, 일요일의 휴일을 이용해서 이를 작성해야 한다. 연 수생은 중간과제로 부과된 2개의 심사안건에 대해 심사를 하고 심사결과를 연수 6일째에 심사부에 제출한다. 제출된 과제는 부부장이 검토, 미흡한 점 에 대해 지적하고 이에 따라 연수생은 심사안건을 재검토한다. 연수 시작 8 일째에는 연수생 2명이 공동으로 심사하도록 하는데 여기서는 실제의 신규 안건을 다루게 된다. 이에 따라 연수생 2인은 협력해서 여신의 가부를 판단 하고 다음날 부장, 부부장에게 약 1시간 동안 심사의 결과를 설명하는데 이 것이 이 연수과정 수료의 가장 핵심단계이다. 최종일인 10일째는 오후에 연수과정에 대한 감상문을 제출하도록 되어 있으며, 연수생 전원이 이 스케 줄대로 모두 수료되는 것이 아니라 연수내용 숙지가 미숙한 행원에게는 개 별적으로 과제를 부과함으로써 철저한 훈련을 한다. 그리고 미에은행의 심 사부에서는 여신심사 연수뿐만 아니라 대출섭외를 위한 별도의 '융자섭외 연수'도 개설하고 있다. 이 연수는 입행 5~6년 행원을 주요 대상으로 융자 를 취급하는 기본적인 자세를 중심으로 하는 기본연수가 근간을 이룬다. 융 자추진의 기법 및 재무내용으로부터 니즈를 파악하는 방법과 이 니즈에 대 응한 대출섭외 방법을 숙련하게 하는 2가지가 근간을 이룬다.

2) 아오모리은행, 2가지 연수코스를 마련
융자능력의 향상과 개발을 도모

아오모리(靑森)은행은 '융자맨 단기육성제도'를 도입하여 계획적·지속적인 심사인력 육성에 나서고 있다. 이 제도는 육성목적과 융자업무의 경험 정도에 따라 '심사부 훈련과정(step—up course)'과 '영업점 융자과 훈련과정(carrer try course)'으로 이원화되어 있다. 전자는 융자부문의 핵심인력 양성(질적 향상)을 목적으로 하고 있으며, 후자는 융자경험이 일천한 행원의 능력개발(양적 확대)을 목적으로 하고 있다. 심사부 훈련과정에서는 융자업무의 근간이 되는 인력을 꾸준히 양성하기 위해 2년 이상의 융자경험을 축적한 행원급을 인사부에서 선발하여 심사부의 책임자가 맨투맨으로 지도한다. 연수인원은 1회당 2명으로 소수이지만, 훈련생들이 심사부 행원들과 동일하게 다양한 안건을 심사하도록 함으로써 심사지식의 폭을 넓혀 융자섭외능력을 높인다. 이 연수과정을 수료한 후에는 융자추진점포에 집중적으로 배치된다. 이때에는 실제로 업무를 부여하여 처리하도록 하며, 시간이 지날수록 심사안건의 수준을 높여 나간다. 영업점 융자과 훈련과정에서는 융자경험 1년 미만의 행원을 대상으로 OJT 교육을 실시, 융자능력을 길러준다. 대상자 선발 시에는 융자업무를 하고 싶어도 이동이나 영업점 사정 등의 이유로 경험하지 못했던 행원을 우선적으로 선발하며, 이때에는 논문제출도 요구한다.

연수 시에는 교육과목을 ① 융자의 기본 ② 신청접수·심사·품의·결재 ③ 실 행·실행 후 이동·회수 ④ 담보·보증 ⑤ 과목별(어음대부 등) 등 항목별로 나누어서 실시하고 있다. 이와 더불어 3회에 걸친 본부교육도 받도록 되어 있다. 즉 1차 교육은 연수 시작과 더불어, 2차 교육은 연수 시작 2개월 후, 3차 교육은 연수 수료시점을 전후하여 각각 3일간 교육을 받는다.

3) 히로시마은행, 여신훈련생제도 시행으로 실무능력 강화

히로시마(廣島)은행: 영업점 여신업무의 중핵적 인재 양성을 위해 '여신훈련생(trainee: 도제)제도'라는 연수제도를 시행하고 있다. 이 제도는 연수생을 연수원으로 인사발령을 내고 6개월간 연수에 전념하도록 하는 방법을 취하고 있다. 각 기(期)의 수강생은 25명이며 총 6기, 150명의 여신전문인력을 배출한다는 계획하에 이들 배출인력을 각 영업점에 1명씩 배치한다는 방안을 설정하였다.

6개월의 장기간 연수가 은행으로서는 큰 부담이 되었으나 영업점 여신의 중요성이 점차 커지고 있는 만큼 영업점 여신전문인력 확충만이 은행 생존의 지름길이라는 인식이 크게 작용하였다. 연수내용과 교육일정은 기본적으로 집합연수와 심사실습훈련을 병행해서 반복하고 단기적으로는 여신업무 능력의 향상을 도모한다. 대출업무는 무엇보다도 실무능력에 초점을 맞춰 연수내용도 업무능력의 향상에 역점을 두었으며, 융자실무의 기초부터 응용, 실천까지 익히도록 연수한다.

연수제도의 주요 내용

1단계 – 대출 관련 기초지식을 습득하는 과정으로 회계교육에 중점을 두고 있다.

여신업무의 수행에는 재무제표를 읽는 능력과 기업의 회계장부에 대한 이해력이 기본적으로 요구되며 기업의 심층적인 기업내용 파악이 가능하다고 판단하고 있다. 이 단계에서는 기타 여신 관련 제 규정 및 대출계약 관련 연수도 시행하고 있다.

2단계 – 대출의 일반지식에 관한 교육을 실시한다. 여기서는 여신담당자의 마음자세와 역할에 대한 정신훈련 및 은행의 대출방침, 금리정책, 기업여신등급 산정, 정부정책 변화에 따른 산업·업종별 대출방안 등의 기본적인 사항들을 숙지시킨다.

3단계 - 대출 관련 총괄표를 작성하고 분석방법을 훈련시킨다. 대출총괄표는 해당기업의 연혁, 업계동향, 장래성, 주요 판매처, 구매처, 3기 연속의 대차대조표, 손익계산서, 자금운용표 등 여신판단을 위한 모든 정보가 기재되어 있어 이 표에 대한 작성방법을 가르친다. 집합연수에서는 이 표의 치밀한 작성법 및 심사실습훈련으로 실제의 심사 및 기업분석을 현장에서 실시한다.

4단계 - 담보 실무능력을 제고한다. 연수 중에는 '부동산 담보평가 훈련주간'을 별도로 두어 토지·건물평가 실무를 훈련, 담보 실무능력의 향상을 도모한다.

5단계 - 대출안건을 심사한다. 심사역과의 맨투맨 방식의 심사실습 훈련을 통해 심사능력을 향상시키는 단계로 3가지 종류의 심사사례를 직접 실습하고 거래기업 현장에 나가 실사훈련을 실시한다.

6단계 - 채권관리의 실무능력을 제고한다. 채무자의 신용상황 관리 및 파악, 도산예측을 위한 일상적인 관찰방법, 도산 시 대응 방법, 채권 보전책을 연수시킨다.

7단계 - 대출 관련 사무관리를 한다. 여기서 가장 핵심이 되는 부분은 검사트레이닝이다. 이것은 본부의 검사역이 영업점으로 내점검사를 행할 때 동행하여 대출계약서 관리 및 현물관리(수표·중요용지 등)의 검사항목을 검사부 검사 중에 숙달하고 사무관리 능력을 향상시키는 과정이다.

히로시마은행은 6개월의 장기연수훈련을 받은 이러한 수료행원들을 ① 영업점 여신업무의 담당자로 활용하고, ② 영업점 대출·여신업무의 OJT 주체자 역할을 맡기며, ③ 지점장에게 조언과 의견을 제시하도록 하고 있다. 나아가 동 은행은 6개월 연수에서 습득한 내용을 영업점에서 실천할 수 있도록 한다는 측면에서 '융자실천 연수'라는 연수제도를 시행하고 있다. 진행방법은 6개월 훈련과정을 축소시킨 3단계 Step—Up 방식을 채택, 기초 4일간, 실무 4일간, 응용 3일간 등 총 11일간에 걸쳐 실시한다.

4) 긴키은행, 본점에서 강사를 파견해 융자연구회를 개최

긴키(近畿)은행 심사인력 연수는 미리 결정된 특정 영업점에 인근의 영업점 여신담당 행원을 모아 '연구회'라는 모임을 결성하고 본점파견 강사의 지도하에 주 1회 연수를 실시한다. 이 연수의 교육일정은 총 5회로 주 1회, 2시간 정도이며 6~8명이 참가한다. 2인의 강사가 참여하는 이 모임의 참가자는 영업점의 융자담당자 또는 섭외 담당자이고, 원칙적으로 1개 영업점당 1인의 참가로 행하며 강제가 아닌 자발적으로 참가하도록 하는 점이 특징이다. 참가자의 연령은 25~35세 전후로, 여성 행원을 포함해 연 500명 정도가 참가하고 있다. 연구회의 연수진행 절차는 ① 각자 여신업무 매뉴얼을 사용한 사전학습, ② 참가자 자신이 맡고 있는 실제의 안건을 채택한 품의서의 사전제출(1인 1건)의 설명 및 참가자의 검증, 인스트럭터의 추가 해설 등으로 이루어져 있다. 참가자는 연구회 수업에 앞서, 2가지 교재로 자습하는데 '기업의 재무를 알면 융자전략을 알 수 있다'라는 제목의 2시간 30분짜리 해설 비디오와 '품의서 작성방법' 매뉴얼을 활용한다. 전자는 여신판단의 순서, 결산서의 해설 등을 사례로 들어서 진행하는 해설 비디오로 통상의 재무분석 지식을 실제의 대출업무에서 어떻게 적용하면 좋을까를 가르치는 교재이다. 품의서 작성방법 매뉴얼은 품의서상의 검토의견·작성방법 등 구체적인 품의서 작성법을 해설하고 있는데, 여기서 포인트가 되는 것은 품의서상의 기업정보의 전달과 자신의 의견전달 방법에 관한 사례라 할 수 있다. 동 연구회의 특징은 실제의 품의서에 대한 참여자의 검증과 함께 10분간의 테스트가 행해진다는 것이다. 이 10분간의 테스트란, 결산서를 연구회 참가자 전원에게 다음 6개 항목에 관해 계산시키는 체계로 되어 있다. 이 6개 항목은 ① 차입금 중 실질 고정부채는 얼마인가? ② 실질 고정부채에 대한 상환능력은 몇 년인가? ③ 차입금 중 운전자금은 얼마인가? ④ 매입(지불)부채 회전 기간은 몇 개월인가? ⑤ 매출채권 회전 기간은 몇 개월인가? ⑥ 매입·판매 간의 시차에 따른 소요 운전자금은 얼마인가 등으로 이 항목을 계속, 반복적으로 질문함으로써 관련 지표를 암기하도록 한다. 품의서의 검정(檢定)은 연구회 참가자가 실제로 담당하고 있는 융자안건을 주제로 전원이 행한다. 자신의 안건을 발표하는 사람은 안건 관련 자료를 배포하고 전원에게 납득 이해시켜야 하며, 따라서 사전에 자기 스스로 분석을 행하고 안건에 관한 정보를 수집해 충분한 설명을 하도록 한다. 한편 본점에서 파견된 강사는 적당하다고 생각되는 시점에서 발표자가 제출한 심사안건에 대해 여신판단을 위한 제 자료를 분석하고 해당 기업의 재무 내용의 문제점, 개선책, 해결책에 대해 설명한다. 이 연구회의 참가자가 8명이면, 8건의 안건을 참여자 모두가 검정함으로써 다양한 안건의 심사 및 여신판단의 능력을 제고하게 된다. 한편 동 연구회에서는 품의서의 작성 방법에 관한 노하우를 전수하는데 이러한 역할은 심사부 심사역이 담당한다. 이 모임의 최종인 5회째는 기술식의 수료테스트를 행하고, 안건의 이해도 및 기술력을 판정해, 합격자에게는 수료증서를 증정한다.

5) 여신건전성 확보를 위한 여신전문인력의 양성 시급

현재 대부분의 국내 은행들의 사정상 여신실무자의 연수를 단기로 실시하고 있으나 영업점 대출심사가 여신건전성의 출발점이라는 점에서 여신전문인력의 양성은 시급한 과제이다. 일본 히로시마은행의 사례에서 볼 수 있는 바와 같이 국내 은행도 구체적이고도 체계적인 연수과정을 설치하고 여신전문인력의 육성을 검토해 볼 필요가 있다. 여신전문인력의 육성은 단기가 아닌 중·장기적으로 이루어지는 만큼 신규 대출안건 등 여신판단이 당장 이루어져야 하는 사안의 여신건전성 확보를 위해서는 영업점 여신업무 OJT를 활성화해야 할 것이다. 여신심사업무는 실무경험이 가장 중요하므로 현재와 같은 어려운 시기에는 영업점 인력을 적재적소에 배치하는 것이 더욱 요구된다. 그리고 국내 은행에서 현재까지 육성해 온 여신심사 관련 인력을 재교육하여 여신교육 담당 강사로 활용하는 방안도 검토해야 할 사안이다. 여신교육 담당 강사를 통해 본부 및 지역본부에 정기적인 여신 워크숍을 개최함으로써 영업점 여신심사 담당자의 여신업무 지식을 확충시키는 것과 동시에 여신인력의 학습 분위기를 조성하는 데 힘써야 할 것이다.

21세기 금융산업에 가장 큰 위협요인으로 다가오는 인터넷과 전자상거래 활성화는 금융산업 위기와 함께 새로운 기회를 가져오고 있다. 전자상거래 추진단체인 코머즈넷과 닐슨미디어 리서치의 최근 조사에 따르면 북미의 인터넷 인구 7천8백만 명 중에서 60%인 4,800만 명이 상품, 서비스의 조사, 비교를 위해서 인터넷에서 정보를 수집하는 이른바 'web shopper'라 불리는 사람들이라고 한다. 이처럼 인터넷의 사용인구가 계속 늘어날 것이며 그중 인터넷을 이용해 전자상거래를 이용하는 비중이 높아질 것이다. 이런 변화 속에서 금융기관이 제공하고 있는 인터넷 서비스는 계좌개설, 송금지시, 잔고조회 등 거래 서비스 수준에 머물고 있다. 전자상거래는 일반적으로 생각해서 금융에 많은 도움을 주는 것으로 착각하게 만드나 일반적인 은행을 혼란스럽게 만들 가능성이 많다. 특히 해킹과 전산 오류로 인한 대규모 에러 문제를 내포하고 있기 때문이다.

현재 한국에서는 전자상거래학 박사까지 개설해서 대학교에서 운영하고 있지만, 과연 전자상거래학 박사가 배출되어서 전자상거래를 위한 일조를 얼마나 하는지도 궁금하며, 현재로서는 단순하게 박사학위 남발뿐이라고 할 수 있다. 그것도 특히 국립대학에서 이러한 전자상거래학 박사를 개설하여 운영하는 것은 바람직하지 않다고 제 개인적으로 생각한다. 한동안 2000년대에 IT 산업이 버블될 때 전자상거래가 관심을 가진 것인데, 이것을 2000년대 이후에까지 끌고 와서 그것이 온 세계와 상거래를 지배할 것이라는 듯이 헐레벌떡 호들갑을 떤다면 그건 미친 사람들의 정신병자들의 소리라고밖에 볼 수가 없기 때문이다. 전자상거래가 금융에 진정으로 도움이 되기 위해서는 제도적인, 기술적인, 국가 경제발전과, 사회발전, 국민의 의식발전, 수준이 상승해야만 가능하다. 하루에도 수십 개씩 전자상거래 사이트가 생겨났다 없어지는 이 상태에서, 우리나라의 거대그룹인 옥션이 해킹당하여 개인 신상이 공개되고, 악이용되며, 국민포탈 다음이 해킹으로 수십억 원의 피해를 보는 이 세상에서 인터넷 전자상거래가 성공하고, 안전해서 이것이 금융을 대처하거나, 새로운 대안으로 적당하다고 말한다면 그것은 문제가 많은 연구자이며, 정신병자 교수들일 것이다. 그러므로 전자상거래는 단순하게 온라인 쇼핑몰에 불과한 수준이다.

6) 전자화폐

전자화폐바람을 몰고 오는데 기여를 한 주역은 인터넷이다. 컴퓨터통신망으로 통해 상품을 팔고 사는 전자 매장이 인터넷에 속속 개설되고 있는데 대표적인 예로 94년 말 등장한 '코머즈넷'이란 상업통신망이다. 이 상업망에서는 현재 수만 개의 회사들이 컴퓨터네트워크에 형성된 '온라인 매장'을 통해 자신들의 제품을 판매하고 있다. 현재 인터넷상에서 전자화폐를 개발하고 있는 업체는 10여 개에 달한다.

네덜란드의 디지캐시사가 현금을 대체할 가상의 '전자달러'를 개발 중이며 미국사이버캐시사는 웰즈파고다 은행과 공동으로 신용카드 데이터 암호화 작업을 추진하고 있다. 마이크로소프트사도 사이버 쇼핑시대의 도래를 앞두고 전자화폐 개발에 막대한 자금과 인력을 경쟁적으로 투입하고 있다. 최근에는 신용카드회사인 '비자 인터내셜'과 공동으로 전 세계적으로 자금 이체가 가능한 전자화폐시스템을 개발하겠다고 발표한 바 있다. 금융전문가들은 인터넷을 이용한 전자화폐 거래 규모는 오는 2010년에는 총 물품구매의 20%를 넘어설 것으로 전망하고 있다.

인터넷의 영향으로 저렴한 수수료의 새로운 인터넷 금융중개기관이 등장함에 따라 중개자나 딜러로서의 역할이 독자성을 잃기 시작했으며, 새로운 전자은행이나 전자 증권회사, 전자증권거래소 등의 등장으로 금융업계 고유의 업무 영역을 다른 통신업계나 정보산업업계에 잠식당할 잠재력이 높아가고 있다. 따라서 금융산업도 기존의 단순한 금융중개기관의 역할을 컴퓨터와 인터넷을 활용한 전자금융의 시대에 걸맞게 바꾸어 나가야 한다.

최근에 전자금융이 급속히 확산되고 있는 것은 정보통신기술의 발전과 함께 금융산업 내부로부터 업무처리의 효율성을 제고하고 비용을 절감하여 경쟁력을 제고하는 것뿐만 아니라 일상생활에서 정보통신 기술의 발달을 경험하는 고객들이 금융서비스에 대하여도 그러한 수준의 편리함과 안전성 등을 요구하는 금융업의 내·외부적인 경쟁이 치열해지고 있는 데에도 기인하고 있다.

◉ 금융기관의 전자금융의 4단계(고도화 정도에 따른……)

1단계: 자행 내 점포의 온라인(on-line)화와 CD/ATM기의 도입 등 자행 on-line화 및 업무자동화 단계

2단계: CD·타행환 공동망, 홈/펌뱅킹(Home/Firm Banking), 신용·직불·선불 등 카드를 이용한 대금결제 서비스 등 금융네트워크 구축 단계

3단계: 현금대용으로 전자화폐가 보급되고 금융업무를 공중 통신망 속의 가상공간에서 수행하는 화폐의 전자화 및 금융기관의 무점포화 단계

4단계: 기업과 은행 간은 물론 기업과 기업 간의 모든 거래정보와 자금 결제 정보를 전자화하여 상호연계 처리하는 금융 EDI(Electronic Data Interchange)단계

지금의 불환지폐(법화: 주화/지폐) 등은 전자상거래상에서 사용하는 전자화폐로의 추세로 옮겨질 것이라 생각하며 전자금융의 발달로 은행업무의 중심이 정보서비스 제공으로 옮겨져 장기적으로는 금융산업의 본질까지 변화될 것이라 생각된다. 결제은행(BIS)은 연차보고에서 전자화폐시대가 본격 도래하면 은행은 소프트웨어업체 및 통신망사업자와 같은 이종(異種)업종과 경쟁하는 시대가 올 것이라는 전망을 내놓았다. 그렇게 되면 은행 간의 인수, 합병으로 은행 수가 줄고 그 대신 규모가 대형화하며 은행원 수가 지속적으로 감소할 것으로 내다보았으며 또 은행은 종합서비스를 제공하는 슈퍼마켓형과 전문성을 살린 틈새시장지향형으로 분화되는 추세를 보일 것으로 예상했다. 중앙은행의 중앙은행으로 불리는 BIS는 은행이 이종업종과의 경쟁에서 살아남으려면 고객에 대한 각종 서비스를 개발, 수수료 등 비(非)

이자 수입원을 확충하는 방식으로 수익을 올려야 한다고 권고했다. 예측을 내놓은 것은 회원국 금융기관들의 위기의식을 자극해 중장기적인 관점에서 은행경영을 혁신하도록 촉구하기 위한 것으로 보인다. 이처럼 지금까지는 점포의 지역적 위치가 경쟁력을 좌우하는 큰 요인이었으나 전자금융의 발달로 지역적 장벽이 사라지면 합병을 통한 중복업무 및 점포의 정리 필요성이 증대되고 비은행 금융기관 및 통신업체 등과의 합병도 보편화될 것이라고 생각된다.

7) 자산가치

자산가격의 움직임을 브라운과정을 이용하여 설명하려는 시도는 1900년에 발표된 Bachelier의 연구까지 거슬러 올라간다. 이후 Osborne(1964)은 Bachelier의 연구를 모르는 상태에서 주식가격의 움직임을 설명하면서 브라운과정을 사용하였다. 그러나 Black－Scholes와 Merton이 1973년 옵션가격결정이론을 제시하기 이전까지의 이러한 연구들은 위험중립의 세계(risk neutral world)가 아니라 현실세계를 브라운 과정으로 설명하였기 때문에 불완전한 것이었다. 이와는 달리, Black－Scholes(1973)와 Merton(1973)은 브라운과정과 무재정조건을 결합함으로써 완전한 자산가격결정모형을 처음으로 제기하였다.

Black－Scholes모형(1973)은 자산가격의 기대수익률이 무위험 이자율과 같아져야 한다는 **무재정원리**(no arbitrage principle)에 기반하고 있다. 이를 이해하기 위해 다음과 같이 콜옵션 F와 이 옵션의 기초자산인 주식 S로 구성되어 있는 포트폴리오 P를 고려해 보자.

$$P = \theta_1 F + \theta_2 S$$

여기서, 가중치 θ_i는 콜옵션과 주식에 대한 각각의 투자비율(weights)을 나타낸다.

만약 이 가중치를 $\theta_1 = 1$, $\theta_2 = \dfrac{\partial F}{\partial S} = F_S$로 각각 설정하면, 포트폴리오 P는 다음과 같다.

$$P = F - F_S \cdot S \quad (2.\ 1)$$

이러한 포트폴리오는 콜옵션 한 개를 매수하고, 주식을 $F_S(=\text{delta})$만큼 매도한 포지션으로 구성된다. 이러한 형태의 포트폴리오는 기초자산(S)의 가격변화로 인한 불확실성이 제거된 무위험 포트폴리오(risk-free portfolio)가 되며, 이를 **델타헤징**(delta-hedging)이라고 부른다.

이를 살펴보기 위해 식 (2. 1)을 전미분하면, 다음 식을 얻을 수 있다.[1]

$$dP = dF - F_S dS$$

기초자산가격의 변화(dS)가 기하브라운 과정(GBM)을 따른다고 가정하고, dF에 대해 이토정리를 적용하면 다음과 같이 나타낼 수 있다.

$$dP = \left[F_S dS + F_t dt + \frac{1}{2} F_{SS} \sigma^2 S^2 dt \right] - F_S dS$$

위 식에서 [·] 안의 첫 번째 항과 우변의 마지막 항이 상쇄되므로, 불확실성을 포함하고 있는 dS가 제거된 다음과 같은 형태를 얻을 수 있다.

$$dP = \left[F_t + \frac{1}{2} F_{SS} \sigma^2 S^2 \right] dt \quad (2.\ 2)$$

식 (2. 2)에서는 불확실성을 나타내는 부분이 완전히 제거되었으므로 콜옵션과 주식의 투자비율을 각각 $\theta_1 = 1$과 $\theta_2 = \dfrac{\partial F}{\partial S} = F_S$로 설정한 포트폴리오는 무위험 상태가 된다.

---

[1] 사실 이러한 설명은 수학적으로 완벽하지 못한 것이다. 왜냐하면, 식 (2.10)을 실제 전미분하면 $dP = dF - F_S dS - F_{SS} S dS$가 되기 때문이다. 따라서 전미분한 결과를 $dP = dF - F_S dS$로 나타내는 것은 S가 변하는데, F_S가 변하지 않는다고, 즉 $F_{SS} = 0$으로 간주하기 때문이다. 그럼에도 불구하고, BS모형의 기본 원리를 쉽게 이해할 수 있는 방식으로 판단되므로 여기서는 이 방식에 따라 설명할 것이다.

처음부터 무위험 자산에만 투자하는 포트폴리오의 순간 수익률이 $\dfrac{dP/dt}{P} = r$ 이라고 하면, 위의 콜옵션과 주식으로 구성되어 있는 포트폴리오의 수익률도 이와 같아져야 한다. 이와 같이, 두 개의 포트폴리오를 동일한 투자로 간주하여 위험자산에 대한 가치평가를 하는 방식을 위험중립가치평가(risk-neutral valuation)라고 한다.

식 (2. 3)에서 $dP = rPdt$를 대입하면 다음 식을 얻을 수 있다.

$$rPdt = [F_t + \frac{1}{2} F_{ss}\sigma^2 S^2]dt$$

$$rP = [F_t + \frac{1}{2} F_{ss}\sigma^2 S^2] \qquad\qquad (2.\ 3)$$

위 식에 식 (2. 4)으로 주어진 $P = F - F_S \cdot S$를 대입하면, 다음 식을 얻을 수 있다.

$$rF - rF_S S = F_t + \frac{1}{2} F_{ss}\sigma^2 S^2$$

$$-rF + rSF_S + F_t + \frac{1}{2} F_{ss}\sigma^2 S^2 = 0 \qquad (2.\ 4)$$

위 식을 Black-Scholes의 편미분방정식(Partial Differential Equation: PDE)이라고 부른다. 이를 편미분방정식(PDE)이라고 부르는 이유는 방정식에 편미분 값인 F_S, F_t, F_{ss}가 포함되어 있기 때문이다. 그러나 이러한 확률미분방정식(SDE)은 해가 유일하지 않으므로, 특정 상품에 해당되는 경계조건(boundary condition)이 필요하다.

콜옵션의 만기 시 수익구조는 만기 시 기초자산가격인 S_T와 옵션의 행사가격(striking price)인 K의 상대적인 크기에 의해 결정된다. 만약 $S_T > K$이면 콜옵션의 수익은 $S_T - K$가 되고 $S_T < K$이면 0이 된다.[2] 따라서 콜옵션의 경계조건은 다음과 같이 나타낼 수 있다.

---

[2] 엄밀하게 보면, 0이 아니라 옵션프리미엄만큼 손실이 생기게 될 것이다.

$$C_T = \max[S_T - K, 0]^{3)}$$

주류경제학이라고 부르는 것은 왈라스 이후 체계가 잡힌 신고전파 경제학을 말한다. 신고전학파 이론에 따르면 모든 경제주체는 자신의 효용이나 이윤을 최적화한다. 이들은 완전합리성을 가지고 있으므로 항상 최선의 선택을 하며 이론의 필요성에 따라 한계효용이 체감하는 효용함수(수학적으로 말하자면 2계 도함수의 기울기가 항상 음인 함수)와 한계비용이 체증하는 비용함수(2계 도함수의 기울기가 항상 양인 함수)를 만들어 최적화 문제를 푼다. 이렇게 해서 얻어진 개별 주체의 공급곡선과 수요곡선을 수평합하면 시장에서의 공급곡선과 수요곡선이 얻어진다. 이 두 곡선이 만나는 점에서 가격과 판매량이 동시에 결정된다는 것이 주류경제학의 기본 아이디어이다. 더 나가면 모든 주체가 합리적 판단을 하므로 모든 시장에서 동시에 균형에 이르게 된다는 일반균형이론에까지 이르게 된다. 자세히 살펴보면 신고전학파의 원대한 계획은 뉴턴이 물리학에서 이룩한 것과 비슷하다. 뉴턴이 물리학에서 안정적이고 조화로운 세계를 발견했다면 신고전학파는 뉴턴이 발견한 미적분학을 통해 안정적이고 조화로우면서도 가장 효율적인 시장을 찾았다. 따라서 물리학에서 프리고진이나 로렌츠가 '이상한' 세계를 제시했듯이 경제학에서도 '이상한' 시장을 설명해야 할 필요성이 생기는 것은 어쩌면 당연한 일일지도 모른다.[4]

경제문제를 해결하는 것은 단순한 것도 있지만 복잡계로 풀어 볼 수도 있다. 이것은 좀 더 구체적이고, 깊이 있으며, 통계적으로 분석하고 평가하는 것이다. 한국 경제도 마찬가지다. 자산 가치를 평가하고 분석할 때도 외부적인 가치만을 보는 것이 아니라 복잡계 경제 이론으로 내부적인 가치성도 평가받아야 하기 때문이다.

---

3) Black－Scholes의 확률미분방정식.

4) 윤민호, 신현호, 복잡계 경제학. 서울대학교.

수익률

1) 수익률의 개념

수익률이라면 금융 또는 어떤 재화와 물자를 통하여 원금보다 더 나은 무엇인가를 얻을 때 수익률이 좋다고 한다. 이를 구체적으로 말하면 다음과 같다. 정부, 기업 또는 금융기관 등이 비교적 장기의 자금을 조달하고자 하는 경우 채권을 발행한다. 채권은 일정한 금액의 약정된 이자 혹은 이표(coupon)를 정기적으로 지급하고 만기일(maturity date)에 상환하기로 약속된 금액(maturity value)을 상환한다는 채권발행자 혹은 채무자의 의무를 명시한 증권이다. 채권은 매 기간 투자자에게 일정한 금액을 지급한다는 점에서 고정소득증권(Fixed Income Security)이라고 불리는데, 만약 채무자가 지급불능(default)에 빠지지 않는다면 채권은 미래에 받게 되는 현금흐름(cash flow)의 규모(size)와 시점(timing)에서만 차이가 생기게 된다. 채권이 미래 현금흐름의 규모 및 시점에서 차이가 있다는 점에서 보면, 화폐의 시간가치(time value of money)를 결정하게 해 주는 이자율에 의해 채권의 가격이 결정된다. 하지만 엄밀한 의미에서 채권은 채무자의 지급불능 시 투자자가 투자원금도 회수하지 못하는 경우가 발생하여 고정소득증권이라기보다는 변동소득증권(Variable Income Security)이라고 할 수 있다. 그러나 통상적으로 채권은 물론 채권에 대한 선물 혹은 선도계약(Futures or Forward Contracts), 금리스왑(Interest Swap), 채권 혹은 이자율에 대한 옵션(Options) 등 미래에 받게 되는 현금흐름이 변동하는 증권 등도 통칭해서 고정소득증권이라고 부르는 게 보통이며, 이들 증권의 가치가 이자율의 변화에 따라 민감하게 변한다는 점에서 이자율에 민감한 증권(Interest－sensitive Security)이라고 부르기도 한다. 수익이 많이 나고자 하여 주식을 하고, 보험을 들고, 재테크를 한다.

그러므로 재테크의 기본은 수익이고 그것을 표시하여 나타낸 것이 수익률인 것이다.

채권은 발행하는 주체에 따라 국채, 지방채, 금융채, 회사채 등으로 구분되기도 하는데 발행주체의 신용도에 따라 가격 차이가 발생한다. 특히 국채는 지급불능위험(default risk)이 없다는 점에서 무위험 채권(risk－free bond)이라고 한다. 미국 국채시장의 경우 주기적인 발행을 통하여 발행물량의 예측 가능성을 증대시키고, 대량발행으로 유동성이 풍부하여 시장성을 확보하고 있다. 따라서 국채는 여타 채권은 물론, 대출자산과 국제채의 가격 및 수익률 결정 시 참고하는 지표(benchmark)채권 수익률곡선으로서의 역할을 수행하고 있다. 이자지급의 방법에 따라 채권은 이표채(coupon bond), 할인채(discount bond) 등으로 구분되기도 한다. 투자자의 입장에서 보면 채권은 발행조건에 따라 이자율위험(interest rate risk), 신용위험(credit risk), 재투자위험(reinvestment risk), 콜 위험(call risk), 인플레이션 위험(inflation risk), 유동성 위험(liquidity risk), 환율위험(exchange rate risk) 등의 다양한 위험에 노출된다. 지급불능 위험을 무시하면 원칙적으로 채권의 가격은 시점이 다른 현금흐름의 현재가치에 의해 결정되며 현재가치는 당시의 이자율에 의해 결정된다. 이때 이자율은 사실은 단일 이자율을 의미하는 것이 아니라 현금흐름이 발생되는 기간에 적용되는 서로 다른 여러 이자율들을 의미한다. 이렇게 채권가격 산정에 필요한 시점별·기간별 이자율을 파악하는 것은 채권가격의 산정에 있어 필수불가결한 정보인데 이들을 일목요연하게 집약하는 방법으로서 소위 수익률곡선(Yield Curve)이 중요한 개념으로 사용된다. 구체적으로 수익률곡선이란 한 시점에서 조세상의 조건이 동일하고 원리금 상환 가능성에 대한 신용도가 동일한 발행주체가 발행한 동질의 채권을 대상으로 만기별 이자율을 만기에 따라 연결하여 나타낸 곡선을 말한다. 즉 한 시점에서 기간의 차이에 따른 이자율의 관계를 집약하는 시장지표인 셈이다. 수익률 곡선에서의 만기별 이자율은 엄밀한 의미에서 정기적으로 이자가 지급되는 이표채권의 만기수익률을 의미하는 것이 아니라 무이표채권(zero－coupon bond) 혹은 다른 말로 할인채권(discount bond)의 만기수익률과 만기의 관계를 표시한 곡선이다. 수익률 곡선이 할인채권의 만기수익률이라는 점에서 이를 현물이자율 곡선(spot yield curve)이라고 하며, 만기의 차이에 따른 이자율구조를 통칭하여 이자율 기간구조(term structure of interest rates)라 지칭한다. 이자율은 당시의 실질이자율, 예상인플레이션뿐만 아니라 만기의 지급불능 위험에 따른 프리미엄 등에 의해 결정된다. 대략적으로 수익률 곡선은 <그림 Ⅱ－1>에서 예시하듯이 당시의 경제상황이나 채권시장 상황에 따라 상승형(upward sloping), 하락형(downward sloping), 굴곡형(humped), 수평형(flat)의 대표적인 4가지 형태를 갖고 있다. 미국, 일본의 경우 과거 자료를 살펴보면 전반적으로 상승형의 수익률곡선을 보이고 있으며, 우리나라의 경우에도 1997년 금융위기 이후에는 상승형의 수익률곡선이 나타나고 있다. 그리고 몇 년을 높은 수익률로 올라가다가 2008년부터 미국의 써브프라임 모기지론 부실이 불거지면서 증권, 주식, 보험, 펀드의 수익률은 마이너스로 돌아섰다.

많이 손실 보는 펀드는 기본으로 50%는 빠져 있다. 수익률로 보면 최악인 것이다. 돈을 벌려고 하였는데 도리어 원금을 까먹고 깡통 계좌로 다가가는 것이다.

모든 금융자산의 가격결정이 직간접적으로 이자율의 영향을 받는다는 점에서 정확하고 신뢰성 있는 수익률곡선은 모든 금융거래 시 적정가격 산정에 필수적이라고 할 수 있다. 특히 기간별 이자율을 표시하는 수익률곡선은 채권 및 이자율에 민감한 파생상품의 가격결정, 시장에서 금융자산 간의 상대가격 파악, 차익거래의 가능성 여부를 진단할 수 있게 해 준다는 점에서 채권 및 이자율 관련 금융상품의 거래에 필수불가결한 정보를 제공한다. 그리고 수익률곡선은 금융기관이 위험관리를 수행하거나 펀드나 자산운용자의 성과를 측정하는 등에 있어 필요한 정보를 제공해 줄 뿐 아니라, 미국, 영국 등 금융 선진국에서는 통화정책을 수립함에 있어 수익률곡선에 반영된 시장의 미래에 대한 기대를 정책에 반영하고 있다.

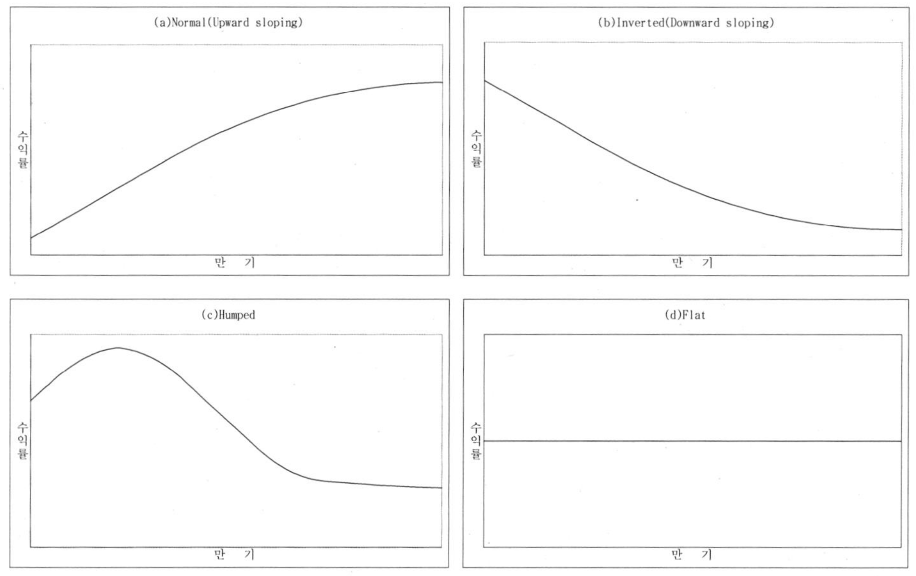

〈그림 Ⅱ-1〉 4가지 대표적인 수익률곡선(Yield Curve)의 형태

위 표에서 보듯이 수익률 곡선은 4가지의 다양성을 갖는다. 우리나라의 경우 채권시장 참여저변의 협소, 채권발행의 주기성 미흡, 장기채시장의 낙후, 채권의 매매보다는 보유를 선호하는 시장참여자들의 특성 등으로 유통시장이 침체되어 수익률곡선의 개발 및 활용이 부진하였다. 최근 금융위기 이후 정부는 금융위기 극복을 위해 적자재정 편성이 불가피해짐에 따라 다양한 형태로 발행되던 국채를 국고채라는 이름으로 단순화하고, 이의 정기적 발행 및 시장참가자들의 거래참여 유도를 통하여 지표채권으로 육성하

려는 강력한 의지를 표명하고 추진해 나가는 중이다. 이에 따라 향후 채권시장에서는 제도정비 및 금융시장의 구조변화에 따라 채권의 거래가 활발해질 전망이며 과학적이고 신뢰성 높은 수익률곡선의 도출이 중요한 과제로 떠오르고 있다. 그동안 수익률곡선의 부재에 따라 시장에서는 다음과 같은 문제점들이 나타났다. 첫째, 자산가치평가(asset valuation)의 합리성 결여를 들 수 있다. 시가평가 등을 통한 자산가치평가가 이루어질 경우 현재의 유통수익률을 얼마로 보느냐에 따라 대상자산의 현재가치가 현격한 차이를 보이므로 이러한 가치평가의 객관성 및 일관성을 유지하기 위하여 체계적인 수익률곡선의 도출이 필요한 실정이다. 둘째, 자산부채위험관리(ALM)의 비효율성을 들 수 있다. 투자자들이 자산부채위험관리를 시행할 경우 적절한 수단을 찾아 매칭(matching) 또는 헤징(hedging)을 시도하게 되는데, 특히 금리에 민감한 금융자산부채의 위험관리는 수익률곡선을 통해서만 원/원 스왑 등의 위험관리수단을 효율적으로 구사하는 것이 가능해진다. 일례로 VaR을 적용하여 위험관리를 할 경우 수익률곡선의 부재로 신용스프레드(credit spread)를 객관적으로 측정할 수 없어 정확한 VaR의 산출이 곤란한 상황이다. 셋째, 여수신 관련 기준금리를 구할 수 없다는 점이다. 일반적으로 여신금리를 결정할 때 조달자금의 평균비용율을 적용함으로써 시장금리흐름과 괴리되기도 하고, 기간스프레드 산정 시에도 자의적이고 일률적인 가산금리의 적용이 관행화되어 금리책정의 신뢰성이 떨어져 왔다. 또한 조직 내부의 수익기여도를 측정하는 내부이전가격 산정 시 객관적인 평가도구인 수익률곡선이 활용되지 못하고 있다. 넷째, 외국인투자자들이 국내채권시장에 투자하려 해도 수익률곡선의 부재에 따라 투자를 꺼리는 양상을 보이고 있다. 최근 들어 특히 아시아시장에 대한 투자비율을 확대하고 있는 외국인투자자들에게 우리나라 채권시장이 매력적인 투자대상으로 떠오름에도 불구하고 주식시장과는 달리 외국인투자자들의 국내채권시장투자가 부진한 형편이다. 이는 원화 수익률곡선의 부재로 인해 투자전략의 수립이 어렵기 때문으로 풀이된다. 투자전략의 고안은 투자대상에 대한 합리적인 수익률곡선을 기초로 하여 출발하기 때문에 이의 부재는 시장참여의 위험도를 증폭시켜

자연히 대상시장을 멀리하려는 경향을 부추기게 된다. 수익률곡선의 부재가 금리 관련 원화파생상품의 개발을 지연시킨다는 것이다. 시중에서 유통되는 채권들의 발행 및 유통수익률은 무위험 수익률에 발행자의 신용도에 근거한 추가위험부담 보상수익률인 신용스프레드(credit spread)를 더하여 결정되는데, 무위험 수익률에 비추어 지속적으로 변동되는 특정채권 시장수익률의 스프레드가 적정한지의 여부를 가늠할 기준잣대가 없어 투자의 유효성 판단이 매우 어려운 실정이고, 또한 이를 응용한 파생상품의 개발에도 제약요소가 된다. 그러면 채권에 대해서도 알아보면 다음과 같다.

채권가격은 채권보유에 따라 미래에 발생할 일련의 현금흐름의 현재가치이다. 기간에 따라 변화하는 미래 현금흐름의 현재가치를 표시하는 한 가지 방법이 할인요소(discount factor) 또는 현재가치이자율요소(present value interest factor)이다.[5] 할인요소는 미래 특정 기간에 발생하는 1원의 현금흐름에 대한 현재가치를 나타내는 것으로 기간이 길어짐에 따라 1원의 현재가치가 작아지는, 즉 만기가 길수록 할인요소의 값은 하락하게 된다. 할인함수에 대한 적용을 설명하면 다음과 같다. 할인함수는 적용되는 만기에 따라 할인요소의 값을 제공하는 함수로 만기가 0인 경우, 즉 현재 시점의 할인요소는 1이며 만기가 증가함에 따라 단조감소(monotonic decreasing)하는 형태를 가진다. 할인채의 경우 미래의 현금흐름이 만기에서만 발생하기 때문에 만기상환금액에 할인요소를 곱하여 현재가치를 구할 수 있다. 만기상환금액이 M이고 n 기간 후에 만기가 되는 할인채의 할인요소의 값 δ_n은 아래의 식과 같다. 즉 할인채의 경우 할인함수는 만기금액이 1원인 할인채권의 현재

---

5) 이자 계산은 단리(simple interest)와 복리(compound interest)로 나눌 수 있다.
　단리에 의한 미래가치: $FV_n = PV \times (1 + i \times n)$　　　(a)
　복리에 의한 미래가치: $FV_n = PV \times (1 + i)n$　　　(b)
　FV: 미래가치(future value)
　PV: 현재가치(present value)
　n: 투자 기간
　i: 이자율
　위의 식 (a)와 같이 단리의 개념은 투자원금에 대한 이자부분의 단순비율을 의미하는 반면, 식 (b)의 복리는 원금에 대한 이자뿐만 아니라 이자에 대한 이자부분도 포함되는 개념이다. 복리의 개념은 장기간의 수익구조를 갖는 채권과 같이 장래의 현금흐름의 특정한 집합으로 구성되는 투자에 있어서 미래 현금흐름의 가치를 현재가치로 환산함으로써 투자수익의 현재가치를 측정할 수 있다.

가격과 같다.

$$\delta_n = \frac{P}{M} \qquad (2.\ 5)$$

할인함수와 밀접하게 연관된 이자율 개념이 현물이자율(spot rate)이다. 현물이자율은 가장 단순한 형태의 채권인 할인채권 또는 무이표채권(zero-coupon bond)의 만기수익률(yield to maturity)을 의미하는 것으로 만기에 적용되는 할인요소를 이자율로 바꾼 것이다. 즉 현물이자율은 미래의 일정 시점에 발생되는 현금흐름의 현재가치를 결정짓는 이자율로서 한 기간을 3개월로 가정할 때 n 기간에 대한 할인요소의 값 δ_n과 현재가치 그리고 연간 현물이자율 r_n 사이에는 아래의 관계가 성립한다.

$$PV = \delta_n \times CF_n \qquad (2.\ 6)$$
$$= \frac{CF_n}{(1 + r_n/4)^n}$$

PV: 현재가치(present value)

CF: 현금흐름(cash flow)

산금채 할인함수(1999. 8. 18)

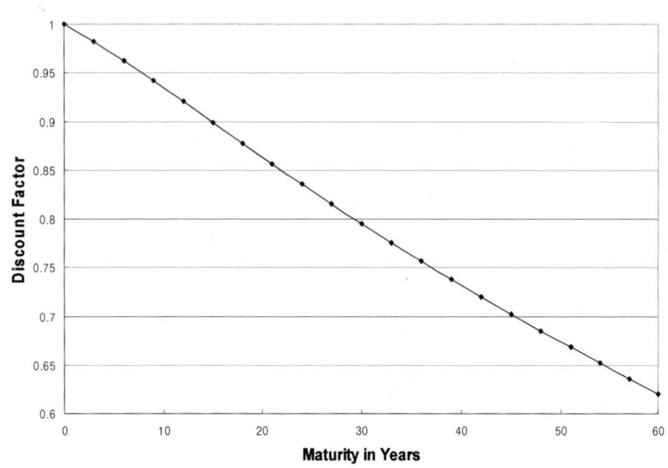

한편, 현재가치가 1이라고 가정했을 때 현물이자율과 할인함수 사이에는 다음의 관계가 성립한다.

$$\delta_n = \left[\frac{1}{(1 + r_n/4)^n} \right] \quad or \quad r_n = 4 \times \left[\left(\frac{1}{\delta_n} \right)^{1/n} - 1 \right] \qquad (2.\ 7)$$

위 표는 1999년 8월 18일자 산금채의 만기별 현물이자율을 보여주고 있다. 이렇게 현물이자율과 만기 사이의 관계를 보여주는 곡선을 수익률곡선(yield curve) 또는 현물이자율곡선(spot rate curve)이라고 한다. 현물이자율곡선은 식 (2. 7)에서 알 수 있듯이 할인요소를 이자율의 개념으로 바꾸어 준 것이다.

산금채 수익률곡선(1999. 8. 18)

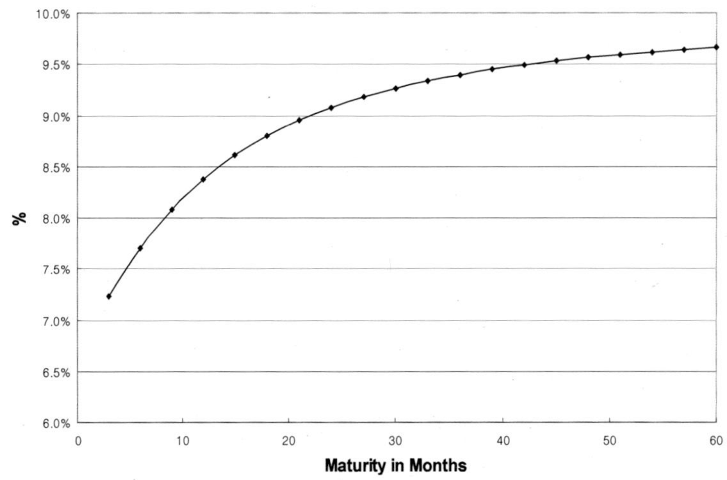

채권의 가격을 산정함에 있어 일물일가의 법칙(law of one price)이 지켜져야 한다. 예를 들어 9개월 후에 만기가 되고 표면이자율이 8%이며 만기금액이 1억 원인 산금채가 있다고 가정하여 보자. 산금채의 경우 이표채는 3개월 단위로 이자를 지급하는데 이는 3개월 후에 200만 원, 6개월 후에

200만 원 그리고 9개월 후에 1억 2백만 원의 미래 현금흐름이 발생함을 의미한다. 만약 지급불능위험을 고려하지 않는다면, 이 채권에 투자하는 경우의 현금흐름은 각각 3개월, 6개월, 9개월 후에 만기가 돌아오는 액면 200만 원의 무이표채권들로 구성된 포트폴리오에 투자하는 경우의 현금흐름과 동일한데 이렇게 동일한 현금흐름을 갖는 포트폴리오를 재합성포트폴리오(replicating portfolio)라 한다. 이때 재합성포트폴리오의 구성비용(replicating cost)과 9개월 만기 산금채의 채권가격이 같아야 한다. 만약 가격이 다르다면 채권거래자는 상대적으로 저평가된 채권을 매입하여 위험을 부담하지 않고 차익거래(arbitrage transaction)를 할 수 있게 된다. 따라서 시장에 이러한 차익거래자(arbitrageur)가 한 명이라도 존재하면 채권의 가격과 재합성포트폴리오의 가격 차이는 없어지게 된다. 이때 이표채의 가격은 할인함수 또는 현물이자율곡선을 통하여 쉽게 구할 수 있다.

만기수익률(yield to maturity: YTM)은 채권의 단일한 내부수익률(internal rate of return)로서 미래의 이표 및 원금지급의 현금흐름을 현재가치화하여 더한 값을 현재의 채권가격과 동일하게 하는 하나의 할인율 혹은 이자율을 말한다. 구체적으로 만기수익률은 적용 기간에 따라 다른 수치를 가지는 현물이자율을 적용 기간의 장단에 관계없이 동일한 수치로 할인함으로써 미래의 현금흐름의 현재가치를 현재의 채권가격과 일치시켜 주는 이자율을 말한다.

$$\text{채권가격} = \frac{C}{(1+y)} + \frac{C}{(1+y)^2} + \cdots + \frac{C+M}{(1+y)^n} \qquad (2.8)$$

따라서 식 (2. 8)을 살펴보면 만기수익률이란 결국 현물이자율들의 가중평균임을 알 수 있다. 만기수익률의 크기는 기간 및 표면이자율에 영향을 받는다. 우선, 기간과 만기수익률 사이에는 수익률곡선이 우상향(upward sloping)하는 경우 정의 관계가 우하향(downward sloping)하는 경우에는 부의 관계가 나타난다. 이는 만기수익률이 현물이자율들의 가중평균이라는 점에서 해석할 수 있다. 다음으로 만기수익률은 표면이자율에 따라 달라지는데,

예를 들어 (그림 Ⅱ-2)에서 보이듯이 수익률곡선이 우상향하는 경우 표면이자율이 클수록 만기수익률은 작아진다. 역으로 수익률곡선이 우하향하는 경우에는 표면이자율이 클수록 만기수익률도 커진다. 이렇게 지급이자(coupon)의 크기에 따라 만기수익률이 달라지는 것을 지급이자효과(coupon effect)라 한다. 따라서 이자율 기간구조(term structure of interest rate)를 구하는 경우 지급이자효과가 나타나지 않는 무이표채권의 수익률인 현물이자율을 이용하는 이유가 여기에 있다. 만기수익률을 사용함에 있어 주의해야 할 점은 채권포트폴리오의 만기수익률이 개별채권의 만기수익률의 단순평균(additive average)이 아니라는 점이다. 예를 들어 향후 3년 동안 다음과 같은 현금흐름(cashflow) C1, C2, C3을 갖는 세 종류의 채권을 가정해 보자.

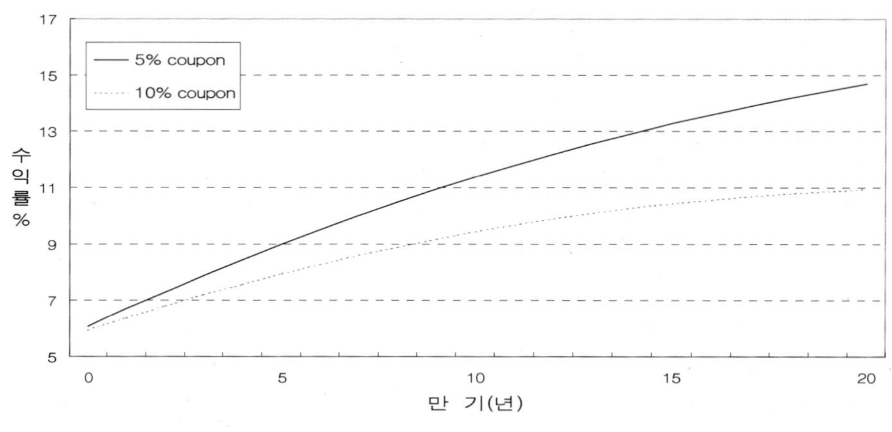

〈그림 Ⅱ-2〉 만기수익률과 표면이자율

채 권	가 격	C1	C2	C3	수익률	평 균
A	100	15	15	115	15.00	
B	100	6	106		6.00	
C	92	9	9	109	12.35	
A+B	200	21	121	115	11.29	10.50
A+C	192	24	24	224	13.71	13.73
B+C	192	15	115	109	9.65	9.04

동일한 금액의 채권 A와 B로 구성된 포트폴리오에 투자하는 경우의 수

익률은 11.29%로 두 채권에 각각 투자했을 경우의 수익률의 단순평균인 10.50%보다 높게 나타나는 것을 알 수 있다.

통상적으로 채권의 만기수익률은 채권 간의 수익률 비교방법으로 인정되어 실제 채권거래 시 매매호가의 기준으로 널리 이용되고 있으며, 시장참여자들이 일상적으로 '채권수익률'이라 부르는 것이 바로 만기수익률이다. 그러나 채권의 만기수익률이 투자로부터 얻게 되는 최종적인 실효수익률(returns)은 아니고, 단지 금융상품에 일반적으로 적용되는 연간 퍼센티지 이율(annual percentage rate)이라는 기준으로 채권가격을 나타내는 도구라 할 수 있다. 실제 투자자들이 채권투자에서 얻을 수 있는 수익에는 이자지급액(periodic coupon interest payment), 자본손익(capital gain or loss) 및 이자지급액의 재투자 수익(reinvestment income: interest−on−interest component)이 있는데, 만기수익률은 이자지급액을 만기수익률과 동일한 재투자이자율로 투자한다는 비현실적인 가정을 전제로 하고 있다. 일반적으로 투자자들이 이종채권 간의 투자가치를 비교하는 수단으로 채권의 만기수익률(YTM)을 흔히 사용하지만 이는 실질수익률(rate of return)과 차이가 난다. 흔히 채권투자로부터 얻게 되는 실질수익률은 보유 기간 수익률(holding period return), 총투자수익률(total return) 또는 투자 기간 수익률(horizon return)이라고도 하며 이는 미래의 이자율 변동에 영향을 받는다.

채권의 만기수익률이 보유 기간 수익률과 일치되는 경우는 예외적으로 채권을 만기까지 보유하고 만기 전 발생하는 이자의 현금흐름을 초기투자시점의 만기수익률과 같은 재투자수익률(reinvestment rate)로 재투자할 때이다. 이를 할인채와 이표채의 경우로 구분하여 만기수익율과 보유 기간 수익률이 일치하는 경우를 설명하면 다음과 같다.

할인채를 매입하여 만기까지 보유하는 경우.

할인채를 만기 전 중도매각하는 경우 매각 시의 만기수익률과 매입시점의 만기수익률이 동일한 경우.

이표채를 매입하여 채권을 만기까지 보유하고 만기 전 발생하는 이자의 현금흐름을 매입시점의 만기수익률로 재투자한 경우.

이표채를 만기 전 중도매각하는 경우 매각 시의 만기수익률과 매입시점의 만기수익률이 같고 매각 전 발생하는 이자의 현금흐름을 매입시점의 만기수익률로 재투자한 경우.

$$total\ future\ price = purchase\ price(1 + r_e)^n$$

$$r_e = \sqrt[n]{\frac{total\ future\ value}{purchase\ price}} - 1$$

보유 기간 수익률

실현된(realized) 보유 기간 수익률은 식과 같이 구할 수 있으나 예상되는 보유 기간 수익률을 구하기 위해서는 향후의 재투자수익률과 매도시점의 예상 만기수익률에 대한 가정이 필요하다. 예상 보유 기간 수익률은 다음과 같은 과정을 거쳐 구할 수 있다. i) 채권의 지급이자와 지급이자의 재투자 수익이자의 합을 구한다. ii) 예정투자 기간(investment horizon) 경과 후의 당해채권의 매각가격을 추정한다. 이때 매각가격은 동 시점 이후의 잔여만기에 대해 적용되는 매각 당시의 만기수익률 예측치에 의해 결정된다. iii) i) 과 ii)의 결과를 더하여 투자 회수금의 미래가치를 구한다. iv) 이자지급 주기에 따라 투자회수금의 미래가치를 기하평균한 후 연간 이자율로 변환한다.

만기수익률과 보유 기간 수익률 사이의 관계를 무이표채권(zero − coupon bond)을 예로 들어 살펴보자. 3개월을 한 기간으로 하여 n 기간 후에 만기가 되는 무이표채를 만기까지 보유하는 경우 보유 기간 수익률은 식 (2. 9)과 같이 표시할 수 있다. 무이표채의 만기수익률인 n 기간 현물이자율은 무이표채를 n기까지 보유할 경우에 얻게 되는 보유 기간 수익률과 같다.

$$보유기간수익률 = 4 \times \left[\left(\frac{M}{P_n} \right)^{\frac{1}{n}} - 1 \right] = y_n \qquad (2.\ 9)$$

M: 액면금액(face value)

Pn: n 만기물의 현재가격

yn: n 만기물의 연간수익률

그러나 만기가 서로 다른 무이표채의 경우 만기수익률과 보유 기간 수익률에는 차이가 있다. 예를 들어 5% 만기수익률을 갖는 2년 만기 무이표채와 6% 만기수익률을 갖는 4년 만기 무이표채를 비교해 보면 두 채권의 실질수익률(return)은 투자 기간(investment horizon)과 향후 금리추이(future interest rate)에 따라 달라진다. 만약 투자 기간이 2년인 경우 2년물에 대한 보유 기간 수익률은 당연히 5%인 반면, 4년물에 대한 실질수익률 RET4은 다음과 같이 구할 수 있다.

$$(1 + RET_4)^2 = \frac{Sales\ Price}{Purchase\ Price} \qquad)$$

2년 후 2년물 선도이자율을 $\widetilde{r}_2$ 라 한다면 4년물 무이표채의 2년 후 가격은 $Sale\ Price = \frac{100}{(1 + \widetilde{r}_2)^2}$ 이 된다. 이 경우 2년 후 2년물 선도이자율이 7% 이하일 경우에는 4년물 무이표채의 보유 기간 수익률이 2년물 무이표채의 수익률보다 크게 되며, 반대로 7%를 초과할 경우에는 2년물 무이표채가 상대적으로 높은 보유 기간 수익률을 얻게 된다.

이표채의 경우에도 무이표채의 경우와 마찬가지로 채권의 만기수익률이 보유 기간 수익률을 의미하는 것이 아니다. 더욱이 높은 만기수익률을 갖는 채권이 반드시 높은 보유 기간 수익률을 갖는 것을 의미하지도 않는다. 예를 들어 만기는 같지만 이표금리가 다른 두 채권을 생각해 보자

	채권 A	채권 B
이표금리	10	3
액면금액	100	100
가격	138.90	70.22
만기(연 단위)	15	15
이자지급횟수	연1회	연1회
연간수익률	6.00	6.10

채권 A와 B는 만기는 15년으로 동일하지만 만기수익률은 채권B가 10bp 더 크다. 하지만 어느 채권의 실질수익률(return)이 더 큰지는 미래의 재투

자수익률(reinvestment rate)에 좌우된다. 미래의 재투자수익률이 일정하다고 가정하면 두 채권을 만기까지 보유하는 경우에도 재투자수익률이 5.7%를 넘을 경우 채권 A가 채권 B보다 높은 보유 기간 수익률을 얻게 되며, 반면 재투자 수익률이 5.7% 이하일 경우에는 반대의 결과를 볼 수 있다. 채권의 만기수익률을 이종채권 간 투자수익률의 비교지표로 활용하기 위해서는 만기수익률과 총투자수익률 사이의 관계에 대한 이해가 선행되어야 한다. [예시1]은 만기수익률이 7%인 채권의 중도 현금흐름에 대한 재투자수익률의 변화에 따른 총투자수익률의 변동분을 투자 기간별로 계산한 것이다. 이를 살펴보면 향후 이자수익의 재투자수익률이 초기매입시점의 만기수익률보다 높을수록 초기 만기수익률 대비 총투자수익 증가분이 커진다. 또한 만기가 길수록 재투자수익률 변동이 총투자수익률에 미치는 영향이 확대된다. 이는 장기채권일수록 총상환예정금액 중 중도에 재투자기회가 발생하는 상환이 자금액의 비중이 커져 재투자수익률의 변동 추이에 민감하게 반응한다.

YTM	재투자수익률	총투자수익률(total return)			
		1년채	3년채	10년채	30년채
7.00	0	6.88	6.46	5.38	3.81
7.00	4	6.95	6.76	6.25	5.43
7.00	5	6.97	6.84	6.49	5.92
7.00	6	6.98	6.92	6.74	6.45
7.00	7	7.00	7.00	7.00	7.00
7.00	8	7.02	7.08	7.27	7.58
7.00	9	7.03	7.16	7.55	8.20
7.00	10	7.05	7.25	7.84	8.83
7.00	14	7.12	7.59	9.10	11.60

　한편 동일한 만기수익률 조건으로 거래한 채권의 이표금리에 따라 총투자수익률의 차이가 발생한다. 재투자수익률이 채권매입시점의 만기수익률 이상일 경우는 이표금리가 높은 채권의 총투자수익률이 높으나, 반대의 경우에는 이표금리가 낮은 채권의 총투자수익률이 높아지게 된다. 즉 이표금리가 높은 채권일수록 재투자수익률의 변동에 민감하게 반응함을 알 수 있다.

이표금리 7%, 14%, 30년 만기, 미 재무성 증권의 만기보유 시 재투자수익률 변동에 따른 총투자수익률 변동 내역

(단위: %)

YTM	재투자수익률	총투자수익률(total return)	
		7% 이표채	14% 이표채
7.00	0	3.81	3.43
7.00	4	5.43	5.30
7.00	5	5.92	5.84
7.00	6	6.45	6.40
7.00	7	7.00	7.00
7.00	8	7.58	7.62
7.00	9	8.20	8.26
7.00	10	8.83	8.93
7.00	14	11.60	11.77

통상 채권의 이표금리는 연율로 표시되며 이자지급 주기가 1년 미만인 채권의 경우 이자수익 현금흐름의 복리계산에 따른 실질금리의 증가분은 연율표시 만기수익률에서 누락된다. 따라서 동 이자수익의 재투자에 따른 복리수익이 발생할 경우 최종적인 총투자수익률은 만기수익률에 대한 복리 조정 증가분을 추가한 수치로 나타나게 된다. 매 6개월 이자지급 현금흐름 의 복리적용에 따른 만기수익률 대비 조정증가분(add－on)은 아래와 같이 산출할 수 있다.

BP(basis point) add－on = [(1 + 반기이자율)2 － [1 + (2×반기이자율)]]×10,000

수익률곡선 또는 수익률 기간구조 추정과 밀접히 관련되어 있는 개념으로 선도이자율(forward rate)이 있다. 일반적으로 선도계약(forward contract)은 현재 시점에서 미리 정해진 미래의 시점에 정해진 자산을 정해진 가격으로 매매할 것을 약정(agreement)하는 계약이다. 선도계약의 자산이 현금인 경우, 즉 미래에 현재 정해진 가격으로 돈을 차입하거나 대여하는 경우에 정해지는 가격을 선도가격(forward price)이라고 하고 이것을 이자율로 바꾼 개념이 선도이자율이다. 따라서 현물이자율이 현재 시점에서 적용되고 있는

이자율을 의미한다면 선도이자율은 현재 시점에서 요구되는 미래 기간에 대한 이자율을 말한다. 이러한 선도이자율은 미래 시점에서 실제로 형성되는 미래의 현물이자율과 일치하지는 않는데, 이는 선도이자율이 미래의 이자율에 대한 투자가들의 예상뿐만 아니라 미래의 불확실성에 대한 위험이 반영되어 있기 때문이다. 현물이자율과 선도이자율의 관계를 살펴보면, 예를 들어 잔존 기간 1년, 2년에 대한 현물이자율을 각각 r1, r2라 하자. 그리고 현재 시점에 있어서 1년 말부터 2년 말까지의 선도이자율을 f라 하자. 이 경우 현재 2년 만기 무이표채를 매입하여 2년 동안 보유하는 전략이나 1년 만기 무이표채를 매입하여 1년간 보유하고 1년 후에 1년 만기 무이표채를 매입하는 선도계약을 맺는 전략은 모두 미래의 불확실성을 제거한 전략이다. 따라서 차익거래 이익이 존재하지 않기 위해서는 각각의 전략에 대한 미래가치가 같아야 하며, 이 경우 아래가 성립한다.

$$(1 + r_2)^2 = (1 + r_1)(1 + f)$$

$$(1 + f) = \frac{(1 + r_2)^2}{(1 + r_1)}$$

위의 논의를 일반화하여 기간 t의 현물이자율을 rt로 표시하고 $(t-1)$기 말부터 t기 말까지의 선도이자율을 f_{t-1}으로 표시하면 다음과 같이 얻을 수 있다.

$$(1 + f_{t-1}) = \frac{(1 + r_t)^t}{(1 + r_{t-1})^{t-1}} \qquad (2.\ 10)$$

$$(1 + r_t)^t = (1 + r_1)(1 + f_1)\cdots(1 + f_{t-1})$$

현물이자율이 일정 기간 동안 적용되는 선도이자율들의 기하평균이라 한다면 선도이자율은 동일한 기간을 단위 기간으로 나눌 경우 각 단위 기간이 늘어남에 따라 추가로 적용되는 한계금리(marginal rate of return)라 볼 수 있다. 한편 할인요소와 현물이자율의 관계를 이용하여 할인요소와 선도이자율의 관계를 유도할 수 있는데 각 기간의 현금흐름에 적용될 할인함수

d1, d2, ……, dj 등이 모두 구해질 경우 각 단위 기간에 함축된 개별 선도
이자율 fj는 다음과 같이 유도된다.

$$\frac{1/d_j}{1/d_{j-1}} = \frac{(1+r_1)(1+f_1)\cdots(1+f_{j-2})(1+f_{j-1})}{(1+r_1)(1+f_1)\cdots(1+f_{j-2})}$$

$$\Rightarrow \frac{d_{j-1}}{d_j} = (1+f_{j-1}) \quad \Rightarrow f_{j-1} = \frac{d_{j-1}-d_j}{d_j}$$

$$\therefore f_{j-1} = -\Delta d_j / d_j$$

선도이자율과 현물이자율의 관계를 일반화하면 아래의 식과 같이 나타낼
수 있다. r_n과 r_m은 한 기간을 3개월이라고 한 경우에 n 기간과 m 기간
현물이자율을 의미하며, f_m^{n-m}은 m 기간 이후 시작하여 n-m 기간 동안
의 선도이자율을 의미한다.

$$(1+r_n/4)^n = (1+r_m/4)^m(1+f_m^{n-m}/4)^{n-m} \quad\quad (2.\ 11)$$

현물이자율과 선도이자율

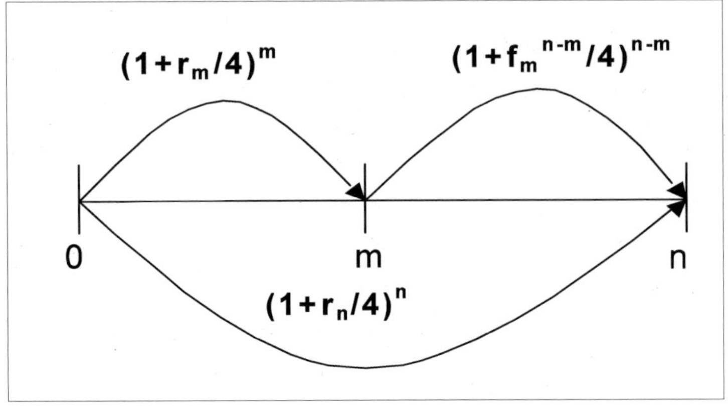

아래 그림은 앞 절에서 예시한 1999년 8월 18일의 산금채의 현물이자율
곡선과 선도이자율 곡선을 나타내고 있다. 선도이자율은 이자율 관련 파생

상품의 가격을 산정하는 데 유용하고 기대가설(Expectation Hypothesis)이 성
립하는 경우 미래 현물이자율에 대한 불편추정치(unbiased estimator)가 된다.

산금채 현물이자율곡선과 선도이자율곡선(1999. 8. 18)

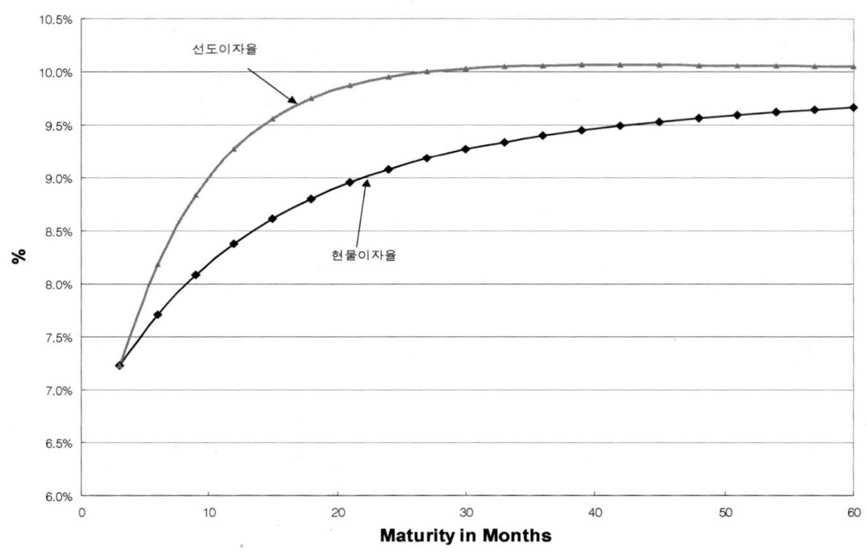

이자(interest)는 자본용역에 대한 대가를 의미하는 것으로 화폐의 가격이
라 할 수 있다. 어느 경제에나 하나의 대표적인 또는 이상적인 이자율(the
rate of interest)이 존재하여 여러 가지 금융증권의 이자율이 이 대표이자율
과 밀접한 관련을 가지고 변동하게 된다. 이자율이 결정되는 과정을 이론적
으로 설명하려는 노력이 고전학파로부터 케인즈에 이르기까지 다양하게 전
개되어 왔다. 반면, 앞에서 언급한 바와 같이 만기대비 수익률(yield)을 연결
한 수익률곡선의 다양한 형태와 과거 실제적으로 나타난 현상들을 이론적
으로 설명하려는 다양한 시도들이 전개되어 왔다. 본 절에서는 자본의 수요
와 공급에 따른 이자율 결정이론들과 채권시장에서 구해지는 다양한 수익
률곡선들의 이론적 설명인 수익률 기간구조(term structure of yield)이론들에
대하여 간단히 소개하겠다.

2) 이자율 결정이론

　　이자율이란 자금의 수요와 공급에 수반하여 발생하는 것으로 실물적 또는 화폐적 현상으로 그 결정 과정을 설명할 수 있다. 고전학파의 실물적 이자론은 이자율결정을 실물적 현상으로 설명하는 반면, 케인즈의 유동성선호설(liquidity preference theory)은 화폐적 현상으로 설명한다. 대부자금설(loanable funds theory)에서는 이자율 수준이 금융적 및 실물적 현상에 의해 결정된다고 보았다. 고전학파의 시초인 아담 스미스는 기본적으로 이자율이 실물적 요인에 의해 결정된다고 보았다. 완전고용을 전제로 한 고전학파의 이론체계 안에서 저축은 이자율의 증가함수로, 투자는 이자율의 감소함수로 나타난다. 마샬(A. Marshall), 왈라스(L. Walras) 등의 학자들에 의해 전개된 실물적 이자론에 의하면 자본은 실물자본을 의미한다. 즉 실물자본이란 생산물 중 소비하지 않고 저축된 부분이 실물자본의 공급을 의미하고, 투자하려는 의지가 실물자본의 수요로 나타난다. 따라서 균형이자율이란 실물자본의 수요와 공급인 투자와 저축을 일치시키는 수준의 이자율을 의미한다. 어느 경제에서 저축의 증가는 이자율의 하락을, 투자의 증가는 이자율의 상승을 불러온다.

　　고전학파의 실물적 이자율결정이론과는 달리 케인즈는 화폐의 수요와 공급에 따라 균형이자율이 결정되는 유동성선호설(liquidity preference framework)을 주장하였다. 즉 이자율이란 유동성을 포기하는 대신 받게 되는 보상인데 화폐는 고도의 유동성을 갖고 있어 결국 이자율은 화폐의 가격이 된다는 것이다. 케인즈의 이론은 개인들이 부를 저장하는 수단으로 두 종류의 자산을 갖는다는 가정에서 출발한다. 즉 개인들은 채권과 화폐를 보유할 수 있다. 어느 경제 전체의 부는 채권과 화폐의 공급 및 수요와 일치한다. 따라서 경제 전체적으로 화폐의 수요와 공급이 일치하여 화폐시장이 균형을 이루게 되면 채권시장도 마찬가지로 균형을 이루게 된다. 이때 화폐시장의 균형을 가능케 하는 이자율이 균형이자율이다. 화폐수요를 변동시키는 요인에는 소득효과(income effect)와 물가효과(price-level effect)가 있다. 우선 수입효과란 소득수준이 높을수록 화폐수요가 커져 수요곡선을 우측으로 이동시키는 것을 말한다. 케인즈의 설명에 의하면 소득이 높을수록 사람들은 가치저장 수단 및 거래목적으로 더 많은 화폐를 보유하려 하기 때문에 화폐수요가 증가한다는 것이다. 한편, 물가효과에 의하면 물가수준이 올라갈수록 화폐수요가 증가하여 수요곡선이 우측으로 이동한다는 것이다. 이는 사람들이 화폐의 실질잔고를 중요하게 생각함에 따라 물가수준이 상승하면 그에 비례하여 명목화폐에 대한 수요를 증가시키기 때문에 발생한다고 케인즈는 보았다. 화폐공급이 일정하다고 가정할 경우 소득효과와 물가효과는 균형이자율을 상승시키게 된다. 반면, 화폐공급은 전적으로 중앙은행에 의해 조정된다고 가정함으로써 중앙은행이 화폐공급을 늘릴 경우에만 공급곡선이 우측으로 이동한다. 외생적으로 주어지는 화폐공급의 증가는 이자율을 하락시키게 된다. 하벌러(Harberler), 힉스(J. Hicks) 등에 의해 전개된 대부자금설(loanable fund framework)은 저축을 이자율과 국민소득의 증가함수로 파악하고 있다는 점에서 앞에서 소개한 고전학파의 실물적 이자론과 케인즈의 유동성선호설을 적절히 종합한 것이라 할 수 있다. 대부자금에 대한 수요는 기업의 투자수요(I)와 해당 기간 동안에 일어나는 실질화폐수요의 변화($\triangle M_d/P$)로 구성되며, 공급은 민간부문의 저축(S), 정부부문의 저축(T-G)과 해당 기간 동안에 발생하는 통화금융기관의 실질화폐공급변화($\triangle M_s/P$)로 구성된다. 대부자금시장의 균형조건은 다음 식과 같다.

$$I + \frac{\triangle M_d}{P} = S + (T-G) + \frac{\triangle M_s}{P} \qquad (7)$$

여기에서 투자와 저축은 일정 기간 동안의 유량(flow) 개념이기 때문에 저량(stock) 개념인 화폐수요와 공급의 일정 기간 동안의 변화분으로 나타낸 것이다. 대부자금설에 의하면 투자와 화폐수요가 이자율에 대하여 감소함수이므로 대부자금수요는 우하향하는 곡선으로 나타나는 반면, 저축은 이자율과 소득의 증가함수로 대부자금공급은 우상향하는 곡선이 된다. 따라서 균형이자율은 대부자금의 수요와 공급이 일치하는 수준에서 결정된다. 수익률곡선은 각 시점에 따라서 독립적으로 구성되며, 한 경제시스템에서 거시적으로 결정되는 이자율 수준의 현재 관측치 또는 미래 예측치에 의하여 그 형태가 달라진다. 수익률 기간구조에 관한 이론들은 다양한 현상들에 대한 설명을 제공하고 있다. 더불어 미국의 사례이기는 하나 과거의 수익률 기간구조에서 보이듯 다양한 만기의 채권들에 대한 이자율이 시간이 지남에 따라 같이 움직이고(move together), 단기이자율 수준이 낮으면 우상향하는 형태의 수익률곡선을 보이는 반면 단기이자율 수준이 높을 경우 우하향하는 형태의 수익률곡선이 나타나며, 전반적으로는 우상향하는 수익률곡선의 형태를 보이는 현상에 대한 설명을 제시하고 있다. 이러한 이론에는 기대가설(expectation hypothesis), 분할시장이론(segmented markets theory)과 선호처이론(preferred habitat theory)이 있다. 이중 선호처이론은 유동성 프리미엄 이론(liquidity premium theory)과 거의 비슷한 이론으로 시장에서 가장 널리 받아들여지고 있다.

기대가설(expectations hypothesis)은 장기채권의 이자율이 투자자들이 기대하는 만기 동안의 단기이자율 평균과 같다는 이론으로 기본적으로 상이한 만기의 채권들이 완전대체재(perfect substitutes)여서 이들 채권들의 기대수익(expected returns)이 같다는 가정을 하고 있다.

채권시장의 투자자들은 채권의 만기에 따라 선호대상이 다르기 때문에 채권의 만기수익률은 어느 일정 범위의 만기에서는 그 만기의 채권을 선호하는 투자자 사이에서 결정된다는 이론이 분할시장이론(segmented markets theory)이다. 즉 채권시장이 개인투자자, 은행, 증권회사, 투자신탁회사, 보험회사 등 다양한 계층의 투자자들로 구성됨에 따라 투자자별로 각기 투자에 대한 법적 규제, 정보비용, 투자정책 등이 상이하여 특정 만기의 채권을 선호하는 경향이 다르다는 것이다. 따라서 채권시장은 단기·중기·장기로 분할되어 각 시장에서의 수요와 공급에 따라 채권수익률이 결정된다는 이론이다. 그러나 현실적으로는 차익거래로 인해 만기별로 독립적인 수익률곡선이 존재할 수 없어 현실성은 떨어진다는 지적을 받고 있다. 전술한 바와 같이 기대가설과 분할시장이론은 모두 다양한 형태의 수익률곡선 유형을 이론적으로 설명해 준다는 장점을 갖고 있다. 그러나 동시에 두 이론은 과거 실제 시장에서 나타난 일부 현상을 설명하지 못한다는 약점도 지니고 있다. 선호처이론(preferred habitat theory)은 전술한 두 이론의 약점을 보완하고 있다. 즉 선호처이론에 의하면 장기채의 수익률은 그 채권의 만기 동안에 발생하는 단기수익률의 평균에 동 채권에 대한 수요와 공급요인을 반영한 유동성 프리미엄을 더한 것과 같다. 선호처이론은 다양한 만기의 채권들이 대체재여서 서로 다른 채권의 기대수익률에 영향을 미치나, 또한 투자자들은 특정 만기의 채권에 대한 선호(preference)를 가지고 있다고 가정한다. 즉 투자자들이 특정 채권에 대한 선호에 따라 그 채권을 보유하면 선호처(preferred habitat)를 갖는다고 이야기할 수 있다. 한편, 투자자는 자신이 선호하지 않는 채권의 기대수익률이 선호하는 채권의 기대수익률보다 클 경우에는 이를 보유할 수 있다고 가정함으로써 선호처에 대한 전제가 엄격한(strong) 것은 아니다.

$$i_{nt} = \frac{i_t + 1^e_{t+1} + i^e_{t+2} + \ldots + i^e_{t+(n-1)}}{n} + k_{nt}$$

여기에서 k_{nt}는 t 시점에서 n 만기채의 기간 프리미엄이다.

향후 금리가 하락할 것으로 예상한다면 채권투자자들은 가급적 듀레이션이 큰 채권을 보유하려 할 것이며 금리의 상향추세를 예상한다면 듀레이션이 짧은 채권으로 보유채권을 교체하고자 할 것이다. 따라서 이자율을 정확하게 예측할 수 있다면 이러한 전략을 통해 투자자들은 자본수익(capital gain)을 극대화시킬 수 있을 것이다. 그러나 현실적으로 정확한 금리예측이 매우 어려움에 따라 이자율변동 위험에 대한 노출 정도를 줄이고자 하는 헤징(hedging)이 시도되는데, 이는 보유채권의 듀레이션 조절을 통해 가능하다. 즉 투자자 각자가 전망하는 향후 금리추이에 따라 보유채권의 듀레이션

조절을 통한 금리변동 위험에 대한 노출을 극소화하거나 경우에 따라서는 보유채권의 사전매각 등을 통해 위험을 완전히 제거할 수도 있다. 수익률은 다양한 변인이 작용한다. 그것을 어떻게 예측하고 풀어 가는가에 따라 수익이 많이 나고 적게 나고 달라질 것이다.

Ⅲ

자본시장과 금융투자 법률

01

금융투자 법률 해석

자본시장과 금융투자업에 관한 법률

[제정 2007. 8. 3 법률 제8635호], 시행일 2009. 2. 4.

제1편 총 칙

제1조 (목적)

이 법은 자본시장에서의 금융혁신과 공정한 경쟁을 촉진하고 투자자를 보호하며 금융투자업을 건전하게 육성함으로써 자본시장의 공정성·신뢰성 및 효율성을 높여 국민경제의 발전에 이바지함을 목적으로 한다.

제2조 (국외행위에 대한 적용)

이 법은 국외에서 이루어진 행위로서 그 효과가 국내에 미치는 경우에도 적용한다.

제3조 (금융투자상품)

① 이 법에서 '금융투자상품'이란 이익을 얻거나 손실을 회피할 목적으로 현재 또는 장래의 특정(특정) 시점에 금전, 그 밖의 재산적 가치가 있는 것(이하 '금전등'이라 한다.)을 지급하기로 약정함으로써 취득하는 권리로서, 그 권리를 취득하기 위하여 지급하였거나 지급하여야 할 금전등의 총액(판매수수료 등 대통령령으로 정하는 금액을 제외한다.)이 그 권리로부터 회수하였거나 회수할 수 있는 금전등의 총액(해지수수료 등 대통령령으로 정하는 금액을 포함한다.)을 초과하게 될 위험(이하 '투자성'이라 한다.)이 있는 것을 말한다. 다만, 다음 각 호의 어느 하나에 해당하는 것을 제외한다.

1. 원화로 표시된 양도성 예금증서

2. 수탁자에게 신탁재산의 처분 권한('신탁법' 제42조 및 제43조에 따른 처분 권한을 제외한다.)이 부여되지 아니한 신탁(이하 '관리신탁'이라 한다.)의 수익권

② 제1항의 금융투자상품은 다음 각 호와 같이 구분한다.

1. 증권

2. 파생상품

　가. 장내파생상품

　나. 장외파생상품

제4조 (증권)

① 이 법에서 '증권'이란 내국인 또는 외국인이 발행한 금융투자상품으로서 투자자가 취득과 동시에 지급한 금전등 외에 어떠한 명목으로든지 추가로 지급의무(투자자가 기초자산에 대한 매매를 성립시킬 수 있는 권리를 행사하게 됨으로써 부담하게 되는 지급의무를 제외한다.)를 부담하지 아니하는 것을 말한다.

② 제1항의 증권은 다음 각 호와 같이 구분한다.

1. 채무증권

2. 지분증권

3. 수익증권

4. 투자계약증권

5. 파생결합증권

6. 증권예탁증권

③ 이 법에서 '채무증권'이란 국채증권, 지방채증권, 특수채증권(법률에 의하여 직접 설립된 법인이 발행한 채권을 말한다. 이하 같다.), 사채권, 기업어음증권(기업이 사업에 필요한 자금을 조달하기 위하여 발행한 약속어음으로서 대통령령으로 정하는 요건을 갖춘 것을 말한다. 이하 같다.), 그 밖에 이와 유사(유사)한 것으로서 지급청구권이 표시된 것을 말한다.

④ 이 법에서 '지분증권'이란 주권, 신주인수권이 표시된 것, 법률에 의하여 직접 설립된 법인이 발행한 출자증권, '상법'에 따른 합자회사·유한회사·익명조합의 출자지분, '민법'에 따른 조합의 출자지분, 그 밖에 이와 유사한 것으로서 출자지분이 표시된 것을 말한다.

⑤ 이 법에서 '수익증권'이란 제110조의 수익증권, 제189조의 수익증권, 그 밖에 이와 유사한 것으로서 신탁의 수익권이 표시된 것을 말한다.

⑥ 이 법에서 '투자계약증권'이란 특정 투자자가 그 투자자와 타인(다른 투자자를 포함한다. 이하 이 항에서 같다.) 간의 공동사업에 금전등을 투자하고 주로 타인이 수행한 공동사업의 결과에 따른 손익을 귀속받는 계약상의 권리가 표시된 것을 말한다.

⑦ 이 법에서 '파생결합증권'이란 기초자산의 가격·이자율·지표·단위 또는 이를 기초로 하는 지수 등의 변동과 연계하여 미리 정하여진 방법에 따라 지급금액 또는 회수금액이 결정되는 권리가 표시된 것을 말한다.

⑧ 이 법에서 '증권예탁증권'이란 제2항 제1호부터 제5호까지의 증권을 예탁받은 자가 그 증권이 발행된 국가 외의 국가에서 발행한 것으로서 그 예탁받은 증권에 관련된 권리가 표시된 것을 말한다.

⑨ 제2항 각 호의 어느 하나에 해당하는 증권에 표시될 수 있거나 표시
되어야 할 권리는 그 증권이 발행되지 아니한 경우에도 그 증권으로
본다.

⑩ 이 법에서 '기초자산'이란 다음 각 호의 어느 하나에 해당하는 것을
말한다.

1. 금융투자상품
2. 통화(외국의 통화를 포함한다.)
3. 일반상품(농산물·축산물·수산물·임산물·광산물·에너지에 속하
   는 물품 및 이 물품을 원료로 하여 제조하거나 가공한 물품, 그 밖
   에 이와 유사한 것을 말한다.)
4. 신용위험(당사자 또는 제삼자의 신용등급의 변동, 파산 또는 채무재
   조정 등으로 인한 신용의 변동을 말한다.)
5. 그 밖에 자연적·환경적·경제적 현상 등에 속하는 위험으로서 합
   리적이고 적정한 방법에 의하여 가격·이자율·지표·단위의 산출
   이나 평가가 가능한 것

제5조 (파생상품)

① 이 법에서 '파생상품'이란 다음 각 호의 어느 하나에 해당하는 계약
상의 권리를 말한다.

1. 기초자산이나 기초자산의 가격·이자율·지표·단위 또는 이를 기
   초로 하는 지수 등에 의하여 산출된 금전등을 장래의 특정 시점에
   인도할 것을 약정하는 계약
2. 당사자 어느 한쪽의 의사표시에 의하여 기초자산이나 기초자산의
   가격·이자율·지표·단위 또는 이를 기초로 하는 지수 등에 의하
   여 산출된 금전등을 수수하는 거래를 성립시킬 수 있는 권리를 부
   여하는 것을 약정하는 계약
3. 장래의 일정 기간 동안 미리 정한 가격으로 기초자산이나 기초자산
   의 가격·이자율·지표·단위 또는 이를 기초로 하는 지수 등에 의

하여 산출된 금전등을 교환할 것을 약정하는 계약

② 이 법에서 '장내파생상품'이란 파생상품으로서 파생상품시장에서 거래되는 것 또는 해외 파생상품시장(파생상품시장과 유사한 시장으로서 해외에 있는 시장과 대통령령으로 정하는 해외 파생상품거래가 이루어지는 시장을 말한다.)에서 거래되는 것을 말한다.

③ 이 법에서 '장외파생상품'이란 파생상품으로서 장내파생상품이 아닌 것을 말한다.

④ 제1항 각 호의 어느 하나에 해당하는 계약 중 매매계약이 아닌 계약의 체결은 이 법을 적용함에 있어서 매매계약의 체결로 본다.

제6조 (금융투자업)

① 이 법에서 '금융투자업'이란 이익을 얻을 목적으로 계속적이거나 반복적인 방법으로 행하는 행위로서 다음 각 호의 어느 하나에 해당하는 업(업)을 말한다.

  1. 투자매매업
  2. 투자중개업
  3. 집합투자업
  4. 투자자문업
  5. 투자일임업
  6. 신탁업

② 이 법에서 '투자매매업'이란 누구의 명의로 하든지 자기의 계산으로 금융투자상품의 매도·매수, 증권의 발행·인수 또는 그 청약의 권유, 청약, 청약의 승낙을 영업으로 하는 것을 말한다.

③ 이 법에서 '투자중개업'이란 누구의 명의로 하든지 타인의 계산으로 금융투자상품의 매도·매수, 그 청약의 권유, 청약, 청약의 승낙 또는 증권의 발행·인수에 대한 청약의 권유, 청약, 청약의 승낙을 영업으로 하는 것을 말한다.

④ 이 법에서 '집합투자업'이란 집합투자를 영업으로 하는 것을 말한다.

⑤ 제4항에서 '집합투자'란 2인 이상에게 투자권유를 하여 모은 금전등 또는 '국가재정법' 제81조에 따른 여유자금을 투자자 또는 각 기금관리주체로부터 일상적인 운용지시를 받지 아니하면서 재산적 가치가 있는 투자대상자산을 취득·처분, 그 밖의 방법으로 운용하고 그 결과를 투자자 또는 각 기금관리주체에게 배분하여 귀속시키는 것을 말한다. 다만, 다음 각 호의 어느 하나에 해당하는 경우를 제외한다.

1. 대통령령으로 정하는 법률에 따라 사모(사모)의 방법으로 금전등을 모아 운용·배분하는 것으로서 대통령령으로 정하는 투자자의 총수가 대통령령으로 정하는 수 이하인 경우

2. '자산유동화에 관한 법률' 제3조의 자산유동화계획에 따라 금전등을 모아 운용·배분하는 경우

3. 그 밖에 행위의 성격 및 투자자 보호의 필요성 등을 고려하여 대통령령으로 정하는 경우

⑥ 이 법에서 '투자자문업'이란 금융투자상품의 가치 또는 금융투자상품에 대한 투자판단(종류, 종목, 취득·처분, 취득·처분의 방법·수량·가격 및 시기 등에 대한 판단을 말한다. 이하 같다.)에 관한 자문에 응하는 것을 영업으로 하는 것을 말한다.

⑦ 이 법에서 '투자일임업'이란 투자자로부터 금융투자상품에 대한 투자판단의 전부 또는 일부를 일임받아 투자자별로 구분하여 금융투자상품을 취득·처분, 그 밖의 방법으로 운용하는 것을 영업으로 하는 것을 말한다.

⑧ 이 법에서 '신탁업'이란 신탁을 영업으로 하는 것을 말한다.

제7조 (금융투자업의 적용배제)

① 자기가 증권(투자신탁의 수익증권, 파생결합증권 중 대통령령으로 정하는 것 및 투자성 있는 예금·보험을 제외한다.)을 발행하는 경우에는 투자매매업으로 보지 아니한다.

② 제51조 제9항의 투자권유대행인이 투자권유를 대행하는 경우에는 투

자중개업으로 보지 아니한다.

③ 불특정 다수인을 대상으로 발행 또는 송신되고, 불특정 다수인이 수시로 구입 또는 수신할 수 있는 간행물·출판물·통신물 또는 방송 등을 통하여 조언을 하는 경우에는 투자자문업으로 보지 아니한다.

④ 투자중개업자가 투자자의 매매주문을 받아 이를 처리하는 과정에서 금융투자상품에 대한 투자판단의 전부 또는 일부를 일임받을 필요가 있는 경우로서 대통령령으로 정하는 경우에는 투자일임업으로 보지 아니한다.

⑤ '담보부사채신탁법'에 따른 담보부사채에 관한 신탁업, '저작권법'에 따른 저작권신탁관리업 및 '컴퓨터프로그램 보호법'에 따른 프로그램 저작권 위탁관리업무의 경우에는 신탁업으로 보지 아니한다.

⑥ 제1항부터 제5항까지 규정된 것 외에 다음 각 호의 어느 하나에 해당하는 경우에는 대통령령으로 정하는 바에 따라 제6조 제1항 각 호의 금융투자업으로 보지 아니한다.

1. 제373조에 따라 설립된 한국거래소(이하 '거래소'라 한다.)가 증권시장 및 파생상품시장을 개설·운영하는 경우

2. 투자매매업자를 상대방으로 하거나 투자중개업자를 통하여 금융투자상품을 매매하는 경우

3. 그 밖에 해당 행위의 성격 및 투자자 보호의 필요성 등을 고려하여 금융투자업의 적용에서 제외할 필요가 있는 것으로서 대통령령으로 정하는 경우

제8조 (금융투자업자)

① 이 법에서 '금융투자업자'란 제6조 제1항 각 호의 금융투자업에 대하여 금융감독위원회의 인가를 받거나 금융감독위원회에 등록하여 이를 영위하는 자를 말한다.

② 이 법에서 '투자매매업자'란 금융투자업자 중 투자매매업을 영위하는 자를 말한다.

③ 이 법에서 '투자중개업자'란 금융투자업자 중 투자중개업을 영위하는

자를 말한다.

④ 이 법에서 '집합투자업자'란 금융투자업자 중 집합투자업을 영위하는
자를 말한다.

⑤ 이 법에서 '투자자문업자'란 금융투자업자 중 투자자문업을 영위하는
자를 말한다.

⑥ 이 법에서 '투자일임업자'란 금융투자업자 중 투자일임업을 영위하는
자를 말한다.

⑦ 이 법에서 '신탁업자'란 금융투자업자 중 신탁업을 영위하는 자를 말
한다.

제9조 (그 밖의 용어의 정의)

① 이 법에서 '대주주'란 다음 각 호의 어느 하나에 해당하는 주주를 말
한다.

　1. 법인의 의결권 있는 발행주식총수를 기준으로 본인 및 그와 대통령
　　령으로 정하는 특수한 관계가 있는 자(이하 '특수관계인'이라 한다.)
　　가 누구의 명의로 하든지 자기의 계산으로 소유하는 주식을 합하여
　　그 수가 가장 많은 경우의 그 본인(이하 '최대주주'라 한다.)

　2. 다음 각 목의 어느 하나에 해당하는 자(이하 '주요주주'라 한다.)

　　가. 누구의 명의로 하든지 자기의 계산으로 법인의 의결권 있는 발
　　　행주식총수의 100분의 10 이상의 주식을 소유한 자

　　나. 임원의 임면(임면) 등의 방법으로 법인의 중요한 경영사항에 대하
　　　여 사실상의 영향력을 행사하는 주주로서 대통령령으로 정하는 자

② 이 법에서 '임원'이란 이사 및 감사를 말한다.

③ 이 법에서 '사외이사'란 회사의 상시적인 업무에 종사하지 아니하는
자로서 제25조에 따라 선임되는 자를 말한다.

④ 이 법에서 '투자권유'란 특정 투자자를 상대로 금융투자상품의 매매
또는 투자자문계약·투자일임계약·신탁계약(관리신탁계약 및 투자성
없는 신탁계약을 제외한다.)의 체결을 권유하는 것을 말한다.

⑤ 이 법에서 '전문투자자'란 금융투자상품에 관한 전문성 구비 여부, 소
유자산규모 등에 비추어 투자에 따른 위험감수능력이 있는 투자자로
서 다음 각 호의 어느 하나에 해당하는 자를 말한다. 다만, 전문투자
자 중 대통령령으로 정하는 자가 일반투자자와 같은 대우를 받겠다는
의사를 금융투자업자에게 서면으로 통지하는 경우 금융투자업자는 정
당한 사유가 있는 경우를 제외하고는 이에 동의하여야 하며, 금융투
자업자가 동의한 경우에는 해당 투자자는 일반투자자로 본다.

1. 국가
2. 한국은행
3. 대통령령으로 정하는 금융기관
4. 주권상장법인
5. 그 밖에 대통령령으로 정하는 자

⑥ 이 법에서 '일반투자자'란 전문투자자가 아닌 투자자를 말한다.

⑦ 이 법에서 '모집'이란 대통령령으로 정하는 방법에 따라 산출한 50인
이상의 투자자에게 새로 발행되는 증권의 취득의 청약을 권유하는 것
을 말한다.

⑧ 이 법에서 '사모'란 새로 발행되는 증권의 취득의 청약을 권유하는
것으로서 모집에 해당하지 아니하는 것을 말한다.

⑨ 이 법에서 '매출'이란 대통령령으로 정하는 방법에 따라 산출한 50인
이상의 투자자에게 이미 발행된 증권의 매도의 청약을 하거나 매수의
청약을 권유하는 것을 말한다.

⑩ 이 법에서 '발행인'이란 증권을 발행하였거나 발행하고자 하는 자를
말한다. 다만, 증권예탁증권을 발행함에 있어서는 그 기초가 되는 증
권을 발행하였거나 발행하고자 하는 자를 말한다.

⑪ 이 법에서 '인수'란 증권을 모집·사모·매출하는 경우 다음 각 호의
어느 하나에 해당하는 행위를 하는 것을 말한다.

1. 제삼자에게 그 증권을 취득시킬 목적으로 그 증권의 전부 또는 일
부를 취득하는 것

2. 그 증권의 전부 또는 일부에 대하여 이를 취득하는 자가 없는 때에 그 나머지를 취득하는 것을 내용으로 하는 계약을 체결하는 것

⑫ 이 법에서 '인수인'이란 증권을 모집·사모·매출하는 경우 제11항 각 호의 어느 하나에 해당하는 행위를 하는 자를 말한다.

⑬ 이 법에서 '증권시장'이란 증권의 매매를 위하여 거래소가 개설하는 시장으로서 다음 각 호의 것을 말한다.

1. 제4조 제2항 각 호의 증권의 매매를 위하여 개설하는 시장(이하 '유가증권시장'이라 한다.)

2. 제4조 제2항 각 호의 증권 중 대통령령으로 정하는 증권의 매매를 위하여 개설하는 시장(이하 '코스닥시장'이라 한다.)

⑭ 이 법에서 '파생상품시장'이란 장내파생상품의 매매를 위하여 거래소가 개설하는 시장을 말한다.

⑮ 이 법에서 '상장법인', '비상장법인', '주권상장법인' 및 '주권비상장법인'이란 각각 다음 각 호의 자를 말한다.

1. 상장법인: 증권시장에 상장된 증권(이하 '상장증권'이라 한다.)을 발행한 법인

2. 비상장법인: 상장법인을 제외한 법인

3. 주권상장법인: 증권시장에 상장된 주권을 발행한 법인

4. 주권비상장법인: 주권상장법인을 제외한 법인

⑯ 이 법에서 '외국법인등'이란 다음 각 호의 어느 하나에 해당하는 자를 말한다.

1. 외국 정부

2. 외국 지방자치단체

3. 외국 공공단체

4. 외국 법령에 따라 설립된 외국 기업

5. 대통령령으로 정하는 국제기구

6. 그 밖에 외국에 있는 법인 등으로서 대통령령으로 정하는 자

⑰ 이 법에서 '금융투자업관계기관'이란 다음 각 호의 자를 말한다.

1. 제283조에 따라 설립된 한국금융투자협회(이하 '협회'라 한다.)

2. 제294조에 따라 설립된 한국예탁결제원(이하 '예탁결제원'이라 한다.)

3. 제324조 제1항에 따라 인가를 받은 자(이하 '증권금융회사'라 한다.)

4. 제336조에 따른 종합금융회사

5. 제355조 제1항에 따라 인가를 받은 자(이하 '자금중개회사'라 한다.)

6. 제360조 제1항에 따라 인가를 받은 자(이하 '단기금융회사'라 한다.)

7. 제365조 제1항에 따라 인가를 받은 자(이하 '명의개서대행회사'라 한다.)

8. 제370조에 따라 설립된 금융투자 관계 단체

⑱ 이 법에서 '집합투자기구'란 집합투자를 수행하기 위한 기구로서 다음 각 호의 것을 말한다.

1. 집합투자업자인 위탁자가 신탁업자에게 신탁한 재산을 신탁업자로 하여금 그 집합투자업자의 지시에 따라 투자·운용하게 하는 신탁 형태의 집합투자기구(이하 '투자신탁'이라 한다.)

2. '상법'에 따른 주식회사 형태의 집합투자기구(이하 '투자회사'라 한다.)

3. '상법'에 따른 유한회사 형태의 집합투자기구(이하 '투자유한회사'라 한다.)

4. '상법'에 따른 합자회사 형태의 집합투자기구(이하 '투자합자회사'라 한다.)

5. '민법'에 따른 조합 형태의 집합투자기구(이하 '투자조합'이라 한다.)

6. '상법'에 따른 익명조합 형태의 집합투자기구(이하 '투자익명조합'이라 한다.)

7. 경영권 참여, 사업구조 또는 지배구조의 개선 등을 위하여 지분증권 등에 투자·운용하는 투자합자회사로서 지분증권을 사모로만 발행하는 집합투자기구(이하 '사모투자전문회사'라 한다.)

⑲ 이 법에서 '사모집합투자기구'란 집합투자증권을 사모로만 발행하는 집합투자기구로서 대통령령으로 정하는 투자자의 총수가 대통령령으로 정하는 수 이하인 것을 말한다.

⑳ 이 법에서 '집합투자재산'이란 집합투자기구의 재산으로서 투자신탁재

산, 투자회사재산, 투자유한회사재산, 투자합자회사재산, 투자조합재산
및 투자익명조합재산을 말한다.

㉑ 이 법에서 '집합투자증권'이란 집합투자기구에 대한 출자지분(투자신
탁의 경우에는 수익권을 말한다.)이 표시된 것을 말한다.

㉒ 이 법에서 '집합투자규약'이란 집합투자기구의 조직, 운영 및 투자자
의 권리·의무를 정한 것으로서 투자신탁의 신탁계약, 투자회사·투
자유한회사·투자합자회사의 정관 및 투자조합·투자익명조합의 조
합계약을 말한다.

㉓ 이 법에서 '집합투자자총회'란 집합투자기구의 투자자 전원으로 구성
된 의사결정기관으로서 수익자총회, 주주총회, 사원총회, 조합원총회
및 익명조합원총회를 말한다.

㉔ 이 법에서 '신탁'이란 '신탁법' 제1조 제2항의 신탁을 말한다.

제10조 (다른 법률과의 관계)

① 금융투자업에 관하여는 다른 법률에 특별한 규정이 있는 경우를 제외
하고는 이 법이 정하는 바에 따른다.

② 금융투자업자가 금융투자업을 영위하는 경우에는 '형법' 제246조를
적용하지 아니한다.

제2편 금융투자업

제1장 금융투자업의 인가 및 등록

제1절 인가요건 및 절차

제11조 (무인가 영업행위 금지)

누구든지 이 법에 따른 금융투자업인가(변경인가를 포함한다.)를 받지 아
니하고는 금융투자업(투자자문업 및 투자일임업을 제외한다. 이하 이 절에

서 같다.)을 영위하여서는 아니 된다.

제12조 (금융투자업의 인가)

① 금융투자업을 영위하려는 자는 다음 각 호의 사항을 구성요소로 하여 대통령령으로 정하는 업무 단위(이하 '인가업무 단위'라 한다.)의 전부나 일부를 선택하여 금융감독위원회로부터 하나의 금융투자업인가를 받아야 한다.

1. 금융투자업의 종류(투자매매업, 투자중개업, 집합투자업 및 신탁업을 말하되, 투자매매업 중 인수업을 포함한다.)

2. 금융투자상품(집합투자업의 경우에는 제229조에 따른 집합투자기구의 종류를 말하며, 신탁업의 경우에는 제103조 제1항 각 호의 신탁재산을 말한다.)의 범위(증권, 장내파생상품 및 장외파생상품을 말하되, 증권 중 국채증권, 사채권, 그 밖에 대통령령으로 정하는 것을 포함하고 파생상품 중 주권을 기초자산으로 하는 파생상품·그 밖에 대통령령으로 정하는 것을 포함한다.)

3. 투자자의 유형(전문투자자 및 일반투자자를 말한다. 이하 같다.)

② 제1항에 따라 금융투자업인가를 받으려는 자는 다음 각 호의 요건을 모두 갖추어야 한다.

1. 다음 각 목의 어느 하나에 해당하는 자일 것. 다만, 투자중개업 중 제78조에 따른 전자증권중개업무를 하고자 하는 자의 경우에는 '상법'에 따른 주식회사로서 거래소의 회원이어야 한다.

가. '상법'에 따른 주식회사이거나 대통령령으로 정하는 금융기관

나. 외국 금융투자업자(외국 법령에 따라 외국에서 금융투자업에 상당하는 영업을 영위하는 자를 말한다. 이하 같다.)로서 외국에서 영위하고 있는 영업에 상당하는 금융투자업 수행에 필요한 지점, 그 밖의 영업소를 설치한 자

2. 인가업무 단위별로 5억 원 이상으로서 대통령령으로 정하는 금액 이상의 자기자본을 갖출 것

3. 사업계획이 타당하고 건전할 것
4. 투자자의 보호가 가능하고 그 영위하고자 하는 금융투자업을 수행하기에 충분한 인력과 전산설비, 그 밖의 물적 설비를 갖출 것
5. 임원이 제24조 각 호의 어느 하나에 해당하지 아니할 것
6. 대주주나 외국 금융투자업자가 다음 각 목의 구분에 따른 요건을 갖출 것
   가. 제1호 가목의 경우 대주주(최대주주의 특수관계인인 주주를 포함하며, 최대주주가 법인인 경우 그 법인의 중요한 경영사항에 대하여 사실상 영향력을 행사하고 있는 자로서 대통령령으로 정하는 자를 포함한다.)가 충분한 출자능력, 건전한 재무상태 및 사회적 신용을 갖출 것
   나. 제1호 나목의 경우 외국 금융투자업자가 충분한 출자능력, 건전한 재무상태 및 사회적 신용을 갖출 것
7. 금융투자업자와 투자자 간, 특정 투자자와 다른 투자자 간의 이해상충(이해상충)을 방지하기 위한 체계를 갖출 것
③ 제2항의 인가요건에 관하여 필요한 세부사항은 대통령령으로 정한다.

제13조 (인가의 신청 및 심사)
① 제12조 제1항에 따른 금융투자업인가를 받으려는 자는 인가신청서를 금융감독위원회에 제출하여야 한다.
② 금융감독위원회는 제1항의 인가신청서를 접수한 경우에는 그 내용을 심사하여 3개월(제14조에 따른 예비인가를 받은 경우에는 1개월) 이내에 금융투자업인가 여부를 결정하고, 그 결과와 이유를 지체 없이 신청인에게 문서로 통지하여야 한다. 이 경우 인가신청서에 흠결(흠결)이 있는 때에는 보완을 요구할 수 있다.
③ 제2항의 심사 기간을 산정함에 있어서 인가신청서 흠결의 보완 기간 등 재정경제부령으로 정하는 기간은 심사 기간에 산입(산입)하지 아니한다.
④ 금융감독위원회는 제2항에 따라 금융투자업인가를 하는 경우에는 경

영의 건전성 확보 및 투자자 보호에 필요한 조건을 붙일 수 있다.

⑤ 제4항에 따라 조건이 붙은 금융투자업인가를 받은 자는 사정의 변경, 그 밖에 정당한 사유가 있는 경우에는 금융감독위원회에 조건의 취소 또는 변경을 신청할 수 있다. 이 경우 금융감독위원회는 2개월 이내에 조건의 취소 또는 변경 여부를 결정하고, 그 결과를 지체 없이 신청인에게 문서로 통지하여야 한다.

⑥ 금융감독위원회는 제2항에 따라 금융투자업인가를 하거나 제5항에 따라 그 인가의 조건을 취소 또는 변경한 경우에는 다음 각 호의 사항을 관보 및 인터넷 홈페이지 등에 공고하여야 한다.

   1. 금융투자업인가의 내용

   2. 금융투자업인가의 조건(조건을 붙인 경우에 한한다.)

   3. 금융투자업인가의 조건을 취소하거나 변경한 경우 그 내용(조건을 취소하거나 변경한 경우에 한한다.)

⑦ 제1항부터 제6항까지의 규정에 따른 인가신청서의 기재사항·첨부서류 등 인가의 신청에 관한 사항과 인가심사의 방법·절차, 그 밖에 필요한 사항은 대통령령으로 정한다.

제14조 (예비인가)

① 제12조에 따른 금융투자업인가(이하 이 조에서 '본인가'라 한다.)를 받으려는 자는 미리 금융감독위원회에 예비인가를 신청할 수 있다.

② 금융감독위원회는 예비인가를 신청받은 경우에는 2개월 이내에 제12조 제2항 각 호의 요건을 갖출 수 있는지 여부를 심사하여 예비인가 여부를 결정하고, 그 결과와 이유를 지체 없이 신청인에게 문서로 통지하여야 한다. 이 경우 예비인가신청에 관하여 흠결이 있는 때에는 보완을 요구할 수 있다.

③ 제2항의 심사 기간을 산정함에 있어서 예비인가신청과 관련된 흠결의 보완 기간 등 재정경제부령으로 정하는 기간은 심사 기간에 산입하지 아니한다.

④ 금융감독위원회는 제2항에 따라 예비인가를 하는 경우에는 경영의 건
전성 확보 및 투자자 보호에 필요한 조건을 붙일 수 있다.

⑤ 금융감독위원회는 예비인가를 받은 자가 본인가를 신청하는 경우에는
제4항에 따른 예비인가의 조건을 이행하였는지 여부와 제12조 제2항
각 호의 요건을 갖추었는지 여부를 확인한 후 본인가 여부를 결정하
여야 한다.

⑥ 제1항부터 제5항까지의 규정에 따른 예비인가의 신청서 및 그 기재사
항·첨부서류 등 예비인가의 신청에 관한 사항과 예비인가심사의 방법·
절차, 그 밖에 예비인가에 관하여 필요한 사항은 대통령령으로 정한다.

제15조 (인가요건의 유지)

금융투자업자는 제12조에 따른 금융투자업인가를 받아 그 영업을 영위함
에 있어서 제12조 제2항 각 호의 인가요건(같은 조 같은 항 제2호 및 제6
호의 경우에는 대통령령으로 정하는 완화된 요건을 말한다.)을 유지하여야
한다.

제16조 (업무의 추가 및 인가의 변경)

① 금융투자업자는 제12조에 따라 인가받은 인가업무 단위 외에 다른 인
가업무 단위를 추가하여 금융투자업을 영위하려는 경우에는 제12조
및 제13조에 따라 금융감독위원회의 변경인가를 받아야 한다. 이 경
우 제14조를 적용하지 아니한다.

② 제1항의 변경인가를 함에 있어서 제12조 제2항 제6호의 인가요건에
관하여는 같은 호에 불구하고 제15조의 완화된 요건을 적용한다.

제2절 등록요건 및 절차

제17조 (미등록 영업행위의 금지)

누구든지 이 법에 따른 금융투자업등록(변경등록을 포함한다.)을 하지 아

니하고는 투자자문업 또는 투자일임업을 영위하여서는 아니 된다.

제18조 (투자자문업 또는 투자일임업의 등록)

① 투자자문업 또는 투자일임업을 영위하려는 자는 다음 각 호의 사항을 구성요소로 하여 대통령령으로 정하는 업무 단위(이하 '등록업무 단위'라 한다.)의 전부나 일부를 선택하여 금융감독위원회에 하나의 금융투자업등록을 하여야 한다.

  1. 투자자문업 또는 투자일임업

  2. 금융투자상품의 범위(증권, 장내파생상품 및 장외파생상품을 말한다.)

  3. 투자자의 유형

② 제1항에 따라 금융투자업등록을 하려는 자는 다음 각 호의 요건을 모두 갖추어야 한다.

  1. 다음 각 목의 어느 하나에 해당하는 자일 것. 다만, 외국 투자자문업자(외국 법령에 따라 외국에서 투자자문업에 상당하는 영업을 영위하는 자를 말한다. 이하 같다.) 또는 외국 투자일임업자(외국 법령에 따라 외국에서 투자일임업에 상당하는 영업을 영위하는 자를 말한다. 이하 같다.)가 외국에서 국내 거주자를 상대로 직접 영업을 하거나 통신수단을 이용하여 투자자문업 또는 투자일임업을 영위하는 경우에는 적용하지 아니한다.

    가. '상법'에 따른 주식회사

    나. 외국 투자자문업자로서 투자자문업의 수행에 필요한 지점, 그 밖의 영업소를 설치한 자

    다. 외국 투자일임업자로서 투자일임업의 수행에 필요한 지점, 그 밖의 영업소를 설치한 자

  2. 등록업무 단위별로 1억 원 이상으로서 대통령령으로 정하는 금액 이상의 자기자본을 갖출 것

  3. 다음 각 목의 구분에 따른 투자권유자문인력(제286조 제1항 제3호 가목에 따른 투자권유자문인력을 말한다. 이하 같다.) 또는 투자운

용인력(제286조 제1항 제3호 다목에 따른 투자운용인력을 말한다.
이하 같다.)을 갖출 것. 이 경우 제1호 각 목 외의 부분 단서에 규
정된 자가 해당 국가에서 투자권유자문인력 또는 투자운용인력에
상당하는 자를 다음 각 목의 수 이상 확보하고 있는 때에는 해당
요건을 갖춘 것으로 본다.

　　가. 투자자문업의 경우에는 투자권유자문인력을 대통령령으로 정하
　　　　는 수 이상 갖출 것

　　나. 투자일임업의 경우에는 투자운용인력을 대통령령으로 정하는 수
　　　　이상 갖출 것

4. 임원이 제24조 각 호의 어느 하나에 해당하지 아니할 것

5. 대주주나 외국 투자자문업자 또는 외국 투자일임업자가 다음 각 목
의 구분에 따른 요건을 갖출 것

　　가. 제1호 가목의 경우 대주주(제12조 제2항 제6호 가목의 대주주를
　　　　말한다.)가 대통령령으로 정하는 사회적 신용을 갖출 것

　　나. 제1호 각 목 외의 부분 단서 및 같은 호 나목·다목의 경우 외
　　　　국 투자자문업자 또는 외국 투자일임업자가 대통령령으로 정하
　　　　는 사회적 신용을 갖출 것

6. 금융투자업자와 투자자 간, 특정 투자자와 다른 투자자 간의 이해상
충을 방지하기 위한 체계로서 대통령령으로 정하는 요건을 갖출 것

제19조 (등록의 신청 등)

① 제18조에 따른 금융투자업등록을 하려는 자는 등록신청서를 금융감독
위원회에 제출하여야 한다.

② 금융감독위원회는 제1항의 등록신청서를 접수한 경우에는 그 내용을
검토하여 2개월 이내에 금융투자업등록 여부를 결정하고, 그 결과와
이유를 지체 없이 신청인에게 문서로 통지하여야 한다. 이 경우 등록
신청서에 흠결이 있는 때에는 보완을 요구할 수 있다.

③ 제2항의 검토 기간을 산정함에 있어서 등록신청서 흠결의 보완 기간

등 재정경제부령으로 정하는 기간은 검토 기간에 산입하지 아니한다.

④ 금융감독위원회는 제2항의 금융투자업등록 여부를 결정함에 있어서 다음 각 호의 어느 하나에 해당하는 사유가 없는 한 등록을 거부하여서는 아니 된다.

  1. 제18조 제2항의 금융투자업등록요건을 갖추지 아니한 경우

  2. 제1항의 등록신청서를 거짓으로 작성한 경우

  3. 제2항 후단의 보완요구를 이행하지 아니한 경우

⑤ 금융감독위원회는 제2항에 따라 금융투자업등록을 결정한 경우 투자자문업자등록부 또는 투자일임업자등록부에 필요한 사항을 기재하여야 하며, 등록결정한 내용을 관보 및 인터넷 홈페이지 등에 공고하여야 한다.

⑥ 제1항부터 제5항까지의 규정에 따른 등록신청서의 기재사항·첨부서류 등 등록의 신청에 관한 사항과 등록검토의 방법·절차, 그 밖에 필요한 사항은 대통령령으로 정한다.

제20조 (등록요건의 유지)

투자자문업자 또는 투자일임업자는 금융투자업등록 이후 그 영업을 영위함에 있어서 제18조 제2항 각 호의 등록요건(같은 조 같은 항 제2호 및 제5호의 경우에는 대통령령으로 정하는 완화된 요건을 말한다.)을 유지하여야 한다.

제21조 (업무의 추가 및 변경등록)

① 금융투자업자는 제18조에 따라 등록한 등록업무 단위 외에 다른 등록업무 단위를 추가하여 금융투자업을 영위하려는 경우에는 제18조 및 제19조에 따라 금융감독위원회에 변경등록하여야 한다.

② 제1항의 변경등록을 함에 있어서 제18조 제2항 제5호의 등록요건에 관하여는 같은 호에 불구하고 제20조의 완화된 요건을 적용한다.

제2장 금융투자업자의 지배구조

제22조 (적용범위)

이 장은 다음 각 호의 어느 하나에 해당하는 자로서 금융투자업을 겸영 (겸영)하는 자(이하 '겸영금융투자업자'라 한다.)에게는 적용하지 아니한다.

> 1. '은행법' 제2조의 금융기관과 같은 법 제5조에서 금융기관으로 보는 신용사업 부문(이하 '은행'이라 한다.)
> 2. '보험업법' 제2조의 보험회사(이하 '보험회사'라 한다.)
> 3. 그 밖에 대통령령으로 정하는 금융기관 등

제23조 (대주주의 변경승인 등)

① 금융투자업자(투자자문업자 및 투자일임업자를 제외한다.)가 발행한 주식을 취득하여 대주주(제12조 제2항 제6호 가목의 대주주를 말하며, 대통령령으로 정하는 자를 제외한다. 이하 이 조에서 같다.)가 되고자 하는 자는 제12조 제2항 제6호 가목의 대주주 요건 중 건전한 경영을 위하여 대통령령으로 정하는 요건을 갖추어 미리 금융감독위원회의 승인을 받아야 한다.

② 금융감독위원회는 제1항에 따른 승인을 받지 아니하고 취득한 주식에 대하여 6개월 이내의 기간을 정하여 처분을 명할 수 있다.

③ 제1항에 따른 승인을 받지 아니하고 주식을 취득한 자는 승인 없이 취득한 주식의 취득분에 대하여 의결권을 행사할 수 없다.

④ 투자자문업자 및 투자일임업자는 대주주가 변경된 경우에는 이를 2주 이내에 금융감독위원회에 보고하여야 한다. 이 경우 투자자문업 또는 투자일임업과 제6조 제1항 제1호부터 제3호까지 및 제6호의 어느 하나에 해당하는 금융투자업을 함께 영위하는 자로서 제1항에 따라 승인을 받은 때에는 보고를 한 것으로 본다.

⑤ 제1항 및 제2항에 따른 승인 및 처분명령의 세부요건에 관하여 필요한 사항은 대통령령으로 정한다.

제24조 (임원의 자격)

다음 각 호의 어느 하나에 해당하는 자는 금융투자업자의 임원이 될 수 없으며, 임원이 된 후 이에 해당하게 된 경우에는 그 직(직)을 상실한다.

1. 미성년자, 금치산자 또는 한정치산자
2. 파산선고를 받은 자로서 복권되지 아니한 자
3. 금고 이상의 실형의 선고를 받거나 이 법, 대통령령으로 정하는 금융관련법령(이하 이 조에서 '금융관련법령'이라 한다.) 또는 외국 금융관련법령(이 법 또는 금융관련법령에 상당하는 외국의 법령을 말한다. 이하 이 조에서 같다.)에 따라 벌금 이상의 형을 선고받고 그 집행이 종료(집행이 종료된 것으로 보는 경우를 포함한다.)되거나 집행이 면제된 날부터 5년이 경과되지 아니한 자
4. 금고 이상의 형의 집행유예의 선고를 받고 그 유예 기간 중에 있는 자
5. 이 법, 금융관련법령 또는 외국 금융관련법령에 따라 영업의 허가·인가·등록 등이 취소된 법인 또는 회사의 임직원이었던 자(그 취소 사유의 발생에 관하여 직접 또는 이에 상응하는 책임이 있는 자로서 대통령령으로 정하는 자에 한한다.)로서 그 법인 또는 회사에 대한 취소가 있는 날부터 5년이 경과되지 아니한 자
6. 이 법, 금융관련법령 또는 외국 금융관련법령에 따라 해임되거나 면직된 날부터 5년이 경과되지 아니한 자
7. 재임 또는 재직 중이었더라면 이 법 또는 금융관련법령에 따라 해임요구 또는 면직요구의 조치를 받았을 것으로 통보된 퇴임한 임원 또는 퇴직한 직원으로서 그 통보된 날부터 5년(통보된 날부터 5년이 퇴임 또는 퇴직한 날부터 7년을 초과하는 경우에는 퇴임 또는 퇴직한 날부터 7년으로 한다.)이 경과되지 아니한 자
8. 그 밖에 투자자 보호 및 건전한 거래질서를 해할 우려가 있는 자로서 대통령령으로 정하는 자

제25조 (사외이사의 선임 및 이사회의 구성)

① 금융투자업자(자산규모 등을 고려하여 대통령령으로 정하는 금융투자
   업자를 제외한다. 이하 이 조에서 같다.)는 사외이사(사외이사)를 3인
   이상 두어야 하며, 사외이사는 이사 총수의 2분의 1 이상이 되도록
   하여야 한다.

② 금융투자업자는 사외이사후보를 추천하기 위하여 '상법' 제393조의 2
   에 따른 위원회(이하 '사외이사후보추천위원회'라 한다.)를 설치하여야
   한다. 이 경우 사외이사후보추천위원회는 사외이사가 총 위원의 2분
   의 1 이상이 되도록 구성하여야 한다.

③ 제2항 후단은 최초로 제1항의 요건에 해당되어 사외이사를 두어야 하는
   금융투자업자가 그 사외이사를 선임하는 경우에는 적용하지 아니한다.

④ 금융투자업자는 주주총회에서 사외이사를 선임하고자 하는 경우에는
   사외이사후보추천위원회의 추천을 받은 자 중에서 선임하여야 한다.
   이 경우 사외이사후보추천위원회가 사외이사후보를 추천함에 있어서
   는 제29조 제6항에 따른 주주제안권을 행사할 수 있는 요건을 갖춘
   주주가 추천한 사외이사후보를 포함시켜야 한다.

⑤ 다음 각 호의 어느 하나에 해당하는 자는 제1항에 따른 금융투자업자
   의 사외이사가 될 수 없으며, 사외이사가 된 후 이에 해당하게 된 경
   우에는 그 직을 상실한다. 다만, 제2호를 적용함에 있어서 사외이사가
   됨으로써 최대주주의 특수관계인에 해당하게 된 자의 경우에는 사외
   이사가 될 수 있다.

1. 최대주주

2. 최대주주의 특수관계인

3. 주요주주 및 그의 배우자와 직계존비속

4. 해당 회사 또는 그 계열회사('독점규제 및 공정거래에 관한 법률'에
   따른 계열회사를 말한다. 이하 같다.)의 상근 임직원이거나 최근 2년
   이내에 상근 임직원이었던 자

5. 해당 회사의 임원의 배우자 및 직계존비속

6. 해당 회사와 대통령령으로 정하는 중요한 거래관계가 있거나 사업

상 경쟁관계 또는 협력관계에 있는 법인의 상근 임직원이거나 최근 2년 이내에 상근 임직원이었던 자

7. 해당 회사의 임직원이 비상근이사로 있는 회사의 상근 임직원

8. 그 밖에 사외이사로서의 직무를 충실하게 수행하기 곤란하거나 해당 회사의 경영에 영향을 미칠 수 있는 자로서 대통령령으로 정하는 자

⑥ 금융투자업자는 사외이사의 사임·사망 등 사전에 예측하지 못한 사유로 인하여 사외이사의 수가 제1항에 따른 이사회의 구성요건에 미달하게 된 경우에는 그 사유가 발생한 후 최초로 소집되는 주주총회에서 제1항에 따른 요건에 합치되도록 하여야 한다.

제26조 (감사위원회의 설치)

① 금융투자업자(자산규모 등을 고려하여 대통령령으로 정하는 금융투자업자를 제외한다. 이하 이 조에서 같다.)는 '상법' 제415조의 2에 따른 감사위원회(이하 '감사위원회'라 한다.)를 설치하여야 한다.

② 감사위원회는 다음 각 호의 요건을 모두 충족하여야 한다.

  1. 총 위원의 3분의 2 이상이 사외이사일 것

  2. 위원 중 1인 이상은 대통령령으로 정하는 회계 또는 재무전문가일 것

  3. 감사위원회의 대표는 사외이사일 것

③ 다음 각 호의 어느 하나에 해당하는 자는 사외이사가 아닌 감사위원회의 위원이 될 수 없으며, 사외이사가 아닌 감사위원회의 위원이 된 후 이에 해당하게 된 경우에는 그 직을 상실한다. 다만, 해당 회사의 상근감사 또는 사외이사가 아닌 감사위원회의 위원으로 재임 중이거나 재임하였던 자는 제2호에 불구하고 사외이사가 아닌 감사위원회의 위원이 될 수 있다.

  1. 해당 회사의 주요주주

  2. 해당 회사의 상근 임직원 또는 최근 2년 이내에 상근 임직원이었던 자

  3. 그 밖에 해당 회사의 경영에 영향을 미칠 수 있는 자 등 사외이사가 아닌 감사위원회의 위원으로서의 직무를 충실하게 수행하기 곤

란한 자로서 대통령령으로 정하는 자

④ 금융투자업자는 사외이사의 사임·사망 등 사전에 예측하지 못한 사유로 인하여 사외이사의 수가 제2항에 따른 감사위원회의 구성요건에 미달하게 된 경우에는 그 사유가 발생한 후 최초로 소집되는 주주총회에서 제2항에 따른 요건에 합치되도록 하여야 한다.

⑤ '상법' 제415조의 2 제2항 단서는 제1항에 따른 감사위원회의 구성에 관하여는 적용하지 아니한다.

⑥ '상법' 제409조 제2항 및 제3항은 감사위원회의 위원이 되는 사외이사의 선임에 관하여 준용한다.

제27조 (상근감사)

① 금융투자업자(자산규모 등을 고려하여 대통령령으로 정하는 금융투자업자를 제외한다.)는 1인 이상의 상근감사를 두어야 한다. 다만, 이 법에 따라 감사위원회를 설치한 경우(감사위원회 설치 의무가 없는 금융투자업자가 제26조 제2항 및 제3항의 요건을 갖춘 감사위원회를 설치한 경우를 포함한다.)에는 상근감사를 두지 아니할 수 있다.

② 제26조 제3항은 제1항에 따른 상근감사의 자격에 관하여 준용한다.

제28조 (내부통제기준 및 준법감시인)

① 금융투자업자는 법령을 준수하고, 자산을 건전하게 운용하며, 이해상충방지 등 투자자를 보호하기 위하여 그 금융투자업자의 임직원이 직무를 수행함에 있어서 준수하여야 할 적절한 기준 및 절차(이하 '내부통제기준'이라 한다.)를 정하여야 한다.

② 금융투자업자(자산규모 등을 고려하여 대통령령으로 정하는 투자자문업자 및 투자일임업자를 제외한다. 이하 이 조에서 같다.)는 내부통제기준의 준수 여부를 점검하고 내부통제기준을 위반하는 경우 이를 조사하여 감사위원회 또는 감사에게 보고하는 자(이하 '준법감시인'이라 한다.)를 1인 이상 두어야 한다.

③ 금융투자업자는 준법감시인을 임면하고자 하는 경우에는 이사회 결의
  를 거쳐야 한다.

④ 준법감시인은 다음 각 호의 요건을 모두 충족한 자이어야 하며, 준법
  감시인이 된 후 제2호 또는 제3호의 요건을 충족하지 못하게 된 경우
  에는 그 직을 상실한다.

  1. 다음 각 목의 어느 하나에 해당하는 경력이 있는 자일 것. 다만, 가
     목부터 라목까지의 어느 하나에 해당하는 자가 라목에서 규정한 기
     관에서 퇴임 또는 퇴직한 후 5년이 경과되지 아니한 경우에는 준법
     감시인이 되지 못한다.

     가. 한국은행 또는 '금융감독기구의 설치 등에 관한 법률' 제38조에
        따른 검사대상기관(이에 상당하는 외국 금융기관을 포함한다.)에
        서 합산하여 10년 이상 근무한 경력이 있는 자

     나. 금융 관련 분야의 석사학위 이상의 학위소지자로서 연구기관 또
        는 대학에서 연구원 또는 전임강사 이상의 직에 합산하여 5년
        이상 근무한 경력이 있는 자

     다. 변호사 또는 공인회계사의 자격을 가진 자로서 그 자격과 관련
        된 업무에 합산하여 5년 이상 종사한 경력이 있는 자

     라. 재정경제부, 금융감독위원회, 증권선물위원회, 금융감독원('금융
        감독기구의 설치 등에 관한 법률'에 따른 금융감독원을 말한다.
        이하 같다.), 거래소, 협회 또는 금융 관련 법제업무 기관에서 합
        산하여 5년 이상 근무한 경력이 있는 자

  2. 제24조 각 호의 어느 하나에 해당하지 아니할 것

  3. 최근 5년간 이 법 또는 대통령령으로 정하는 금융관련법령을 위반
     하여 금융감독위원회 또는 금융감독원 원장(이하 '금융감독원장'이
     라 한다.), 그 밖에 대통령령으로 정하는 기관으로부터 제422조 제1
     항 제3호에 따른 문책경고 또는 같은 조 제2항 제4호에 따른 견책
     요구 이상에 해당하는 조치를 받은 사실이 없을 것

⑤ 준법감시인은 선량한 관리자의 주의로 그 직무를 수행하여야 하며,

다음 각 호의 업무를 수행하는 직무를 담당하여서는 아니 된다.

1. 해당 금융투자업자의 고유재산의 운용업무
2. 해당 금융투자업자가 영위하고 있는 금융투자업 및 그 부수업무
3. 해당 금융투자업자가 제40조에 따라 영위하고 있는 업무

⑥ 금융투자업자는 준법감시인이 그 직무를 독립적으로 수행할 수 있도록 하여야 한다.

⑦ 금융투자업자는 준법감시인을 임면한 때에는 그 사실을 금융감독위원회에 통보하여야 한다.

⑧ 금융투자업자의 임직원은 준법감시인이 그 직무를 수행함에 있어서 자료나 정보의 제출을 요구하는 경우 이에 성실히 응하여야 한다.

⑨ 금융투자업자는 준법감시인이었던 자에 대하여 그 직무수행과 관련된 사유로 부당한 인사상의 불이익을 주어서는 아니 된다.

⑩ 그 밖에 내부통제기준 및 준법감시인에 관하여 필요한 사항은 대통령령으로 정한다.

제29조 (소수주주권)

① 6개월 전부터 계속하여 금융투자업자(자산규모 등을 고려하여 대통령령으로 정하는 금융투자업자를 제외한다. 이하 이 조에서 같다.)의 발행주식총수의 10만 분의 5 이상에 해당하는 주식을 소유(주주권 행사에 관한 위임장을 취득하거나 2인 이상의 주주가 주주권을 공동 행사하는 경우를 포함한다. 이하 이 조에서 같다.)한 자는 '상법' 제403조(같은 법 제324조, 제415조, 제424조의 2, 제467조의 2 및 제542조에서 준용하는 경우를 포함한다.)에서 규정하는 주주의 권리를 행사할 수 있다.

② 6개월 전부터 계속하여 금융투자업자의 발행주식총수의 100만 분의 250(대통령령으로 정하는 금융투자업자의 경우에는 100만 분의 125) 이상에 해당하는 주식을 소유한 자는 '상법' 제402조(같은 법 제542조에서 준용하는 경우를 포함한다.)에서 규정하는 주주의 권리를 행사할 수 있다.

③ 6개월 전부터 계속하여 금융투자업자의 발행주식총수의 10만 분의 50(대통령령으로 정하는 금융투자업자의 경우에는 10만 분의 25) 이상에 해당하는 주식을 소유한 자는 '상법' 제466조에서 규정하는 주주의 권리를 행사할 수 있다.

④ 6개월 전부터 계속하여 금융투자업자의 발행주식총수의 10만 분의 250(대통령령으로 정하는 금융투자업자의 경우에는 10만 분의 125) 이상에 해당하는 주식을 소유한 자는 '상법' 제385조(같은 법 제415조에서 준용하는 경우를 포함한다.) 및 같은 법 제539조에서 규정하는 주주의 권리를 행사할 수 있다.

⑤ 6개월 전부터 계속하여 금융투자업자의 발행주식총수의 1만 분의 150(대통령령으로 정하는 금융투자업자의 경우에는 1만 분의 75) 이상에 해당하는 주식을 소유한 자는 '상법' 제366조(같은 법 제542조에서 준용하는 경우를 포함한다. 이하 이 항에서 같다.) 및 제467조에서 규정하는 주주의 권리를 행사할 수 있다. 이 경우 같은 법 제366조에서 규정하는 주주의 권리를 행사할 때에는 의결권 있는 주식을 기준으로 한다.

⑥ 6개월 전부터 계속하여 금융투자업자의 의결권 있는 발행주식총수의 1만 분의 50(대통령령으로 정하는 금융투자업자의 경우에는 1만 분의 25) 이상에 해당하는 주식을 소유한 자는 '상법' 제363조의 2에서 규정하는 주주의 권리를 행사할 수 있다.

⑦ 제1항부터 제6항까지의 규정은 그 각 항에서 규정하는 '상법'의 해당 규정에 따른 소수주주권의 행사에 영향을 미치지 아니한다.

⑧ 제1항의 주주가 '상법' 제403조(같은 법 제324조, 제415조, 제424조의 2, 제467조의 2 및 제542조에서 준용하는 경우를 포함한다.)에 따른 소송을 제기하여 승소한 경우에는 금융투자업자에게 소송비용, 그 밖에 소송으로 인한 모든 비용의 지급을 청구할 수 있다.

제3장 건전경영 유지

제1절 경영건전성 감독

제30조 (재무건전성 유지)

① 금융투자업자(겸영금융투자업자, 그 밖에 대통령령으로 정하는 금융투자업자를 제외한다. 이하 이 조에서 같다.)는 제1호의 합계액에서 제2호의 합계액을 뺀 금액(이하 '영업용순자본'이라 한다.)을 금융투자업자의 자산 및 부채에 내재하거나 업무에 수반되는 위험을 금액으로 환산하여 합계한 금액(이하 '총위험액'이라 한다.) 이상으로 유지하여야 한다.

  1. 자본금·준비금, 그 밖에 재정경제부령으로 정하는 금액

  2. 고정자산, 그 밖에 단기간 내에 유동화가 어려운 자산으로서 재정경제부령으로 정하는 자산

② 제1항의 영업용순자본과 총위험액의 산정에 관한 구체적인 기준 및 방법은 금융감독위원회가 정하여 고시한다.

③ 금융투자업자는 매 분기의 말일을 기준으로 영업용순자본에서 총위험액을 뺀 금액을 기재한 서면을 해당 분기의 말일부터 45일 이내로서 대통령령으로 정하는 기간 이내에 금융감독위원회에 보고하여야 하며, 보고 기간 종료일부터 3개월간 본점과 지점, 그 밖의 영업소에 비치하고, 인터넷 홈페이지 등을 이용하여 공시하여야 한다.

제31조 (경영건전성기준)

① 금융투자업자(겸영금융투자업자를 제외한다. 이하 이 절에서 같다.)는 경영의 건전성을 유지하기 위하여 다음 각 호의 사항에 관하여 금융감독위원회가 정하여 고시하는 경영건전성기준을 준수하여야 하며, 이를 위한 적절한 체계를 구축·시행하여야 한다.

  1. 자기자본비율, 그 밖의 자본의 적정성에 관한 사항

  2. 자산의 건전성에 관한 사항

3. 유동성에 관한 사항

4. 그 밖에 경영의 건전성 확보를 위하여 필요한 사항으로서 대통령령
   으로 정하는 사항

② 금융감독위원회는 제1항에 따른 경영건전성기준을 정함에 있어서 금
   융투자업자가 영위하는 금융투자업의 종류 등을 고려하여 금융투자업
   별로 그 내용을 달리 정할 수 있다.

③ 금융감독위원회는 금융투자업자의 경영건전성 확보를 위한 경영실태
   및 위험에 대한 평가를 실시하여야 한다.

④ 금융감독위원회는 금융투자업자가 제1항 및 제2항의 기준을 충족하지
   못하거나 제30조 제1항 및 제2항을 위반한 경우에는 금융투자업자에
   대하여 자본금의 증액, 이익배당의 제한 등 경영건전성 확보를 위한
   필요한 조치를 명할 수 있다.

제32조 (회계처리)

① 금융투자업자는 다음 각 호에 따라 회계처리를 하여야 한다.

   1. 회계연도를 금융투자업별로 재정경제부령으로 정하는 기간으로 할 것

   2. 금융투자업자의 고유재산과 신탁재산, 그 밖에 재정경제부령으로 정
      하는 투자자재산을 명확히 구분하여 회계처리할 것

   3. 증권선물위원회의 심의를 거쳐 금융감독위원회가 정하여 고시하는
      금융투자업자 회계처리준칙 및 기업회계기준을 따를 것

② 금융투자업자의 고유재산의 회계처리에 관한 사항으로서 제1항에서
   정하지 아니한 회계처리, 계정과목의 종류와 배열순서, 그 밖에 필요
   한 사항은 금융감독위원회가 정하여 고시한다.

제33조 (업무보고서 및 공시)

① 금융투자업자는 매 사업연도 개시일부터 3개월간·6개월간·9개월간
   및 12개월간의 업무보고서를 작성하여 그 기간 경과 후 45일 이내로
   서 대통령령으로 정하는 기간 이내에 금융감독위원회에 제출하여야
   한다.

② 금융투자업자는 제1항에 따른 업무보고서를 금융감독위원회에 제출한
날부터 그 업무보고서 중 중요 사항을 발췌한 공시서류를 1년간 본점
과 지점, 그 밖의 영업소에 이를 비치하고, 인터넷 홈페이지 등을 이
용하여 공시하여야 한다.

③ 금융투자업자는 부실채권 또는 특별손실의 발생 등 금융투자업자의
경영상황에 중대한 영향을 미칠 사항으로서 금융투자업의 종류별로
대통령령으로 정하는 사항이 발생한 경우에는 금융감독위원회에 보고
하고, 인터넷 홈페이지 등을 이용하여 공시하여야 한다.

④ 제1항에 따른 업무보고서, 제2항에 따른 공시서류의 기재사항 및 제3항
에 따른 경영상황 공시, 그 밖에 필요한 사항은 대통령령으로 정한다.

제2절 대주주와의 거래제한 등

제34조 (대주주와의 거래 등의 제한)

① 금융투자업자(겸영금융투자업자를 제외한다. 이하 이 절에서 같다.)는
담보권의 실행 등 권리행사를 위하여 필요한 경우, 제176조 제3항 제1
호에 따른 안정조작이나 같은 항 제2호에 따른 시장조성을 하는 경우,
그 밖에 금융투자업자의 건전성을 해하지 아니하는 범위에서 금융투자
업의 효율적 수행을 위하여 대통령령으로 정하는 경우를 제외하고는
다음 각 호의 어느 하나에 해당하는 행위를 하여서는 아니 된다.

1. 그 금융투자업자의 대주주가 발행한 증권을 소유하는 행위

2. 그 금융투자업자의 특수관계인(금융투자업자의 대주주를 제외한다.)
중 대통령령으로 정하는 자가 발행한 주식, 채권 및 약속어음(기업
이 사업에 필요한 자금을 조달하기 위하여 발행한 것에 한한다.)을
소유하는 행위. 다만, 대통령령으로 정하는 비율의 범위에서 소유하
는 경우를 제외한다.

3. 그 밖에 금융투자업자의 건전한 자산운용을 해할 우려가 있는 행위
로서 대통령령으로 정하는 행위

② 금융투자업자는 대주주(그의 특수관계인을 포함한다. 이하 이 조에서
   같다.)에 대하여 신용공여(금전·증권 등 경제적 가치가 있는 재산의
   대여, 채무이행의 보증, 자금 지원적 성격의 증권의 매입, 그 밖에 거
   래상의 신용위험을 수반하는 직접적·간접적 거래로서 대통령령으로
   정하는 거래를 말한다. 이하 이 절에서 같다.)를 하여서는 아니 되며,
   대주주는 그 금융투자업자로부터 신용공여를 받아서는 아니 된다. 다
   만, 금융투자업자의 건전성을 해할 우려가 없는 신용공여로서 대통령
   령으로 정하는 신용공여의 경우에는 이를 할 수 있다.
③ 금융투자업자는 제1항 제2호 단서 또는 제2항 단서에 해당하는 행위
   (대통령령으로 정하는 행위를 제외한다.)를 하고자 하는 경우에는 미
   리 이사회 결의를 거쳐야 한다. 이 경우 이사회 결의는 재적 이사 전
   원의 찬성으로 한다.
④ 금융투자업자는 제1항 제2호 단서 또는 제2항 단서에 해당하는 행위
   (대통령령으로 정하는 행위를 제외한다.)를 한 경우에는 그 사실을 금
   융감독위원회에 지체 없이 보고하고, 인터넷 홈페이지 등을 이용하여
   공시하여야 한다.
⑤ 금융투자업자는 제4항에 따른 보고사항 중 대통령령으로 정하는 사항
   을 종합하여 분기별로 금융감독위원회에 보고하고, 인터넷 홈페이지
   등을 이용하여 공시하여야 한다.
⑥ 금융감독위원회는 금융투자업자 또는 그의 대주주가 제1항부터 제5항
   까지의 규정을 위반한 혐의가 있다고 인정될 경우에는 금융투자업자
   또는 그의 대주주에게 필요한 자료의 제출을 명할 수 있다.
⑦ 금융감독위원회는 금융투자업자의 대주주(회사에 한한다.)의 부채가
   자산을 초과하는 등 재무구조의 부실로 인하여 금융투자업자의 경영
   건전성을 현저히 해칠 우려가 있는 경우로서 대통령령으로 정하는
   경우에는 금융투자업자에 대하여 대주주가 발행한 증권의 신규취득
   및 제2항 단서에 따른 신용공여를 제한할 수 있다.

제35조 (대주주의 부당한 영향력 행사의 금지)

금융투자업자의 대주주(그의 특수관계인을 포함한다. 이하 이 조 및 제36조에서 같다.)는 금융투자업자의 이익에 반하여 대주주 자신의 이익을 얻을 목적으로 다음 각 호의 어느 하나에 해당하는 행위를 하여서는 아니 된다.

1. 부당한 영향력을 행사하기 위하여 금융투자업자에 대하여 외부에 공개되지 아니한 자료 또는 정보의 제공을 요구하는 행위. 다만, 제29조 제3항 또는 '상법' 제466조에 따른 권리의 행사에 해당하는 경우를 제외한다.

2. 경제적 이익 등 반대급부의 제공을 조건으로 다른 주주와 담합하여 금융투자업자의 인사 또는 경영에 부당한 영향력을 행사하는 행위

3. 그 밖에 제1호 및 제2호에 준하는 행위로서 대통령령으로 정하는 행위

제36조 (금융감독위원회의 자료 제출명령)

금융감독위원회는 금융투자업자의 대주주가 제35조를 위반한 혐의가 있다고 인정될 경우에는 금융투자업자 또는 그의 대주주에게 필요한 자료의 제출을 명할 수 있다.

제4장 영업행위 규칙

제1절 공통 영업행위 규칙 제1관 신의성실의무 등

제37조 (신의성실의무 등)

① 금융투자업자는 신의성실의 원칙에 따라 공정하게 금융투자업을 영위하여야 한다.

② 금융투자업자는 금융투자업을 영위함에 있어서 정당한 사유 없이 투자자의 이익을 해하면서 자기가 이익을 얻거나 제삼자가 이익을 얻도록 하여서는 아니 된다.

제38조 (상호)

① 증권을 대상으로 하여 투자매매업 또는 투자중개업을 영위하는 자가
아닌 자는 그 상호 중에 '증권'이라는 문자 또는 이와 같은 의미를
가지는 외국어문자로서 대통령령으로 정하는 문자를 사용하여서는 아
니 된다. 다만, 제229조 제1호의 증권집합투자기구는 제183조 제1항
에 따라 '증권'이라는 문자 또는 이와 같은 의미를 가지는 외국어문
자로서 대통령령으로 정하는 문자를 사용할 수 있다.

② 장내파생상품 또는 장외파생상품을 대상으로 하여 투자매매업 또는
투자중개업을 영위하는 자가 아닌 자는 그 상호 중에 '파생'이라는
문자 또는 이와 같은 의미를 가지는 외국어문자로서 대통령령으로 정
하는 문자를 사용하여서는 아니 된다.

③ 집합투자업자가 아닌 자는 그 상호 중에 '집합투자', '투자신탁' 또는
'자산운용'이라는 문자 또는 이와 같은 의미를 가지는 외국어문자로서
대통령령으로 정하는 문자를 사용하여서는 아니 된다. 다만, 투자신탁
인 집합투자기구는 '투자신탁'이라는 문자 또는 이와 같은 의미를 가
지는 외국어문자로서 대통령령으로 정하는 문자를 사용할 수 있다.

④ 투자자문업자가 아닌 자는 그 상호 중에 '투자자문'이라는 문자 또는
이와 같은 의미를 가지는 외국어문자로서 대통령령으로 정하는 문자
를 사용하여서는 아니 된다. 다만, '부동산투자회사법'에 따른 부동산
투자자문회사는 '투자자문'이라는 문자 또는 이와 같은 의미를 가지
는 외국어문자로서 대통령령으로 정하는 문자를 사용할 수 있다.

⑤ 투자일임업자가 아닌 자는 그 상호 중에 '투자일임'이라는 문자 또는
이와 같은 의미를 가지는 외국어문자로서 대통령령으로 정하는 문자
를 사용하여서는 아니 된다.

⑥ 신탁업자가 아닌 자는 그 상호 중에 '신탁'이라는 문자 또는 이와 같
은 의미를 가지는 외국어문자로서 대통령령으로 정하는 문자를 사용
하여서는 아니 된다. 다만, 집합투자업자 또는 제7조 제5항에 따른 업
을 영위하는 자는 그 상호 중에 '신탁'이라는 문자 또는 이와 같은

의미를 가지는 외국어문자로서 대통령령으로 정하는 문자를 사용할
수 있다.

제39조 (명의대여의 금지)

금융투자업자는 자기의 명의를 대여하여 타인에게 금융투자업을 영위하
게 하여서는 아니 된다.

제40조 (금융투자업자의 다른 금융업무 영위)

금융투자업자(겸영금융투자업자, 그 밖에 대통령령으로 정하는 금융투자
업자를 제외한다. 이하 이 조에서 같다.)는 투자자 보호 및 건전한 거래질
서를 해할 우려가 없는 금융업무로서 다음 각 호의 금융업무를 영위할 수
있다. 이 경우 금융투자업자는 제2호부터 제5호까지의 업무를 영위하고자
하는 때에는 그 업무를 영위하고자 하는 날의 7일 전까지 이를 금융감독위
원회에 신고하여야 한다.

1. 이 법 또는 대통령령으로 정하는 금융관련법령에서 인가·허가·등록
   등을 요하는 금융업무 중 '보험업법' 제91조에 따른 보험대리점의 업
   무 또는 보험중개사의 업무, 그 밖에 대통령령으로 정하는 금융업무
2. 이 법 또는 대통령령으로 정하는 금융관련법령에서 정하고 있는 금융
   업무로서 해당 법령에서 금융투자업자가 영위할 수 있도록 한 업무
3. 국가 또는 공공단체 업무의 대리
4. 투자자를 위하여 그 투자자가 예탁한 투자자예탁금(제74조 제1항의 투
   자자예탁금을 말한다.)으로 수행하는 자금이체업무
5. 그 밖에 그 금융업무를 영위하여도 투자자 보호 및 건전한 거래질서
   를 해할 우려가 없는 업무로서 대통령령으로 정하는 금융업무

제41조 (금융투자업자의 부수업무 영위)

① 금융투자업자는 금융투자업에 부수하는 업무를 영위하고자 하는 경우
   에는 그 업무를 영위하고자 하는 날의 7일 전까지 이를 금융감독위원

회에 신고하여야 한다.

② 금융감독위원회는 제1항에 따른 부수업무 신고내용이 다음 각 호의 어느 하나에 해당하는 경우에는 그 부수업무의 영위를 제한하거나 시정할 것을 명할 수 있다.

  1. 금융투자업자의 경영건전성을 저해하는 경우
  2. 인가를 받거나 등록한 금융투자업의 영위에 따른 투자자 보호에 지장을 초래하는 경우
  3. 금융시장의 안정성을 저해하는 경우

③ 제2항에 따른 제한명령 또는 시정명령은 그 내용 및 사유가 구체적으로 기재된 문서로 하여야 한다.

④ 금융감독위원회는 제1항에 따라 신고받은 부수업무 및 제2항에 따라 제한명령 또는 시정명령을 한 부수업무를 대통령령으로 정하는 방법 및 절차에 따라 인터넷 홈페이지 등에 공고하여야 한다.

제42조 (금융투자업자의 업무위탁)

① 금융투자업자는 금융투자업, 제40조 각 호의 업무 및 제41조 제1항의 부수업무와 관련하여 그 금융투자업자가 영위하는 업무의 일부를 제삼자에게 위탁할 수 있다. 다만, 투자자 보호 또는 건전한 거래질서를 해할 우려가 있는 것으로서 대통령령으로 정하는 업무를 제삼자에게 위탁하여서는 아니 된다.

② 금융투자업자는 제1항 본문에 따라 제삼자에게 업무를 위탁하는 경우에는 다음 각 호의 사항을 포함하는 위탁계약을 체결하여야 하며, 그 내용을 대통령령으로 정하는 방법 및 절차에 따라 금융감독위원회에 보고하여야 한다.

  1. 위탁하는 업무의 범위
  2. 수탁자의 행위제한에 관한 사항
  3. 위탁하는 업무의 처리에 대한 기록유지에 관한 사항
  4. 그 밖에 투자자 보호 또는 건전한 거래질서를 위하여 필요한 사항

으로서 대통령령으로 정하는 사항

③ 금융감독위원회는 제2항에 따른 위탁계약의 내용이 다음 각 호의 어느 하나에 해당하는 경우에는 해당 업무의 위탁을 제한하거나 시정할 것을 명할 수 있다.

　1. 금융투자업자의 경영건전성을 저해하는 경우

　2. 투자자 보호에 지장을 초래하는 경우

　3. 금융시장의 안정성을 저해하는 경우

　4. 금융거래질서를 문란하게 하는 경우

④ 제1항 본문에 따라 위탁받는 업무가 본질적 업무(해당 금융투자업자가 인가를 받거나 등록을 한 업무와 직접적으로 관련된 필수업무로서 대통령령으로 정하는 업무를 말한다. 이하 이 항에서 같다.)인 경우 그 본질적 업무를 위탁받는 자는 그 업무 수행에 필요한 인가를 받거나 등록을 한 자이어야 한다. 이 경우 그 업무를 위탁받는 자가 외국 금융투자업자로서 대통령령으로 정하는 요건을 갖춘 경우에는 인가를 받거나 등록을 한 것으로 본다.

⑤ 제1항의 업무를 위탁받은 자는 위탁받은 업무를 제삼자에게 재위탁하여서는 아니 된다. 다만, 투자자 보호를 해하지 아니하는 범위에서 금융투자업의 원활한 수행을 위하여 필요한 경우로서 대통령령으로 정하는 경우에는 위탁한 자의 동의를 받아 제삼자에게 재위탁할 수 있다.

⑥ 제1항의 업무를 위탁한 자는 대통령령으로 정하는 기준에 따라 위탁한 업무의 범위에서 위탁받은 자에게 투자자의 금융투자상품의 매매, 그 밖의 거래에 관한 정보 및 투자자가 맡긴 금전, 그 밖의 재산에 관한 정보를 제공할 수 있다.

⑦ 금융투자업자는 제1항 본문에 따라 업무위탁을 하고자 하는 경우 투자자정보 보호 및 위험관리·평가 등에 관한 업무위탁 운영기준을 정하여야 한다.

⑧ 금융투자업자는 제1항 본문에 따라 업무위탁을 한 내용을 제59조 제1항에 따른 계약서류 및 제123조 제1항에 따른 투자설명서에 기재하여

야 하며, 투자자와 계약을 체결한 후에 업무위탁을 하거나 그 내용을 변경한 경우에는 이를 투자자에게 통보하여야 한다.

⑨ '민법' 제756조는 제1항의 업무를 위탁받은 자가 그 위탁받은 업무를 영위하는 과정에서 투자자에게 손해를 끼친 경우에 준용한다.

⑩ 제54조, 제55조 및 '금융실명거래 및 비밀보장에 관한 법률' 제4조는 제1항의 업무를 위탁받은 자가 그 위탁받은 업무를 영위하는 경우에 준용한다.

⑪ 그 밖에 업무의 위탁·재위탁의 기준·방법 및 절차에 관하여 투자자 보호 또는 건전한 거래질서를 위하여 필요한 사항은 대통령령으로 정한다.

제43조 (검사 및 처분)

① 제42조 제1항에 따라 업무를 위탁받은 자는 그 위탁받은 업무와 관련하여 그 업무와 재산상황에 관하여 금융감독원장의 검사를 받아야 한다. 이 경우 제419조 제5항부터 제7항까지 및 제9항을 준용한다.

② 금융감독위원회는 제42조 제1항에 따라 업무를 위탁받은 자가 다음 각 호의 어느 하나에 해당하는 경우에는 위탁계약의 어느 한쪽 또는 양쪽 당사자에게 위탁계약의 취소 또는 변경을 명할 수 있다.

  1. 제42조 제10항에서 준용하는 제54조, 제55조 또는 '금융실명거래 및 비밀보장에 관한 법률' 제4조 제1항, 같은 조 제3항부터 제5항 까지의 규정을 위반한 경우

  2. 제1항 전단에 따른 검사를 거부·방해 또는 기피한 경우

  3. 제1항 후단에서 준용하는 제419조 제5항에 따른 보고 등의 요구에 불응한 경우

  4. 별표 1 각 호의 어느 하나(그 위탁받은 업무와 관련된 것에 한한다.) 에 해당하는 경우

③ 금융감독위원회는 제2항에 따라 조치를 한 경우에는 그 내용을 기록 하고, 이를 유지·관리하여야 한다.

④ 금융투자업자 또는 제42조 제1항에 따라 업무를 위탁받은 자(업무를 위탁받았던 자를 포함한다.)는 금융감독위원회에 자기에 대한 제2항에 따른 조치 여부 및 그 내용을 조회할 수 있다.

⑤ 금융감독위원회는 제4항의 조회요청을 받은 경우에는 정당한 사유가 없는 한 조치 여부 및 그 내용을 그 조회 요청자에게 통보하여야 한다.

⑥ 제425조는 제2항에 따른 위탁계약의 취소 또는 변경명령에 관하여 준용한다.

제44조 (이해상충의 관리)

① 금융투자업자는 금융투자업의 영위와 관련하여 금융투자업자와 투자자 간, 특정 투자자와 다른 투자자 간의 이해상충을 방지하기 위하여 이해상충이 발생할 가능성을 파악·평가하고, 내부통제기준이 정하는 방법 및 절차에 따라 이를 적절히 관리하여야 한다.

② 금융투자업자는 제1항에 따라 이해상충이 발생할 가능성을 파악·평가한 결과 이해상충이 발생할 가능성이 있다고 인정되는 경우에는 그 사실을 미리 해당 투자자에게 알려야 하며, 그 이해상충이 발생할 가능성을 내부통제기준이 정하는 방법 및 절차에 따라 투자자 보호에 문제가 없는 수준으로 낮춘 후 매매, 그 밖의 거래를 하여야 한다.

③ 금융투자업자는 제2항에 따라 그 이해상충이 발생할 가능성을 낮추는 것이 곤란하다고 판단되는 경우에는 매매, 그 밖의 거래를 하여서는 아니 된다.

제45조 (정보교류의 차단)

① 금융투자업자는 그 영위하는 금융투자업(고유재산 운용업무를 포함한다. 이하 이 조에서 같다.) 간에 이해상충이 발생할 가능성이 큰 경우로서 대통령령으로 정하는 경우에는 다음 각 호의 어느 하나에 해당하는 행위를 하여서는 아니 된다.

  1. 금융투자상품의 매매에 관한 정보, 그 밖에 대통령령으로 정하는 정

보를 제공하는 행위

2. 임원(대표이사, 감사 및 사외이사가 아닌 감사위원회의 위원을 제외한다.) 및 직원을 겸직하게 하는 행위

3. 사무공간 또는 전산설비를 대통령령으로 정하는 방법으로 공동으로 이용하는 행위

4. 그 밖에 이해상충이 발생할 가능성이 있는 행위로서 대통령령으로 정하는 행위

② 금융투자업자는 금융투자업의 영위와 관련하여 계열회사, 그 밖에 대통령령으로 정하는 회사와 이해상충이 발생할 가능성이 큰 경우로서 대통령령으로 정하는 경우에는 다음 각 호의 어느 하나에 해당하는 행위를 하여서는 아니 된다.

1. 금융투자상품의 매매에 관한 정보, 그 밖에 대통령령으로 정하는 정보를 제공하는 행위

2. 임원(비상근감사를 제외한다.) 및 직원을 겸직하게 하거나 파견하여 근무하게 하는 행위

3. 사무공간 또는 전산설비를 대통령령으로 정하는 방법으로 공동으로 이용하는 행위

4. 그 밖에 이해상충이 발생할 가능성이 있는 행위로서 대통령령으로 정하는 행위

제2관 투자권유

제46조 (적합성 원칙 등)

① 금융투자업자는 투자자가 일반투자자인지 전문투자자인지의 여부를 확인하여야 한다.

② 금융투자업자는 일반투자자에게 투자권유를 하기 전에 면담·질문 등을 통하여 일반투자자의 투자목적·재산상황 및 투자경험 등의 정보를 파악하고, 일반투자자로부터 서명('전자서명법' 제2조 제2호에 따

른 전자서명을 포함한다. 이하 같다.), 기명날인, 녹취, 그 밖에 대통령
령으로 정하는 방법으로 확인을 받아 이를 유지·관리하여야 하며,
확인받은 내용을 투자자에게 지체 없이 제공하여야 한다.

③ 금융투자업자는 일반투자자에게 투자권유를 하는 경우에는 일반투자
자의 투자목적·재산상황 및 투자경험 등에 비추어 그 일반투자자에
게 적합하지 아니하다고 인정되는 투자권유를 하여서는 아니 된다.

제47조 (설명의무)

① 금융투자업자는 일반투자자를 상대로 투자권유를 하는 경우에는 금융
투자상품의 내용, 투자에 따르는 위험, 그 밖에 대통령령으로 정하는
사항을 일반투자자가 이해할 수 있도록 설명하여야 한다.

② 금융투자업자는 제1항에 따라 설명한 내용을 일반투자자가 이해하였
음을 서명, 기명날인, 녹취, 그 밖의 대통령령으로 정하는 방법 중 하
나 이상의 방법으로 확인을 받아야 한다.

③ 금융투자업자는 제1항에 따른 설명을 함에 있어서 투자자의 합리적인
투자판단 또는 해당 금융투자상품의 가치에 중대한 영향을 미칠 수
있는 사항(이하 '중요사항'이라 한다.)을 거짓으로 설명하거나 중요 사
항을 누락하여서는 아니 된다.

제48조 (손해배상책임)

① 금융투자업자는 제47조 제1항 또는 제3항을 위반한 경우 이로 인하여
발생한 일반투자자의 손해를 배상할 책임이 있다.

② 금융투자상품의 취득으로 인하여 일반투자자가 지급하였거나 지급하
여야 할 금전등의 총액(대통령령으로 정하는 금액을 제외한다.)에서
그 금융투자상품의 처분, 그 밖의 방법으로 그 일반투자자가 회수하
였거나 회수할 수 있는 금전등의 총액(대통령령으로 정하는 금액을
포함한다.)을 뺀 금액은 제1항에 따른 손해액으로 추정한다.

제49조 (부당권유의 금지)

금융투자업자는 투자권유를 함에 있어서 다음 각 호의 어느 하나에 해당하는 행위를 하여서는 아니 된다.

1. 거짓의 내용을 알리는 행위
2. 불확실한 사항에 대하여 단정적 판단을 제공하거나 확실하다고 오인하게 할 소지가 있는 내용을 알리는 행위
3. 투자자로부터 투자권유의 요청을 받지 아니하고 방문·전화 등 실시간 대화의 방법을 이용하는 행위. 다만, 투자자 보호 및 건전한 거래질서를 해할 우려가 없는 행위로서 대통령령으로 정하는 행위를 제외한다.
4. 투자권유를 받은 투자자가 이를 거부하는 취지의 의사를 표시하였음에도 불구하고 투자권유를 계속하는 행위. 다만, 투자자 보호 및 건전한 거래질서를 해할 우려가 없는 행위로서 대통령령으로 정하는 행위를 제외한다.
5. 그 밖에 투자자 보호 또는 건전한 거래질서를 해할 우려가 있는 행위로서 대통령령으로 정하는 행위

제50조 (투자권유준칙)

① 금융투자업자는 투자권유를 함에 있어서 금융투자업자의 임직원이 준수하여야 할 구체적인 기준 및 절차(이하 '투자권유준칙'이라 한다.)를 정하여야 한다.
② 금융투자업자는 투자권유준칙을 정한 경우 이를 인터넷 홈페이지 등을 이용하여 공시하여야 한다. 투자권유준칙을 변경한 경우에도 또한 같다.
③ 협회는 투자권유준칙과 관련하여 금융투자업자가 공통으로 사용할 수 있는 표준투자권유준칙을 제정할 수 있다.

제51조 (투자권유대행인의 등록 등)

① 금융투자업자는 다음 각 호의 요건을 모두 갖춘 자(개인에 한한다.)에
게 투자권유를 위탁할 수 있다. 이 경우 제42조를 적용하지 아니한다.
  1. 제3항에 따라 금융감독위원회에 등록된 자가 아닐 것
  2. 금융투자상품에 관한 전문 지식이 있는 자로서 대통령령으로 정하
     는 자격을 갖출 것
  3. 제53조 제2항에 따라 등록이 취소된 경우 그 등록이 취소된 날부터
     3년이 경과하였을 것
② 제1항에 따라 투자권유를 위탁받은 자는 제3항에 따른 등록 전에는
   투자권유를 하여서는 아니 된다.
③ 금융투자업자는 제1항에 따라 투자권유를 위탁한 경우에는 위탁받은
   자를 금융감독위원회에 등록하여야 한다. 이 경우 금융감독위원회는 그
   등록업무를 대통령령으로 정하는 바에 따라 협회에 위탁할 수 있다.
④ 금융투자업자는 제3항에 따라 투자권유를 위탁받은 자를 등록하고자
   하는 경우에는 금융감독위원회(제3항 후단에 따라 협회에 위탁한 경
   우에는 협회를 말한다. 이하 이 조에서 같다.)에 등록신청서를 제출하
   여야 한다.
⑤ 금융감독위원회는 제4항의 등록신청서를 접수한 경우에는 그 내용을
   검토하여 2주 이내에 등록 여부를 결정하고, 그 결과와 이유를 지체
   없이 신청인에게 문서로 통지하여야 한다. 이 경우 등록신청서에 흠
   결이 있는 때에는 보완을 요구할 수 있다.
⑥ 제5항의 검토 기간을 산정함에 있어서 등록신청서 흠결의 보완 기간
   등 재정경제부령으로 정하는 기간은 검토 기간에 산입하지 아니한다.
⑦ 금융감독위원회는 제5항의 등록 여부를 결정함에 있어서 다음 각 호의
   어느 하나에 해당하는 사유가 없는 한 등록을 거부하여서는 아니 된다.
  1. 제1항의 요건을 갖추지 아니한 경우
  2. 제4항의 등록신청서를 거짓으로 작성한 경우
  3. 제5항 후단의 보완요구를 이행하지 아니한 경우
⑧ 금융감독위원회는 제5항에 따라 등록을 결정한 경우 투자권유대행인

등록부에 필요한 사항을 기재하여야 하며, 등록결정한 내용을 인터넷 홈페이지 등에 공고하여야 한다.

⑨ 제3항에 따라 등록된 자(이하 '투자권유대행인'이라 한다.)는 등록 이후 그 영업을 영위함에 있어서 제1항 제2호의 요건을 유지하여야 한다.

⑩ 제3항부터 제8항까지의 규정에 따른 등록신청서의 기재사항·첨부서류 등 등록의 신청에 관한 사항과 등록검토의 방법·절차, 그 밖에 등록에 관하여 필요한 사항은 대통령령으로 정한다.

제52조 (투자권유대행인의 금지행위 등)

① 금융투자업자는 투자권유대행인 외의 자에게 투자권유를 대행하게 하여서는 아니 된다.

② 투자권유대행인은 다음 각 호의 어느 하나에 해당하는 행위를 하여서는 아니 된다.

1. 위탁한 금융투자업자를 대리하여 계약을 체결하는 행위
2. 투자자로부터 금전·증권, 그 밖의 재산을 수취하는 행위
3. 금융투자업자로부터 위탁받은 투자권유대행업무를 제삼자에게 재위탁하는 행위
4. 그 밖에 투자자 보호 또는 건전한 거래질서를 해할 우려가 있는 행위로서 대통령령으로 정하는 행위

③ 투자권유대행인은 투자권유를 대행함에 있어서 투자자에게 다음 각 호의 사항을 미리 알려야 하며, 자신이 투자권유대행인이라는 사실을 나타내는 표지를 게시하거나 증표를 투자자에게 내보여야 한다.

1. 투자권유를 위탁한 금융투자업자의 명칭
2. 투자권유를 위탁한 금융투자업자를 대리하여 계약을 체결할 권한이 없다는 사실
3. 투자권유대행인은 투자자로부터 금전·증권, 그 밖의 재산을 수취하지 못하며, 금융투자업자가 이를 직접 수취한다는 사실
4. 그 밖에 투자자 보호 또는 건전한 거래질서를 위하여 필요한 사항

으로서 대통령령으로 정하는 사항

④ 금융투자업자는 투자권유대행인이 투자권유를 대행함에 있어서 법령
을 준수하고 건전한 거래질서를 해하는 일이 없도록 성실히 관리하여
야 하며, 이를 위한 투자권유대행기준을 정하여야 한다.

⑤ '민법' 제756조는 투자권유대행인이 투자권유를 대행함에 있어서 투
자자에게 손해를 끼친 경우에 준용한다.

⑥ 제46조부터 제49조까지, 제54조, 제55조 및 '금융실명거래 및 비밀보
장에 관한 법률' 제4조는 투자권유대행인이 투자권유를 대행하는 경
우에 준용한다.

제53조 (검사 및 조치)

① 투자권유대행인은 투자권유의 대행과 관련하여 그 업무와 재산상황에
관하여 금융감독원장의 검사를 받아야 한다. 이 경우 제419조 제5항
부터 제7항까지 및 제9항을 준용한다.

② 금융감독위원회는 투자권유대행인이 다음 각 호의 어느 하나에 해당
하는 경우에는 금융투자업자의 투자권유대행인 등록을 취소하거나 그
투자권유대행인에 대하여 6개월 이내의 투자권유대행업무 정지를 할
수 있다.

1. 제51조 제9항에 따른 등록요건 유지의무를 위반한 경우

2. 제52조 제2항·제3항 또는 제6항(제46조, 제47조, 제49조, 제54조,
제55조 및 '금융실명거래 및 비밀보장에 관한 법률' 제4조 제1항,
같은 조 제3항부터 제5항까지의 규정을 준용하는 경우에 한한다.)을
위반한 경우

3. 제1항 전단에 따른 검사를 거부·방해 또는 기피한 경우

4. 제1항 후단에서 준용하는 제419조 제5항에 따른 보고 등의 요구에
불응한 경우

③ 금융감독위원회는 제2항에 따라 투자권유대행인 등록을 취소하거나
투자권유대행업무를 정지한 경우에는 그 내용을 기록하고, 이를 유

지·관리하여야 한다.

④ 금융감독위원회는 제2항에 따라 투자권유대행인 등록을 취소하거나 투자권유대행업무를 정지한 경우에는 그 사실을 인터넷 홈페이지 등에 공고하여야 한다.

⑤ 금융투자업자 또는 투자권유대행인(투자권유대행인이었던 자를 포함한다.)은 금융감독위원회에 자기에 대한 제2항에 따른 조치 여부 및 그 내용을 조회할 수 있다.

⑥ 금융감독위원회는 제5항의 조회요청을 받은 경우에는 정당한 사유가 없는 한 조치 여부 및 그 내용을 그 조회 요청자에게 통보하여야 한다.

⑦ 제423조(제2호를 제외한다.)는 제2항에 따른 투자권유대행인 등록의 취소에 관하여 준용하고, 제425조는 제2항에 따른 투자권유대행인 등록의 취소 및 투자권유대행업무의 정지에 관하여 준용한다.

제3관 직무 관련 정보의 이용 금지 등

제54조 (직무 관련 정보의 이용 금지)

금융투자업자는 직무상 알게 된 정보로서 외부에 공개되지 아니한 정보를 정당한 사유 없이 자기 또는 제삼자의 이익을 위하여 이용하여서는 아니 된다.

제55조 (손실보전 등의 금지)

금융투자업자는 금융투자상품의 매매, 그 밖의 거래와 관련하여 제103조 제3항에 따라 손실의 보전 또는 이익의 보장을 하는 경우, 그 밖에 건전한 거래질서를 해할 우려가 없는 경우로서 정당한 사유가 있는 경우를 제외하고는 다음 각 호의 어느 하나에 해당하는 행위를 하여서는 아니 된다. 금융투자업자의 임직원이 자기의 계산으로 하는 경우에도 또한 같다.

　　1. 투자자가 입을 손실의 전부 또는 일부를 보전하여 줄 것을 사전에 약속하는 행위

2. 투자자가 입은 손실의 전부 또는 일부를 사후에 보전하여 주는 행위

3. 투자자에게 일정한 이익을 보장할 것을 사전에 약속하는 행위

4. 투자자에게 일정한 이익을 사후에 제공하는 행위

제56조 (약관)

① 금융투자업자는 금융투자업의 영위와 관련하여 약관을 제정 또는 변경하고자 하는 경우에는 미리 금융감독위원회에 신고하여야 한다. 다만, 다음 각 호의 어느 하나에 해당하는 경우에는 약관을 제정 또는 변경한 후 7일 이내에 금융감독위원회 및 협회에 보고하여야 한다.

  1. 약관내용 중 투자자의 권리 또는 의무와 관련이 없는 사항을 변경하는 경우

  2. 제3항의 표준약관을 그대로 사용하는 경우

  3. 제정 또는 변경하고자 하는 약관의 내용이 다른 금융투자업자가 이미 금융감독위원회에 신고한 약관의 내용과 같은 경우

  4. 전문투자자만을 대상으로 하는 약관을 제정 또는 변경하는 경우

② 금융투자업자는 약관을 제정 또는 변경한 경우에는 인터넷 홈페이지 등을 이용하여 공시하여야 한다.

③ 협회는 건전한 거래질서를 확립하고 불공정한 내용의 약관이 통용되는 것을 방지하기 위하여 금융투자업 영위와 관련하여 표준이 되는 약관(이하 이 조에서 '표준약관'이라 한다.)을 제정할 수 있다.

④ 협회는 표준약관을 제정 또는 변경하고자 하는 경우에는 미리 금융감독위원회에 신고하여야 한다. 다만, 전문투자자만을 대상으로 하는 표준약관을 제정 또는 변경하는 경우에는 그 표준약관을 제정 또는 변경한 후 7일 이내에 금융감독위원회에 보고하여야 한다.

⑤ 제1항에 따라 약관을 신고 또는 보고받거나 제4항에 따라 표준약관을 신고 또는 보고받은 금융감독위원회는 그 약관 또는 표준약관을 공정거래위원회에 통보하여야 한다. 이 경우 공정거래위원회는 통보받은 약관 또는 표준약관이 '약관의 규제에 관한 법률' 제6조부터 제14조

까지의 규정에 위반된 사실이 있다고 인정될 때에는 금융감독위원회에
그 사실을 통보하고 그 시정에 필요한 조치를 취하도록 요청할 수 있
으며, 금융감독위원회는 특별한 사유가 없는 한 이에 응하여야 한다.
⑥ 금융감독위원회는 약관 또는 표준약관이 이 법 또는 금융과 관련되는
법령에 위반되거나 그 밖에 투자자의 이익을 침해할 우려가 있다고 인
정되는 경우에는 금융투자업자 또는 협회에 그 내용을 구체적으로 기
재한 서면에 의하여 약관 또는 표준약관을 변경할 것을 명할 수 있다.

제57조 (투자광고)

① 금융투자업자가 아닌 자는 금융투자업자의 영위업무 또는 금융투자상
품에 관한 광고(이하 '투자광고'라 한다.)를 하여서는 아니 된다. 다만,
협회와 금융투자업자를 자회사 또는 손자회사로 하는 '금융지주회사
법'에 따른 금융지주회사는 투자광고를 할 수 있으며, 증권의 발행인
또는 매출인은 그 증권에 대하여 투자광고를 할 수 있다.
② 금융투자업자(제1항 단서의 자를 포함한다. 이하 이 조에서 같다.)는
투자광고(집합투자증권에 대한 투자광고를 제외한다.)를 하는 경우에
는 그 금융투자업자의 명칭, 금융투자상품의 내용, 투자에 따른 위험,
그 밖에 대통령령으로 정하는 사항이 포함되도록 하여야 한다.
③ 금융투자업자는 집합투자증권에 대하여 투자광고를 하는 경우 다음
각 호의 사항이 포함되도록 하여야 하며, 집합투자기구의 명칭, 집합
투자기구의 종류에 관한 사항, 집합투자기구의 투자목적 및 운용전략
에 관한 사항, 그 밖에 집합투자증권의 특성 등을 고려하여 대통령령
으로 정하는 사항 외의 사항을 투자광고에 사용하여서는 아니 된다.
 1. 집합투자증권을 취득하기 전에 투자설명서를 읽어 볼 것을 권고하
    는 내용
 2. 집합투자기구는 운용결과에 따라 투자원금의 손실이 발생할 수 있
    으며, 그 손실은 투자자에게 귀속된다는 사실
 3. 집합투자기구의 운용실적을 포함하여 투자광고를 하는 경우에는 그

운용실적이 미래의 수익률을 보장하는 것은 아니라는 내용

④ 금융투자업자는 투자광고를 함에 있어서 제103조 제3항에 따라 손실의 보전 또는 이익의 보장을 하는 경우를 제외하고는 손실보전 또는 이익보장으로 오인하게 하는 표시를 하여서는 아니 된다.

⑤ 투자광고에 있어 '표시·광고의 공정화에 관한 법률' 제4조 제1항에 따른 표시·광고사항이 있는 경우에는 같은 법이 정하는 바에 따른다.

⑥ 그 밖에 투자광고의 방법 및 절차 등에 관하여 필요한 사항은 대통령령으로 정한다.

제58조 (수수료)

① 금융투자업자는 투자자로부터 받는 수수료의 부과기준 및 절차에 관한 사항을 정하고, 인터넷 홈페이지 등을 이용하여 공시하여야 한다.

② 금융투자업자는 제1항에 따른 수수료 부과기준을 정함에 있어서 투자자를 정당한 사유 없이 차별하여서는 아니 된다.

③ 금융투자업자는 제1항에 따른 수수료 부과기준 및 절차에 관한 사항을 협회에 통보하여야 한다.

④ 협회는 제3항에 따라 통보받은 사항을 금융투자업자별로 비교하여 공시하여야 한다.

제59조 (계약서류의 교부 및 계약의 해제)

① 금융투자업자는 투자자와 계약을 체결한 경우 그 계약서류를 투자자에게 지체 없이 교부하여야 한다. 다만, 계약내용 등을 고려하여 투자자 보호를 해할 우려가 없는 경우로서 대통령령으로 정하는 경우에는 그 계약서류를 교부하지 아니할 수 있다.

② 금융투자업자와 계약을 체결한 투자자는 제1항에 따른 계약서류를 교부받은 날부터 7일 이내에 계약(해당 계약의 성질, 그 밖의 사정을 감안하여 대통령령으로 정하는 계약에 한한다.)의 해제를 할 수 있다.

③ 제2항에 따른 계약의 해제는 해당 계약의 해제를 하는 취지의 서면을

해당 금융투자업자에게 송부한 때에 그 효력이 발생한다.

④ 금융투자업자는 제3항에 따라 계약이 해제된 경우 해당 계약의 해제까지의 기간에 상당하는 수수료, 보수, 그 밖에 해당 계약에 관하여 투자자가 지급하여야 하는 대가로서 대통령령으로 정하는 금액을 초과하여 해당 계약의 해제에 수반하는 손해배상금 또는 위약금의 지급을 청구할 수 없다.

⑤ 금융투자업자는 제3항에 따라 계약이 해제된 경우 해당 계약과 관련한 대가를 미리 지급받은 때에는 이를 투자자에게 반환하여야 한다. 다만, 대통령령으로 정하는 금액 이내의 경우에는 반환하지 아니할 수 있다.

⑥ 제2항부터 제5항까지의 규정에 반하는 특약으로서 투자자에게 불리한 것은 무효로 한다.

제60조 (자료의 기록ㆍ유지)

① 금융투자업자는 금융투자업 영위와 관련한 자료를 대통령령으로 정하는 자료의 종류별로 대통령령으로 정하는 기간 동안 기록ㆍ유지하여야 한다.

② 금융투자업자는 제1항에 따라 기록ㆍ유지하여야 하는 자료가 멸실되거나 위조 또는 변조가 되지 아니하도록 적절한 대책을 수립ㆍ시행하여야 한다.

제61조 (소유증권의 예탁)

금융투자업자(겸영금융투자업자를 제외한다.)는 그 고유재산을 운용함에 따라 소유하게 되는 증권(대통령령으로 정하는 것을 포함한다.)을 예탁결제원에 지체 없이 예탁하여야 한다. 다만, 외화증권('외국환거래법' 제3조 제1항 제8호의 외화증권을 말한다. 이하 같다.)을 소유하는 경우로서 대통령령으로 정하는 경우에는 예탁결제원에 예탁하지 아니할 수 있다.

제62조 (금융투자업 폐지 공고 등)

① 금융투자업자는 금융투자업 또는 지점, 그 밖의 영업소의 영업을 폐지하고자 하는 경우에는 그 뜻을 폐지 30일 전에 전국을 보급 지역으로 하는 둘 이상의 일간신문에 공고하여야 하며, 알고 있는 채권자에게는 각각 통지하여야 한다.

② 금융투자업자는 다음 각 호의 어느 하나에 해당하는 경우에는 그 금융투자업자가 행한 금융투자상품의 매매, 그 밖의 거래를 종결시켜야 한다. 이 경우 그 금융투자업자는 그 매매, 그 밖의 거래를 종결시키는 범위에서 금융투자업자로 본다.

  1. 제417조 제1항 제6호에 따라 금융투자업 폐지의 승인을 받은 경우

  2. 제417조 제1항 제7호에 따라 금융투자업 폐지의 승인을 받은 경우

  3. 제420조 제1항 또는 제421조 제1항(같은 조 제4항에서 준용하는 경우를 포함한다.)에 따라 금융투자업인가 또는 금융투자업등록이 취소된 경우

제63조 (임직원의 금융투자상품 매매)

① 금융투자업자의 임직원(겸영금융투자업자 중 대통령령으로 정하는 금융투자업자의 경우에는 금융투자업의 직무를 수행하는 임직원에 한한다. 이하 이 조에서 같다.)은 자기의 계산으로 대통령령으로 정하는 금융투자상품을 매매하는 경우에는 다음 각 호의 방법에 따라야 한다.

  1. 자기의 명의로 매매할 것

  2. 투자중개업자 중 하나의 회사(투자중개업자의 임직원의 경우에는 그가 소속된 투자중개업자에 한하되, 그 투자중개업자가 그 임직원이 매매하려는 금융투자상품을 취급하지 아니하는 경우에는 다른 투자중개업자를 이용할 수 있다.)를 선택하여 하나의 계좌를 통하여 매매할 것. 다만, 금융투자상품의 종류, 계좌의 성격 등을 고려하여 대통령령으로 정하는 경우에는 둘 이상의 회사 또는 둘 이상의 계좌를 통하여 매매할 수 있다.

3. 매매명세를 분기별(투자권유자문인력, 제286조 제1항 제3호 나목의 조사분석인력 및 투자운용인력의 경우에는 월별로 한다. 이하 이 조에서 같다.)로 소속 금융투자업자에게 통지할 것

4. 그 밖에 불공정행위의 방지 또는 투자자와의 이해상충의 방지를 위하여 대통령령으로 정하는 방법 및 절차를 준수할 것

② 금융투자업자는 그 임직원의 자기계산에 의한 금융투자상품 매매와 관련하여 불공정행위의 방지 또는 투자자와의 이해상충의 방지를 위하여 그 금융투자업자의 임직원이 따라야 할 적절한 기준 및 절차를 정하여야 한다.

③ 금융투자업자는 분기별로 임직원의 금융투자상품의 매매명세를 제2항의 기준 및 절차에 따라 확인하여야 한다.

제64조 (손해배상책임)

① 금융투자업자는 법령·약관·집합투자규약·투자설명서(제123조 제1항에 따른 투자설명서를 말한다.)에 위반하는 행위를 하거나 그 업무를 소홀히 하여 투자자에게 손해를 발생시킨 경우에는 그 손해를 배상할 책임이 있다. 다만, 배상의 책임을 질 금융투자업자가 제37조 제2항, 제44조, 제45조, 제71조 또는 제85조를 위반한 경우(투자매매업 또는 투자중개업과 집합투자업을 함께 영위함에 따라 발생하는 이해상충과 관련된 경우에 한한다.)로서 그 금융투자업자가 상당한 주의를 하였음을 증명하거나 투자자가 금융투자상품의 매매, 그 밖의 거래를 할 때에 그 사실을 안 경우에는 배상의 책임을 지지 아니한다.

② 금융투자업자가 제1항에 따른 손해배상책임을 지는 경우로서 관련되는 임원에게도 귀책사유(귀책사유)가 있는 경우에는 그 금융투자업자와 관련되는 임원이 연대하여 그 손해를 배상할 책임이 있다.

제65조 (외국 금융투자업자의 특례)

① 외국 금융투자업자의 지점, 그 밖의 영업소에 대하여 이 법을 적용함

에 있어서 대통령령으로 정하는 영업기금은 이를 자본금으로 보고, 자본금·적립금 및 이월이익잉여금의 합계액은 이를 자기자본으로 보며, 국내대표자는 임원으로 본다.

② 외국 금융투자업자의 지점, 그 밖의 영업소는 제1항의 영업기금과 부채의 합계액에 상당하는 자산을 대통령령으로 정하는 방법으로 국내에 두어야 한다.

③ 외국 금융투자업자의 지점, 그 밖의 영업소가 청산 또는 파산하는 경우 그 국내에 두는 자산은 국내에 주소 또는 거소가 있는 자에 대한 채무의 변제에 우선 충당하여야 한다.

④ 그 밖에 결산에 관한 사항, 국내대표자에 관한 사항 등 외국 금융투자업자의 지점, 그 밖의 영업소의 금융투자업의 영위에 관하여 필요한 사항은 대통령령으로 정한다.

제2절 금융투자업자별 영업행위 규칙

제1관 투자매매업자 및 투자중개업자의 영업행위 규칙

제66조 (매매형태의 명시) 투

자매매업자 또는 투자중개업자는 투자자로부터 금융투자상품의 매매에 관한 주문을 받는 경우에는 사전에 그 투자자에게 자기가 투자매매업자인지 투자중개업자인지를 밝혀야 한다.

제67조 (자기계약의 금지)

투자매매업자 또는 투자중개업자는 금융투자상품에 관한 같은 매매에 있어 자신이 본인이 됨과 동시에 상대방의 투자중개업자가 되어서는 아니 된다.

제68조 (시장매매의무)

투자중개업자는 투자자로부터 증권시장 또는 파생상품시장에서의 매매의 위탁을 받은 경우에는 반드시 증권시장 또는 파생상품시장을 통하여 매매가 이루어지도록 하여야 한다. 이 경우 제67조를 적용하지 아니한다.

제69조 (자기주식의 예외적 취득)

투자매매업자는 투자자로부터 그 투자매매업자가 발행한 자기주식으로서 증권시장의 매매 수량단위 미만의 주식에 대하여 매도주문을 받은 경우에는 이를 증권시장 밖에서 취득할 수 있다. 이 경우 취득한 자기주식은 대통령령으로 정하는 기간 이내에 처분하여야 한다.

제70조 (임의매매의 금지)

투자매매업자 또는 투자중개업자는 투자자나 그 대리인으로부터 금융투자상품의 매매주문을 받지 아니하고는 투자자로부터 예탁받은 재산으로 금융투자상품의 매매를 하여서는 아니 된다.

제71조 (불건전 영업행위의 금지)

투자매매업자 또는 투자중개업자는 다음 각 호의 어느 하나에 해당하는 행위를 하여서는 아니 된다. 다만, 투자자 보호 및 건전한 거래질서를 해할 우려가 없는 경우로서 대통령령으로 정하는 경우에는 이를 할 수 있다.
1. 투자자로부터 금융투자상품의 가격에 중대한 영향을 미칠 수 있는 매수 또는 매도주문을 받거나 받게 될 가능성이 큰 경우 이를 체결시키기 전에 그 금융투자상품을 자기의 계산으로 매수 또는 매도하거나 제삼자에게 매수 또는 매도를 권유하는 행위
2. 특정 금융투자상품의 가치에 대한 주장이나 예측을 담고 있는 자료(이하 '조사분석자료'라 한다.)를 투자자에게 공표함에 있어서 그 조사분석자료의 내용이 사실상 확정된 때부터 공표 후 24시간이 경과하기 전까지 그 조사분석자료의 대상이 된 금융투자상품을 자기의 계산으로 매매하는 행위
3. 조사분석자료 작성을 담당하는 자에 대하여 대통령령으로 정하는 기업금융업무와 연동된 성과보수를 지급하는 행위

4. 주권(대통령령으로 정하는 주권관련사채권을 포함한다. 이하 이 호에서
   같다.)의 모집 또는 매출과 관련한 계약을 체결한 날부터 그 주권이 증
   권시장에 최초로 상장된 후 대통령령으로 정하는 기간 이내에 그 주권
   에 대한 조사분석자료를 공표하거나 특정인에게 제공하는 행위

5. 투자권유대행인 및 투자권유자문인력이 아닌 자에게 투자권유를 하
   게 하는 행위

6. 투자자로부터 금융투자상품에 대한 투자판단의 전부 또는 일부를
   일임받아 투자자별로 구분하여 금융투자상품을 취득·처분, 그 밖
   의 방법으로 운용하는 행위. 다만, 투자일임업으로서 행하는 경우와
   제7조 제4항에 해당하는 경우에는 이를 할 수 있다.

7. 그 밖에 투자자 보호 또는 건전한 거래질서를 해할 우려가 있는 행
   위로서 대통령령으로 정하는 행위

제72조 (신용공여)

① 투자매매업자 또는 투자중개업자는 증권과 관련하여 금전의 융자 또
   는 증권의 대여의 방법으로 투자자에게 신용을 공여할 수 있다. 다만,
   투자매매업자는 증권의 인수일부터 3개월 이내에 투자자에게 그 증권
   을 매수하게 하기 위하여 그 투자자에게 금전의 융자, 그 밖의 신용
   공여를 하여서는 아니 된다.

② 제1항에 따른 신용공여의 기준 및 방법에 관하여 필요한 사항은 대통
   령령으로 정한다.

제73조 (매매명세의 통지)

투자매매업자 또는 투자중개업자는 금융투자상품의 매매가 체결된 경우에
는 그 명세를 대통령령으로 정하는 방법에 따라 투자자에게 통지하여야 한다.

제74조 (투자자예탁금의 별도예치)

① 투자매매업자 또는 투자중개업자는 투자자예탁금(투자자로부터 금융

투자상품의 매매, 그 밖의 거래와 관련하여 예탁받은 금전을 말한다. 이하 같다.)을 고유재산과 구분하여 증권금융회사에 예치(예치) 또는 신탁하여야 한다.

② 겸영금융투자업자 중 대통령령으로 정하는 투자매매업자 또는 투자중개업자는 제1항에 불구하고 투자자예탁금을 제1항에 따른 예치 또는 신탁 외에 신탁업자(증권금융회사를 제외한다. 이하 이 조에서 같다.)에게 신탁할 수 있다. 이 경우 그 투자매매업자 또는 투자중개업자가 신탁업을 영위하는 경우에는 '신탁법' 제2조에 불구하고 자기계약을 할 수 있다.

③ 투자매매업자 또는 투자중개업자는 제1항 또는 제2항에 따라 증권금융회사 또는 신탁업자(이하 이 조에서 '예치기관'이라 한다.)에게 투자자예탁금을 예치 또는 신탁하는 경우에는 그 투자자예탁금이 투자자의 재산이라는 뜻을 밝혀야 한다.

④ 누구든지 제1항 또는 제2항에 따라 예치기관에 예치 또는 신탁한 투자자예탁금을 상계(상계)·압류(가압류를 포함한다.)하지 못하며, 투자자예탁금을 예치 또는 신탁한 투자매매업자 또는 투자중개업자(이하 이 조에서 '예치금융투자업자'라 한다.)는 대통령령으로 정하는 경우 외에는 예치기관에 예치 또는 신탁한 투자자예탁금을 양도하거나 담보로 제공하여서는 아니 된다.

⑤ 예치금융투자업자는 다음 각 호의 어느 하나에 해당하게 된 경우에는 예치기관에 예치 또는 신탁한 투자자예탁금을 인출하여 투자자에게 우선하여 지급하여야 한다. 이 경우 그 예치금융투자업자는 대통령령으로 정하는 기간 이내에 그 사실과 투자자예탁금의 지급 시기·지급 장소, 그 밖에 투자자예탁금의 지급과 관련된 사항을 둘 이상의 일간 신문에 공고하고, 인터넷 홈페이지 등을 이용하여 공시하여야 한다.

1. 인가가 취소된 경우
2. 해산의 결의를 한 경우
3. 파산선고를 받은 경우

4. 제6조 제1항 제1호 및 제2호의 금융투자업 전부 양도가 승인된 경우

5. 제6조 제1항 제1호 및 제2호의 금융투자업 전부 폐지가 승인된 경우

6. 제6조 제1항 제1호 및 제2호의 금융투자업 전부의 정지명령을 받은 경우

7. 그 밖에 제1호부터 제6호까지의 사유에 준하는 사유가 발생한 경우

⑥ 예치기관은 그 예치기관이 제5항 각 호의 어느 하나에 해당하게 된 경우에는 예치금융투자업자에게 예치 또는 신탁받은 투자자예탁금을 우선하여 지급하여야 한다.

⑦ 예치기관은 다음 각 호의 어느 하나에 해당하는 방법으로 투자자예탁금을 운용하여야 한다.

1. 국채증권 또는 지방채증권의 매수

2. 정부·지방자치단체 또는 대통령령으로 정하는 금융기관이 지급을 보증한 채무증권의 매수

3. 그 밖에 투자자예탁금의 안정적 운용을 해할 우려가 없는 것으로서 대통령령으로 정하는 방법

⑧ 제1항 또는 제2항에 따라 투자매매업자 또는 투자중개업자가 예치기관에 예치 또는 신탁하여야 하는 투자자예탁금의 범위, 예치 또는 신탁의 비율, 예치 또는 신탁한 투자자예탁금의 인출, 예치기관의 투자자예탁금 관리, 그 밖에 투자자예탁금의 예치 또는 신탁에 관하여 필요한 사항은 대통령령으로 정한다. 이 경우 예치 또는 신탁의 비율은 투자매매업자 또는 투자중개업자의 재무상황 등을 고려하여 인가받은 투자매매업자 또는 투자중개업자별로 달리 정할 수 있다.

제75조 (투자자 예탁증권의 예탁)

투자매매업자 또는 투자중개업자는 금융투자상품의 매매, 그 밖의 거래에 따라 보관하게 되는 투자자 소유의 증권(대통령령으로 정하는 것을 포함한다.)을 예탁결제원에 지체 없이 예탁하여야 한다. 다만, 투자자가 소유한 증권이 외화증권인 경우로서 대통령령으로 정하는 경우에는 예탁결제원에 예

탁하지 아니할 수 있다.

제76조 (집합투자증권 판매 등에 관한 특례)

① 투자매매업자 또는 투자중개업자는 집합투자증권을 판매하는 경우 투자자가 집합투자증권의 취득을 위하여 금전등을 납입한 후 최초로 산정되는 기준가격(제238조 제6항에 따른 기준가격을 말한다. 이하 같다.)으로 판매하여야 한다. 다만, 투자자의 이익을 해할 우려가 없는 경우로서 대통령령으로 정하는 경우에는 대통령령으로 정하는 기준가격으로 판매하여야 한다.

② 투자매매업자 또는 투자중개업자는 제92조 제1항(제186조 제2항에서 준용하는 경우를 포함한다.)에 따른 통지를 받은 경우에는 해당 집합투자증권을 판매하여서는 아니 된다. 다만, 제92조 제2항(제186조 제2항에서 준용하는 경우를 포함한다.)에 따른 통지를 받은 경우에는 판매를 다시 시작할 수 있다.

③ 투자매매업자 또는 투자중개업자는 집합투자기구가 제182조에 따라 등록되기 전에는 해당 집합투자증권을 판매하거나 판매를 위한 광고를 하여서는 아니 된다. 다만, 투자자의 이익을 해할 우려가 없는 경우로서 대통령령으로 정하는 경우에는 판매를 위한 광고를 할 수 있다.

④ 투자매매업자 또는 투자중개업자는 집합투자증권의 판매와 관련하여 판매수수료(집합투자증권 판매의 대가 또는 투자자에게 지속적으로 제공하는 용역의 대가로 투자자로부터 직접 받는 금전을 말한다. 이하 같다.) 및 판매보수(집합투자증권 판매의 대가 또는 투자자에게 지속적으로 제공하는 용역의 대가로 집합투자기구로부터 받는 금전을 말한다. 이하 같다.)를 받는 경우 집합투자기구의 운용실적에 연동(연동)하여 판매수수료 또는 판매보수를 받아서는 아니 된다.

⑤ 제4항의 판매수수료 및 판매보수의 한도, 부과방법, 그 밖에 판매수수료 및 판매보수에 관하여 필요한 사항은 대통령령으로 정한다.

제77조 (투자성 있는 예금·보험에 대한 특례)

① 은행이 투자성 있는 예금계약을 체결하는 경우에는 제12조에 따라 투자매매업에 관한 금융투자업인가를 받은 것으로 본다. 이 경우 제15조, 제39조부터 제45조까지, 제49조 제3호, 제56조, 제58조, 제61조부터 제65조까지 및 제2편 제2장·제3장·제4장 제2절 제1관을 적용하지 아니하며, 제3편 제1장은 투자성 있는 외화예금계약을 체결하는 경우에 대하여는 적용하지 아니한다.

② 보험회사('보험업법' 제2조 제8호부터 제10호까지의 자를 포함한다.)가 투자성 있는 보험계약을 체결하거나 그 중개 또는 대리를 하는 경우에는 제12조에 따라 투자매매업 또는 투자중개업에 관한 금융투자업인가를 받은 것으로 본다. 이 경우 제15조, 제39조부터 제45조까지, 제49조 제3호, 제51조부터 제53조까지, 제56조, 제58조, 제61조부터 제65조까지, 제2편 제2장·제3장·제4장 제2절 제1관 및 제3편 제1장을 적용하지 아니한다.

제78조 (전자적 방식에 의한 증권중개 업무)

① 정보통신망이나 전자정보처리장치를 이용하여 동시에 다수의 자를 각 당사자로 하여 제1호 각 목의 어느 하나에 해당하는 매매가격으로 상장주권 매매의 중개업무(이하 '전자증권중개업무'라 한다.)를 하는 투자중개업자(이하 '전자증권중개회사'라 한다.)는 그 업무를 함에 있어서 제2호 각 목의 사항에 대하여 대통령령으로 정하는 기준(이하 이 조에서 '업무기준'이라 한다.)을 준수하여야 한다.

  1. 다음 각 목의 어느 하나에 해당하는 매매가격

    가. 증권시장에서 공표된 해당 상장주권의 최종가격

    나. 단일한 가격으로서 재정경제부령으로 정하는 방법에 따라 정하여지는 가격

  2. 업무기준으로 정할 수 있는 대상은 다음 각 목의 사항으로 한다.

    가. 매매의 중개 대상인 상장주권에 관한 사항

　　나. 매매의 중개 대상인 상장주권의 매매정지 및 그 해제에 관한 사항

　　다. 매매계약의 체결에 관한 사항과 결제방법·결제책임 등 결제에
　　　관한 사항

　　라. 위탁증거금 등 매매수탁에 관한 사항

　　마. 매매의 중개 대상인 상장주권 발행인의 신고·공시에 관한 사항

　　바. 매매결과의 공표 및 보고에 관한 사항

　　사. 매매의 중개업무의 개폐·정지 및 중단에 관한 사항

　　아. 그 밖에 매매의 중개 대상인 상장주권 매매의 중개와 관련하여
　　　필요한 사항

② 제2편 제2장(제28조 및 제29조를 제외한다.), 제40조, 제66조, 제67조,
제72조, 제73조 및 제386조 제2항은 전자증권중개업무를 하는 자에게
는 적용하지 아니한다.

③ 제413조는 전자증권중개업무를 하는 투자중개업자에게 준용한다.

제2관 집합투자업자의 영업행위 규칙

제79조 (선관의무 및 충실의무)

① 집합투자업자는 투자자에 대하여 선량한 관리자의 주의로써 집합투자
재산을 운용하여야 한다.

② 집합투자업자는 투자자의 이익을 보호하기 위하여 해당 업무를 충실
하게 수행하여야 한다.

제80조 (자산운용의 지시 및 실행)

① 투자신탁의 집합투자업자는 투자신탁재산을 운용함에 있어서 그 투자
신탁재산을 보관·관리하는 신탁업자에 대하여 대통령령으로 정하는
방법에 따라 투자신탁재산별로 투자대상자산의 취득·처분 등에 관하
여 필요한 지시를 하여야 하며, 그 신탁업자는 집합투자업자의 지시
에 따라 투자대상자산의 취득·처분 등을 하여야 한다. 다만, 집합투

자업자는 투자신탁재산의 효율적 운용을 위하여 불가피한 경우로서 대통령령으로 정하는 경우에는 자신의 명의로 직접 투자대상자산의 취득·처분 등을 할 수 있다.

② 투자신탁의 집합투자업자(그 투자신탁재산을 보관·관리하는 신탁업자를 포함한다. 이하 이 항에서 같다.)는 제1항에 따라 투자대상자산의 취득·처분 등을 한 경우 그 투자신탁재산으로 그 이행 책임을 부담한다. 다만, 그 집합투자업자가 제64조 제1항에 따라 손해배상책임을 지는 경우에는 그러하지 아니하다.

③ 집합투자업자는 제1항 단서에 따라 투자대상자산의 취득·처분 등의 업무를 수행하는 경우에는 투자신탁재산별로 미리 정하여진 자산배분명세에 따라 취득·처분 등의 결과를 공정하게 배분하여야 한다. 이 경우 집합투자업자는 자산배분명세, 취득·처분 등의 결과, 배분결과 등에 관한 장부 및 서류를 재정경제부령으로 정하는 방법에 따라 작성하고 이를 유지·관리하여야 한다.

④ 제3항의 자산배분명세 등에 관하여 필요한 사항은 재정경제부령으로 정한다.

⑤ 투자신탁을 제외한 집합투자기구의 집합투자업자는 그 집합투자재산을 운용함에 있어서 집합투자기구의 명의(투자익명조합의 경우에는 그 집합투자업자의 명의를 말한다.)로 투자대상자산의 취득·처분 등을 하고, 그 집합투자기구의 신탁업자에게 취득·처분 등을 한 자산의 보관·관리에 필요한 지시를 하여야 하며, 그 신탁업자는 집합투자업자의 지시에 따라야 한다. 이 경우 집합투자업자가 투자대상자산의 취득·처분 등을 함에 있어서는 집합투자업자가 그 집합투자기구를 대표한다는 사실을 표시하여야 한다.

제81조 (자산운용의 제한)

① 집합투자업자는 집합투자재산을 운용함에 있어서 다음 각 호의 어느 하나에 해당하는 행위를 하여서는 아니 된다. 다만, 투자자 보호 및

집합투자재산의 안정적 운용을 해할 우려가 없는 경우로서 대통령령
으로 정하는 경우에는 이를 할 수 있다.

1. 집합투자재산을 증권(집합투자증권, 그 밖에 대통령령으로 정하는
   증권을 제외하며, 대통령령으로 정하는 투자대상자산을 포함한다.
   이하 이 호에서 같다.) 또는 파생상품에 운용함에 있어서 다음 각
   목의 어느 하나에 해당하는 행위

   가. 각 집합투자기구 자산총액의 100분의 10 이내의 범위에서 대통령
       령으로 정하는 비율을 초과하여 동일종목의 증권에 투자하는 행
       위. 이 경우 동일법인 등이 발행한 증권 중 지분증권(그 법인 등이
       발행한 지분증권과 관련된 증권예탁증권을 포함한다. 이하 이 관
       에서 같다.)과 지분증권을 제외한 증권은 각각 동일종목으로 본다.

   나. 각 집합투자업자가 운용하는 전체 집합투자기구 자산총액으로
       동일법인 등이 발행한 지분증권 총수의 100분의 20을 초과하여
       투자하는 행위

   다. 각 집합투자기구 자산총액으로 동일법인 등이 발행한 지분증권
       총수의 100분의 10을 초과하여 투자하는 행위

   라. 대통령령으로 정하는 적격 요건을 갖추지 못한 자와 장외파생상
       품을 매매하는 행위

   마. 파생상품의 매매에 따른 위험평가액이 대통령령으로 정하는 기
       준을 초과하여 투자하는 행위

   바. 파생상품의 매매와 관련하여 기초자산 중 동일법인 등이 발행한
       증권(그 법인 등이 발행한 증권과 관련된 증권예탁증권을 포함한
       다.)의 가격변동으로 인한 위험평가액이 각 집합투자기구 자산총
       액의 100분의 10을 초과하여 투자하는 행위

   사. 같은 거래상대방과의 장외파생상품 매매에 따른 거래상대방 위
       험평가액이 각 집합투자기구 자산총액의 100분의 10을 초과하여
       투자하는 행위

2. 집합투자재산을 부동산에 운용함에 있어서 다음 각 목의 어느 하나

에 해당하는 행위

　　가. 부동산을 취득한 후 5년 이내의 범위에서 대통령령으로 정하는 기간 이내에 이를 처분하는 행위. 다만, 부동산개발사업(토지를 택지·공장용지 등으로 개발하거나 그 토지 위에 건축물, 그 밖의 공작물을 신축 또는 재축하는 사업을 말한다. 이하 같다.)에 따라 조성하거나 설치한 토지·건축물 등을 분양하는 경우, 그 밖에 투자자 보호를 위하여 필요한 경우로서 대통령령으로 정하는 경우를 제외한다.

　　나. 건축물, 그 밖의 공작물이 없는 토지로서 그 토지에 대하여 부동산개발사업을 시행하기 전에 이를 처분하는 행위. 다만, 집합투자기구의 합병·해지 또는 해산, 그 밖에 투자자 보호를 위하여 필요한 경우로서 대통령령으로 정하는 경우를 제외한다.

3. 집합투자재산을 집합투자증권(제279조 제1항의 외국 집합투자증권을 포함한다. 이하 이 호에서 같다.)에 운용함에 있어서 다음 각 목의 어느 하나에 해당하는 행위

　　가. 각 집합투자기구 자산총액의 100분의 50을 초과하여 같은 집합투자업자(제279조 제1항의 외국 집합투자업자를 포함한다.)가 운용하는 집합투자기구(제279조 제1항의 외국 집합투자기구를 포함한다.)의 집합투자증권에 투자하는 행위

　　나. 각 집합투자기구 자산총액의 100분의 20을 초과하여 같은 집합투자기구(제279조 제1항의 외국 집합투자기구를 포함한다.)의 집합투자증권에 투자하는 행위

　　다. 집합투자증권에 자산총액의 100분의 40을 초과하여 투자할 수 있는 집합투자기구(제279조 제1항의 외국 집합투자기구를 포함한다.)의 집합투자증권에 투자하는 행위

　　라. 사모집합투자기구(사모집합투자기구에 상당하는 외국 사모집합투자기구를 포함한다.)의 집합투자증권에 투자하는 행위

　　마. 각 집합투자기구의 집합투자재산으로 같은 집합투자기구(제279조

제1항의 외국 집합투자기구를 포함한다.)의 집합투자증권 총수의 100분의 20을 초과하여 투자하는 행위. 이 경우 그 비율의 계산은 투자하는 날을 기준으로 한다.

    바. 집합투자기구의 집합투자증권을 판매하는 투자매매업자 또는 투자중개업자가 받는 판매수수료 및 판매보수와 그 집합투자기구가 투자하는 다른 집합투자기구(제279조 제1항의 외국 집합투자기구를 포함한다.)의 집합투자증권을 판매하는 투자매매업자{외국 투자매매업자(외국 법령에 따라 외국에서 투자매매업에 상당하는 영업을 영위하는 자를 말한다.)를 포함한다.} 또는 투자중개업자{외국 투자중개업자(외국 법령에 따라 외국에서 투자중개업에 상당하는 영업을 영위하는 자를 말한다.)를 포함한다.}가 받는 판매수수료 및 판매보수의 합계가 대통령령으로 정하는 기준을 초과하여 집합투자증권에 투자하는 행위

  4. 그 밖에 투자자 보호 또는 집합투자재산의 안정적 운용 등을 해할 우려가 있는 행위로서 대통령령으로 정하는 행위

② 제1항 제1호 마목의 위험평가액, 같은 항 같은 호 바목의 위험평가액 및 같은 항 같은 호 사목의 거래상대방 위험평가액의 산정방법 등에 관하여 필요한 사항은 금융감독위원회가 정하여 고시한다.

③ 집합투자재산에 속하는 투자대상자산의 가격 변동 등 대통령령으로 정하는 사유로 불가피하게 제1항에 따른 투자한도를 초과하게 된 경우에는 초과일부터 대통령령으로 정하는 기간까지는 그 투자한도에 적합한 것으로 본다.

④ 제1항 제1호 가목 및 마목부터 사목까지와 제3호 가목·나목은 집합투자기구의 최초 설정일 또는 설립일부터 6개월 이내의 범위에서 대통령령으로 정하는 기간까지는 적용하지 아니한다.

제82조 (자기집합투자증권의 취득 제한)

투자신탁이나 투자익명조합의 집합투자업자는 집합투자기구의 계산으로

그 집합투자기구의 집합투자증권을 취득하거나 물질의 권리의 목적으로 받지 못한다. 다만, 다음 각 호의 어느 하나에 해당하는 경우에는 집합투자기구의 계산으로 그 집합투자기구의 집합투자증권을 취득할 수 있다.

1. 담보권의 실행 등 권리 행사에 필요한 경우. 이 경우 취득한 집합투자증권은 대통령령으로 정하는 방법에 따라 처분하여야 한다.
2. 제191조에 따라 수익증권을 매수하는 경우

제83조 (금전차입 등의 제한)

① 집합투자업자는 집합투자재산을 운용함에 있어서 집합투자기구의 계산으로 금전을 차입(차입)하지 못한다. 다만, 다음 각 호의 어느 하나에 해당하는 경우에는 집합투자기구의 계산으로 금전을 차입할 수 있다.

1. 제235조에 따른 집합투자증권의 환매청구가 대량으로 발생하여 일시적으로 환매대금의 지급이 곤란한 때
2. 제191조 및 제201조 제4항에 따른 매수청구가 대량으로 발생하여 일시적으로 매수대금의 지급이 곤란한 때

② 제1항에 따라 집합투자기구의 계산으로 금전을 차입하는 경우 그 차입금의 총액은 차입 당시 집합투자재산 총액의 100분의 10을 초과하여서는 아니 된다.

③ 제1항에 따른 금전차입의 방법, 차입금 상환 전 투자대상자산의 취득제한 등에 관하여 필요한 사항은 대통령령으로 정한다.

④ 집합투자업자는 집합투자재산을 운용함에 있어서 집합투자재산 중 금전을 대여(대통령령으로 정하는 금융기관에 대한 30일 이내의 단기대출을 제외한다.)하여서는 아니 된다.

⑤ 집합투자업자는 집합투자재산을 운용함에 있어서 집합투자재산으로 해당 집합투자기구 외의 자를 위하여 채무보증 또는 담보제공을 하여서는 아니 된다.

제84조 (이해관계인과의 거래제한 등)

① 집합투자업자는 집합투자재산을 운용함에 있어서 대통령령으로 정하는 이해관계인(이하 이 절에서 '이해관계인'이라 한다.)과 거래행위를 하여서는 아니 된다. 다만, 집합투자기구와 이해가 상충될 우려가 없는 거래로서 다음 각 호의 어느 하나에 해당하는 거래의 경우에는 이를 할 수 있다.

  1. 이해관계인이 되기 6개월 이전에 체결한 계약에 따른 거래
  2. 증권시장 등 불특정다수인이 참여하는 공개시장을 통한 거래
  3. 일반적인 거래조건에 비추어 집합투자기구에 유리한 거래
  4. 그 밖에 대통령령으로 정하는 거래

② 집합투자업자는 제1항 단서에 따라 허용되는 이해관계인과의 거래가 있는 경우 또는 이해관계인의 변경이 있는 경우에는 그 내용을 해당 집합투자재산을 보관·관리하는 신탁업자에게 즉시 통보하여야 한다.

③ 집합투자업자는 집합투자재산을 운용함에 있어서 집합투자기구의 계산으로 그 집합투자업자가 발행한 증권(제189조의 수익증권을 제외한다.)을 취득하여서는 아니 된다.

④ 집합투자업자는 집합투자재산을 운용함에 있어서 대통령령으로 정하는 한도를 초과하여 그 집합투자업자의 계열회사가 발행한 증권(제189조의 수익증권, 그 밖에 대통령령으로 정하는 증권을 제외하며, 계열회사가 발행한 지분증권과 관련한 증권예탁증권 및 대통령령으로 정하는 투자대상자산을 포함한다. 이하 이 조에서 같다.)을 취득하여서는 아니 된다.

⑤ 제4항에 따른 계열회사가 발행한 증권의 취득 제한에 관하여 필요한 사항은 대통령령으로 정한다.

제85조 (불건전 영업행위의 금지)

집합투자업자는 다음 각 호의 어느 하나에 해당하는 행위를 하여서는 아니 된다. 다만, 투자자 보호 및 건전한 거래질서를 해할 우려가 없는 경우

로서 대통령령으로 정하는 경우에는 이를 할 수 있다.

1. 집합투자재산을 운용함에 있어서 금융투자상품, 그 밖의 투자대상자
   산의 가격에 중대한 영향을 미칠 수 있는 매수 또는 매도 의사를
   결정한 후 이를 실행하기 전에 그 금융투자상품, 그 밖의 투자대상
   자산을 집합투자업자 자기의 계산으로 매수 또는 매도하거나 제삼
   자에게 매수 또는 매도를 권유하는 행위

2. 자기 또는 대통령령으로 정하는 관계인수인(이하 이 절에서 '관계인
   수인'이라 한다.)이 인수한 증권을 집합투자재산으로 매수하는 행위

3. 자기 또는 관계인수인이 대통령령으로 정하는 인수업무를 담당한
   법인의 특정증권등(제172조 제1항의 특정증권등을 말한다. 이하 이
   호에서 같다.)에 대하여 인위적인 시세(제176조 제2항 제1호의 시세
   를 말한다.)를 형성하기 위하여 집합투자재산으로 그 특정증권등을
   매매하는 행위

4. 특정 집합투자기구의 이익을 해하면서 자기 또는 제삼자의 이익을
   도모하는 행위

5. 특정 집합투자재산을 집합투자업자의 고유재산 또는 그 집합투자업
   자가 운용하는 다른 집합투자재산, 투자일임재산(투자자로부터 투자
   판단을 일임받아 운용하는 재산을 말한다. 이하 같다.) 또는 신탁재
   산과 거래하는 행위

6. 제삼자와의 계약 또는 담합 등에 의하여 집합투자재산으로 특정 자
   산에 교차하여 투자하는 행위

7. 투자운용인력이 아닌 자에게 집합투자재산을 운용하게 하는 행위

8. 그 밖에 투자자 보호 또는 건전한 거래질서를 해할 우려가 있는 행
   위로서 대통령령으로 정하는 행위

제86조 (성과보수의 제한)

① 집합투자업자는 집합투자기구의 운용실적에 연동하여 미리 정하여진 산
   정방식에 따른 보수(이하 '성과보수'라 한다.)를 받아서는 아니 된다.

다만, 다음 각 호의 어느 하나에 해당하는 경우에는 성과보수를 받을
수 있다.

1. 집합투자기구가 사모집합투자기구인 경우
2. 사모집합투자기구 외의 집합투자기구 중 운용보수의 산정방식, 투자
   자의 구성 등을 고려하여 투자자 보호 및 건전한 거래질서를 해할
   우려가 없는 경우로서 대통령령으로 정하는 경우

② 집합투자업자는 제1항 단서에 따라 성과보수를 받고자 하는 경우에는
   그 성과보수의 산정방식, 그 밖에 대통령령으로 정하는 사항을 해당
   투자설명서(제123조 제1항에 따른 투자설명서를 말한다.) 및 집합투자
   규약에 기재하여야 한다.

제87조 (의결권 등)

① 집합투자업자(투자신탁이나 투자익명조합의 집합투자업자에 한한다. 이
   하 이 조에서 같다.)는 집합투자재산에 속하는 주식의 의결권을 행사함
   에 있어서 다음 각 호의 어느 하나에 해당하는 경우에는 집합투자재
   산에 속하는 주식을 발행한 법인의 주주총회에 참석한 주주가 소유하
   는 주식 수에서 집합투자재산에 속하는 주식 수를 뺀 주식 수의 결의
   내용에 영향을 미치지 아니하도록 의결권을 행사하여야 한다. 다만,
   집합투자재산에 속하는 주식을 발행한 법인의 합병, 영업의 양도·양
   수, 임원의 임면, 정관변경, 그 밖에 이에 준하는 사항으로서 집합투
   자재산에 손실을 초래할 것이 명백하게 예상되는 경우에는 그러하지
   아니하다.

1. 다음 각 목의 어느 하나에 해당하는 자가 그 집합투자재산에 속하
   는 주식을 발행한 법인을 계열회사로 편입하기 위한 경우
   가. 그 집합투자업자 및 그와 대통령령으로 정하는 이해관계가 있는 자
   나. 그 집합투자업자에 대하여 사실상의 지배력을 행사하는 자로서
      대통령령으로 정하는 자
2. 그 집합투자재산에 속하는 주식을 발행한 법인이 그 집합투자업자

와 다음 각 목의 어느 하나에 해당하는 관계가 있는 경우

　　가. 계열회사의 관계가 있는 경우

　　나. 그 집합투자업자에 대하여 사실상의 지배력을 행사하는 관계로
　　　　서 대통령령으로 정하는 관계가 있는 경우

　3. 그 밖에 투자자 보호 또는 집합투자재산의 적정한 운용을 해할 우
　　려가 있는 경우로서 대통령령으로 정하는 경우

② 제1항 각 호 외의 부분 단서는 '독점규제 및 공정거래에 관한 법률'
　제9조 제1항에 따른 상호출자제한기업집단(이하 '상호출자제한기업집
　단'이라 한다.)에 속하는 집합투자업자에게는 적용하지 아니한다. 다
　만, 상호출자제한기업집단에 속하는 집합투자업자가 집합투자재산으
　로 그와 계열회사의 관계가 있는 주권상장법인이 발행한 주식을 소유
　하고 있는 경우로서 다음 각 호의 어느 하나에 해당하는 사항에 대하
　여 제1항 각 호 외의 부분 본문에 따라 의결권을 행사하면 그 집합투
　자재산에 손실을 초래할 것이 명백하게 예상되는 경우에는 제1항 각
　호 외의 부분 단서에 따라 의결권을 행사할 수 있으며, 이 경우 의결
　권을 행사할 수 있는 주식의 수는 그 법인의 특수관계인('독점규제
　및 공정거래에 관한 법률' 제7조 제1항 제5호 가목에 따른 특수관계
　인을 말한다.)이 행사할 수 있는 주식의 수를 합하여 그 법인의 발행
　주식총수의 100분의 15를 초과할 수 없다.

　1. 그 법인의 다른 법인과의 합병, 그 법인의 영업의 전부 또는 주요
　　부분의 다른 법인으로의 양도

　2. 그 법인의 임원의 임면

　3. 그 법인의 정관변경

③ 제2항에 불구하고 상호출자제한기업집단에 속하는 집합투자업자가 집
　합투자재산으로 그와 계열회사의 관계에 있는 법인이 발행한 주식을
　소유하고 있는 경우에는 제81조 제1항 각 호 외의 부분 단서에 따라
　같은 조 제1항 제1호 가목의 투자한도를 초과하여 취득한 주식은 그
　주식을 발행한 법인의 주주총회에 참석한 주주가 소유한 주식 수에서

집합투자재산인 주식 수를 뺀 주식 수의 결의내용에 영향을 미치지 아니하도록 의결권을 행사하여야 한다.

④ 집합투자업자는 제81조 제1항 및 제84조 제4항에 따른 투자한도를 초과하여 취득한 주식에 대하여는 그 주식의 의결권을 행사할 수 없다.

⑤ 집합투자업자는 제삼자와의 계약에 의하여 의결권을 교차하여 행사하는 등 제1항부터 제4항까지의 규정의 적용을 면하기 위한 행위를 하여서는 아니 된다.

⑥ 금융감독위원회는 집합투자업자가 제1항부터 제5항까지의 규정을 위반하여 집합투자재산에 속하는 주식의 의결권을 행사한 경우에는 6개월 이내의 기간을 정하여 그 주식의 처분을 명할 수 있다.

⑦ 집합투자업자는 각 집합투자재산에서 대통령령으로 정하는 비율 또는 금액 이상을 소유하는 주식을 발행한 법인(이하 이 조에서 '의결권공시대상법인'이라 한다.)에 대한 의결권 행사 여부 및 그 내용(의결권을 행사하지 아니한 경우에는 그 사유)을 대통령령으로 정하는 방법에 따라 기록·유지하여야 한다.

⑧ 집합투자업자는 집합투자재산에 속하는 주식의 의결권 행사 내용 등을 다음 각 호의 구분에 따라 공시하여야 한다. 이 경우 공시 방법 등에 관하여 필요한 사항은 대통령령으로 정한다.

　1. 제1항부터 제3항까지의 규정에 따라 합병, 영업의 양도·양수, 임원의 임면, 정관변경 등 경영권변경과 관련된 사항에 대하여 의결권을 행사하는 경우: 의결권의 구체적인 행사내용

　2. 의결권공시대상법인에 대하여 의결권을 행사하는 경우: 제7항에 따른 의결권의 구체적인 행사내용

　3. 의결권공시대상법인에 대하여 의결권을 행사하지 아니한 경우: 제7항에 따른 의결권을 행사하지 아니한 구체적인 사유

⑨ 집합투자업자는 제8항에 따라 의결권 행사 여부에 관한 사항 등을 공시하는 경우에는 투자자가 그 의결권 행사 여부의 적정성 등을 파악하는 데에 필요한 자료로서 대통령령으로 정하는 자료를 함께 공시하여야 한다.

제88조 (자산운용보고서)

① 집합투자업자는 자산운용보고서를 작성하여 해당 집합투자재산을 보관·관리하는 신탁업자의 확인을 받아 3개월마다 1회 이상 해당 집합투자기구의 투자자에게 제공하여야 한다. 다만, 투자자가 수시로 변동되는 등 투자자의 이익을 해할 우려가 없는 경우로서 대통령령으로 정하는 경우에는 자산운용보고서를 투자자에게 제공하지 아니할 수 있다.

② 집합투자업자는 제1항에 따른 자산운용보고서에 다음 각 호의 사항을 기재하여야 한다.

  1. 다음 각 목의 어느 하나에 해당하는 날(이하 이 조에서 '기준일'이라 한다.) 현재의 해당 집합투자기구의 자산·부채 및 집합투자증권의 기준가격

    가. 회계 기간의 개시일부터 3개월이 종료되는 날

    나. 회계 기간의 말일

    다. 계약 기간의 종료일 또는 존속 기간의 만료일

    라. 해지일 또는 해산일

  2. 직전의 기준일(직전의 기준일이 없는 경우에는 해당 집합투자기구의 최초 설정일 또는 성립일을 말한다.)부터 해당 기준일까지의 기간(이하 이 조에서 '해당 운용 기간'이라 한다.) 중 운용경과의 개요 및 해당 운용 기간 중의 손익 사항

  3. 기준일 현재 집합투자재산에 속하는 자산의 종류별 평가액과 집합투자재산 총액에 대한 각각의 비율

  4. 해당 운용 기간 중 매매한 주식의 총수, 매매금액 및 대통령령으로 정하는 매매회전율

  5. 그 밖에 대통령령으로 정하는 사항

③ 제1항에 따른 자산운용보고서의 제공 시기 및 방법, 비용부담 등에 관하여 필요한 사항은 대통령령으로 정한다.

제89조 (수시공시)

투자신탁이나 투자익명조합의 집합투자업자는 다음 각 호의 어느 하나에 해당하는 사항이 발생한 경우 이를 대통령령으로 정하는 방법에 따라 지체없이 인터넷 홈페이지 등을 이용하여 공시하여야 한다.

    1. 투자운용인력의 변경

    2. 환매연기 또는 환매재개의 결정 및 그 사유

    3. 대통령령으로 정하는 부실자산이 발생한 경우 그 명세 및 상각률

    4. 집합투자자총회의 결의내용

    5. 그 밖에 투자자 보호를 위하여 필요한 사항으로서 대통령령으로 정하는 사항

제90조 (집합투자재산에 관한 보고 등)

① 집합투자업자(투자신탁이나 투자익명조합의 집합투자업자에 한한다. 이하 이 조에서 같다.)는 대통령령으로 정하는 방법에 따라 집합투자재산에 관한 매 분기의 영업보고서를 작성하여 매 분기 종료 후 20일 이내에 금융감독위원회 및 협회에 제출하여야 한다.

② 집합투자업자는 집합투자기구에 대하여 다음 각 호의 어느 하나에 해당하는 사유가 발생한 경우 그 사유가 발생한 날부터 2개월 이내에 제239조에 따른 결산서류를 금융감독위원회 및 협회에 제출하여야 한다.

    1. 집합투자기구의 회계 기간 종료

    2. 집합투자기구의 계약 기간 또는 존속 기간의 종료

    3. 집합투자기구의 해지 또는 해산

③ 금융감독위원회 및 협회는 제1항 및 제2항에 따라 제출받은 서류를 인터넷 홈페이지 등을 이용하여 공시하여야 한다.

④ 협회는 대통령령으로 정하는 방법에 따라 각 집합투자재산의 순자산 가치의 변동명세가 포함된 운용실적을 비교하여 그 결과를 인터넷 홈페이지 등을 이용하여 공시하여야 한다.

제91조 (장부·서류의 열람 및 공시 등)

① 투자자는 집합투자업자(투자신탁이나 투자익명조합의 집합투자업자에 한하며, 해당 집합투자증권을 판매한 투자매매업자 및 투자중개업자를 포함한다. 이하 이 조에서 같다.)에게 영업시간 중에 이유를 기재한 서면으로 그 투자자에 관련된 집합투자재산에 관한 장부·서류의 열람이나 등본 또는 초본의 교부를 청구할 수 있다. 이 경우 그 집합투자업자는 대통령령으로 정하는 정당한 사유가 없는 한 이를 거절하여서는 아니 된다.

② 제1항에 따른 열람이나 등본 또는 초본의 교부 청구의 대상이 되는 장부·서류의 범위 등에 관하여 필요한 사항은 대통령령으로 정한다.

③ 집합투자업자는 집합투자규약을 인터넷 홈페이지 등을 이용하여 공시하여야 한다.

제92조 (환매연기 등의 통지)

① 집합투자업자(투자신탁이나 투자익명조합의 집합투자업자에 한한다. 이하 이 조에서 같다.)는 다음 각 호의 어느 하나에 해당하는 사유가 발생한 경우 해당 집합투자증권을 판매한 투자매매업자 또는 투자중개업자에게 이를 즉시 통지하여야 한다.

  1. 제237조 제1항에 따라 집합투자증권의 환매를 연기한 경우

  2. 제240조 제3항에 따른 집합투자기구에 대한 회계감사인의 감사의견이 적정의견이 아닌 경우

② 집합투자업자는 제1항의 사유가 해소된 경우에는 해당 집합투자증권을 판매한 투자매매업자 또는 투자중개업자에게 이를 즉시 통지하여야 한다.

제93조 (파생상품의 운용 특례)

① 집합투자업자는 파생상품 매매에 따른 위험평가액(제81조 제1항 제1호 마목의 위험평가액을 말한다. 이하 이 조에서 같다.)이 대통령령으

로 정하는 기준을 초과하여 투자할 수 있는 집합투자기구의 집합투자
재산을 파생상품에 운용하는 경우에는 계약금액, 그 밖에 대통령령으
로 정하는 위험에 관한 지표를 인터넷 홈페이지 등을 이용하여 공시
하여야 한다. 이 경우 그 집합투자기구의 투자설명서(제123조 제1항
에 따른 투자설명서를 말한다.)에 해당 위험에 관한 지표의 개요 및
위험에 관한 지표가 공시된다는 사실을 기재하여야 한다.

② 집합투자업자는 장외파생상품 매매에 따른 위험평가액이 대통령령으
로 정하는 기준을 초과하여 투자할 수 있는 집합투자기구의 집합투자
재산을 장외파생상품에 운용하는 경우에는 장외파생상품 운용에 따른
위험관리방법을 작성하여 그 집합투자재산을 보관·관리하는 신탁업
자의 확인을 받아 금융감독위원회에 신고하여야 한다.

제94조 (부동산의 운용 특례)
① 집합투자업자는 제83조 제1항 각 호 외의 부분 본문에 불구하고 집합
투자재산으로 부동산을 취득하는 경우에는 대통령령으로 정하는 방법
에 따라 집합투자기구의 계산으로 금전을 차입할 수 있다.

② 집합투자업자는 제83조 제4항에 불구하고 집합투자재산으로 부동산개
발사업을 영위하는 법인(부동산신탁업자, 그 밖에 대통령령으로 정하
는 자를 포함한다.)에 대하여 대통령령으로 정하는 방법에 따라 금전
을 대여할 수 있다.

③ 집합투자업자는 집합투자재산으로 부동산을 취득하거나 처분하는 경
우에는 그 부동산의 현황, 거래가격, 그 밖에 대통령령으로 정하는 사
항이 기재된 실사보고서를 작성·비치하여야 한다.

④ 집합투자업자는 집합투자재산으로 부동산개발사업에 투자하고자 하는
경우에는 추진일정·추진방법, 그 밖에 대통령령으로 정하는 사항이
기재된 사업계획서를 작성하여 '부동산가격공시 및 감정평가에 관한
법률'에 따른 감정평가업자로부터 그 사업계획서가 적정한지의 여부
에 대하여 확인을 받아야 하며, 이를 인터넷 홈페이지 등을 이용하여

공시하여야 한다.

⑤ 투자신탁재산으로 부동산을 취득하는 경우 '부동산등기법' 제123조를 적용함에 있어서 신탁의 등기를 신청하는 신청서에 첨부하는 서면에 수익자를 기재하지 아니할 수 있다.

⑥ 제1항 및 제2항에 따른 금전 차입과 금전 대여의 한도, 차입한 금전의 운용 제한 등에 관하여 필요한 사항은 대통령령으로 정한다.

제95조 (청산)

① 금융감독위원회는 집합투자업을 영위하는 금융투자업자의 청산사무를 감독한다.

② 금융감독위원회는 청산사무 및 재산의 상황을 검사하거나 재산의 공탁명령, 그 밖에 청산의 감독에 필요한 명령을 할 수 있다.

③ 금융감독위원회는 집합투자업을 영위하는 금융투자업자가 금융투자업 인가의 취소로 인하여 해산한 경우에는 직권으로 청산인을 선임한다.

④ 금융감독위원회는 집합투자업을 영위하는 금융투자업자가 법원의 명령 또는 판결에 의하여 해산하는 경우와 청산인이 없는 경우에는 직권으로 또는 이해관계인의 청구에 의하여 청산인을 선임한다.

⑤ 금융감독위원회는 청산인을 선임한 경우에는 집합투자업을 영위하는 금융투자업자에게 보수를 주게 할 수 있다. 이 경우 보수액은 금융감독위원회가 정하여 고시한다.

⑥ 금융감독위원회는 청산인이 업무를 집행함에 있어서 현저하게 부적합하거나 중대한 법령 위반사항이 있는 경우에는 직권으로 또는 이해관계인의 청구에 의하여 청산인을 해임할 수 있다.

제3관 투자자문업자 및 투자일임업자의 영업행위 규칙

제96조 (선관의무 및 충실의무)

① 투자자문업자는 투자자에 대하여 선량한 관리자의 주의로써 투자자문

에 응하여야 하며, 투자일임업자는 투자자에 대하여 선량한 관리자의
주의로써 투자일임재산을 운용하여야 한다.

② 투자자문업자 및 투자일임업자는 투자자의 이익을 보호하기 위하여
해당 업무를 충실하게 수행하여야 한다.

제97조 (계약의 체결)

① 투자자문업자 또는 투자일임업자는 일반투자자와 투자자문계약 또는
투자일임계약을 체결하고자 하는 경우에는 다음 각 호의 사항을 기재
한 서면자료를 미리 일반투자자에게 교부하여야 한다.

  1. 투자자문의 범위 및 제공방법 또는 투자일임의 범위 및 투자대상
     금융투자상품

  2. 투자자문업 또는 투자일임업의 수행에 관하여 투자자문업자 또는
     투자일임업자가 정하고 있는 일반적인 기준 및 절차

  3. 투자자문업 또는 투자일임업을 실제로 수행하는 임직원의 성명 및
     주요 경력

  4. 투자자와의 이해상충방지를 위하여 투자자문업자 또는 투자일임업
     자가 정한 기준 및 절차

  5. 투자자문계약 또는 투자일임계약과 관련하여 투자결과가 투자자에
     게 귀속된다는 사실 및 투자자가 부담하는 책임에 관한 사항

  6. 수수료에 관한 사항

  7. 투자실적의 평가 및 투자결과를 투자자에게 통보하는 방법(투자일임
     계약의 경우에 한한다.)

  8. 그 밖에 투자자가 계약체결 여부를 결정하는 데에 중요한 판단기준
     이 되는 사항으로서 대통령령으로 정하는 사항

② 투자자문업자 또는 투자일임업자는 일반투자자와 투자자문계약 또는
투자일임계약을 체결하는 경우 제59조 제1항에 따라 일반투자자에게
교부하는 계약서류에 다음 각 호의 사항을 기재하여야 한다. 이 경우
그 기재내용은 제1항에 따라 교부한 서면자료에 기재된 내용과 달라

서는 아니 된다.

1. 제1항 각 호의 사항

2. 계약당사자에 관한 사항

3. 계약 기간 및 계약일자

4. 계약변경 및 계약해지에 관한 사항

5. 투자일임재산이 예탁된 투자매매업자·투자중개업자, 그 밖의 금융
   기관의 명칭 및 영업소명

제98조 (불건전 영업행위의 금지)

① 투자자문업자 또는 투자일임업자는 다음 각 호의 어느 하나에 해당하
   는 행위를 하여서는 아니 된다. 다만, 투자자 보호 및 건전한 거래질
   서를 해할 우려가 없는 경우로서 대통령령으로 정하는 경우에는 이를
   할 수 있다.

   1. 투자자로부터 금전·증권, 그 밖의 재산의 보관·예탁을 받는 행위

   2. 투자자에게 금전·증권, 그 밖의 재산을 대여하거나 투자자에 대한
      제삼자의 금전·증권, 그 밖의 재산의 대여를 중개·주선 또는 대
      리하는 행위

   3. 투자권유자문인력 또는 투자운용인력이 아닌 자에게 투자자문업 또
      는 투자일임업을 수행하게 하는 행위

   4. 계약으로 정한 수수료 외의 대가를 추가로 받는 행위

② 투자일임업자는 투자일임재산을 운용함에 있어서 다음 각 호의 어느
   하나에 해당하는 행위를 하여서는 아니 된다. 다만, 투자자 보호 및
   건전한 거래질서를 해할 우려가 없는 경우로서 대통령령으로 정하는
   경우에는 이를 할 수 있다.

   1. 투자일임재산을 운용함에 있어서 금융투자상품, 그 밖의 투자대상자
      산의 가격에 중대한 영향을 미칠 수 있는 매수 또는 매도 의사를
      결정한 후 이를 실행하기 전에 그 금융투자상품, 그 밖의 투자대상
      자산을 자기의 계산으로 매수 또는 매도하거나 제삼자에게 매수 또

는 매도를 권유하는 행위

2. 자기 또는 관계인수인이 인수한 증권을 투자일임재산으로 매수하는 행위

3. 자기 또는 관계인수인이 대통령령으로 정하는 인수업무를 담당한 법인의 특정증권등(제172조 제1항의 특정증권등을 말한다. 이하 이 호에서 같다.)에 대하여 인위적인 시세(제176조 제2항 제1호의 시세를 말한다.)를 형성하기 위하여 투자일임재산으로 그 특정증권등을 매매하는 행위

4. 특정 투자자의 이익을 해하면서 자기 또는 제삼자의 이익을 도모하는 행위

5. 투자일임재산으로 자기가 운용하는 다른 투자일임재산, 집합투자재산 또는 신탁재산과 거래하는 행위

6. 투자일임재산으로 투자일임업자 또는 그 이해관계인의 고유재산과 거래하는 행위

7. 투자자의 동의 없이 투자일임재산으로 투자일임업자 또는 그 이해관계인이 발행한 증권에 투자하는 행위

8. 투자일임재산을 각각의 투자자별로 운용하지 아니하고 여러 투자자의 자산을 집합하여 운용하는 행위

9. 투자자로부터 다음 각 목의 행위를 위임받는 행위

　　가. 투자일임재산을 예탁하는 투자매매업자·투자중개업자, 그 밖의 금융기관을 지정하거나 변경하는 행위

　　나. 투자일임재산을 예탁하거나 인출하는 행위

　　다. 투자일임재산에 속하는 증권의 의결권, 그 밖의 권리를 행사하는 행위

10. 그 밖에 투자자 보호 또는 건전한 거래질서를 해할 우려가 있는 행위로서 대통령령으로 정하는 행위

제99조 (투자일임보고서의 교부)

① 투자일임업자는 다음 각 호의 사항에 대한 보고서(이하 이 조에서 '투자일임보고서'라 한다.)를 작성하여 3개월마다 1회 이상 투자일임계약을 체결한 일반투자자에게 제공하여야 한다.

  1. 투자일임재산의 운용현황
  2. 투자일임재산 중 특정 자산을 그 투자일임업자의 고유재산과 거래한 실적이 있는 경우 그 거래 시기·거래실적 및 잔액

② 투자일임보고서의 기재사항 및 교부방법 등에 관하여 필요한 사항은 대통령령으로 정한다.

제100조 (역외투자자문업자 등의 특례)

① 제22조부터 제36조까지, 제38조, 제40조, 제41조, 제44조, 제45조, 제50조부터 제52조까지, 제56조 및 제61조부터 제63조까지의 규정은 제18조 제2항 제1호 각 목 외의 부분 단서에 따른 투자자문업 또는 투자일임업을 영위하는 외국 투자자문업자(이하 '역외투자자문업자'라 한다.) 또는 외국 투자일임업자(이하 '역외투자일임업자'라 한다.)에게는 적용하지 아니한다.

② 역외투자자문업자 또는 역외투자일임업자는 투자자 보호를 위하여 재정경제부령으로 정하는 요건에 해당하는 연락책임자를 국내에 두어야 한다.

③ 역외투자자문업자 또는 역외투자일임업자는 국내 거주자와 체결하는 투자자문계약 또는 투자일임계약 내용에 그 계약에 대하여 국내법이 적용되고 그 계약에 관한 소송은 국내법원이 관할한다는 내용을 포함하여야 한다.

④ 역외투자자문업자 또는 역외투자일임업자는 제98조에서 정한 사항의 준수 여부 점검 등을 위하여 임직원이 그 직무를 수행함에 있어서 따라야 할 적절한 기준 및 절차를 마련하고, 그 운영실태를 정기적으로 점검하여야 한다.

⑤ 역외투자자문업자 또는 역외투자일임업자는 대통령령으로 정하는 방법에 따라 업무보고서를 작성하여 금융감독위원회에 제출하여야 한다.

⑥ 역외투자일임업자는 전문투자자 중 대통령령으로 정하는 자 외의 자를 대상으로 투자일임업을 영위하여서는 아니 된다.

⑦ 역외투자일임업자는 투자일임재산으로 취득한 외화증권을 대통령령으로 정하는 외국 보관기관에 보관하여야 한다.

⑧ 그 밖에 역외투자자문업자 또는 역외투자일임업자의 업무방법 및 절차 등에 관하여 필요한 사항은 대통령령으로 정한다.

제101조 (유사투자자문업의 신고)

① 불특정 다수인을 대상으로 하여 발행되는 간행물, 전자우편 등에 의하여 금융투자상품에 대한 투자판단 또는 금융투자상품의 가치에 관한 조언으로서 대통령령으로 정하는 것을 업(이하 이 조에서 '유사투자자문업'이라 한다.)으로 영위하고자 하는 자는 금융감독위원회가 정하여 고시하는 서식에 따라 금융감독위원회에 신고하여야 한다.

② 유사투자자문업을 영위하는 자는 다음 각 호의 어느 하나에 해당하는 경우 2주 이내에 이를 금융감독위원회에 보고하여야 한다.

 1. 유사투자자문업을 폐지한 경우

 2. 명칭 또는 소재지를 변경한 경우

 3. 대표자를 변경한 경우

③ 금융감독위원회는 유사투자자문업의 질서유지 및 고객보호 등을 위하여 필요하다고 인정되는 경우에는 유사투자자문업을 영위하는 자에 대하여 영업내용 및 업무방법 등에 관한 자료의 제출을 요구할 수 있다.

④ 제98조 제1항(제3호를 제외한다.)은 제1항에 따라 신고하여야 하는 자에게 준용한다.

제4관 신탁업자의 영업행위 규칙

제102조 (선관의무 및 충실의무)
① 신탁업자는 수익자에 대하여 선량한 관리자의 주의로써 신탁재산을
운용하여야 한다.
② 신탁업자는 수익자의 이익을 보호하기 위하여 해당 업무를 충실하게
수행하여야 한다.

제103조 (신탁재산의 제한 등)
① 신탁업자는 다음 각 호의 재산 외의 재산을 수탁할 수 없다.
1. 금전
2. 증권
3. 금전채권
4. 동산
5. 부동산
6. 지상권, 전세권, 부동산임차권, 부동산소유권 이전등기청구권, 그 밖
의 부동산 관련 권리
7. 무체재산권(지적재산권을 포함한다.)
② 신탁업자는 하나의 신탁계약에 의하여 위탁자로부터 제1항 각 호의
재산 중 둘 이상의 재산을 종합하여 수탁할 수 있다.
③ 제1항 각 호의 재산의 신탁 및 제2항의 종합재산신탁의 수탁과 관련
한 신탁의 종류, 손실의 보전 또는 이익의 보장, 그 밖의 신탁거래조
건 등에 관하여 필요한 사항은 대통령령으로 정한다.
④ 신탁업자는 부동산개발사업을 목적으로 하는 신탁계약을 체결한 경우
에는 그 신탁계약에 의한 부동산개발사업별로 제1항 제1호의 재산을
대통령령으로 정하는 사업비의 100분의 15 이내에서 수탁할 수 있다.

제104조 (신탁재산과 고유재산의 구분)

① '신탁법' 제31조 제1항 단서는 신탁업자에게는 적용하지 아니한다.

② 신탁업자는 다음 각 호의 어느 하나에 해당하는 경우 신탁계약이 정하는 바에 따라 신탁재산을 고유재산으로 취득할 수 있다.

1. 신탁행위에 따라 수익자에 대하여 부담하는 채무를 이행하기 위하여 필요한 경우{금전신탁재산의 운용으로 취득한 자산이 증권시장·파생상품시장 또는 이와 유사한 시장으로서 해외에 있는 시장에서 시세(제176조 제2항 제1호의 시세를 말한다.)가 있는 경우에 한한다.}

2. 신탁계약의 해지, 그 밖에 수익자 보호를 위하여 불가피한 경우로서 대통령령으로 정하는 경우(제103조 제3항에 따라 손실이 보전되거나 이익이 보장되는 신탁계약에 한한다.)

제105조 (신탁재산 등 운용의 제한)

① 신탁업자는 신탁재산에 속하는 금전을 다음 각 호의 방법으로 운용하여야 한다.

1. 증권(대통령령으로 정하는 증권에 한한다.)의 매수

2. 장내파생상품 또는 장외파생상품의 매수

3. 대통령령으로 정하는 금융기관에의 예치

4. 금전채권의 매수

5. 대출

6. 어음의 매수

7. 실물자산의 매수

8. 무체재산권의 매수

9. 부동산의 매수 또는 개발

10. 그 밖에 신탁재산의 안전성·수익성 등을 고려하여 대통령령으로 정하는 방법

② 신탁업자는 제103조 제1항 제5호 및 제6호의 재산만을 신탁받는 경우, 그 밖에 대통령령으로 정하는 경우를 제외하고는 신탁의 계산으

로 그 신탁업자의 고유재산으로부터 금전을 차입할 수 없다.

③ 제1항 및 제2항에 따른 신탁재산 운용의 구체적 범위·조건·한도, 그 밖의 신탁재산의 운용방법 및 제한에 관하여 필요한 사항은 대통령령으로 정한다.

제106조 (여유자금의 운용)

신탁업자는 제103조 제1항 제5호 및 제6호의 재산만을 신탁받는 경우 그 신탁재산을 운용함에 따라 발생한 여유자금을 다음 각 호의 방법으로 운용하여야 한다.

1. 대통령령으로 정하는 금융기관에의 예치

2. 국채증권, 지방채증권 또는 특수채증권의 매수

3. 정부 또는 대통령령으로 정하는 금융기관이 지급을 보증한 증권의 매수

4. 그 밖에 제103조 제1항 제5호 및 제6호에 따른 신탁재산의 안정성·수익성 등을 저해하지 아니하는 방법으로서 대통령령으로 정하는 방법

제107조 (공탁의무 등)

① 신탁업자는 신탁의무의 위반으로 인하여 수익자에게 생기게 될 손해를 담보하기 위하여 자본금의 10분의 1 이상의 금액에 상당하는 금전 또는 국채증권을 공탁하여야 한다. 다만, 자본금 규모 등을 고려하여 대통령령으로 정하는 신탁업자는 자본금의 1천 분의 25 이상의 금액에 상당하는 금전 또는 국채증권을 공탁하여야 한다.

② 제1항의 공탁금액 중 그 5분의 3을 초과하는 금액에 대하여는 지방채증권, 특수채증권, 사채권 또는 주권으로써 국채증권에 갈음할 수 있다.

③ 수익자는 신탁업자가 제1항 또는 제2항에 따라 공탁한 금전 및 증권에 관하여 다른 채권자보다 우선하여 변제를 받을 권리를 가진다.

④ 제1항의 공탁금액의 연간 적립한도, 적립 시기 및 방법 등에 관하여 필요한 사항은 대통령령으로 정한다.

제108조 (불건전 영업행위의 금지)

신탁업자는 다음 각 호의 어느 하나에 해당하는 행위를 하여서는 아니 된다. 다만, 수익자 보호 및 건전한 거래질서를 해할 우려가 없는 경우로서 대통령령으로 정하는 경우에는 이를 할 수 있다.

1. 신탁재산을 운용함에 있어서 금융투자상품, 그 밖의 투자대상자산의 가격에 중대한 영향을 미칠 수 있는 매수 또는 매도 의사를 결정한 후 이를 실행하기 전에 그 금융투자상품, 그 밖의 투자대상자산을 자기의 계산으로 매수 또는 매도하거나 제삼자에게 매수 또는 매도를 권유하는 행위

2. 자기 또는 관계인수인이 인수한 증권을 신탁재산으로 매수하는 행위

3. 자기 또는 관계인수인이 대통령령으로 정하는 인수업무를 담당한 법인의 특정증권등(제172조 제1항의 특정증권등을 말한다. 이하 이 호에서 같다.)에 대하여 인위적인 시세(제176조 제2항 제1호의 시세를 말한다.)를 형성시키기 위하여 신탁재산으로 그 특정증권등을 매매하는 행위

4. 특정 신탁재산의 이익을 해하면서 자기 또는 제삼자의 이익을 도모하는 행위

5. 신탁재산으로 그 신탁업자가 운용하는 다른 신탁재산, 집합투자재산 또는 투자일임재산과 거래하는 행위

6. 신탁재산으로 신탁업자 또는 그 이해관계인의 고유재산과 거래하는 행위

7. 수익자의 동의 없이 신탁재산으로 신탁업자 또는 그 이해관계인이 발행한 증권에 투자하는 행위

8. 투자운용인력이 아닌 자에게 신탁재산을 운용하게 하는 행위

9. 그 밖에 수익자 보호 또는 건전한 거래질서를 해할 우려가 있는 행위로서 대통령령으로 정하는 행위

제109조 (신탁계약)

신탁업자는 위탁자와 신탁계약을 체결하는 경우 제59조 제1항에 따라 위탁자에게 교부하는 계약서류에 다음 각 호의 사항을 기재하여야 한다.

  1. 위탁자, 수익자 및 신탁업자의 성명 또는 명칭

  2. 수익자의 지정 및 변경에 관한 사항

  3. 신탁재산의 종류·수량과 가격

  4. 신탁의 목적

  5. 계약 기간

  6. 신탁재산의 운용에 의하여 취득할 재산을 특정한 경우에는 그 내용

  7. 손실의 보전 또는 이익의 보장을 하는 경우 그 보전·보장 비율 등에 관한 사항

  8. 신탁업자가 받을 보수에 관한 사항

  9. 신탁계약의 해지에 관한 사항

  10. 그 밖에 수익자 보호 또는 건전한 거래질서를 위하여 필요한 사항으로서 대통령령으로 정하는 사항

제110조 (수익증권)

① 신탁업자는 금전신탁계약에 의한 수익권이 표시된 수익증권을 발행할 수 있다.

② 신탁업자는 제1항에 따라 수익증권을 발행하고자 하는 경우에는 대통령령으로 정하는 서류를 첨부하여 금융감독위원회에 미리 신고하여야 한다.

③ 수익증권은 무기명식으로 한다. 다만, 수익자의 청구가 있는 경우에는 기명식으로 할 수 있다.

④ 기명식 수익증권은 수익자의 청구에 의하여 무기명식으로 할 수 있다.

⑤ 수익증권에는 다음 각 호의 사항을 기재하고 신탁업자의 대표자가 이에 기명날인 또는 서명하여야 한다.

  1. 신탁업자의 상호

    2. 기명식의 경우에는 수익자의 성명 또는 명칭

    3. 액면액

    4. 운용방법을 정한 경우 그 내용

    5. 제103조 제3항에 따른 손실의 보전 또는 이익의 보장에 관한 계약
       을 체결한 경우에는 그 내용

    6. 신탁계약 기간

    7. 신탁의 원금의 상환과 수익분배의 기간 및 장소

    8. 신탁보수의 계산방법

    9. 그 밖에 대통령령으로 정하는 사항

⑥ 수익증권이 발행된 경우에는 해당 신탁계약에 의한 수익권의 양도 및
   행사는 그 수익증권으로 하여야 한다. 다만, 기명식 수익증권의 경우
   에는 수익증권으로 하지 아니할 수 있다.

제111조 (수익증권의 매수)

신탁업자는 대통령령으로 정하는 방법에 따라 수익증권을 그 고유재산으
로 매수할 수 있다. 이 경우 '신탁법' 제29조를 적용하지 아니한다.

제112조 (의결권 등)

① 신탁재산으로 취득한 주식에 대한 권리는 신탁업자가 행사한다.

② 신탁업자는 신탁재산에 속하는 주식의 의결권을 행사함에 있어서 다
   음 각 호의 어느 하나에 해당하는 경우에는 제1항에 불구하고 신탁재
   산에 속하는 주식을 발행한 법인의 주주총회의 참석 주식 수에서 신
   탁재산에 속하는 주식 수를 뺀 주식 수의 결의내용에 영향을 미치지
   아니하도록 의결권을 행사하여야 한다. 다만, 신탁재산에 속하는 주식
   을 발행한 법인의 합병, 영업의 양도·양수, 임원의 선임, 그 밖에 이
   에 준하는 사항으로서 신탁재산에 손실을 초래할 것이 명백하게 예상
   되는 경우에는 그러하지 아니하다.

   1. 다음 각 목의 어느 하나에 해당하는 자가 그 신탁재산에 속하는 주

식을 발행한 법인을 계열회사로 편입하기 위한 경우

　　가. 신탁업자 또는 그와 대통령령으로 정하는 특수관계에 있는 자

　　나. 신탁업자에 대하여 사실상의 지배력을 행사하는 자로서 대통령
　　　령으로 정하는 자

　2. 신탁재산에 속하는 주식을 발행한 법인이 그 신탁업자와 다음 각
　　목의 어느 하나에 해당하는 관계에 있는 경우

　　가. 계열회사의 관계에 있는 경우

　　나. 신탁업자에 대하여 사실상의 지배력을 행사하는 관계로서 대통
　　　령령으로 정하는 관계에 있는 경우

　3. 그 밖에 수익자의 보호 또는 신탁재산의 적정한 운용을 해할 우려
　　가 있는 경우로서 대통령령으로 정하는 경우

③ 신탁업자는 신탁재산에 속하는 주식이 다음 각 호의 어느 하나에 해
　당하는 경우에는 그 주식의 의결권을 행사할 수 없다.

　1. 동일법인이 발행한 주식 총수의 100분의 15를 초과하여 주식을 취
　　득한 경우 그 초과하는 주식

　2. 신탁재산에 속하는 주식을 발행한 법인이 자기주식을 확보하기 위
　　하여 신탁계약에 따라 신탁업자에게 취득하게 한 그 법인의 주식

④ 신탁업자는 제삼자와의 계약 등에 의하여 의결권을 교차하여 행사하는
　등 제2항 및 제3항의 적용을 면하기 위한 행위를 하여서는 아니 된다.

⑤ 제2항 각 호 외의 부분 단서는 상호출자제한기업집단에 속하는 신탁
　업자에게는 적용하지 아니한다.

⑥ 금융감독위원회는 신탁업자가 제2항부터 제5항까지의 규정을 위반하
　여 신탁재산에 속하는 주식의 의결권을 행사한 경우에는 6개월 이내
　의 기간을 정하여 그 주식의 처분을 명할 수 있다.

⑦ 신탁업자는 합병, 영업의 양도·양수, 임원의 선임 등 경영권의 변경
　과 관련된 사항에 대하여 제2항에 따라 의결권을 행사하는 경우에는
　대통령령으로 정하는 방법에 따라 인터넷 홈페이지 등을 이용하여 공
　시하여야 한다.

제113조 (장부·서류의 열람 및 공시 등)

① 수익자는 신탁업자에게 영업시간 중에 이유를 기재한 서면으로 그 수익자에 관련된 신탁재산에 관한 장부·서류의 열람이나 등본 또는 초본의 교부를 청구할 수 있다. 이 경우 그 신탁업자는 대통령령으로 정하는 정당한 사유가 없는 한 이를 거절하여서는 아니 된다.

② 제1항에 따른 열람이나 등본 또는 초본의 교부 청구의 대상이 되는 장부·서류의 범위 등에 관하여 필요한 사항은 대통령령으로 정한다.

제114조 (신탁재산의 회계처리 등)

① 신탁업자는 신탁재산에 관하여 회계처리를 하는 경우 금융감독위원회가 증권선물위원회의 심의를 거쳐 정하여 고시한 회계처리기준에 따라야 한다.

② 금융감독위원회는 제1항에 따른 회계처리기준의 제정 또는 개정을 전문성을 갖춘 민간법인 또는 단체로서 대통령령으로 정하는 자에게 위탁할 수 있다. 이 경우 그 민간법인 또는 단체는 회계처리기준을 제정 또는 개정한 때에는 이를 금융감독위원회에 지체 없이 보고하여야 한다.

③ 신탁업자는 신탁재산에 대하여 그 신탁업자의 매 회계연도 종료 후 2개월 이내에 '주식회사의 외부감사에 관한 법률' 제3조 제1항에 따른 감사인(이하 '회계감사인'이라 한다.)의 회계감사를 받아야 한다. 다만, 수익자의 이익을 해할 우려가 없는 경우로서 대통령령으로 정하는 경우에는 회계감사를 받지 아니할 수 있다.

④ 신탁업자는 신탁재산의 회계감사인을 선임하거나 교체하는 경우에는 그 선임일 또는 교체일부터 1주 이내에 금융감독위원회에 그 사실을 보고하여야 한다.

⑤ 회계감사인은 신탁업자가 행하는 수익증권의 기준가격 산정업무 및 신탁재산의 회계처리 업무를 감사할 때 관련 법령을 준수하였는지 여부를 감사하고 그 결과를 신탁업자의 감사(감사위원회가 설치된 경우

에는 감사위원회를 말한다.)에게 통보하여야 한다.

⑥ 회계감사인은 '주식회사의 외부감사에 관한 법률' 제5조에 따른 회계감사기준에 따라 회계감사를 실시하여야 한다.

⑦ 회계감사인은 신탁업자에게 신탁재산의 회계장부 등 관계 자료의 열람·복사를 요청하거나 회계감사에 필요한 자료의 제출을 요구할 수 있다. 이 경우 신탁업자는 지체 없이 이에 응하여야 한다.

⑧ '주식회사의 외부감사에 관한 법률' 제9조는 제3항에 따른 신탁재산의 회계감사에 관하여 준용한다.

⑨ 회계감사인의 선임기준, 감사기준, 회계감사인의 권한, 회계처리방법, 회계감사보고서의 제출 및 공시 등에 관하여 필요한 사항은 대통령령으로 정한다.

제115조 (회계감사인의 손해배상책임)

① 회계감사인은 제114조 제3항에 따른 회계감사의 결과 회계감사보고서 중 중요 사항에 관하여 거짓의 기재 또는 표시가 있거나 중요 사항이 기재 또는 표시되지 아니함으로써 이를 이용한 수익자에게 손해를 끼친 경우에는 그 수익자에 대하여 손해를 배상할 책임을 진다. 이 경우 '주식회사의 외부감사에 관한 법률' 제3조 제1항 제3호에 따른 감사반이 회계감사인인 때에는 그 신탁재산에 대한 감사에 참여한 자가 연대하여 손해를 배상할 책임을 진다.

② 회계감사인이 수익자에 대하여 손해를 배상할 책임이 있는 경우로서 그 신탁업자의 이사·감사(감사위원회가 설치된 경우에는 감사위원회의 위원을 말한다. 이하 이 항에서 같다.)에게도 귀책사유가 있는 경우에는 그 회계감사인과 신탁업자의 이사·감사는 연대하여 손해를 배상할 책임을 진다.

③ '주식회사의 외부감사에 관한 법률' 제17조 제5항부터 제7항까지의 규정은 제1항 및 제2항의 경우에 준용한다.

제116조 (합병 등)

① 신탁업자가 합병하는 경우 합병 후 존속하는 신탁업자 또는 합병으로 인하여 설립된 신탁업자는 합병으로 인하여 소멸된 신탁업자의 신탁에 관한 권리의무를 승계한다.

② '신탁법' 제11조와 같은 법 제17조 제1항·제3항은 신탁업자의 합병에 관하여 이의를 제기한 수익자가 있는 경우 그 신탁업자의 임무 종료 및 새로운 신탁업자의 선임 등에 관하여 준용한다.

③ 금융감독위원회는 신탁업자가 그 목적을 변경하여 다른 업무를 행하는 회사로서 존속하는 경우에는 그 회사가 신탁에 관한 채무 전부를 변제하기에 이르기까지 재산의 공탁을 명하거나, 그 밖에 필요한 명령을 할 수 있다. 합병으로 인하여 신탁업자가 아닌 회사가 신탁업자의 임무 종료를 위하여 필요한 사무를 처리하는 동안에도 또한 같다.

제117조 (청산)

제95조는 신탁업을 영위하는 금융투자업자의 청산에 관하여 준용한다.

제3편 증권의 발행 및 유통

제1장 증권신고서

제118조 (적용범위)

이 장은 국채증권, 지방채증권, 대통령령으로 정하는 법률에 따라 직접 설립된 법인이 발행한 채권, 그 밖에 다른 법률에 따라 충분한 공시가 행하여지는 등 투자자 보호가 이루어지고 있다고 인정되는 증권으로서 대통령령으로 정하는 증권에 관하여는 적용하지 아니한다.

제119조 (모집 또는 매출의 신고)

① 증권의 모집 또는 매출(대통령령으로 정하는 방법에 따라 산정한 모집가액 또는 매출가액 각각의 총액이 대통령령으로 정하는 금액 이상인 경우에 한한다.)은 발행인이 그 모집 또는 매출에 관한 신고서를 금융감독위원회에 제출하여 수리되지 아니하면 이를 할 수 없다.

② 제1항에 불구하고 증권의 종류, 발행예정 기간, 발행횟수, 발행인의 요건 등을 고려하여 대통령령으로 정하는 기준과 방법에 따라 일정 기간 동안 모집하거나 매출할 증권의 총액을 일괄하여 기재한 신고서(이하 '일괄신고서'라 한다.)를 금융감독위원회에 제출하여 수리된 경우에는 그 기간 중에 그 증권을 모집하거나 매출할 때마다 제출하여야 하는 신고서를 따로 제출하지 아니하고 그 증권을 모집하거나 매출할 수 있다. 이 경우 그 증권(집합투자증권 중 대통령령으로 정하는 것을 제외한다.)을 모집하거나 매출할 때마다 대통령령으로 정하는 일괄신고와 관련된 서류(이하 '일괄신고추가서류'라 한다.)를 제출하여야 한다.

③ 발행인은 제1항의 신고서와 제2항의 일괄신고서(이하 '증권신고서'라 한다.)에 발행인(투자신탁의 수익증권 및 투자익명조합의 지분증권의 경우에는 그 투자신탁 및 투자익명조합을 말한다. 이하 이 항에서 같다.)의 미래의 재무상태나 영업실적 등에 대한 예측 또는 전망에 관한 사항으로서 다음 각 호의 사항(이하 '예측정보'라 한다.)을 기재 또는 표시할 수 있다. 이 경우 예측정보의 기재 또는 표시는 제125조 제2항 제1호·제2호 및 제4호의 방법에 따라야 한다.

1. 매출규모·이익규모 등 발행인의 영업실적, 그 밖의 경영성과에 대한 예측 또는 전망에 관한 사항

2. 자본금규모·자금흐름 등 발행인의 재무상태에 대한 예측 또는 전망에 관한 사항

3. 특정한 사실의 발생 또는 특정한 계획의 수립으로 인한 발행인의 경영성과 또는 재무상태의 변동 및 일정 시점에서의 목표수준에 관한 사항

4. 그 밖에 발행인의 미래에 대한 예측 또는 전망에 관한 사항으로서
   대통령령으로 정하는 사항

④ 증권신고서를 제출하는 경우 증권신고서에 기재하여야 할 사항이나
   그 첨부서류에 이미 제출된 것과 같은 부분이 있는 때에는 그 부분을
   적시하여 이를 참조하라는 뜻을 기재한 서면으로 갈음할 수 있다.

⑤ 증권신고서를 제출하는 경우 신고 당시 해당 발행인의 대표이사 및
   신고업무를 담당하는 이사(대표이사 및 신고업무를 담당하는 이사가
   없는 경우 이에 준하는 자를 말한다.)는 그 증권신고서의 기재사항 중
   중요 사항에 관하여 거짓의 기재 또는 표시가 있거나 중요 사항의 기
   재 또는 표시가 누락되어 있지 아니하다는 사실 등 대통령령으로 정
   하는 사항을 확인·검토하고 이에 각각 서명하여야 한다.

⑥ 제1항부터 제4항까지의 증권신고서의 기재사항 및 그 첨부서류에 관
   하여 필요한 사항은 대통령령으로 정한다.

제120조 (신고의 효력발생 시기 등)

① 제119조 제1항 및 제2항에 따른 증권의 신고(이하 '증권신고'라 한
   다.)는 그 증권신고서가 금융감독위원회에 제출되어 수리된 날부터
   증권의 종류 또는 거래의 특성 등을 고려하여 재정경제부령으로 정하
   는 기간이 경과한 날에 그 효력이 발생한다.

② 금융감독위원회는 증권신고서의 형식을 제대로 갖추지 아니한 경우
   또는 그 증권신고서 중 중요 사항에 관하여 거짓의 기재 또는 표시가
   있거나 중요 사항이 기재 또는 표시되지 아니한 경우를 제외하고는
   그 수리를 거부하여서는 아니 된다.

③ 제1항의 효력의 발생은 그 증권신고서의 기재사항이 진실 또는 정확
   하다는 것을 인정하거나 정부에서 그 증권의 가치를 보증 또는 승인
   하는 효력을 가지지 아니한다.

④ 증권의 발행인은 증권신고를 철회하고자 하는 경우에는 그 증권신고
   서에 기재된 증권의 취득 또는 매수의 청약일 전일까지 철회신고서를

금융감독위원회에 제출하여야 한다.

제121조 (거래의 제한)

① 제120조에 따른 신고의 효력이 발생하지 아니한 증권의 취득 또는 매수의 청약이 있는 경우에 그 증권의 발행인·매출인과 그 대리인은 그 청약의 승낙을 하여서는 아니 된다.

② 제119조 제2항에 따라 일괄신고추가서류를 제출하여야 하는 경우 그 일괄신고추가서류가 제출되지 아니하면 그 증권의 발행인·매출인과 그 대리인은 그 증권에 관한 취득 또는 매수의 청약에 대한 승낙을 하여서는 아니 된다.

제122조 (정정신고서)

① 금융감독위원회는 증권신고서의 형식을 제대로 갖추지 아니한 경우 또는 그 증권신고서 중 중요 사항에 관하여 거짓의 기재 또는 표시가 있거나 중요 사항이 기재 또는 표시되지 아니한 경우에는 그 증권신고서에 기재된 증권의 취득 또는 매수의 청약일 전일까지 그 이유를 제시하고 그 증권신고서의 기재내용을 정정한 신고서(이하 이 장에서 '정정신고서'라 한다.)의 제출을 요구할 수 있다.

② 제1항에 따른 요구가 있는 경우 그 증권신고서는 그 요구를 한 날부터 수리되지 아니한 것으로 본다.

③ 증권신고서를 제출한 자는 그 증권신고서의 기재사항을 정정하고자 하는 경우에는 그 증권신고서에 기재된 증권의 취득 또는 매수의 청약일 전일까지 정정신고서를 제출할 수 있다. 이 경우 대통령령으로 정하는 중요한 사항을 정정하고자 하는 경우 또는 투자자 보호를 위하여 그 증권신고서에 기재된 내용을 정정할 필요가 있는 경우로서 대통령령으로 정하는 경우에는 반드시 정정신고서를 제출하여야 한다.

④ 일괄신고서를 제출한 자는 제3항에 불구하고 그 발행예정 기간 종료 전까지 정정신고서를 제출할 수 있다. 이 경우 집합투자증권 중 대통

령령으로 정하는 것을 제외하고는 발행예정금액 및 발행예정 기간은
이를 정정하여서는 아니 된다.

⑤ 제1항·제3항 또는 제4항에 따라 정정신고서가 제출된 경우에는 그
정정신고서가 수리된 날에 그 증권신고서가 수리된 것으로 본다.

제123조 (투자설명서의 작성·공시)

① 제119조에 따라 증권을 모집하거나 매출하는 경우 그 발행인은 대통
령령으로 정하는 방법에 따라 작성한 투자설명서(이하 '투자설명서'라
한다.)를 그 증권신고의 효력이 발생하는 날(제119조 제2항에 따라 일
괄신고추가서류를 제출하여야 하는 경우에는 그 일괄신고추가서류를
제출하는 날로 한다.)에 금융감독위원회에 제출하여야 하며, 이를 재
정경제부령으로 정하는 장소에 비치하고 일반인이 열람할 수 있도록
하여야 한다.

② 투자설명서에는 증권신고서(제119조 제2항의 일괄신고추가서류를 포
함한다. 이하 이 장에서 같다.)에 기재된 내용과 다른 내용을 표시하
거나 그 기재사항을 누락하여서는 아니 된다. 다만, 기업경영 등 비밀
유지와 투자자 보호와의 형평 등을 고려하여 기재를 생략할 필요가
있는 사항으로서 대통령령으로 정하는 사항에 대하여는 그 기재를 생
략할 수 있다.

③ 대통령령으로 정하는 집합투자증권의 발행인은 제1항 외에 다음 각
호의 구분에 따라 투자설명서를 금융감독위원회에 추가로 제출하여야
하며, 이를 재정경제부령으로 정하는 장소에 비치하고 일반인이 열람
할 수 있도록 하여야 한다. 다만, 그 집합투자증권의 모집 또는 매출
을 중지한 경우에는 제출·비치 및 공시를 하지 아니할 수 있다.

1. 제1항에 따라 투자설명서를 제출한 후 재정경제부령으로 정하는 기
간마다 1회 이상 다시 고친 투자설명서를 제출할 것

2. 제182조 제8항에 따라 변경등록을 한 경우 변경등록의 통지를 받은
날부터 5일 이내에 그 내용을 반영한 투자설명서를 제출할 것

제124조 (정당한 투자설명서의 사용)

① 누구든지 증권신고의 효력이 발생한 증권을 취득하고자 하는 자(전문투자자, 그 밖에 대통령령으로 정하는 자를 제외한다.)에게 제123조에 적합한 투자설명서를 미리 교부하지 아니하면 그 증권을 취득하게 하거나 매도하여서는 아니 된다. 이 경우 투자설명서가 제436조에 따른 전자문서의 방법에 따르는 때에는 다음 각 호의 요건을 모두 충족하는 때에 이를 교부한 것으로 본다.

1. 전자문서에 의하여 투자설명서를 받는 것을 전자문서를 받을 자(이하 '전자문서수신자'라 한다.)가 동의할 것

2. 전자문서수신자가 전자문서를 받을 전자전달매체의 종류와 장소를 지정할 것

3. 전자문서수신자가 그 전자문서를 받은 사실이 확인될 것

4. 전자문서의 내용이 서면에 의한 투자설명서의 내용과 동일할 것

② 누구든지 증권신고의 대상이 되는 증권의 모집 또는 매출, 그 밖의 거래를 위하여 청약의 권유 등을 하고자 하는 경우에는 다음 각 호의 어느 하나에 해당하는 방법에 따라야 한다.

1. 제120조 제1항에 따라 증권신고의 효력이 발생한 후 투자설명서를 사용하는 방법

2. 제120조 제1항에 따라 증권신고서가 수리된 후 신고의 효력이 발생하기 전에 발행인이 대통령령으로 정하는 방법에 따라 작성한 예비투자설명서(신고의 효력이 발생되지 아니한 사실을 덧붙여 적은 투자설명서를 말한다. 이하 같다.)를 사용하는 방법

3. 제120조 제1항에 따라 증권신고서가 수리된 후 신문·방송·잡지 등을 이용한 광고, 안내문·홍보전단 또는 전자전달매체를 통하여 발행인이 대통령령으로 정하는 방법에 따라 작성한 간이투자설명서(투자설명서에 기재하여야 할 사항 중 그 일부를 생략하거나 중요한 사항만을 발췌하여 기재 또는 표시한 문서, 전자문서, 그 밖에 이에 준하는 기재 또는 표시를 말한다. 이하 같다.)를 사용하는 방법

제125조 (거짓의 기재 등으로 인한 배상책임)

① 증권신고서(정정신고서 및 첨부서류를 포함한다. 이하 이 조에서 같다.)와 투자설명서(예비투자설명서 및 간이투자설명서를 포함한다. 이하 이 조에서 같다.) 중 중요 사항에 관하여 거짓의 기재 또는 표시가 있거나 중요 사항이 기재 또는 표시되지 아니함으로써 증권의 취득자가 손해를 입은 경우에는 다음 각 호의 자는 그 손해에 관하여 배상의 책임을 진다. 다만, 배상의 책임을 질 자가 상당한 주의를 하였음에도 불구하고 이를 알 수 없었음을 증명하거나 그 증권의 취득자가 취득의 청약을 할 때에 그 사실을 안 경우에는 배상의 책임을 지지 아니한다.

 1. 그 증권신고서의 신고인과 신고 당시의 발행인의 이사(이사가 없는 경우 이에 준하는 자를 말하며, 법인의 설립 전에 신고된 경우에는 그 발기인을 말한다.)

 2. '상법' 제401조의 2 제1항 각 호의 어느 하나에 해당하는 자로서 그 증권신고서의 작성을 지시하거나 집행한 자

 3. 그 증권신고서의 기재사항 또는 그 첨부서류가 진실 또는 정확하다고 증명하여 서명한 공인회계사·감정인 또는 신용평가를 전문으로 하는 자 등(그 소속단체를 포함한다.) 대통령령으로 정하는 자

 4. 그 증권신고서의 기재사항 또는 그 첨부서류에 자기의 평가·분석·확인 의견이 기재되는 것에 대하여 동의하고 그 기재내용을 확인한 자

 5. 그 증권의 인수계약을 체결한 자(인수계약을 체결한 자가 2인 이상인 경우에는 대통령령으로 정하는 자를 말한다.)

 6. 그 투자설명서를 작성한 자

 7. 매출의 방법에 의한 경우 매출신고 당시의 그 매출되는 증권의 소유자

② 예측정보가 다음 각 호에 따라 기재 또는 표시된 경우에는 제1항에 불구하고 제1항 각 호의 자는 그 손해에 관하여 배상의 책임을 지지

아니한다. 다만, 그 증권의 취득자가 취득의 청약 시에 예측정보 중 중요 사항에 관하여 거짓의 기재 또는 표시가 있거나 중요 사항이 기재 또는 표시되지 아니한 사실을 알지 못한 경우로서 제1항 각 호의 자에게 그 기재 또는 표시와 관련하여 고의 또는 중대한 과실이 있었음을 증명한 경우에는 배상의 책임을 진다.

1. 그 기재 또는 표시가 예측정보라는 사실이 밝혀져 있을 것
2. 예측 또는 전망과 관련된 가정이나 판단의 근거가 밝혀져 있을 것
3. 그 기재 또는 표시가 합리적 근거나 가정에 기초하여 성실하게 행하여졌을 것
4. 그 기재 또는 표시에 대하여 예측치와 실제 결과치가 다를 수 있다는 주의문구가 밝혀져 있을 것

③ 제2항은 주권비상장법인이 최초로 주권을 모집 또는 매출하기 위하여 증권신고서를 제출하는 경우에는 적용하지 아니한다.

제126조 (손해배상액)

① 제125조에 따라 배상할 금액은 청구권자가 해당 증권을 취득함에 있어서 실제로 지급한 금액에서 다음 각 호의 어느 하나에 해당하는 금액을 뺀 금액으로 추정한다.

1. 제125조에 따라 손해배상을 청구하는 소송의 변론이 종결될 때의 그 증권의 시장가격(시장가격이 없는 경우에는 추정처분가격을 말한다.)
2. 제1호의 변론종결 전에 그 증권을 처분한 경우에는 그 처분가격

② 제1항에 불구하고 제125조에 따라 배상책임을 질 자는 청구권자가 입은 손해액의 전부 또는 일부가 중요 사항에 관하여 거짓의 기재 또는 표시가 있거나 중요 사항이 기재 또는 표시되지 아니함으로써 발생한 것이 아님을 증명한 경우에는 그 부분에 대하여 배상책임을 지지 아니한다.

제127조 (배상청구권의 소멸)

제125조에 따른 배상의 책임은 그 청구권자가 해당 사실을 안 날부터 1년 이내 또는 해당 증권에 관하여 증권신고서의 효력이 발생한 날부터 3년 이내에 청구권을 행사하지 아니한 경우에는 소멸한다.

제128조 (증권발행실적보고서)

증권신고의 효력이 발생한 증권의 발행인은 금융감독위원회가 정하여 고시하는 방법에 따라 그 발행실적에 관한 보고서(이하 '증권발행실적보고서'라 한다.)를 금융감독위원회에 제출하여야 한다.

제129조 (신고서와 보고서의 공시)

금융감독위원회는 다음 각 호의 서류를 3년간 일정한 장소에 비치하고, 인터넷 홈페이지 등을 이용하여 공시하여야 한다. 이 경우 기업경영 등 비밀유지와 투자자 보호와의 형평 등을 고려하여 대통령령으로 정하는 사항을 제외하고 비치 및 공시할 수 있다.

  1. 증권신고서 및 정정신고서

  2. 투자설명서

  3. 증권발행실적보고서

제130조 (신고서를 제출하지 아니하는 모집·매출)

제119조 제1항에 따른 신고서를 제출하지 아니하고 증권을 모집 또는 매출하는 발행인은 투자자를 보호하기 위하여 재무상태에 관한 사항의 공시, 그 밖에 대통령령으로 정하는 조치를 하여야 한다.

제131조 (보고 및 조사)

① 금융감독위원회는 투자자 보호를 위하여 필요한 경우에는 증권신고의 신고인, 증권의 발행인·매출인·인수인, 그 밖의 관계인에 대하여 참고가 될 보고 또는 자료의 제출을 명하거나, 금융감독원장에게 그

장부·서류, 그 밖의 물건을 조사하게 할 수 있다.

② 제1항에 따라 조사를 하는 자는 그 권한을 표시하는 증표를 지니고 이를 관계인에게 내보여야 한다.

제132조 (위원회의 조치)

금융감독위원회는 다음 각 호의 어느 하나에 해당하는 경우에는 증권신고의 신고인, 증권의 발행인·매출인 또는 인수인에 대하여 이유를 제시한 후 그 사실을 공고하고 정정을 명할 수 있으며, 필요한 때에는 그 증권의 발행·모집·매출, 그 밖의 거래를 정지 또는 금지하거나 대통령령으로 정하는 조치를 할 수 있다. 이 경우 금융감독위원회는 그 조치를 함에 있어서 필요한 절차 및 조치기준을 정하여 고시할 수 있다.

1. 증권신고서·정정신고서 또는 증권발행실적보고서를 제출하지 아니한 경우
2. 증권신고서·정정신고서 또는 증권발행실적보고서 중 중요 사항에 관하여 거짓의 기재 또는 표시가 있거나 중요 사항이 기재 또는 표시되지 아니한 경우
3. 제121조를 위반하여 증권의 취득 또는 매수의 청약에 대한 승낙을 한 경우
4. 투자설명서에 관하여 제123조 또는 제124조를 위반한 경우
5. 예비투자설명서 또는 간이투자설명서에 의한 증권의 모집·매출, 그 밖의 거래에 관하여 제124조 제2항을 위반한 경우
6. 제130조에 따른 조치를 하지 아니한 경우

제2장 기업의 인수·합병 관련 제도

제1절 공개매수

제133조 (공개매수의 적용대상)

① 이 절에서 '공개매수'란 불특정 다수인에 대하여 의결권 있는 주식,

그 밖에 대통령령으로 정하는 증권(이하 '주식등'이라 한다.)의 매수(다른 증권과의 교환을 포함한다. 이하 이 절에서 같다.)의 청약을 하거나 매도(다른 증권과의 교환을 포함한다. 이하 이 절에서 같다.)의 청약을 권유하고 증권시장(이와 유사한 시장으로서 해외에 있는 시장을 포함한다. 이하 이 절에서 같다.) 밖에서 그 주식등을 매수하는 것을 말한다.

② 이 절에서 '공개매수사무취급자'란 공개매수를 하고자 하는 자를 대리하여 매수·교환·입찰, 그 밖의 유상취득(이하 이 절에서 '매수등'이라 한다.)을 할 주식등의 보관, 공개매수에 필요한 자금 또는 교환대상 증권의 지급, 그 밖의 공개매수 관련 사무를 취급하는 자를 말한다.

③ 주식등을 대통령령으로 정하는 기간 동안 증권시장 밖에서 대통령령으로 정하는 수 이상의 자로부터 매수등을 하고자 하는 자는 그 매수등을 한 후에 본인과 그 특별관계자(대통령령으로 정하는 특별한 관계가 있는 자를 말한다. 이하 같다.)가 보유(소유, 그 밖에 이에 준하는 경우로서 대통령령으로 정하는 경우를 포함한다. 이하 이 절 및 제2절에서 같다.)하게 되는 주식등의 수의 합계가 그 주식등의 총수의 100분의 5 이상이 되는 경우(본인과 그 특별관계자가 보유하는 주식등의 수의 합계가 그 주식등의 총수의 100분의 5 이상인 자가 그 주식등의 매수등을 하는 경우를 포함한다.)에는 공개매수를 하여야 한다. 다만, 매수등의 목적, 유형, 그 밖에 다른 주주의 권익침해 가능성 등을 고려하여 대통령령으로 정하는 매수등의 경우에는 공개매수 외의 방법으로 매수등을 할 수 있다.

④ 제3항을 적용함에 있어서 증권시장에서의 경쟁매매 외의 방법에 의한 주식등의 매수로서 대통령령으로 정하는 매수의 경우에는 증권시장 밖에서 행하여진 것으로 본다.

⑤ 제3항에 따른 주식등의 수와 주식등의 총수는 재정경제부령으로 정하는 방법에 따라 산정한 수로 한다.

제134조 (공개매수공고 및 공개매수신고서의 제출)

① 공개매수를 하고자 하는 자는 대통령령으로 정하는 방법에 따라 다음 각 호의 사항을 공고(이하 '공개매수공고'라 한다.)하여야 한다.

1. 공개매수를 하고자 하는 자

2. 공개매수할 주식등의 발행인(그 주식등과 관련된 증권예탁증권, 그 밖에 대통령령으로 정하는 주식등의 경우에는 대통령령으로 정하는 자를 말한다. 이하 이 절에서 같다.)

3. 공개매수의 목적

4. 공개매수할 주식등의 종류 및 수

5. 공개매수 기간·가격·결제일 등 공개매수조건

6. 매수자금의 명세, 그 밖에 투자자 보호를 위하여 필요한 사항으로서 대통령령으로 정하는 사항

② 공개매수공고를 한 자(이하 '공개매수자'라 한다.)는 대통령령으로 정하는 방법에 따라 다음 각 호의 사항을 기재한 신고서(이하 '공개매수신고서'라 한다.)를 그 공개매수공고를 한 날(이하 '공개매수공고일'이라 한다.)에 금융감독위원회와 거래소에 제출하여야 한다. 다만, 공개매수공고일이 공휴일('근로자의 날 제정에 관한 법률'에 따른 근로자의 날 및 토요일을 포함한다.), 그 밖에 금융감독위원회가 정하여 고시하는 날에 해당되는 경우에는 그 다음 날에 제출할 수 있다.

1. 공개매수자 및 그 특별관계자에 관한 사항

2. 공개매수할 주식등의 발행인

3. 공개매수의 목적

4. 공개매수할 주식등의 종류 및 수

5. 공개매수 기간·가격·결제일 등 공개매수조건

6. 공개매수공고일 이후에 공개매수에 의하지 아니하고 주식등의 매수 등을 하는 계약이 있는 경우에는 그 계약의 내용

7. 매수자금의 명세, 그 밖에 투자자 보호를 위하여 필요한 사항으로서 대통령령으로 정하는 사항

③ 제1항 및 제2항에 따른 공개매수 기간은 대통령령으로 정하는 기간
이내여야 한다.

④ 공개매수자는 공개매수신고서에 그 주식등의 발행인의 예측정보를 기
재 또는 표시할 수 있다. 이 경우 예측정보의 기재 또는 표시는 제
125조 제2항 제1호·제2호 및 제4호의 방법에 따라야 한다.

⑤ 공개매수신고서의 첨부서류, 그 밖에 공개매수신고서에 관하여 필요
한 사항은 대통령령으로 정한다.

제135조 (신고서 사본의 송부)

공개매수자는 공개매수신고서를 제출한 경우에는 지체 없이 그 사본을
공개매수할 주식등의 발행인에게 송부하여야 한다.

제136조 (정정신고·공고 등)

① 금융감독위원회는 공개매수신고서의 형식을 제대로 갖추지 아니한 경
우 또는 그 공개매수신고서 중 중요 사항에 관하여 거짓의 기재 또는
표시가 있거나 중요 사항이 기재 또는 표시되지 아니한 경우에는 공
개매수 기간이 종료하는 날까지 그 이유를 제시하고 그 공개매수신고
서의 기재내용을 정정한 신고서(이하 이 절에서 '정정신고서'라 한다.)
의 제출을 요구할 수 있다.

② 제1항에 따른 요구가 있는 경우 그 공개매수신고서는 그 요구를 한
날부터 제출되지 아니한 것으로 본다.

③ 공개매수자는 공개매수조건, 그 밖에 공개매수신고서의 기재사항을
정정하고자 하는 경우 또는 투자자 보호를 위하여 그 공개매수신고
서에 기재된 내용을 정정할 필요가 있는 경우로서 재정경제부령으로
정하는 경우에는 공개매수 기간이 종료하는 날까지 금융감독위원회
와 거래소에 정정신고서를 제출하여야 한다. 다만, 매수가격의 인하,
매수예정 주식등의 수의 감소, 매수대금 지급 기간의 연장(제4항 제1
호의 경우를 제외한다.), 그 밖에 대통령령으로 정하는 공개매수조건

등은 변경할 수 없다.

④ 공개매수자가 제1항 또는 제3항에 따라 공개매수신고서의 정정신고서를 제출하는 경우 공개매수 기간의 종료일은 다음 각 호와 같다.

1. 그 정정신고서를 제출한 날이 제134조 제1항 제5호에 따라 공고한 공개매수 기간 종료일 전 10일 이내에 해당하는 경우에는 그 정정신고서를 제출한 날부터 10일이 경과한 날

2. 그 정정신고서를 제출한 날이 제134조 제1항 제5호에 따라 공고한 공개매수 기간 종료일 전 10일 이내에 해당하지 아니하는 경우에는 그 공개매수 기간이 종료하는 날

⑤ 공개매수자는 제1항 또는 제3항에 따라 정정신고서를 제출한 경우에는 지체 없이 그 사실과 정정한 내용(공개매수공고에 포함된 사항에 한한다.)을 공고하여야 한다. 이 경우 공고의 방법은 제134조 제1항에 따른다.

⑥ 공개매수자는 공개매수신고서의 정정신고서를 제출한 경우에는 지체 없이 그 사본을 공개매수할 주식등의 발행인에게 송부하여야 한다.

제137조 (공개매수설명서의 작성·공시)

① 공개매수자(공개매수사무취급자를 포함한다. 이하 이 조에서 같다.)는 공개매수를 하고자 하는 경우에는 대통령령으로 정하는 방법에 따라 그 공개매수에 관한 설명서(이하 '공개매수설명서'라 한다.)를 작성하여 공개매수공고일에 금융감독위원회와 거래소에 제출하여야 하며, 이를 재정경제부령으로 정하는 장소에 비치하고 일반인이 열람할 수 있도록 하여야 한다. 이 경우 제134조 제2항 각 호 외의 부분 단서를 준용한다.

② 공개매수설명서에는 공개매수신고서에 기재된 내용과 다른 내용을 표시하거나 그 기재사항을 누락하여서는 아니 된다.

③ 공개매수자는 공개매수할 주식등을 매도하고자 하는 자에게 제1항에 적합한 공개매수설명서를 미리 교부하지 아니하면 그 주식등을 매수

하여서는 아니 된다. 이 경우 공개매수설명서가 제436조에 따른 전자
문서의 방법에 따르는 때에는 다음 각 호의 요건을 모두 충족하는 때
에 이를 교부한 것으로 본다.

1. 전자문서에 의하여 공개매수설명서를 받는 것을 전자문서수신자가
   동의할 것
2. 전자문서수신자가 전자문서를 받을 전자전달매체의 종류와 장소를
   지정할 것
3. 전자문서수신자가 그 전자문서를 받은 사실이 확인될 것
4. 전자문서의 내용이 서면에 의한 공개매수설명서의 내용과 동일할 것

제138조 (공개매수에 관한 의견표명)

① 공개매수신고서가 제출된 주식등의 발행인은 대통령령으로 정하는 방
   법에 따라 그 공개매수에 관한 의견을 표명할 수 있다.
② 발행인은 제1항에 따라 의견을 표명한 경우에는 그 내용을 기재한 문
   서를 지체 없이 금융감독위원회와 거래소에 제출하여야 한다.

제139조 (공개매수의 철회 등)

① 공개매수자는 공개매수공고일 이후에는 공개매수를 철회할 수 없다.
   다만, 대항공개매수(공개매수 기간 중 그 공개매수에 대항하는 공개매
   수를 말한다.)가 있는 경우, 공개매수자가 사망·해산·파산한 경우,
   그 밖에 투자자 보호를 해할 우려가 없는 경우로서 대통령령으로 정
   하는 경우에는 공개매수 기간의 말일까지 철회할 수 있다.
② 공개매수자는 제1항에 따라 공개매수를 철회하고자 하는 경우에는 철
   회신고서를 금융감독위원회와 거래소에 제출하고, 그 내용을 공고하
   여야 한다. 이 경우 공고의 방법은 제134조 제1항에 따른다.
③ 공개매수자는 공개매수의 철회신고서를 제출한 경우에는 지체 없이
   그 사본을 공개매수를 철회할 주식등의 발행인에게 송부하여야 한다.
④ 공개매수대상 주식등의 매수의 청약에 대한 승낙 또는 매도의 청약

(이하 '응모'라 한다.)을 한 자(이하 '응모주주'라 한다.)는 공개매수 기간 중에는 언제든지 응모를 취소할 수 있다. 이 경우 공개매수자는 응모주주에 대하여 그 응모의 취소에 따른 손해배상 또는 위약금의 지급을 청구할 수 없다.

제140조 (공개매수에 의하지 아니한 매수등의 금지)

공개매수자(그 특별관계자 및 공개매수사무취급자를 포함한다.)는 공개매수공고일부터 그 매수 기간이 종료하는 날까지 그 주식등을 공개매수에 의하지 아니하고는 매수등을 하지 못한다. 다만, 공개매수에 의하지 아니하고 그 주식등의 매수등을 하더라도 다른 주주의 권익침해가 없는 경우로서 대통령령으로 정하는 경우에는 공개매수에 의하지 아니하고 매수등을 할 수 있다.

제141조 (공개매수의 조건과 방법)

① 공개매수자는 공개매수신고서에 기재한 매수조건과 방법에 따라 응모한 주식등의 전부를 공개매수 기간이 종료하는 날의 다음 날 이후 지체 없이 매수하여야 한다. 다만, 다음 각 호의 어느 하나에 해당하는 조건을 공개매수공고에 게재하고 공개매수신고서에 기재한 경우에는 그 조건에 따라 응모한 주식등의 전부 또는 일부를 매수하지 아니할 수 있다.

  1. 응모한 주식등의 총수가 공개매수 예정주식등의 수에 미달할 경우 응모 주식등의 전부를 매수하지 아니한다는 조건
  2. 응모한 주식등의 총수가 공개매수 예정주식등의 수를 초과할 경우에는 공개매수 예정주식등의 수의 범위에서 비례배분하여 매수하고 그 초과 부분의 전부 또는 일부를 매수하지 아니한다는 조건

② 공개매수자가 제1항에 따라 공개매수를 하는 경우 그 매수가격은 균일하여야 한다.

제142조 (공개매수자 등의 배상책임)

① 공개매수신고서(그 첨부서류를 포함한다. 이하 이 조에서 같다.) 및 그 공고, 정정신고서(그 첨부서류를 포함한다. 이하 이 조에서 같다.) 및 그 공고 또는 공개매수설명서 중 중요 사항에 관하여 거짓의 기재 또는 표시가 있거나 중요 사항이 기재 또는 표시되지 아니함으로써 응모주주가 손해를 입은 경우에는 다음 각 호의 자는 그 손해에 관하여 배상의 책임을 진다. 다만, 배상의 책임을 질 자가 상당한 주의를 하였음에도 불구하고 이를 알 수 없었음을 증명하거나 응모주주가 응모를 할 때에 그 사실을 안 경우에는 배상의 책임을 지지 아니한다.

  1. 공개매수신고서 및 그 정정신고서의 신고인(신고인의 특별관계자를 포함하며, 신고인이 법인인 경우 그 이사를 포함한다.)과 그 대리인

  2. 공개매수설명서의 작성자와 그 대리인

② 예측정보가 다음 각 호에 따라 기재 또는 표시된 경우에는 제1항에 불구하고 제1항 각 호의 자는 그 손해에 관하여 배상의 책임을 지지 아니한다. 다만, 응모주주가 주식등의 응모를 할 때에 예측정보 중 중요 사항에 관하여 거짓의 기재 또는 표시가 있거나 중요 사항이 기재 또는 표시되지 아니한 사실을 알지 못한 경우로서 제1항 각 호의 자에게 그 기재 또는 표시와 관련하여 고의 또는 중대한 과실이 있었음을 증명한 경우에는 배상의 책임을 진다.

  1. 그 기재 또는 표시가 예측정보라는 사실이 밝혀져 있을 것

  2. 예측 또는 전망과 관련된 가정 또는 판단의 근거가 밝혀져 있을 것

  3. 그 기재 또는 표시가 합리적 근거 또는 가정에 기초하여 성실하게 행하여졌을 것

  4. 그 기재 또는 표시에 대하여 예측치와 실제 결과치가 다를 수 있다는 주의문구가 밝혀져 있을 것

③ 제1항 및 제2항에 따라 배상할 금액은 손해배상을 청구하는 소송의 변론이 종결될 때의 그 주식등의 시장가격(시장가격이 없는 경우에는 추정처분가격을 말한다.)에서 응모의 대가로 실제로 받은 금액을 뺀

금액으로 추정한다.

④ 제3항에 불구하고 제1항 및 제2항에 따라 배상책임을 질 자는 응모주
주가 입은 손해액의 전부 또는 일부가 중요 사항에 관하여 거짓의 기
재 또는 표시가 있거나 중요 사항을 기재 또는 표시하지 아니함으로
써 발생한 것이 아님을 증명한 경우에는 그 부분에 대하여 배상의 책
임을 지지 아니한다.

⑤ 제1항 및 제2항에 따른 배상책임은 응모주주가 해당 사실을 안 날부
터 1년 이내 또는 해당 공개매수공고일부터 3년 이내에 청구권을 행
사하지 아니한 경우에는 소멸한다.

제143조 (공개매수결과보고서)

공개매수자는 금융감독위원회가 정하여 고시하는 방법에 따라 공개매수
의 결과를 기재한 보고서(이하 '공개매수결과보고서'라 한다.)를 금융감독위
원회와 거래소에 제출하여야 한다.

제144조 (신고서 등의 공시)

금융감독위원회와 거래소는 다음 각 호의 서류를 그 접수일부터 3년간
비치하고, 인터넷 홈페이지 등을 이용하여 공시하여야 한다.

　1. 공개매수신고서 및 정정신고서

　2. 공개매수설명서

　3. 제138조에 따른 문서

　4. 제139조 제2항에 따른 철회신고서

　5. 공개매수결과보고서

제145조 (의결권 제한 등)

제133조 제3항 또는 제134조 제1항·제2항을 위반하여 주식등의 매수등
을 한 경우에는 그날부터 그 주식(그 주식등과 관련한 권리 행사 등으로 취
득한 주식을 포함한다.)에 대한 의결권을 행사할 수 없으며, 금융감독위원회

는 6개월 이내의 기간을 정하여 그 주식등(그 주식등과 관련한 권리 행사 등으로 취득한 주식을 포함한다.)의 처분을 명할 수 있다.

제146조 (조사 및 조치)

① 금융감독위원회는 투자자 보호를 위하여 필요한 경우에는 공개매수자, 공개매수자의 특별관계자, 공개매수사무취급자, 그 밖의 관계인에 대하여 참고가 될 보고 또는 자료의 제출을 명하거나, 금융감독원장에게 그 장부·서류, 그 밖의 물건을 조사하게 할 수 있다. 이 경우 제131조 제2항을 준용한다.

② 금융감독위원회는 다음 각 호의 어느 하나에 해당하는 경우에는 공개매수자, 공개매수자의 특별관계자 또는 공개매수사무취급자에 대하여 이유를 제시한 후 그 사실을 공고하고 정정을 명할 수 있으며, 필요한 때에는 그 공개매수를 정지 또는 금지하거나 대통령령으로 정하는 조치를 할 수 있다. 이 경우 금융감독위원회는 그 조치를 함에 있어서 필요한 절차 및 조치기준을 정하여 고시할 수 있다.

1. 공개매수공고 또는 제136조 제5항의 공고를 하지 아니한 경우

2. 공개매수신고서, 정정신고서 또는 공개매수결과보고서를 제출하지 아니한 경우

3. 공개매수공고, 공개매수신고서, 정정신고서, 제136조 제5항의 공고 또는 공개매수결과보고서 중 중요 사항에 관하여 거짓의 기재 또는 표시가 있거나 중요 사항이 기재 또는 표시되지 아니한 경우

4. 제135조, 제136조 제6항 또는 제139조 제3항을 위반하여 공개매수신고서, 정정신고서 또는 철회신고서의 사본을 발행인에게 송부하지 아니한 경우

5. 제135조, 제136조 제6항 또는 제139조 제3항에 따른 신고서 사본에 신고서에 기재된 내용과 다른 내용을 표시하거나 그 내용을 누락하여 송부한 경우

6. 공개매수설명서에 관하여 제137조를 위반한 경우

7. 제139조 제1항 또는 제2항을 위반하여 공개매수를 철회한 경우

8. 제140조를 위반하여 공개매수에 의하지 아니하고 매수등을 한 경우

9. 제141조를 위반하여 공개매수를 한 경우

10. 제145조를 위반하여 의결권을 행사하거나, 같은 조에 따른 처분명령을 위반한 경우

제2절 주식등의 대량보유상황의 보고

제147조 (주식등의 대량보유 등의 보고)

① 주권상장법인의 주식등을 대량보유(본인과 그 특별관계자가 보유하게 되는 주식등의 수의 합계가 그 주식등의 총수의 100분의 5 이상인 경우를 말한다.)하게 된 자는 그날부터 5일(대통령령으로 정하는 날은 산입하지 아니한다. 이하 이 절에서 같다.) 이내에 그 보유상황, 보유목적(발행인의 경영권에 영향을 주기 위한 목적 여부를 말한다.), 그 보유 주식등에 관한 주요 계약내용, 그 밖에 대통령령으로 정하는 사항을 대통령령으로 정하는 방법에 따라 금융감독위원회와 거래소에 보고하여야 하며, 그 보유 주식등의 수의 합계가 그 주식등의 총수의 100분의 1 이상 변동된 경우(그 보유 주식등의 수가 변동되지 아니한 경우, 그 밖에 대통령령으로 정하는 경우를 제외한다.)에는 그 변동된 날부터 5일 이내에 그 변동내용을 대통령령으로 정하는 방법에 따라 금융감독위원회와 거래소에 보고하여야 한다. 이 경우 그 보유 목적이 발행인의 경영권에 영향을 주기 위한 것(임원의 선임·해임 또는 직무의 정지, 이사회 등 회사의 기관과 관련된 정관의 변경 등 대통령령으로 정하는 것을 말한다.)이 아닌 경우와 전문투자자 중 대통령령으로 정하는 자의 경우에는 그 보고내용 및 보고 시기 등을 대통령령으로 달리 정할 수 있다.

② 제1항에 따른 주식등의 수 및 주식등의 총수는 재정경제부령으로 정하는 방법에 따라 산정한 수로 한다.

③ 제1항에 따라 주식등의 대량보유상황·보유 목적 또는 그 변동내용을
보고하는 날 전일까지 새로 변동내용을 보고하여야 할 사유가 발생한
경우 새로 보고하여야 하는 변동내용은 당초의 대량보유상황, 보유
목적 또는 그 변동내용을 보고할 때 이를 함께 보고하여야 한다.
④ 제1항에 따라 보고한 자는 그 보유 목적이나 그 보유 주식등에 관한
주요 계약내용 등 대통령령으로 정하는 중요한 사항의 변경이 있는
경우에는 5일 이내에 금융감독위원회와 거래소에 보고하여야 한다.

제148조 (대량보유보고서 등의 발행인에 대한 송부)

제147조 제1항 또는 제4항에 따라 보고한 자는 지체 없이 그 사본을 해
당 주식등의 발행인(대통령령으로 정하는 주식등의 경우에는 대통령령으로
정하는 자를 말한다.)에게 송부하여야 한다.

제149조 (보고서 등의 공시)
금융감독위원회 및 거래소는 제147조 제1항 및 제4항에 따라 제출받은
보고서를 3년간 비치하고, 인터넷 홈페이지 등을 이용하여 공시하여야 한다.

제150조 (위반 주식등의 의결권행사 제한 등)
① 제147조 제1항·제3항 및 제4항에 따라 보고(그 정정보고를 포함한
다.)하지 아니한 자 또는 대통령령으로 정하는 중요한 사항을 거짓으
로 보고하거나 대통령령으로 정하는 중요한 사항의 기재를 누락한 자
는 대통령령으로 정하는 기간 동안 의결권 있는 발행주식총수의 100
분의 5를 초과하는 부분 중 위반분에 대하여 그 의결권을 행사하여서
는 아니 되며, 금융감독위원회는 6개월 이내의 기간을 정하여 그 위
반분의 처분을 명할 수 있다.
② 제147조 제1항·제3항 및 제4항에 따라 주식등의 보유 목적을 발행
인의 경영권에 영향을 주기 위한 것으로 보고하는 자는 그 보고하여

야 할 사유가 발생한 날부터 보고한 날 이후 5일까지 그 발행인의 주
식등을 추가로 취득하거나 보유 주식등에 대하여 그 의결권을 행사할
수 없다.

③ 제2항을 위반하여 주식등을 추가로 취득한 자는 그 추가 취득분에 대
하여 그 의결권을 행사할 수 없으며, 금융감독위원회는 6개월 이내의
기간을 정하여 그 추가 취득분의 처분을 명할 수 있다.

제151조 (조사 및 정정요구 등)

① 금융감독위원회는 투자자 보호를 위하여 필요한 경우에는 제147조 제
1항 또는 제4항에 따라 보고서를 제출한 자, 그 밖의 관계인에 대하
여 참고가 될 보고 또는 자료의 제출을 명하거나, 금융감독원장에게
그 장부·서류, 그 밖의 물건을 조사하게 할 수 있다. 이 경우 제131
조 제2항을 준용한다.

② 금융감독위원회는 제147조 제1항 또는 제4항에 따라 제출된 보고서의
형식을 제대로 갖추지 아니한 경우 또는 그 보고서 중 중요 사항에
관하여 거짓의 기재 또는 표시가 있거나 중요 사항의 기재 또는 표시
가 누락된 경우에는 그 이유를 제시하고 그 보고서의 정정을 명할 수
있으며, 필요한 때에는 거래를 정지 또는 금지하거나 대통령령으로
정하는 조치를 할 수 있다.

제3절 의결권 대리행사의 권유 제한

제152조 (의결권 대리행사의 권유)

① 상장주권(그 상장주권과 관련된 증권예탁증권을 포함한다. 이하 이 절
에서 같다.)의 의결권 대리행사의 권유를 하고자 하는 자(이하 '의결
권권유자'라 한다.)는 그 권유에 있어서 그 상대방(이하 '의결권피권유
자'라 한다.)에게 대통령령으로 정하는 방법에 따라 위임장 용지 및
참고서류를 교부하여야 한다.

② 제1항에서 '의결권 대리행사의 권유'란 다음 각 호의 어느 하나에 해당하는 행위를 말한다. 다만, 의결권피권유자의 수 등을 고려하여 대통령령으로 정하는 경우에는 의결권 대리행사의 권유로 보지 아니한다.
  1. 자기 또는 제삼자에게 의결권의 행사를 대리시키도록 권유하는 행위
  2. 의결권의 행사 또는 불행사를 요구하거나 의결권 위임의 철회를 요구하는 행위
  3. 의결권의 확보 또는 그 취소 등을 목적으로 주주에게 위임장 용지를 송부하거나, 그 밖의 방법으로 의견을 제시하는 행위
③ 국가기간산업 등 국민경제상 중요한 산업을 영위하는 법인으로서 대통령령으로 정하는 상장법인(이하 '공공적 법인'이라 한다.)의 경우에는 그 공공적 법인만이 그 주식의 의결권 대리행사의 권유를 할 수 있다.
④ 제1항의 위임장 용지는 주주총회의 목적사항 각 항목에 대하여 의결권피권유자가 찬반(찬반)을 명기할 수 있도록 하여야 한다.
⑤ 의결권권유자는 위임장 용지에 나타난 의결권피권유자의 의사에 반하여 의결권을 행사할 수 없다.
⑥ 위임장 용지 및 참고서류의 기재사항 등에 관하여 필요한 사항은 대통령령으로 정한다.

제153조 (위임장 용지 및 참고서류의 비치 및 열람)

의결권권유자는 제152조에 따라 위임장 용지 및 참고서류를 의결권피권유자에게 제공하는 날 5일(대통령령으로 정하는 날을 제외한다.) 전까지 이를 금융감독위원회와 거래소에 제출하여야 하며, 재정경제부령으로 정하는 장소에 이를 비치하고 일반인이 열람할 수 있도록 하여야 한다.

제154조 (정당한 위임장 용지 등의 사용)

의결권권유자는 위임장 용지 및 참고서류 중 의결권피권유자의 의결권 위임 여부 판단에 중대한 영향을 미칠 수 있는 사항(이하 이 절에서 '의결권

위임 관련 중요 사항'이라 한다.)에 관하여 거짓의 기재 또는 표시를 하거나 의결권 위임 관련 중요 사항의 기재 또는 표시를 누락하여서는 아니 된다.

제155조 (의견표명)
의결권 대리행사의 권유대상이 되는 상장주권의 발행인은 의결권 대리행사의 권유에 대하여 의견을 표명한 경우에는 그 내용을 기재한 서면을 지체 없이 금융감독위원회와 거래소에 제출하여야 한다.

제156조 (정정요구 등)
① 금융감독위원회는 위임장용지 및 참고서류의 형식을 제대로 갖추지 아니한 경우 또는 위임장 용지 및 참고서류 중 의결권 위임 관련 중요 사항에 관하여 거짓의 기재 또는 표시가 있거나 의결권 위임 관련 중요 사항이 기재 또는 표시되지 아니한 경우에는 그 이유를 제시하고 위임장용지 및 참고서류를 정정하여 제출할 것을 요구할 수 있다.
② 제1항에 따른 요구가 있는 경우에는 당초 제출한 위임장용지 및 참고서류는 제출하지 아니한 것으로 본다.
③ 의결권권유자는 위임장 용지 및 참고서류의 기재사항을 정정하고자 하는 경우에는 그 권유와 관련된 주주총회일 7일(대통령령으로 정하는 날을 제외한다.) 전까지 이를 정정하여 제출할 수 있다. 이 경우 대통령령으로 정하는 중요한 사항을 정정하고자 하는 경우 또는 투자자 보호를 위하여 그 위임장 용지 및 참고서류에 기재된 내용을 정정할 필요가 있는 경우로서 대통령령으로 정하는 경우에는 반드시 이를 정정하여 제출하여야 한다.

제157조 (위임장용지 등의 공시)
금융감독위원회와 거래소는 제152조에 따른 위임장용지 및 참고서류, 제155조에 따른 서면 및 제156조에 따른 정정내용을 그 접수일부터 3년간 비치하고, 인터넷 홈페이지 등을 이용하여 공시하여야 한다.

제158조 (조사 및 조치)

① 금융감독위원회는 투자자 보호를 위하여 필요한 경우에는 의결권권유자, 그 밖의 관계인에 대하여 참고가 될 보고 또는 자료의 제출을 명하거나, 금융감독원장에게 그 장부·서류, 그 밖의 물건을 조사하게 할 수 있다. 이 경우 제131조 제2항을 준용한다.

② 금융감독위원회는 다음 각 호의 어느 하나에 해당하는 경우에는 의결권권유자에 대하여 이유를 제시한 후 그 사실을 공고하고 정정을 명할 수 있으며, 필요한 때에는 의결권 대리행사의 권유를 정지 또는 금지하거나 대통령령으로 정하는 조치를 할 수 있다. 이 경우 금융감독위원회는 그 조치를 함에 있어서 필요한 절차 및 조치기준을 정하여 고시할 수 있다.

1. 제152조 제1항을 위반하여 위임장 용지 및 참고서류를 의결권피권유자에게 교부하지 아니한 경우

2. 제152조 제3항을 위반하여 공공적 법인이 아닌 자가 의결권 대리행사의 권유를 한 경우

3. 위임장 용지 및 참고서류에 관하여 제153조 또는 제154조를 위반한 경우

4. 제153조 또는 제156조 제1항·제3항에 따라 제출하는 위임장 용지 및 참고서류 중 의결권 위임 관련 중요 사항에 관하여 거짓의 기재 또는 표시가 있거나 의결권 위임 관련 중요 사항이 기재 또는 표시되지 아니한 경우

5. 제156조 제3항 후단을 위반하여 정정서류를 제출하지 아니한 경우

제3장 상장법인의 사업보고서 등

제159조 (사업보고서 등의 제출)

① 주권상장법인, 그 밖에 대통령령으로 정하는 법인(이하 ‘사업보고서 제출대상법인’이라 한다.)은 그 사업보고서를 각 사업연도 경과 후 90

일 이내에 금융감독위원회와 거래소에 제출하여야 한다. 다만, 파산,
그 밖의 사유로 인하여 사업보고서의 제출이 사실상 불가능하거나 실
효성이 없는 경우로서 대통령령으로 정하는 경우에는 사업보고서를
제출하지 아니할 수 있다.

② 사업보고서 제출대상법인은 제1항의 사업보고서에 그 회사의 목적,
상호, 사업내용, 임원보수('상법', 그 밖의 법률에 따른 주식매수선택
권을 포함하되, 대통령령으로 정하는 것에 한한다.), 재무에 관한 사
항, 그 밖에 대통령령으로 정하는 사항을 기재하고, 대통령령으로 정
하는 서류를 첨부하여야 한다.

③ 최초로 제1항에 따라 사업보고서를 제출하여야 하는 법인은 제1항에
따른 사업보고서 제출대상 사업연도의 종료일부터 5일(제1항에 따른
사업보고서의 제출 기간 중에 사업보고서 제출대상법인에 해당하게
된 경우에는 그 제출기한으로 한다.) 이내에 그 직전 사업연도의 사업
보고서를 금융감독위원회와 거래소에 제출하여야 한다. 다만, 그 법인
이 증권신고서 등을 통하여 이미 직전 사업연도의 사업보고서에 준하
는 사항을 공시한 경우에는 직전 사업연도의 사업보고서를 제출하지
아니할 수 있다.

④ 사업보고서 제출대상법인은 제1항의 사업보고서를 작성함에 있어서
금융감독위원회가 업종별·사업부문별로 정하여 고시하는 기재방법
및 서식에 따라야 한다.

⑤ 사업보고서 제출대상법인은 '주식회사의 외부감사에 관한 법률' 제1
조의 3에 따라 기업집단결합재무제표를 작성하여야 하는 기업집단의
소속회사인 경우에는 같은 법 제1조의 2 제3호에 따른 기업집단결합
재무제표를 사업연도 종료 후 6개월 이내에 금융감독위원회와 거래소
에 제출하여야 한다.

⑥ 사업보고서 제출대상법인은 사업보고서에 그 법인의 예측정보를 기재
또는 표시할 수 있다. 이 경우 예측정보의 기재 또는 표시는 제125조
제2항 제1호·제2호 및 제4호의 방법에 따라야 한다.

⑦ 사업보고서를 제출하는 경우 제출 당시 그 법인의 대표이사 및 제출
   업무를 담당하는 이사는 그 사업보고서의 기재사항 중 중요 사항에
   관하여 거짓의 기재 또는 표시가 있거나 중요 사항의 기재 또는 표시
   가 누락되어 있지 아니하다는 사실 등 대통령령으로 정하는 사항을
   확인·검토하고 이에 각각 서명하여야 한다.

제160조 (반기·분기보고서의 제출)

사업보고서 제출대상법인은 그 사업연도 개시일부터 6개월간의 사업보고
서(이하 '반기보고서'라 한다.)와 사업연도 개시일부터 3개월간 및 9개월간
의 사업보고서(이하 '분기보고서'라 한다.)를 각각 그 기간 경과 후 45일 이
내에 금융감독위원회와 거래소에 제출하여야 한다. 이 경우 제159조 제2
항·제4항·제6항 및 제7항을 준용한다.

제161조 (주요사항보고서의 제출)

① 사업보고서 제출대상법인은 다음 각 호의 어느 하나에 해당하는 사실
   이 발생한 경우에는 그 사실이 발생한 날의 다음 날까지 그 내용을
   기재한 보고서(이하 '주요 사항보고서'라 한다.)를 금융감독위원회에
   제출하여야 한다. 이 경우 제159조 제6항 및 제7항을 준용한다.
   1. 발행한 어음 또는 수표가 부도로 되거나 은행과의 당좌거래가 정지
      또는 금지된 때
   2. 영업활동의 전부 또는 중요한 일부가 정지된 때
   3. '채무자 회생 및 파산에 관한 법률'에 따른 회생절차개시의 신청이
      있은 때
   4. 이 법, '상법', 그 밖의 법률에 따른 해산사유가 발생한 때
   5. 자본증가 또는 자본감소에 관한 이사회의 결의가 있은 때
   6. '상법' 제360조의 2, 제360조의 15, 제522조 및 제530조의 2에 규
      정된 사실이 발생한 때
   7. 대통령령으로 정하는 중요한 영업 또는 자산을 양수하거나 양도할

것을 결의한 때

8. 자기주식을 취득(자기주식의 취득을 목적으로 하는 신탁계약의 체결
   을 포함한다.) 또는 처분(자기주식의 취득을 목적으로 하는 신탁계약
   의 해지를 포함한다.)할 것을 결의한 때

9. 그 밖에 그 법인의 경영·재산 등에 관하여 중대한 영향을 미치는
   사항으로서 대통령령으로 정하는 사실이 발생한 때

② 사업보고서 제출대상법인은 제1항에 따라 주요사항보고서를 제출하는
경우에는 제1항 각 호의 항목별로 대통령령으로 정하는 서류를 첨부
하여야 한다.

③ 사업보고서 제출대상법인은 주요사항보고서를 작성함에 있어서 금융
감독위원회가 정하여 고시하는 기재방법 및 서식에 따라야 한다.

④ 금융감독위원회는 제출된 주요사항보고서가 투자자의 투자판단에 중대
한 영향을 미칠 우려가 있어 그 내용을 신속하게 알릴 필요가 있는 경
우에는 대통령령으로 정하는 방법에 따라 행정기관, 그 밖의 관계기관
에 대하여 필요한 정보의 제공 또는 교환을 요청할 수 있다. 이 경우
요청을 받은 기관은 특별한 사유가 없는 한 이에 협조하여야 한다.

⑤ 금융감독위원회는 제1항에 따라 주요사항보고서가 제출된 경우 이를
거래소에 지체 없이 송부하여야 한다.

제162조 (거짓의 기재 등에 의한 배상책임)

① 제159조 제1항의 사업보고서·반기보고서·분기보고서·주요사항보고
서(이하 '사업보고서등'이라 한다.) 및 그 첨부서류 중 중요 사항에 관
하여 거짓의 기재 또는 표시가 있거나 중요 사항이 기재 또는 표시되
지 아니함으로써 사업보고서 제출대상법인이 발행한 증권(그 증권과
관련된 증권예탁증권, 그 밖에 대통령령으로 정하는 증권을 포함한다.
이하 이 조에서 같다.)의 취득자 또는 처분자가 손해를 입은 경우에는
다음 각 호의 자는 그 손해에 관하여 배상의 책임을 진다. 다만, 배상
의 책임을 질 자가 상당한 주의를 하였음에도 불구하고 이를 알 수

없었음을 증명하거나 그 증권의 취득자 또는 처분자가 그 취득 또는
처분을 할 때에 그 사실을 안 경우에는 배상의 책임을 지지 아니한다.

1. 그 사업보고서등의 제출인과 제출당시의 그 사업보고서 제출대상법
   인의 이사

2. '상법' 제401조의 2 제1항 각 호의 어느 하나에 해당하는 자로서
   그 사업보고서등의 작성을 지시하거나 집행한 자

3. 그 사업보고서등의 기재사항 및 그 첨부서류가 진실 또는 정확하다
   고 증명하여 서명한 공인회계사·감정인 또는 신용평가를 전문으로
   하는 자 등(그 소속단체를 포함한다.) 대통령령으로 정하는 자

4. 그 사업보고서등의 기재사항 및 그 첨부서류에 자기의 평가·분
   석·확인 의견이 기재되는 것에 대하여 동의하고 그 기재내용을 확
   인한 자

② 예측정보가 다음 각 호에 따라 기재 또는 표시된 경우에는 제1항에 불
   구하고 제1항 각 호의 자는 그 손해에 관하여 배상의 책임을 지지 아
   니한다. 다만, 해당 증권의 취득자 또는 처분자가 그 취득 또는 처분을
   할 때에 예측정보 중 중요 사항에 관하여 거짓의 기재 또는 표시가 있
   거나 중요 사항이 기재 또는 표시되지 아니한 사실을 알지 못한 경우
   로서 제1항 각 호의 자에게 그 기재 또는 표시와 관련하여 고의 또는
   중대한 과실이 있었음을 증명한 경우에는 배상의 책임을 진다.

1. 그 기재 또는 표시가 예측정보라는 사실이 밝혀져 있을 것

2. 예측 또는 전망과 관련된 가정 또는 판단의 근거가 밝혀져 있을 것

3. 그 기재 또는 표시가 합리적 근거 또는 가정에 기초하여 성실하게
   행하여졌을 것

4. 그 기재 또는 표시에 대하여 예측치와 실제 결과치가 다를 수 있다
   는 주의문구가 밝혀져 있을 것

③ 제1항 및 제2항에 따라 배상할 금액은 청구권자가 그 증권을 취득 또
   는 처분함에 있어서 실제로 지급한 금액 또는 받은 금액과 다음 각
   호의 어느 하나에 해당하는 금액(처분의 경우에는 제1호에 한한다.)과

의 차액으로 추정한다.

1. 제1항 및 제2항에 따라 손해배상을 청구하는 소송의 변론이 종결될 때의 그 증권의 시장가격(시장가격이 없는 경우에는 추정처분가격을 말한다.)
2. 제1호의 변론종결 전에 그 증권을 처분한 경우에는 그 처분가격

④ 제3항에 불구하고 제1항 및 제2항에 따라 배상책임을 질 자는 청구권자가 입은 손해액의 전부 또는 일부가 중요 사항에 관하여 거짓의 기재 또는 표시가 있거나 중요 사항이 기재 또는 표시되지 아니함으로써 발생한 것이 아님을 증명한 경우에는 그 부분에 대하여 배상책임을 지지 아니한다.

⑤ 제1항 및 제2항에 따른 배상의 책임은 그 청구권자가 해당 사실을 안 날부터 1년 이내 또는 해당 제출일부터 3년 이내에 청구권을 행사하지 아니한 경우에는 소멸한다.

제163조 (사업보고서등의 공시)

금융감독위원회와 거래소는 사업보고서등을 3년간 일정한 장소에 비치하고, 인터넷 홈페이지 등을 이용하여 공시하여야 한다. 이 경우 기업경영 등 비밀유지와 투자자 보호와의 형평 등을 고려하여 대통령령으로 정하는 사항을 제외하고 비치 및 공시할 수 있다.

제164조 (조사 및 조치)

① 금융감독위원회는 투자자 보호를 위하여 필요한 경우에는 사업보고서 제출대상법인, 그 밖의 관계인에 대하여 참고가 될 보고 또는 자료의 제출을 명하거나, 금융감독원장에게 그 장부·서류, 그 밖의 물건을 조사하게 할 수 있다. 이 경우 제131조 제2항을 준용한다.

② 금융감독위원회는 다음 각 호의 어느 하나에 해당하는 경우에는 사업보고서 제출대상법인에 대하여 이유를 제시한 후 그 사실을 공고하고 정정을 명할 수 있으며, 필요한 때에는 증권의 발행, 그 밖의 거래를

정지 또는 금지하거나 대통령령으로 정하는 조치를 할 수 있다. 이
경우 금융감독위원회는 그 조치를 함에 있어서 필요한 절차 및 조치
기준을 정하여 고시할 수 있다.

1. 사업보고서등을 제출하지 아니한 경우
2. 사업보고서등 중 중요 사항에 관하여 거짓의 기재 또는 표시가 있
   거나 중요 사항이 기재 또는 표시되지 아니한 경우

제165조 (외국법인등에 대한 특례)

제159조부터 제161조까지의 규정에 불구하고 외국법인등의 경우에는 대
통령령으로 정하는 기준 및 방법에 따라 제출의무를 면제하거나 제출기한
을 달리하는 등 그 적용을 달리할 수 있다.

제4장 장외거래 등

제166조 (장외거래)

증권시장 및 파생상품시장 외에서 금융투자상품(장내파생상품을 제외한
다.)을 매매, 그 밖의 거래를 하는 경우 그 매매, 그 밖의 거래방법 및 결제
의 방법 등 필요한 사항은 대통령령으로 정한다.

제167조 (공공적 법인이 발행한 주식의 소유제한)

① 누구든지 공공적 법인이 발행한 주식을 누구의 명의로 하든지 자기의
   계산으로 다음 각 호의 기준을 초과하여 소유할 수 없다. 이 경우 의
   결권 없는 주식은 발행주식총수에 포함되지 아니하며, 그 특수관계인
   의 명의로 소유하는 때에는 자기의 계산으로 취득한 것으로 본다.

1. 그 주식이 상장된 당시에 발행주식총수의 100분의 10 이상을 소유한
   주주는 그 소유비율
2. 제1호에 따른 주주 외의 자는 발행주식총수의 100분의 3 이내에서 정
   관이 정하는 비율

② 제1항에 불구하고 소유비율 한도에 관하여 금융감독위원회의 승인을
받은 경우에는 그 소유비율 한도까지 공공적 법인이 발행한 주식을
소유할 수 있다.

③ 제1항 및 제2항에서 규정하는 기준을 초과하여 사실상 주식을 소유하
는 자는 그 초과분에 대하여는 의결권을 행사할 수 없으며, 금융감독
위원회는 그 기준을 초과하여 사실상 주식을 소유하고 있는 자에 대
하여 6개월 이내의 기간을 정하여 그 기준을 충족하도록 시정할 것을
명할 수 있다.

제168조 (외국인의 증권 또는 장내파생상품 거래의 제한)

① 외국인(국내에 6개월 이상 주소 또는 거소를 두지 아니한 개인을 말
한다. 이하 같다.) 또는 외국법인등에 의한 증권 또는 장내파생상품의
매매, 그 밖의 거래에 관하여는 대통령령으로 정하는 기준 및 방법에
따라 그 취득한도 등을 제한할 수 있다.

② 외국인 또는 외국법인등에 의한 공공적 법인의 주식 취득에 관하여는
제1항에 따른 제한에 추가하여 그 공공적 법인의 정관이 정하는 바에
따라 따로 이를 제한할 수 있다.

③ 제1항 또는 제2항을 위반하여 주식을 취득한 자는 그 주식에 대한 의
결권을 행사할 수 없으며, 금융감독위원회는 제1항 또는 제2항을 위
반하여 증권 또는 장내파생상품을 매매한 자에게 6개월 이내의 기간
을 정하여 그 시정을 명할 수 있다.

④ 그 밖에 외국인 또는 외국법인등에 의한 증권 또는 장내파생상품의
매매, 그 밖의 거래와 관련하여 투자자 보호 및 건전한 거래질서를
위하여 필요한 사항은 대통령령으로 정한다.

제169조 (회계감사인에 의한 감사증명)

① 이 편에 따라 금융감독위원회와 거래소에 재무에 관한 서류를 제출하
는 자 중 대통령령으로 정하는 자는 '주식회사의 외부감사에 관한 법

률'에 따라 회계감사를 받아야 한다. 다만, 기업경영 등 비밀유지 및 기업부담과 투자자 보호와의 형평 등을 고려하여 대통령령으로 정하는 사항에 대하여는 그러하지 아니하다.

② 금융감독위원회는 투자자 보호를 위하여 필요하다고 인정되는 경우에는 제1항에 따라 회계감사를 한 회계감사인 또는 회계감사를 받은 법인에 대하여 자료의 제출 및 보고를 명하거나, 그 밖에 필요한 조치를 할 수 있다.

③ 외국법인등이 외국 금융투자업관련 법령에 따라 회계감사를 받은 경우로서 대통령령으로 정하는 기준을 충족하였을 경우에는 제1항 본문에 따른 회계감사를 받은 것으로 본다. 이 경우 제2항은 외국 금융투자업관련 법령에 따라 회계감사를 한 회계감사인(이하 '외국회계감사인'이라 한다.) 또는 회계감사를 받은 외국법인등에게 준용한다.

제170조 (회계감사인의 손해배상책임)

① '주식회사의 외부감사에 관한 법률' 제17조 제2항부터 제7항까지의 규정은 선의의 투자자에 대한 회계감사인(외국회계감사인을 포함한다.)의 손해배상책임에 관하여 준용한다.

② 제1항에 따라 배상할 금액은 청구권자가 그 증권(그 증권과 관련된 증권예탁증권, 그 밖에 대통령령으로 정하는 증권을 포함한다. 이하 이 조에서 같다.)을 취득 또는 처분함에 있어서 실제로 지급한 금액 또는 받은 금액과 다음 각 호의 어느 하나에 해당하는 금액(처분의 경우에는 제1호에 한한다.)과의 차액으로 추정한다.

  1. 제1항에 따라 손해배상을 청구하는 소송의 변론이 종결될 때의 그 증권의 시장가격(시장가격이 없는 경우에는 추정처분가격을 말한다.)
  2. 제1호의 변론종결 전에 그 증권을 처분한 경우에는 그 처분가격

③ 제2항에 불구하고 제1항에 따라 배상책임을 질 자는 청구권자가 입은 손해액의 전부 또는 일부가 중요 사항에 관하여 거짓의 기재 또는 표시가 있거나 중요 사항이 기재 또는 표시되지 아니함으로써 발생한 것이

아님을 증명한 경우에는 그 부분에 대하여 배상책임을 지지 아니한다.

제171조 (보증금 등의 대신 납부)

① 국가·지방자치단체 또는 '공공기관의 운영에 관한 법률'에 따른 공공기관(이하 이 조에서 '공공기관'이라 한다.)에 납부할 보증금 또는 공탁금 중 대통령령으로 정하는 보증금이나 공탁금은 상장증권으로 대신 납부할 수 있다.

② 국가·지방자치단체 또는 공공기관은 제1항에 따라 상장증권으로 대신 납부하는 경우 이를 거부하여서는 아니 된다.

③ 제1항에 따라 국가·지방자치단체 또는 공공기관에 대신 납부할 수 있는 상장증권 및 그 상장증권의 대신 납부하는 가액의 평가기준은 대통령령으로 정한다.

④ 제1항에 따라 대신 납부하는 상장증권이 제309조 제3항 제2호의 예탁증권등인 경우에는 예탁결제원이 대통령령으로 정하는 방법에 따라 발행하는 예탁증명서(이하 이 조에서 '예탁증명서'라 한다.)로 그 상장증권에 갈음할 수 있다.

⑤ 예탁결제원 또는 예탁자(제309조 제2항에 따른 예탁자를 말한다.)는 제4항에 따라 예탁증명서가 발행된 경우 그 발행일부터 그 예탁증명서를 반환받을 때까지 해당 상장증권의 처분이 제한된다는 뜻을 예탁자계좌부 또는 투자자계좌부에 기재하여야 한다.

제4편 불공정거래의 규제

제1장 내부자 거래 등

제172조 (내부자의 단기매매차익 반환)

① 주권상장법인의 임원('상법' 제401조의 2 제1항 각 호의 자를 포함한다. 이하 이 장에서 같다.), 직원(직무상 제174조 제1항의 미공개중요

정보를 알 수 있는 자로서 대통령령으로 정하는 자에 한한다. 이하 이 조에서 같다.) 또는 주요주주가 다음 각 호의 어느 하나에 해당하는 금융투자상품(이하 '특정증권등'이라 한다.)을 매수(권리 행사의 상대방이 되는 경우로서 매수자의 지위를 가지게 되는 특정증권등의 매도를 포함한다. 이하 이 조에서 같다.)한 후 6개월 이내에 매도(권리를 행사할 수 있는 경우로서 매도자의 지위를 가지게 되는 특정증권등의 매수를 포함한다. 이하 이 조에서 같다.)하거나 특정증권등을 매도한 후 6개월 이내에 매수하여 이익을 얻은 경우에는 그 법인은 그 임직원 또는 주요주주에게 그 이익(이하 '단기매매차익'이라 한다.)을 그 법인에게 반환할 것을 청구할 수 있다. 이 경우 이익의 산정기준·반환절차 등에 관하여 필요한 사항은 대통령령으로 정한다.

1. 그 법인이 발행한 증권(대통령령으로 정하는 증권을 제외한다.)
2. 제1호의 증권과 관련된 증권예탁증권
3. 그 법인 외의 자가 발행한 것으로서 제1호 또는 제2호의 증권과 교환을 청구할 수 있는 교환사채권
4. 제1호부터 제3호까지의 증권만을 기초자산으로 하는 금융투자상품

② 해당 법인의 주주(주권 외의 지분증권 또는 증권예탁증권을 소유한 자를 포함한다. 이하 이 조에서 같다.)는 그 법인으로 하여금 제1항에 따른 단기매매차익을 얻은 자에게 단기매매차익의 반환청구를 하도록 요구할 수 있으며, 그 법인이 그 요구를 받은 날부터 2개월 이내에 그 청구를 하지 아니하는 경우에는 그 주주는 그 법인을 대위(대위)하여 그 청구를 할 수 있다.

③ 증권선물위원회는 제1항에 따른 단기매매차익의 발생사실을 알게 된 경우에는 해당 법인에 이를 통보하여야 한다. 이 경우 그 법인은 통보받은 내용을 대통령령으로 정하는 방법에 따라 인터넷 홈페이지 등을 이용하여 공시하여야 한다.

④ 제2항의 청구에 관한 소를 제기한 주주가 승소한 경우에는 그 주주는 회사에 대하여 소송비용, 그 밖에 소송으로 인한 모든 비용의 지급을

청구할 수 있다.

⑤ 제1항 및 제2항에 따른 권리는 이익을 취득한 날부터 2년 이내에 행사하지 아니한 경우에는 소멸한다.

⑥ 제1항은 임직원 또는 주요주주로서 행한 매도 또는 매수의 성격, 그 밖의 사정 등을 고려하여 대통령령으로 정하는 경우 및 주요주주가 매도·매수한 시기 중 어느 한 시기에 있어서 주요주주가 아닌 경우에는 적용하지 아니한다.

⑦ 제1항 및 제2항은 주권상장법인이 모집·사모·매출하는 특정증권등을 인수한 투자매매업자에게 대통령령으로 정하는 기간 동안 준용한다.

제173조 (임원 등의 특정증권등 소유상황 보고)

① 주권상장법인의 임원 또는 주요주주는 임원 또는 주요주주가 된 날부터 5일(대통령령으로 정하는 날은 산입하지 아니한다. 이하 이 조에서 같다.) 이내에 누구의 명의로 하든지 자기의 계산으로 소유하고 있는 특정증권등의 소유상황을, 그 특정증권등의 소유상황에 변동이 있는 경우에는 그 변동이 있는 날부터 5일까지 그 내용을 대통령령으로 정하는 방법에 따라 각각 증권선물위원회와 거래소에 보고하여야 한다.

② 증권선물위원회와 거래소는 제1항의 보고서를 비치하고, 인터넷 홈페이지 등을 이용하여 공시하여야 한다.

제174조 (미공개중요정보 이용행위 금지)

① 다음 각 호의 어느 하나에 해당하는 자(제1호부터 제5호까지의 어느 하나의 자에 해당하지 아니하게 된 날부터 1년이 경과하지 아니한 자를 포함한다.)는 상장법인(6개월 이내에 상장하는 법인을 포함한다.)의 업무 등과 관련된 미공개중요정보(투자자의 투자판단에 중대한 영향을 미칠 수 있는 정보로서 대통령령으로 정하는 방법에 따라 불특정 다수인이 알 수 있도록 공개되기 전의 것을 말한다. 이하 이 항에서 같다.)를 특정증권등의 매매, 그 밖의 거래에 이용하거나 타인에게 이

용하게 하여서는 아니 된다.

1. 그 법인(그 계열회사를 포함한다.) 및 그의 임직원·대리인으로서 그 직무와 관련하여 미공개중요정보를 알게 된 자

2. 그 법인(그 계열회사를 포함한다.)의 주요주주로서 그 권리를 행사하는 과정에서 미공개중요정보를 알게 된 자

3. 그 법인에 대하여 법령에 따른 허가·인가·지도·감독, 그 밖의 권한을 가지는 자로서 그 권한을 행사하는 과정에서 미공개중요정보를 알게 된 자

4. 그 법인과 계약을 체결하고 있거나 체결을 교섭하고 있는 자로서 그 계약을 체결·교섭 또는 이행하는 과정에서 미공개중요정보를 알게 된 자

5. 제2호부터 제4호까지의 어느 하나에 해당하는 자의 대리인(이에 해당하는 자가 법인인 경우에는 그 임직원 및 대리인을 포함한다.)·사용인, 그 밖의 종업원(제2호부터 제4호까지의 어느 하나에 해당하는 자가 법인인 경우에는 그 임직원 및 대리인)으로서 그 직무와 관련하여 미공개중요정보를 알게 된 자

6. 제1호부터 제5호까지의 어느 하나에 해당하는 자(제1호부터 제5호까지의 어느 하나의 자에 해당하지 아니하게 된 날부터 1년이 경과하지 아니한 자를 포함한다.)로부터 미공개중요정보를 받은 자

② 다음 각 호의 어느 하나에 해당하는 자(제1호부터 제5호까지의 어느 하나의 자에 해당하지 아니하게 된 날부터 1년이 경과하지 아니한 자를 포함한다.)는 주식등에 대한 공개매수(제133조 제1항의 공개매수를 말한다. 이하 이 항에서 같다.)의 실시 또는 중지에 관한 미공개정보(대통령령으로 정하는 방법에 따라 불특정 다수인이 알 수 있도록 공개되기 전의 것을 말한다. 이하 이 항에서 같다.)를 그 주식등과 관련된 특정증권등의 매매, 그 밖의 거래에 이용하거나 타인에게 이용하게 하여서는 아니 된다.

1. 공개매수자의 계열회사 및 공개매수자(그 계열회사를 포함한다.)의

임직원·대리인으로서 그 직무와 관련하여 공개매수의 실시 또는
중지에 관한 미공개정보를 알게 된 자

2. 공개매수자(그 계열회사를 포함한다.)의 주요주주로서 그 권리를 행
   사하는 과정에서 공개매수의 실시 또는 중지에 관한 미공개정보를
   알게 된 자

3. 공개매수자에 대하여 법령에 따른 허가·인가·지도·감독, 그 밖
   의 권한을 가지는 자로서 그 권한을 행사하는 과정에서 공개매수의
   실시 또는 중지에 관한 미공개정보를 알게 된 자

4. 공개매수자와 계약을 체결하고 있거나 체결을 교섭하고 있는 자로
   서 그 계약을 체결·교섭 또는 이행하는 과정에서 공개매수의 실시
   또는 중지에 관한 미공개정보를 알게 된 자

5. 제2호부터 제4호까지의 어느 하나에 해당하는 자의 대리인(이에 해
   당하는 자가 법인인 경우에는 그 임직원 및 대리인을 포함한다.)·사
   용인, 그 밖의 종업원(제2호부터 제4호까지의 어느 하나에 해당하는
   자가 법인인 경우에는 그 임직원 및 대리인)으로서 그 직무와 관련
   하여 공개매수의 실시 또는 중지에 관한 미공개정보를 알게 된 자

6. 공개매수자 또는 제1호부터 제5호까지의 어느 하나에 해당하는 자
   (제1호부터 제5호까지의 어느 하나의 자에 해당하지 아니하게 된
   날부터 1년이 경과하지 아니한 자를 포함한다.)로부터 공개매수의
   실시 또는 중지에 관한 미공개정보를 받은 자

③ 다음 각 호의 어느 하나에 해당하는 자(제1호부터 제5호까지의 어느
   하나의 자에 해당하지 아니하게 된 날부터 1년이 경과하지 아니한 자
   를 포함한다.)는 주식등의 대량취득·처분(경영권에 영향을 줄 가능성
   이 있는 대량취득·처분으로서 대통령령으로 정하는 취득·처분을
   말한다. 이하 이 항에서 같다.)의 실시 또는 중지에 관한 미공개정보
   (대통령령으로 정하는 방법에 따라 불특정 다수인이 알 수 있도록 공
   개되기 전의 것을 말한다. 이하 이 항에서 같다.)를 그 주식등과 관련
   된 특정증권등의 매매, 그 밖의 거래에 이용하거나 타인에게 이용하

게 하여서는 아니 된다.

1. 대량취득·처분을 하는 자의 계열회사 및 대량취득·처분을 하는 자(그 계열회사를 포함한다.)의 임직원·대리인으로서 그 직무와 관련하여 대량취득·처분의 실시 또는 중지에 관한 미공개정보를 알게 된 자

2. 대량취득·처분을 하는 자(그 계열회사를 포함한다.)의 주요주주로서 그 권리를 행사하는 과정에서 대량취득·처분의 실시 또는 중지에 관한 미공개정보를 알게 된 자

3. 대량취득·처분을 하는 자에 대하여 법령에 따른 허가·인가·지도·감독, 그 밖의 권한을 가지는 자로서 그 권한을 행사하는 과정에서 대량취득·처분의 실시 또는 중지에 관한 미공개정보를 알게 된 자

4. 대량취득·처분을 하는 자와 계약을 체결하고 있거나 체결을 교섭하고 있는 자로서 그 계약을 체결·교섭 또는 이행하는 과정에서 대량취득·처분의 실시 또는 중지에 관한 미공개정보를 알게 된 자

5. 제2호부터 제4호까지의 어느 하나에 해당하는 자의 대리인(이에 해당하는 자가 법인인 경우에는 그 임직원 및 대리인을 포함한다.)·사용인, 그 밖의 종업원(제2호부터 제4호까지의 어느 하나에 해당하는 자가 법인인 경우에는 그 임직원 및 대리인)으로서 그 직무와 관련하여 대량취득·처분의 실시 또는 중지에 관한 미공개정보를 알게 된 자

6. 대량취득·처분을 하는 자 또는 제1호부터 제5호까지의 어느 하나에 해당하는 자(제1호부터 제5호까지의 어느 하나의 자에 해당하지 아니하게 된 날부터 1년이 경과하지 아니한 자를 포함한다.)로부터 대량취득·처분의 실시 또는 중지에 관한 미공개정보를 알게 된 자

제175조 (미공개중요정보 이용행위의 배상책임)

① 제174조를 위반한 자는 해당 특정증권등의 매매, 그 밖의 거래를 한 자

가 그 매매, 그 밖의 거래와 관련하여 입은 손해를 배상할 책임을 진다.

② 제1항에 따른 손해배상청구권은 청구권자가 제174조를 위반한 행위가 있었던 사실을 안 날부터 1년간 또는 그 행위가 있었던 날부터 3년간 이를 행사하지 아니한 경우에는 시효로 인하여 소멸한다.

제2장 시세조종 등

제176조 (시세조종행위 등의 금지)

① 누구든지 상장증권 또는 장내파생상품의 매매에 관하여 그 매매가 성황을 이루고 있는 듯이 잘못 알게 하거나, 그 밖에 타인에게 그릇된 판단을 하게 할 목적으로 다음 각 호의 어느 하나에 해당하는 행위를 하여서는 아니 된다.

 1. 자기가 매도하는 것과 같은 시기에 그와 같은 가격 또는 약정수치로 타인이 그 증권 또는 장내파생상품을 매수할 것을 사전에 그 자와 서로 짠 후 매도하는 행위

 2. 자기가 매수하는 것과 같은 시기에 그와 같은 가격 또는 약정수치로 타인이 그 증권 또는 장내파생상품을 매도할 것을 사전에 그 자와 서로 짠 후 매수하는 행위

 3. 그 증권 또는 장내파생상품의 매매를 함에 있어서 그 권리의 이전을 목적으로 하지 아니하는 거짓으로 꾸민 매매를 하는 행위

 4. 제1호부터 제3호까지의 행위를 위탁하거나 수탁하는 행위

② 누구든지 상장증권 또는 장내파생상품의 매매를 유인할 목적으로 다음 각 호의 어느 하나에 해당하는 행위를 하여서는 아니 된다.

 1. 그 증권 또는 장내파생상품의 매매가 성황을 이루고 있는 듯이 잘못 알게 하거나 그 시세(증권시장 또는 파생상품시장에서 형성된 시세, 전자증권중개회사가 상장주권의 매매를 중개함에 있어서 형성된 시세, 그 밖에 대통령령으로 정하는 시세를 말한다. 이하 같다.)를 변동시키는 매매 또는 그 위탁이나 수탁을 하는 행위

2. 그 증권 또는 장내파생상품의 시세가 자기 또는 타인의 시장 조작
   에 의하여 변동한다는 말을 유포하는 행위

3. 그 증권 또는 장내파생상품의 매매를 함에 있어서 중요한 사실에
   관하여 거짓의 표시 또는 오해를 유발시키는 표시를 하는 행위

③ 누구든지 상장증권 또는 장내파생상품의 시세를 고정시키거나 안정시
   킬 목적으로 그 증권 또는 장내파생상품에 관한 일련의 매매 또는 그
   위탁이나 수탁을 하는 행위를 하여서는 아니 된다. 다만, 다음 각 호
   의 어느 하나에 해당하는 경우에는 그러하지 아니하다.

   1. 투자매매업자(모집 또는 매출되는 증권의 발행인 또는 소유자와 인
      수계약을 체결한 투자매매업자로서 대통령령으로 정하는 자에 한한
      다. 이하 이 조에서 같다.)가 대통령령으로 정하는 방법에 따라 그
      증권의 모집 또는 매출의 청약 기간의 종료일 전 30일의 범위에서
      대통령령으로 정하는 날부터 그 청약 기간의 종료일까지의 기간 동
      안 증권의 가격을 안정시킴으로써 증권의 모집 또는 매출을 원활하
      도록 하기 위한 매매거래(이하 이 항에서 '안정조작'이라 한다.)를
      하는 경우

   2. 투자매매업자가 대통령령으로 정하는 방법에 따라 모집 또는 매출
      한 증권의 수요·공급을 그 증권이 상장된 날부터 6개월의 범위에
      서 대통령령으로 정하는 기간 동안 조성하는 매매거래(이하 이 항에
      서 '시장조성'이라 한다.)를 하는 경우

   3. 모집 또는 매출되는 증권 발행인의 임원 등 대통령령으로 정하는
      자가 투자매매업자에게 안정조작을 위탁하는 경우

   4. 투자매매업자가 제3호에 따라 안정조작을 수탁하는 경우

   5. 모집 또는 매출되는 증권의 인수인이 투자매매업자에게 시장조성을
      위탁하는 경우

   6. 투자매매업자가 제5호에 따라 시장조성을 수탁하는 경우

④ 누구든지 상장증권 또는 장내파생상품의 매매와 관련하여 다음 각 호
   의 어느 하나에 해당하는 행위를 하여서는 아니 된다.

1. 장내파생상품 매매에서 부당한 이익을 얻거나 제삼자에게 부당한
   이익을 얻게 할 목적으로 그 장내파생상품의 기초자산의 시세를
   변동 또는 고정시키는 행위
2. 증권의 매매에서 부당한 이익을 얻거나 제삼자에게 부당한 이익을
   얻게 할 목적으로 그 증권을 기초자산으로 하는 장내파생상품의 시
   세를 변동 또는 고정시키는 행위
3. 증권의 매매에서 부당한 이익을 얻거나 제삼자에게 부당한 이익을
   얻게 할 목적으로 그 증권과 연계된 증권으로서 대통령령으로 정하
   는 증권의 시세를 변동 또는 고정시키는 행위

제177조 (시세조종의 배상책임)

① 제176조를 위반한 자는 그 위반행위로 인하여 형성된 가격에 의하여
   해당 상장증권 또는 장내파생상품의 매매를 하거나 위탁을 한 자가
   그 매매 또는 위탁으로 인하여 입은 손해를 배상할 책임을 진다.
② 제1항에 따른 손해배상청구권은 청구권자가 제176조를 위반한 행위가
   있었던 사실을 안 때부터 1년간, 그 행위가 있었던 때부터 3년간 이
   를 행사하지 아니한 경우에는 시효로 인하여 소멸한다.

제3장 부정거래행위 등

제178조 (부정거래행위 등의 금지)

① 누구든지 금융투자상품의 매매(증권의 경우 모집·사모·매출을 포함
   한다. 이하 이 조 및 제179조에서 같다.), 그 밖의 거래와 관련하여
   다음 각 호의 어느 하나에 해당하는 행위를 하여서는 아니 된다.
1. 부정한 수단, 계획 또는 기교를 사용하는 행위
2. 중요 사항에 관하여 거짓의 기재 또는 표시를 하거나 타인에게 오
   해를 유발시키지 아니하기 위하여 필요한 중요 사항의 기재 또는
   표시가 누락된 문서, 그 밖의 기재 또는 표시를 사용하여 금전, 그

밖의 재산상의 이익을 얻고자 하는 행위

3. 금융투자상품의 매매, 그 밖의 거래를 유인할 목적으로 거짓의 시세
   를 이용하는 행위

② 누구든지 금융투자상품의 매매, 그 밖의 거래를 할 목적이나 그 시세
   의 변동을 도모할 목적으로 풍문의 유포, 위계(위계)의 사용, 폭행 또
   는 협박을 하여서는 아니 된다.

제179조 (부정거래행위 등의 배상책임)

① 제178조를 위반한 자는 그 위반행위로 인하여 금융투자상품의 매매,
   그 밖의 거래를 한 자가 그 매매, 그 밖의 거래와 관련하여 입은 손
   해를 배상할 책임을 진다.

② 제1항에 따른 손해배상청구권은 청구권자가 제178조를 위반한 행위가
   있었던 사실을 안 때부터 1년간, 그 행위가 있었던 때부터 3년간 이
   를 행사하지 아니한 경우에는 시효로 인하여 소멸한다.

제180조 (공매도의 제한)

① 누구든지 증권시장에서 상장증권(대통령령으로 정하는 증권에 한한다.
   이하 이 조에서 같다.)에 대하여 다음 각 호의 어느 하나에 해당하는
   매도(이하 이 조에서 '공매도'라 한다.)를 하거나 그 위탁 또는 수탁을
   하여서는 아니 된다. 다만, 증권시장의 안정성 및 공정한 가격형성을
   위하여 대통령령으로 정하는 방법에 따르는 경우에는 이를 할 수 있다.

   1. 소유하지 아니한 상장증권의 매도

   2. 차입한 상장증권으로 결제하고자 하는 매도

② 제1항 본문에 불구하고 다음 각 호의 어느 하나에 해당하는 경우에는
   이를 공매도로 보지 아니한다.

   1. 증권시장에서 매수계약이 체결된 상장증권을 해당 수량의 범위에서
      결제일 전에 매도하는 경우

   2. 전환사채·교환사채·신주인수권부사채 등의 권리 행사, 유·무상

증자, 주식배당 등으로 취득할 주식을 매도하는 경우로서 결제일까지 그 주식이 상장되어 결제가 가능한 경우

3. 그 밖에 결제를 이행하지 아니할 우려가 없는 경우로서 대통령령으로 정하는 경우

제5편 집합투자기구

제1장 총칙

제181조 (관련 법률의 적용) 집합투자기구는 이 법에서 특별히 정한 경우를 제외하고는 '상법' 및 '민법'의 적용을 받는다.

제182조 (집합투자기구의 등록)

① 투자신탁이나 투자익명조합의 집합투자업자 또는 투자회사·투자유한회사·투자합자회사 및 투자조합(이하 이 편에서 '투자회사등'이라 한다.)은 집합투자기구가 설정·설립된 경우 그 집합투자기구를 금융감독위원회에 등록하여야 한다.

② 제1항에 따른 집합투자기구의 등록요건은 다음 각 호와 같다.

1. 다음 각 목의 자가 업무정지 기간 중에 있지 아니할 것

    가. 그 집합투자재산을 운용하는 집합투자업자

    나. 그 집합투자재산을 보관·관리하는 신탁업자

    다. 그 집합투자증권을 판매하는 투자매매업자·투자중개업자

    라. 투자회사인 경우 그 투자회사로부터 제184조 제6항의 업무를 위탁받은 일반사무관리회사(제254조에 따른 일반사무관리회사를 말한다. 이하 같다.)

2. 집합투자기구가 이 법에 따라 적법하게 설정·설립되었을 것

3. 집합투자규약이 법령을 위반하거나 투자자의 이익을 명백히 침해하
지 아니할 것

4. 그 밖에 제9조 제18항 각 호의 집합투자기구의 형태 등을 고려하여
대통령령으로 정하는 요건을 갖출 것

③ 투자신탁이나 투자익명조합의 집합투자업자 또는 투자회사등은 집합
투자기구를 등록하려는 경우에는 금융감독위원회에 등록신청서를 제
출하여야 한다.

④ 금융감독위원회는 제3항의 등록신청서를 접수한 경우에는 그 내용을
검토하여 20일 이내에 등록 여부를 결정하고, 그 결과와 이유를 지체
없이 신청인에게 문서로 통지하여야 한다. 이 경우 등록신청서에 흠
결이 있는 때에는 보완을 요구할 수 있다.

⑤ 제4항의 검토 기간을 산정함에 있어서 등록신청서 흠결의 보완 기간
등 재정경제부령으로 정하는 기간은 검토 기간에 산입하지 아니한다.

⑥ 금융감독위원회는 제4항의 등록 여부를 결정함에 있어서 다음 각 호
의 어느 하나에 해당하는 사유가 없는 한 그 등록을 거부하여서는 아
니 된다.

1. 제2항의 등록요건을 갖추지 아니한 경우

2. 제3항의 등록신청서를 거짓으로 작성한 경우

3. 제4항 후단의 보완요구를 이행하지 아니한 경우

⑦ 금융감독위원회는 제4항에 따라 등록을 결정한 경우 집합투자기구등
록부에 필요한 사항을 기재하여야 하며, 등록내용을 인터넷 홈페이지
등에 공고하여야 한다.

⑧ 투자신탁이나 투자익명조합의 집합투자업자 또는 투자회사등은 제1항
에 따라 등록된 사항이 변경된 경우에는 투자자 보호를 해할 우려가
없는 경우로서 대통령령으로 정하는 경우를 제외하고는 2주 이내에
그 내용을 금융감독위원회에 변경등록하여야 한다. 이 경우 제2항부
터 제7항까지의 규정을 준용한다.

⑨ 제1항부터 제8항까지의 규정에 따른 등록신청서의 기재사항 및 첨부

서류 등 등록 및 변경등록의 신청에 관한 사항과 등록검토의 방법·절차, 그 밖에 필요한 사항은 대통령령으로 정한다.

제183조 (집합투자기구의 명칭)

① 집합투자기구는 그 상호 또는 명칭 중에 제229조 각 호의 집합투자기구의 종류를 표시하는 문자(증권·부동산·특별자산·혼합자산 및 단기금융을 말한다.)를 사용하여야 한다.

② 이 법에 따른 집합투자기구가 아닌 자는 '집합투자', '간접투자', '투자신탁', '투자회사', '투자유한회사', '투자합자회사', '사모투자전문회사', '투자조합', '투자익명조합', 그 밖에 이와 유사한 명칭을 사용하여서는 아니 된다. 다만, 집합투자업자 및 제6조 제5항 제1호에 규정된 것의 경우에는 이를 사용할 수 있다.

제184조 (집합투자기구의 업무수행 등)

① 투자신탁재산 또는 투자익명조합재산에 속하는 지분증권(그 지분증권과 관련된 증권예탁증권을 포함한다. 이하 이 조에서 같다.)의 의결권 행사는 그 투자신탁 또는 투자익명조합의 집합투자업자가 수행하여야 하며, 투자회사등의 집합투자재산에 속하는 지분증권의 의결권 행사는 그 투자회사등이 수행하여야 한다. 다만, 투자회사등은 그 투자회사등의 집합투자업자에게 그 투자회사등의 집합투자재산에 속하는 지분증권의 의결권 행사를 위탁할 수 있다.

② 투자신탁재산 또는 투자익명조합재산의 운용업무는 그 투자신탁 또는 투자익명조합의 집합투자업자가 이를 수행하며, 투자회사등의 집합투자재산 운용업무는 그 투자회사등의 법인이사·업무집행사원 또는 업무집행조합원인 집합투자업자가 이를 수행한다.

③ 투자신탁이나 투자익명조합의 집합투자업자 또는 투자회사등은 집합투자재산의 보관·관리업무를 신탁업자에게 위탁하여야 한다.

④ 집합투자업자는 자신이 운용하는 집합투자재산을 보관·관리하는 신

탁업자가 되어서는 아니 된다.

⑤ 투자신탁이나 투자익명조합의 집합투자업자 또는 투자회사등은 집합투자기구의 집합투자증권을 판매하고자 하는 경우 투자매매업자와 판매계약을 체결하거나 투자중개업자와 위탁판매계약을 체결하여야 한다. 다만, 투자신탁이나 투자익명조합의 집합투자업자가 투자매매업자 또는 투자중개업자로서 집합투자기구의 집합투자증권을 판매하는 경우에는 판매계약 또는 위탁판매계약을 체결하지 아니한다.

⑥ 투자회사는 다음 각 호의 업무를 일반사무관리회사에 위탁하여야 한다.

  1. 투자회사 주식의 발행 및 명의개서(명의개서)

  2. 투자회사재산의 계산

  3. 법령 또는 정관에 의한 통지 및 공고

  4. 이사회 및 주주총회의 소집·개최·의사록 작성 등에 관한 업무

  5. 그 밖에 투자회사의 사무를 처리하기 위하여 필요한 업무로서 대통령령으로 정하는 업무

⑦ 투자회사등은 상근임원 또는 직원을 둘 수 없으며, 본점 외의 영업소를 설치할 수 없다.

제185조 (연대책임)

집합투자업자·신탁업자·투자매매업자·투자중개업자·일반사무관리회사·집합투자기구평가회사(제258조에 따른 집합투자기구평가회사를 말한다.) 및 채권평가회사(제263조에 따른 채권평가회사를 말한다.)는 이 법에 따라 투자자에 대한 손해배상책임을 부담하는 경우 귀책사유가 있는 경우에는 연대하여 손해배상책임을 진다.

제186조 (자기집합투자증권의 취득 제한 등)

① 투자회사등은 자기의 계산으로 자기가 발행한 집합투자증권을 취득하거나 질권의 목적으로 받지 못한다. 다만, 다음 각 호의 어느 하나에 해당하는 경우에는 자기의 계산으로 자기가 발행한 집합투자증권을

취득할 수 있다.

1. 담보권의 실행 등 권리 행사에 필요한 경우. 이 경우 취득한 집합투자증권은 대통령령으로 정하는 방법에 따라 처분하여야 한다.

2. 제235조에 따라 투자회사등의 집합투자증권을 환매하는 경우

3. 제201조 제4항에 따라 주식을 매수하는 경우

② 제87조 및 제89조부터 제92조까지의 규정은 투자회사등에 준용한다. 이 경우 제87조 중 '집합투자업자(투자신탁이나 투자익명조합의 집합투자업자에 한한다. 이하 이 조에서 같다.)'는 '투자회사등(투자회사등이 의결권 행사를 집합투자업자에게 위탁한 경우에는 집합투자업자를 말한다. 이하 이 조에서 같다.)은'으로, '집합투자업자'는 각각 '투자회사등'으로 보고, 제89조 중 '투자신탁이나 투자익명조합의 집합투자업자'는 '투자회사등'으로 보며, 제90조 및 제92조 중 '집합투자업자(투자신탁이나 투자익명조합의 집합투자업자에 한한다. 이하 이 조에서 같다.)' 및 '집합투자업자'는 각각 '투자회사등'으로 보고, 제91조 중 '집합투자업자(투자신탁이나 투자익명조합의 집합투자업자에 한하며, 해당 집합투자증권을 판매한 투자매매업자 및 투자중개업자를 포함한다. 이하 이 조에서 같다.)'는 '투자회사등(해당 집합투자증권을 판매한 투자매매업자 및 투자중개업자를 포함한다. 이하 이 조에서 같다.)'으로, '집합투자업자'는 각각 '투자회사등'으로 본다.

제187조 (자료의 기록·유지)

① 투자회사등은 투자회사등의 업무와 관련한 자료를 대통령령으로 정하는 자료의 종류별로 대통령령으로 정하는 기간 동안 기록·유지하여야 한다.

② 투자회사등은 제1항에 따라 기록·유지하여야 하는 자료가 멸실되거나 위조 또는 변조되지 아니하도록 적절한 대책을 수립·시행하여야 한다.

제2장 집합투자기구의 구성 등

제1절 투자신탁

제188조 (신탁계약의 체결 등)

① 투자신탁을 설정하고자 하는 집합투자업자는 다음 각 호의 사항이 기재된 신탁계약서에 의하여 신탁업자와 신탁계약을 체결하여야 한다.

1. 집합투자업자 및 신탁업자의 상호
2. 신탁원본의 가액 및 수익증권의 총좌수에 관한 사항
3. 투자신탁재산의 운용 및 관리에 관한 사항
4. 이익분배 및 환매에 관한 사항
5. 집합투자업자·신탁업자 등이 받는 보수, 그 밖의 수수료의 계산방법과 지급 시기·방법에 관한 사항. 다만, 집합투자업자가 기준가격 산정업무를 위탁하는 경우에는 그 수수료는 해당 투자신탁재산에서 부담한다는 내용을 포함하여야 한다.
6. 수익자총회에 관한 사항
7. 공시 및 보고서에 관한 사항
8. 그 밖에 수익자 보호를 위하여 필요한 사항으로서 대통령령으로 정하는 사항

② 투자신탁을 설정한 집합투자업자는 신탁계약을 변경하고자 하는 경우에는 신탁업자와 변경계약을 체결하여야 한다. 이 경우 신탁계약 중 다음 각 호의 어느 하나에 해당하는 사항을 변경하는 경우에는 미리 제190조 제5항 본문에 따른 수익자총회의 결의를 거쳐야 한다.

1. 집합투자업자·신탁업자 등이 받는 보수, 그 밖의 수수료의 인상
2. 신탁업자의 변경(합병·분할·분할합병, 그 밖에 대통령령으로 정하는 사유로 변경되는 경우를 제외한다.)
3. 신탁계약 기간의 변경
4. 그 밖에 수익자의 이익과 관련된 중요한 사항으로서 대통령령으로 정하는 사항

③ 투자신탁을 설정한 집합투자업자는 제2항에 따라 신탁계약을 변경한 경우에는 인터넷 홈페이지 등을 이용하여 공시하여야 하며, 제2항 후단에 따라 신탁계약을 변경한 경우에는 공시 외에 이를 수익자에게 통지하여야 한다.

④ 집합투자업자는 제1항에 따라 투자신탁을 설정하는 경우(그 투자신탁을 추가로 설정하는 경우를 포함한다.) 신탁업자에게 해당 신탁계약에서 정한 신탁원본 전액을 금전으로 납입하여야 한다.

제189조 (수익증권 등)

① 투자신탁을 설정한 집합투자업자는 투자신탁의 수익권을 균등하게 분할하여 수익증권으로 표시하여야 한다.

② 수익자는 신탁원본의 상환 및 이익의 분배 등에 관하여 수익증권의 좌수에 따라 균등한 권리를 가진다.

③ 투자신탁을 설정한 집합투자업자는 수익증권의 발행가액 전액이 납입된 경우 신탁업자의 확인을 받아 제309조 제5항에 따른 방법으로 수익증권을 발행하여야 한다.

④ 수익증권은 무액면 기명식으로 한다.

⑤ 투자신탁을 설정한 집합투자업자는 수익증권에 다음 각 호의 사항을 기재하고 그 집합투자업자 및 그 투자신탁재산을 보관·관리하는 신탁업자의 대표이사가 기명날인 또는 서명하여야 한다.

1. 집합투자업자 및 신탁업자의 상호

2. 수익자의 성명 또는 명칭

3. 신탁계약을 체결할 당시의 신탁원본의 가액 및 수익증권의 총좌수

4. 수익증권의 발행일

5. 그 밖에 수익자 보호를 위하여 필요한 사항으로서 대통령령으로 정하는 사항

⑥ 투자신탁을 설정한 집합투자업자는 수익자명부의 작성에 관한 업무를 예탁결제원에 위탁하여야 한다.

⑦ 예탁결제원은 제6항에 따라 위탁을 받은 경우 다음 각 호의 사항을 기재한 수익자명부를 작성·비치하여야 한다.

  1. 수익자의 주소 및 성명

  2. 수익자가 소유하는 수익증권의 좌수

  3. 수익증권을 발행한 경우에는 그 번호

⑧ 예탁결제원은 제7항 각 호에 관한 정보를 타인에게 제공하여서는 아니 된다. 다만, 수익자총회 개최를 위하여 집합투자업자에게 제공하는 경우, 그 밖에 대통령령으로 정하는 경우에는 이를 제공할 수 있다.

⑨ '상법' 제336조부터 제340조까지 및 제358조의 2부터 제360조까지의 규정은 수익권 및 수익증권에 관하여 준용하며, '상법' 제353조 및 제354조는 수익자명부에 관하여 준용한다.

제190조 (수익자총회)

① 투자신탁에는 전체 수익자로 구성되는 수익자총회를 두며, 수익자총회는 이 법 또는 신탁계약에서 정한 사항에 대하여만 결의할 수 있다.

② 수익자총회는 투자신탁을 설정한 집합투자업자가 소집한다.

③ 투자신탁을 설정한 집합투자업자는 투자신탁재산을 보관·관리하는 신탁업자 또는 발행된 수익증권의 총좌수의 100분의 5 이상을 소유한 수익자가 수익자총회의 목적과 소집의 이유를 기재한 서면을 제출하여 수익자총회의 소집을 그 집합투자업자에 요청하는 경우 1개월 이내에 수익자총회를 소집하여야 한다. 이 경우 집합투자업자가 정당한 사유 없이 수익자총회를 소집하기 위한 절차를 거치지 아니하는 경우에는 그 신탁업자 또는 발행된 수익증권총좌수의 100분의 5 이상을 소유한 수익자는 금융감독위원회의 승인을 받아 수익자총회를 개최할 수 있다.

④ '상법' 제363조 제1항 및 제2항은 수익자총회의 소집통지에 관하여 준용한다. 이 경우 '주주'는 각각 '수익자'로, '주주명부'는 '수익자명부'로, '회사'는 '집합투자업자'로 본다.

⑤ 수익자총회는 발행된 수익증권의 총좌수의 과반수를 소유하는 수익자의 출석으로 성립되며, 출석한 수익자의 의결권의 3분의 2 이상과 발행된 수익증권의 총좌수의 3분의 1 이상의 찬성으로 결의한다. 다만, 이 법에서 정한 수익자총회의 결의사항 외에 신탁계약으로 정한 수익자총회의 결의사항에 대하여는 출석한 수익자의 의결권의 과반수와 발행된 수익증권의 총좌수의 4분의 1 이상의 수로 결의할 수 있다.

⑥ 수익자는 수익자총회에 출석하지 아니하고 서면에 의하여 의결권을 행사할 수 있다.

⑦ 투자신탁을 설정한 집합투자업자(제3항 후단에 따라 수익자총회를 소집하는 신탁업자 또는 발행된 수익증권 총좌수의 100분의 5 이상을 소유한 수익자를 포함한다. 이하 이 항에서 같다.)는 수익자총회의 회의개시 예정시각에서 1시간이 경과할 때까지 출석한 수익자가 소유한 수익증권의 좌수가 발행된 수익증권의 총좌수의 과반수에 미달하는 경우 수익자총회를 연기할 수 있다. 이 경우 집합투자업자는 그날부터 2주 이내에 연기된 수익자총회(이하 '연기수익자총회'라 한다.)를 소집하여야 한다.

⑧ 연기수익자총회의 회의개시 예정시각에서 1시간이 경과할 때까지 출석한 수익자가 소유한 수익증권의 좌수가 발행된 수익증권의 총좌수의 과반수에 미달하는 경우에는 출석한 수익자의 수익증권의 총좌수로써 수익자총회가 성립된 것으로 본다. 이 경우 연기수익자총회의 결의에 관하여 제5항을 적용함에 있어서 '출석한 수익자의 의결권의 3분의 2 이상과 발행된 수익증권의 총좌수의 3분의 1 이상'은 '출석한 수익자의 의결권의 3분의 2 이상'으로 하고, '출석한 수익자의 의결권의 과반수와 발행된 수익증권의 총좌수의 4분의 1 이상'은 '출석한 수익자의 의결권의 과반수'로 한다.

⑨ 수익자총회 및 연기수익자총회의 소집 방법, 서면에 의한 의결권 행사 방법, 그 밖에 수익자총회에 관하여 필요한 사항은 대통령령으로 정한다.

⑩ '상법' 제364조, 제366조의 2 제2항·제3항, 제367조, 제368조 제3항·제4항, 제369조 제1항·제2항, 제371조부터 제373조까지, 제376조, 제377조 및 제379조부터 제381조까지의 규정은 수익자총회에 관하여 준용한다. 이 경우 '주주'는 각각 '수익자'로, '정관'은 각각 '신탁계약'으로, '주식'은 '수익증권'으로, '회사'는 각각 '집합투자업자'로 본다.

제191조 (반대수익자의 수익증권매수청구권)

① 제188조 제2항 각 호 외의 부분 후단에 따른 신탁계약의 변경 또는 제193조 제2항에 따른 투자신탁의 합병에 대한 수익자총회의 결의에 반대하는 수익자는 수익자총회 전에 해당 집합투자업자에게 서면으로 그 결의에 반대하는 의사를 통지한 경우에는 그 수익자총회의 결의일부터 20일 이내에 수익증권의 수를 기재한 서면으로 자기가 소유하고 있는 수익증권의 매수를 청구할 수 있다.

② 투자신탁을 설정한 집합투자업자는 제1항에 따른 청구가 있는 경우 해당 수익자에게 수익증권의 매수에 따른 수수료, 그 밖의 비용을 부담시켜서는 아니 된다.

③ 투자신탁을 설정한 집합투자업자는 제1항에 따른 청구가 있는 경우에는 매수청구 기간이 만료된 날부터 15일 이내에 그 투자신탁재산으로 대통령령으로 정하는 방법에 따라 그 수익증권을 매수하여야 한다. 다만, 매수자금이 부족하여 매수에 응할 수 없는 경우에는 금융감독위원회의 승인을 받아 수익증권의 매수를 연기할 수 있다.

④ 투자신탁을 설정한 집합투자업자는 제3항 본문에 따라 수익증권을 매수한 경우에는 지체 없이 그 수익증권을 소각(소각)하여야 한다.

제192조 (투자신탁의 해지)

① 투자신탁을 설정한 집합투자업자는 금융감독위원회의 승인을 받아 투자신탁을 해지할 수 있다. 다만, 수익자의 이익을 해할 우려가 없는

경우로서 대통령령으로 정하는 경우에는 금융감독위원회의 승인을 받지 아니하고 투자신탁을 해지할 수 있으며, 이 경우 집합투자업자는 그 해지사실을 지체 없이 금융감독위원회에 보고하여야 한다.

② 투자신탁을 설정한 집합투자업자는 다음 각 호의 어느 하나에 해당하는 경우에는 지체 없이 투자신탁을 해지하여야 한다. 이 경우 집합투자업자는 그 해지사실을 지체 없이 금융감독위원회에 보고하여야 한다.

  1. 신탁계약에서 정한 신탁계약 기간의 종료

  2. 수익자총회의 투자신탁 해지 결의

  3. 투자신탁의 피흡수합병

  4. 투자신탁의 등록 취소

③ 투자신탁을 설정한 집합투자업자는 제1항 또는 제2항(제3호를 제외한다.)에 따라 투자신탁을 해지하는 경우에는 신탁계약이 정하는 바에 따라 투자신탁재산에 속하는 자산을 해당 수익자에게 지급할 수 있다.

④ 제1항에 따라 해지 승인을 신청하는 경우 신청서의 기재사항 및 첨부서류, 제1항·제2항에 따라 투자신탁이 해지되는 경우 미수금 및 미지급금 등의 처리방법, 그 밖에 투자신탁의 해지에 관하여 필요한 사항은 대통령령으로 정한다.

⑤ 투자신탁을 설정한 집합투자업자는 수익자의 환매청구에 응하는 등 대통령령으로 정하는 경우에는 투자신탁의 일부를 해지할 수 있다.

제193조 (투자신탁의 합병)

① 투자신탁을 설정한 집합투자업자는 그 집합투자업자가 운용하는 다른 투자신탁을 흡수하는 방법으로 투자신탁을 합병할 수 있다.

② 투자신탁을 설정한 집합투자업자는 제1항에 따라 투자신탁을 합병하고자 하는 경우 다음 각 호의 사항을 기재한 합병계획서를 작성하여 합병하는 각 투자신탁의 수익자총회의 결의를 거쳐야 한다.

  1. 투자신탁의 합병으로 인하여 존속하는 투자신탁의 증가하는 신탁원본의 가액 및 수익증권의 좌수

2. 투자신탁의 합병으로 인하여 소멸하는 투자신탁의 수익자에게 발행하는 수익증권의 배정에 관한 사항

3. 투자신탁의 합병으로 인하여 소멸하는 투자신탁의 수익자에게 현금을 지급하는 경우 그 내용

4. 합병하는 각 투자신탁의 수익자총회의 회일

5. 합병을 할 날

6. 투자신탁의 합병으로 인하여 존속하는 투자신탁의 신탁계약을 변경하는 경우 그 내용

7. 그 밖에 대통령령으로 정하는 사항

③ '상법' 제527조의 5 제1항 및 제3항은 채권자가 있는 투자신탁이 합병하는 경우에 준용한다. 이 경우 '회사'는 각각 '집합투자업자'로, '주주총회'는 '수익자총회'로 본다.

④ 투자신탁을 설정한 집합투자업자는 수익자총회일의 2주 전부터 합병 후 6개월이 경과하는 날까지 다음 각 호의 서류를 본점 및 투자매매업자 또는 투자중개업자의 영업소에 비치하여야 한다. 이 경우 그 투자신탁의 수익자 및 채권자는 영업시간 중 언제든지 그 서류를 열람할 수 있으며, 그 서류의 등본 또는 초본의 교부를 청구할 수 있다.

1. 합병하는 각 투자신탁의 최종의 결산서류

2. 합병으로 인하여 소멸하는 투자신탁의 수익자에게 발행하는 수익증권의 배정에 관한 사항 및 그 이유를 기재한 서면

3. 합병계획서

⑤ 투자신탁을 설정한 집합투자업자는 제1항에 따라 투자신탁을 합병한 경우에는 그 사실을 지체 없이 금융감독위원회에 보고하여야 한다. 이 경우 합병되는 투자신탁의 수익증권이 증권시장에 상장되어 있는 때에는 거래소에도 보고하여야 한다.

⑥ 투자신탁의 합병은 존속하는 투자신탁의 집합투자업자가 제5항에 따라 금융감독위원회에 보고를 한 때에 그 효력이 발생한다. 이 경우 소멸하는 투자신탁은 해지된 것으로 본다.

⑦ 합병 후 존속하는 투자신탁은 합병으로 인하여 소멸된 투자신탁의 권리·의무를 승계한다.

⑧ 수익증권의 합병가액 산정방식, 수익자총회 승인사항의 수익자 통지, 그 밖에 투자신탁의 합병에 관하여 필요한 사항은 대통령령으로 정한다.

제2절 회사 형태의 집합투자기구

제1관 투자회사

제194조 (투자회사의 설립 등)

① 제24조 각 호의 어느 하나에 해당하는 자는 투자회사의 발기인이 될 수 없다.

② 발기인은 투자회사를 설립하는 경우 다음 각 호의 사항을 기재한 정관을 작성하여 발기인 전원이 기명날인 또는 서명하여야 한다.

  1. 목적

  2. 상호

  3. 발행할 주식의 총수

  4. 설립 시에 발행하는 주식의 총수 및 발행가액

  5. 회사의 소재지

  6. 투자회사재산의 운용 및 관리에 관한 사항

  7. 그 투자회사가 유지하여야 하는 순자산액의 최저액(이하 '최저순자산액'이라 한다.)

  8. 이익분배 및 환매에 관한 사항

  9. 공시 및 보고서에 관한 사항

  10. 공고방법

  11. 그 밖에 주주를 보호하기 위하여 필요한 사항으로서 대통령령으로 정하는 사항

③ 투자회사 설립 시의 자본금은 주식 발행가액의 총액으로 한다.

④ 투자회사가 설립 시에 발행하는 주식의 총수는 그 상한과 하한을 두

는 방법으로 정할 수 있다.

⑤ 투자회사의 최저순자산액은 10억 원을 초과하지 아니하는 범위에서 대통령령으로 정하는 금액 이상으로 하여야 한다.

⑥ 투자회사의 발기인은 투자회사의 설립 시에 발행하는 주식의 총수를 인수('상법' 제293조에 따른 인수를 말한다. 이하 이 장에서 같다.)하여야 한다.

⑦ 제6항에 따라 주식을 인수한 발기인은 지체 없이 주식의 인수가액을 금전으로 납입하여야 한다.

⑧ 발기인은 투자회사 설립 시에 발행하는 주식의 인수가액의 납입이 완료된 경우에는 지체 없이 의결권 과반수의 찬성으로 이사를 선임하여야 하며, 선임된 이사는 투자회사의 설립에 관하여 법령이나 투자회사의 정관을 위반한 사항이 있는지를 조사하여 그 결과를 이사회에 보고하여야 한다.

⑨ 이사는 제8항에 따른 조사결과 법령 또는 투자회사의 정관을 위반한 사항을 발견한 경우에는 지체 없이 이를 발기인에게 보고하여야 한다.

⑩ 투자회사의 발기인은 다음 각 호의 사항을 제8항에 따른 보고를 종료한 날부터 2주 이내에 대통령령으로 정하는 서류를 첨부하여 설립등기를 하여야 한다.

  1. 제2항 제1호부터 제3호까지의 사항 및 같은 항 제5호·제7호·제10호의 사항

  2. 정관으로 투자회사의 존속 기간 또는 해산사유를 정한 경우 그 내용

  3. 이사의 성명·주민등록번호(법인인 경우에는 상호·사업자등록번호)

⑪ 투자회사의 발기인은 다음 각 호의 어느 하나에 해당하는 투자회사를 설립하여서는 아니 되며, 투자회사는 설립 후에도 그 투자회사의 정관을 다음 각 호의 어느 하나에 해당하도록 변경하여서는 아니 된다.

  1. 투자회사재산의 100분의 70을 초과하여 부동산에 투자하는 투자회사

  2. 투자회사재산을 선박에 투자하는 투자회사

제195조 (정관의 변경 등)

① 투자회사는 이사회 결의로 정관을 변경할 수 있다. 다만, 정관의 내용 중 다음 각 호의 어느 하나에 해당하는 사항을 변경하고자 하는 경우에는 제201조 제2항 단서에 따른 주주총회의 결의를 거쳐야 한다.

　1. 집합투자업자·신탁업자 등이 받는 보수, 그 밖의 수수료의 인상

　2. 집합투자업자 또는 신탁업자의 변경

　3. 정관으로 투자회사의 존속 기간 또는 해산사유를 정한 경우 존속 기간 또는 해산사유의 변경

　4. 그 밖에 주주의 이익과 관련된 중요한 사항으로서 대통령령으로 정하는 사항

② 투자회사는 제1항에 불구하고 합병·분할·분할합병, 그 밖에 대통령령으로 정하는 사유로 집합투자업자 또는 신탁업자가 변경된 경우에는 이사회 결의 및 주주총회의 결의 없이 정관을 변경할 수 있다.

③ 투자회사는 제1항 또는 제2항에 따라 정관을 변경한 경우에는 인터넷 홈페이지 등을 이용하여 공시하여야 하며, 제1항 단서에 따라 정관을 변경한 경우에는 공시 외에 이를 주주에게 통지하여야 한다.

제196조 (투자회사의 주식)

① 투자회사의 주식은 무액면 기명식으로 한다.

② 투자회사는 회사 성립일 또는 신주(신주)의 납입기일에 지체 없이 제309조 제5항에 따른 방법으로 주식을 발행하여야 한다.

③ 투자회사가 그 성립 후에 신주를 발행하는 경우 신주의 수, 발행가액 및 납입기일은 이사회가 결정한다. 다만, 정관에서 달리 정하고 있는 경우에는 그에 따른다.

④ 주주의 청구가 있는 경우 그 주주의 주식을 매수할 수 있는 투자회사(이하 이 조에서 '개방형투자회사'라 한다.)가 그 성립 후에 신주를 발행하는 경우 이사회는 다음 각 호의 사항을 결정할 수 있다. 이 경우 개방형투자회사는 제3호의 방법에 따라 확정된 매일의 발행가액을 그

투자회사의 주식을 판매하는 투자매매업자 또는 투자중개업자의 지점,
그 밖의 영업소에 게시하고, 인터넷 홈페이지 등을 이용하여 공시하
여야 한다.

1. 신주의 발행 기간
2. 제1호의 발행 기간 이내에 발행하는 신주수의 상한
3. 제1호의 발행 기간 동안 매일의 발행가액 및 주금납입기일을 정하
   는 방법

⑤ 투자회사는 그 성립 후에 신주를 발행하는 경우 같은 날에 발행하는
   신주의 발행가액, 그 밖의 발행조건은 균등하게 정하여야 한다. 이 경
   우 신주의 발행가액은 그 투자회사가 소유하는 자산의 순자산액에 기
   초하여 대통령령으로 정하는 방법에 따라 산정한다.
⑥ 제194조 제7항은 신주를 발행하는 경우의 주식인수인에게 준용한다.
⑦ 주식인수인은 투자회사가 그 성립 후에 신주를 발행하는 경우 주금의
   납입과 동시에 주주의 권리·의무를 가진다.

제197조 (이사의 구분 등)
① 투자회사의 이사는 집합투자업자인 이사(이하 이 관에서 '법인이사'라
   한다.)와 감독이사로 구분한다.
② 투자회사는 법인이사 1인과 감독이사 2인 이상을 선임하여야 한다.

제198조 (법인이사)
① 법인이사는 투자회사를 대표하고 투자회사의 업무를 집행한다.
② 법인이사는 다음 각 호의 어느 하나에 해당하는 업무를 집행하고자
   하는 경우에는 이사회 결의를 거쳐야 한다.

1. 집합투자업자·신탁업자·투자매매업자·투자중개업자 및 일반사무
   관리회사와의 업무위탁계약(변경계약을 포함한다.)의 체결
2. 자산의 운용 또는 보관 등에 따르는 보수의 지급
3. 금전의 분배 및 주식의 배당에 관한 사항

4. 그 밖에 투자회사의 운영상 중요하다고 인정되는 사항으로서 정관
   이 정하는 사항

③ 법인이사는 3개월마다 1회 이상 그 업무의 집행상황 및 자산의 운용
   내용을 이사회에 보고하여야 한다.

④ 법인이사는 법인이사의 직무를 정하여 그 직무를 수행할 자를 그 임
   직원 중에서 선임할 수 있다. 이 경우 집합투자업자는 이를 투자회사
   에 서면으로 통보하여야 한다.

⑤ 제4항에 의하여 투자회사에 통보된 자가 그 직무 범위에서 행한 행위
   는 법인이사의 행위로 본다.

제199조 (감독이사)

① 감독이사는 법인이사의 업무집행을 감독하며, 투자회사의 업무 및 재
   산상황을 파악하기 위하여 필요한 경우에는 법인이사와 그 투자회사
   재산을 보관·관리하는 신탁업자, 그 투자회사의 주식을 판매하는 투
   자매매업자·투자중개업자 또는 그 투자회사로부터 제184조 제6항의
   업무를 위탁받은 일반사무관리회사에 대하여 그 투자회사와 관련되는
   업무 및 재산상황에 관한 보고를 요구할 수 있다.

② 감독이사는 그 직무를 수행함에 있어서 필요하다고 인정되는 경우에
   는 제240조 제3항에 따른 회계감사인에 대하여 회계감사에 관한 보
   고를 요구할 수 있다.

③ 제1항 또는 제2항에 따라 감독이사의 요구를 받은 자는 특별한 사유
   가 없는 한 이에 응하여야 한다.

④ 다음 각 호의 어느 하나에 해당하는 자는 감독이사가 될 수 없으며,
   감독이사가 된 후 이에 해당하게 된 경우에는 그 직을 상실한다.

  1. 제24조 각 호의 어느 하나에 해당하는 자

  2. 해당 투자회사의 발기인(제194조 제8항에 따라 최초로 투자회사의
     감독이사를 선임하는 경우에 한한다.)

  3. 투자회사의 대주주 및 그 특수관계인

4. 법인이사의 특수관계인 또는 법인이사로부터 계속적으로 보수를 지급받고 있는 자

5. 그 투자회사의 주식을 판매하는 투자매매업자 또는 투자중개업자의 특수관계인

6. 그 투자회사의 이사가 다른 법인의 이사로 있는 경우 그 법인의 상근 임직원인 자

7. 그 밖에 감독이사로서의 중립성을 해할 우려가 있는 자로서 대통령령으로 정하는 자

⑤ 제54조는 감독이사에게 준용한다.

제200조 (이사회)

① 이사회는 각 이사가 소집한다.

② 이사는 이사회를 소집하고자 하는 경우에는 그 회의일 3일 전까지 각 이사에게 소집을 통지하여야 한다. 다만, 정관이 정하는 바에 따라 통지 기간을 단축할 수 있다.

③ 이사회는 이 법과 정관이 정하는 사항에 대하여만 결의한다.

④ 이사회는 이사가 결원된 경우 이사를 선임하기 위한 주주총회를 즉시 소집하여야 한다.

⑤ 이사회 결의는 이사 과반수의 출석과 출석한 이사 과반수의 찬성으로 한다.

제201조 (주주총회)

① 투자회사의 주주총회는 이사회가 소집한다.

② 주주총회는 발행주식총수의 과반수를 소유하는 주주의 출석으로 성립되며, 출석한 주주의 의결권의 과반수와 발행주식총수의 4분의 1 이상의 수로 결의한다. 다만, '상법' 제434조의 결의가 적용되는 경우에는 출석한 주주의 의결권의 3분의 2 이상의 수와 발행주식총수의 3분의 1 이상의 수로써 하여야 한다.

③ 제190조 제3항 및 제6항부터 제9항까지의 규정은 투자회사의 주주총
회에 관하여 준용한다. 이 경우 '투자신탁을 설정한 집합투자업자' 및
'집합투자업자'는 각각 '투자회사의 이사회'로, '투자신탁재산'은 '투
자회사재산'으로, '수익증권'은 각각 '주식'으로, '총좌수'는 각각 '총
수'로, '수익자'는 각각 '주주'로, '수익자총회'는 각각 '주주총회'로,
'좌수'는 각각 '수'로, 같은 조 제8항 중 '제5항'은 '제2항'으로 본다.

④ 제191조는 투자회사가 제195조 제1항 단서에 따른 정관의 변경 또는
제204조 제2항에 따른 합병에 대한 주주총회의 결의에 반대하는 주주
에게 준용한다. 이 경우 '신탁계약'은 '정관'으로, '투자신탁', '집합투
자업자' 및 '투자신탁을 설정한 집합투자업자'는 각각 '투자회사'로,
'수익자총회'는 각각 '주주총회'로, '수익자'는 각각 '주주'로, '수익증
권'은 각각 '주식'으로, '투자신탁재산'은 '투자회사재산'으로 본다.

제202조 (해산)

① 투자회사는 다음 각 호의 어느 하나에 해당하는 사유로 해산한다. 이
경우 청산인은 해산일부터 30일 이내에 해산의 사유 및 연월일, 청산
인 및 청산감독인의 성명·주민등록번호(청산인이 법인이사인 경우에
는 상호·사업자등록번호)를 금융감독위원회에 보고하여야 한다.

 1. 정관에서 정한 존속 기간의 만료, 그 밖의 해산사유의 발생

 2. 주주총회의 해산 결의

 3. 투자회사의 피흡수합병

 4. 투자회사의 파산

 5. 법원의 명령 또는 판결

 6. 투자회사 등록의 취소

② 투자회사는 해산한 경우 법인이사가 청산인이 되는 때에는 해산일부
터 2주 이내에, 청산인이 선임된 때에는 그 선임일부터 2주 이내에
대통령령으로 정하는 서류를 첨부하여 다음 각 호의 사항을 등기하여
야 한다.

1. 청산인의 성명·주민등록번호(청산인이 법인이사인 경우에는 상호·사업자등록번호)

2. 청산인 중에서 대표청산인을 정하도록 하거나 2인 이상의 청산인이 공동으로 투자회사를 대표할 것을 정한 경우에는 그 내용

③ 투자회사는 해산한 경우 감독이사가 청산감독인이 되는 때에는 해산일부터 2주 이내에, 청산감독인이 선임된 때에는 선임일부터 2주 이내에 대통령령으로 정하는 서류를 첨부하여 청산감독인의 성명 및 주민등록번호를 등기하여야 한다.

④ 투자회사가 해산한 경우(제1항 제3호 및 제4호의 사유로 해산한 경우를 제외한다.)에는 청산인 및 청산감독인으로 구성되는 청산인회를 둔다.

⑤ 투자회사가 제1항 제1호 또는 제2호의 사유로 해산한 때에는 정관 또는 주주총회에서 달리 정한 경우 외에는 법인이사 및 감독이사가 각각 청산인 및 청산감독인이 된다.

⑥ 투자회사가 다음 각 호의 어느 하나에 해당하는 경우에는 금융감독위원회가 이해관계인의 청구에 의하여 청산인 및 청산감독인을 선임한다.

1. 제1항 제5호의 사유로 해산한 경우

2. 청산인 또는 청산감독인이 없는 경우

3. '상법' 제193조 제1항에 따라 청산하는 경우

⑦ 투자회사가 제1항 제6호의 사유로 해산한 경우에는 금융감독위원회가 직권으로 청산인 및 청산감독인을 선임한다.

⑧ 금융감독위원회는 청산인 또는 청산감독인이 업무를 집행함에 있어서 현저하게 부적합하거나 중대한 법령 위반사항이 있는 경우에는 직권으로 또는 이해관계인의 청구에 의하여 이들을 해임할 수 있다. 이 경우 금융감독위원회는 직권으로 새로운 청산인 또는 청산감독인을 선임할 수 있다.

⑨ 금융감독위원회는 다음 각 호의 어느 하나에 해당하는 경우에는 등기원인을 증명하는 서면을 첨부하여 투자회사의 소재지를 관할하는 등기소에 해당 등기를 촉탁하여야 한다.

1. 제1항 제6호의 사유로 투자회사가 해산한 경우
2. 금융감독위원회가 직권으로 청산인 또는 청산감독인을 해임한 경우

제203조 (청산)

① 청산인은 취임 후 지체 없이 투자회사의 재산상황을 조사하여 재정경제부령으로 정하는 기간 이내에 재산목록과 대차대조표를 작성하여 이를 청산인회에 제출하여 승인을 받아야 하며, 그 등본을 지체 없이 금융감독위원회에 제출하여야 한다.

② 청산감독인은 청산인이 업무수행과 관련하여 법령이나 정관을 위반하거나, 그 밖에 투자회사에 대하여 현저하게 손해를 끼칠 우려가 있는 사실을 발견한 경우에는 금융감독위원회에 이를 보고하여야 한다.

③ 청산인은 취임한 날부터 1개월 이내에 투자회사의 채권자에 대하여 일정 기간 이내에 그 채권을 신고할 것과 그 기간 이내에 신고하지 아니하면 청산에서 제외된다는 뜻을 2회 이상 공고함으로써 최고하여야 한다. 이 경우 그 신고 기간은 1개월 이상으로 하여야 한다.

④ 청산인은 자금차입·채무보증 또는 담보제공이 제한되는 투자회사의 경우 제3항에 불구하고 대통령령으로 정하는 방법에 따라 채권자에 대한 최고절차를 생략할 수 있다. 다만, 장내파생상품 매매에 따른 계약이행책임이 있는 경우 등 대통령령으로 정하는 경우에는 그 절차를 생략하여서는 아니 된다.

⑤ 청산인은 청산사무가 종결된 경우에는 지체 없이 결산보고서를 작성하여 주주총회의 승인을 받아야 한다. 이 경우 그 결산보고서를 공고하고, 이를 금융감독위원회 및 협회에 제출하여야 한다.

⑥ 청산인 또는 청산감독인은 제202조 제5항에 따른 경우에는 정관 또는 주주총회가 정하는 바에 따라, 같은 조 제6항 및 제7항에 따라 선임된 경우에는 금융감독위원회가 정하는 바에 따라 투자회사로부터 보수를 지급받을 수 있다.

⑦ 청산인은 제1항에 따라 승인을 얻은 재산목록과 대차대조표를 청산종

결 시까지 투자회사에 비치하여야 하며, 이를 집합투자업자 및 투자매매업자·투자중개업자에게 송부하여 그 영업소에 비치하도록 하여야 한다.

제204조 (합병)

① 투자회사는 그 투자회사와 법인이사가 같은 다른 투자회사를 흡수하는 방법으로 합병하는 경우가 아니면 다른 회사와 합병할 수 없다.

② 투자회사는 제1항에 따라 합병하고자 하는 경우에는 제201조 제2항 단서에 따른 주주총회의 결의를 거쳐야 한다.

③ 제193조 제4항·제5항 및 제8항은 투자회사의 합병에 관하여 준용한다. 이 경우 '투자신탁을 설정한 집합투자업자', '투자신탁' 및 '투자신탁의 집합투자업자'는 각각 '투자회사'로, '수익자총회'는 각각 '주주총회'로, '수익자'는 각각 '주주'로, '수익증권'은 각각 '주식'으로 본다.

제205조 (투자회사의 특례)

① 제3편 제3장은 투자회사에는 적용하지 아니한다.

② 제29조는 투자회사의 주주에게 준용한다. 이 경우 같은 조 제1항 중 '금융투자업자(자산규모 등을 고려하여 대통령령으로 정하는 금융투자업자를 제외한다. 이하 이 조에서 같다.)'는 '투자회사'로, '10만 분의 5'는 '1만 분의 1'로 보고, 같은 조 제2항부터 제8항까지의 규정 중 '금융투자업자'는 각각 '투자회사'로 보며, 같은 조 제2항 중 '100만 분의 250' 및 '100만 분의 125'는 각각 '10만 분의 50' 및 '10만 분의 25'로 보고, 같은 조 제3항 중 '10만 분의 50' 및 '10만 분의 25'는 각각 '1만 분의 10' 및 '1만 분의 5'로 보며, 같은 조 제4항 중 '10만 분의 250' 및 '10만 분의 125'는 각각 '1만 분의 50' 및 '1만 분의 25'로 보고, 같은 조 제5항 중 '1만 분의 150' 및 '1만 분의 75'는 각각 '1천 분의 30' 및 '1천 분의 15'로 보며, 같은 조 제6항 중

'1만 분의 50' 및 '1만 분의 25'는 각각 '1천 분의 10' 및 '1천 분의 5'로 본다.

제206조 ('상법'과의 관계)

① 투자회사에 '상법'을 적용함에 있어서 '상법' 제259조 제4항, 제298조 제4항, 제299조, 제299조의 2, 제300조, 제325조, 제422조, 제467조 제1항부터 제3항까지, 제536조, 제539조 및 제541조 중 '법원'은 각각 '금융감독위원회'로, 제176조 중 '검사'는 각각 '금융감독위원회'로 본다.

② '상법' 제19조, 제177조, 제288조, 제289조 제2항, 제292조, 제298조 제1항부터 제3항까지, 제301조부터 제313조까지, 제329조 제1항·제4항, 제330조, 제335조 제1항 단서, 제335조의 2부터 제335조의 7까지, 제341조부터 제351조까지, 제365조, 제370조, 제374조의 2, 제383조, 제389조 제1항, 제409조부터 제415조의 2까지, 제417조부터 제420조의 4까지, 제438조, 제439조, 제449조, 제450조, 제458조부터 제461조까지 및 제604조는 투자회사에 적용하지 아니한다.

제2관 투자유한회사

제207조 (투자유한회사의 설립 등)

① 집합투자업자는 투자유한회사를 설립하는 경우 다음 각 호의 사항을 기재한 정관을 작성하여 기명날인 또는 서명하여야 한다.

  1. 목적
  2. 상호
  3. 제209조 제1항에 따른 법인이사의 상호·사업자등록번호
  4. 회사의 소재지
  5. 투자유한회사재산의 운용 및 관리에 관한 사항
  6. 이익분배 및 환매에 관한 사항

7. 공시 및 보고서에 관한 사항

8. 그 밖에 사원을 보호하기 위하여 필요한 사항으로서 대통령령으로
   정하는 사항

② 집합투자업자는 정관을 작성한 후 투자유한회사 설립 시에 출자금을
   금전으로 납입하여야 한다.

③ 집합투자업자는 다음 각 호의 사항을 출자금액이 납입된 날부터 2주
   이내에 대통령령으로 정하는 서류를 첨부하여 설립등기를 하여야 한다.

 1. 제1항 제1호부터 제4호까지의 사항

 2. 정관으로 투자유한회사의 존속 기간 또는 해산사유를 정한 경우 그
    내용

④ 투자유한회사 사원의 출자의 목적은 금전에 한한다.

⑤ 투자유한회사는 제182조에 따라 등록하기 전에는 집합투자업자 외의
   자를 사원으로 가입시켜서는 아니 된다.

제208조 (지분증권)

① 투자유한회사의 사원은 출자금액의 반환 및 이익의 분배 등에 관하여
   지분증권의 수에 따라 균등한 권리를 가진다.

② 투자유한회사의 지분증권에는 다음 각 호의 사항을 기재하고, 제209
   조 제1항에 따른 법인이사가 기명날인 또는 서명하여야 한다.

 1. 회사의 상호

 2. 회사의 성립 연월일

 3. 지분증권의 발행일

 4. 사원의 성명(법인인 경우에는 상호)

 5. 그 밖에 투자유한회사 사원의 보호에 필요한 사항으로서 대통령령
    으로 정하는 사항

③ 제196조는 투자유한회사의 지분증권에 관하여 준용한다. 이 경우 '투
   자회사'는 각각 '투자유한회사'로, '주식'은 각각 '지분증권'으로, '신
   주'는 각각 '새 지분증권'으로, '이사회'는 각각 '법인이사'로, '주주'

는 각각 '사원'으로, '주금'은 각각 '지분증권 대금'으로 본다.

제209조 (법인이사)

① 투자유한회사에는 집합투자업자인 이사(이하 이 관에서 '법인이사'라 한다.) 1인을 둔다.

② 제198조 제1항·제4항 및 제5항은 투자유한회사의 법인이사에게 준용한다. 이 경우 '투자회사'는 각각 '투자유한회사'로 본다.

제210조 (사원총회)

① 투자유한회사의 사원총회는 법인이사가 소집한다.

② 투자유한회사의 사원총회는 발행된 지분증권 총수의 과반수를 소유하는 사원의 출석으로 성립하며, 출석한 사원의 의결권의 과반수의 찬성으로 결의한다. 다만, '상법' 제585조 제1항의 결의가 적용되는 경우에는 출석한 사원의 의결권의 3분의 2 이상의 수와 발행된 지분증권 총수의 3분의 1 이상의 수로써 하여야 한다.

③ 제190조 제3항·제4항 및 제6항부터 제10항까지의 규정은 투자유한회사의 사원총회에 관하여 준용한다. 이 경우 '투자신탁을 설정한 집합투자업자' 및 '집합투자업자'는 각각 '투자유한회사의 법인이사'로, '투자신탁재산'은 '투자유한회사재산'으로, '수익증권'은 각각 '지분증권'으로, '총좌수'는 각각 '총수'로, '수익자'는 각각 '사원'으로, '수익자총회'는 각각 '사원총회'로, '수익자명부'는 '사원명부'로, '좌수'는 각각 '수'로 보고, 같은 조 제8항 후단 중 '제5항'은 '제2항'으로, '출석한 수익자의 의결권의 3분의 2 이상과 발행된 수익증권의 총좌수의 3분의 1 이상'은 '출석한 수익자의 의결권의 3분의 2 이상'으로 하고, '출석한 수익자의 의결권의 과반수와 발행된 수익증권의 총좌수의 4분의 1 이상'은 '출석한 수익자의 의결권의 과반수'는 '출석한 사원의 의결권의 3분의 2 이상의 수와 발행된 지분증권 총수의 3분의 1 이상의 수'는 '출석한 사원의 의결권의 3분의 2 이상의 수'로 본다.

제211조 (준용규정)

① 제195조는 투자유한회사의 정관변경에 관하여 준용한다. 이 경우 '투자회사'는 각각 '투자유한회사'로, 같은 조 제1항 중 '이사회 결의로'는 '법인이사가'로, '제201조 제2항 단서'는 '제210조 제2항 단서'로, 같은 조 제1항 중 '주주총회의 결의' 및 같은 조 제2항 중 '이사회 결의 및 주주총회의 결의'는 각각 '사원총회의 결의'로, '주주'는 각각 '사원'으로 본다.

② 제202조(제3항 및 제4항을 제외한다.), 제203조(제2항을 제외한다.) 및 제204조는 투자유한회사의 해산·청산 및 합병에 관하여 준용한다. 이 경우 '투자회사'는 각각 '투자유한회사'로, '주주총회'는 각각 '사원총회'로, '법인이사 및 감독이사'는 '법인이사'로, '청산인 및 청산감독인' 및 '청산인 또는 청산감독인'은 각각 '청산인'으로, '재산목록과 대차대조표를 작성하여 이를 청산인회에 제출하여 그 승인을 받은 후 그 등본'을 재산목록과 대차대조표를 작성하여 그 등본으로, '제201조 제2항 단서'는 '제210조 제2항 단서'로, '주식'은 '지분증권'으로 본다.

제212조 ('상법'과의 관계)

① 투자유한회사에 '상법'을 적용함에 있어서 같은 법 제582조, 제613조 제1항(제259조 제4항, 제536조 제2항 및 제541조 제2항을 준용하는 경우에 한한다.) 및 같은 조 제2항(제539조를 준용하는 경우에 한한다.) 중 '법원'은 각각 '금융감독위원회'로 본다.

② '상법' 제543조 제3항, 제546조 제2항, 제560조(제341조의 3, 제342조 및 제343조 제1항을 준용하는 경우에 한한다.), 제568조부터 제570조까지, 제575조 단서, 제583조(제449조 제1항·제2항, 제450조, 제458조부터 제460조까지의 규정을 준용하는 경우에 한한다.), 제584조부터 제592조까지, 제597조(제439조 제1항 및 제2항을 준용하는 경우에 한한다.) 및 제607조는 투자유한회사에는 적용하지 아니한다.

제3관 투자합자회사

제213조 (투자합자회사의 설립 등)

① 집합투자업자는 투자합자회사를 설립하는 경우 다음 각 호의 사항을 기재한 정관을 작성하여 무한책임사원 1인과 유한책임사원 1인이 기명날인 또는 서명하여야 한다.

　1. 목적

　2. 상호

　3. 업무집행사원의 상호·사업자등록번호

　4. 회사의 소재지

　5. 투자합자회사재산의 운용 및 관리에 관한 사항

　6. 이익분배 및 환매에 관한 사항

　7. 공시 및 보고서에 관한 사항

　8. 그 밖에 사원을 보호하기 위하여 필요한 사항으로서 대통령령으로 정하는 사항

② 집합투자업자는 정관을 작성한 후 투자합자회사 설립 시에 출자금을 금전으로 납입하여야 한다.

③ 집합투자업자는 다음 각 호의 사항을 출자금액이 납입된 날부터 2주 이내에 대통령령으로 정하는 서류를 첨부하여 설립등기를 하여야 한다.

　1. 제1항 제1호부터 제4호까지의 사항

　2. 정관으로 투자합자회사의 존속 기간 또는 해산사유를 정한 경우 그 내용

④ 투자합자회사 사원의 출자의 목적은 금전에 한한다.

⑤ 투자합자회사는 제182조에 따라 등록하기 전에는 제1항에 따른 사원 외의 자를 사원으로 가입시켜서는 아니 된다.

제214조 (업무집행사원)

① 투자합자회사는 업무집행사원 1인 외의 무한책임사원을 둘 수 없다.

이 경우 업무집행사원은 '상법' 제173조에 불구하고 집합투자업자이
어야 한다.

② 제198조 제1항·제4항 및 제5항은 투자합자회사의 업무집행사원에게
준용한다. 이 경우 '법인이사'는 각각 '업무집행사원'으로, '투자회사'
는 각각 '투자합자회사'로 본다.

제215조 (사원총회)

① 투자합자회사에 사원 전원으로 구성되는 사원총회를 두며, 사원총회
는 이 법 또는 정관에서 정한 사항에 대하여만 결의할 수 있다.

② 투자합자회사의 사원총회는 업무집행사원이 소집한다.

③ 사원총회는 발행된 지분증권 총수의 과반수를 소유하는 사원의 출석
으로 성립되며, 출석한 사원의 의결권의 3분의 2 이상과 발행된 지분
증권 총수의 3분의 1 이상의 찬성으로 결의한다.

④ 제190조 제3항·제4항 및 제6항부터 제10항까지의 규정은 투자합자회
사의 사원총회에 관하여 준용한다. 이 경우 '투자신탁을 설정한 집합투
자업자' 및 '집합투자업자'는 각각 '투자합자회사의 업무집행사원'으로,
'투자신탁재산'은 '투자합자회사재산'으로, '수익증권'은 각각 '지분증
권'으로, '총좌수'는 각각 '총수'로, '수익자'는 각각 '사원'으로, '수익
자총회'는 각각 '사원총회'로, '수익자명부'는 '사원명부'로, '좌수'는
각각 '수'로 보고, 같은 조 제8항 후단 중 '제5항'은 '제3항'으로, '출석
한 수익자의 의결권의 3분의 2 이상과 발행된 수익증권의 총좌수의 3
분의 1 이상'은 '출석한 수익자의 의결권의 3분의 2 이상'으로 하고,
'출석한 수익자의 의결권의 과반수와 발행된 수익증권의 총좌수의 4분
의 1 이상'은 '출석한 수익자의 의결권의 과반수'는 '출석한 사원의 의
결권의 3분의 2 이상의 수와 발행된 지분증권 총수의 3분의 1 이상의
수'는 '출석한 사원의 의결권의 3분의 2 이상의 수'로 본다.

제216조 (준용규정)

① 제195조는 투자합자회사의 정관변경에 관하여 준용한다. 이 경우 '투자회사'는 각각 '투자합자회사'로, 같은 조 제1항 중 '이사회 결의로'는 '업무집행사원'으로, '제201조 제2항 단서'는 '제215조 제3항'으로, 같은 조 제1항 중 '주주총회의 결의' 및 같은 조 제2항 중 '이사회 결의 및 주주총회의 결의'는 각각 '사원총회의 결의'로, '주주'는 각각 '사원'으로 본다.

② 제208조는 투자합자회사의 지분증권에 관하여 준용한다. 이 경우 '투자유한회사'는 각각 '투자합자회사'로, '제209조 제1항에 따른 법인이사' 및 '법인이사'는 각각 '업무집행사원'으로 보며, 같은 조 제1항 중 '사원'은 '유한책임사원'으로 본다.

③ 제202조(제3항 및 제4항을 제외한다.), 제203조(제2항을 제외한다.) 및 제204조는 투자합자회사의 해산·청산 및 합병에 관하여 준용한다. 이 경우 '투자회사'는 각각 '투자합자회사'로, '주주총회'는 각각 '사원총회'로, '법인이사' 및 '법인이사 및 감독이사'는 각각 '업무집행사원'으로, '청산인 및 청산감독인' 및 '청산인 또는 청산감독인'은 각각 '청산인'으로, '재산목록과 대차대조표를 작성하여 이를 청산인회에 제출하여 승인을 받은 후 그 등본'을 '재산목록과 대차대조표를 작성하여 그 등본을'로, '제201조 제2항 단서'는 '제215조 제3항'으로, '주식'은 각각 '지분증권'으로 본다.

제217조 ('상법'과의 관계)

① 투자합자회사에 '상법'을 적용함에 있어서 같은 법 제200조의 2, 제205조, 제259조 및 제277조 중 '법원'은 각각 '금융감독위원회'로 본다.

② '상법' 제198조, 제217조부터 제220조까지, 제224조, 제280조 및 제286조는 투자합자회사에 적용하지 아니한다.

③ 투자합자회사의 유한책임사원은 '상법' 제279조에 불구하고 투자합자회사의 채무에 대하여 출자를 이행한 금액을 한도로 하여 책임을 진다.

④ 투자합자회사는 정관이 정하는 바에 따라 이익을 배당함에 있어서 무한책임사원과 유한책임사원의 배당률 또는 배당순서 등을 달리 정할 수 있다.

⑤ 투자합자회사는 손실을 배분함에 있어서 무한책임사원과 유한책임사원의 배분율 또는 배분순서 등을 달리 하여서는 아니 된다.

제3절 조합 형태의 집합투자기구

제1관 투자조합

제218조 (투자조합의 설립 등)

① 집합투자업자는 투자조합을 설립하는 경우 다음 각 호의 사항을 기재한 조합계약을 작성하여 제219조 제1항에 따른 업무집행조합원 1인과 유한책임조합원 1인이 기명날인 또는 서명하여야 한다.

　1. 목적

　2. 투자조합의 명칭

　3. 업무집행조합원의 상호·사업자등록번호

　4. 투자조합의 소재지

　5. 투자조합재산의 운용 및 관리에 관한 사항

　6. 존속 기간 또는 해산사유를 정한 경우에는 그 내용

　7. 이익분배 및 환매에 관한 사항

　8. 공시 및 보고서에 관한 사항

　9. 그 밖에 조합원을 보호하기 위하여 필요한 사항으로서 대통령령으로 정하는 사항

② 조합원의 출자의 목적은 금전에 한한다.

③ 투자조합은 제182조에 따라 등록하기 전에는 제1항에 따른 조합원 외의 자를 조합원으로 가입시켜서는 아니 된다.

제219조 (업무집행조합원 등)

① 투자조합은 투자조합의 채무에 대하여 무한책임을 지는 집합투자업자
인 업무집행조합원 1인과 출자액을 한도로 하여 유한책임을 지는 유
한책임조합원으로 구성된다.

② 제198조 제1항·제4항 및 제5항은 투자조합의 업무집행조합원에게
준용한다. 이 경우 '법인이사'는 각각 '업무집행조합원'으로, '투자회
사'는 각각 '투자조합'으로 본다.

제220조 (조합원총회)

① 투자조합에 조합원 전원으로 구성되는 조합원총회를 두며, 조합원총회
는 이 법 또는 조합계약에서 정한 사항에 대하여만 결의할 수 있다.

② 투자조합의 조합원총회는 업무집행조합원이 소집한다.

③ 조합원총회는 발행된 지분증권 총수의 과반수를 소유하는 조합원의
출석으로 성립되며, 출석한 조합원의 의결권의 3분의 2 이상과 발행
된 지분증권 총수의 3분의 1 이상의 찬성으로 결의한다.

④ 제190조 제3항·제4항 및 제6항부터 제10항까지의 규정은 투자조합의
조합원총회에 관하여 준용한다. 이 경우 '투자신탁을 설정한 집합투자
업자' 및 '집합투자업자'는 각각 '투자조합의 업무집행조합원'으로,
'투자신탁재산'은 '투자조합재산'으로, '수익증권'은 각각 '지분증권'으
로, '총좌수'는 각각 '총수'로, '수익자'는 각각 '조합원'으로, '수익자
총회'는 각각 '조합원총회'로, '수익자명부'는 '조합원명부'로, '좌수'는
각각 '수'로 보고, 같은 조 제8항 후단 중 '제5항'은 '제3항'으로, '출
석한 수익자의 의결권의 3분의 2 이상과 발행된 수익증권의 총좌수의
3분의 1 이상'은 '출석한 수익자의 의결권의 3분의 2 이상'으로 하고,
'출석한 수익자의 의결권의 과반수와 발행된 수익증권의 총좌수의 4분
의 1 이상'은 '출석한 수익자의 의결권의 과반수'는 '출석한 조합원의
의결권의 3분의 2 이상의 수와 발행된 지분증권 총수의 3분의 1 이상
의 수'는 '출석한 조합원의 의결권의 3분의 2 이상의 수'로 본다.

제221조 (투자조합의 해산 및 청산)

① 투자조합은 다음 각 호의 어느 하나에 해당하는 사유로 해산한다. 이 경우 청산인은 대통령령으로 정하는 사항을 금융감독위원회에 보고하여야 한다.

 1. 조합계약에서 정한 존속 기간의 만료, 그 밖의 해산사유의 발생

 2. 조합원총회의 결의

 3. 투자조합 등록의 취소

② 투자조합이 해산하는 경우 조합계약 또는 조합원총회에서 달리 정한 경우를 제외하고는 업무집행조합원이 청산인이 된다.

③ 금융감독위원회는 투자조합이 제2항에 따른 청산인이 없거나 없게 된 경우에는 직권으로 청산인을 선임한다.

④ 금융감독위원회는 청산인이 업무를 집행함에 있어서 현저하게 부적합하거나 중대한 법령 위반사항이 있는 경우에는 직권으로 또는 이해관계인의 청구에 의하여 청산인을 해임할 수 있다. 이 경우 금융감독위원회는 직권으로 새로운 청산인을 선임할 수 있다.

⑤ 청산인은 투자조합의 잔여재산을 조합원에게 분배함에 있어서 조합계약이 정하는 바에 따라 투자조합재산에 속하는 자산을 그 조합원에게 지급할 수 있다.

⑥ 제203조(제2항을 제외한다.)는 투자조합의 청산에 관하여 준용한다. 이 경우 '투자회사'는 각각 '투자조합'으로, '재산목록과 대차대조표를 작성하여 이를 청산인회에 제출하여 승인을 받은 후 그 등본'을 '재산목록과 대차대조표를 작성하여 그 등본'으로, '주주총회'는 '조합원총회'로, '청산인 및 청산감독인'은 '청산인'으로 본다.

제222조 (준용규정)

① 제195조는 투자조합의 조합계약변경에 관하여 준용한다. 이 경우 '투자회사'는 각각 '투자조합'으로, 같은 조 제1항 중 '이사회 결의로'는 '업무집행조합원'으로, '제201조 제2항 단서'는 '제220조 제3항'으로,

같은 조 제1항 중 '주주총회의 결의' 및 같은 조 제2항 중 '이사회
결의 및 주주총회의 결의'는 각각 '조합원총회의 결의'로, '주주'는 각
각 '조합원'으로 본다.

② 제208조는 투자조합의 지분증권에 관하여 준용한다. 이 경우 '투자유
한회사' 및 '회사'는 각각 '투자조합'으로, '제209조 제1항에 따른 법
인이사' 및 '법인이사'는 각각 '업무집행조합원'으로, '정관'은 '조합
계약'으로, 같은 조 제1항 중 '사원'은 '유한책임조합원'으로, 같은 조
제2항 및 제3항 중 '사원'은 각각 '조합원'으로 본다.

제223조 ('민법'과의 관계)

① '민법' 제703조 제2항, 제706조, 제707조, 제710조부터 제713조까지 및
제716조부터 제724조까지의 규정은 투자조합에 적용하지 아니한다.

② 투자자가 투자조합의 지분증권을 매수한 경우 투자조합에 가입한 것
으로 본다.

③ 투자조합은 조합계약이 정하는 바에 따라 이익을 배당함에 있어서 무
한책임조합원과 유한책임조합원의 배당률 또는 배당순서 등을 달리
정할 수 있다.

④ 투자조합은 손실을 배분함에 있어서 무한책임조합원과 유한책임조합
원의 배분율 또는 배분순서 등을 달리 하여서는 아니 된다.

제2관 투자익명조합

제224조 (투자익명조합의 설립 등)

① 집합투자업자는 투자익명조합을 설립하는 경우 다음 각 호의 사항을
기재한 익명조합계약을 작성하여 영업자 1인과 익명조합원 1인이 기
명날인 또는 서명하여야 한다.

1. 목적

2. 투자익명조합의 명칭

3. 영업자의 상호·사업자등록번호

4. 투자익명조합의 소재지

5. 투자익명조합재산의 운용 및 관리에 관한 사항

6. 존속 기간 또는 해산사유를 정한 경우에는 그 내용

7. 이익분배 및 환매에 관한 사항

8. 공시 및 보고서에 관한 사항

9. 그 밖에 익명조합원을 보호하기 위하여 필요한 사항으로서 대통령령으로 정하는 사항

② 익명조합원의 출자의 목적은 금전에 한한다.

③ 투자익명조합의 영업자는 제182조에 따라 등록하기 전에는 제1항에 따른 익명조합원 외의 자를 익명조합원으로 가입시켜서는 아니 된다.

제225조 (영업자)

① 투자익명조합재산은 집합투자업자인 영업자 1인이 운용한다.

② 제198조 제1항·제4항 및 제5항은 투자익명조합의 영업자에게 준용한다. 이 경우 '법인이사'는 각각 '영업자'로, '투자회사'는 각각 '투자익명조합'으로 본다.

제226조 (익명조합원총회)

① 투자익명조합에 익명조합원 전원으로 구성되는 익명조합원총회를 두며, 익명조합원총회는 이 법 또는 익명조합계약에서 정한 사항에 대하여만 결의할 수 있다.

② 투자익명조합의 익명조합원총회는 영업자가 소집한다.

③ 익명조합원총회는 발행된 지분증권 총수의 과반수를 소유하는 익명조합원의 출석으로 성립되며, 출석한 익명조합원의 의결권의 3분의 2 이상과 발행된 지분증권 총수의 3분의 1 이상의 찬성으로 결의한다.

④ 제190조 제3항·제4항 및 제6항부터 제10항까지의 규정은 투자익명조합의 익명조합원총회에 관하여 준용한다. 이 경우 '투자신탁을 설

정한 집합투자업자' 및 '집합투자업자'는 각각 '투자익명조합의 영업자'로, '투자신탁재산'은 '투자익명조합재산'으로, '수익증권'은 각각 '지분증권'으로, '총좌수'는 각각 '총수'로, '수익자'는 각각 '익명조합원'으로, '수익자총회'는 각각 '익명조합원총회'로, '수익자명부'는 '익명조합원명부'로, '좌수'는 각각 '수'로 보고, 같은 조 제8항 후단 중 '제5항'은 '제3항'으로, '출석한 수익자의 의결권의 3분의 2 이상과 발행된 수익증권의 총좌수의 3분의 1 이상'은 '출석한 수익자의 의결권의 3분의 2 이상'으로 하고, '출석한 수익자의 의결권의 과반수와 발행된 수익증권의 총좌수의 4분의 1 이상'은 '출석한 수익자의 의결권의 과반수'는 '출석한 익명조합원의 의결권의 3분의 2 이상의 수와 발행된 지분증권 총수의 3분의 1 이상의 수'는 '출석한 익명조합원의 의결권의 3분의 2 이상의 수'로 본다.

제227조 (준용규정)

① 제195조는 투자익명조합의 익명조합계약변경에 관하여 준용한다. 이 경우 '투자회사'는 각각 '투자익명조합'으로, 같은 조 제1항 중 '이사회 결의로'는 '영업자가'로, '제201조 제2항 단서'는 '제226조 제3항'으로, 같은 조 제1항 중 '주주총회의 결의' 및 같은 조 제2항 중 '이사회 결의 및 주주총회의 결의'는 각각 '익명조합원총회의 결의'로, '주주'는 각각 '익명조합원'으로 본다.

② 제208조는 투자익명조합의 지분증권에 관하여 준용한다. 이 경우 '투자유한회사' 및 '회사'는 각각 '투자익명조합'으로, '제209조 제1항에 따른 법인이사' 및 '법인이사'는 각각 '영업자'로, '사원'은 각각 '익명조합원'으로, '정관'은 '익명조합계약'으로 본다.

③ 제221조는 투자익명조합의 해산·청산에 관하여 준용한다. 이 경우 '투자조합'은 각각 '투자익명조합'으로, '조합원총회'는 각각 '익명조합원총회'로, '업무집행조합원'은 각각 '영업자'로 본다.

제228조 (다른 법률과의 관계)

① '상법' 제82조 제3항, 제83조 및 제84조는 투자익명조합에 적용하지
아니한다.

② '신탁법' 제3장은 투자익명조합에 준용한다. 이 경우 '신탁재산'은 '투
자익명조합재산'으로, '수탁자'는 '영업자'로, '신탁'은 '투자익명조합
가입'으로, '위탁자' 및 '수익자'는 각각 '익명조합원'으로 본다.

③ 투자자가 투자익명조합의 지분증권을 매수한 경우 투자익명조합에 가
입한 것으로 본다.

제3장 집합투자기구의 종류 등

제1절 집합투자기구의 종류

제229조 (집합투자기구의 종류)

집합투자기구는 집합투자재산의 운용대상에 따라 다음 각 호와 같이 구
분한다.

1. 증권집합투자기구: 집합투자재산의 100분의 40 이상으로서 대통령
령으로 정하는 비율을 초과하여 증권(대통령령으로 정하는 증권을
제외하며, 대통령령으로 정하는 증권 외의 증권을 기초자산으로 한
파생상품을 포함한다. 이하 이 조에서 같다.)에 투자하는 집합투자
기구로서 제2호 및 제3호에 해당하지 아니하는 집합투자기구

2. 부동산집합투자기구: 집합투자재산의 100분의 40 이상으로서 대통
령령으로 정하는 비율을 초과하여 부동산(부동산을 기초자산으로
한 파생상품, 부동산 개발과 관련된 법인에 대한 대출, 그 밖에 대
통령령으로 정하는 방법으로 부동산 및 대통령령으로 정하는 부동
산과 관련된 증권에 투자하는 경우를 포함한다. 이하 이 조에서 같
다.)에 투자하는 집합투자기구

3. 특별자산집합투자기구: 집합투자재산의 100분의 40 이상으로서 대
통령령으로 정하는 비율을 초과하여 특별자산(증권 및 부동산을 제

외한 투자대상자산을 말한다.)에 투자하는 집합투자기구

4. 혼합자산집합투자기구: 집합투자재산을 운용함에 있어서 제1호부터 제3호까지의 규정의 제한을 받지 아니하는 집합투자기구

5. 단기금융집합투자기구: 집합투자재산 전부를 대통령령으로 정하는 단기금융상품에 투자하는 집합투자기구로서 대통령령으로 정하는 방법으로 운용되는 집합투자기구

제2절 특수한 형태의 집합투자기구

제230조 (환매금지형집합투자기구)

① 투자신탁·투자유한회사·투자합자회사·투자조합 및 투자익명조합을 설정·설립하고자 하는 집합투자업자 또는 투자회사의 발기인(이하 이 절에서 '집합투자업자등'이라 한다.)은 제235조 제1항에 불구하고 존속 기간을 정한 집합투자기구에 대하여만 집합투자증권의 환매를 청구할 수 없는 집합투자기구(이하 이 조에서 '환매금지형집합투자기구'라 한다.)를 설정·설립할 수 있다.

② 투자신탁이나 투자익명조합의 집합투자업자 또는 투자회사등은 기존 투자자의 이익을 해할 우려가 없는 등 대통령령으로 정하는 때에만 환매금지형집합투자기구의 집합투자증권을 추가로 발행할 수 있다.

③ 투자신탁의 집합투자업자 또는 투자회사는 신탁계약 또는 정관에 투자자의 환금성 보장 등을 위한 별도의 방법을 정하지 아니한 경우에는 환매금지형집합투자기구의 집합투자증권을 최초로 발행한 날부터 90일 이내에 그 집합투자증권을 증권시장에 상장하여야 한다.

④ 제238조 제6항부터 제8항까지의 규정은 환매금지형집합투자기구의 집합투자증권에 관하여는 적용하지 아니한다. 다만, 제2항에 따라 추가로 집합투자증권을 발행할 수 있는 환매금지형집합투자기구의 경우에는 적용한다.

⑤ 집합투자업자등은 집합투자기구의 투자대상자산의 현금화하기 곤란한

사정 등을 고려하여 대통령령으로 정하는 경우에는 그 집합투자기구
를 환매금지형집합투자기구로 설정·설립하여야 한다.

제231조 (종류형집합투자기구)

① 집합투자업자등은 제189조 제2항, 제196조 제5항 및 제208조 제1항
(제216조 제2항, 제222조 제2항 및 제227조 제2항에서 준용하는 경우
를 포함한다.)에 불구하고 같은 집합투자기구에서 제76조 제4항에 따
른 판매보수의 차이로 인하여 기준가격이 다르거나 판매수수료가 다
른 여러 종류의 집합투자증권을 발행하는 집합투자기구(이하 이 조에
서 '종류형집합투자기구'라 한다.)를 설정·설립할 수 있다.

② 종류형집합투자기구는 집합투자자총회의 결의가 필요한 경우로서 특
정 종류의 집합투자증권의 투자자에 대하여만 이해관계가 있는 경우
에는 그 종류의 투자자만으로 종류집합투자자총회를 개최할 수 있다.

③ 종류형집합투자기구의 설정·설립, 집합투자증권의 발행·판매·환
매, 그 밖에 종류형집합투자기구에 관하여 필요한 사항은 대통령령으
로 정한다.

제232조 (전환형집합투자기구)

① 집합투자업자등은 복수의 집합투자기구 간에 각 집합투자기구의 투자
자가 소유하고 있는 집합투자증권을 다른 집합투자기구의 집합투자증
권으로 전환할 수 있는 권리를 투자자에게 부여하는 구조의 집합투자
기구(이하 이 조에서 '전환형집합투자기구'라 한다.)를 설정·설립하는
경우에는 다음 각 호의 요건을 모두 충족하여야 한다.

 1. 복수의 집합투자기구 간에 공통으로 적용되는 집합투자규약이 있을 것

 2. 집합투자규약에 제9조 제18항 제1호부터 제7호까지의 규정에 따른
    집합투자기구 간의 전환이 금지되어 있을 것

② 집합투자증권의 전환, 그 밖에 전환형집합투자기구에 관하여 필요한
사항은 대통령령으로 정한다.

제233조 (모자형집합투자기구)

① 집합투자업자등은 다른 집합투자기구(이하 이 조에서 '모집합투자기구'라 한다.)가 발행하는 집합투자증권을 취득하는 구조의 집합투자기구(이하 이 조에서 '자집합투자기구'라 한다.)를 설정·설립하는 경우에는 다음 각 호의 요건을 모두 충족하여야 한다.

1. 자집합투자기구가 모집합투자기구의 집합투자증권 외의 다른 집합투자증권을 취득하는 것이 허용되지 아니할 것

2. 자집합투자기구 외의 자가 모집합투자기구의 집합투자증권을 취득하는 것이 허용되지 아니할 것

3. 자집합투자기구와 모집합투자기구의 집합투자재산을 운용하는 집합투자업자가 동일할 것

② 제81조 제1항 제3호(라목을 제외한다.)는 자집합투자기구가 모집합투자기구의 집합투자증권을 취득하는 경우에는 적용하지 아니한다.

③ 모집합투자기구 및 자집합투자기구(이하 이 조에서 '모자형집합투자기구'라 한다.)의 설정·설립, 집합투자증권의 판매·환매, 그 밖에 모자형집합투자기구에 관하여 필요한 사항은 대통령령으로 정한다.

제234조 (상장지수집합투자기구)

① 제34조 제1항 제1호·제2호, 제87조 제1항 각 호 외의 부분 단서(제186조 제2항에서 준용하는 경우를 포함한다.) 및 같은 조 제2항 각 호 외의 부분 단서(제186조 제2항에서 준용하는 경우를 포함한다.), 제88조, 제147조, 제172조, 제173조 및 제235조부터 제237조까지의 규정은 다음 각 호의 요건을 모두 갖춘 집합투자기구(이하 이 조에서 '상장지수집합투자기구'라 한다.)에는 적용하지 아니한다.

1. 증권에 관하여 그 종류에 따라 다수 종목의 가격수준을 종합적으로 표시하는 지수 중 대통령령으로 정하는 요건을 갖춘 지수의 변화에 연동하여 운용하는 것을 목표로 할 것

2. 수익증권 또는 투자회사 주식의 환매가 허용될 것

3. 수익증권 또는 투자회사 주식이 해당 투자신탁의 설정일 또는 투자
회사의 설립일부터 30일 이내에 증권시장에 상장될 것

② 투자매매업자 또는 투자중개업자 중 대통령령으로 정하는 자가 상장
지수집합투자기구의 설정·설립을 위하여 자기 또는 타인의 계산으로
증권을 매매하는 경우에는 투자일임업을 영위하는 것으로 보지 아니
한다.

③ 상장지수집합투자기구를 설정·추가설정 또는 설립·신주발행하는 경
우 제188조 제4항 및 제194조 제7항(제196조 제6항에서 준용하는 경
우를 포함한다.)에 불구하고 금전 외의 증권으로 납입할 수 있다.

④ 상장지수집합투자기구의 설정·설립, 집합투자증권의 판매 및 환매,
상장 및 상장폐지, 소유 재산의 공고, 그 밖에 필요한 사항은 대통령
령으로 정한다.

제4장 집합투자증권의 환매

제235조 (환매청구 및 방법 등)

① 투자자는 언제든지 집합투자증권의 환매를 청구할 수 있다.

② 투자자는 집합투자증권의 환매를 청구하고자 하는 경우에는 그 집합
투자증권을 판매한 투자매매업자 또는 투자중개업자에게 청구하여야
한다. 다만, 투자매매업자 또는 투자중개업자가 해산·인가취소 또는
업무정지, 그 밖에 대통령령으로 정하는 사유(이하 이 항에서 '해산
등'이라 한다.)로 인하여 환매청구에 응할 수 없는 경우에는 재정경제
부령으로 정하는 방법에 따라 해당 집합투자기구의 집합투자업자에게
직접 청구할 수 있으며, 환매청구를 받은 집합투자업자가 해산등으로
인하여 환매에 응할 수 없는 경우에는 해당 집합투자재산을 보관·관
리하는 신탁업자에게 청구할 수 있다.

③ 제2항 본문에 따라 환매청구를 받은 투자매매업자 또는 투자중개업자
는 수익증권 또는 투자익명조합의 지분증권인 경우 해당 투자신탁 또

는 투자익명조합의 집합투자업자에 대하여, 투자회사등이 발행한 집
합투자증권인 경우 그 투자회사등에 대하여 각각 지체 없이 환매에
응할 것을 요구하여야 하며, 제2항 단서에 따라 투자회사등이 발행한
집합투자증권의 환매청구를 받은 집합투자업자 또는 신탁업자는 투자
회사등에 대하여 지체 없이 환매에 응할 것을 요구하여야 한다.

④ 제2항 및 제3항에 따라 환매청구를 받거나 환매에 응할 것을 요구받
은 투자신탁이나 투자익명조합의 집합투자업자(해당 집합투자재산을
보관·관리하는 신탁업자를 포함한다.) 또는 투자회사등은 그 집합투
자기구의 투자대상자산의 환금성 등을 고려하여 대통령령으로 정하는
경우를 제외하고는 투자자가 환매청구를 한 날부터 15일 이내에 집합
투자규약에서 정한 환매일에 환매대금을 지급하여야 한다.

⑤ 투자신탁이나 투자익명조합의 집합투자업자(해당 집합투자재산을 보
관·관리하는 신탁업자를 포함한다.) 또는 투자회사등은 제4항에 따
라 환매대금을 지급하는 경우에는 집합투자재산의 범위에서 집합투자
재산으로 소유 중인 금전 또는 집합투자재산을 처분하여 조성한 금전
으로만 하여야 한다. 다만, 집합투자기구의 투자자 전원의 동의를 얻
은 경우에는 그 집합투자기구에서 소유하고 있는 집합투자재산으로
지급할 수 있다.

⑥ 집합투자증권을 판매한 투자매매업자·투자중개업자, 집합투자재산을
운용하는 집합투자업자 또는 집합투자재산을 보관·관리하는 신탁업
자는 환매청구를 받거나 환매에 응할 것을 요구받은 집합투자증권을
자기의 계산으로 취득하거나 타인에게 취득하게 하여서는 아니 된다.
다만, 집합투자증권의 원활한 환매를 위하여 필요하거나 투자자의 이
익을 해할 우려가 없는 경우로서 대통령령으로 정하는 경우에는 그
투자매매업자·투자중개업자·집합투자업자 또는 신탁업자는 환매청
구를 받거나 환매에 응할 것을 요구받은 집합투자증권을 자기의 계산
으로 취득할 수 있다.

⑦ 투자신탁이나 투자익명조합의 집합투자업자(해당 집합투자재산을 보

관·관리하는 신탁업자를 포함한다. 이하 이 장에서 같다.) 또는 투자
회사등은 이 장에 따라 집합투자증권을 환매한 경우에는 그 집합투자
증권을 소각하여야 한다.

제236조 (환매가격 및 수수료)

① 투자신탁이나 투자익명조합의 집합투자업자 또는 투자회사등은 집합
투자증권을 환매하는 경우 환매청구일 후에 산정되는 기준가격으로
하여야 한다. 다만, 투자자의 이익 또는 집합투자재산의 안정적 운용
을 해할 우려가 없는 경우로서 대통령령으로 정하는 경우에는 환매청
구일 이전에 산정된 기준가격으로 환매할 수 있다.

② 집합투자증권을 환매하는 경우에 부과하는 환매수수료는 대통령령으로
정하는 방법에 따라 집합투자증권의 환매를 청구하는 해당 투자자가
부담하며, 투자자가 부담한 환매수수료는 집합투자재산에 귀속된다.

③ 제1항에 따른 환매청구일 후의 기준가격의 결정 등 환매가격에 관하
여 필요한 사항은 대통령령으로 정한다.

제237조 (환매의 연기)

① 투자신탁이나 투자익명조합의 집합투자업자 또는 투자회사등은 집합
투자재산인 자산의 처분이 불가능한 경우 등 대통령령으로 정하는 사
유로 인하여 집합투자규약에서 정한 환매일에 집합투자증권을 환매할
수 없게 된 경우에는 그 집합투자증권의 환매를 연기할 수 있다. 이
경우 투자신탁이나 투자익명조합의 집합투자업자 또는 투자회사등은
환매를 연기한 날부터 6주 이내에 집합투자자총회에서 집합투자증권
의 환매에 관한 사항으로서 대통령령으로 정하는 사항을 결의(제190
조 제5항 본문, 제201조 제2항 단서, 제210조 제2항 단서, 제215조 제
3항, 제220조 제3항 및 제226조 제3항의 결의를 말한다.)하여야 한다.

② 투자신탁이나 투자익명조합의 집합투자업자 또는 투자회사등은 제1항
후단의 집합투자자총회에서 집합투자증권의 환매에 관한 사항을 정하

지 아니하거나 환매에 관하여 정한 사항의 실행이 불가능한 경우에는 계속하여 환매를 연기할 수 있다.

③ 투자신탁이나 투자익명조합의 집합투자업자 또는 투자회사등은 제1항 후단의 집합투자자총회에서 환매에 관한 사항이 결의되거나 제2항에 따라 환매의 연기를 계속하는 경우 지체 없이 다음 각 호의 구분에 따라 정한 사항을 투자자에게 통지하여야 한다.

  1. 집합투자자총회에서 환매에 관한 사항을 결의한 경우

    가. 환매에 관하여 결의한 사항

    나. 그 밖에 대통령령으로 정하는 사항

  2. 환매연기를 계속하는 경우

    가. 환매를 연기하는 사유

    나. 환매를 연기하는 기간

    다. 환매를 재개하는 경우 환매대금의 지급방법

    라. 그 밖에 대통령령으로 정하는 사항

④ 투자신탁이나 투자익명조합의 집합투자업자 또는 투자회사등은 환매 연기사유의 전부 또는 일부가 해소된 경우에는 환매가 연기된 투자자 에 대하여 환매한다는 뜻을 통지하고 대통령령으로 정하는 방법에 따라 환매대금을 지급하여야 한다.

⑤ 투자신탁이나 투자익명조합의 집합투자업자 또는 투자회사등은 집합 투자재산의 일부가 제1항에 따른 환매연기사유에 해당하는 경우 그 일부에 대하여는 환매를 연기하고 나머지에 대하여는 투자자가 소유 하고 있는 집합투자증권의 지분(지분)에 따라 환매에 응할 수 있다.

⑥ 투자신탁이나 투자익명조합의 집합투자업자 또는 투자회사등은 제5항 에 따라 환매가 연기된 집합투자재산만으로 별도의 집합투자기구를 설정 또는 설립할 수 있다. 이 경우 제81조, 제88조, 제238조 제7항, 제240조 제3항부터 제8항까지 및 제248조를 적용하지 아니한다.

⑦ 제5항에 따른 환매대금의 지급방법 및 제6항에 따른 별도의 집합투자기 구의 설정 또는 설립 등에 관하여 필요한 사항은 대통령령으로 정한다.

⑧ 투자신탁이나 투자익명조합의 집합투자업자 또는 투자회사등은 다음 각 호의 어느 하나에 해당하는 경우에는 제235조 제1항에 따른 환매 청구에 응하지 아니할 수 있다.

  1. 집합투자기구(투자신탁을 제외한다.)가 해산한 경우
  2. 투자회사의 순자산액이 정관이 정하는 최저순자산액에 미달하는 경우
  3. 법령 또는 법령에 따른 명령에 따라 환매가 제한되는 경우
  4. 투자신탁의 수익자, 투자회사의 주주 또는 그 수익자·주주의 질권 자로서 권리를 행사할 자를 정하기 위하여 '상법' 제354조 제1항(제 189조 제9항에서 준용하는 경우를 포함한다. 이하 이 조에서 같다.) 에 따라 일정한 날을 정하여 수익자명부 또는 주주명부에 기재된 수익자·주주 또는 질권자를 그 권리를 행사할 수익자·주주 또는 질권자로 보도록 한 경우로서 이 일정한 날과 그 권리를 행사할 날 의 사이에 환매청구를 한 경우. 이 경우 같은 법 제354조 제3항을 적용함에 있어서 '3월'을 '2개월'로 한다.

제5장 평가 및 회계

제238조 (집합투자재산의 평가 및 기준가격의 산정 등)
① 집합투자업자는 대통령령으로 정하는 방법에 따라 집합투자재산을 시 가에 따라 평가하되, 평가일 현재 신뢰할 만한 시가가 없는 경우에는 대통령령으로 정하는 공정가액으로 평가하여야 한다. 다만, 투자자가 수시로 변동되는 등 투자자의 이익을 해할 우려가 적은 경우로서 대 통령령으로 정하는 경우에는 대통령령으로 정하는 가액으로 평가할 수 있다.
② 집합투자업자는 제1항에 따른 집합투자재산의 평가업무를 수행하기 위하여 대통령령으로 정하는 방법에 따라 평가위원회를 구성·운영 하여야 한다.
③ 집합투자업자는 집합투자재산에 대한 평가가 공정하고 정확하게 이루

어질 수 있도록 그 집합투자재산을 보관·관리하는 신탁업자의 확인을 받아 다음 각 호의 사항이 포함된 집합투자재산의 평가와 절차에 관한 기준(이하 이 조에서 '집합투자재산평가기준'이라 한다.)을 마련하여야 한다.

1. 제2항에 따른 평가위원회의 구성 및 운영에 관한 사항
2. 집합투자재산의 평가의 일관성 유지에 관한 사항
3. 집합투자재산의 종류별로 해당 재산의 가격을 평가하는 채권평가회사(제263조에 따른 채권평가회사를 말한다.)를 두는 경우 그 선정 및 변경과 해당 채권평가회사가 제공하는 가격의 적용에 관한 사항
4. 그 밖에 대통령령으로 정하는 사항

④ 집합투자업자는 제2항에 따른 평가위원회가 집합투자재산을 평가한 경우 그 평가명세를 지체 없이 그 집합투자재산을 보관·관리하는 신탁업자에게 통보하여야 한다.

⑤ 집합투자재산을 보관·관리하는 신탁업자는 집합투자업자의 집합투자재산에 대한 평가가 법령 및 집합투자재산평가기준에 따라 공정하게 이루어졌는지 확인하여야 한다.

⑥ 투자신탁이나 투자익명조합의 집합투자업자 또는 투자회사등은 제1항부터 제5항까지의 규정에 따른 집합투자재산의 평가결과에 따라 대통령령으로 정하는 방법으로 집합투자증권의 기준가격을 산정하여야 한다.

⑦ 투자신탁이나 투자익명조합의 집합투자업자 또는 투자회사등은 제6항에 따라 산정된 기준가격을 매일 공고·게시하여야 한다. 다만, 기준가격을 매일 공고·게시하기 곤란한 경우 등 대통령령으로 정하는 경우에는 해당 집합투자규약에서 기준가격의 공고·게시주기를 15일 이내의 범위에서 별도로 정할 수 있다.

⑧ 금융감독위원회는 투자신탁이나 투자익명조합의 집합투자업자 또는 투자회사등이 제6항을 위반하여 거짓으로 기준가격을 산정한 경우에는 그 투자신탁이나 투자익명조합의 집합투자업자 또는 투자회사등에 대하여 기준가격 산정업무를 일반사무관리회사에 그 범위를 정하

여 위탁하도록 명할 수 있다. 이 경우 해당 집합투자업자 및 그 집합
투자업자의 계열회사, 투자회사·투자유한회사·투자합자회사의 계열
회사는 그 수탁대상에서 제외된다.

제239조 (결산서류의 작성 등)

① 투자신탁이나 투자익명조합의 집합투자업자 또는 투자회사등은 집합
   투자기구의 결산기마다 다음 각 호의 서류 및 부속명세서(이하 이 조
   에서 '결산서류'라 한다.)를 작성하여야 한다.

   1. 대차대조표

   2. 손익계산서

   3. 제88조에 따른 자산운용보고서

② 투자회사의 법인이사는 결산서류의 승인을 위하여 이사회 개최 1주
   전까지 그 결산서류를 이사회에 제출하여 그 승인을 받아야 한다.

③ 투자신탁이나 투자익명조합의 집합투자업자 또는 투자회사등은 다음
   각 호의 서류를 본점(투자회사등의 경우 그 투자회사등의 집합투자재
   산을 운용하는 집합투자업자의 본점을 포함한다.)에 비치하여야 하며,
   해당 집합투자증권을 판매한 투자매매업자 또는 투자중개업자에게 이
   를 송부하여 그 영업소에 비치하도록 하여야 한다.

   1. 결산서류

   2. 회계감사보고서

   3. 집합투자자총회 의사록

   4. 이사회 의사록(투자회사의 경우에 한한다.)

④ 투자신탁이나 투자익명조합의 집합투자업자, 투자회사등 및 해당 집
   합투자증권을 판매한 투자매매업자 또는 투자중개업자는 결산서류 및
   회계감사보고서를 제3항의 비치일부터 5년간 보존하여야 한다.

⑤ 집합투자기구의 투자자 및 채권자는 영업시간 중 언제든지 제3항에
   따라 비치된 서류를 열람할 수 있으며, 그 서류의 등본 또는 초본의
   교부를 청구할 수 있다.

⑥ 결산서류의 기재사항 등에 관하여 필요한 사항은 금융감독위원회가
   정하여 고시한다.

제240조 (집합투자재산의 회계처리 등)

① 투자신탁이나 투자익명조합의 집합투자업자 또는 투자회사등은 집합
   투자재산에 관하여 회계처리를 하는 경우 금융감독위원회가 증권선물
   위원회의 심의를 거쳐 정하여 고시한 회계처리기준에 따라야 한다.

② 금융감독위원회는 제1항에 따른 회계처리기준의 제정 또는 개정을 전문
   성을 갖춘 민간법인 또는 단체로서 대통령령으로 정하는 자에게 위탁할
   수 있다. 이 경우 그 민간법인 또는 단체는 회계처리기준을 제정 또는
   개정한 때에는 이를 금융감독위원회에 지체 없이 보고하여야 한다.

③ 투자신탁이나 투자익명조합의 집합투자업자 또는 투자회사등은 집합
   투자재산에 대하여 회계 기간의 말일 및 다음 각 호의 날부터 2개월
   이내에 회계감사인의 회계감사를 받아야 한다. 다만, 투자자의 이익을
   해할 우려가 없는 경우로서 대통령령으로 정하는 경우에는 그러하지
   아니하다.

   1. 계약 기간 종료 또는 해지의 경우: 그 종료일 또는 해지일

   2. 존속 기간 만료 또는 해산의 경우: 그 만료일 또는 해산일

④ 투자신탁이나 투자익명조합의 집합투자업자 또는 투자회사등은 집합
   투자재산의 회계감사인을 선임하거나 교체한 경우에는 지체 없이 그
   집합투자재산을 보관·관리하는 신탁업자에게 그 사실을 통지하여야
   하며, 그 선임일 또는 교체일부터 1주 이내에 금융감독위원회에 그
   사실을 보고하여야 한다.

⑤ 회계감사인은 투자신탁이나 투자익명조합재산의 집합투자업자 또는
   투자회사등의 집합투자증권의 기준가격 산정업무 및 집합투자재산의
   회계처리 업무를 감사함에 있어서 집합투자재산평가기준을 준수하는
   지 감사하고 그 결과를 투자신탁이나 투자익명조합의 집합투자업자
   의 감사(감사위원회가 설치된 경우에는 감사위원회를 말한다.) 또는

투자회사등에 통보하여야 한다.

⑥ 회계감사인은 '주식회사의 외부감사에 관한 법률' 제5조에 따른 회계
감사기준에 따라 회계감사를 실시하여야 한다.

⑦ 회계감사인은 다음 각 호의 자에게 집합투자재산의 회계장부 등 관계
자료의 열람·복사를 요청하거나 회계감사에 필요한 자료의 제출을
요구할 수 있다. 이 경우 요청 또는 요구를 받은 자는 지체 없이 이
에 응하여야 한다.

1. 그 집합투자재산을 운용하는 집합투자업자

2. 그 집합투자재산을 보관·관리하는 신탁업자

3. 해당 집합투자증권을 판매하는 투자매매업자·투자중개업자

4. 제184조 제6항에 따라 해당 투자회사로부터 업무를 위탁받은 일반
사무관리회사 또는 제238조 제8항에 따라 투자신탁이나 투자익명조
합의 집합투자업자 또는 투자회사등으로부터 기준가격 산정업무를
위탁받은 일반사무관리회사

⑧ '주식회사의 외부감사에 관한 법률' 제9조는 제3항에 따른 집합투자
재산의 회계감사에 관하여 준용한다.

⑨ '주식회사의 외부감사에 관한 법률' 제2조 및 제2조의 2는 투자회사
에는 적용하지 아니한다.

⑩ 회계감사인의 선임기준, 감사기준, 회계감사인의 권한, 회계처리방법,
회계감사보고서의 제출 및 공시 등에 관하여 필요한 사항은 대통령령으로
정한다.

제241조 (회계감사인의 손해배상책임)

① 회계감사인은 제240조 제3항에 따른 회계감사의 결과 회계감사보고서
중 중요 사항에 관하여 거짓의 기재 또는 표시가 있거나 중요 사항이
기재 또는 표시되지 아니함으로써 이를 이용한 투자자에게 손해를 끼
친 경우에는 그 투자자에 대하여 손해를 배상할 책임을 진다. 이 경
우 '주식회사의 외부감사에 관한 법률' 제3조 제1항 제3호에 따른 감

사반이 회계감사인인 경우에는 해당 집합투자재산에 대한 감사에 참여한 자가 연대하여 손해를 배상할 책임을 진다.

② 회계감사인이 투자자에 대하여 손해를 배상할 책임이 있는 경우로서 해당 집합투자재산을 운용하는 집합투자업자의 이사·감사(감사위원회가 설치된 경우에는 감사위원회의 위원을 말한다. 이하 이 항에서 같다.) 또는 투자회사의 감독이사에게도 귀책사유가 있는 경우에는 그 회계감사인과 집합투자업자의 이사·감사 또는 투자회사의 감독이사는 연대하여 손해를 배상할 책임을 진다.

③ '주식회사의 외부감사에 관한 법률' 제17조 제5항부터 제7항까지의 규정은 제1항 및 제2항의 경우에 준용한다.

제242조 (이익금의 분배)

① 투자신탁이나 투자익명조합의 집합투자업자 또는 투자회사등은 집합투자기구의 집합투자재산 운용에 따라 발생한 이익금을 투자자에게 금전 또는 새로 발행하는 집합투자증권으로 분배하여야 한다. 다만, 집합투자기구의 특성을 고려하여 대통령령으로 정하는 집합투자기구의 경우에는 집합투자규약이 정하는 바에 따라 이익금의 분배를 집합투자기구에 유보할 수 있다.

② 투자신탁이나 투자익명조합의 집합투자업자 또는 투자회사등은 집합투자기구의 특성에 따라 이익금을 초과하여 분배할 필요가 있는 경우에는 이익금을 초과하여 금전으로 분배할 수 있다. 다만, 투자회사의 경우에는 순자산액에서 최저순자산액을 뺀 금액을 초과하여 분배할 수 없다.

③ 제1항 및 제2항에 따른 이익금의 분배에 관하여 필요한 사항은 대통령령으로 정한다.

제243조 (최저순자산액 미달사실의 보고 등)

① 투자회사는 그 순자산액이 최저순자산액에 미달하게 된 경우에는 그

날부터 3일 이내에 대통령령으로 정하는 방법에 따라 그 사실을 금융
감독위원회에 보고하여야 한다.
② 금융감독위원회는 순자산액이 최저순자산액에 미달하게 된 투자회사
에 대하여 3개월이 경과될 때까지 순자산액 미달상태가 계속되는 경
우에는 등록을 취소할 수 있다는 뜻을 통지하여야 한다.

제6장 집합투자재산의 보관 및 관리

제244조 (선관주의의무)

집합투자재산을 보관·관리하는 신탁업자는 선량한 관리자의 주의로써
집합투자재산을 보관·관리하여야 하며, 투자자의 이익을 보호하여야 한다.

제245조 (적용배제)

제2편 제4장 제2절 제4관(제116조 및 제117조를 제외한다.)은 신탁업자가
투자신탁재산을 신탁받는 경우 그 투자신탁에 관하여는 적용하지 아니한다.

제246조 (신탁업자의 업무제한 등)

① 집합투자재산을 보관·관리하는 신탁업자는 다음 각 호의 어느 하나
에 해당하는 자의 계열회사여서는 아니 된다.
  1. 해당 집합투자기구(투자회사·투자유한회사 및 투자합자회사에 한한다.)
  2. 그 집합투자재산을 운용하는 집합투자업자
② 집합투자재산을 보관·관리하는 신탁업자는 집합투자재산을 자신의
고유재산, 다른 집합투자재산 또는 제삼자로부터 보관을 위탁받은 재
산과 구분하여 관리하여야 한다. 이 경우 집합투자재산이라는 사실과
위탁자를 명기하여야 한다.
③ 집합투자재산을 보관·관리하는 신탁업자는 집합투자재산 중 증권,
그 밖에 대통령령으로 정하는 것을 자신의 고유재산과 구분하여 집
합투자기구별로 예탁결제원에 예탁하여야 한다.

④ 집합투자재산을 보관·관리하는 신탁업자는 집합투자재산을 운용하는 집합투자업자가 제80조에 따라 그 신탁업자에 대하여 자산의 취득·처분 등의 이행 또는 보관·관리 등에 필요한 지시를 하는 경우 대통령령으로 정하는 방법에 따라 이를 각각의 집합투자기구별로 이행하여야 한다.

제247조 (운용행위감시 등)

① 집합투자재산(투자회사재산을 제외한다.)을 보관·관리하는 신탁업자는 그 집합투자재산을 운용하는 집합투자업자의 운용지시 또는 운용행위가 법령, 집합투자규약 또는 투자설명서(예비투자설명서 및 간이투자설명서를 포함한다. 이하 이 조에서 같다.) 등을 위반하는지 여부에 대하여 대통령령으로 정하는 기준 및 방법에 따라 확인하고 위반사항이 있는 경우에는 그 집합투자업자에 대하여 그 운용지시 또는 운용행위의 철회·변경 또는 시정을 요구하여야 한다.

② 투자회사재산을 보관·관리하는 신탁업자는 그 투자회사재산을 운용하는 집합투자업자의 운용행위가 법령, 정관 또는 투자설명서 등을 위반하는지의 여부에 대하여 대통령령으로 정하는 기준 및 방법에 따라 확인하고 위반이 있는 경우에는 그 투자회사의 감독이사에게 보고하여야 하며, 보고를 받은 투자회사의 감독이사는 그 투자회사재산을 운용하는 집합투자업자에 대하여 그 운용행위의 시정을 요구하여야 한다.

③ 집합투자재산(투자회사재산을 제외한다.)을 보관·관리하는 신탁업자 또는 투자회사의 감독이사는 해당 집합투자재산을 운용하는 집합투자업자가 제1항 또는 제2항에 따른 요구를 제3영업일 이내에 이행하지 아니하는 경우에는 그 사실을 금융감독위원회에 보고하여야 하며, 대통령령으로 정하는 사항을 대통령령으로 정하는 방법에 따라 공시하여야 한다. 다만, 투자회사의 감독이사가 금융감독위원회에 대한 보고 또는 공시에 관한 업무를 이행하지 아니한 경우에는 그 투자회사

재산을 보관·관리하는 신탁업자가 이를 이행하여야 한다.

④ 집합투자업자는 제1항 또는 제2항의 요구에 대하여 금융감독위원회에 이의를 신청할 수 있다. 이 경우 관련 당사자는 대통령령으로 정하는 기준에 따라 행하는 금융감독위원회의 결정에 따라야 한다.

⑤ 집합투자재산을 보관·관리하는 신탁업자는 집합투자재산과 관련하여 다음 각 호의 사항을 확인하여야 한다.

　1. 투자설명서가 법령 및 집합투자규약에 부합하는지 여부

　2. 제88조 제1항·제2항에 따른 자산운용보고서의 작성이 적정한지 여부

　3. 제93조 제2항에 따른 위험관리방법의 작성이 적정한지 여부

　4. 제238조 제1항에 따른 집합투자재산의 평가가 공정한지 여부

　5. 제238조 제6항에 따른 기준가격 산정이 적정한지 여부

　6. 제1항 또는 제2항의 시정요구 등에 대한 집합투자업자의 이행명세

　7. 그 밖에 투자자 보호를 위하여 필요한 사항으로서 대통령령으로 정하는 사항

⑥ 집합투자재산을 보관·관리하는 신탁업자는 제1항에 따른 요구를 하거나 제2항에 따른 보고를 하기 위하여 필요한 경우 또는 제5항 각 호의 사항을 확인하기 위하여 필요한 경우에는 해당 집합투자업자 또는 투자회사등에 대하여 관련된 자료의 제출을 요구할 수 있다. 이 경우 그 집합투자업자 또는 투자회사등은 정당한 사유가 없는 한 이에 응하여야 한다.

⑦ 집합투자재산을 보관·관리하는 신탁업자가 제5항 각 호의 사항을 확인하는 시기·절차·범위 등에 관하여 필요한 사항은 재정경제부령으로 정한다.

제248조 (자산보관·관리보고서)

① 집합투자재산을 보관·관리하는 신탁업자는 집합투자재산에 관하여 제90조 제2항 각 호의 어느 하나의 사유가 발생한 날부터 2개월 이내에 다음 각 호의 사항이 기재된 자산보관·관리보고서를 작성하여 투자사

에게 제공하여야 한다. 다만, 투자자가 수시로 변동되는 등 투자자의 이익을 해할 우려가 없는 경우로서 대통령령으로 정하는 경우에는 자산보관·관리보고서를 투자자에게 제공하지 아니할 수 있다.

1. 집합투자규약의 주요 변경사항
2. 투자운용인력의 변경
3. 집합투자자총회의 결의내용
4. 제247조 제5항 각 호의 사항
5. 그 밖에 대통령령으로 정하는 사항

② 신탁업자는 제1항에 따른 자산보관·관리보고서를 제1항의 기간 이내에 금융감독위원회 및 협회에 제출하여야 한다.

③ 제1항에 따른 자산보관·관리보고서의 제공 시기 및 방법, 비용부담 등에 관하여 필요한 사항은 대통령령으로 정한다.

제7장 사모집합투자기구 등에 대한 특례

제249조 (사모집합투자기구에 대한 특례)

① 제57조, 제81조 제1항 제1호·제3호·제4호 및 같은 조 같은 항 각 호 외의 부분 단서(대통령령으로 정하는 경우에 한한다.), 제88조, 제89조(제186조 제2항에서 준용하는 경우를 포함한다.), 제90조(제186조 제2항에서 준용하는 경우를 포함한다.), 제91조 제3항(제186조 제2항에서 준용하는 경우를 포함한다.), 제93조, 제230조 제3항, 제238조 제7항, 제239조 제3항부터 제5항까지, 제240조 제3항부터 제9항까지, 제241조, 제247조 및 제248조는 사모집합투자기구에는 적용하지 아니한다.

② 사모집합투자기구의 투자자는 그 집합투자증권을 분할하는 방법으로 타인에게 양도하여서는 아니 된다. 다만, 양도의 결과 사모집합투자기구의 요건을 충족하는 범위에서는 분할하여 양도할 수 있다.

③ 사모집합투자기구의 투자자(투자신탁의 경우 그 투자신탁재산을 운용

하는 집합투자업자를 말한다.)는 제188조 제4항, 제194조 제7항(제196
조 제6항에서 준용하는 경우를 포함한다.), 제207조 제4항, 제213조
제4항, 제218조 제2항 및 제224조 제2항에 불구하고 객관적인 가치
평가가 가능하고 다른 투자자의 이익을 해할 우려가 없는 경우에는
대통령령으로 정하는 방법에 따라 증권, 부동산 또는 실물자산 등 금
전 외의 자산으로 납입할 수 있다.

④ 집합투자자총회 및 그와 관련된 사항은 사모집합투자기구에는 적용하
지 아니한다.

⑤ 사모집합투자기구인 투자신탁이나 투자익명조합의 집합투자업자 또는
투자회사등이 이 법 또는 '상법'에 따라 투자자에게 공시 또는 공고
하여야 하는 사항에 대하여 집합투자규약에서 정한 방법으로 전체 투
자자에게 통지한 경우에는 이 법 또는 '상법'에 따라 공시 또는 공고
한 것으로 본다.

⑥ 사모집합투자기구의 요건, 운용 특례, 그 밖에 필요한 사항은 대통령
령으로 정한다.

제250조 (은행에 대한 특칙)

① 은행으로서 제12조에 따라 집합투자업에 관한 금융투자업인가를 받은
자(이하 이 조에서 '집합투자업겸영은행'이라 한다.)는 인가받은 범위
에서 투자신탁의 설정·해지 및 투자신탁재산의 운용업무를 영위할
수 있다.

② 집합투자업겸영은행은 집합투자재산 운용업무와 관련한 의사결정을
위하여 제7항 제1호·제3호·제4호의 업무를 수행하지 아니하는 임
원 3인(사외이사 2인을 포함한다.)으로 구성된 집합투자재산운용위원
회를 설치하여야 한다. 이 경우 집합투자재산운용위원회의 운영 등에
관하여 필요한 사항은 대통령령으로 정한다.

③ 집합투자업겸영은행은 투자신탁재산의 운용과 관련하여 다음 각 호의
어느 하나에 해당하는 행위를 하여서는 아니 된다.

1. 자기가 발행한 투자신탁의 수익증권을 자기의 고유재산으로 취득하
   는 행위
2. 자기가 운용하는 투자신탁의 투자신탁재산에 관한 정보를 다른 집
   합투자증권의 판매에 이용하는 행위
3. 자기가 운용하는 투자신탁의 수익증권을 다른 은행을 통하여 판매
   하는 행위
4. 제229조 제5호의 단기금융집합투자기구를 설정하는 행위

④ 집합투자재산의 보관·관리업무를 영위하는 은행은 그 집합투자기구
   의 집합투자재산에 관한 정보를 자기가 운용하는 투자신탁재산의 운
   용 또는 자기가 판매하는 집합투자증권의 판매를 위하여 이용하여서
   는 아니 된다.

⑤ 일반사무관리회사의 업무를 영위하는 은행은 해당 집합투자기구의 집
   합투자재산에 관한 정보를 자기가 운용하는 투자신탁재산의 운용 또
   는 자기가 판매하는 집합투자증권의 판매를 위하여 이용하여서는 아
   니 된다.

⑥ 투자매매업 또는 투자중개업 인가를 받아 집합투자증권의 판매를 영
   위하는 은행은 다음 각 호의 어느 하나에 해당하는 행위를 하여서는
   아니 된다.

1. 자기가 판매하는 집합투자증권의 집합투자재산에 관한 정보를 자기
   가 운용하는 투자신탁재산의 운용 또는 자기가 운용하는 투자신탁
   의 수익증권의 판매를 위하여 이용하는 행위
2. 집합투자증권의 판매업무와 '은행법'에 따른 업무를 연계하여 정당
   한 사유 없이 고객을 차별하는 행위

⑦ 은행이 이 법에 따라 집합투자업, 신탁업(집합투자재산의 보관·관리
   업무를 제외한다. 이하 이 항에서 같다.), 집합투자재산의 보관·관리
   업무 또는 일반사무관리회사의 업무를 영위하는 경우에는 임원(사실
   상 임원과 동등한 지위에 있는 자로서 대통령령으로 정하는 자를 포
   함한다. 이하 이 항에서 같다.)을 두어야 하고, 임직원에게 다음 각 호

의 업무를 겸직하게 하여서는 아니 되며, 전산설비 또는 사무실 등의
공동사용 금지 및 다른 업무를 영위하는 임직원 간의 정보교류 제한
등 대통령령으로 정하는 이해상충방지체계를 갖추어야 한다. 다만, 임
원의 경우 제1호의 업무 중 제2호부터 제4호까지의 업무와 이해상충
이 적은 업무로서 대통령령으로 정하는 업무와 제2호부터 제4호까지
의 업무를 겸직할 수 있으며, 제3호 및 제4호의 업무 간에는 겸직할
수 있다.

1. '은행법'에 따른 업무(제2호부터 제4호까지의 업무를 제외한다.) 또
   는 신탁업
2. 집합투자업
3. 집합투자재산의 보관·관리업무
4. 일반사무관리회사의 업무

제251조 (보험회사에 대한 특칙)

① 보험회사로서 제12조에 따라 집합투자업에 관한 금융투자업인가를 받
   은 자(이하 이 조에서 '집합투자업겸영보험회사'라 한다.)는 인가받은
   범위에서 투자신탁의 설정·해지 및 투자신탁재산의 운용업무를 영위
   할 수 있다. 이 경우 투자신탁의 설정·해지 및 투자신탁재산의 운용
   업무는 '보험업법' 제108조 제1항 제3호에 따른 특별계정(특별계정
   내에 각각의 신탁계약에 의하여 설정된 다수의 투자신탁이 있는 경우
   각각의 투자신탁을 말한다. 이하 이 항에서 같다.)에 한하며, 그 특별
   계정은 이 법에 따른 투자신탁으로 본다.

② 제250조 제3항(제2호에 한한다.)은 집합투자업겸영보험회사에 준용하
   며, 같은 조 제4항부터 제6항까지의 규정은 보험회사에 준용한다. 이
   경우 '은행'은 '보험회사'로, '은행법'은 '보험업법'으로 본다.

③ 보험회사는 이 법에 따라 집합투자업, 신탁업(집합투자재산의 보관·
   관리업무를 제외한다. 이하 이 항에서 같다.), 집합투자재산의 보관·
   관리업무 또는 일반사무관리회사의 업무를 영위하는 경우에는 임원

(대통령령으로 정하는 방법으로 투자신탁재산을 운용하는 경우의 임원을 제외하며, 사실상 임원과 동등한 지위에 있는 자로서 대통령령으로 정하는 자를 포함한다. 이하 이 항에서 같다.)을 두어야 하고, 임직원에게 다음 각 호의 업무를 겸직하게 하여서는 아니 되며, 전산설비 또는 사무실 등의 공동사용 금지 및 다른 업무를 영위하는 임직원 간의 정보교류 제한 등 대통령령으로 정하는 이해상충방지체계를 갖추어야 한다. 다만, 임원의 경우 제1호의 업무 중 제2호부터 제4호까지의 업무와 이해상충이 적은 업무로서 대통령령으로 정하는 업무와 제2호부터 제4호까지의 업무를 겸직할 수 있으며, 제3호 및 제4호의 업무 간에는 겸직할 수 있다.

1. '보험업법'에 따른 업무(제2호부터 제4호까지의 업무를 제외한다.) 또는 신탁업
2. 집합투자업
3. 집합투자재산의 보관·관리업무
4. 일반사무관리회사의 업무

④ 집합투자업겸영보험회사는 제83조 제4항에 불구하고 투자신탁재산에 속하는 자산을 '보험업법'에서 정하는 방법에 따라 그 보험에 가입한 자에게 대출하는 방법으로 운용할 수 있다.

⑤ 제182조, 제183조 제1항, 제188조 제1항 제2호·제6호, 같은 조 제2항 각 호 외의 부분 후단 및 같은 조 제3항, 제189조부터 제193조까지, 제230조, 제235조부터 제237조까지, 제238조 제2항(대통령령으로 정하는 방법으로 투자신탁재산을 운용하는 경우에 한한다.), 제239조 제3항, 제253조 제1항 및 제420조 제1항은 집합투자업겸영보험회사가 운용하는 투자신탁에 관하여는 적용하지 아니한다.

⑥ 제82조, 제86조, 제89조 제4호, 제90조 및 제92조는 보험회사의 집합투자업 영위에 관하여는 적용하지 아니한다.

제8장 감독·검사

제252조 (투자회사등에 대한 감독·검사)

① 금융감독위원회는 투자자를 보호하고 건전한 거래질서를 유지하기 위하여 투자회사등에 대하여 다음 각 호의 사항에 관하여 필요한 조치를 명할 수 있다.

1. 집합투자재산의 운용에 관한 사항

2. 집합투자재산의 공시에 관한 사항

3. 그 밖에 투자자 보호 또는 건전한 거래질서를 위하여 필요한 사항으로서 대통령령으로 정하는 사항

② 제419조(제2항부터 제4항까지 및 제8항을 제외한다.)는 투자회사등에 대한 검사에 관하여 준용한다.

제253조 (집합투자기구의 등록취소 등)

① 금융감독위원회는 다음 각 호의 어느 하나에 해당하는 경우에는 집합투자기구의 등록을 취소할 수 있다. 다만, 제3호의 경우에는 등록을 취소하여야 한다.

1. 거짓, 그 밖의 부정한 방법으로 제182조 제1항 또는 제8항에 따른 등록이나 변경등록을 한 경우

2. 제182조 제2항 각 호에 따른 등록요건을 갖추지 못하게 된 경우

3. 집합투자기구가 해지 또는 해산한 경우

4. 투자회사의 순자산액이 3개월 이상 계속하여 제194조 제2항 제7호에 따른 최저순자산액에 미달하는 경우

5. 제182조 제8항에 따른 변경등록을 하지 아니한 경우

6. 금융감독위원회의 시정명령 또는 중지명령을 이행하지 아니한 경우

7. 별표 2 각 호의 어느 하나에 해당하는 경우로서 대통령령으로 정하는 경우

8. 대통령령으로 정하는 금융관련법령 등을 위반한 경우로서 대통령령으로 정하는 경우

9. 그 밖에 투자자의 이익을 현저히 해할 우려가 있거나 집합투자기구

로서 존속하기 곤란하다고 인정되는 경우로서 대통령령으로 정하는
경우

② 금융감독위원회는 투자회사등(그 집합투자업자 또는 그 법인이사·업
무집행사원·업무집행조합원을 포함한다.)이 제1항 각 호(제7호를 제
외한다.)의 어느 하나에 해당하거나 별표 2 각 호의 어느 하나에 해당
하는 경우에는 그 투자회사등에 대하여 다음 각 호의 어느 하나에 해
당하는 조치를 할 수 있다.

1. 6개월 이내의 업무의 전부 또는 일부의 정지
2. 계약의 인계명령
3. 위법행위의 시정명령 또는 중지명령
4. 위법행위로 인한 조치를 받았다는 사실의 공표명령 또는 게시명령
5. 기관경고
6. 기관주의
7. 그 밖에 위법행위를 시정하거나 방지하기 위하여 필요한 조치로서
   대통령령으로 정하는 조치

③ 금융감독위원회는 투자회사의 감독이사가 다음 각 호의 어느 하나에
해당하는 경우에는 해임요구, 6개월 이내의 직무정지, 문책경고, 주의
적 경고, 주의, 그 밖에 대통령령으로 정하는 조치를 할 수 있다.

1. 제195조 제1항 각 호 외의 부분 단서를 위반하여 정관을 변경한 경우
2. 제199조 제5항에서 준용하는 제54조를 위반하여 정당한 사유 없이
   직무 관련 정보를 이용한 경우
3. 제200조 제3항을 위반하여 결의한 경우
4. 제247조 제2항을 위반하여 시정을 요구하지 아니하거나, 같은 조
   제3항을 위반하여 보고 또는 공시에 관한 업무를 이행하지 아니한
   경우
5. 그 밖에 투자자 보호 또는 건전한 거래질서를 해할 우려가 있는 경
   우로서 대통령령으로 정하는 경우

④ 금융감독위원회는 제1항에 따라 집합투자기구의 등록을 취소하거나,

제3항에 따라 투자회사의 감독이사에 대한 해임요구를 하고자 하는 경우에는 청문을 실시하여야 한다.

⑤ 제424조 및 제425조는 집합투자기구 및 투자회사의 감독이사에 대한 조치 등에 관하여 준용한다.

제9장 집합투자기구의 관계회사

제254조 (일반사무관리회사)

① 제184조 제6항에 따라 투자회사의 위탁을 받아 같은 조 제6항 각 호의 업무를 영위하려는 자는 금융감독위원회에 등록하여야 한다.

② 제1항에 따른 등록을 하려는 자는 다음 각 호의 요건을 모두 갖추어야 한다.

　1. 다음 각 목의 어느 하나에 해당할 것

　　가. '상법'에 따른 주식회사

　　나. 명의개서대행회사(예탁결제원을 포함한다.)

　　다. 그 밖에 대통령령으로 정하는 금융기관

　2. 5억 원 이상으로서 대통령령으로 정하는 금액 이상의 자기자본을 갖출 것

　3. 상근 임직원 중 대통령령으로 정하는 기준의 전문인력을 보유할 것

　4. 전산설비 등 대통령령으로 정하는 물적 설비를 갖출 것

　5. 임원이 제24조 각 호의 어느 하나에 해당하지 아니할 것

　6. 대통령령으로 정하는 이해상충방지체계를 구축하고 있을 것(대통령령으로 정하는 금융업을 영위하고 있는 경우에 한한다.)

③ 제1항에 따른 등록을 하려는 자는 금융감독위원회에 등록신청서를 제출하여야 한다.

④ 금융감독위원회는 제3항의 등록신청서를 접수한 경우에는 그 내용을 검토하여 30일 이내에 등록 여부를 결정하고, 그 결과와 이유를 지체 없이 신청인에게 문서로 통지하여야 한다. 이 경우 등록신청서에 흠

결이 있는 때에는 보완을 요구할 수 있다.

⑤ 제4항의 검토 기간을 산정함에 있어서 등록신청서 흠결의 보완 기간 등 재정경제부령으로 정하는 기간은 검토 기간에 산입하지 아니한다.

⑥ 금융감독위원회는 제4항의 등록 여부를 결정함에 있어서 다음 각 호의 어느 하나에 해당하는 사유가 없는 한 그 등록을 거부하여서는 아니 된다.

 1. 제2항의 등록요건을 갖추지 아니한 경우

 2. 제3항의 등록신청서를 거짓으로 작성한 경우

 3. 제4항 후단의 보완요구를 이행하지 아니한 경우

⑦ 금융감독위원회는 제4항에 따라 등록을 결정한 경우 일반사무관리회사등록부에 필요한 사항을 기재하여야 하며, 등록결정한 내용을 관보 및 인터넷 홈페이지 등에 공고하여야 한다.

⑧ 제1항에 따라 등록을 한 자(이하 '일반사무관리회사'라 한다.)는 등록 이후 그 영업을 영위함에 있어서 제2항 각 호의 등록요건(같은 항 제2호의 경우에는 대통령령으로 정하는 완화된 요건을 말한다.)을 계속 유지하여야 한다.

⑨ 제1항부터 제7항까지의 규정에 따른 등록신청서의 기재사항·첨부서류 등 등록의 신청에 관한 사항과 등록검토의 방법·절차, 그 밖에 필요한 사항은 대통령령으로 정한다.

제255조 (준용규정)
제42조, 제54조, 제60조 및 제64조는 일반사무관리회사에 준용한다.

제256조 (일반사무관리회사에 대한 감독·검사)
① 금융감독위원회는 투자자를 보호하고 건전한 거래질서를 유지하기 위하여 일반사무관리회사에 대하여 다음 각 호의 사항에 관하여 필요한 조치를 명할 수 있다.

 1. 고유재산의 운용에 관한 사항

2. 영업의 질서 유지에 관한 사항

3. 영업방법에 관한 사항

4. 그 밖에 투자자 보호 또는 건전한 거래질서를 위하여 필요한 사항
   으로서 대통령령으로 정하는 사항

② 제419조(제2항부터 제4항까지 및 제8항을 제외한다.)는 일반사무관리
   회사에 대한 검사에 관하여 준용한다.

제257조 (일반사무관리회사에 대한 처분)

① 금융감독위원회는 일반사무관리회사가 별표 3 각 호의 어느 하나에
   해당하는 경우에는 제254조 제1항에 따른 등록을 취소할 수 있다.

② 금융감독위원회는 일반사무관리회사가 별표 3 각 호의 어느 하나에 해
   당하는 경우에는 다음 각 호의 어느 하나에 해당하는 조치를 할 수 있다.

1. 6개월 이내의 업무의 전부 또는 일부의 정지

2. 계약의 인계명령

3. 위법행위의 시정명령 또는 중지명령

4. 위법행위로 인한 조치를 받았다는 사실의 공표명령 또는 게시명령

5. 기관경고

6. 기관주의

7. 그 밖에 위법행위를 시정하거나 방지하기 위하여 필요한 조치로서
   대통령령으로 정하는 조치

③ 금융감독위원회는 일반사무관리회사의 임원이 별표 3 각 호의 어느
   하나에 해당하는 경우에는 다음 각 호의 어느 하나에 해당하는 조치
   를 할 수 있다.

1. 해임요구

2. 6개월 이내의 직무정지

3. 문책경고

4. 주의적 경고

5. 주의

6. 그 밖에 위법행위를 시정하거나 방지하기 위하여 필요한 조치로서
   대통령령으로 정하는 조치

④ 금융감독위원회는 일반사무관리회사의 직원이 별표 3 각 호의 어느
   하나에 해당하는 경우에는 다음 각 호의 어느 하나에 해당하는 조치
   를 그 일반사무관리회사에 요구할 수 있다.

1. 면직

2. 6개월 이내의 정직

3. 감봉

4. 견책

5. 경고

6. 주의

7. 그 밖에 위법행위를 시정하거나 방지하기 위하여 필요한 조치로서
   대통령령으로 정하는 조치

⑤ 제422조 제3항 및 제423조부터 제425조까지의 규정은 일반사무관리
   회사 및 그 임직원에 대한 조치 등에 관하여 준용한다.

제258조 (집합투자기구평가회사)

① 집합투자기구를 평가하고 이를 투자자에게 제공하는 업무를 영위하려
   는 자는 금융감독위원회에 등록하여야 한다.

② 제1항에 따른 등록을 하려는 자는 다음 각 호의 요건을 모두 갖추어
   야 한다.

1. '상법'에 따른 주식회사일 것

2. 투자매매업자·투자중개업자 또는 집합투자업자와 그 계열회사가
   아닐 것

3. 1억 원 이상으로서 대통령령으로 정하는 금액 이상의 자기자본을
   갖출 것

4. 상근 임직원 중 대통령령으로 정하는 기준의 전문인력을 보유할 것

5. 전산설비 등 대통령령으로 정하는 물적 설비를 갖출 것

6. 임원이 제24조 각 호의 어느 하나에 해당하지 아니할 것

7. 대통령령으로 정하는 집합투자기구평가체계를 갖출 것

8. 대통령령으로 정하는 이해상충방지체계를 구축하고 있을 것(대통령령으로 정하는 금융업을 영위하고 있는 경우에 한한다.)

③ 제1항에 따른 등록을 하려는 자는 금융감독위원회에 등록신청서를 제출하여야 한다.

④ 금융감독위원회는 제3항의 등록신청서를 접수한 경우에는 그 내용을 검토하여 30일 이내에 등록 여부를 결정하고, 그 결과와 이유를 지체 없이 신청인에게 문서로 통지하여야 한다. 이 경우 등록신청서에 흠결이 있는 때에는 보완을 요구할 수 있다.

⑤ 제4항의 검토 기간을 산정함에 있어서 등록신청서 흠결의 보완 기간 등 재정경제부령으로 정하는 기간은 검토 기간에 산입하지 아니한다.

⑥ 금융감독위원회는 제4항의 등록 여부를 결정함에 있어서 다음 각 호의 어느 하나에 해당하는 사유가 없는 한 그 등록을 거부하여서는 아니 된다.

  1. 제2항의 등록요건을 갖추지 아니한 경우

  2. 제3항의 등록신청서를 거짓으로 작성한 경우

  3. 제4항 후단의 보완요구를 이행하지 아니한 경우

⑦ 금융감독위원회는 제4항에 따라 등록을 결정한 경우 집합투자기구평가회사등록부에 필요한 사항을 기재하여야 하며, 등록결정한 내용을 관보 및 인터넷 홈페이지 등에 공고하여야 한다.

⑧ 제1항에 따라 등록을 한 자(이하 '집합투자기구평가회사'라 한다.)는 등록 이후 그 영업을 영위함에 있어서 제2항 각 호의 등록요건(같은 항 제3호의 경우에는 대통령령으로 정하는 완화된 요건을 말한다.)을 계속 유지하여야 한다.

⑨ 제1항부터 제7항까지의 규정에 따른 등록신청서의 기재사항·첨부서류 등 등록의 신청에 관한 사항과 등록검토의 방법·절차, 그 밖에 필요한 사항은 대통령령으로 정한다.

제259조 (영업행위준칙 등)

① 집합투자기구평가회사는 대통령령으로 정하는 사항이 포함된 영업행
위준칙을 제정하여야 한다.

② 집합투자업자는 집합투자재산의 명세를 대통령령으로 정하는 방법에
따라 집합투자기구평가회사에 제공할 수 있다.

③ 집합투자기구평가회사의 평가기준의 공시방법 등에 관하여 필요한 사
항은 대통령령으로 정한다.

제260조 (준용규정)

제54조, 제60조 및 제64조는 집합투자기구평가회사에 준용한다.

제261조 (집합투자기구평가회사에 대한 감독·검사)

① 금융감독위원회는 투자자를 보호하고 건전한 거래질서를 유지하기 위
하여 집합투자기구평가회사에 대하여 다음 각 호의 사항에 관하여 필
요한 조치를 명할 수 있다.

 1. 고유재산의 운용에 관한 사항

 2. 영업의 질서 유지에 관한 사항

 3. 영업방법에 관한 사항

 4. 그 밖에 투자자 보호 또는 건전한 거래질서를 위하여 필요한 사항
으로서 대통령령으로 정하는 사항

② 제419조(제2항부터 제4항까지 및 제8항을 제외한다.)는 집합투자기구
평가회사에 대한 검사에 관하여 준용한다.

제262조 (집합투자기구평가회사에 대한 조치)

① 금융감독위원회는 집합투자기구평가회사가 별표 4 각 호의 어느 하나
에 해당하는 경우에는 제258조 제1항에 따른 등록을 취소할 수 있다.

② 금융감독위원회는 집합투자기구평가회사가 별표 4 각 호의 어느 하
나에 해당하는 경우에는 다음 각 호의 어느 하나에 해당하는 조치를

할 수 있다.

1. 6개월 이내의 업무의 전부 또는 일부의 정지

2. 계약의 인계명령

3. 위법행위의 시정명령 또는 중지명령

4. 위법행위로 인한 조치를 받았다는 사실의 공표명령 또는 게시명령

5. 기관경고

6. 기관주의

7. 그 밖에 위법행위를 시정하거나 방지하기 위하여 필요한 조치로서
   대통령령으로 정하는 조치

③ 금융감독위원회는 집합투자기구평가회사의 임원이 별표 4 각 호의 어
   느 하나에 해당하는 경우에는 다음 각 호의 어느 하나에 해당하는 조
   치를 할 수 있다.

1. 해임요구

2. 6개월 이내의 직무정지

3. 문책경고

4. 주의적 경고

5. 주의

6. 그 밖에 위법행위를 시정하거나 방지하기 위하여 필요한 조치로서
   대통령령으로 정하는 조치

④ 금융감독위원회는 집합투자기구평가회사의 직원이 별표 4 각 호의 어
   느 하나에 해당하는 경우에는 다음 각 호의 어느 하나에 해당하는 조
   치를 그 집합투자기구평가회사에 요구할 수 있다.

1. 면직

2. 6개월 이내의 정직

3. 감봉

4. 견책

5. 경고

6. 주의

7. 그 밖에 위법행위를 시정하거나 방지하기 위하여 필요한 조치로서 대통령령으로 정하는 조치

⑤ 제422조 제3항 및 제423조부터 제425조까지의 규정은 집합투자기구 평가회사 및 그 임직원에 대한 조치 등에 관하여 준용한다.

제263조 (채권평가회사)

① 집합투자재산에 속하는 채권 등 자산의 가격을 평가하고 이를 집합투 자기구에게 제공하는 업무를 영위하려는 자는 금융감독위원회에 등록 하여야 한다.

② 제1항에 따른 등록을 하려는 자는 다음 각 호의 요건을 모두 갖추어 야 한다.

  1. '상법'에 따른 주식회사일 것

  2. 20억 원 이상으로서 대통령령으로 정하는 금액 이상의 자기자본을 갖출 것

3. 상호출자제한기업집단의 출자액 또는 대통령령으로 정하는 금융기관의 출자액이 각각 100분의 10 이하일 것

  4. 상근 임직원 중 대통령령으로 정하는 기준의 전문인력을 보유할 것

  5. 전산설비 등 대통령령으로 정하는 물적 설비를 갖출 것

  6. 임원이 제24조 각 호의 어느 하나에 해당하지 아니할 것

  7. 대통령령으로 정하는 채권 등의 가격평가체계를 갖출 것

  8. 대통령령으로 정하는 이해상충방지체계를 구축하고 있을 것(대통령 령으로 정하는 금융업을 영위하고 있는 경우에 한한다.)

③ 제1항에 따른 등록을 하려는 자는 금융감독위원회에 등록신청서를 제 출하여야 한다.

④ 금융감독위원회는 제3항의 등록신청서를 접수한 경우에는 그 내용을 검토하여 30일 이내에 등록 여부를 결정하고, 그 결과와 이유를 지체 없이 신청인에게 문서로 통지하여야 한다. 이 경우 등록신청서에 흠 결이 있는 때에는 보완을 요구할 수 있다.

⑤ 제4항의 검토 기간을 산정함에 있어서 등록신청서 흠결의 보완 기간 등 재정경제부령으로 정하는 기간은 검토 기간에 산입하지 아니한다.

⑥ 금융감독위원회는 제4항의 등록 여부를 결정함에 있어서 다음 각 호의 어느 하나에 해당하는 사유가 없는 한 그 등록을 거부하여서는 아니 된다.

　1. 제2항의 등록요건을 갖추지 아니한 경우

　2. 제3항의 등록신청서를 거짓으로 작성한 경우

　3. 제4항 후단의 보완요구를 이행하지 아니한 경우

⑦ 금융감독위원회는 제4항에 따라 등록을 결정한 경우 채권평가회사등록부에 필요한 사항을 기재하여야 하며, 등록결정한 내용을 관보 및 인터넷 홈페이지 등에 공고하여야 한다.

⑧ 제1항에 따라 등록을 한 자(이하 ‘채권평가회사’라 한다.)는 등록 이후 그 영업을 영위함에 있어서 제2항 각 호의 등록요건(같은 항 제2호의 경우에는 대통령령으로 정하는 완화된 요건을 말한다.)을 계속 유지하여야 한다.

⑨ 제1항부터 제7항까지의 규정에 따른 등록신청서의 기재사항·첨부서류 등 등록의 신청에 관한 사항과 등록검토의 방법·절차, 그 밖에 필요한 사항은 대통령령으로 정한다.

제264조 (업무준칙 등)

① 채권평가회사는 대통령령으로 정하는 사항이 포함된 업무준칙을 제정하여야 한다.

② 채권평가회사의 증권평가기준 공시방법 등에 관하여 필요한 사항은 대통령령으로 정한다.

제265조 (준용규정)

제54조, 제60조 및 제64조는 채권평가회사에 준용한다.

제266조 (채권평가회사에 대한 감독·검사)

① 금융감독위원회는 투자자를 보호하고 건전한 거래질서를 유지하기 위하여 채권평가회사에 대하여 다음 각 호의 사항에 관하여 필요한 조치를 명할 수 있다.

1. 고유재산의 운용에 관한 사항

2. 영업의 질서 유지에 관한 사항

3. 영업방법에 관한 사항

4. 그 밖에 투자자 보호 또는 건전한 거래질서를 위하여 필요한 사항으로서 대통령령으로 정하는 사항

② 제419조(제2항부터 제4항까지 및 제8항을 제외한다.)는 채권평가회사에 대한 검사에 관하여 준용한다.

제267조 (채권평가회사에 대한 조치)

① 금융감독위원회는 채권평가회사가 별표 5 각 호의 어느 하나에 해당하는 경우에는 제263조 제1항에 따른 등록을 취소할 수 있다.

② 금융감독위원회는 채권평가회사가 별표 5 각 호의 어느 하나에 해당하는 경우에는 다음 각 호의 어느 하나에 해당하는 조치를 할 수 있다.

1. 6개월 이내의 업무의 전부 또는 일부의 정지

2. 계약의 인계명령

3. 위법행위의 시정명령 또는 중지명령

4. 위법행위로 인한 조치를 받았다는 사실의 공표명령 또는 게시명령

5. 기관경고

6. 기관주의

7. 그 밖에 위법행위를 시정하거나 방지하기 위하여 필요한 조치로서 대통령령으로 정하는 조치

③ 금융감독위원회는 채권평가회사의 임원이 별표 5 각 호의 어느 하나에 해당하는 경우에는 다음 각 호의 어느 하나에 해당하는 조치를 할 수 있다.

1. 해임요구

2. 6개월 이내의 직무정지

3. 문책경고

4. 주의적 경고

5. 주의

6. 그 밖에 위법행위를 시정하거나 방지하기 위하여 필요한 조치로서 대통령령으로 정하는 조치

④ 금융감독위원회는 채권평가회사의 직원이 별표 5 각 호의 어느 하나에 해당하는 경우에는 다음 각 호의 어느 하나에 해당하는 조치를 그 채권평가회사에 요구할 수 있다.

1. 면직

2. 6개월 이내의 정직

3. 감봉

4. 견책

5. 경고

6. 주의

7. 그 밖에 위법행위를 시정하거나 방지하기 위하여 필요한 조치로서 대통령령으로 정하는 조치

⑤ 제422조 제3항 및 제423조부터 제425조까지의 규정은 채권평가회사 및 그 임직원에 대한 조치 등에 관하여 준용한다.

제10장 사모투자전문회사에 대한 특례

제268조 (설립 및 등록)

① 사모투자전문회사의 정관에는 다음 각 호의 사항을 기재하고, 총사원이 기명날인 또는 서명하여야 한다.

1. 목적

2. 상호

　　3. 회사의 소재지

　　4. 각 사원의 출자의 목적과 가격 또는 평가의 기준

　　5. 회사의 존속 기간(설립등기일부터 15년 이내로 한다.)

　　6. 회사의 해산사유를 정한 경우에는 그 내용

　　7. 사원의 성명·주민등록번호(법인인 경우에는 상호 또는 명칭·사업
　　　자등록번호) 및 주소

　　8. 무한책임사원 또는 유한책임사원의 구분

　　9. 정관의 작성연월일

② 사모투자전문회사는 다음 각 호의 사항을 등기하여야 한다.

　　1. 제1항 제1호부터 제3호까지의 사항 및 같은 항 제5호·제6호의 사항

　　2. 무한책임사원의 성명·주민등록번호(법인인 경우에는 상호 또는 명
　　　칭·사업자등록번호) 및 주소

③ 사모투자전문회사는 설립등기일부터 2주 이내에 금융감독위원회에 등
　록을 신청하여야 한다.

④ 제3항에 따른 등록을 하려는 자는 다음 각 호의 요건을 모두 갖추어
　야 한다.

　　1. 사모투자전문회사가 이 법에 따라 규정에 맞게 설립되었을 것

　　2. 사모투자전문회사의 정관이 법령을 위반하거나 투자자의 이익을 명
　　　백히 침해하지 아니할 것

⑤ 제3항에 따른 등록을 신청하려는 자는 금융감독위원회에 등록신청서
　를 제출하여야 한다.

⑥ 금융감독위원회는 제5항의 등록신청서를 접수한 경우에는 그 내용을
　검토하여 30일 이내에 등록 여부를 결정하고, 그 결과와 이유를 지체
　없이 신청인에게 문서로 통지하여야 한다. 이 경우 등록신청서에 흠
　결이 있는 때에는 보완을 요구할 수 있다.

⑦ 제6항의 검토 기간을 산정함에 있어서 등록신청서 흠결의 보완 기간
　등 재정경제부령으로 정하는 기간은 검토 기간에 산입하지 아니한다.

⑧ 금융감독위원회는 제6항의 등록 여부를 결정함에 있어서 다음 각 호

의 어느 하나에 해당하는 사유가 없는 한 그 등록을 거부하여서는 아
니 된다.

1. 제4항의 등록요건을 갖추지 아니한 경우
2. 제5항의 등록신청서를 거짓으로 작성한 경우
3. 제6항 후단의 보완요구를 이행하지 아니한 경우

⑨ 금융감독위원회는 제6항에 따라 등록을 결정한 경우 사모투자전문회
사등록부에 필요한 사항을 기재하여야 하며, 등록결정한 내용을 인터
넷 홈페이지 등에 공고하여야 한다.

⑩ 사모투자전문회사는 제3항에 따라 등록된 사항이 변경된 경우에는 2
주 이내에 그 내용을 금융감독위원회에 변경등록하여야 한다. 이 경
우 제4항부터 제9항까지의 규정을 준용한다.

⑪ 제3항부터 제10항까지의 규정에 따른 등록신청서의 기재사항 및 첨부
서류 등 등록 및 변경등록의 신청에 관한 사항과 등록검토의 방법·
절차, 그 밖에 필요한 사항은 대통령령으로 정한다.

제269조 (사원 및 출자)

① 사모투자전문회사의 사원은 1인 이상의 무한책임사원과 1인 이상의
유한책임사원으로 하되, 사원의 총수는 50인 이하로 한다.

② 제1항의 사원 총수를 계산함에 있어서 다른 집합투자기구가 그 사모
투자전문회사의 지분을 100분의 10 이상 취득하는 경우에는 그 다른
집합투자기구의 투자자의 수를 합하여 계산하여야 한다.

③ 전문투자자 중 대통령령으로 정하는 자는 제1항에 따른 사원의 총수
계산에서 제외한다.

④ 유한책임사원은 사모투자전문회사재산인 주식 또는 지분의 의결권 행
사에 영향을 미쳐서는 아니 된다.

⑤ 사모투자전문회사 사원의 출자의 목적은 금전에 한한다. 다만, 객관적
인 가치평가가 가능하고 사원의 이익을 해할 우려가 없는 경우로서
다른 모든 사원의 동의가 있는 경우에는 증권으로 출자할 수 있다.

⑥ 유한책임사원의 최소 출자가액은 100억 원 이내에서 대통령령으로 정
   하는 금액으로 한다.
⑦ '한국산업은행법'에 따른 한국산업은행과 '중소기업은행법'에 따른 중
   소기업은행은 그 설립목적에 부합하는 범위에서 사모투자전문회사에
   출자할 수 있다.
⑧ 그 밖에 사원의 출자방법 및 절차에 관하여 필요한 사항은 대통령령
   으로 정한다.

제270조 (사모투자전문회사재산의 운용방법)
① 사모투자전문회사(대통령령으로 정하는 방법에 따라 다른 사모투자전
   문회사와 공동으로 운용하는 경우를 포함한다.)는 다음 각 호의 어느
   하나에 해당하는 방법으로 사모투자전문회사재산을 운용하여야 한다.
  1. 다른 회사(투자회사, 투자유한회사, 투자합자회사, 그 밖에 대통령령
     으로 정하는 회사를 제외한다. 이하 이 조에서 같다.)의 의결권 있는
     발행주식총수 또는 출자총액의 100분의 10 이상 되도록 하는 투자
  2. 제1호에 불구하고 임원의 임면 등 투자하는 회사의 주요 경영사항
     에 대하여 사실상의 지배력 행사가 가능하도록 하는 투자
  3. 증권(지분증권을 제외한다.)에 대한 투자(제1호 또는 제2호를 목적으
     로 하는 경우에 한한다.)
  4. 투자대상기업(사모투자전문회사 또는 제271조에 의한 투자목적회사
     가 제1호 또는 제2호의 방법으로 투자한 기업을 말한다. 이하 이
     장에서 같다.)이 발행한 증권에 대한 투자위험을 회피하기 위한 투
     자로서 대통령령으로 정하는 장내파생상품 또는 장외파생상품에 대
     한 투자
  5. '사회기반시설에 대한 민간투자법'에 따른 사회기반시설투융자회사
     가 발행한 증권에 대한 투자
  6. 제271조에 따른 투자목적회사(이하 '투자목적회사'라 한다.)의 지분
     증권에 대한 투자

7. 그 밖에 제1호부터 제6호까지의 투자에 준하는 것으로서 대통령령
   으로 정하는 투자

② 사모투자전문회사는 제1항 각 호의 방법으로 운용하고 남은 사모투자
   전문회사재산을 다음 각 호의 어느 하나에 따른 방법으로 운용할 수
   있다.

   1. 대통령령으로 정하는 단기대출

   2. 대통령령으로 정하는 금융기관에의 예치

   3. 사모투자전문회사재산의 100분의 5 이내에서 대통령령으로 정하는
      비율에 해당하는 사모투자전문회사재산을 증권에 투자하는 방법

   4. 그 밖에 사모투자전문회사의 건전한 자산운용을 해할 우려가 없는
      방법으로서 대통령령으로 정하는 방법

③ 사모투자전문회사는 사원이 출자한 날부터 6개월 이상의 기간으로서
   대통령령으로 정하는 기간 이내에 출자한 금액의 100분의 50 이상으
   로서 대통령령으로 정하는 비율 이상 출자한 금액을 제1항 제1호·
   제2호·제5호 또는 제6호(투자목적회사가 제1항 제1호·제2호 또는
   제5호의 방법으로 투자한 경우에 한한다.)의 방법으로 운용하여야 한
   다. 다만, 투자대상기업을 선정하기 곤란한 경우, 그 밖에 대통령령으
   로 정하는 경우로서 미리 금융감독위원회의 승인을 받은 경우에는 그
   러하지 아니하다.

④ 사모투자전문회사는 제1항 제1호 또는 제2호에 부합되는 날부터 6개
   월 이상 투자대상기업이 발행한 지분증권을 소유하여야 하며, 6개월
   미만의 기간 중에는 그 지분증권을 처분하여서는 아니 된다. 다만, 그
   지분증권을 계속 소유함으로써 사원의 이익을 명백히 해할 우려가 있
   는 경우, 그 밖에 대통령령으로 정하는 경우로서 미리 금융감독위원
   회의 승인을 받은 경우에는 6개월 미만의 기간 중에 이를 처분할 수
   있다.

⑤ 사모투자전문회사(제271조 제1항 제3호 나목 또는 다목에 따라 투자
   목적회사의 주주 또는 사원이 된 자를 포함한다.)는 투자목적회사가

발행한 지분증권을 취득한 날부터 6개월 이상 소유하여야 하며, 6개월 미만의 기간 중에는 그 지분증권을 처분하여서는 아니 된다. 다만, 투자목적회사의 지분증권을 계속 소유함으로써 사원의 이익을 명백히 해할 우려가 있는 경우, 그 밖에 대통령령으로 정하는 경우로서 미리 금융감독위원회의 승인을 받은 경우에는 6개월 미만의 기간 중에 이를 처분할 수 있다.

⑥ 사모투자전문회사는 다른 회사의 지분증권을 최초로 취득한 날부터 6개월이 경과할 때까지 제1항 제1호 또는 제2호에 부합하지 아니하는 경우에는 이미 취득한 그 다른 회사의 지분증권 전부를 다른 자(그 사모투자전문회사와 출자관계를 가지고 있거나 같은 자로부터 출자에 의한 지배를 받는 자를 제외한다.)에게 대통령령으로 정하는 기간 이내에 이를 처분하고 금융감독위원회에 지체 없이 보고하여야 한다. 다만, 지분증권의 처분이 곤란한 경우, 그 밖에 대통령령으로 정하는 경우로서 미리 금융감독위원회의 승인을 받은 경우에는 대통령령으로 정한 기간 이내에 이를 처분하지 아니할 수 있다.

⑦ 사모투자전문회사는 다음 각 호의 어느 하나에 해당하는 사유가 발생하는 경우 자금을 차입하거나 투자대상기업 또는 투자대상기업과 관련된 타인을 위한 채무보증을 할 수 있다. 이 경우 차입금액 및 채무보증액의 합계는 사모투자전문회사재산의 100분의 10을 초과하지 못한다.

1. 사원의 퇴사에 따른 출자금을 지급하기 위하여 불가피한 경우

2. 운영비용에 충당할 자금이 일시적으로 부족한 경우

3. 투자대상기업에 투자하기 위하여 필요한 자금이 일시적으로 부족한 경우

⑧ 사모투자전문회사재산의 투자비율의 산정방식, 그 밖에 사모투자전문회사재산의 운용에 관하여 필요한 사항은 대통령령으로 정한다.

제271조 (투자목적회사)

① 투자목적회사는 다음 각 호의 요건을 모두 충족하는 회사를 말한다.

　1. '상법'에 따른 주식회사 또는 유한회사일 것

　2. 제270조 제1항 제1호부터 제5호까지의 투자 또는 제7호의 투자를 목적으로 할 것

　3. 그 주주 또는 사원이 다음 각 목의 어느 하나에 해당하되, 가목에 해당하는 주주 또는 사원의 출자비율이 대통령령으로 정하는 비율 이상일 것

　　가. 사모투자전문회사

　　나. 투자목적회사가 투자하는 회사의 임원 또는 대주주

　　다. 그 밖에 투자목적회사의 효율적 운영을 위하여 투자목적회사의 주주 또는 사원이 될 필요가 있는 자로서 대통령령으로 정하는 자

　4. 그 주주 또는 사원인 사모투자전문회사의 사원의 수와 사모투자전문회사가 아닌 주주 또는 사원의 수를 합산한 수가 50인 이내일 것

　5. 상근임원을 두거나 직원을 고용하지 아니하고, 본점 외에 영업소를 설치하지 아니할 것

② 이 법에 특별한 규정이 없는 한 '상법'의 주식회사 또는 유한회사에 관한 규정은 투자목적회사에 적용한다.

③ 투자목적회사는 차입을 하거나 투자대상기업 또는 투자대상기업과 관련된 타인을 위하여 채무보증을 할 수 있다. 이 경우 차입금액과 채무보증액의 합계는 대통령령으로 정하는 한도를 초과하지 못한다.

④ 제242조, 제269조 제3항, 제270조 제4항·제6항·제8항 및 제274조는 투자목적회사에 준용한다.

⑤ '상법' 제317조 제2항 제2호·제3호 및 제549조 제2항 제2호는 투자목적회사에는 적용하지 아니한다.

제272조 (업무집행사원 등)

① 사모투자전문회사는 정관으로 무한책임사원 중 1인 이상을 업무집행

사원으로 정하여야 한다. 이 경우 그 업무집행사원이 회사의 업무를 집행할 권리와 의무를 가진다.

② 대통령령으로 정하는 금융관련법령에서 규정하고 있는 업무를 영위하고 있는 자는 그 법령에 불구하고 업무집행사원이 될 수 있다. 이 경우 그 업무집행사원은 그 법령에서 제한하거나 금지하는 규정을 위반하지 아니하는 범위에서 업무를 집행할 수 있다.

③ 사모투자전문회사는 정관으로 업무집행사원에 대한 손익의 분배 또는 손익의 순위 등에 관한 사항을 정할 수 있다.

④ 제11조는 사모투자전문회사의 업무집행사원이 사모투자전문회사재산의 운용 및 보관·관리, 사모투자전문회사 지분의 판매 및 환매 등을 영위하는 경우에 적용하지 아니한다.

⑤ 업무집행사원은 법령과 정관에 따라 사모투자전문회사를 위하여 그 직무를 충실히 수행하여야 한다.

⑥ 업무집행사원(법인이 업무집행사원인 경우 제2호 및 제3호에 대하여는 법인의 임직원을 포함한다.)은 다음 각 호의 행위를 하여서는 아니 된다.

  1. 사모투자전문회사와 거래하는 행위(사원 전원의 동의가 있는 경우를 제외한다.)

  2. 원금 또는 일정한 이익의 보장을 약속하는 등의 방법으로 사원이 될 것을 부당하게 권유하는 행위

  3. 사원 전원의 동의 없이 사원의 일부 또는 제삼자의 이익을 위하여 사모투자전문회사가 소유한 자산의 명세를 사원이 아닌 자에게 제공하는 행위

  4. 그 밖에 사모투자전문회사 사원의 보호 및 사모투자전문회사재산의 안정성 등을 해할 우려가 있는 경우로서 대통령령으로 정하는 행위

⑦ 사모투자전문회사는 제5항 및 제6항에 따라 업무집행사원이 준수하여야 할 구체적인 행위준칙을 제정하여야 하며, 행위준칙을 제정·변경한 경우에는 지체 없이 이를 금융감독위원회에 보고하여야 한다. 이

경우 금융감독위원회는 보고받은 행위준칙이 법령을 위반하거나 사원의 이익을 해할 우려가 있는 때에는 그 내용을 변경하거나 보완할 것을 명할 수 있다.

⑧ 업무집행사원은 대통령령으로 정하는 기간마다 1회 이상 사모투자전문회사 및 사모투자전문회사가 출자한 투자목적회사의 재무제표 등을 사원에게 제공하고 그 운영 및 재산에 관한 사항을 설명하여야 하며, 그 제공 및 설명 사실에 관한 내용을 기록·유지하여야 한다.

⑨ 업무집행사원이 아닌 사원은 영업시간 내에만 사모투자전문회사 또는 사모투자전문회사가 출자한 투자목적회사의 재산에 관한 장부·서류의 열람이나 등본 또는 초본의 교부를 청구할 수 있다.

⑩ 업무집행사원이 아닌 사원은 업무집행사원이 업무를 집행함에 있어서 현저하게 부적합하거나 업무수행에 중대한 위반행위가 있는 경우에는 금융감독위원회의 승인을 받아 사모투자전문회사 또는 사모투자전문회사가 출자한 투자목적회사의 업무와 재산상황을 검사할 수 있다.

⑪ 사모투자전문회사는 정관에서 정하는 바에 따라 사모투자전문회사재산으로 업무집행사원에게 보수(운용실적에 따른 성과보수를 포함한다.)를 지급할 수 있다.

제273조 (지분양도 등)

① 사모투자전문회사의 무한책임사원은 출자한 지분을 타인에게 양도할 수 없다. 다만, 정관으로 정한 경우에는 사원 전원의 동의를 얻어 지분을 분할하지 아니하고 타인에게 양도할 수 있다.

② 사모투자전문회사의 유한책임사원은 무한책임사원 전원의 동의를 얻어 출자한 지분을 분할하지 아니하고 타인에게 양도할 수 있다.

③ 사모투자전문회사의 무한책임사원 및 유한책임사원은 제1항 단서 및 제2항에 불구하고 양도의 결과 사모투자전문회사의 사원 총수가 50인을 초과하지 아니하는 범위에서는 지분을 분할하여 양도할 수 있다. 이 경우 제269조 제3항을 준용한다.

④ 사모투자전문회사는 다른 회사(다른 사모투자전문회사를 포함한다.)와
   합병할 수 없다.

제274조 (상호출자제한기업집단 계열 사모투자전문회사 등에 대한 제한)
① 상호출자제한기업집단의 계열회사인 사모투자전문회사 또는 상호출자
   제한기업집단의 계열회사가 무한책임사원인 사모투자전문회사는 다른
   회사를 계열회사로 편입한 경우에는 편입일부터 5년 이내에 그 다른
   회사의 지분증권을 그 상호출자제한기업집단의 계열회사가 아닌 자에
   게 처분하여야 한다.
② 상호출자제한기업집단의 계열회사인 사모투자전문회사 또는 상호출자
   제한기업집단의 계열회사가 무한책임사원인 사모투자전문회사는 그
   계열회사가 발행한 지분증권을 취득하여서는 아니 된다.

제275조 (은행 및 은행지주회사 주식의 소유 제한)
① 다음 각 호의 어느 하나에 해당하는 사모투자전문회사는 '금융지주회
   사법' 제2조 제1항 제8호 또는 '은행법' 제2조 제1항 제9호에 따른
   비금융주력자(이하 이 조에서 '비금융주력자'라 한다.)로 본다.
  1. '금융지주회사법' 제2조 제1항 제8호 가목·나목 또는 '은행법' 제2
     조 제1항 제9호 가목·나목에 해당하는 자가 다음 각 목의 어느 하
     나에 해당하는 사모투자전문회사의 유한책임사원인 경우
     가. 사모투자전문회사 출자총액의 100분의 10을 초과하여 지분을 보
        유('금융지주회사법' 제2조 제1항 제8호 다목 및 '은행법' 제2조
        제1항 제9호 다목에 따른 보유를 말한다. 이하 이 조에서 같다.)
        한 경우
     나. 사모투자전문회사 출자총액의 100분의 4 이상 100분의 10 이하
        의 지분을 보유한 경우로서 최대출자자인 경우
  2. '금융지주회사법' 제2조 제1항 제8호 가목·나목 또는 '은행법' 제2
     조 제1항 제9호 가목·나목에 해당하는 자가 사모투자전문회사의

무한책임사원인 경우

3. 다른 상호출자제한기업집단에 속하는 각각의 계열회사가 취득한 사
모투자전문회사의 지분의 합이 사모투자전문회사 출자총액의 100분
의 30을 초과하는 경우

② 제1항에 해당하는 사모투자전문회사(제271조 제1항 제3호 나목 및 다
목에 따라 투자목적회사의 지분증권을 취득한 자 중 비금융주력자인
자를 포함한다.)가 투자목적회사의 지분증권의 100분의 4를 초과하여
취득·보유하거나 임원의 임면 등 주요 경영사항에 대하여 사실상의
지배력을 행사하는 경우 그 투자목적회사를 비금융주력자로 본다.

③ 제1항 각 호의 어느 하나에 해당하지 아니하는 사모투자전문회사는
은행 또는 '금융지주회사법'에 따른 은행지주회사(이하 이 조에서 '은
행지주회사'라 한다.)가 발행한 의결권 있는 주식 총수의 100분의 4
를 초과하여 취득·보유하는 때(100분의 4를 초과하여 보유한 사모투
자전문회사가 주식을 추가로 취득·보유하거나 그 사원의 변동이 있
는 때를 포함한다.)에는 주식을 취득·보유한 날 또는 사원의 변동이
있는 날부터 5일 이내에 대통령령으로 정하는 방법에 따라 다음 각
호의 사항을 금융감독위원회에 보고하여야 한다.

1. 유한책임사원·무한책임사원의 성명·주민등록번호(법인인 경우에
는 상호 또는 명칭·사업자등록번호) 및 주소

2. 유한책임사원·무한책임사원의 출자액

3. 그 밖에 은행 또는 은행지주회사의 주식보유상황 또는 주식보유비
율의 변동상황 확인을 위하여 필요한 사항으로서 금융감독위원회가
정하여 고시하는 사항

④ 제1항 각 호의 어느 하나에 해당하지 아니하는 사모투자전문회사는 은
행 또는 은행지주회사가 발행한 의결권 있는 주식 총수의 100분의 4를
초과하여 보유하고 있는 투자목적회사의 주식 또는 지분의 100분의 4
를 초과하여 취득·보유하는 때(100분의 4를 초과하여 보유한 사모투
자전문회사가 투자목적회사의 주식 또는 지분을 추가로 취득·보유하

거나 사모투자전문회사 사원의 변동이 있는 때를 포함한다.)에는 투자
목적회사의 주식 또는 지분을 취득·보유한 날 또는 사모투자전문회사
사원의 변동이 있는 날부터 5일 이내에 대통령령으로 정하는 방법에
따라 다음 각 호의 사항을 금융감독위원회에 보고하여야 한다.

1. 사모투자전문회사의 유한책임사원·무한책임사원의 성명·주민등록
   번호(법인인 경우에는 상호 또는 명칭·사업자등록번호) 및 주소
2. 사모투자전문회사의 유한책임사원·무한책임사원의 출자액
3. 그 밖에 은행 또는 은행지주회사의 주식보유상황 또는 주식보유비
   율의 변동상황 확인을 위하여 필요한 사항으로서 금융감독위원회가
   정하여 고시하는 사항

⑤ 비금융주력자에 해당하지 아니하는 자가 제271조 제1항 제3호 나목
   또는 다목에 따라 은행 또는 은행지주회사가 발행한 의결권 있는 주
   식 총수의 100분의 4를 초과하여 보유하고 있는 투자목적회사의 주
   식 또는 지분의 100분의 4를 초과하여 취득·보유하는 때(100분의 4
   를 초과하여 보유한 자가 주식 또는 지분을 추가로 취득·보유하는
   때를 포함한다.)에는 투자목적회사의 주식 또는 지분을 취득·보유한
   날부터 5일 이내에 대통령령으로 정하는 방법에 따라 다음 각 호의
   사항을 금융감독위원회에 보고하여야 한다.

1. 주주 또는 사원의 성명·주민등록번호(법인인 경우에는 상호 또는
   명칭·사업자등록번호) 및 주소
2. 그 밖에 은행 또는 은행지주회사의 주식보유상황 또는 주식보유비
   율의 변동상황 확인을 위하여 필요한 사항으로서 금융감독위원회가
   정하여 고시하는 사항

제276조 (지주회사 규제의 특례)

① '독점규제 및 공정거래에 관한 법률'에 따른 지주회사에 관한 규정은
   사모투자전문회사 또는 투자목적회사가 제270조 제1항 제1호 또는
   제2호의 요건을 충족하는 경우 그 요건을 충족한 날부터 10년이 되는

날까지는 적용하지 아니한다.

② 사모투자전문회사 또는 투자목적회사는 제1항에 해당하는 경우에는 그 요건을 충족한 날부터 2주일 이내에 그 사실을 대통령령으로 정하는 방법에 따라 금융감독위원회에 보고하여야 하며, 금융감독위원회는 그 사항을 공정거래위원회에 통보하여야 한다.

③ 사모투자전문회사(사모투자전문회사의 무한책임사원 중 상호출자제한 기업집단 계열회사 또는 금융지주회사가 아닌 자를 포함한다.) 및 투자목적회사에 대하여는 제270조 제1항 제1호 또는 제2호의 요건을 충족하는 경우 그 요건을 충족한 날부터 10년이 되는 날까지는 '금융지주회사법'에 따른 금융지주회사로 보지 아니한다. 다만, 사모투자전문회사 또는 투자목적회사가 대통령령으로 정하는 1개 이상의 금융기관을 지배하는 경우에는 같은 법 제45조부터 제45조의 4까지 및 제48조를 준용한다.

④ '금융지주회사법' 제45조의 2부터 제45조의 4까지의 규정은 회사가 사모투자전문회사의 업무집행사원인 경우에 준용한다. 이 경우 '은행지주회사의 대주주'는 '업무집행사원' 또는 '업무집행사원의 대주주'로 본다.

⑤ '금융지주회사법'에 따른 자회사는 같은 법 제19조에 불구하고 사모투자전문회사의 지분을 취득할 수 있다.

제277조 (적용배제)

① 제182조, 제183조 제1항, 제184조 제1항부터 제6항까지, 제185조, 제186조, 제213조부터 제217조까지, 제229조부터 제237조까지, 제238조 제2항부터 제5항까지 및 제7항·제8항, 제239조, 제240조 제3항부터 제10항까지, 제241조, 제243조부터 제251조까지 및 제253조는 사모투자전문회사에 적용하지 아니한다.

② '상법' 제173조, 제198조, 제217조 제2항, 제224조, 제274조 및 제286조는 사모투자전문회사에 적용하지 아니한다.

제278조 (사모투자전문회사에 대한 조치)

① 금융감독위원회는 다음 각 호의 어느 하나에 해당하는 경우에는 사모
투자전문회사의 등록을 취소할 수 있다. 다만, 제3호의 경우에는 등록
을 취소하여야 한다.

1. 거짓, 그 밖의 부정한 방법으로 제268조 제3항 또는 제10항에 따른
등록이나 변경등록을 한 경우

2. 제268조 제4항 각 호에 따른 등록요건을 갖추지 못하게 된 경우

3. 사모투자전문회사가 해산한 경우

4. 금융감독위원회의 시정명령 또는 중지명령을 이행하지 아니한 경우

5. 제268조 제10항에 따른 변경등록을 하지 아니한 경우

6. 별표 6 각 호의 어느 하나에 해당하는 경우로서 대통령령으로 정하
는 경우

7. 대통령령으로 정하는 금융관련법령 등을 위반한 경우로서 대통령령
으로 정하는 경우

8. 그 밖에 투자자의 이익을 현저히 해할 우려가 있거나 사모투자전문회
사로서 존속하기 곤란하다고 인정되는 경우로서 대통령령으로 정하는
경우

② 사모투자전문회사가 제1항(제3호를 제외한다.)에 따라 등록이 취소된
경우에는 이로 인하여 해산한다.

③ 금융감독위원회는 사모투자전문회사가 제1항 각 호(제6호를 제외한
다.)의 어느 하나에 해당하거나 별표 6 각 호의 어느 하나에 해당하
는 경우에는 다음 각 호의 어느 하나에 해당하는 조치를 할 수 있다.

1. 6개월 이내의 업무의 전부 또는 일부의 정지

2. 계약의 인계명령

3. 위법행위의 시정명령 또는 중지명령

4. 위법행위로 인한 조치를 받았다는 사실의 공표명령 또는 게시명령

5. 기관경고

6. 기관주의

7. 그 밖에 위법행위를 시정하거나 방지하기 위하여 필요한 조치로서
대통령령으로 정하는 조치

④ 금융감독위원회는 사모투자전문회사의 업무집행사원(법인인 경우에
한한다.)이 제1항 각 호(제6호를 제외한다.)의 어느 하나에 해당하거
나 별표 6 각 호의 어느 하나에 해당하는 경우에는 다음 각 호의 어
느 하나에 해당하는 조치를 할 수 있다.

1. 그 업무집행사원에 대한 조치

가. 해임요구

나. 6개월 이내의 직무정지

다. 기관경고

라. 기관주의

마. 그 밖에 위법행위를 시정하거나 방지하기 위하여 필요한 조치로
서 대통령령으로 정하는 조치

2. 그 업무집행사원의 임원에 대한 조치

가. 해임요구

나. 6개월 이내의 직무정지

다. 문책경고

라. 주의적 경고

마. 그 밖에 위법행위를 시정하거나 방지하기 위하여 필요한 조치로
서 대통령령으로 정하는 조치

3. 그 업무집행사원의 직원에 대한 조치요구

가. 면직

나. 6개월 이내의 정직

다. 감봉

라. 견책

마. 주의

바. 그 밖에 위법행위를 시정하거나 방지하기 위하여 필요한 조치로
서 대통령령으로 정하는 조치

⑤ 금융감독위원회는 사모투자전문회사의 업무집행사원(개인인 경우에
한한다.)이 제1항 각 호(제6호를 제외한다.)의 어느 하나에 해당하거
나 별표 6 각 호의 하나에 해당하는 경우에는 다음 각 호의 어느 하
나에 해당하는 조치를 할 수 있다.

1. 해임요구

2. 6개월 이내의 직무정지

3. 문책경고

4. 주의적 경고

5. 그 밖에 위법행위를 시정하거나 방지하기 위하여 필요한 조치로서
   대통령령으로 정하는 조치

⑥ 제422조 제3항 및 제423조부터 제425조까지의 규정은 사모투자전문
회사 및 사모투자전문회사의 업무집행사원에 대한 조치 등에 관하여
준용한다.

제11장 외국 집합투자증권에 대한 특례

제279조 (외국 집합투자기구의 등록 등)

① 외국 투자신탁(투자신탁과 유사한 것으로서 외국 법령에 따라 설정된
투자신탁을 말한다. 이하 같다.)이나 외국 투자익명조합(투자익명조합
과 유사한 것으로서 외국 법령에 따라 설립된 투자익명조합을 말한
다. 이하 같다.)의 외국 집합투자업자(외국 법령에 따라 집합투자업에
상당하는 영업을 영위하는 자를 말한다. 이하 같다.) 또는 외국 투자
회사등(외국 법령에 따라 설립된 투자회사등을 말한다. 이하 같다.)은
외국 집합투자증권(집합투자증권과 유사한 것으로서 외국 법령에 따
라 외국에서 발행된 것을 말한다. 이하 같다.)을 국내에서 판매하고자
하는 경우에는 해당 외국 집합투자기구(집합투자기구와 유사한 것으
로서 외국 법령에 따라 설정·설립된 것을 말한다. 이하 같다.)를 금

융감독위원회에 등록하여야 한다.

② 외국 투자신탁이나 외국 투자익명조합의 외국 집합투자업자 또는 외국 투자회사등은 제1항에 따라 외국 집합투자기구를 등록하고자 하는 경우 대통령령으로 정하는 외국 집합투자업자 적격 요건 및 외국 집합투자증권 판매적격 요건을 갖추어야 한다. 이 경우 전문투자자 중 대통령령으로 정하는 자만을 대상으로 외국 집합투자증권을 판매하고자 하는 경우에는 외국 집합투자업자 적격 요건 및 외국 집합투자증권 판매적격 요건을 달리 정할 수 있다.

③ 제182조 제2항부터 제9항까지의 규정은 제1항에 따른 외국 집합투자기구의 등록에 관하여 준용한다. 이 경우 같은 조 제2항 제2호 중 '이 법'은 '외국 집합투자기구가 설정·설립된 국가의 법'으로 본다.

제280조 (외국 집합투자증권의 국내판매)

① 외국 투자신탁이나 외국 투자익명조합의 외국 집합투자업자 또는 외국 투자회사등은 외국 집합투자증권을 국내에서 판매하는 경우에는 투자매매업자 또는 투자중개업자를 통하여 판매하여야 한다.

② 외국 집합투자업자는 제88조에 따른 자산운용보고서를 작성하여 3개월마다 1회 이상 해당 외국 집합투자기구의 투자자에게 제공하여야 한다.

③ 투자자는 외국 투자신탁이나 외국 투자익명조합의 외국 집합투자업자, 외국 투자회사등 또는 외국 집합투자증권을 판매한 투자매매업자 또는 투자중개업자에 대하여 영업시간 중 이유를 기재한 서면으로 그 투자자에 관련된 집합투자재산에 관한 장부·서류로서 대통령령으로 정하는 장부·서류의 열람이나 등본 또는 초본의 교부를 청구할 수 있으며, 외국 투자신탁이나 외국 투자익명조합의 외국 집합투자업자, 외국 투자회사등 또는 외국 집합투자증권을 판매한 투자매매업자 또는 투자중개업자는 대통령령으로 정하는 정당한 사유가 없는 한 이를 거절하지 못한다.

④ 외국 투자신탁이나 외국 투자익명조합의 외국 집합투자업자 또는 외국 투자회사등은 해당 외국 집합투자증권의 기준가격을 매일 공고·게시하여야 한다. 다만, 기준가격을 매일 공고·게시하기 곤란한 경우 등 대통령령으로 정하는 경우에는 해당 집합투자규약에서 기준가격의 공고·게시기간을 15일 이내의 범위에서 별도로 정할 수 있다.

⑤ 외국 집합투자증권의 국내 판매와 관련하여 판매방법, 보고서 제공, 그 밖에 필요한 사항은 대통령령으로 정한다.

제281조 (외국 집합투자업자 등에 대한 감독·검사)

① 금융감독위원회는 투자자를 보호하고 건전한 거래질서를 유지하기 위하여 외국 투자신탁이나 외국 투자익명조합의 외국 집합투자업자 또는 는 외국 투자회사등에 대하여 해당 집합투자재산의 공시 등에 관하여 필요한 조치를 명할 수 있다.

② 제419조(제2항부터 제4항까지 및 제8항을 제외한다.)는 외국 투자신탁이나 외국 투자익명조합의 외국 집합투자업자 또는 외국 투자회사등에 대한 검사에 관하여 준용한다.

제282조 (외국 집합투자기구의 등록취소)

① 금융감독위원회는 다음 각 호의 어느 하나에 해당하는 경우에는 외국 집합투자기구의 등록을 취소할 수 있다.

  1. 거짓, 그 밖의 부정한 방법으로 제279조 제1항에 따른 등록을 하거나 제279조 제3항에서 준용하는 제182조 제8항에 따른 변경등록을 한 경우

  2. 제279조 제3항에서 준용하는 제182조 제2항 각 호에 따른 등록요건을 갖추지 못하게 된 경우

  3. 제279조 제3항에서 준용하는 제182조 제8항에 따른 변경등록을 하지 아니한 경우

  4. 제279조 제2항에 따른 외국 집합투자업자 적격 요건 또는 외국 집

합투자증권 판매적격 요건을 갖추지 못하게 된 경우

5. 제280조를 위반한 경우

6. 제281조 제1항에 따른 명령을 위반한 경우

7. 그 밖에 투자자의 이익을 현저히 해할 우려가 있거나 외국 집합투
   자기구로서 존속하기 곤란하다고 인정되는 경우로서 대통령령으로
   정하는 경우

② 금융감독위원회는 제1항에 따라 외국 집합투자기구의 등록을 취소하
   고자 하는 경우에는 청문을 실시하여야 한다.

③ 제424조 및 제425조는 외국 집합투자기구의 등록 취소에 관하여 준
   용한다.

제6편 금융투자업관계기관

제1장 한국금융투자협회

제283조 (설립)

① 회원 상호 간의 업무질서 유지 및 공정한 거래를 확립하고 투자자를
   보호하며 금융투자업의 건전한 발전을 위하여 한국금융투자협회를 설
   립한다.

② 협회는 회원조직으로서의 법인으로 한다.

③ 협회는 대통령령으로 정하는 바에 따라 주된 사무소의 소재지에서 설
   립등기를 함으로써 성립한다.

④ 협회에 대하여는 이 법에서 특별한 규정이 있는 것을 제외하고는 '민
   법' 중 사단법인에 관한 규정을 준용한다.

제284조 (유사명칭 사용의 금지)

협회가 아닌 자는 '금융투자협회', '증권협회', '선물협회', '자산운용협회'
또는 이와 유사한 명칭을 사용하여서는 아니 된다.

제285조 (회원)

① 협회의 회원이 될 수 있는 자는 금융투자업자, 그 밖에 금융투자업과 관련된 업무를 영위하는 자로서 대통령령으로 정하는 자로 한다.

② 협회는 정관이 정하는 바에 따라 회원으로부터 회비를 징수할 수 있다.

제286조 (업무)

① 협회는 정관이 정하는 바에 따라 다음 각 호의 업무를 행한다.

  1. 회원 간의 건전한 영업질서 유지 및 투자자 보호를 위한 자율규제 업무

  2. 회원의 영업행위와 관련된 분쟁의 자율조정(당사자의 신청이 있는 경우에 한한다.)에 관한 업무

  3. 다음 각 목의 주요 직무 종사자의 등록 및 관리에 관한 업무

      가. 투자권유자문인력(투자권유를 하거나 투자에 관한 자문 업무를 수행하는 자를 말한다.)

      나. 조사분석인력(조사분석자료를 작성하거나 이를 심사·승인하는 업무를 수행하는 자를 말한다.)

      다. 투자운용인력(집합투자재산·신탁재산 또는 투자일임재산을 운용하는 업무를 수행하는 자를 말한다.)

      라. 그 밖에 투자자 보호 또는 건전한 거래질서를 위하여 대통령령으로 정하는 주요 직무 종사자

  4. 증권시장에 상장되지 아니한 주권의 장외매매거래에 관한 업무

  5. 금융투자업 관련 제도의 조사·연구에 관한 업무

  6. 투자자 교육 및 이를 위한 재단의 설립·운영에 관한 업무

  7. 금융투자업 관련 연수업무

  8. 이 법 또는 다른 법령에 따라 위탁받은 업무

  9. 제1호부터 제8호까지의 업무 외에 대통령령으로 정하는 업무

  10. 제1호부터 제9호까지의 업무에 부수되는 업무

② 협회는 제1항 각 호의 업무를 행함에 있어 같은 항 제1호 및 제2호의

업무가 다른 업무와 독립적으로 운영되도록 하여야 하며, 이를 위하
여 별도의 조직을 갖추어야 한다.

제287조 (정관)
① 협회의 정관에는 다음 각 호의 사항을 기재하여야 한다.
  1. 목적
  2. 명칭
  3. 조직에 관한 사항. 이 경우 조직은 금융투자업의 종류 및 금융투자
     상품의 범위를 기준으로 대통령령으로 정하는 바에 따라 구분·운
     영되어야 한다.
  4. 사무소에 관한 사항
  5. 업무에 관한 사항
  6. 회원의 자격 및 권리의무에 관한 사항
  7. 회원의 가입, 제명, 그 밖의 제재(회원의 임직원에 대한 제재의 권고
     를 포함한다.)에 관한 사항
  8. 회비에 관한 사항
  9. 공고의 방법
  10. 그 밖에 협회의 운영에 관한 사항으로서 대통령령으로 정하는 사항
② 협회는 정관 중 대통령령으로 정하는 사항을 변경하고자 하는 경우에
   는 금융감독위원회의 승인을 받아야 한다.

제288조 (분쟁의 자율조정)
① 협회는 제286조 제1항 제2호에 따른 분쟁의 자율조정을 위하여 필요
   한 분쟁조정규정을 정한다.
② 협회는 분쟁의 조정을 위하여 필요하다고 인정되는 경우에는 당사자
   에 대하여 사실의 확인 또는 자료의 제출 등을 요구할 수 있다.
③ 협회는 당사자, 그 밖의 이해관계인의 의견을 들을 필요가 있다고 인
   정되는 경우에는 이들에게 회의에 출석하여 의견을 진술할 것을 요청

할 수 있다.

제289조 (준용규정)

제24조, 제54조, 제63조 및 제413조(제286조 제1항 제4호의 업무에 한한
다.)는 협회에 준용한다.

제290조 (업무규정의 보고)

협회는 업무에 관한 규정(규정)을 제정·변경하거나 폐지한 경우에는 지
체 없이 금융감독위원회에 이를 보고하여야 한다.

제291조 (연수원)

협회는 금융투자업에 종사하는 자의 자질을 향상시키고 금융투자업에 관
한 전문적인 지식을 보급하기 위하여 연수원을 둘 수 있다.

제292조 (협회에 대한 검사)

제419조(제2항부터 제4항까지 및 제8항을 제외한다.)는 협회에 대한 검사
에 관하여 준용한다.

제293조 (협회에 대한 조치)

① 금융감독위원회는 협회가 별표 7 각 호의 어느 하나에 해당하는 경우
　　에는 다음 각 호의 어느 하나에 해당하는 조치를 할 수 있다.
　1. 6개월 이내의 업무의 전부 또는 일부의 정지
　2. 계약의 인계명령
　3. 위법행위의 시정명령 또는 중지명령
　4. 위법행위로 인한 조치를 받았다는 사실의 공표명령 또는 게시명령
　5. 기관경고
　6. 기관주의
　7. 그 밖에 위법행위를 시정하거나 방지하기 위하여 필요한 조치로서

대통령령으로 정하는 조치

② 금융감독위원회는 협회의 임원이 별표 7 각 호의 어느 하나에 해당하는 경우에는 다음 각 호의 어느 하나에 해당하는 조치를 할 수 있다.

1. 해임요구

2. 6개월 이내의 직무정지

3. 문책경고

4. 주의적 경고

5. 주의

6. 그 밖에 위법행위를 시정하거나 방지하기 위하여 필요한 조치로서 대통령령으로 정하는 조치

③ 금융감독위원회는 협회의 직원이 별표 7 각 호의 어느 하나에 해당하는 경우에는 다음 각 호의 어느 하나에 해당하는 조치를 협회에 요구할 수 있다.

1. 면직

2. 6개월 이내의 정직

3. 감봉

4. 견책

5. 경고

6. 주의

7. 그 밖에 위법행위를 시정하거나 방지하기 위하여 필요한 조치로서 대통령령으로 정하는 조치

④ 제422조 제3항, 제423조(제1호를 제외한다.), 제424조(제2항을 제외한다.) 및 제425조는 협회 및 그 임직원에 대한 조치 등에 관하여 준용한다.

제2장 한국예탁결제원

제1절 설립 및 감독

제294조 (설립)

① 증권등(증권, 그 밖에 대통령령으로 정하는 것을 말한다. 이하 이 장에서 같다.)의 집중예탁과 계좌 간 대체, 매매거래에 따른 결제업무 및 유통의 원활을 위하여 한국예탁결제원을 설립한다.

② 예탁결제원은 법인으로 한다.

③ 예탁결제원은 대통령령으로 정하는 바에 따라 주된 사무소의 소재지에서 설립등기를 함으로써 성립한다.

제295조 (유사명칭의 사용금지)

예탁결제원이 아닌 자는 '한국예탁결제원' 또는 이와 유사한 명칭을 사용하여서는 아니 된다.

제296조 (업무)

예탁결제원은 그 목적을 달성하기 위하여 다음 각 호의 업무를 행한다.

1. 증권등의 집중예탁업무
2. 증권등의 계좌 간 대체업무
3. 증권시장에서의 증권의 매매거래에 따른 증권인도와 대금지급 및 결제이행·불이행결과의 거래소에 대한 통지에 관한 업무
4. 증권시장 밖에서의 증권등의 매매거래에 따른 증권등의 인도와 대금의 지급에 관한 업무
5. 예탁결제원과 유사한 업무를 영위하는 외국 법인(이하 '외국예탁결제기관'이라 한다.)과의 계좌설정을 통한 증권등의 예탁, 계좌 간 대체 및 매매거래에 따른 증권등의 인도와 대금의 지급에 관한 업무
6. 증권의 명의개서대행업무(증권등에 대한 배당, 이자 및 상환금의 지급대행업무와 증권등의 발행대행업무를 포함한다.)

7. 증권등의 보호예수업무

8. 제1호부터 제7호까지의 업무 외에 이 법 및 다른 법률에 따라 부여
   된 업무

9. 제1호부터 제8호까지의 업무에 부수되는 업무

10. 그 밖에 정관에서 정하는 업무

제297조 (증권시장 결제기관)

증권시장에서의 매매거래에 따른 증권인도 및 대금지급 업무는 결제기관
으로서 예탁결제원이 수행한다.

제298조 (예탁업무 영위 등의 금지)

① 예탁결제원이 아닌 자는 증권등을 예탁받아 그 증권등의 수수를 갈음
   하여 계좌 간의 대체로 결제하는 업무를 영위하여서는 아니 된다.

② 예탁결제원이 아닌 자는 국내에서 증권예탁증권을 발행하는 업무를
   영위하여서는 아니 된다.

제299조 (정관)

① 예탁결제원의 정관에는 다음 각 호의 사항을 기재하여야 한다.

   1. 목적

   2. 명칭

   3. 주된 사무소의 소재지

   4. 주식 및 자본금에 관한 사항

   5. 주식의 취득자격 및 소유한도에 관한 사항

   6. 주주총회 및 이사회에 관한 사항

   7. 임원에 관한 사항

   8. 회계에 관한 사항

   9. 공고의 방법

② 예탁결제원은 정관을 변경하고자 하는 경우에는 재정경제부장관의 승

인을 받아야 한다.

제300조 ('상법'의 준용)

예탁결제원에 관하여 이 법 또는 이 법에 따른 명령에 특별한 규정이 있는 것을 제외하고는 '상법' 중 주식회사에 관한 규정(제517조부터 제521조의 2까지의 규정을 제외한다.)을 준용한다.

제301조 (임원 등)

① 예탁결제원의 임원은 사장·전무이사·이사 및 감사로 한다.

② 사장은 주주총회에서 선출하되, 재정경제부장관의 승인을 받아야 한다.

③ 상근감사는 주주총회에서 선출한다.

④ 제24조는 예탁결제원의 임원에게 준용한다.

⑤ 예탁결제원의 상근 임직원은 금융투자업자 및 다른 금융투자업관계기관과 자금의 공여, 손익의 분배, 그 밖에 영업에 관하여 대통령령으로 정하는 특별한 이해관계를 가져서는 아니 된다.

제302조 (예탁업무규정)

① 예탁결제원은 증권등의 예탁과 제309조 제3항 제2호의 예탁증권등의 관리를 위하여 예탁업무규정을 정하여야 한다.

② 제1항의 예탁업무규정에는 다음 각 호의 사항이 포함되어야 한다.

  1. 제308조에 따른 예탁대상증권등의 지정·취소 및 그 관리에 관한 사항

  2. 예탁자의 계좌개설과 그 폐지에 관한 사항

  3. 예탁자계좌부의 작성 및 비치에 관한 사항

  4. 제308조에 따른 예탁대상증권등의 예탁·반환 및 계좌 간 대체에 관한 사항

  5. 제309조 제3항 제2호의 예탁증권등에 대한 담보권의 설정·소멸 및 신탁재산의 표시·말소에 관한 사항

6. 제309조 제3항 제2호의 예탁증권등의 권리 행사에 관한 사항

7. 그 밖에 제309조 제3항 제2호의 예탁증권등의 관리를 위하여 필요
   한 사항

제303조 (결제업무규정)

① 예탁결제원은 증권등의 매매거래에 따른 결제업무의 수행을 위하여
   결제업무규정을 정하여야 한다. 이 경우 결제업무규정은 제387조의
   회원관리규정 및 제393조의 업무규정과 상충되어서는 아니 된다.

② 제1항의 결제업무규정에는 다음 각 호의 사항이 포함되어야 한다.

   1. 예탁결제원 결제회원의 가입·탈퇴 및 권리·의무에 관한 사항

   2. 결제계좌의 개설 및 관리에 관한 사항

   3. 결제시한에 관한 사항

   4. 증권등의 인도 및 대금지급에 관한 사항

   5. 증권시장에서의 증권의 매매거래에 따른 결제이행·불이행 결과의
      거래소에 대한 통지에 관한 사항

   6. 그 밖에 결제업무 수행을 위하여 필요한 사항

제304조 (준용규정)

제54조, 제63조, 제413조(제296조 제1호부터 제4호까지의 업무에 한한
다.) 및 '금융실명거래 및 비밀보장에 관한 법률' 제4조는 예탁결제원에 준
용한다.

제305조 (업무규정의 승인·보고)

① 예탁결제원은 제296조 제5호의 업무에 관한 규정(규정), 제302조의 예
   탁업무규정 및 제303조의 결제업무규정을 제정·변경하거나 폐지하고
   자 하는 경우에는 금융감독위원회의 승인을 받아야 한다.

② 금융감독위원회는 제1항에 따른 승인을 하고자 하는 경우에는 미리
   재정경제부장관과 협의하여야 한다.

③ 예탁결제원은 제1항 외의 업무에 관한 규정을 제정·변경하거나 폐지
한 경우에는 지체 없이 금융감독위원회에 보고하여야 한다.

제306조 (예탁결제원에 대한 검사)
제419조(제2항부터 제4항까지 및 제8항을 제외한다.)는 예탁결제원에 대
한 검사에 관하여 준용한다.

제307조 (예탁결제원에 대한 조치)
① 금융감독위원회는 예탁결제원이 별표 8 각 호의 어느 하나에 해당하
는 경우에는 다음 각 호의 어느 하나에 해당하는 조치를 할 수 있다.
　1. 6개월 이내의 업무의 전부 또는 일부의 정지
　2. 계약의 인계명령
　3. 위법행위의 시정명령 또는 중지명령
　4. 위법행위로 인한 조치를 받았다는 사실의 공표명령 또는 게시명령
　5. 기관경고
　6. 기관주의
　7. 그 밖에 위법행위를 시정하거나 방지하기 위하여 필요한 조치로서
　　대통령령으로 정하는 조치
② 금융감독위원회는 예탁결제원의 임원이 별표 8 각 호의 어느 하나에
해당하는 경우에는 다음 각 호의 어느 하나에 해당하는 조치를 할 수
있다.
　1. 해임요구
　2. 6개월 이내의 직무정지
　3. 문책경고
　4. 주의적 경고
　5. 주의
　6. 그 밖에 위법행위를 시정하거나 방지하기 위하여 필요한 조치로서
　　대통령령으로 정하는 조치

③ 금융감독위원회는 예탁결제원의 직원이 별표 8 각 호의 어느 하나에 해당하는 경우에는 다음 각 호의 어느 하나에 해당하는 조치를 예탁결제원에 요구할 수 있다.

1. 면직
2. 6개월 이내의 정직
3. 감봉
4. 견책
5. 경고
6. 주의
7. 그 밖에 위법행위를 시정하거나 방지하기 위하여 필요한 조치로서 대통령령으로 정하는 조치

④ 제422조 제3항, 제423조(제1호를 제외한다.), 제424조(제2항을 제외한다.) 및 제425조는 예탁결제원 및 그 임직원에 대한 조치 등에 관하여 준용한다.

제2절 예탁관련제도

제308조 (예탁대상증권등의 지정)

예탁결제원에 예탁할 수 있는 증권등(이하 '예탁대상증권등'이라 한다.)은 예탁결제원이 지정한다.

제309조 (예탁결제원에의 예탁 등)

① 예탁결제원에 증권등을 예탁하고자 하는 자는 예탁결제원에 계좌를 개설하여야 한다.

② 제1항에 따라 계좌를 개설한 자(이하 '예탁자'라 한다.)는 자기가 소유하고 있는 증권등과 투자자로부터 예탁받은 증권등을 투자자의 동의를 얻어 예탁결제원에 예탁할 수 있다.

③ 예탁결제원은 다음 각 호의 사항을 기재하여 예탁자계좌부를 작성·

비치하되, 예탁자의 자기소유분과 투자자 예탁분이 구분될 수 있도록
하여야 한다.

1. 예탁자의 명칭 및 주소
2. 예탁받은 증권등(이하 '예탁증권등'이라 한다.)의 종류 및 수와 그
   발행인의 명칭
3. 그 밖에 재정경제부령으로 정하는 사항

④ 예탁결제원은 예탁증권등을 종류·종목별로 혼합하여 보관할 수 있다.

⑤ 예탁자 또는 그 투자자가 증권등을 인수 또는 청약하거나, 그 밖의
   사유로 새로 증권등의 발행을 청구하는 경우에 그 증권등의 발행인은
   예탁자 또는 그 투자자의 신청에 의하여 이들을 갈음하여 예탁결제원
   을 명의인으로 하여 그 증권등을 발행 또는 등록('국채법' 또는 '공사
   채등록법'에 따른 등록을 말한다. 이하 이 절에서 같다.)할 수 있다.

제310조 (투자자의 예탁자에의 예탁 등)

① 투자자로부터 예탁받은 증권등을 예탁결제원에 다시 예탁하는 예탁자
   는 다음 각 호의 사항을 기재하여 투자자계좌부를 작성·비치하여야
   한다.
   1. 투자자의 성명 및 주소
   2. 예탁증권등의 종류 및 수와 그 발행인의 명칭
   3. 그 밖에 재정경제부령으로 정하는 사항

② 예탁자는 제1항에 따른 기재를 한 경우에는 해당 증권등이 투자자 예
   탁분이라는 것을 밝혀 지체 없이 예탁결제원에 예탁하여야 한다.

③ 예탁자는 제1항에 따른 기재를 한 경우에는 제2항에 따라 해당 증권
   등을 예탁결제원에 예탁하기 전까지는 이를 자기소유분과 구분하여
   보관하여야 한다.

④ 제1항에 따른 투자자계좌부에 기재된 증권등은 그 기재를 한 때에 예
   탁결제원에 예탁된 것으로 본다.

제311조 (계좌부 기재의 효력)

① 투자자계좌부와 예탁자계좌부에 기재된 자는 각각 그 증권등을 점유
하는 것으로 본다.

② 투자자계좌부 또는 예탁자계좌부에 증권등의 양도를 목적으로 계좌
간 대체의 기재를 하거나 질권설정을 목적으로 질물(질물)인 뜻과 질
권자를 기재한 경우에는 증권등의 교부가 있었던 것으로 본다.

③ 예탁증권등의 신탁은 '신탁법' 제3조 제2항에 불구하고 예탁자계좌부
또는 투자자계좌부에 신탁재산인 뜻을 기재함으로써 제삼자에게 대항
할 수 있다.

④ 주권 발행 전에 증권시장에서의 매매거래를 투자자계좌부 또는 예탁
자계좌부상 계좌 간 대체의 방법으로 결제하는 경우에는 '상법' 제
335조 제3항에 불구하고 발행인에 대하여 그 효력이 있다.

제312조 (권리 추정 등)

① 예탁자의 투자자와 예탁자는 각각 투자자계좌부와 예탁자계좌부에 기
재된 증권등의 종류·종목 및 수량에 따라 예탁증권등에 대한 공유지
분을 가지는 것으로 추정한다.

② 예탁자의 투자자나 그 질권자는 예탁자에 대하여, 예탁자는 예탁결제
원에 대하여 언제든지 공유지분에 해당하는 예탁증권등의 반환을 청
구할 수 있다. 이 경우 질권의 목적으로 되어 있는 예탁증권등에 대
하여는 질권자의 동의가 있어야 한다.

③ 예탁결제원은 예탁자의 파산·해산, 그 밖에 대통령령으로 정하는 사
유가 발생한 경우 재정경제부령으로 정하는 기준 및 방법에 따라 예
탁증권등 중 투자자 예탁분의 반환 또는 계좌 간 대체를 제한할 수
있다.

제313조 (보전의무)

① 예탁증권등이 부족하게 된 경우에는 예탁결제원 및 제310조 제1항에

규정된 예탁자가 대통령령으로 정하는 방법 및 절차에 따라 이를 보
전하여야 한다. 이 경우 예탁결제원 및 예탁자는 그 부족에 대한 책
임이 있는 자에 대하여 구상권(구상권)을 행사할 수 있다.

② 제1항의 예탁자는 제309조 제1항에 따른 계좌를 폐쇄한 이후에도 제1
항에 따른 보전책임을 부담한다. 다만, 계좌를 폐쇄한 때부터 5년이
경과한 경우에는 그 책임은 소멸한다.

제314조 (예탁증권등의 권리 행사)

① 예탁결제원은 예탁자 또는 그 투자자의 신청에 의하여 예탁증권등에
관한 권리를 행사할 수 있다. 이 경우 그 투자자의 신청은 예탁자를
거쳐야 한다.

② 예탁결제원은 예탁증권등에 대하여 자기명의로 명의개서 또는 등록을
청구할 수 있다.

③ 예탁결제원은 제2항에 따라 자기명의로 명의개서된 주권에 대하여는
예탁자의 신청이 없는 경우에도 '상법' 제358조의 2에 규정된 사항과
주주명부의 기재 및 주권에 관하여 주주로서의 권리를 행사할 수 있다.

④ 주권의 발행인은 주주총회 소집의 통지 또는 공고를 하는 경우에 예
탁결제원의 명의로 명의개서된 주권을 소유하고 있는 주주에 대하여
는 제5항에 규정된 예탁결제원의 의결권 행사에 관한 내용을 함께 통
지 또는 공고하여야 한다.

⑤ 예탁결제원은 예탁결제원의 명의로 명의개서된 주권을 소유하고 있는
주주가 주주총회일 5일 전까지 예탁결제원에 그 의결권의 직접행사·
대리행사 또는 불행사의 뜻을 표시하지 아니하는 경우에는 그 의결권
을 행사할 수 있다. 다만, 다음 각 호의 어느 하나에 해당하는 경우에
는 그 의결권을 행사할 수 없다.

  1. 그 주권의 발행인이 제4항에 따른 예탁결제원의 의결권 행사에 관
     한 내용을 함께 통지 또는 공고하지 아니한 경우

  2. 그 주권의 발행인이 예탁결제원으로 하여금 의결권을 행사하지 못

하게 할 것을 금융감독위원회에 요청하는 경우

3. 그 주주총회의 회의목적 사항이 '상법' 제360조의 3, 제360조의 16,
제374조, 제438조, 제518조, 제519조, 제522조, 제530조의 3 및 제
604조에 규정된 사항에 해당하는 경우

4. 그 주주가 주주총회에서 의결권을 직접행사 또는 대리행사하는 경우

5. 그 주권의 발행인이 투자회사인 경우

⑥ 제1항에 따른 예탁결제원의 권리 행사를 위하여 발행인이 예탁결제원
에 통지하여야 할 사항 및 제5항에 따른 예탁결제원의 의결권 행사
등에 관하여 필요한 사항은 대통령령으로 정한다.

⑦ 제3항은 예탁증권등 중 기명식 증권에 관하여 준용한다.

제315조 (실질주주의 권리 행사 등)

① 예탁증권등 중 주식의 공유자(이하 '실질주주'라 한다.)는 주주로서의
권리 행사에 있어서는 각각 제312조 제1항에 따른 공유지분에 상당
하는 주식을 가지는 것으로 본다.

② 실질주주는 제314조 제3항에 따른 권리를 행사할 수 없다. 다만, 회
사의 주주에 대한 통지 및 '상법' 제396조 제2항에 따른 주주명부의
열람 또는 등사 청구에 대하여는 그 권리를 행사할 수 있다.

③ 예탁증권등 중 주권의 발행인은 '상법' 제354조에 따라 일정한 기간
또는 일정한 날을 정한 경우에는 예탁결제원에 이를 지체 없이 통지
하여야 하며, 예탁결제원은 그 일정한 기간의 첫날 또는 그 일정한
날(이하 이 조에서 '주주명부폐쇄기준일'이라 한다.)의 실질주주에 관
하여 다음 각 호의 사항을 지체 없이 그 주권의 발행인 또는 명의개
서를 대리하는 회사에 통지하여야 한다.

1. 성명 및 주소

2. 제1항에 따른 주식의 종류 및 수

④ 예탁결제원은 제310조 제1항에 규정된 예탁자에게 주주명부폐쇄기준
일의 실질주주에 관하여 제3항 각 호에 규정된 사항의 통보를 요청할

수 있다. 이 경우 요청받은 예탁자는 지체 없이 이를 통보하여야 한다.

⑤ 예탁결제원은 공개매수신고서가 제출된 주식등의 발행인(그 주식등과 관련된 증권예탁증권, 그 밖에 대통령령으로 정하는 주식등의 경우에는 대통령령으로 정하는 자를 말한다. 이하 이 항에서 같다.)이 주식의 소유상황을 파악하기 위하여 일정한 날을 정하여 예탁결제원에 실질주주에 관한 사항의 통보를 요청하는 경우에는 그 일정한 날의 실질주주에 관하여 다음 각 호의 사항을 지체 없이 주식등의 발행인 또는 명의개서를 대행하는 회사에 통지하여야 한다.

1. 성명 및 주소

2. 제1항에 따른 주식의 종류 및 수

⑥ 예탁결제원은 제310조 제1항의 예탁자에게 제5항의 일정한 날의 실질주주에 관하여 제5항 각 호의 사항의 통보를 요청할 수 있다. 이 경우 요청받은 예탁자는 이를 지체 없이 통보하여야 한다.

제316조 (실질주주명부의 작성 등)

① 제315조 제3항에 따라 통지받은 발행인 또는 명의개서를 대행하는 회사는 통지받은 사항과 통지 연월일을 기재하여 실질주주명부를 작성·비치하여야 한다.

② 예탁결제원에 예탁된 주권의 주식에 관한 실질주주명부에의 기재는 주주명부에의 기재와 같은 효력을 가진다.

③ 제1항에 따른 발행인 또는 명의개서를 대리하는 회사는 주주명부에 주주로 기재된 자와 실질주주명부에 실질주주로 기재된 자가 동일인이라고 인정되는 경우에는 주주로서의 권리 행사에 있어서 주주명부의 주식수와 실질주주명부의 주식수를 합산하여야 한다.

제317조 (민사집행)

예탁증권등에 관한 강제집행·가압류 및 가처분의 집행 또는 경매에 관하여 필요한 사항은 대법원규칙으로 정한다.

제318조 (실질주주증명서)

① 예탁결제원은 예탁자 또는 그 투자자가 주주로서의 권리를 행사하기 위하여 증권등의 예탁을 증명하는 문서(이하 이 조에서 '실질주주증명서'라 한다.)의 발행을 신청하는 경우에는 재정경제부령으로 정하는 방법에 따라 이를 발행하여야 한다. 이 경우 투자자의 신청은 예탁자를 거쳐야 한다.

② 예탁결제원은 제1항에 따라 실질주주증명서를 발행한 경우에는 해당 발행인에게 그 사실을 지체 없이 통지하여야 한다.

③ 예탁자 또는 그 투자자가 제1항에 따라 발행된 실질주주증명서를 발행인에게 제출한 경우에는 '상법' 제337조 제1항에 불구하고 발행인에게 대항할 수 있다.

제319조 (실질수익자의 권리 행사 등)

① 예탁증권등 중 투자신탁의 수익증권의 공유자(이하 이 조에서 '실질수익자'라 한다.)는 수익자로서의 권리 행사에 있어서는 각각 제312조 제1항에 따른 공유지분에 상당하는 투자신탁의 수익증권을 가지는 것으로 본다.

② 실질수익자는 예탁결제원의 명의로 명의개서된 투자신탁의 수익증권에 대하여는 제189조 제9항에 따라 준용되는 '상법' 제358조의 2에 따른 사항과 수익자명부의 기재 및 투자신탁의 수익증권에 관하여 수익자로서의 권리를 행사할 수 없다. 다만, 투자신탁재산을 운용하는 집합투자업자의 수익자에 대한 통지에 대하여는 수익자로서의 권리를 행사할 수 있다.

③ 투자신탁재산을 운용하는 집합투자업자는 제237조 제8항 제4호에 따라 일정한 날을 정한 경우에는 예탁결제원에 이를 지체 없이 통지하여야 하며, 예탁결제원은 수익자총회를 개최하기 위한 경우에만 그 일정한 날의 실질수익자에 관한 다음 각 호의 사항을 지체 없이 그 집합투자업자에게 통지하여야 한다.

1. 성명 및 주소

2. 제1항에 따른 투자신탁의 수익증권의 종류 및 수

④ 예탁결제원은 제310조 제1항에 따른 예탁자에게 제3항의 일정한 날의 실질수익자에 관한 제3항 각 호의 사항의 통보를 요청할 수 있다. 이 경우 요청받은 예탁자는 지체 없이 이를 통보하여야 한다.

⑤ 제4항에 따라 통보받은 예탁결제원은 통보받은 사항과 통보 연월일을 기재하여 실질수익자명부를 작성·비치하여야 한다.

⑥ 예탁결제원에 예탁된 투자신탁의 수익증권의 수익권에 관한 실질수익자명부에의 기재는 수익자명부에의 기재와 같은 효력을 가진다.

⑦ 예탁결제원 및 투자신탁재산을 운용하는 집합투자업자는 수익자명부에 수익자로 기재된 자와 실질수익자명부에 실질수익자로 기재된 자가 동일인이라고 인정되는 경우에는 수익자로서의 권리 행사에 있어서 수익자명부의 수익증권의 좌수와 실질수익자명부의 수익증권의 좌수를 합산하여야 한다.

⑧ 예탁결제원은 예탁자 또는 그 투자자가 수익자로서의 권리를 행사하기 위하여 투자신탁의 수익증권의 예탁을 증명하는 문서(이하 이 조에서 '실질수익자증명서'라 한다.)의 발행을 신청하는 경우에는 재정경제부령으로 정하는 방법에 따라 이를 발행할 수 있다. 이 경우 투자자의 신청은 예탁자를 거쳐야 한다.

⑨ 예탁결제원은 제8항에 따라 실질수익자증명서를 발행한 경우에는 해당 투자신탁재산을 운용하는 집합투자업자에게 그 사실을 지체 없이 통지하여야 한다.

⑩ 예탁자 또는 그 투자자가 제8항에 따라 발행된 실질수익자증명서를 해당 투자신탁재산을 운용하는 집합투자업자에게 제출한 경우에는 제189조 제9항에 따라 준용되는 '상법' 제337조 제1항에 불구하고 그 집합투자업자에게 대항할 수 있다.

제320조 (외국예탁결제기관 등의 예탁 등에 관한 특례)

① 제310조, 제313조, 제314조 제4항부터 제6항까지, 제315조 및 제316
조 제3항은 외국예탁결제기관에 적용하지 아니한다. 다만, 외국예탁결
제기관이 그 적용을 요청하는 경우에는 그러하지 아니하다.

② 제309조 제5항, 제314조 제4항부터 제6항까지, 제315조, 제316조 및
제318조는 예탁증권등의 발행인이 외국법인등인 경우에 적용하지 아
니한다. 다만, 그 외국법인등이 그 적용을 요청하는 경우에는 그러하
지 아니하다.

제321조 (보고 및 확인 등)

예탁결제원은 예탁자에 대하여 예탁업무에 관한 보고 또는 자료의 제출
을 요구하거나, 관련 장부의 열람 또는 예탁자 자체보관 증권등의 보관상황
등을 확인할 수 있다.

제322조 (증권등의 관리)

① 상장법인 및 명의개서대행회사는 증권등의 용지·발행·소각·교체
발행·폐기, 그 밖에 그 관리에 관하여 예탁결제원이 정하는 증권등
취급규정에 따라야 한다.

② 예탁결제원은 상장법인이 증권등의 발행을 위하여 예비로 보관하고
있는 증권등의 용지(이하 '예비증권등'이라 한다.)를 관리할 수 있다.

③ 예탁결제원은 필요하다고 인정되는 경우에는 상장법인 및 명의개서대
행회사에 대하여 제1항에 따른 증권등의 사무취급절차와 예비증권등
의 관리에 관한 자료의 제출을 요구할 수 있고, 소속직원에게 이를
확인하게 할 수 있다.

④ 비상장법인이 발행하는 증권등에 관하여 예탁결제원의 증권등 취급규
정에 따른 용지를 사용하고자 할 경우에는 예탁결제원의 승인을 받아
야 한다. 이 경우 제1항부터 제3항까지의 규정을 준용한다.

⑤ 제1항부터 제3항까지의 규정은 상장법인이 비상장법인으로 된 경우

예탁결제원의 증권등 취급규정에 따른 용지와 그 용지에 의하여 발행한 증권등이 전부 폐기될 때까지 준용한다.

제323조 (발행명세 및 사고증권등의 명세 통지 등)
① 예탁대상증권등의 발행인은 새로 증권등을 발행하는 경우 그 증권등의 종류, 그 밖에 재정경제부령으로 정하는 사항을 예탁결제원에 지체 없이 통지하여야 한다.
② 예탁대상증권등의 발행인은 증권등의 압류·가압류 또는 가처분의 명령에 관한 통지를 받거나 도난·분실 또는 멸실된 증권등에 대한 사고신고('민사소송법'에 따른 공시최고 및 제권판결을 포함한다.)를 접수한 경우 그 증권등의 종류, 그 밖에 재정경제부령으로 정하는 사항을 예탁결제원에 지체 없이 통지하여야 한다.
③ 제1항 및 제2항에 따라 통지를 받은 예탁결제원은 그 내용을 공표하여야 한다.

제3장 증권금융회사

제324조 (인가)
① 제326조 제1항에 따른 업무(이하 '증권금융업무'라 한다.)를 영위하려는 자는 재정경제부장관의 인가를 받아야 한다.
② 제1항에 따른 인가를 받으려는 자는 다음 각 호의 요건을 모두 갖추어야 한다.
1. '상법'에 따른 주식회사일 것
2. 20억 원 이상으로서 대통령령으로 정하는 금액 이상의 자기자본을 갖출 것
3. 사업계획이 타당하고 건전할 것
4. 투자자를 보호하고 영위하고자 하는 업무를 수행하기에 충분한 인력 및 전산설비, 그 밖의 물적 설비를 갖출 것

5. 임원이 제24조 각 호의 어느 하나에 해당하지 아니할 것

6. 대주주(제12조 제2항 제6호 가목의 대주주를 말한다.)가 충분한 출
   자능력, 건전한 재무상태 및 사회적 신용을 갖출 것

7. 이해상충방지체계를 구축하고 있을 것

③ 제1항에 따른 인가를 받으려는 자는 인가신청서를 재정경제부장관에
게 제출하여야 한다.

④ 재정경제부장관은 제3항의 인가신청서를 접수한 경우에는 그 내용을
심사하여 3개월 이내에 인가 여부를 결정하고, 그 결과와 이유를 지
체 없이 신청인에게 문서로 통지하여야 한다. 이 경우 인가신청서에
흠결이 있는 때에는 보완을 요구할 수 있다.

⑤ 제4항의 심사 기간을 산정함에 있어서 인가신청서 흠결의 보완 기간
등 재정경제부령으로 정하는 기간은 산입하지 아니한다.

⑥ 재정경제부장관은 제4항에 따라 인가를 하는 경우에는 경영의 건전성
확보 및 투자자 보호에 필요한 조건을 붙일 수 있다.

⑦ 제6항에 따라 조건이 붙은 인가를 받은 자는 사정의 변경, 그 밖에
정당한 사유가 있는 경우에는 재정경제부장관에게 조건의 취소 또는
변경을 요청할 수 있다. 이 경우 재정경제부장관은 2개월 이내에 조
건의 취소 또는 변경 여부를 결정하고, 그 결과를 지체 없이 신청인
에게 문서로 통지하여야 한다.

⑧ 재정경제부장관은 제4항에 따라 인가를 한 경우에는 다음 각 호의 사
항을 관보 및 인터넷 홈페이지 등에 공고하여야 한다.

 1. 인가의 내용

 2. 인가의 조건(조건을 붙인 경우에 한한다.)

 3. 인가의 조건을 취소하거나 변경한 경우 그 내용

⑨ 증권금융회사는 인가를 받아 그 영업을 영위함에 있어서 제2항 각 호
의 인가요건(제2호 및 제6호의 경우에는 대통령령으로 정하는 완화된
요건을 말한다.)을 유지하여야 한다.

⑩ 제1항부터 제8항까지의 규정에 따른 인가신청서의 기재사항·첨부서

류 등 인가의 신청에 관한 사항과 인가심사의 방법·절차, 그 밖에 필요한 사항은 대통령령으로 정한다.

제325조 (유사명칭 사용 금지)

증권금융회사가 아닌 자는 '증권금융' 또는 이와 유사한 명칭을 사용하여서는 아니 된다.

제326조 (업무)

① 증권금융업무는 다음 각 호와 같다.

1. 금융투자상품의 매도·매수, 증권의 발행·인수 또는 그 청약의 권유·청약·청약의 승낙과 관련하여 투자매매업자 또는 투자중개업자에 대하여 필요한 자금 또는 증권을 대여하는 업무

2. 증권시장 및 파생상품시장에서의 매매거래에 필요한 자금 또는 증권을 제378조 제1항에 따른 청산기관인 거래소를 통하여 대여하는 업무

3. 증권을 담보로 하는 대출업무

  4. 그 밖에 재정경제부장관의 승인을 받은 업무

② 증권금융회사는 증권금융업무 외에 다음 각 호의 어느 하나에 해당하는 업무를 이 법 또는 해당 법률이 정하는 바에 따라 인가·허가·등록 등을 받아 영위할 수 있다.

  1. 투자매매업 및 투자중개업 중 대통령령으로 정하는 업무

  2. 신탁업무

  3. 집합투자재산의 보관·관리업무

  4. 증권대차업무

  5. 보호예수업무

  6. 그 밖에 재정경제부장관의 승인을 받은 업무

③ 증권금융회사가 제2항 제2호에 따라 신탁업을 영위하는 경우에는 신탁업을 겸영하는 금융기관으로 본다. 이 경우 제107조를 적용하지 아니한다.

제327조 (임원 등)

① 증권금융회사의 상근임원은 금융투자업자의 임직원 외의 자이어야 한다.

② 제24조는 증권금융회사의 임원에게 준용한다.

③ 증권금융회사의 상근 임직원은 금융투자업자 및 금융투자업관계기관
(그 상근 임직원이 소속된 증권금융회사를 제외한다.)과 자금의 공여,
손익의 분배, 그 밖에 영업에 관하여 대통령령으로 정하는 특별한 이
해관계를 가져서는 아니 된다.

제328조 (준용규정)

제54조, 제63조 및 제64조는 증권금융회사에 준용한다.

제329조 (사채의 발행)

① 증권금융회사는 '상법' 제470조에 불구하고 자본금과 준비금의 합계
액의 20배를 초과하지 아니하는 범위에서 사채를 발행할 수 있다.

② 증권금융회사는 제1항에 따라 발행한 사채의 상환을 위하여 일시적으
로 그 한도를 초과하여 사채를 발행할 수 있다. 이 경우 발행 후 1개
월 이내에 제1항의 한도에 적합하도록 하여야 한다.

③ 제1항에 따른 증권금융회사의 사채 발행에 관하여 필요한 사항은 대
통령령으로 정한다.

제330조 (금융투자업자 자금의 예탁 등)

① 증권금융회사는 금융투자업자, 금융투자업관계기관(그 증권금융회사를
제외한다.), 거래소, 상장법인, 그 밖에 재정경제부령으로 정하는 자로
부터 자금의 예탁을 받을 수 있다.

② 증권금융회사는 제1항의 업무를 위하여 필요한 경우에는 재정경제부
령으로 정하는 방법에 따라 채무증서를 발행할 수 있다.

③ 제1항 및 제2항의 경우에는 '한국은행법'과 '은행법'을 적용하지 아니
한다.

제331조 (감독)

① 재정경제부장관은 증권금융회사에 대하여 이 법이 정하는 바에 따라 감독하며, 이에 필요한 조치를 명할 수 있다.

② 재정경제부장관은 제1항에 따른 감독업무 중 증권금융회사의 경영의 건전성을 유지하기 위한 감독업무를 금융감독위원회에 위탁한다.

③ '은행법' 제45조 및 제46조는 금융감독위원회가 제2항에 따라 위탁받은 감독업무에 관하여 준용한다. 이 경우 금융감독위원회는 증권금융회사의 특성을 고려하여 별도의 경영지도기준을 정하여야 한다.

제332조 (업무 폐지 등의 승인)

① 증권금융회사는 제326조 제1항에 따른 업무를 폐지하거나 해산하고자 하는 경우에는 재정경제부장관의 승인을 받아야 한다.

② 재정경제부장관은 제1항에 따른 승인을 한 경우 그 내용을 관보 및 인터넷 홈페이지 등에 공고하여야 한다.

③ 제1항에 따른 승인방법·절차, 그 밖의 승인업무 처리를 위하여 필요한 사항은 대통령령으로 정한다.

제333조 (정관·규정의 보고)

① 증권금융회사는 정관을 변경한 경우에는 이를 지체 없이 재정경제부장관에게 보고하여야 한다.

② 증권금융회사는 그 업무에 관한 규정(규정)을 제정·변경하거나 폐지한 경우에는 이를 지체 없이 재정경제부장관(제331조 제2항에 따른 감독업무와 관련된 규정의 경우에는 금융감독위원회로 한다.)에게 보고하여야 한다.

제334조 (증권금융회사에 대한 검사)

제419조(제2항부터 제4항까지의 규정 및 제8항을 제외한다.)는 증권금융회사에 대한 검사에 관하여 준용한다.

제335조 (증권금융회사에 대한 조치)

① 재정경제부장관은 증권금융회사가 다음 각 호의 어느 하나에 해당하는 경우에는 제324조 제1항에 따른 인가를 취소할 수 있다.

1. 거짓, 그 밖의 부정한 방법으로 제324조 제1항에 따른 인가를 받은 경우

2. 인가조건을 위반한 경우

3. 제324조 제9항에 따른 인가요건 유지의무를 위반한 경우

4. 업무의 정지 기간 중에 업무를 한 경우

5. 금융감독위원회의 시정명령 또는 중지명령을 이행하지 아니한 경우

6. 별표 9 각 호의 어느 하나에 해당하는 경우로서 대통령령으로 정하는 경우

7. 대통령령으로 정하는 금융관련법령 등을 위반한 경우로서 대통령령으로 정하는 경우

8. 그 밖에 투자자의 이익을 현저히 해할 우려가 있거나 해당 업무를 영위하기 곤란하다고 인정되는 경우로서 대통령령으로 정하는 경우

② 금융감독위원회는 증권금융회사가 제1항 각 호(제6호를 제외한다.)의 어느 하나에 해당하거나 별표 9 각 호의 어느 하나에 해당하는 경우에는 다음 각 호의 어느 하나에 해당하는 조치를 할 수 있다.

1. 6개월 이내의 업무의 전부 또는 일부의 정지

2. 계약의 인계명령

3. 위법행위의 시정명령 또는 중지명령

4. 위법행위로 인한 조치를 받았다는 사실의 공표명령 또는 게시명령

5. 기관경고

6. 기관주의

7. 그 밖에 위법행위를 시정하거나 방지하기 위하여 필요한 조치로서 대통령령으로 정하는 조치

③ 금융감독위원회는 증권금융회사의 임원이 제1항 각 호(제6호를 제외한다.)의 어느 하나에 해당하거나 별표 9 각 호의 어느 하나에 해당하는

경우에는 다음 각 호의 어느 하나에 해당하는 조치를 할 수 있다.

1. 해임요구
2. 6개월 이내의 직무정지
3. 문책경고
4. 주의적 경고
5. 주의
6. 그 밖에 위법행위를 시정하거나 방지하기 위하여 필요한 조치로서 대통령령으로 정하는 조치

④ 금융감독위원회는 증권금융회사의 직원이 제1항 각 호(제6호를 제외한다.)의 어느 하나에 해당하거나 별표 9 각 호의 어느 하나에 해당하는 경우에는 다음 각 호의 어느 하나에 해당하는 조치를 그 증권금융회사에 요구할 수 있다.

1. 면직
2. 6개월 이내의 정직
3. 감봉
4. 견책
5. 경고
6. 주의
7. 그 밖에 위법행위를 시정하거나 방지하기 위하여 필요한 조치로서 대통령령으로 정하는 조치

⑤ 제422조 제3항 및 제423조부터 제425조까지의 규정은 증권금융회사 및 그 임직원에 대한 조치 등에 관하여 준용한다. 이 경우 제423조(제335조 제1항에 따른 인가의 취소에 한한다.), 제424조 제1항(제335조 제1항에 따른 인가의 취소에 한한다.)·제2항 및 제425조 제2항(제335조 제1항에 따른 인가의 취소에 한한다.) 중 '금융감독위원회'는 '재정경제부장관'으로 보고, 제425조 제1항(제335조 제1항에 따른 인가의 취소에 한한다.) 중 '금융감독위원회에'는 '재정경제부장관에게'로 본다.

제4장 종합금융회사

제336조 (종합금융회사의 업무)

① 종합금융회사(종전의 '종합금융회사에 관한 법률' 제3조에 따라 금융
   감독위원회의 인가를 받은 자를 말한다. 이하 같다.)의 업무는 다음
   각 호와 같다.
   1. 1년 이내에서 대통령령으로 정하는 기간 이내에 만기가 도래하는
      어음의 발행·할인·매매·중개·인수 및 보증
   2. 설비 또는 운전자금의 투융자
   3. 증권의 인수·매출 또는 모집·매출의 중개·주선·대리
   4. 외자도입, 해외 투자, 그 밖의 국제금융의 주선과 외자의 차입 및 전대
   5. 채권의 발행
   6. 기업의 경영 상담과 기업인수 또는 합병 등에 관한 용역
   7. 지급보증
   8. 제1호부터 제7호까지의 업무에 부수되는 업무로서 대통령령으로 정
      하는 업무
② 종합금융회사는 제1항의 업무 외에 다음 각 호의 어느 하나에 해당하
   는 업무를 이 법 또는 해당 법률이 정하는 바에 따라 인가·허가·
   등록 등을 받아 영위할 수 있다.
   1. '여신전문금융업법'에 따른 시설대여업무
   2. 집합투자업(투자신탁의 설정·해지 및 투자신탁재산의 운용업무에
      한한다.)
   3. 금전신탁 외의 신탁업
   4. 증권을 대상으로 하는 투자매매업 및 투자중개업(제1항 제3호에 해
      당되는 부분을 제외한다.)
   5. '외국환거래법'에 따른 외국환업무
   6. 그 밖에 제1항 각 호의 업무 또는 제1호부터 제5호까지의 업무와
      관련된 업무로서 대통령령으로 정하는 업무

③ 제1항 각 호의 업무를 영위함에 있어서 그 방법 및 절차와 준수사항 등에 관하여 필요한 사항은 대통령령으로 정한다.

제337조 (지점등의 설치)

종합금융회사는 지점·사무소, 그 밖에 이와 유사한 명칭의 영업소(사무의 일부만을 수행하는 출장소·관리사무소, 그 밖에 이와 유사한 장소를 포함하며, 이하 '지점등'이라 한다.)를 설치하고자 하는 경우에는 대통령령으로 정하는 기준 및 방법에 따라 금융감독위원회의 인가를 받아야 한다.

제338조 (유사명칭의 사용금지)

종합금융회사가 아닌 자는 '종합금융회사' 또는 이와 유사한 명칭을 사용하여서는 아니 된다.

제339조 (인가사항 등)

① 종합금융회사는 제336조 제1항에 따른 업무를 폐지하거나 해산하고자 하는 경우에는 금융감독위원회의 인가를 받아야 한다.

② 종합금융회사는 다음 각 호의 어느 하나에 해당하는 경우에는 그 사유가 발생한 날부터 7일 이내에 금융감독위원회에 그 내용을 보고하여야 한다. 다만, 제3호의 경우에는 사전에 금융감독위원회에 신고하여야 한다.

  1. 정관의 변경
  2. 업무방법의 변경
  3. 본점의 이전 또는 지점등의 이전·폐쇄

제340조 (채권의 발행)

① 종합금융회사는 '상법' 제470조에 불구하고 자기자본의 10배의 범위에서 채권을 발행할 수 있다.

② 종합금융회사는 제1항에 따라 발행한 채권의 상환을 위하여 필요한

경우에는 일시적으로 그 한도를 초과하여 채권을 발행할 수 있다.

③ 그 밖에 채권의 발행에 관하여 필요한 사항은 대통령령으로 정한다.

제341조 (집합투자업에 대한 특례)

① 제250조 제3항(제1호 및 제2호에 한한다.)·제5항 및 제6항은 종합금
융회사에 준용한다.

② 종합금융회사는 이 법에 따라 투자신탁의 설정·해지 및 투자신탁재
산의 운용업무를 영위하는 경우에는 임원(사실상 임원과 동등한 지위
에 있는 자로서 대통령령으로 정하는 자를 포함한다. 이하 이 항에서
같다.)을 두어야 하고, 임직원에게 다음 각 호의 업무를 겸직하게 하
여서는 아니 되며, 전산설비 또는 사무실 등의 공동사용 금지 및 다
른 업무를 영위하는 임직원 간의 정보교류 제한 등 대통령령으로 정
하는 이해상충방지체계를 갖추어야 한다. 다만, 임원의 경우 제1호의
업무 중 제2호의 업무와 이해상충이 적은 업무로서 대통령령으로 정
하는 업무와 제2호의 업무를 겸직할 수 있다.

 1. 제336조에 따른 업무(제2호의 업무를 제외한다.)

 2. 투자신탁의 설정·해지 및 투자신탁재산의 운용업무

제342조 (동일차주 등에 대한 신용공여한도 등)

① 종합금융회사는 같은 개인·법인 및 그와 신용위험을 공유하는 자(이
하 이 조에서 '동일차주'라 한다.)에 대하여 그 종합금융회사의 자기
자본(국제결제은행의 기준에 따른 기본자본과 보완자본의 합계액을
말한다. 이하 이 장에서 같다.)의 100분의 25를 초과하는 신용공여(대
출, 어음의 할인, 지급보증, 자금 지원적 성격의 증권의 매입, 그 밖에
금융거래상의 신용위험을 수반하는 종합금융회사의 직접·간접적 거
래를 말한다. 이하 이 장에서 같다.)를 할 수 없다.

② 종합금융회사는 그 종합금융회사의 임원·자회사 및 그와 신용위험을
공유하는 자(이하 이 조에서 '관계인'이라 한다.)에 대하여 그 종합금

융회사의 자기자본의 100분의 25의 범위에서 대통령령으로 정하는 한도를 초과하는 신용공여를 할 수 없다.

③ 종합금융회사의 동일차주 각각에 대한 신용공여가 그 종합금융회사의 자기자본의 100분의 10을 초과하는 신용공여의 총 합계액은 매 월말 기준으로 그 종합금융회사 자기자본의 5배를 초과할 수 없다.

④ 종합금융회사는 같은 개인이나 법인 각각에 대하여 그 종합금융회사의 자기자본의 100분의 20을 초과하여 신용공여를 할 수 없다.

⑤ 종합금융회사는 제1항부터 제4항까지의 규정에 불구하고 다음 각 호의 어느 하나에 해당하는 경우로서 대통령령으로 정하는 경우에는 제1항부터 제4항까지의 규정에 따른 한도를 초과하여 신용공여를 할 수 있다.

  1. 국민경제 또는 종합금융회사의 채권확보의 실효성 제고를 위하여 필요한 경우

  2. 종합금융회사가 추가로 신용공여를 하지 아니하였음에도 불구하고 자기자본의 변동, 동일차주 구성의 변동 등으로 인하여 제1항부터 제4항까지의 규정에 따른 한도를 초과하게 되는 경우

⑥ 종합금융회사는 제5항 제2호에 따라 제1항부터 제4항까지의 규정에 따른 한도를 초과하게 되는 경우에는 그 한도를 초과하게 된 날부터 1년 이내에 제1항부터 제4항까지의 규정에 따른 한도에 적합하도록 하여야 한다. 다만, 대통령령으로 정하는 부득이한 사유에 해당하는 경우에는 금융감독위원회가 그 기간을 정하여 연장할 수 있다.

⑦ 제1항에 따른 자기자본, 신용공여 및 동일차주와 제2항에 따른 관계인의 구체적 범위는 대통령령으로 정한다.

제343조 (대주주와의 거래의 제한 등)

① 종합금융회사는 그의 대주주(그의 특수관계인을 포함한다. 이하 이 조에서 같다.)에게 신용공여를 함에 있어서 자기자본의 100분의 25의 범위에서 대통령령으로 정하는 한도를 초과하여서는 아니 되며, 대주

주는 그 종합금융회사로부터 그 한도를 초과하여 신용공여를 받아서는 아니 된다.

② 종합금융회사는 그의 대주주에게 제1항의 범위에서 대통령령으로 정하는 금액 이상의 신용공여(대통령령으로 정하는 거래를 포함한다. 이하 이 조에서 같다.)를 하거나 대주주가 발행한 주식을 대통령령으로 정하는 금액 이상으로 취득하려는 경우에는 미리 이사회 결의를 거쳐야 한다. 이 경우 이사회는 재적이사 전원의 찬성으로 결의한다.

③ 종합금융회사는 그의 대주주에게 제2항에 따라 대통령령으로 정하는 금액 이상의 신용공여를 하거나 대주주가 발행한 주식을 대통령령으로 정하는 금액 이상으로 취득한 경우에는 그 사실을 금융감독위원회에 지체 없이 보고하고, 인터넷 홈페이지 등을 이용하여 공시하여야 한다.

④ 종합금융회사는 그의 대주주에 대한 신용공여 또는 대주주가 발행한 주식의 취득에 관한 보고사항 중 대통령령으로 정하는 사항을 종합하여 분기별로 금융감독위원회에 보고하고, 인터넷 홈페이지 등을 이용하여 공시하여야 한다.

⑤ 종합금융회사는 추가적인 신용공여를 하지 아니하였음에도 불구하고 자기자본의 변동 및 대주주의 변경 등으로 인하여 제1항에서 정한 한도를 초과하게 되는 경우에는 대통령령으로 정하는 기간 이내에 제1항에 적합하도록 하여야 한다.

⑥ 종합금융회사는 제5항에 불구하고 신용공여의 기한 및 규모 등에 따른 부득이한 사유가 있는 경우에는 금융감독위원회의 승인을 받아 그 기간을 연장할 수 있다.

⑦ 제6항에 따른 승인을 받으려는 종합금융회사는 제5항에 따른 기간이 만료되기 3개월 전까지 제1항에 따른 한도에 적합하도록 하기 위한 세부계획서를 금융감독위원회에 제출하여야 하고, 금융감독위원회는 세부계획서를 제출받은 날부터 1개월 이내에 승인 여부를 결정·통보하여야 한다.

⑧ 금융감독위원회는 종합금융회사 또는 그의 대주주가 제1항부터 제7항

까지의 규정을 위반한 혐의가 있다고 인정되는 경우에는 종합금융회
사 또는 대주주에 대하여 필요한 자료의 제출을 명할 수 있다.
⑨ 금융감독위원회는 종합금융회사의 대주주(회사에 한한다.)의 부채가 자
산을 초과하는 등 재무구조의 부실로 인하여 종합금융회사의 경영건전
성을 현저히 해칠 우려가 있는 경우로서 대통령령으로 정하는 경우에
는 그 종합금융회사에 대하여 다음 각 호의 조치를 할 수 있다.
1. 그 대주주에 대한 신규 신용공여의 금지
2. 그 대주주가 발행한 증권의 신규취득 금지
3. 그 밖에 그 대주주에 대한 자금지원 성격의 거래제한 등 대통령령
   으로 정하는 조치

제344조 (증권의 투자한도)

① 종합금융회사는 대통령령으로 정하는 경우를 제외하고는 자기자본의
100분의 100을 초과하여 증권에 투자하여서는 아니 된다. 이 경우 국
채증권과 한국은행이 발행한 통화안정증권은 그 한도계산에 산입하지
아니한다.
② 금융감독위원회는 필요한 경우 제1항에 따른 투자한도의 범위에서 대
통령령으로 정하는 방법에 따라 주식 및 파생결합증권 등에 대한 투
자한도를 따로 정하여 고시할 수 있다.

제345조 (자금지원 관련 금지행위)

① 상호출자제한기업집단에 속하는 종합금융회사는 다른 상호출자제한기
업집단에 속하는 금융기관('금융산업의 구조개선에 관한 법률'에 따른
금융기관을 말한다. 이하 이 항에서 같다.) 또는 회사와 다음 각 호의
행위를 하여서는 아니 된다.
1. 제342조부터 제344조까지의 규정에 따른 한도를 회피하기 위한 목
   적으로 다른 금융기관 또는 회사의 의결권 있는 주식을 서로 교차
   하여 소유하거나 신용공여를 하는 행위

2. '상법', 그 밖의 법률에 따른 자기주식 취득의 제한을 회피하기 위
한 목적으로 서로 교차하여 주식을 취득하는 행위

3. 그 밖에 예금자 및 투자자의 이익을 크게 해할 우려가 있는 행위로
서 대통령령으로 정하는 행위

② 종합금융회사는 제1항을 위반하여 취득한 주식에 대하여는 의결권을
행사할 수 없다.

③ 종합금융회사는 그 종합금융회사의 주식을 매입시키기 위한 신용공여
를 하여서는 아니 된다.

④ 금융감독위원회는 제1항 또는 제3항을 위반하여 주식을 취득하거나 신용
공여를 한 종합금융회사에 대하여 6개월 이내의 기간을 정하여 그 주식
의 처분 또는 신용공여의 횟수를 명하는 등 필요한 조치를 할 수 있다.

제346조 (지급준비자산의 보유)

종합금융회사는 채무의 변제와 긴급한 자금인출에 대비하기 위하여 대통
령령으로 정하는 기준 및 방법에 따라 지급준비자산을 보유하여야 한다.

제347조 (부동산 취득의 제한)

① 종합금융회사는 업무용 부동산을 제외하고는 부동산을 취득하거나 소
유할 수 없다. 다만, 담보권의 실행으로 인하여 취득하는 경우에는 이
를 소유할 수 있다.

② 종합금융회사는 자기자본의 100분의 100을 초과하여 업무용 부동산
을 취득하여서는 아니 된다.

③ 종합금융회사는 자기가 소유하는 부동산 중 업무용 부동산이 아니거
나 제1항 단서에 따라 취득한 부동산을 대통령령으로 정하는 방법에
따라 처분하여야 한다.

④ 제1항 본문에 따른 업무용 부동산의 범위는 대통령령으로 정한다.

제348조 (겸직금지)

종합금융회사의 상근임원은 대통령령으로 정하는 다른 영리법인의 상시적

인 업무에 종사하고자 하는 경우에는 금융감독위원회의 승인을 받아야 한다.

제349조 (과징금)

① 금융감독위원회는 종합금융회사가 제343조 제1항을 위반한 경우에는 그 종합금융회사에 대하여 한도를 초과한 신용공여액의 100분의 20의 범위에서 과징금을 부과할 수 있다.

② 제430조부터 제434조까지의 규정은 제1항에 따른 과징금 부과에 관하여 준용한다.

제350조 (준용규정) 제23조(제4항을 제외한다.),

제24조, 제25조(제3항을 제외한다.), 제26조, 제28조, 제29조, 제31조부터 제33조까지, 제35조, 제36조, 제416조 및 제418조(제4호부터 제9호까지에 한한다.)는 종합금융회사에 준용한다. 이 경우 제25조 제1항, 제26조 제1항 및 제29조 제1항 중 '금융투자업자(자산규모 등을 고려하여 대통령령으로 정하는 금융투자업자를 제외한다. 이하 이 조에서 같다.)'는 각각 '종합금융회사'로 보고, 제28조 제2항 중 '금융투자업자(자산규모 등을 고려하여 대통령령으로 정하는 투자자문업자 및 투자일임업자를 제외한다. 이하 이 조에서 같다.)'는 '종합금융회사'로 보며, 제31조 제1항 중 '금융투자업자(겸영금융투자업자를 제외한다. 이하 이 절에서 같다.)'는 '종합금융회사'로 보고, 제418조 각 호 외의 부분 중 '금융투자업자(겸영금융투자업자의 경우에는 제6호부터 제9호까지에 한한다.)'는 '종합금융회사'로 본다.

제351조 (적용배제)

제107조는 금전신탁 외의 신탁업을 영위하는 종합금융회사에는 적용하지 아니한다.

제352조 (다른 법률과의 관계)

① '한국은행법' 및 '은행법'은 종합금융회사에는 적용하지 아니한다.

② 종합금융회사가 제336조에 규정하는 업무를 영위하는 경우에는 이 장에 특별한 규정이 있는 사항을 제외하고는 그 업무의 종류에 따라 이법 또는 각 해당 법률을 적용한다.

제353조 (종합금융회사에 대한 검사)

제419조(제2항부터 제4항까지 및 제8항을 제외한다.)는 종합금융회사에 대한 검사에 관하여 준용한다.

제354조 (종합금융회사에 대한 조치)

① 금융감독위원회는 종합금융회사가 다음 각 호의 어느 하나에 해당하는 경우에는 종합금융회사의 인가를 취소할 수 있다.

 1. 인가조건을 위반한 경우

 2. 업무의 정지 기간 중에 업무를 한 경우

 3. 금융감독위원회의 시정명령 또는 중지명령을 이행하지 아니한 경우

 4. 별표 10 각 호의 어느 하나에 해당하는 경우로서 대통령령으로 정하는 경우

 5. 대통령령으로 정하는 금융관련법령 등을 위반한 경우로서 대통령령으로 정하는 경우

 6. 그 밖에 투자자의 이익을 현저히 해할 우려가 있거나 해당 업무를 영위하기 곤란하다고 인정되는 경우로서 대통령령으로 정하는 경우

② 금융감독위원회는 종합금융회사가 제1항 각 호(제4호를 제외한다.)의 어느 하나에 해당하거나 별표 10 각 호의 어느 하나에 해당하는 경우에는 다음 각 호의 어느 하나에 해당하는 조치를 할 수 있다.

 1. 6개월 이내의 업무의 전부 또는 일부의 정지

 2. 계약의 인계명령

 3. 위법행위의 시정명령 또는 중지명령

 4. 위법행위로 인한 조치를 받았다는 사실의 공표명령 또는 게시명령

 5. 기관경고

6. 기관주의

7. 그 밖에 위법행위를 시정하거나 방지하기 위하여 필요한 조치로서
   대통령령으로 정하는 조치

③ 금융감독위원회는 종합금융회사의 임원이 제1항 각 호(제4호를 제외한
   다.)의 어느 하나에 해당하거나 별표 10 각 호의 어느 하나에 해당하
   는 경우에는 다음 각 호의 어느 하나에 해당하는 조치를 할 수 있다.

1. 해임요구

2. 6개월 이내의 직무정지

3. 문책경고

4. 주의적 경고

5. 주의

6. 그 밖에 위법행위를 시정하거나 방지하기 위하여 필요한 조치로서
   대통령령으로 정하는 조치

④ 금융감독위원회는 종합금융회사의 직원이 제1항 각 호(제4호를 제외
   한다.)의 어느 하나에 해당하거나 별표 10 각 호의 어느 하나에 해당
   하는 경우에는 다음 각 호의 어느 하나에 해당하는 조치를 그 종합금
   융회사에 요구할 수 있다.

1. 면직

2. 6개월 이내의 정직

3. 감봉

4. 견책

5. 경고

6. 주의

7. 그 밖에 위법행위를 시정하거나 방지하기 위하여 필요한 조치로서
   대통령령으로 정하는 조치

⑤ 제422조 제3항 및 제423조부터 제425조까지의 규정은 종합금융회사
   및 그 임직원에 대한 조치 등에 관하여 준용한다.

제5장 자금중개회사

제355조 (자금중개회사의 인가)

① 대통령령으로 정하는 금융기관 등 간 자금거래의 중개업무를 영위하려는 자는 금융감독위원회의 인가를 받아야 한다.

② 제1항에 따른 인가를 받으려는 자는 다음 각 호의 요건을 모두 갖추어야 한다.

  1. '상법'에 따른 주식회사일 것

  2. 10억 원 이상으로서 대통령령으로 정하는 금액 이상의 자기자본을 갖출 것

  3. 사업계획이 타당하고 건전할 것

  4. 투자자를 보호하고 영위하고자 하는 업을 수행하기에 충분한 인력 및 전산설비, 그 밖의 물적 설비를 갖출 것

  5. 임원이 제24조 각 호의 어느 하나에 해당하지 아니할 것

  6. 대주주(제12조 제2항 제6호 가목의 대주주를 말한다.)가 충분한 출자능력, 건전한 재무상태 및 사회적 신용을 갖출 것

③ 제1항에 따른 인가를 받으려는 자는 인가신청서를 금융감독위원회에 제출하여야 한다.

④ 금융감독위원회는 제3항의 인가신청서를 접수한 경우에는 그 내용을 심사하여 3개월 이내에 인가 여부를 결정하고, 그 결과와 이유를 지체 없이 신청인에게 문서로 통지하여야 한다. 이 경우 인가신청서에 흠결이 있을 때에는 보완을 요구할 수 있다.

⑤ 제4항의 심사 기간을 산정함에 있어서 인가신청서 흠결의 보완 기간 등 재정경제부령으로 정하는 기간은 산입하지 아니한다.

⑥ 금융감독위원회는 제4항에 따라 인가를 하는 경우에는 경영의 건전성 확보 및 투자자 보호에 필요한 조건을 붙일 수 있다.

⑦ 제6항에 따라 조건이 붙은 인가를 받은 자는 사정의 변경, 그 밖에 정당한 사유가 있는 경우에는 금융감독위원회에 조건의 취소 또는 변

경을 요청할 수 있다. 이 경우 금융감독위원회는 2개월 이내에 조건의 취소 또는 변경 여부를 결정하고, 그 결과를 지체 없이 신청인에게 문서로 통지하여야 한다.

⑧ 금융감독위원회는 제4항에 따라 인가를 한 경우에는 다음 각 호의 사항을 관보 및 인터넷 홈페이지 등에 공고하여야 한다.

  1. 인가의 내용

  2. 인가의 조건(조건을 붙인 경우에 한한다.)

  3. 인가의 조건을 취소하거나 변경한 경우 그 내용

⑨ 자금중개회사는 인가를 받아 그 업무를 영위함에 있어서 제2항 각 호의 인가요건(제2호 및 제6호의 경우에는 대통령령으로 정하는 완화된 요건을 말한다.)을 유지하여야 한다.

⑩ 제1항부터 제8항까지의 규정에 따른 인가신청서의 기재사항·첨부서류 등 인가의 신청에 관한 사항과 인가심사의 방법·절차, 그 밖에 필요한 사항은 대통령령으로 정한다.

제356조 (유사명칭 사용 금지)

자금중개회사가 아닌 자는 '자금중개' 또는 이와 유사한 명칭을 사용하여서는 아니 된다.

제357조 (자금중개회사의 행위규제 등)

① 자금중개회사는 금융투자업(제355조 제1항에 따른 자금거래의 중개업무와 경제적 실질이 유사한 것으로서 대통령령으로 정하는 금융투자업을 제외한다.)을 영위하여서는 아니 된다.

② 제31조부터 제33조까지, 제339조(제2항 제3호를 제외한다.), 제348조 및 제416조는 자금중개회사에 준용한다.

③ 자금중개회사가 제355조 제1항에 따른 자금거래의 중개업무를 영위함에 있어서 필요한 방법 및 절차 등은 대통령령으로 정한다.

제358조 (자금중개회사에 대한 검사)

제419조(제2항부터 제4항까지 및 제8항을 제외한다.)는 자금중개회사에 대한 검사에 관하여 준용한다.

제359조 (자금중개회사에 대한 조치)

① 금융감독위원회는 자금중개회사가 다음 각 호의 어느 하나에 해당하는 경우에는 제355조 제1항에 따른 인가를 취소할 수 있다.

1. 거짓, 그 밖의 부정한 방법으로 제355조 제1항에 따른 인가를 받은 경우

2. 인가조건을 위반한 경우

3. 제355조 제9항에 따른 인가요건 유지의무를 위반한 경우

4. 업무의 정지 기간 중에 업무를 한 경우

5. 금융감독위원회의 시정명령 또는 중지명령을 이행하지 아니한 경우

6. 별표 11 각 호의 어느 하나에 해당하는 경우로서 대통령령으로 정하는 경우

7. 대통령령으로 정하는 금융관련법령 등을 위반한 경우로서 대통령령으로 정하는 경우

8. 그 밖에 투자자의 이익을 현저히 해할 우려가 있거나 해당 업무를 영위하기 곤란하다고 인정되는 경우로서 대통령령으로 정하는 경우

② 금융감독위원회는 자금중개회사가 제1항 각 호(제6호를 제외한다.)의 어느 하나에 해당하거나 별표 11 각 호의 어느 하나에 해당하는 경우에는 다음 각 호의 어느 하나에 해당하는 조치를 할 수 있다.

1. 6개월 이내의 업무의 전부 또는 일부의 정지

2. 계약의 인계명령

3. 위법행위의 시정명령 또는 중지명령

4. 위법행위로 인한 조치를 받았다는 사실의 공표명령 또는 게시명령

5. 기관경고

6. 기관주의

7. 그 밖에 위법행위를 시정하거나 방지하기 위하여 필요한 조치로서 대통령령으로 정하는 조치

③ 금융감독위원회는 자금중개회사의 임원이 제1항 각 호(제6호를 제외한다.)의 어느 하나에 해당하거나 별표 11 각 호의 하나에 해당하는 경우에는 다음 각 호의 어느 하나에 해당하는 조치를 할 수 있다.

1. 해임요구

2. 6개월 이내의 직무정지

3. 문책경고

4. 주의적 경고

5. 주의

6. 그 밖에 위법행위를 시정하거나 방지하기 위하여 필요한 조치로서 대통령령으로 정하는 조치

④ 금융감독위원회는 자금중개회사의 직원이 제1항 각 호(제6호를 제외한다.)의 어느 하나에 해당하거나 별표 11 각 호의 어느 하나에 해당하는 경우에는 다음 각 호의 어느 하나에 해당하는 조치를 그 자금중개회사에 요구할 수 있다.

1. 면직

2. 6개월 이내의 정직

3. 감봉

4. 견책

5. 경고

6. 주의

7. 그 밖에 위법행위를 시정하거나 방지하기 위하여 필요한 조치로서 대통령령으로 정하는 조치

⑤ 제422조 제3항 및 제423조부터 제425조까지의 규정은 자금중개회사 및 그 임직원에 대한 조치 등에 관하여 준용한다.

제6장 단기금융회사

제360조 (금융기관의 단기금융업무)

① 1년 이내에서 대통령령으로 정하는 기간 이내에 만기가 도래하는 어음의 발행·할인·매매·중개·인수 및 보증업무와 그 부대업무(부대업무)로서 대통령령으로 정하는 업무(이하 '단기금융업무'라 한다.)를 영위하려는 자는 금융감독위원회의 인가를 받아야 한다.

② 제1항에 따른 인가를 받으려는 자는 다음 각 호의 요건을 모두 갖추어야 한다.

  1. 은행, 그 밖에 대통령령으로 정하는 금융기관일 것
  2. 200억 원 이상으로서 대통령령으로 정하는 금액 이상의 자기자본을 갖출 것
  3. 사업계획이 타당하고 건전할 것
  4. 투자자를 보호하고 영위하고자 하는 업을 수행하기에 충분한 인력 및 전산설비, 그 밖의 물적 시설을 갖출 것
  5. 대주주(제12조 제2항 제6호 가목의 대주주를 말한다.)가 충분한 출자능력, 건전한 재무상태 및 사회적 신용을 갖출 것

③ 제1항에 따른 인가를 받으려는 자는 인가신청서를 금융감독위원회에 제출하여야 한다.

④ 금융감독위원회는 제3항의 인가신청서를 접수한 경우에는 그 내용을 심사하여 3개월 이내에 인가 여부를 결정하고, 그 결과와 이유를 지체 없이 신청인에게 문서로 통지하여야 한다. 이 경우 인가신청서에 흠결이 있는 때에는 보완을 요구할 수 있다.

⑤ 제4항의 심사 기간을 산정함에 있어서 인가신청서 흠결의 보완 기간 등 재정경제부령으로 정하는 기간은 산입하지 아니한다.

⑥ 금융감독위원회는 제4항에 따라 인가를 하는 경우에는 경영의 건전성 확보 및 투자자 보호에 필요한 조건을 붙일 수 있다.

⑦ 제6항에 따라 조건이 붙은 인가를 받은 자는 사정의 변경, 그 밖에

정당한 사유가 있는 경우에는 금융감독위원회에 조건의 취소 또는 변
경을 요청할 수 있다. 이 경우 금융감독위원회는 2개월 이내에 조건
의 취소 또는 변경 여부를 결정하고, 그 결과를 지체 없이 신청인에
게 문서로 통지하여야 한다.

⑧ 금융감독위원회는 제4항에 따라 인가를 한 경우에는 다음 각 호의 사
항을 관보 및 인터넷 홈페이지 등에 공고하여야 한다.

  1. 인가의 내용

  2. 인가의 조건(조건을 붙인 경우에 한한다.)

  3. 인가의 조건을 취소하거나 변경한 경우 그 내용

⑨ 단기금융회사는 인가를 받아 그 영업을 영위함에 있어서 제2항 각 호
의 인가요건(제2호 및 제5호의 경우에는 대통령령으로 정하는 완화된
요건을 말한다.)을 유지하여야 한다.

⑩ 제1항부터 제8항까지의 규정에 따른 인가신청서의 기재사항·첨부서
류 등 인가의 신청에 관한 사항과 인가심사의 방법·절차, 그 밖에
필요한 사항은 대통령령으로 정한다.

제361조 (준용규정)

제33조, 제339조(제2항 제1호 및 제3호를 제외한다.), 제342조, 제352조
제1항 및 제416조는 단기금융회사에 그 인가받은 단기금융업무 범위에서
준용한다.

제362조 (단기금융업무의 적용배제 등)

① 투자매매업 또는 투자중개업에 관한 금융투자업인가를 받은 자가 기
업어음증권에 대한 투자매매업 또는 투자중개업을 영위하는 경우에는
이를 단기금융업무로 보지 아니한다.

② 단기금융회사(종합금융회사를 포함한다.)가 해당 업무를 영위하는 경
우에는 이를 기업어음증권에 대한 투자매매업 또는 투자중개업으로
보지 아니한다.

제363조 (단기금융회사에 대한 검사)

제419조(제2항부터 제4항까지 및 제8항을 제외한다.)는 단기금융회사에 대한 검사에 관하여 준용한다.

제364조 (단기금융회사에 대한 조치)

① 금융감독위원회는 단기금융회사가 다음 각 호의 어느 하나에 해당하는 경우에는 제360조 제1항에 따른 인가를 취소할 수 있다.

1. 거짓, 그 밖의 부정한 방법으로 제360조 제1항에 따른 인가를 받은 경우

2. 인가조건을 위반한 경우

3. 제360조 제9항에 따른 인가요건 유지의무를 위반한 경우

4. 업무의 정지 기간 중에 업무를 한 경우

5. 금융감독위원회의 시정명령 또는 중지명령을 이행하지 아니한 경우

6. 별표 12 각 호의 어느 하나에 해당하는 경우로서 대통령령으로 정하는 경우

7. 대통령령으로 정하는 금융관련법령 등을 위반한 경우로서 대통령령으로 정하는 경우

8. 그 밖에 투자자의 이익을 현저히 해할 우려가 있거나 해당 업무를 영위하기 곤란하다고 인정되는 경우로서 대통령령으로 정하는 경우

② 금융감독위원회는 단기금융회사가 제1항 각 호(제6호를 제외한다.)의 어느 하나에 해당하거나 별표 12 각 호의 어느 하나에 해당하는 경우에는 다음 각 호의 어느 하나에 해당하는 조치를 할 수 있다.

1. 6개월 이내의 업무의 전부 또는 일부의 정지

2. 계약의 인계명령

3. 위법행위의 시정명령 또는 중지명령

4. 위법행위로 인한 조치를 받았다는 사실의 공표명령 또는 게시명령

5. 기관경고

6. 기관주의

7. 그 밖에 위법행위를 시정하거나 방지하기 위하여 필요한 조치로서
   대통령령으로 정하는 조치

③ 금융감독위원회는 단기금융회사의 임원이 제1항 각 호(제6호를 제외한
   다.)의 어느 하나에 해당하거나 별표 12 각 호의 어느 하나에 해당하
   는 경우에는 다음 각 호의 어느 하나에 해당하는 조치를 할 수 있다.

1. 해임요구

2. 6개월 이내의 직무정지

3. 문책경고

4. 주의적 경고

5. 주의

6. 그 밖에 위법행위를 시정하거나 방지하기 위하여 필요한 조치로서
   대통령령으로 정하는 조치

④ 금융감독위원회는 단기금융회사의 직원이 제1항 각 호(제6호를 제외
   한다.)의 어느 하나에 해당하거나 별표 12 각 호의 어느 하나에 해당
   하는 경우에는 다음 각 호의 어느 하나에 해당하는 조치를 그 단기금
   융회사에 요구할 수 있다.

1. 면직

2. 6개월 이내의 정직

3. 감봉

4. 견책

5. 경고

6. 주의

7. 그 밖에 위법행위를 시정하거나 방지하기 위하여 필요한 조치로서
   대통령령으로 정하는 조치

⑤ 제422조 제3항 및 제423조부터 제425조까지의 규정은 단기금융회사
   및 그 임직원에 대한 조치 등에 관하여 준용한다.

제7장 명의개서대행회사

제365조 (명의개서대행회사의 등록)

① 증권의 명의개서를 대행하는 업무를 영위하려는 자는 금융감독위원회
   에 등록하여야 한다.

② 제1항에 따른 등록을 하려는 자는 다음 각 호의 요건을 모두 갖추어
   야 한다.

   1. 예탁결제원 또는 전국적인 점포망을 갖춘 은행일 것

   2. 전산설비 등 대통령령으로 정하는 물적 설비를 갖출 것

   3. 대통령령으로 정하는 이해상충방지체계를 구축하고 있을 것

③ 제1항에 따른 등록을 하려는 자는 금융감독위원회에 등록신청서를 제
   출하여야 한다.

④ 금융감독위원회는 제3항의 등록신청서를 접수한 경우에는 그 내용을
   검토하여 2개월 이내에 등록 여부를 결정하고, 그 결과와 이유를 지
   체 없이 신청인에게 문서로 통지하여야 한다. 이 경우 등록신청서에
   흠결이 있는 때에는 보완을 요구할 수 있다.

⑤ 제4항의 검토 기간을 산정함에 있어서 등록신청서 흠결의 보완 기간
   등 재정경제부령으로 정하는 기간은 검토 기간에 산입하지 아니한다.

⑥ 금융감독위원회는 제4항의 등록 여부를 결정함에 있어서 다음 각 호
   의 어느 하나에 해당하는 사유가 없는 한 그 등록을 거부하여서는 아
   니 된다.

   1. 제2항의 등록요건을 갖추지 아니한 경우

   2. 제3항의 등록신청서를 거짓으로 작성한 경우

   3. 제4항 후단의 보완요구를 이행하지 아니한 경우

⑦ 금융감독위원회는 제4항에 따라 등록을 결정한 경우 명의개서대행회
   사등록부에 필요한 사항을 기재하여야 하며, 등록결정한 내용을 관보
   및 인터넷 홈페이지 등에 공고하여야 한다.

⑧ 명의개서대행회사는 등록 이후 그 영업을 영위함에 있어서 제2항 각

호의 등록요건을 계속 유지하여야 한다.

⑨ 제1항부터 제7항까지의 규정에 따른 등록신청서의 기재사항·첨부서
류 등 등록의 신청에 관한 사항과 등록검토의 방법·절차, 그 밖에
필요한 사항은 대통령령으로 정한다.

제366조 (명의개서대행회사의 부수업무)

명의개서대행회사는 증권의 배당·이자 및 상환금의 지급을 대행하는 업
무와 증권의 발행을 대행하는 업무를 영위할 수 있다.

제367조 (준용규정)

제54조, 제63조(증권의 명의개서를 대행하는 업무를 담당하는 임직원에
한한다.), 제64조 및 제416조는 명의개서대행회사에 준용한다.

제368조 (명의개서대행회사에 대한 검사)

제419조(제2항부터 제4항까지 및 제8항을 제외한다.)는 명의개서대행회사
에 대한 검사에 관하여 준용한다.

제369조 (명의개서대행회사에 대한 조치)

① 금융감독위원회는 명의개서대행회사가 다음 각 호의 어느 하나에 해
당하는 경우에는 제365조 제1항에 따른 등록을 취소할 수 있다.

1. 거짓, 그 밖의 부정한 방법으로 제365조 제1항에 따른 등록을 한
경우

2. 제365조 제8항에 따른 등록요건 유지의무를 위반한 경우

3. 업무의 정지 기간 중에 업무를 한 경우

4. 금융감독위원회의 시정명령 또는 중지명령을 이행하지 아니한 경우

5. 별표 13 각 호의 어느 하나에 해당하는 경우로서 대통령령으로 정
하는 경우

6. 대통령령으로 정하는 금융관련법령 등을 위반한 경우로서 대통령령
으로 정하는 경우

7. 그 밖에 투자자의 이익을 현저히 해할 우려가 있거나 해당 업무를
영위하기 곤란하다고 인정되는 경우로서 대통령령으로 정하는 경우

② 금융감독위원회는 명의개서대행회사가 제1항 각 호(제5호를 제외한
다.)의 어느 하나에 해당하거나 별표 13 각 호의 어느 하나에 해당하
는 경우에는 다음 각 호의 어느 하나에 해당하는 조치를 할 수 있다.

1. 6개월 이내의 업무의 전부 또는 일부의 정지

2. 명의개서대행계약, 그 밖의 계약의 인계명령

3. 위법행위의 시정명령 또는 중지명령

4 위법행위로 인한 조치를 받았다는 사실의 공표명령 또는 게시명령

5. 기관경고

6. 기관주의

7. 그 밖에 위법행위를 시정하거나 방지하기 위하여 필요한 조치로서
대통령령으로 정하는 조치

③ 금융감독위원회는 명의개서대행회사의 임원이 제1항 각 호(제5호를
제외한다.)의 어느 하나에 해당하거나 별표 13 각 호의 어느 하나에
해당하는 경우에는 다음 각 호의 어느 하나에 해당하는 조치를 할
수 있다.

1. 해임요구

2. 6개월 이내의 직무정지

3. 문책경고

4. 주의적 경고

5. 주의

6. 그 밖에 위법행위를 시정하거나 방지하기 위하여 필요한 조치로서
대통령령으로 정하는 조치

④ 금융감독위원회는 명의개서대행회사의 직원이 제1항 각 호(제5호를
제외한다.)의 어느 하나에 해당하거나 별표 13 각 호의 어느 하나에
해당하는 경우에는 다음 각 호의 어느 하나에 해당하는 조치를 그
명의개서대행회사에 요구할 수 있다.

1. 면직

2. 6개월 이내의 정직

3. 감봉

4. 견책

5. 경고

6. 주의

7. 그 밖에 위법행위를 시정하거나 방지하기 위하여 필요한 조치로서
대통령령으로 정하는 조치

⑤ 제422조 제3항 및 제423조부터 제425조까지의 규정은 명의개서대행
회사 및 그 임직원에 대한 조치 등에 관하여 준용한다.

제8장 금융투자 관계 단체

제370조 (금융투자 관계 단체의 설립 및 감독)

① 투자자 보호 및 건전한 거래질서를 위하여 투자자 또는 대통령령으로
정하는 자로 구성되는 단체를 설립하고자 하는 자는 재정경제부장관
의 허가를 받아야 한다.

② 재정경제부장관은 제1항의 허가를 하고자 하는 경우에는 다음 각 호
의 사항을 심사하여야 한다.

1. 설립취지

2. 해당 단체의 재산상황과 수지 전망

3. 발기인 및 임원의 인적 구성

4. 증권시장 또는 파생상품시장에 대한 기여도

③ 제1항의 허가에 관하여 필요한 사항은 대통령령으로 정한다.

④ 제1항의 허가를 받은 단체는 정관을 변경한 경우에는 이를 지체 없이
재정경제부장관에게 보고하여야 한다.

제371조 (금융투자 관계 단체에 대한 검사)

제419조(제2항부터 제4항까지 및 제8항을 제외한다.)는 금융투자 관계 단체에 대한 검사에 관하여 준용한다.

제372조 (금융투자 관계 단체에 대한 조치)

① 재정경제부장관은 금융투자 관계 단체가 다음 각 호의 어느 하나에 해당하는 경우에는 제370조 제1항에 따른 허가를 취소할 수 있다.

  1. 거짓, 그 밖의 부정한 방법으로 제370조 제1항에 따른 허가를 받은 경우

  2. 허가조건을 위반한 경우

  3. 정관에 따른 목적 외의 업무를 영위한 경우

  4. 그 밖에 투자자 보호 또는 건전한 거래질서를 해할 우려가 있는 경우로서 대통령령으로 정하는 경우

② 제423조(제2호를 제외한다.), 제424조 제1항·제2항 및 제425조는 금융투자 관계 단체의 허가 취소에 관하여 준용한다. 이 경우 제423조 각 호 외의 부분, 제424조 제1항·제2항 및 제425조 제2항 중 '금융감독위원회'는 각각 '재정경제부장관'으로 보고, 제425조 제1항 중 '금융감독위원회에'는 '재정경제부장관에게'로 본다.

제7편 한국거래소

제1장 총 칙

제373조 (설립)

증권 및 장내파생상품의 공정한 가격 형성과 그 매매, 그 밖의 거래의 안정성 및 효율성을 도모하기 위하여 한국거래소를 설립한다.

제374조 ('상법'의 적용)

거래소에 대하여는 이 법에서 특별히 정한 경우를 제외하고는 '상법' 중 주식회사에 관한 규정을 적용한다.

제2장 조직 등

제375조 (자본금 등)

① 거래소는 자본금 1천억 원 이상의 주식회사로 한다.

② 거래소는 본점을 부산광역시에 두고, 필요한 곳에 지점을 둘 수 있다.

제376조 (정관)

① 거래소의 정관에는 다음 각 호의 사항을 기재하여야 한다.

　1. 목적

　2. 상호

　3. 거래소가 발행할 주식의 총수

　4. 1주의 금액

　5. 거래소의 설립 시에 발행하는 주식의 총수

　6. 거래소가 공고하는 방법

　7. 유가증권시장·코스닥시장 및 파생상품시장 등 시장의 구분에 관한 사항

　8. 거래소 규정(규정)의 제정·변경 및 폐지에 관한 사항

　9. 임원 및 집행간부에 관한 사항

　10. 이사회, 이사회 내 소위원회 및 이사후보추천위원회에 관한 사항

　11. 감사위원회에 관한 사항

　12. 시장감시위원회에 관한 사항

　13. 업무의 집행에 관한 사항

② 거래소는 정관을 변경하고자 하는 경우에는 재정경제부장관의 승인을 받아야 한다. 이 경우 재정경제부장관은 정관변경을 승인함에 있어서 각 시장운영의 자율성을 고려하여야 한다.

제377조 (업무)

거래소는 다음 각 호의 업무를 행한다.

1. 유가증권시장·코스닥시장 및 파생상품시장의 개설·운영에 관한 업무
2. 증권 및 장내파생상품의 매매에 관한 업무
3. 증권 및 장내파생상품의 거래에 따른 매매확인, 채무인수, 차감, 결제증권·결제품목·결제금액의 확정, 결제이행보증, 결제불이행에 따른 처리 및 결제지시에 관한 업무
4. 장내파생상품의 매매거래에 따른 품목인도 및 대금지급에 관한 업무
5. 증권의 상장에 관한 업무
6. 장내파생상품 매매의 유형 및 품목의 결정에 관한 업무
7. 상장법인의 신고·공시에 관한 업무
8. 증권 또는 장내파생상품 매매 품목의 가격이나 거래량이 비정상적으로 변동하는 거래 등 대통령령으로 정하는 이상거래(이하 '이상거래'라 한다.)의 심리 및 회원(거래소가 개설한 유가증권시장·코스닥시장 또는 파생상품시장에서의 거래에 참가할 수 있는 자로서 제387조 제1항의 회원관리규정에 따른 자를 말한다. 이하 같다.)의 감리에 관한 업무
9. 증권의 경매업무
10. 유가증권시장·코스닥시장 및 파생상품시장 등에서의 매매와 관련된 분쟁의 자율조정(당사자의 신청이 있는 경우에 한한다.)에 관한 업무
11. 유가증권시장·코스닥시장 또는 파생상품시장의 개설에 수반되는 부대업무
12. 제1호부터 제11호까지의 업무 외에 이 법 및 다른 법률에 따라 부여된 업무
13. 그 밖에 정관에서 정하는 업무

제378조 (청산기관 및 결제기관)

① 증권시장 및 파생상품시장에서의 매매거래에 따른 매매확인, 채무인수, 차감, 결제증권·결제품목·결제금액의 확정, 결제이행보증, 결제불이행에 따른 처리 및 결제지시업무는 청산기관으로서 거래소가 수행한다.

② 파생상품시장에서의 품목인도 및 대금지급업무는 결제기관으로서 거래소가 수행한다.

제379조 (유사명칭의 사용금지)

거래소가 아닌 자는 그 명칭 또는 상호에 '한국거래소', '한국금융상품거래소', '한국금융투자상품거래소', '한국증권선물거래소', '증권거래소', '선물거래소', '파생상품거래소', '증권시장', '유가증권시장', '코스닥시장', '선물시장', '파생상품시장' 또는 이와 유사한 명칭을 사용하여서는 아니 된다.

제380조 (임원)

① 거래소에 15인 이내로 다음 각 호의 임원을 둔다.

  1. 이사장 1인

  2. 상근이사인 감사위원회 위원 1인

  3. 시장감시위원장 1인

  4. 이사 12인 이내

② 임원의 임기는 3년으로 하며, 정관이 정하는 바에 따라 연임할 수 있다.

③ 이사장은 대통령령으로 정하는 금융에 관한 경험과 지식을 갖추고 거래소의 건전한 경영과 공정한 거래질서를 해할 우려가 없는 자 중에서 제385조 제1항에 따른 이사후보추천위원회(이하 '후보추천위원회'라 한다.)의 추천을 받아 주주총회에서 선임한다.

④ 재정경제부장관은 제3항에 따라 선임된 이사장이 직무수행에 부적합하다고 인정되는 경우로서 대통령령으로 정하는 경우에는 그 선임된 날부터 1개월 이내에 그 사유를 구체적으로 밝혀 해임을 요구할 수 있다. 이 경우 해임 요구된 이사장의 직무는 정지되며, 거래소는 2개

월 이내에 이사장을 새로 선임하여야 한다.

⑤ 거래소의 사외이사(상시적인 업무에 종사하지 아니하는 자로서 거래
소의 정관이 정하는 요건을 갖춘 자를 말한다. 이하 이 장에서 같다.)
와 상근이사인 감사위원회의 위원은 후보추천위원회의 추천을 받아
주주총회에서 각각 선임한다. 이 경우 최대주주와 그 특수관계인, 그
밖에 대통령령으로 정하는 자가 소유하는 거래소의 의결권 있는 주식
의 합계가 거래소의 의결권 있는 발행주식총수의 100분의 3(정관으로
그 비율을 더 낮게 정한 경우에는 그 비율로 한다.)을 초과하는 경우
그 주주는 그 초과하는 주식에 관하여 상근이사인 감사위원회 위원의
선임 및 해임에 있어서는 의결권을 행사하지 못한다.

⑥ 제26조 제3항 각 호의 어느 하나에 해당하는 자는 거래소의 상근이사
인 감사위원회의 위원이 될 수 없으며, 상근이사인 감사위원회의 위
원이 된 후 이에 해당하게 된 경우에는 그 직을 상실한다. 다만, 거래
소의 상근이사인 감사위원회의 위원으로 재임 중이거나 재임하였던
자는 제26조 제3항 제2호에 불구하고 상근이사인 감사위원회의 위원
이 될 수 있다.

제381조 (이사회)

① 거래소에 제380조 제1항 각 호의 자로 구성되는 이사회를 둔다. 이
경우 사외이사가 이사회의 과반수를 구성하도록 하여야 한다.

② 거래소 이사회의 효율적인 업무수행을 위하여 이사회 내에 각 시장별
로 이사회가 위임한 사항을 심의 · 결의하는 '상법' 제393조의 2에 따
른 이사회 내 위원회로서 소위원회를 설치한다.

③ 그 밖에 이사회 및 소위원회의 구성 및 운영에 관하여 필요한 사항은
정관으로 정한다.

제382조 (임원의 자격 등)

① 제24조는 거래소의 임원에게 준용한다.

② 제25조 제5항(제1호 및 제2호를 제외한다.)은 거래소의 사외이사에게 준용한다.

제383조 (정보이용금지 등)
① 거래소의 임직원 및 임직원이었던 자는 그 직무에 관하여 알게 된 비밀을 누설 또는 이용하여서는 아니 된다.
② 거래소의 상근 임직원은 금융투자업자 및 금융투자업관계기관과 자금의 공여, 손익의 분배, 그 밖에 영업에 관하여 대통령령으로 정하는 특별한 이해관계를 가져서는 아니 된다.
③ 제63조는 거래소의 임직원에게 준용한다.

제384조 (감사위원회)
① 거래소에 감사위원회를 설치하여야 한다.
② 제26조 제2항부터 제6항까지의 규정은 감사위원회에 준용한다.

제385조 (이사후보추천위원회)
① 거래소에 이사장·사외이사의 적정한 선임을 위하여 후보추천위원회를 둔다.
② 이사장은 다음 각 호의 자를 후보추천위원회 위원으로 위촉하며, 후보추천위원회의 위원장은 위원 간의 호선으로 선출한다.
  1. 사외이사인 이사 5인
  2. 협회가 추천하는 2인
  3. 대통령령으로 정하는 유가증권시장의 주권상장법인 대표 1인
  4. 대통령령으로 정하는 코스닥시장의 주권상장법인 대표 1인
③ 후보추천위원회의 구성 및 운영에 관하여 필요한 사항은 정관으로 정한다.

제3장 시 장

제386조 (시장의 개설)

① 거래소가 개설하는 금융투자상품 거래시장은 다음 각 호와 같다.

  1. 유가증권시장

  2. 코스닥시장

  3. 파생상품시장

② 거래소가 아닌 자는 제1항에 따른 시장 또는 이와 유사한 시설을 개
   설하거나 유사한 시설을 이용하여 증권 또는 장내파생상품의 매매거
   래를 하여서는 아니 된다.

제387조 (회원)

① 거래소는 회원의 관리를 위하여 회원관리규정(이하 '회원관리규정'이
   라 한다.)을 정하여야 한다.

② 회원은 다음 각 호와 같이 구분한다.

  1. 거래소 결제회원

  2. 매매전문회원

  3. 그 밖에 대통령령으로 정하는 회원

③ 회원관리규정에는 다음 각 호의 사항이 포함되어야 한다.

  1. 회원의 자격에 관한 사항

  2. 회원의 가입과 탈퇴에 관한 사항

  3. 회원의 권리와 의무에 관한 사항

  4. 그 밖에 회원을 관리하기 위하여 필요한 사항

제388조 (시장에서의 거래자격)

① 거래소의 회원이 아닌 자는 증권시장 및 파생상품시장에서의 매매거
   래를 하여서는 아니 된다. 다만, 회원관리규정에서 특정한 증권의 매
   매거래를 할 수 있도록 정한 경우에는 그 특정한 증권의 매매거래를

할 수 있다.

② 제1항 단서에 따라 증권시장에서 매매거래를 할 수 있게 된 자는 제 377조 제8호, 제387조, 제389조, 제394조, 제395조, 제396조 제2항, 제397조부터 제400조까지, 제404조 및 제426조 제6항을 적용함에 있어서 이를 거래소의 회원으로 본다.

제389조 (거래의 종결)

① 거래소는 회원이 거래의 정지를 당하거나 그 자격을 상실한 경우에는 그 회원 또는 다른 회원으로 하여금 해당 증권시장 또는 파생상품시장에서 행한 매매거래를 종결시켜야 한다. 이 경우 자격을 상실한 회원은 매매거래를 종결시키는 범위에서 회원의 자격을 가진 것으로 본다.

② 제1항에 따라 거래소가 다른 회원으로 하여금 해당 매매거래를 종결시키는 경우에는 그 회원과 다른 회원 사이에 위임계약이 체결된 것으로 본다.

제390조 (상장규정)

① 거래소는 증권시장에 상장할 증권의 심사 및 상장증권의 관리를 위하여 증권상장규정(이하 '상장규정'이라 한다.)을 정하여야 한다. 이 경우 유가증권시장과 코스닥시장에 대하여 별도의 상장규정으로 정할 수 있다.

② 상장규정에는 다음 각 호의 사항이 포함되어야 한다.

　1. 증권의 상장기준 및 상장심사에 관한 사항

　2. 증권의 상장폐지기준 및 상장폐지에 관한 사항

　3. 증권의 매매거래정지와 그 해제에 관한 사항

　4. 그 밖에 상장법인 및 상장증권의 관리에 관하여 필요한 사항

제391조 (공시규정)

① 거래소는 주권, 그 밖에 대통령령으로 정하는 증권을 상장한 법인(이

하 이 조 및 제392조에서 '주권등상장법인'이라 한다.)의 기업내용 등
의 신고·공시 및 관리를 위하여 주권등상장법인 공시규정(이하 '공
시규정'이라 한다.)을 정하여야 한다. 이 경우 유가증권시장과 코스닥
시장에 대하여 별도의 공시규정으로 정할 수 있다.

② 공시규정에는 다음 각 호의 사항이 포함되어야 한다.

1. 주권등상장법인이 신고하여야 하는 내용에 관한 사항
2. 주권등상장법인이 신고함에 있어서 준수하여야 할 방법 및 절차에
   관한 사항
3. 주권등상장법인에 관한 풍문이나 보도 등의 사실 여부 및 그 법인
   이 발행한 증권의 가격이나 거래량의 현저한 변동의 원인 등에 대
   한 거래소의 신고 또는 확인 요구에 관한 사항
4. 주권등상장법인의 경영상 비밀유지와 투자자 보호와의 형평 등을
   고려하여 신고·공시하지 아니할 사항
5. 주권등상장법인이 신고한 내용의 공시에 관한 사항
6. 주권등상장법인의 제1호부터 제4호까지의 위반유형, 위반 여부 결정
   기준 및 조치 등에 관한 사항
7. 매매거래의 정지 등 주권등상장법인의 관리에 관한 사항
8. 주권등상장법인의 신고의무 이행실태의 점검에 관한 사항
9. 그 밖에 주권등상장법인의 신고 또는 공시와 관련하여 필요한 사항

제392조 (공시의 실효성 확보)

① 은행은 주권등상장법인에 대하여 다음 각 호에 해당하는 사실이 발생
   한 경우에는 이를 지체 없이 거래소에 통보하여야 한다.

1. 발행한 어음이나 수표가 부도로 된 경우
2. 은행과의 당좌거래가 정지 또는 금지된 경우

② 거래소는 제391조 제2항 제1호의 신고사항과 같은 항 제3호에 따른
   신고 또는 확인 요구사항에 대하여 투자자의 투자판단에 중대한 영향
   을 미칠 우려가 있어 그 내용을 신속하게 알릴 필요가 있는 경우에는

대통령령으로 정하는 방법에 따라 행정기관, 그 밖의 관계기관에 대하여 필요한 정보의 제공 또는 교환을 요청할 수 있다. 이 경우 요청을 받은 기관은 특별한 사유가 없는 한 이에 협조하여야 한다.

③ 거래소는 주권등상장법인이 제391조에 따라 신고를 한 경우에는 이를 지체 없이 금융감독위원회에 송부하여야 한다.

④ 금융감독위원회는 제3항에 따른 송부를 받은 경우에는 이를 인터넷 홈페이지 등을 이용하여 공시하여야 한다.

제393조 (업무규정)

① 증권시장에서의 매매거래에 관하여 다음 각 호의 사항은 거래소의 증권시장업무규정으로 정한다. 이 경우 유가증권시장과 코스닥시장에 대하여 별도의 증권시장업무규정으로 정할 수 있다.

1. 매매거래의 종류 및 수탁에 관한 사항

2. 증권시장의 개폐·정지 또는 휴장에 관한 사항

3. 매매거래계약의 체결 및 결제의 방법. 다만, 증권인도와 대금지급에 관한 것을 제외한다.

4. 증거금(증거김)의 납부 등 매매거래의 규제에 관한 사항

5. 그 밖에 매매거래에 관하여 필요한 사항

② 파생상품시장에서의 매매에 관하여 다음 각 호의 사항은 거래소의 파생상품시장업무규정으로 정한다.

1. 장내파생상품 매매의 수탁에 관한 사항

2. 취급하는 장내파생상품 매매의 유형 및 품목

3. 장내파생상품 매매의 결제월

4. 파생상품시장의 개폐·정지 또는 휴장에 관한 사항

5. 장내파생상품 매매에 관한 계약의 체결 및 제한에 관한 사항

6. 위탁증거금 및 거래증거금에 관한 사항

7. 결제의 방법

8. 그 밖에 장내파생상품 매매 및 그 수탁에 관하여 필요한 사항

제394조 (손해배상공동기금)

① 회원은 증권시장 또는 파생상품시장에서의 매매거래에 따른 채무의
불이행으로 인하여 발생하는 손해를 배상하기 위하여 거래소에 손해
배상공동기금(이하 '공동기금'이라 한다.)을 적립하여야 한다. 다만,
증권시장 또는 파생상품시장에서의 매매거래에 대한 결제이행의 책임
을 부담하지 아니하는 회원 등 거래소가 정하는 회원은 공동기금을
적립하지 아니할 수 있다.

② 거래소는 제1항에 따른 공동기금을 증권시장과 파생상품시장으로 구
분하여 적립하여야 한다.

③ 회원(제1항 단서에 따른 회원을 제외한다.)은 제1항 및 제2항의 공동
기금의 범위에서 회원의 증권시장 또는 파생상품시장에서의 매매거래
에 따른 채무의 불이행으로 인하여 발생하는 손해배상에 관하여 연대
책임을 진다.

④ 제1항의 공동기금의 총적립규모, 회원별 적립률, 적립방법, 사용, 관
리, 환급, 그 밖에 그 운용에 관하여 필요한 사항은 대통령령으로 정
한다.

제395조 (회원보증금)

① 회원은 장래 증권시장 또는 파생상품시장에서의 매매거래와 관련하여
발생할 수 있는 채무의 이행을 보증하기 위하여 거래소에 회원보증금
을 예치하여야 한다.

② 거래소는 제398조에 따라 회원을 대신하여 채무를 이행 또는 인수함
으로써 취득한 채권을 그 회원에 대한 회원보증금과 상계하여서는 아
니 된다.

③ 회원에게 증권 또는 장내파생상품의 매매를 위탁한 자는 그 위탁으로
발생한 채권에 대하여 그 회원의 회원보증금에 관하여 다른 채권자보
다 우선하여 변제받을 권리가 있다.

④ 제1항에 따른 회원보증금의 최저한도·운용 및 관리 등에 관하여 필

요한 사항은 거래소의 회원관리규정으로 정한다.

제396조 (위탁증거금 및 거래증거금)

① 거래소의 회원은 파생상품시장에서의 매매의 수탁과 관련하여 거래소
   의 파생상품시장업무규정이 정하는 바에 따라 위탁자로부터 위탁증거
   금을 받아야 한다.

② 거래소의 회원은 증권시장 또는 파생상품시장에서의 매매거래를 함에
   있어서 거래소에 대하여 부담하는 채무의 이행을 보증하기 위하여 증
   권시장업무규정 및 파생상품시장업무규정이 정하는 바에 따라 거래소
   에 거래증거금을 예치하여야 한다.

제397조 (거래증거금과 회원보증금의 채무변제에의 충당)

거래소는 회원이 거래소 또는 다른 회원에 대하여 증권시장 또는 파생상
품시장에서의 매매거래에 관한 채무를 이행하지 아니한 경우에는 그 회원
의 거래증거금과 회원보증금으로 그 채무의 변제에 충당할 수 있다.

제398조 (거래소에 의한 채무이행 등)

① 거래소는 증권시장 및 파생상품시장에서의 매매거래를 원활하게 하기
   위하여 증권시장업무규정 및 파생상품시장업무규정이 정하는 바에 따
   라 회원을 대신하여 그 회원의 증권시장 또는 파생상품시장에서의 매
   매거래에 의한 채권·채무에 대하여 그 채권을 행사 또는 취득하거나
   그 채무를 이행 또는 인수할 수 있다.

② 제1항의 채무의 이행 또는 인수로 인하여 거래소에 손실이 발생한 경
   우 해당 회원은 증권시장업무규정 및 파생상품시장업무규정이 정하는
   바에 따라 거래소에 대하여 같은 채무를 부담한다.

제399조 (거래소의 손해배상책임)

① 거래소는 회원의 증권시장 또는 파생상품시장에서의 매매거래의 위약

(위약)으로 인하여 발생하는 손해에 관하여 배상의 책임을 진다.

② 거래소가 제1항에 따라 손해를 배상하는 경우에는 제394조에 따라 적립된 공동기금에서 우선 충당한다.

③ 거래소는 제1항 및 제2항에 따라 손해를 배상한 경우에는 위약한 회원에 대하여 그 배상한 금액과 이에 소요된 비용에 관하여 구상권을 가진다.

④ 거래소는 제3항에 따라 추심된 금액에서 거래소가 배상한 금액과 이에 소요된 비용에 우선 충당하고 잔액은 공동기금에 보전한다.

⑤ 제3항의 구상권의 행사에 관하여 필요한 사항은 대통령령으로 정한다.

제400조 (채무변제순위)

① 거래소의 회원이 증권시장 또는 파생상품시장에서의 매매거래에 따른 채무를 이행하지 아니하여 거래소 또는 다른 회원에게 손해를 끼친 경우 그 손해를 입은 거래소 또는 다른 회원은 그 손해를 끼친 회원의 회원보증금·거래증거금 및 공동기금 지분에 대하여 다른 채권자보다 우선하여 변제받을 권리를 가진다.

② 거래소는 회원이 증권시장 또는 파생상품시장에서의 매매에 따른 결제를 위하여 납부한 대금·증권 및 품목에 관하여 다른 채권자보다 우선하여 변제를 받을 권리가 있다.

③ 거래소는 증권시장 또는 파생상품시장에서의 매매에 따른 결제완료 전에 대금·증권 및 품목이 인도된 경우에 해당 회원이 그 결제를 이행하지 아니함으로써 거래소에 손해를 끼친 때에는 그 회원의 재산에 관하여 다른 채권자보다 우선하여 변제를 받을 권리가 있다. 다만, 그 결제의 이행 기한이 도래하기 전에 설정된 전세권·질권 또는 저당권에 의하여 담보된 채권에 대하여는 우선하여 변제를 받을 권리가 없다.

④ 제1항부터 제3항까지의 규정에 따른 거래소의 우선권은 제395조 제3항에 따른 위탁자의 회원보증금에 대한 권리보다 우선하는 효력을 가진다.

제401조 (시세의 공표)

거래소는 대통령령으로 정하는 방법에 따라 다음 각 호의 증권 및 장내파생상품의 시세(전자증권중개회사가 상장주권의 매매를 중개함에 있어서 형성된 시세를 제외한다. 이하 이 조에서 같다.)를 공표하여야 한다.

1. 증권의 매일의 매매거래량 및 그 성립가격과 최고·최저 및 최종가격

2. 장내파생상품의 종목별 매일의 총거래량, 최초·최고·최저 및 최종거래 성립가격 또는 약정수치

3. 그 밖에 시세의 공정한 형성 및 투자자 보호에 필요하다고 인정되는 시세로서 대통령령으로 정하는 시세

제4장 시장감시 및 분쟁조정

제402조 (시장감시위원회)

① 거래소에 다음 각 호의 업무를 수행하기 위하여 시장감시위원회를 둔다.

1. 시장감시, 이상거래의 심리 및 회원에 대한 감리

2. 유가증권시장·코스닥시장 및 파생상품시장 간의 연계감시

3. 이상거래의 심리, 회원에 대한 감리, 유가증권시장·코스닥시장 및 파생상품시장 간의 연계감시의 결과에 따른 회원에 대한 징계 또는 관련 임직원에 대한 징계요구의 결정

4. 제377조 제10호에 따른 분쟁의 자율조정에 관한 업무

5. 제403조에 따른 시장감시규정 및 제405조 제1항에 따른 분쟁조정규정의 제정·변경 및 폐지

6. 그 밖에 제1호부터 제5호까지의 업무에 부수하는 업무

② 시장감시위원회는 다음 각 호의 위원으로 구성한다.

1. 시장감시위원회 위원장(이하 이 조에서 '시장감시위원장'이라 한다.)

2. 재정경제부장관이 추천하는 1인

3. 금융감독위원회 위원장이 추천하는 1인

4. 협회가 추천하는 2인

③ 시장감시위원회 위원의 임기는 3년으로 하며, 정관이 정하는 바에 따라 연임할 수 있다.

④ 시장감시위원장은 대통령령으로 정하는 금융에 관한 경험과 지식을 갖추고 거래소의 건전한 경영과 공정한 거래질서를 해할 우려가 없는 자 중에서 시장감시위원회의 추천을 받아 주주총회에서 선임한다.

⑤ 금융감독위원회는 제4항에 따라 선임된 시장감시위원장이 직무수행에 부적합하다고 인정되는 경우로서 대통령령으로 정하는 경우에는 그 선임된 날부터 1개월 이내에 그 사유를 구체적으로 밝혀 해임을 요구할 수 있다. 이 경우 해임 요구된 시장감시위원장의 직무는 정지되며, 거래소는 2개월 이내에 시장감시위원장을 새로 선임하여야 한다.

⑥ 제24조는 시장감시위원회 위원의 자격에 관하여 준용한다.

⑦ 시장감시위원회 위원 및 그 직에 있었던 자는 그 직무에 관하여 알게 된 비밀을 누설 또는 이용하여서는 아니 된다.

⑧ 금융감독위원회는 시장감시위원회의 위원이 다음 각 호의 어느 하나에 해당하는 경우에는 그 위원에 대하여 6개월 이내의 기간을 정하여 업무집행을 정지하거나 해임을 요구할 수 있다.

  1. 제7항을 위반하여 비밀을 누설하거나 이용한 경우

  2. 그 밖에 투자자 보호 또는 건전한 시장 질서를 해할 우려가 있는 경우로서 대통령령으로 정하는 경우

⑨ 그 밖에 시장감시위원회의 구성 및 운영에 관하여 필요한 사항은 정관으로 정한다.

제403조 (시장감시규정)

시장감시위원회는 다음 각 호의 사항이 포함된 시장감시규정을 제정하고, 이에 따라 업무를 수행한다.

  1. 시장감시, 이상거래의 심리 및 회원에 대한 감리에 관한 사항

  2. 유가증권시장·코스닥시장 및 파생상품시장 간의 연계감시에 관한 사항

  3. 이상거래의 심리, 회원에 대한 감리, 유가증권시장·코스닥시장 및

파생상품시장 간의 연계감시의 결과에 따른 회원에 대한 징계 및
관련 임직원에 대한 징계요구의 결정에 관한 사항

4. 그 밖에 제1호 및 제3호에 부수하는 사항

제404조 (이상거래의 심리 또는 회원의 감리)

① 거래소는 다음 각 호의 어느 하나에 해당하는 경우에는 금융투자업자
(증권 또는 장내파생상품을 대상으로 금융투자업을 영위하는 투자매
매업자 또는 투자중개업자에 한한다.)에게 그 사유를 밝힌 서면으로
관련 자료의 제출을 요청하거나, 회원에 대하여 그와 관련된 업무·
재산상황·장부·서류, 그 밖의 물건을 감리할 수 있다.

1. 증권시장(제78조에 따라 상장주권의 매매가 중개되는 경우를 포함한
다.) 또는 파생상품시장에서 이상거래의 혐의가 있다고 인정되는 해
당 증권의 종목 또는 장내파생상품 매매 품목의 거래상황을 파악하
기 위한 경우

2. 거래소의 업무관련규정을 준수하는지를 확인하기 위한 경우

② 거래소는 제1항에 따른 심리 또는 감리를 위하여 필요한 경우에는 회
원에 대하여 이상거래 또는 업무관련규정 위반혐의와 관련된 보고,
자료의 제출 또는 관계자의 출석·진술을 요청할 수 있다.

③ 거래소는 제1항 또는 제2항에 따른 자료제출요구 또는 출석·진술요
청을 거부하거나 제1항에 따른 감리에 협조하지 아니하는 경우 시장
감시규정이 정하는 바에 따라 회원의 자격을 정지하거나 증권 및 장
내파생상품의 매매거래를 제한할 수 있다.

제405조 (분쟁의 자율조정)

① 시장감시위원회는 제377조 제10호에 따른 분쟁의 자율조정을 위하여
필요한 분쟁조정규정을 정한다.

② 시장감시위원회는 분쟁조정을 위하여 필요하다고 인정되는 경우에는
당사자에 대하여 사실의 확인 또는 자료의 제출 등을 요구할 수 있다.

③ 시장감시위원회는 당사자, 그 밖의 이해관계인의 의견을 들을 필요가 있다고 인정되는 경우에는 이들에게 회의에 출석하여 의견을 진술할 것을 요청할 수 있다.

제5장 소유 등에 대한 규제

제406조 (주식소유의 제한)

① 누구든지 다음 각 호의 어느 하나에 해당하는 경우를 제외하고는 거래소의 의결권 있는 발행주식총수의 100분의 5를 초과하여 거래소가 발행한 주식을 소유할 수 없다.

  1. 집합투자기구가 소유하는 경우(사모집합투자기구가 소유하는 경우를 제외한다.)

  2. 외국 거래소(외국 법령에 따라 외국에서 거래소에 상당하는 기능을 수행하는 자를 말한다. 이하 같다.)와의 제휴를 위하여 필요한 경우로서 금융감독위원회의 승인을 받은 경우

  3. 정부가 소유하는 경우

  4. 그 밖에 거래소의 공정한 운영을 해할 우려가 없는 경우로서 대통령령으로 정하는 경우

② 다음 각 호의 어느 하나에 해당하는 경우에는 제1항에 따라 제한되는 주식의 소유로 본다.

  1. 신탁계약, 그 밖의 계약 또는 법률의 규정에 따라 그 주식에 대한 의결권을 행사할 수 있는 권한 또는 그 의결권의 행사를 지시할 수 있는 권한을 가지는 경우

  2. 대통령령으로 정하는 특수관계에 있는 자가 주식을 소유하는 경우

  3. 그 밖에 제1호 및 제2호에 준하는 경우로서 대통령령으로 정하는 경우

③ 제1항을 위반하여 주식을 소유하는 경우 그 초과분에 대하여는 의결권을 행사할 수 없으며, 제1항을 위반하여 주식을 소유한 자는 지체 없이 제1항에서 정한 한도에 적합하도록 하여야 한다.

④ 금융감독위원회는 제3항을 준수하지 아니한 자에게 6개월 이내의 기
   한을 정하여 그 한도를 초과하는 주식을 처분할 것을 명할 수 있다.

제407조 (이행강제금)

① 금융감독위원회는 제406조 제4항에 따른 주식처분명령을 받은 후 그
   기한 이내에 그 주식처분명령을 이행하지 아니한 자에 대하여는 다시
   상당한 이행 기한을 정하여 그 주식을 처분할 것을 명하고, 그 기한
   까지 주식처분명령을 이행하지 아니하는 경우에는 그 처분하여야 하
   는 주식의 취득가액의 100분의 5를 초과하지 아니하는 범위에서 이
   행강제금을 부과한다.
② 금융감독위원회는 제1항에 따른 이행강제금을 부과하기 전에 제1항에
   따른 이행강제금을 부과·징수한다는 뜻을 미리 문서로써 통지하여야
   한다.
③ 금융감독위원회는 제1항에 따른 이행강제금을 부과하는 경우에는 이
   행강제금의 금액, 이행강제금의 부과사유, 이행강제금의 납부 기한 및
   수납 기간, 이의제기방법 및 이의제기기관 등을 밝힌 문서로써 하여
   야 한다.
④ 금융감독위원회는 제406조 제4항에 따른 주식처분명령을 한 날을 기
   준으로 하여 1년에 2회 이내의 범위에서 그 주식처분명령이 이행될
   때까지 반복하여 제1항에 따른 이행강제금을 부과·징수할 수 있다.
⑤ 금융감독위원회는 주식처분명령을 받은 자가 주식처분명령을 이행한
   경우에는 새로운 이행강제금의 부과를 중지하되, 이미 부과된 이행강
   제금은 징수하여야 한다.
⑥ 제430조(제2항을 제외한다.)부터 제434조까지의 규정은 이행강제금의
   부과 및 징수에 관하여 준용한다.

제408조 (영업양도 등의 승인)

거래소는 영업양도, 합병, 분할, 분할합병 또는 주식의 포괄적 교환·이

전을 하고자 하는 경우에는 재정경제부장관의 승인을 받아야 한다.

제409조 (거래소가 발행한 증권의 상장 및 상장폐지의 승인)

① 거래소는 자기가 발행한 증권을 상장하거나 상장을 폐지하고자 하는 경우에는 금융감독위원회의 승인을 받아야 한다.

② 거래소는 제1항에 따라 상장한 경우에는 이상거래의 심리, 회원의 감리, 수시공시, 그 밖의 상장관리 등을 자체적으로 수행하고 그 결과를 금융감독위원회에 보고하여야 한다.

제6장 감독 등

제410조 (보고와 검사)

① 금융감독위원회는 투자자 보호 또는 건전한 거래질서를 위하여 필요하다고 인정되는 경우에는 거래소에 대하여 그 업무 및 재산에 관한 보고 또는 참고가 될 자료의 제출을 명하고, 금융감독원장에게 그 업무·재산상황·장부·서류, 그 밖의 물건을 검사하게 할 수 있다.

② 제1항에 따라 검사를 하는 자는 그 권한을 표시하는 증표를 지니고 관계인에게 내보여야 한다.

③ 금융감독원장은 제1항에 따라 검사를 한 경우에는 그 결과를 금융감독위원회에 보고하여야 한다. 이 경우 이 법 또는 이 법에 따른 명령이나 처분을 위반한 사실이 있는 때에는 그 처리에 관한 의견서를 첨부하여야 한다.

④ 제419조 제9항은 거래소에 대한 검사에 관하여 준용한다.

제411조 (거래소에 대한 조치)

① 금융감독위원회는 거래소가 별표 14 각 호의 어느 하나에 해당하는 경우에는 다음 각 호의 어느 하나에 해당하는 조치를 할 수 있다.

1. 6개월 이내의 업무의 전부 또는 일부의 정지

2. 계약의 인계명령

3. 위법행위의 시정명령 또는 중지명령

4. 위법행위로 인한 조치를 받았다는 사실의 공표명령 또는 게시명령

5. 기관경고

6. 기관주의

7. 그 밖에 위법행위를 시정하거나 방지하기 위하여 필요한 조치로서
   대통령령으로 정하는 조치

② 금융감독위원회는 거래소의 임원이 별표 14 각 호의 어느 하나에 해당
   하는 경우에는 다음 각 호의 어느 하나에 해당하는 조치를 할 수 있다.

1. 해임요구

2. 6개월 이내의 직무정지

3. 문책경고

4. 주의적 경고

5. 주의

6. 그 밖에 위법행위를 시정하거나 방지하기 위하여 필요한 조치로서
   대통령령으로 정하는 조치

③ 금융감독위원회는 거래소의 직원이 별표 14 각 호의 어느 하나에 해
   당하는 경우에는 다음 각 호의 어느 하나에 해당하는 조치를 거래소
   에 요구할 수 있다.

1. 면직

2. 6개월 이내의 정직

3. 감봉

4. 견책

5. 경고

6. 주의

7. 그 밖에 위법행위를 시정하거나 방지하기 위하여 필요한 조치로서
   대통령령으로 정하는 조치

④ 제422조 제3항, 제423조(제1호를 제외한다.), 제424조(제2항을 제외한

다.) 및 제425조는 거래소 및 그 임직원에 대한 조치 등에 관하여 준
용한다.

제412조 (거래소 규정의 승인)

① 거래소는 회원관리규정·증권시장업무규정·파생상품시장업무규정·상
장규정·공시규정·시장감시규정·분쟁조정규정, 그 밖의 업무에 관
한 규정을 제정·변경하거나 폐지하고자 하는 경우에는 금융감독위원
회의 승인을 받아야 한다.

② 금융감독위원회는 제1항에 따른 승인을 하고자 하는 경우에는 미리
재정경제부장관과 협의하여야 한다.

제413조 (긴급사태 시의 처분)

재정경제부장관은 천재지변, 전시, 사변, 경제사정의 급격한 변동, 그 밖
에 이에 준하는 사태의 발생으로 인하여 매매거래가 정상적으로 이루어질
수 없다고 인정되는 경우에는 거래소에 대하여 개장시간의 변경, 거래의 중
단 또는 시장의 휴장을 명하거나, 그 밖에 필요한 조치를 할 수 있다.

제414조 (시장효율화위원회)

① 유가증권시장·코스닥시장 및 파생상품시장의 거래비용 절감과 관련
한 사항에 대한 심의를 위하여 재정경제부에 시장효율화위원회를 설
치한다.

② 이 법에 따라 설립된 기관, 그 밖에 대통령령으로 정하는 기관이 수수
료 등을 변경하거나 대통령령으로 정하는 금액 이상으로 전산에 대한
투자를 하고자 하는 경우에는 시장효율화위원회의 심의를 거쳐야 한다.

③ 시장효율화위원회의 구성 및 운영에 관하여 필요한 사항은 대통령령
으로 정한다.

제8편 감독 및 처분

제1장 명령 및 승인 등

제415조 (감독)

금융감독위원회는 투자자를 보호하고 건전한 거래질서를 유지하기 위하여 금융투자업자가 이 법 또는 이 법에 따른 명령이나 처분을 적절히 준수하는지 여부를 감독하여야 한다.

제416조 (금융감독위원회의 조치명령권)

금융감독위원회는 투자자를 보호하고 건전한 거래질서를 유지하기 위하여 금융투자업자에게 다음 각 호의 사항에 관하여 필요한 조치를 명할 수 있다.

1. 금융투자업자의 고유재산 운용에 관한 사항
2. 투자자 재산의 보관·관리에 관한 사항
3. 금융투자업자의 경영 및 업무개선에 관한 사항
4. 각종 공시에 관한 사항
5. 영업의 질서유지에 관한 사항
6. 영업방법에 관한 사항
7. 장내파생상품 및 장외파생상품의 거래규모의 제한에 관한 사항
8. 그 밖에 투자자 보호 또는 건전한 거래질서를 위하여 필요한 사항으로서 대통령령으로 정하는 사항

제417조 (승인사항)

① 금융투자업자는 다음 각 호의 어느 하나에 해당하는 행위(겸영금융투자업자의 경우에는 제4호부터 제7호까지에 한한다.)를 하고자 하는 경우에는 금융감독위원회의 승인을 받아야 한다.

1. 합병, 분할 또는 분할합병
2. 주식의 포괄적 교환 또는 이전

　　3. 해산

　　4. 제6조 제1항 제1호부터 제3호까지 및 제6호의 어느 하나에 해당하는
　　　금융투자업 전부(이에 준하는 경우를 포함한다.)의 양도 또는 양수

　　5. 제6조 제1항 제4호 및 제5호의 어느 하나에 해당하는 금융투자업
　　　전부(이에 준하는 경우를 포함한다.)의 양도 또는 양수

　　6. 제6조 제1항 제1호부터 제3호까지 및 제6호의 어느 하나에 해당하
　　　는 금융투자업 전부(이에 준하는 경우를 포함한다.)의 폐지

　　7. 제6조 제1항 제4호 및 제5호의 어느 하나에 해당하는 금융투자업
　　　전부(이에 준하는 경우를 포함한다.)의 폐지

　　8. 그 밖에 투자자 보호 또는 채권자 보호 등을 위하여 필요한 사항으
　　　로서 대통령령으로 정하는 행위

　② 금융감독위원회는 제1항의 승인을 한 경우 그 내용을 관보 및 인터넷
　　홈페이지 등에 공고하여야 한다.

　③ 제1항의 승인의 기준·방법, 그 밖의 승인업무 처리를 위하여 필요한
　　사항은 대통령령으로 정한다.

제418조 (보고사항)

금융투자업자(겸영금융투자업자의 경우에는 제6호부터 제9호까지에 한한
다.)는 다음 각 호의 어느 하나에 해당하는 경우에는 대통령령으로 정하는
방법에 따라 그 사실을 금융감독위원회에 보고하여야 한다.

　　1. 상호를 변경한 때

　　2. 정관 중 대통령령으로 정하는 중요한 사항을 변경한 때

　　3. 임원을 선임하거나 해임(사임을 포함한다.)한 때

　　4. 최대주주가 변경된 때

　　5. 대주주 또는 그의 특수관계인의 소유주식이 의결권 있는 발행주식
　　　총수의 100분의 1 이상 변동된 때

　　6 제6조 제1항 제1호부터 제3호까지 및 제6호의 어느 하나에 해당하
　　　는 금융투자업의 일부를 양도 또는 양수한 때

7. 제6조 제1항 제4호 및 제5호의 어느 하나에 해당하는 금융투자업의
   일부를 양도 또는 양수한 때

8. 제6조 제1항 제1호부터 제3호까지 및 제6호의 어느 하나에 해당하
   는 금융투자업의 일부를 폐지한 때

9. 제6조 제1항 제4호 및 제5호의 어느 하나에 해당하는 금융투자업의
   일부를 폐지한 때

10. 지점, 그 밖의 영업소를 신설하거나 폐지한 때

11. 본점의 위치를 변경한 때

12. 본점·지점, 그 밖의 영업소의 영업을 중지하거나 다시 시작한 때

13. 그 밖에 투자자 보호 또는 건전한 거래질서를 위하여 필요한 경우
    로서 대통령령으로 정하는 경우

제2장 검사 및 조치

제419조 (금융투자업자에 대한 검사)

① 금융투자업자는 그 업무와 재산상황에 관하여 금융감독원장의 검사를
   받아야 한다.

② 한국은행은 금융통화위원회가 금융투자업자의 제40조 제3호 또는 제4
   호의 업무와 관련하여 통화신용정책의 수행 및 지급결제제도의 원활
   한 운영을 위하여 필요하다고 인정하는 때에는 제40조 제3호 또는 제
   4호의 업무를 영위하는 금융투자업자에 대하여 자료제출을 요구할 수
   있다. 이 경우 요구하는 자료는 금융투자업자의 업무부담을 충분히
   고려하여 필요한 최소한의 범위로 한정하여야 한다.

③ 한국은행은 금융통화위원회가 통화신용정책의 수행을 위하여 필요하
   다고 인정하는 때에는 금융투자업자가 영위하는 제40조 제3호 또는
   제4호의 업무에 대하여 금융감독원장에게 검사를 요구하거나 한국은
   행과의 공동검사를 요구할 수 있다.

④ '한국은행법' 제87조 및 제88조와 '금융감독기구의 설치 등에 관한 법

률’ 제62조는 제2항 및 제3항의 요구 방법 및 절차에 관하여 준용한다.

⑤ 금융감독원장은 제1항의 검사를 함에 있어서 필요하다고 인정되는 경우에는 금융투자업자에게 업무 또는 재산에 관한 보고, 자료의 제출, 증인의 출석, 증언 및 의견의 진술을 요구할 수 있다.

⑥ 제1항에 따라 검사를 하는 자는 그 권한을 표시하는 증표를 지니고 이를 관계자에게 내보여야 한다.

⑦ 금융감독원장이 제1항에 따른 검사를 한 경우에는 그 보고서를 금융감독위원회에 제출하여야 한다. 이 경우 이 법 또는 이 법에 따른 명령이나 처분을 위반한 사실이 있는 때에는 그 처리에 관한 의견서를 첨부하여야 한다.

⑧ 금융감독원장은 제1항에 따른 검사업무의 일부를 대통령령으로 정하는 바에 따라 거래소 또는 협회에 위탁할 수 있다.

⑨ 금융감독위원회는 검사의 방법·절차, 검사결과에 대한 조치기준, 그 밖의 검사업무와 관련하여 필요한 사항을 정하여 고시할 수 있다.

제420조 (금융투자업자에 대한 조치)

① 금융감독위원회는 금융투자업자가 다음 각 호의 어느 하나에 해당하는 경우에는 제12조에 따른 금융투자업인가 또는 제18조에 따른 금융투자업등록을 취소할 수 있다.

1. 거짓, 그 밖의 부정한 방법으로 금융투자업의 인가를 받거나 등록한 경우

2. 인가조건을 위반한 경우

3. 제15조에 따른 인가요건 또는 제20조에 따른 등록요건의 유지의무를 위반한 경우

4. 업무의 정지 기간 중에 업무를 한 경우

5. 금융감독위원회의 시정명령 또는 중지명령을 이행하지 아니한 경우

6. 별표 1 각 호의 어느 하나에 해당하는 경우로서 대통령령으로 정하는 경우

7. 대통령령으로 정하는 금융관련법령 등을 위반한 경우로서 대통령령으로 정하는 경우

8. 그 밖에 투자자의 이익을 현저히 해할 우려가 있거나 해당 금융투자업을 영위하기 곤란하다고 인정되는 경우로서 대통령령으로 정하는 경우

② 금융투자업자(겸영금융투자업자를 제외한다.)는 제1항에 따라 그 업무에 관련된 금융투자업인가와 금융투자업등록이 모두 취소된 경우에는 이로 인하여 해산한다.

③ 금융감독위원회는 금융투자업자가 제1항 각 호(제6호를 제외한다.)의 어느 하나에 해당하거나 별표 1 각 호의 어느 하나에 해당하는 경우에는 다음 각 호의 어느 하나에 해당하는 조치를 할 수 있다.

1. 6개월 이내의 업무의 전부 또는 일부의 정지

2. 신탁계약, 그 밖의 계약의 인계명령

3. 위법행위의 시정명령 또는 중지명령

4. 위법행위로 인한 조치를 받았다는 사실의 공표명령 또는 게시명령

5. 기관경고

6. 기관주의

7. 그 밖에 위법행위를 시정하거나 방지하기 위하여 필요한 조치로서 대통령령으로 정하는 조치

제421조 (외국 금융투자업자의 지점등의 인가·등록의 취소 등에 대한 특례)
① 금융감독위원회는 외국 금융투자업자가 다음 각 호의 어느 하나에 해당하는 경우에는 그 외국 금융투자업자의 지점, 그 밖의 영업소에 대하여 제12조에 따른 금융투자업인가 또는 제18조에 따른 금융투자업등록을 취소할 수 있다.

1. 해산

2. 파산

3. 합병 또는 영업의 양도 등으로 인한 소멸

4. 국내지점, 그 밖의 영업소가 영위하는 금융투자업에 상당하는 영업

의 폐지 또는 인가·등록의 취소

5. 국내지점, 그 밖의 영업소가 영위하는 금융투자업에 상당하는 영업
   의 중지 또는 정지

6. 외국 법령을 위반한 경우(국내지점, 그 밖의 영업소가 이로 인해 영
   업 수행이 곤란하다고 인정되는 경우에 한한다.)

② 외국 금융투자업자의 지점, 그 밖의 영업소는 제1항 각 호의 어느 하
   나에 해당하는 사실이 발생한 경우에는 지체 없이 그 사실을 금융감
   독위원회에 보고하여야 한다.

③ 외국 금융투자업자의 지점, 그 밖의 영업소는 제1항에 따라 그 업무
   에 관련된 금융투자업인가와 금융투자업등록이 모두 취소된 경우에는
   지체 없이 청산하여야 한다.

④ 제1항 및 제2항은 역외투자자문업자 또는 역외투자일임업자의 등록취
   소 등에 관하여 준용한다. 이 경우 제1항 각 호 외의 부분 중 '외국
   금융투자업자'는 '역외투자자문업자 또는 역외투자일임업자'로, '외국
   금융투자업자의 지점, 그 밖의 영업소'는 '역외투자자문업자 또는 역
   외투자일임업자'로 보고, 같은 항 제4호 및 제5호 중 '국내지점, 그
   밖의 영업소가 영위하는 금융투자업'은 각각 '투자자문업 또는 투자
   일임업'으로, 같은 항 제6호 중 '국내지점, 그 밖의 영업소'는 '역외투
   자자문업자 또는 역외투자일임업자'로 보며, 제2항 중 '외국 금융투자
   업자의 지점, 그 밖의 영업소'는 '역외투자자문업자 또는 역외투자일
   임업자'로 본다.

제422조 (임직원에 대한 조치)

① 금융감독위원회는 금융투자업자의 임원이 제420조 제1항 각 호(제6호를
   제외한다.)의 어느 하나에 해당하거나 별표 1 각 호의 어느 하나에 해당
   하는 경우에는 다음 각 호의 어느 하나에 해당하는 조치를 할 수 있다.

1. 해임요구

2. 6개월 이내의 직무정지

3. 문책경고

4. 주의적 경고

5. 주의

6. 그 밖에 위법행위를 시정하거나 방지하기 위하여 필요한 조치로서
   대통령령으로 정하는 조치

② 금융감독위원회는 금융투자업자의 직원이 제420조 제1항 각 호(제6호
   를 제외한다.)의 어느 하나에 해당하거나 별표 1 각 호의 어느 하나에
   해당하는 경우에는 다음 각 호의 어느 하나에 해당하는 조치를 그 금
   융투자업자에게 요구할 수 있다.

1. 면직

2. 6개월 이내의 정직

3. 감봉

4. 견책

5. 경고

6. 주의

7. 그 밖에 위법행위를 시정하거나 방지하기 위하여 필요한 조치로서
   대통령령으로 정하는 조치

③ 금융감독위원회는 제1항 또는 제2항에 따라 금융투자업자의 임직원에
   대하여 조치를 하거나 이를 요구하는 경우 그 임직원에 대하여 관
   리·감독의 책임이 있는 임직원에 대한 조치를 함께하거나 이를 요구
   할 수 있다. 다만, 관리·감독의 책임이 있는 자가 그 임직원의 관
   리·감독에 상당한 주의를 다한 경우에는 조치를 감면할 수 있다.

제423조 (청문)

금융감독위원회는 다음 각 호의 어느 하나에 해당하는 처분 또는 조치를
하고자 하는 경우에는 청문을 실시하여야 한다.

1. 제420조 제1항 또는 제421조 제1항(같은 조 제4항에서 준용하는 경
   우를 포함한다.)에 의한 금융투자업에 대한 인가·등록의 취소

2. 제422조에 의한 금융투자업자 임직원에 대한 해임요구 또는 면직요구

제424조 (처분 등의 기록 및 공시 등)

① 금융감독위원회는 제420조부터 제422조까지의 규정에 따라 처분 또는 조치한 경우에는 그 내용을 기록하고 이를 유지·관리하여야 한다.

② 금융감독위원회는 제420조 제1항·제3항 또는 제421조 제1항(같은 조 제4항에서 준용하는 경우를 포함한다.)에 따라 조치를 취한 경우 그 사실을 관보 및 인터넷 홈페이지 등에 공고하여야 한다.

③ 금융감독위원회는 금융투자업자의 퇴임한 임원 또는 퇴직한 직원이 재임 또는 재직 중이었다면 제422조 제1항 제1호·제2항 제1호에 해당하는 조치를 받았을 것으로 인정되는 경우에는 그 받았을 것으로 인정되는 조치의 내용을 금융감독원장으로 하여금 해당 금융투자업자에게 통보하도록 할 수 있다. 이 경우 통보를 받은 금융투자업자는 이를 퇴임·퇴직한 그 임직원에게 통보하여야 한다.

④ 제1항은 금융투자업자가 금융감독위원회의 조치요구에 따라 그 임직원을 조치한 경우 및 제3항에 따라 통보를 받은 경우에 준용한다.

⑤ 금융투자업자 또는 그 임직원(임직원이었던 자를 포함한다.)은 금융감독위원회에 자기에 대한 제420조부터 제422조까지의 규정에 따른 처분 또는 조치 여부 및 그 내용을 조회할 수 있다.

⑥ 금융감독위원회는 제5항의 조회요청을 받은 경우에는 정당한 사유가 없는 한 처분 또는 조치 여부 및 그 내용을 그 조회 요청자에게 통보하여야 한다.

제425조 (이의신청)

① 제420조 제1항·제3항, 제421조 제1항·제4항, 제422조 제1항 제2호부터 제6호까지 및 같은 조 제3항(제1항 제2호부터 제6호까지의 어느 하나에 해당하는 조치에 한한다.)에 따른 처분 또는 조치에 대하여 불복하는 자는 그 처분 또는 조치의 고지를 받은 날부터 30일 이내에

그 사유를 갖추어 금융감독위원회에 이의를 신청할 수 있다.

② 금융감독위원회는 제1항에 따른 이의신청에 대하여 60일 이내에 결정을 하여야 한다. 다만, 부득이한 사정으로 그 기간 이내에 결정을 할 수 없을 경우에는 30일의 범위에서 그 기간을 연장할 수 있다.

제3장 조사 등

제426조 (보고 및 조사)

① 금융감독위원회(제172조부터 제174조까지, 제176조, 제178조 및 제180조를 위반한 사항인 경우에는 증권선물위원회를 말한다. 이하 이 조에서 같다.)는 이 법 또는 이 법에 따른 명령이나 처분을 위반한 사항이 있거나 투자자 보호 또는 건전한 거래질서를 위하여 필요하다고 인정되는 경우에는 관계자에게 참고가 될 보고 또는 자료의 제출을 명하거나 금융감독원장에게 장부·서류, 그 밖의 물건을 조사하게 할 수 있다.

② 금융감독위원회는 제1항에 따른 조사를 위하여 관계자에게 다음 각 호의 사항을 요구할 수 있다.

  1. 조사사항에 관한 사실과 상황에 대한 진술서의 제출

  2. 조사사항에 관한 증언을 위한 출석

  3. 조사에 필요한 장부·서류, 그 밖의 물건의 제출

③ 금융감독위원회는 제1항에 따른 조사를 함에 있어서 제172조부터 제174조까지, 제176조, 제178조 및 제180조를 위반한 사항의 조사에 필요하다고 인정되는 경우에는 다음 각 호의 조치를 할 수 있다.

  1. 제2항 제3호에 따라 제출된 장부·서류, 그 밖의 물건의 영치

  2. 관계자의 사무소 또는 사업장에 대한 출입을 통한 업무·장부·서류, 그 밖의 물건의 조사

④ 금융감독위원회는 제1항에 따른 조사를 함에 있어서 필요하다고 인정되는 경우에는 금융투자업자, 금융투자업관계기관 또는 거래소에 대

통령령으로 정하는 방법에 따라 조사에 필요한 자료의 제출을 요구할
수 있다.

⑤ 금융감독위원회는 제1항에 따른 조사 결과 별표 15 각 호의 어느 하
나에 해당하는 경우에는 시정명령, 그 밖에 대통령령으로 정하는 조
치를 할 수 있으며, 조사 및 조치를 함에 있어서 필요한 절차·조치
기준, 그 밖에 필요한 사항을 정하여 고시할 수 있다.

⑥ 거래소는 이상거래의 심리 및 회원에 대한 감리결과 이 법 또는 이
법에 따른 명령이나 처분을 위반한 혐의를 알게 된 경우에는 금융감
독위원회에 통보하여야 한다.

⑦ 제3항 제2호에 따라 조사를 하는 자는 그 권한을 표시하는 증표를 지
니고 이를 관계자에게 내보여야 한다.

⑧ 금융감독위원회는 관계자에 대한 조사실적·처리결과, 그 밖에 관계
자의 위법행위를 예방하는 데 필요한 정보 및 자료를 대통령령으로
정하는 방법에 따라 공표할 수 있다.

제427조 (불공정거래 조사를 위한 압수·수색)

① 증권선물위원회는 제172조부터 제174조까지, 제176조, 제178조 및 제
180조를 위반한 행위(이하 이 조에서 '위반행위'라 한다.)를 조사하기
위하여 필요하다고 인정되는 경우에는 금융감독위원회 소속공무원 중
대통령령으로 정하는 자(이하 이 조에서 '조사공무원'이라 한다.)에게
위반행위의 혐의가 있는 자를 심문하거나 물건을 압수 또는 사업장
등을 수색하게 할 수 있다.

② 조사공무원이 위반행위를 조사하기 위하여 압수 또는 수색을 하는 경
우에는 검사의 청구에 의하여 법관이 발부한 압수·수색영장이 있어
야 한다.

③ 조사공무원이 제1항에 따라 심문·압수·수색을 하는 경우에는 그
권한을 표시하는 증표를 지니고 이를 관계자에게 내보여야 한다.

④ 형사소송법 중 압수·수색과 압수·수색영장의 집행 및 압수물 환부

(환부) 등에 관한 규정은 이 법에 규정된 압수·수색과 압수·수색영
장에 관하여 준용한다.

⑤ 조사공무원이 영치·심문·압수 또는 수색을 한 경우에는 그 전 과정
을 기재하여 입회인 또는 심문을 받은 자에게 확인시킨 후 그와 함께
기명날인 또는 서명하여야 한다. 이 경우 입회인 또는 심문을 받은
자가 기명날인 또는 서명을 하지 아니하거나 할 수 없는 때에는 그
사유를 덧붙여 적어야 한다.

⑥ 조사공무원이 위반행위의 조사를 완료한 경우에는 그 결과를 증권선
물위원회에 보고하여야 한다.

제4장 과징금

제428조 (금융투자업자에 대한 과징금)

① 금융감독위원회는 금융투자업자가 제34조 제1항 제1호·제2호 또는
같은 조 제2항을 위반한 경우에는 그 금융투자업자에 대하여 그 위반
금액(제34조 제1항 제1호의 경우에는 취득금액, 같은 항 제2호의 경
우에는 허용비율을 초과하는 취득금액, 같은 조 제2항의 경우에는 신
용공여액을 말한다.)의 100분의 20을 초과하지 아니하는 범위에서 과
징금을 부과할 수 있다.

② 금융감독위원회는 금융투자업자에 대하여 제420조 제3항에 따라 업무
정지처분을 부과할 수 있는 경우에는 이에 갈음하여 업무정지 기간의
이익의 범위에서 과징금을 부과할 수 있다.

제429조 (공시위반에 대한 과징금)

① 금융감독위원회는 제125조 제1항 각 호의 어느 하나에 해당하는 자가
다음 각 호의 어느 하나에 해당하는 경우에는 증권신고서상의 모집가
액 또는 매출가액의 100분의 3(20억 원을 초과하는 경우에는 20억
원)을 초과하지 아니하는 범위에서 과징금을 부과할 수 있다.

1. 제119조, 제122조 또는 제123조에 따른 신고서·설명서, 그 밖의
   제출서류 중 중요 사항에 관하여 거짓의 기재 또는 표시를 하거나
   중요 사항을 기재 또는 표시하지 아니한 때

2. 제119조, 제122조 또는 제123조에 따른 신고서·설명서, 그 밖의
   제출서류를 제출하지 아니한 때

② 금융감독위원회는 제142조 제1항 각 호의 어느 하나에 해당하는 자가
다음 각 호의 어느 하나에 해당하는 경우에는 공개매수신고서에 기재
된 공개매수예정총액의 100분의 3(20억 원을 초과하는 경우에는 20억
원)을 초과하지 아니하는 범위에서 과징금을 부과할 수 있다. 이 경우
공개매수예정총액은 공개매수할 주식등의 수량을 공개매수가격으로
곱하여 산정한 금액으로 한다.

1. 제134조, 제136조 또는 제137조에 따른 신고서·설명서, 그 밖의
   제출서류 또는 공고 중 중요 사항에 관하여 거짓의 기재 또는 표시
   를 하거나 중요 사항을 기재 또는 표시하지 아니한 때

2. 제134조, 제136조 또는 제137조에 따른 신고서·설명서, 그 밖의
   제출서류를 제출하지 아니하거나 공고하여야 할 사항을 공고하지
   아니한 때

③ 금융감독위원회는 제159조 제1항, 제160조 또는 제161조 제1항에 따
라 사업보고서 제출대상법인이 다음 각 호의 어느 하나에 해당하는
경우에는 직전 사업연도 중에 증권시장에서 형성된 그 법인이 발행한
주식의 일일평균거래금액의 100분의 10(20억 원을 초과하거나 그 법
인이 발행한 주식이 증권시장에서 거래되지 아니한 경우에는 20억
원)을 초과하지 아니하는 범위에서 과징금을 부과할 수 있다.

1. 제159조 제1항, 제160조 또는 제161조 제1항에 따른 사업보고서등
   중 중요 사항에 관하여 거짓의 기재 또는 표시를 하거나 중요 사항
   을 기재 또는 표시하지 아니한 때

2. 제159조 제1항, 제160조 또는 제161조 제1항에 따른 사업보고서등
   을 제출하지 아니한 때

④ 제1항부터 제3항까지의 규정에 따른 과징금은 각 해당 규정의 위반행
위가 있었던 때부터 3년이 경과하면 이를 부과하여서는 아니 된다.

제430조 (과징금의 부과)
① 제428조 및 제429조에 따른 과징금의 부과는 과징금부과대상자에게
각 해당 규정의 위반행위에 대하여 고의 또는 중대한 과실이 있는 경
우에 한한다.
② 금융감독위원회는 제428조 및 제429조에 따라 과징금을 부과하는 경
우에는 대통령령으로 정하는 기준에 따라 다음 각 호의 사항을 고려
하여야 한다.
  1. 위반행위의 내용 및 정도
  2. 위반행위의 기간 및 횟수
  3. 위반행위로 인하여 취득한 이익의 규모
③ 금융감독위원회는 이 법을 위반한 법인이 합병을 하는 경우 그 법인
이 행한 위반행위는 합병 후 존속하거나 합병에 의하여 신설된 법인
이 행한 행위로 보아 과징금을 부과·징수할 수 있다.
④ 과징금의 부과에 관하여 필요한 사항은 대통령령으로 정한다.

제431조 (의견제출)
① 금융감독위원회는 과징금을 부과하기 전에 미리 당사자 또는 이해관
계인 등에게 의견을 제출할 기회를 주어야 한다.
② 제1항에 따른 당사자 또는 이해관계인 등은 금융감독위원회의 회의에
출석하여 의견을 진술하거나 필요한 자료를 제출할 수 있다.

제432조 (이의신청)
① 제428조 및 제429조에 따른 과징금 부과처분에 대하여 불복하는 자는
그 처분의 고지를 받은 날부터 30일 이내에 그 사유를 갖추어 금융감
독위원회에 이의를 신청할 수 있다.

② 금융감독위원회는 제1항에 따른 이의신청에 대하여 60일 이내에 결정
을 하여야 한다. 다만, 부득이한 사정으로 그 기간 이내에 결정을 할
수 없을 경우에는 30일의 범위에서 그 기간을 연장할 수 있다.

제433조 (과징금납부 기한의 연장 및 분할납부)

① 금융감독위원회는 과징금을 부과 받은 자(이하 '과징금납부의무자'라
한다.)가 다음 각 호의 어느 하나에 해당하는 사유로 과징금의 전액을
일시에 납부하기가 어렵다고 인정되는 경우에는 그 납부 기한을 연장
하거나 분할납부하게 할 수 있다. 이 경우 필요하다고 인정되는 때에
는 담보를 제공하게 할 수 있다.
1. 재해 또는 도난 등으로 재산에 현저한 손실을 입은 경우
2. 사업여건의 악화로 사업이 중대한 위기에 처한 경우
3. 과징금의 일시납부에 따라 자금사정에 현저한 어려움이 예상되는 경우
4. 그 밖에 제1호부터 제3호까지의 사유에 준하는 사유가 있는 경우
② 과징금납부의무자가 제1항에 따른 과징금납부 기한의 연장을 받거나
분할납부를 하고자 하는 경우에는 그 납부 기한의 10일 전까지 금융
감독위원회에 신청하여야 한다.
③ 금융감독위원회는 제1항에 따라 납부 기한이 연장되거나 분할납부가
허용된 과징금납부의무자가 다음 각 호의 어느 하나에 해당하게 된
경우에는 그 납부 기한의 연장 또는 분할납부결정을 취소하고 과징금
을 일시에 징수할 수 있다.
1. 분할납부 결정된 과징금을 그 납부 기한 내에 납부하지 아니한 경우
2. 담보의 변경, 그 밖에 담보보전에 필요한 금융감독위원회의 명령을
이행하지 아니한 경우
3. 강제집행, 경매의 개시, 파산선고, 법인의 해산, 국세 또는 지방세의
체납처분을 받는 등 과징금의 전부 또는 나머지를 징수할 수 없다
고 인정되는 경우
4. 그 밖에 제1호부터 제3호까지의 사유에 준하는 사유가 있는 경우

④ 제1항부터 제3항까지의 규정에 따른 과징금납부 기한의 연장, 분할납
   부 또는 담보 등에 관하여 필요한 사항은 대통령령으로 정한다.

제434조 (과징금의 징수 및 체납처분)

① 금융감독위원회는 과징금납부의무자가 납부 기한 내에 과징금을 납부
   하지 아니한 경우에는 납부 기한의 다음 날부터 납부한 날의 전일까
   지의 기간에 대하여 대통령령으로 정하는 가산금을 징수할 수 있다.

② 금융감독위원회는 과징금납부의무자가 납부 기한 내에 과징금을 납부
   하지 아니한 경우에는 기간을 정하여 독촉을 하고, 그 지정한 기간
   이내에 과징금 및 제1항에 따른 가산금을 납부하지 아니한 경우에는
   국세체납처분의 예에 따라 징수할 수 있다.

③ 금융감독위원회는 제1항 및 제2항에 따른 과징금 및 가산금의 징수
   또는 체납처분에 관한 업무를 국세청장에게 위탁할 수 있다.

④ 제1항부터 제3항까지의 규정 외에 과징금의 징수에 관하여 필요한 사
   항은 대통령령으로 정한다.

제9편 보칙

제435조 (위법행위의 신고 및 신고자 보호)

① 누구든지 제4편의 불공정거래행위, 그 밖에 이 법의 위반행위를 알게
   되었거나 이를 강요 또는 제의받은 경우에는 금융감독위원회(제172조
   부터 제174조까지, 제176조, 제178조 및 제180조를 위반한 사항인 경
   우에는 증권선물위원회를 말한다. 이하 이 조에서 같다.)에 신고 또는
   제보할 수 있다.

② 금융감독위원회는 제1항에 따른 신고 또는 제보를 받은 경우에는 이
   를 신속하게 조사하여 처리하고, 그 처리결과를 신고자 또는 제보자
   (이하 이 조에서 '신고자등'이라 한다.)에게 문서로 통지하여야 한다.

③ 신고자등은 금융감독위원회에 그 신고 또는 제보에 대한 처리상황 등
   에 관한 회신을 요청할 수 있다. 이 경우 금융감독위원회는 그 신고
   자등에게 지체 없이 회신하여야 한다.
④ 금융감독위원회는 제1항에 따라 신고 또는 제보를 받은 경우 신고자
   등의 신분 등에 관한 비밀을 유지하여야 한다.
⑤ 신고자등이 소속된 기관·단체 또는 회사는 그 신고자등에 대하여 그
   신고 또는 제보와 관련하여 직접 또는 간접적인 방법으로 불리한 대
   우를 하여서는 아니 된다.
⑥ 신고자등이 신고의 내용이 거짓이라는 사실을 알았거나 알 수 있었음
   에도 불구하고 신고한 경우에는 이 법의 보호를 받지 못한다.
⑦ 금융감독위원회는 신고자등에 대하여 포상금을 지급할 수 있다.
⑧ 그 밖에 신고의 방법 및 처리, 신고자등의 보호와 포상금 지급 등에
   관한 사항은 대통령령으로 정한다.

제436조 (전자문서에 의한 신고 등)
① 이 법에 따라 금융감독위원회, 증권선물위원회, 금융감독원장, 거래소,
   협회 또는 예탁결제원에 신고서·보고서, 그 밖의 서류 또는 자료 등
   을 제출하는 경우에는 전자문서의 방법으로 할 수 있다.
② 제1항의 전자문서에 의한 신고 등의 방법 및 절차, 그 밖에 필요한
   사항은 대통령령으로 정한다.

제437조 (외국금융투자감독기관과의 정보교환 등)
① 금융감독위원회는 외국의 금융투자업 감독기관(이하 이 조에서 '외국
   금융투자감독기관'이라 한다.)과 정보교환을 할 수 있다.
② 금융감독위원회는 제1항에 따른 정보교환을 하고자 하는 경우에는 미
   리 재정경제부장관과 협의하여야 한다. 다만, 일반인에게 공개된 정보
   를 교환하는 경우, 그 밖에 대통령령으로 정하는 경우에는 재정경제
   부장관과의 협의를 하지 아니할 수 있다.

③ 금융감독위원회(제172조부터 제174조까지, 제176조, 제178조 및 제180조를 위반한 사항인 경우에는 증권선물위원회를 말한다. 이하 이 조에서 같다.)는 외국금융투자감독기관이 목적·범위 등을 밝혀 이 법에 의한 조사 또는 검사를 요청하는 경우 이에 협조할 수 있다. 이 경우 금융감독위원회는 상호주의 원칙에 따라 조사 또는 검사자료를 외국금융투자감독기관에 제공하거나 이를 제공받을 수 있다.

④ 금융감독위원회는 다음 각 호의 요건을 모두 충족하는 경우에만 제3항 후단에 따라 외국금융투자감독기관에 조사 또는 검사자료를 제공할 수 있다.

　1. 외국금융투자감독기관에 제공된 조사 또는 검사자료가 제공된 목적 외의 다른 용도로 사용되지 아니할 것

　2. 조사 또는 검사자료 및 그 제공사실의 비밀이 유지될 것

　3. 외국금융투자감독기관에 제공된 조사 또는 검사자료가 금융감독위원회의 사전동의 없이는 외국의 형사사건의 수사나 재판에 사용되지 아니할 것

⑤ 거래소는 외국 거래소와 정보교환을 할 수 있다. 이 경우 제2항 및 제3항을 준용하며, 제2항 및 제3항 중 '금융감독위원회'를 각각 '거래소'로, 제2항 중 '재정경제부장관'을 '금융감독위원회'로 보며, 제3항 중 '외국금융투자감독기관'은 각각 '외국 거래소'로, '조사 또는 검사'는 각각 '심리 또는 감리'로 본다.

제438조 (권한의 위임 또는 위탁)

① 재정경제부장관은 이 법에 따른 권한의 일부를 대통령령으로 정하는 바에 따라 금융감독위원회 또는 증권선물위원회에 위탁할 수 있다.

② 금융감독위원회는 이 법에 따른 권한의 일부를 대통령령으로 정하는 바에 따라 증권선물위원회에 위임할 수 있다.

③ 재정경제부장관 또는 금융감독위원회는 이 법에 따른 권한의 일부를 대통령령으로 정하는 바에 따라 거래소 또는 협회에 위탁할 수 있다.

④ 금융감독위원회 또는 증권선물위원회는 이 법에 따른 권한의 일부를 대통령령으로 정하는 바에 따라 금융감독원장에게 위탁할 수 있다.

제439조 (증권선물위원회의 심의)

금융감독위원회는 다음 각 호의 어느 하나에 해당하는 경우에는 미리 증권선물위원회의 심의를 거쳐야 한다.

　　1. 다음 각 목의 어느 하나에 해당하는 사항을 정하는 경우

　　　가. 제131조 제1항, 제132조, 제146조 제1항 전단 및 제2항, 제151조 제1항 전단 및 제2항, 제158조 제1항 전단 및 제2항, 제164조 제1항 전단 및 제2항에 따른 조사·조치의 절차 및 기준

　　　나. 제426조 제5항에 따른 금융감독위원회의 조사·조치의 절차 및 기준

　　2. 다음 각 목의 어느 하나에 해당하는 조치·명령 등을 하는 경우

　　　가. 제132조, 제146조 제2항, 제151조 제2항, 제158조 제2항 및 제164조 제2항에 따른 조치

　　　나. 제167조 제2항에 따른 주식소유비율 한도의 승인

　　　다. 제416조에 따른 명령

　　　라. 제426조 제5항에 따른 조사결과에 따른 조치

　　　마. 제428조 및 제429조에 따른 과징금부과처분

　　　바. 제449조 제3항에 따른 과태료부과처분

　　3. 그 밖에 금융감독위원회가 증권선물위원회의 심의가 필요하다고 정하여 고시하는 사항

제440조 (금융감독원장에 대한 지시·감독 등)

① 금융감독위원회 또는 증권선물위원회는 이 법에 의한 권한을 행사하는 데에 필요하다고 인정되는 경우에는 금융감독원장에 대하여 지시·감독 및 업무집행방법의 변경, 그 밖에 감독상 필요한 조치를 명할 수 있다.

② 금융감독원은 이 법에 따라 금융감독위원회 또는 증권선물위원회의

지시·감독을 받아 다음 각 호의 사항에 관한 업무를 행한다.

1. 증권신고서에 관한 사항
2. 증권의 공개매수에 관한 사항
3. 이 법에 따라 금융감독원장의 검사를 받아야 하는 기관의 검사에 관한 사항
4. 상장법인의 관리에 관한 사항
5. 상장법인의 기업분석 및 기업내용의 신고에 관한 사항
6. 증권시장 및 파생상품시장 외에서의 증권 및 장외파생상품의 매매의 감독에 관한 사항
7. 정부로부터 위탁받은 업무
8. 그 밖에 이 법에 따라 부여된 업무
9. 제1호부터 제8호까지의 업무에 부수되는 업무

제441조 (금융투자상품 매매의 제한 등)

제63조 및 제383조 제1항은 다음 각 호의 자에게 준용한다.

1. 금융감독위원회의 위원 및 소속 공무원
2. 증권선물위원회의 위원
3. 금융감독원의 원장·부원장·부원장보·감사 및 소속 직원

제442조 (분담금)

① 금융감독위원회에 증권신고서를 제출하는 발행인(그 증권이 투자신탁의 수익증권인 경우에는 투자신탁을 말하며, 투자익명조합의 지분증권인 경우에는 투자익명조합을 말한다.)은 금융감독원의 운영경비의 일부를 분담하여야 한다.

② 제1항에 따른 분담금의 분담요율·한도, 그 밖에 분담금의 납부에 관하여 필요한 사항은 대통령령으로 정한다.

제10편 벌칙

제443조 (벌칙)

① 다음 각 호의 어느 하나에 해당하는 자는 10년 이하의 징역 또는 5억 원 이하의 벌금에 처한다. 다만, 그 위반행위로 얻은 이익 또는 회피한 손실액의 3배에 해당하는 금액이 5억 원을 초과하는 경우에는 그 이익 또는 회피한 손실액의 3배에 상당하는 금액 이하의 벌금에 처한다.

1. 제174조 제1항을 위반하여 상장법인의 업무 등과 관련된 미공개중요정보를 특정증권등의 매매, 그 밖의 거래에 이용하거나 타인에게 이용하게 한 자

2. 제174조 제2항을 위반하여 주식등에 대한 공개매수의 실시 또는 중지에 관한 미공개정보를 그 주식등과 관련된 특정증권등의 매매, 그 밖의 거래에 이용하거나 타인에게 이용하게 한 자

3. 제174조 제3항을 위반하여 주식등의 대량취득·처분의 실시 또는 중지에 관한 미공개정보를 그 주식등과 관련된 특정증권등의 매매, 그 밖의 거래에 이용하거나 타인에게 이용하게 한 자

4. 제176조 제1항을 위반하여 상장증권 또는 장내파생상품의 매매에 관하여 그 매매가 성황을 이루고 있는 듯이 잘못 알게 하거나, 그 밖에 타인에게 그릇된 판단을 하게 할 목적으로 같은 항 각 호의 어느 하나에 해당하는 행위를 한 자

5. 제176조 제2항을 위반하여 상장증권 또는 장내파생상품의 매매를 유인할 목적으로 같은 항 각 호의 어느 하나에 해당하는 행위를 한 자

6. 제176조 제3항을 위반하여 상장증권 또는 장내파생상품의 시세를 고정시키거나 안정시킬 목적으로 그 증권 또는 장내파생상품에 관한 일련의 매매 또는 그 위탁이나 수탁을 한 자

7. 상장증권 또는 장내파생상품의 매매와 관련하여 제176조 제4항 각 호의 어느 하나에 해당하는 행위를 한 자

8. 금융투자상품의 매매(증권의 경우 모집·사모·매출을 포함한다.),
그 밖의 거래와 관련하여 제178조 제1항 각 호의 어느 하나에 해당
하는 행위를 한 자

9. 제178조 제2항을 위반하여 금융투자상품의 매매(증권의 경우 모집·
사모·매출을 포함한다.), 그 밖의 거래를 할 목적이나 그 시세의 변동을
도모할 목적으로 풍문의 유포, 위계의 사용, 폭행 또는 협박을 한 자

② 제1항 각 호의 위반행위로 얻은 이익 또는 회피한 손실액이 5억 원
이상인 경우에는 제1항의 징역을 다음 각 호의 구분에 따라 가중한다.

1. 이익 또는 회피한 손실액이 50억 원 이상인 경우에는 무기 또는 5
년 이상의 징역에 처한다.

2. 이익 또는 회피한 손실액이 5억 원 이상 50억 원 미만인 경우에는
3년 이상의 유기징역에 처한다.

③ 제1항 또는 제2항에 따라 징역에 처하는 경우에는 10년 이하의 자격
정지를 병과(병과)할 수 있다.

제444조 (벌칙)

다음 각 호의 어느 하나에 해당하는 자는 5년 이하의 징역 또는 2억 원
이하의 벌금에 처한다.

1. 제11조를 위반하여 금융투자업인가(변경인가를 포함한다.)를 받지 아니하
고 금융투자업(투자자문업 및 투자일임업을 제외한다.)을 영위한 자

2. 거짓, 그 밖의 부정한 방법으로 제12조에 따른 금융투자업인가(변경인
가를 포함한다.)를 받은 자

3. 제34조 제1항을 위반하여 같은 항 제1호 또는 제2호에 해당하는 행위
를 한 자

4. 제34조 제2항을 위반하여 신용공여를 한 금융투자업자와 그로부터 신
용공여를 받은 자

5. 제35조(제350조에서 준용하는 경우를 포함한다.)를 위반하여 대주주(그
의 특수관계인을 포함한다.) 자신의 이익을 얻을 목적으로 같은 조 각

호의 어느 하나에 해당하는 행위를 한 자

6. 제42조 제10항, 제52조 제6항 및 제304조에서 준용하는 '금융실명거래 및 비밀보장에 관한 법률' 제4조 제1항 또는 제3항부터 제5항까지의 규정을 위반하여 거래정보등을 제삼자에게 제공하거나 누설한 자와 이를 요구한 자

7. 제70조를 위반하여 투자자로부터 예탁받은 재산으로 금융투자상품의 매매를 한 자

8. 제71조(제7호를 제외한다.), 제85조(제8호를 제외한다.), 제98조 제1항(제101조 제4항에서 준용하는 경우를 포함한다.) · 제2항(제10호를 제외한다.) 또는 제108조(제9호를 제외한다.)를 위반하여 각 해당 조항 각 호의 어느 하나에 해당하는 행위를 한 자

9. 제81조 제1항을 위반하여 집합투자재산을 운용함에 있어서 같은 항 각 호의 어느 하나에 해당하는 행위를 한 자

10. 제84조 제1항을 위반하여 집합투자재산을 운용함에 있어서 이해관계인과 거래행위를 한 자

11. 제87조 제1항부터 제5항(제186조 제2항에서 준용하는 경우를 포함한다.)까지 또는 제112조 제2항부터 제5항까지의 규정을 위반하여 의결권을 행사한 자

12. 제119조(제5항을 제외한다.)를 위반하여 증권을 모집 또는 매출한 자

13. 다음 각 목의 어느 하나에 해당하는 서류 중 중요 사항에 관하여 거짓의 기재 또는 표시를 하거나 중요 사항을 기재 또는 표시하지 아니한 자 및 그 중요 사항에 관하여 거짓의 기재 또는 표시가 있거나 중요 사항의 기재 또는 표시가 누락되어 있는 사실을 알고도 제119조 제5항 또는 제159조 제7항(제160조 후단 또는 제161조 제1항 각 호 외의 부분 후단에서 준용하는 경우를 포함한다.)에 따른 서명을 한 자와 그 사실을 알고도 이를 진실 또는 정확하다고 증명하여 그 뜻을 기재한 공인회계사 · 감정인 또는 신용평가를 전문으로 하는 자
가. 제119조에 따른 증권신고서 또는 일괄신고추가서류

　　나. 제122조에 따른 정정신고서

　　다. 제123조에 따른 투자설명서

　　라. 제159조에 따른 사업보고서

　　마. 제160조에 따른 반기보고서 또는 분기보고서

　　바. 제161조에 따른 주요사항보고서

　　사. 제164조 제2항에 따른 정정명령에 따라 제출하는 사업보고서등

14. 제122조 제3항을 위반하여 정정신고서를 제출하지 아니한 자

15. 다음 각 목의 어느 하나에 해당하는 공고 또는 서류 중 중요 사항에 관하여 거짓의 기재 또는 표시를 하거나 중요 사항을 기재 또는 표시하지 아니한 자

　　가. 제134조에 따른 공개매수공고 또는 공개매수신고서

　　나. 제136조에 따른 정정신고서 또는 공고

　　다. 제137조 제1항에 따른 공개매수설명서

16. 제134조 제1항 또는 제136조 제5항을 위반하여 공고를 하지 아니한 자

17. 제134조 제2항을 위반하여 공개매수신고서를 제출하지 아니한 자

18. 제147조에 따른 보고서류 또는 제151조 제2항에 따른 정정보고서 중 대통령령으로 정하는 중요한 사항(이하 이 호에서 '중요한 사항'이라 한다.)에 관하여 거짓의 기재 또는 표시를 하거나 중요한 사항을 기재 또는 표시하지 아니한 자

19. 제154조에 따른 위임장 용지 및 참고서류 또는 제156조에 따른 정정서류 중 의결권피권유자의 의결권 위임 여부 판단에 중대한 영향을 미칠 수 있는 사항(이하 이 호에서 '의결권 위임 관련 중요 사항'이라 한다.)에 관하여 거짓의 기재 또는 표시를 하거나 의결권 위임 관련 중요 사항을 기재 또는 표시하지 아니한 자

20. 제250조 제1항 또는 제251조 제1항을 위반하여 집합투자업을 영위한 자

21. 제280조 제1항을 위반하여 투자매매업자 또는 투자중개업자를 통하지 아니하고 외국 집합투자증권을 국내에서 판매한 자

22. 제324조 제1항, 제355조 제1항 또는 제360조 제1항을 위반하여 인가

를 받지 아니하고 해당 업무를 영위한 자

23. 거짓, 그 밖의 부정한 방법으로 제324조 제1항, 제355조 제1항 또는 제360조 제1항에 따른 인가를 받은 자

24. 제335조 제1항, 제354조 제1항, 제359조 제1항 또는 제364조 제1항에 따라 인가가 취소된 후 그 취소된 업무를 영위한 자

25. 제343조 제1항을 위반하여 신용공여를 한 종합금융회사와 그로부터 신용공여를 받은 자

26. 제357조 제1항을 위반하여 금융투자업을 영위한 자

27. 제386조 제2항을 위반하여 같은 조 제1항의 시장 또는 이와 유사한 시설을 개설하거나 유사한 시설을 이용하여 증권 또는 장내파생상품의 매매거래를 한 자

28. 제420조 제1항에 따라 금융투자업인가가 취소된 후 그 취소된 업무를 영위한 자

29. 제435조 제4항을 위반하여 신고자등의 신분 등에 관한 비밀을 누설한 자

제445조 (벌칙)

다음 각 호의 어느 하나에 해당하는 자는 3년 이하의 징역 또는 1억 원 이하의 벌금에 처한다.

1. 제17조를 위반하여 금융투자업등록(변경등록을 포함한다.)을 하지 아니하고 투자자문업 또는 투자일임업을 영위한 자

2. 거짓, 그 밖의 부정한 방법으로 제18조에 따른 금융투자업등록(변경등록을 포함한다.)을 한 자

3. 제39조를 위반하여 자기의 명의를 대여하여 타인에게 금융투자업을 영위하게 한 자

4. 제45조 제1항을 위반하여 같은 항 각 호의 어느 하나에 해당하는 행위를 한 자

5. 제45조 제2항을 위반하여 같은 항 각 호의 어느 하나에 해당하는 행

위를 한 자

6. 제49조(제52조 제6항에서 준용하는 경우를 포함한다.)를 위반하여 같
   은 조 제1호 또는 제2호에 해당하는 행위를 한 자

7. 제51조 제2항을 위반하여 등록 전에 투자권유를 한 자

8. 제52조 제1항을 위반하여 투자권유대행인 외의 자에게 투자권유를 대
   행하게 한 자

9. 제54조(제42조 제10항, 제52조 제6항, 제199조 제5항, 제255조, 제260
   조, 제265조, 제289조, 제304조, 제328조 또는 제367조에서 준용하는
   경우를 포함한다.)를 위반하여 직무상 알게 된 정보로서 외부에 공개
   되지 아니한 정보를 자기 또는 제삼자의 이익을 위하여 이용한 자

10. 제55조(제42조 제10항 또는 제52조 제6항에서 준용하는 경우를 포함
    한다.)를 위반하여 같은 조 각 호의 어느 하나에 해당하는 행위를 한 자

11. 제60조 제1항(제255조, 제260조 또는 제265조에서 준용하는 경우를
    포함한다.) 또는 제187조 제1항을 위반하여 자료를 기록·유지하지
    아니한 자

12. 제63조 제1항 제1호(제289조, 제304조, 제328조, 제367조, 제383조 제
    3항 또는 제441조에서 준용하는 경우를 포함한다.)를 위반하여 같은
    호에 규정된 방법에 따르지 아니하고 금융투자상품을 매매한 자

13. 제76조 제3항을 위반하여 집합투자증권을 판매하거나 판매를 위한
    광고를 한 자

14. 제80조 제3항 전단을 위반하여 투자신탁재산별로 미리 정하여진 자
    산배분명세에 따라 취득·처분 등의 결과를 배분하지 아니한 자

15. 제87조 제6항(제186조 제2항에서 준용하는 경우를 포함한다.)에 따른
    명령을 위반하여 주식을 처분하지 아니한 자

16. 제104조 제2항을 위반하여 신탁재산을 고유재산으로 취득한 자

17. 제107조 제1항을 위반하여 공탁하지 아니한 자

18. 제114조 제3항 또는 제240조 제3항을 위반하여 회계감사를 받지 아
    니한 자

19. 제133조 제3항 또는 제140조를 위반하여 공개매수에 의하지 아니하고 주식등의 매수등을 한 자

20. 제147조 제1항·제3항 또는 제4항을 위반하여 보고를 하지 아니한 자

21. 제152조 제1항 또는 제3항을 위반하여 의결권 대리행사의 권유를 한 자

22. 제169조 제1항을 위반하여 회계감사를 받지 아니한 자

23. 제182조 제1항을 위반하여 집합투자기구를 등록하지 아니한 자

24. 거짓, 그 밖의 부정한 방법으로 제182조 제1항·제8항(제279조 제3항에서 준용하는 경우를 포함한다.) 또는 제279조 제1항에 따른 등록이나 변경등록을 한 자

25. 제247조 제1항을 위반하여 철회·변경 또는 시정을 요구하지 아니한 자

26. 제250조 제3항(제251조 제2항 또는 제341조 제1항에서 준용하는 경우를 포함한다.)을 위반하여 같은 항 각 호의 어느 하나에 해당하는 행위를 한 자

27. 제250조 제4항(제251조 제2항에서 준용하는 경우를 포함한다.) 또는 제5항(제251조 제2항 또는 제341조 제1항에서 준용하는 경우를 포함한다.)을 위반하여 집합투자재산에 관한 정보를 자기가 운용하는 투자신탁재산의 운용이나 자기가 판매하는 집합투자증권의 판매를 위하여 이용한 자

28. 제250조 제6항(제251조 제2항 또는 제341조 제1항에서 준용하는 경우를 포함한다.)을 위반하여 같은 항 각 호의 어느 하나에 해당하는 행위를 한 자

29. 제253조 제1항에 따라 등록이 취소된 후 그 취소된 업무를 영위한 자

30. 제254조 제1항을 위반하여 등록을 하지 아니하고 해당 업무를 영위한 자

31. 거짓, 그 밖의 부정한 방법으로 제254조 제1항에 따른 등록을 한 자

32. 제257조 제1항에 따라 등록이 취소된 후 그 취소된 업무를 영위한 자

33. 제279조 제1항에 따른 등록을 하지 아니하고 외국 집합투자증권을 판매한 자

34. 제282조 제1항에 따라 등록이 취소된 후 그 취소된 외국 집합투자기
    구의 외국 집합투자증권을 판매한 자
35. 제298조를 위반하여 계좌 간의 대체로 결제하는 업무를 영위하거나
    국내에서 증권예탁증권을 발행하는 업무를 영위한 자
36. 제301조 제5항, 제327조 제3항 또는 제383조 제2항을 위반하여 자금의
    공여, 손익의 분배, 그 밖에 영업에 관하여 특별한 이해관계를 가진 자
37. 제335조 제2항, 제354조 제2항, 제359조 제2항 또는 제364조 제2항
    에 따른 업무의 정지 기간 중 업무를 영위한 자
38. 제339조 제1항(제357조 제2항 또는 제361조에서 준용하는 경우를 포
    함한다.)을 위반하여 인가를 받지 아니하고 업무를 폐지하거나 해산
    한 자
39. 제365조 제1항을 위반하여 등록을 하지 아니하고 해당 업무를 영위
    한 자
40. 거짓, 그 밖의 부정한 방법으로 제365조 제1항에 따른 등록을 한 자
41. 제369조 제1항에 따라 등록이 취소된 후 그 취소된 업무를 영위한 자
42. 제383조 제1항(제441조에서 준용하는 경우를 포함한다.)을 위반하여
    비밀을 누설하거나 이용한 자
43. 제394조 제1항을 위반하여 공동기금을 적립하지 아니한 자
44. 제402조 제7항을 위반하여 비밀을 누설하거나 이용한 자
45. 제417조 제1항을 위반하여 승인을 받지 아니하고 같은 항 각 호(겸
    영금융투자업자의 경우에는 제4호부터 제7호까지에 한한다.)의 어느
    하나에 해당하는 행위를 한 자
46. 제420조 제1항에 따라 금융투자업등록이 취소된 후 그 취소된 업무
    를 영위한 자
47. 제420조 제3항에 따른 인가받은 업무의 정지 기간 중 그 정지된 업
    무를 영위한 자
48. 제426조 제2항에 따른 금융감독위원회(제172조부터 제174조까지, 제
    176조, 제178조 및 제180조를 위반한 사항인 경우에는 증권선물위원

회를 말한다.)의 요구에 불응한 자

제446조 (벌칙)

다음 각 호의 어느 하나에 해당하는 자는 1년 이하의 징역 또는 3천만
원 이하의 벌금에 처한다.

1. 제23조 제1항(제350조에서 준용하는 경우를 포함한다.)을 위반하여 승
   인을 받지 아니하고 주식을 취득하여 대주주가 된 자
2. 제23조 제2항(제350조에서 준용하는 경우를 포함한다.)에 따른 처분명
   령을 위반하여 주식을 처분하지 아니한 자
3. 제38조를 위반하여 상호 중에 증권, 파생, 집합투자, 투자신탁, 자산운
   용, 투자자문, 투자일임 또는 신탁이라는 문자를 사용한 자
4. 제42조 제1항 단서(제255조에서 준용하는 경우를 포함한다.)를 위반하
   여 업무를 위탁하거나, 같은 조 제5항(제255조에서 준용하는 경우를
   포함한다.)을 위반하여 업무를 재위탁한 자
5. 제43조 제2항에 따른 위탁계약의 취소명령 또는 변경명령을 위반한 자
6. 제52조 제2항을 위반하여 같은 항 각 호의 어느 하나에 해당하는 행
   위를 한 자
7. 제53조 제2항에 따라 투자권유대행인등록이 취소된 후 투자권유대행
   업무를 영위하거나, 같은 조 같은 항에 따른 투자권유대행업무의 정지
   기간 중 투자권유대행업무를 영위한 자
8. 제57조 제1항을 위반하여 투자광고를 한 자
9. 제65조 제2항을 위반하여 자산을 국내에 두지 아니한 자
10. 제65조 제3항을 위반하여 자산을 국내에 주소나 거소가 있는 자에 대
    한 채무의 변제에 우선 충당하지 아니한 자
11. 제66조를 위반하여 사전에 자기가 투자매매업자인지 투자중개업자인
    지를 밝히지 아니하고 금융투자상품의 매매에 관한 주문을 받은 자
12. 제67조를 위반하여 금융투자상품을 매매한 자
13. 제68조를 위반하여 증권시장 또는 파생상품시장을 통하지 아니하고

매매가 이루어지도록 한 자

14. 제88조 또는 제280조 제2항을 위반하여 자산운용보고서를 제공하지 아니한 자 또는 거짓으로 작성하거나 그 기재사항을 누락하고 작성하여 제공한 자

15. 제89조(제186조 제2항에서 준용하는 경우를 포함한다.)를 위반하여 공시를 하지 아니하거나 거짓으로 공시한 자

16. 제91조 제1항(제186조 제2항에서 준용하는 경우를 포함한다.)·제113조 제1항 또는 제280조 제3항을 위반하여 열람이나 교부 청구를 거절한 자

17. 제95조 제2항(제117조에서 준용하는 경우를 포함한다.) 또는 제116조 제3항에 따른 명령을 위반한 자

18. 제103조 제1항 또는 제4항을 위반하여 재산을 수탁한 자

19. 제105조를 위반하여 신탁재산에 속하는 금전을 운용한 자

20. 제121조를 위반하여 증권에 관한 취득 또는 매수의 청약에 대한 승낙을 한 자

21. 제123조 제1항, 제137조 제1항 또는 제153조를 위반하여 투자설명서, 공개매수설명서 또는 위임장 용지 및 참고서류를 제출하지 아니한 자

22. 제124조 제1항을 위반하여 투자설명서를 미리 교부하지 아니하고 증권을 취득하게 하거나 매도한 자

23. 제124조 제2항을 위반하여 같은 항 각 호의 어느 하나에 해당하는 방법에 따르지 아니하고 청약의 권유 등을 한 자

24. 제132조, 제146조 제2항, 제151조 제2항, 제158조 제2항 또는 제164조 제2항에 따른 금융감독위원회의 처분을 위반한 자

25. 제137조 제3항을 위반하여 공개매수설명서를 미리 교부하지 아니하고 주식등을 매수한 자

26. 제145조, 제150조 제1항·제3항, 제167조 제3항 또는 제168조 제3항에 따른 처분명령 또는 시정명령을 위반한 자

27. 제156조 제3항 후단을 위반하여 정정서류를 제출하지 아니한 자

28. 제159조, 제160조 또는 제161조 제1항을 위반하여 사업보고서·반기
    보고서·분기보고서나 주요사항보고서를 제출하지 아니한 자

29. 제167조 제1항을 위반하여 주식을 소유한 자

30. 제169조 제2항(같은 조 제3항 후단에서 준용하는 경우를 포함한다.)
    에 따른 자료의 제출 또는 보고명령이나 조치를 위반한 자

31. 제173조 제1항을 위반하여 보고를 하지 아니하거나 거짓으로 보고한 자

32. 제192조 제1항을 위반하여 승인을 받지 아니하고 투자신탁을 해지한 자

33. 거짓, 그 밖의 부정한 방법으로 제192조 제1항에 따른 승인을 받은 자

34. 제192조 제2항을 위반하여 투자신탁을 해지하지 아니한 자

35. 제235조 제4항 또는 제5항을 위반하여 환매대금을 지급하거나 지급
    하지 아니한 자

36. 제238조 제7항 또는 제280조 제4항을 위반하여 기준가격을 공고·게
    시하지 아니하거나 거짓으로 공고·게시한 자

37. 제246조 제2항을 위반하여 집합투자재산을 구분하여 관리하지 아니
    한 자

38. 제246조 제3항을 위반하여 예탁하지 아니한 자

39. 제246조 제4항을 위반하여 집합투자업자의 지시를 각각의 집합투자
    기구별로 이행하지 아니한 자

40. 제248조 제1항을 위반하여 자산보관·관리보고서를 투자자에게 제공
    하지 아니하거나 거짓으로 작성하여 제공한 자

41. 제249조 제2항을 위반하여 집합투자증권을 타인에게 양도한 자

42. 제253조 제2항, 제257조 제2항 또는 제369조 제2항에 따른 업무의
    정지 기간 중 업무를 영위한 자

43. 제268조 제3항을 위반하여 등록을 하지 아니하고 해당 업무를 영위
    한 자

44. 거짓, 그 밖의 부정한 방법으로 제268조에 따른 등록(변경등록을 포
    함한다.)을 한 자

45. 제270조 제3항·제4항(제271조 제4항에서 준용하는 경우를 포함한

다.) 또는 제5항을 위반하여 운용한 자 또는 지분증권을 소유하지 아니하거나 처분한 자

46. 제270조 제6항(제271조 제4항에서 준용하는 경우를 포함한다.)을 위반하여 이미 취득한 다른 회사의 지분증권 전부를 처분하지 아니한 자

47. 제272조 제6항을 위반하여 같은 항 제1호부터 제3호까지의 어느 하나에 해당하는 행위를 한 자

48. 제273조 제1항을 위반하여 출자한 지분을 타인에게 양도한 자

49. 제274조 제1항(제271조 제4항에서 준용하는 경우를 포함한다.)을 위반하여 지분증권을 처분하지 아니하거나, 같은 조 제2항(제271조 제4항에서 준용하는 경우를 포함한다.)을 위반하여 지분증권을 취득한 자

50. 제275조 제3항 또는 제4항을 위반하여 보고를 하지 아니하거나 거짓으로 보고한 자

51. 제276조 제2항을 위반하여 보고를 하지 아니하거나 거짓으로 보고한 자

52. 제278조 제1항에 따라 등록이 취소된 후 그 취소된 업무를 영위한 자

53. 제309조 제3항 또는 제310조 제1항을 위반하여 예탁자계좌부 또는 투자자계좌부를 작성·비치하지 아니하거나 거짓으로 작성한 자

54. 제338조 또는 제356조를 위반하여 '종합금융회사', '자금중개' 또는 이와 유사한 명칭을 사용한 자

55. 제342조 제1항부터 제4항(제361조에서 준용하는 경우를 포함한다.)까지 또는 제345조 제3항을 위반하여 신용공여를 한 자

56. 제344조를 위반하여 증권에 투자한 자

57. 제345조 제1항을 위반하여 같은 항 각 호의 어느 하나에 해당하는 행위를 한 자

58. 제345조 제2항을 위반하여 의결권을 행사한 자

59. 제345조 제4항에 따른 조치를 이행하지 아니한 자

60. 제346조를 위반하여 지급준비자산을 보유하지 아니한 자

61. 제347조 제1항 또는 제2항을 위반하여 부동산을 취득하거나 소유한 자

62. 제347조 제3항을 위반하여 부동산을 처분하지 아니한 자

63. 제420조 제3항에 따른 등록된 업무의 정지 기간 중 그 정지된 업무
　　를 영위한 자

제447조 (징역과 벌금의 병과)
① 제443조부터 제446조까지의 규정에 해당하는 죄를 범한 자에게는 징
　　역과 벌금을 병과할 수 있다.
② 제443조 제2항에 따라 가중처벌을 받는 자에게 제1항에 따라 벌금형
　　을 병과하는 경우에는 그 위반행위로 얻은 이익 또는 회피손실액의 3
　　배에 상당하는 금액 이하의 벌금에 처한다.

제448조 (양벌규정)
법인(단체를 포함한다. 이하 이 조에서 같다.)의 대표자나 법인 또는 개인
의 대리인·사용인, 그 밖의 종업원이 그 법인 또는 개인의 업무에 관하여
제443조부터 제446조까지의 위반행위를 한 경우에는 그 행위자를 벌하는
외에 그 법인 또는 개인에게도 각 해당 조의 벌금형을 과한다.

제449조 (과태료)
① 다음 각 호의 어느 하나에 해당하는 자에 대하여는 5천만 원 이하의
　　과태료를 부과한다.
1. 제25조 제1항(제350조에서 준용하는 경우를 포함한다.)을 위반하여 같
　　은 항에 규정된 사외이사 선임의무를 이행하지 아니한 자
2. 제25조 제2항 전단(제350조에서 준용하는 경우를 포함한다.)을 위반하
　　여 사외이사후보추천위원회를 설치하지 아니한 자
3. 제25조 제2항 후단(제350조에서 준용하는 경우를 포함한다.)을 위반하
　　여 사외이사가 총 위원의 2분의 1 이상이 되도록 사외이사후보추천위
　　원회를 구성하지 아니한 자
4. 제25조 제4항(제350조에서 준용하는 경우를 포함한다.)에 따라 사외이
　　사를 선임하지 아니한 자

5. 제25조 제6항(제350조에서 준용하는 경우를 포함한다.)을 위반하여 사
   외이사를 두지 아니한 자

6. 제26조 제1항(제350조에서 준용하는 경우를 포함한다.)을 위반하여 감
   사위원회를 설치하지 아니한 자

7. 제26조 제2항(제350조에서 준용하는 경우를 포함한다.)을 위반하여 같은
   항 각 호의 요건을 모두 충족하는 감사위원회를 설치하지 아니한 자

8. 제26조 제4항(제350조에서 준용하는 경우를 포함한다.)을 위반하여 같
   은 조 제2항의 감사위원회 구성요건에 합치되도록 하지 아니한 자

9. 제28조 제1항(제350조에서 준용하는 경우를 포함한다.)을 위반하여 내
   부통제기준을 정하지 아니한 자

10. 제28조 제2항(제350조에서 준용하는 경우를 포함한다.)을 위반하여
    준법감시인을 두지 아니한 자

11. 제28조 제3항(제350조에서 준용하는 경우를 포함한다.)을 위반하여
    이사회 결의를 거치지 아니하고 준법감시인을 임면한 자

12. 제28조 제5항(제350조에서 준용하는 경우를 포함한다.)을 위반하여
    같은 항 각 호의 어느 하나에 해당하는 업무를 수행하는 직무를 담
    당하거나 담당하게 한 자

13. 제33조 제1항(제350조, 제357조 제2항 또는 제361조에서 준용하는
    경우를 포함한다.)을 위반하여 업무보고서를 제출하지 아니하거나 거
    짓으로 작성하여 제출한 자

14. 제33조 제2항(제350조, 제357조 제2항 또는 제361조에서 준용하는
    경우를 포함한다.)을 위반하여 공시서류를 비치 또는 공시하지 아니
    하거나 거짓으로 작성하여 비치 또는 공시한 자

15. 제33조 제3항(제350조, 제357조 제2항 또는 제361조에서 준용하는
    경우를 포함한다.)을 위반하여 보고 또는 공시를 하지 아니하거나 거
    짓으로 보고 또는 공시한 자

16. 제34조 제3항을 위반하여 이사회 결의를 거치지 아니한 자

17. 제34조 제4항 또는 제5항을 위반하여 보고 또는 공시를 하지 아니하

거나 거짓으로 보고 또는 공시한 자

18. 제34조 제6항 또는 제36조(제350조에서 준용하는 경우를 포함한다.)
    에 따른 자료의 제출명령을 위반한 자

19. 제40조 후단 또는 제41조 제1항을 위반하여 신고를 하지 아니한 자

20. 제43조 제1항, 제53조 제1항, 제131조 제1항, 제146조 제1항, 제151
    조 제1항, 제158조 제1항, 제164조 제1항, 제321조 또는 제419조 제
    1항(제252조 제2항, 제256조 제2항, 제261조 제2항, 제266조 제2항,
    제281조 제2항, 제292조, 제306조, 제334조, 제353조, 제358조, 제
    363조, 제368조 또는 제371조에서 준용하는 경우를 포함한다.)에 따
    른 검사·조사 또는 확인을 거부·방해 또는 기피한 자

21. 제47조 제2항(제52조 제6항에서 준용하는 경우를 포함한다.)을 위반
    하여 확인을 받지 아니한 자

22. 제49조(제52조 제6항에서 준용하는 경우를 포함한다.)를 위반하여 같
    은 조 제3호부터 제5호까지의 어느 하나에 해당하는 행위를 한 자

23. 제50조 제1항에 따른 투자권유준칙 또는 제52조 제4항에 따른 투자
    권유대행기준을 정하지 아니한 자

24. 제56조 제1항을 위반하여 신고를 하지 아니하고 약관을 제정 또는
    변경한 자

25. 거짓, 그 밖의 부정한 방법으로 제56조 제1항에 따른 신고를 한 자

26. 제59조 제1항을 위반하여 투자자에게 계약서류를 제공하지 아니한 자

27. 제62조 제1항을 위반하여 공고 또는 통지를 하지 아니한 자

28. 제63조 제1항(제289조, 제304조, 제328조, 제367조, 제383조 제3항
    또는 제441조에서 준용하는 경우를 포함한다.)을 위반하여 같은 항
    제2호부터 제4호까지의 방법에 따르지 아니하고 자기의 계산으로 금
    융투자상품을 매매한 자

29. 제71조(제7호에 한한다.), 제85조(제8호에 한한다.), 제98조 제2항(제
    10호에 한한다.) 또는 제108조(제9호에 한한다.)를 위반하여 각 해당
    조항의 해당 호에 해당하는 행위를 한 자

30. 제76조 제4항 또는 제5항을 위반하여 판매수수료나 판매보수를 받은 자

31. 제86조를 위반하여 성과보수를 받은 자

32. 제87조 제7항(제186조 제2항에서 준용하는 경우를 포함한다.)을 위반
하여 기록·유지하지 아니한 자

33. 제87조 제8항(제186조 제2항에서 준용하는 경우를 포함한다.) 또는 제
112조 제7항을 위반하여 공시를 하지 아니하거나 거짓으로 공시한 자

34. 제90조 제1항(제186조 제2항에서 준용하는 경우를 포함한다.) 또는
제2항(제186조 제2항에서 준용하는 경우를 포함한다.)을 위반하여 영
업보고서나 결산서류를 제출하지 아니하거나 거짓으로 작성하여 제
출한 자

35. 제114조 제1항 또는 제240조 제1항을 위반하여 회계처리를 한 자

36. 제130조에 따른 조치를 하지 아니한 자

37. 제135조, 제136조 제6항, 제139조 제3항 또는 제148조를 위반하여
신고서 또는 보고서의 사본을 송부하지 아니한 자

38. 제135조, 제136조 제6항 또는 제139조 제3항에 따른 신고서 사본이
나 제148조에 따른 보고서 사본에 신고서 또는 보고서에 기재된 내
용과 다른 내용을 표시하거나 그 내용을 누락하여 송부한 자

39. 제180조를 위반하여 상장증권에 대하여 공매도를 하거나 그 위탁 또
는 수탁을 한 자

40. 제182조 제8항(제279조 제3항에서 준용하는 경우를 포함한다.)에 따
른 변경등록을 하지 아니한 자

41. 제183조 제2항을 위반하여 명칭을 사용한 자

42. 제250조 제7항, 제251조 제3항 또는 제341조 제2항을 위반하여 임원
을 두지 아니하거나 임직원에게 겸직하게 한 자

43. 제250조 제7항, 제251조 제3항 또는 제341조 제2항을 위반하여 이해
상충방지체계를 갖추지 아니한 자

44. 제284조, 제295조, 제325조 또는 제379조를 위반하여 명칭을 사용한 자

45. 제343조 제2항을 위반하여 이사회 결의를 거치지 아니한 자

46. 제343조 제3항 또는 제4항에 따른 보고 또는 공시를 하지 아니하거
나 거짓으로 보고 또는 공시한 자

47. 제343조 제8항에 따른 자료의 제출명령을 위반한 자

48. 거짓, 그 밖의 부정한 방법으로 제370조 제1항에 따른 허가를 받은 자

49. 제435조 제5항을 위반하여 신고자등에게 불리한 대우를 한 자

② 다음 각 호의 어느 하나에 해당하는 자에 대하여는 1천만 원 이하의
과태료를 부과한다.

1. 제23조 제4항을 위반하여 보고를 하지 아니하거나 거짓으로 보고한 자

2. 제50조 제2항을 위반하여 공시를 하지 아니하거나 거짓으로 공시한 자

3. 제52조 제3항을 위반하여 같은 항 각 호의 어느 하나에 해당하는 사
항을 미리 투자자에게 알리지 아니한 자 또는 표지를 게시하지 아니
하거나 증표를 내보이지 아니한 자

4. 제56조 제1항 각 호 외의 부분 단서에 따른 보고를 하지 아니하거나
거짓으로 보고한 자

5. 제73조를 위반하여 매매명세를 통지하지 아니하거나 거짓으로 통지한 자

6. 제101조 제1항에 따른 신고를 하지 아니하고 유사투자자문업을 영위
한 자

7. 제128조 또는 제143조를 위반하여 보고서를 제출하지 아니하거나 거
짓으로 작성하여 제출한 자

8. 제131조 제1항, 제146조 제1항, 제151조 제1항, 제158조 제1항, 제164조
제1항 또는 제419조 제5항(제43조 제1항 후단, 제53조 제1항 후단, 제
252조 제2항, 제256조 제2항, 제261조 제2항, 제266조 제2항, 제281조
제2항, 제292조, 제306조, 제334조, 제353조, 제358조, 제363조, 제368
조 또는 제371조에서 준용하는 경우를 포함한다.)에 따른 보고 또는 자
료의 제출명령이나 증인의 출석, 증언 및 의견의 진술 요구에 불응한 자

9. 제190조 제7항 후단(제201조 제3항, 제210조 제3항, 제215조 제4항,
제220조 제4항 또는 제226조 제4항에서 준용하는 경우를 포함한다.)
을 위반하여 연기수익자총회 등을 소집하지 아니한 자

10. 제272조 제7항을 위반하여 행위준칙을 제정하지 아니한 자 또는 보고를 하지 아니하거나 거짓으로 보고한 자

11. 제310조 제2항을 위반하여 예탁하지 아니한 자

12. 제310조 제3항을 위반하여 증권등을 구분하여 보관하지 아니한 자

13. 제314조 제4항을 위반하여 통지 또는 공고를 한 자

14. 제315조 제3항부터 제6항까지 또는 제319조 제3항·제4항을 위반하여 통지나 통보를 하지 아니한 자

15. 제316조 제1항 또는 제319조 제5항을 위반하여 실질주주명부 또는 실질수익자명부를 작성·비치하지 아니하거나 거짓으로 작성한 자

16. 제323조 제1항 또는 제2항에 따른 통지를 하지 아니하거나 거짓으로 통지한 자

17. 제339조 제2항(제357조 제2항 또는 제361조에서 준용하는 경우를 포함한다.)을 위반하여 보고를 하지 아니하거나 거짓으로 보고한 자 또는 신고를 하지 아니하고 같은 항 제3호에 해당하는 행위를 한 자

18. 제348조(제357조 제2항에서 준용하는 경우를 포함한다.)에 따른 승인을 받지 아니하고 다른 영리법인의 상시적인 업무에 종사한 자

19. 제418조(제350조에서 준용하는 경우를 포함한다.)를 위반하여 보고를 하지 아니하거나 거짓으로 보고한 자

③ 제1항 및 제2항에 따른 과태료는 대통령령으로 정하는 방법 및 절차에 따라 재정경제부장관 또는 금융감독위원회가 부과·징수한다.

④ 제3항에 따른 과태료처분에 불복하는 자는 그 처분의 고지를 받은 날부터 30일 이내에 그 처분권자에게 이의를 제기할 수 있다.

⑤ 제3항에 따라 과태료처분을 받은 자가 제4항에 따라 이의를 제기한 경우에는 처분권자는 지체 없이 관할법원에 그 사실을 통보하여야 하며, 그 통보를 받은 관할법원은 '비송사건절차법'에 따른 과태료의 재판을 한다.

⑥ 제4항의 기간 이내에 이의를 제기하지 아니하고 과태료를 납부하지 아니한 경우에는 국세체납처분의 예에 따라 징수한다.

부칙 <제8635호, 2007. 8. 3>

제1조 (시행일)

이 법은 공포 후 1년 6개월이 경과한 날부터 시행한다. 다만, 부칙 제3
조·제5조 및 제6조는 이 법 공포 후 1년이 경과한 날부터 시행한다.

제2조 (폐지법률)

다음 각 호의 법률은 이를 각각 폐지한다.

1. '증권거래법'

2. '선물거래법'

3. '간접투자자산 운용업법'

4. '신탁업법'

5. '종합금융회사에 관한 법률'

6. '한국증권선물거래소법'

제3조 (한국금융투자협회의 설립에 관한 사항)

① 한국금융투자협회(이하 '협회'라 한다.)는 종전의 '증권거래법' 제162
   조에 따라 설립된 한국증권업협회, 종전의 '선물거래법' 제75조에 따
   라 허가를 받아 설립된 선물협회 및 종전의 '간접투자자산 운용업법'
   제160조 제3항에 따라 허가를 받아 설립된 자산운용협회(이하 '합병
   대상협회'라 한다.)를 합병하는 방법으로 설립한다.

② 제1항에 따른 합병 및 협회의 설립에 관한 사무를 처리하기 위하여
   한국금융투자협회설립위원회(이하 '설립위원회'라 한다.)를 설치한다.

③ 설립위원회의 구성 및 운영 등에 관하여 필요한 사항은 대통령령으로
   정한다.

④ 설립위원회는 합병대상협회에 협회의 설립에 필요한 인적·물적 지원
   을 요청할 수 있다.

⑤ 합병대상협회는 대통령령으로 정하는 사항을 기재한 합병계약서를 작

성하여 각각 회원총회에서 의결권 총수의 과반수의 찬성에 의한 승인
을 받아야 한다.

⑥ 합병대상협회는 제5항에 따른 회원총회의 승인결의가 있는 날부터 1
주 이내에 채권자에 대하여 합병에 이의가 있으면 2주 이상의 기간
이내에 이의를 제출할 것을 공고하고, 합병대상협회가 알고 있는 채
권자에 대하여는 그 사실을 최고하여야 한다.

⑦ '상법' 제232조 제2항 및 제3항은 제6항의 공고 및 최고에 관하여 준
용한다.

⑧ 설립위원회는 제6항 및 제7항에 따른 절차가 종료된 경우에는 지체
없이 협회의 창립총회를 소집하여야 한다.

⑨ '상법' 제309조, 제311조 제1항, 제312조 및 제316조는 제8항에 따른
창립총회에 관하여 준용한다. 이 경우 같은 법 제311조 제1항 중 '발
기인'은 '설립위원회의 위원장'으로 본다.

⑩ 설립위원회는 합병승인신청서 및 협회의 정관을 작성하여 금융감독위
원회의 승인을 받아야 한다.

⑪ 제10항의 합병승인신청서에는 다음 각 호의 사항을 기재하여야 하며,
합병계약서 및 업무 관련 규정을 첨부하여야 한다.

  1. 협회의 명칭
  2. 본회 및 지회의 소재지
  3. 임원의 성명·주민등록번호 및 주소
  4. 회원의 상호 또는 명칭

⑫ 설립위원회는 제10항에 따른 승인을 받은 경우에는 지체 없이 협회의
설립등기를 하여야 한다.

⑬ 합병은 제12항에 따른 협회의 설립등기를 함으로써 효력이 발생한다.
이 경우 합병대상협회는 청산절차를 거치지 아니하고 협회의 설립과
동시에 소멸한다.

⑭ 설립위원회는 제12항에 따른 설립등기를 완료한 경우에는 그 사무를
협회의 회장에게 인계하여야 한다.

⑮ 설립위원은 제14항에 따라 사무의 인계가 끝난 경우에는 해촉된 것으로 본다.

<16> 설립위원회는 이 법 공포 후 1년이 경과하는 날부터 6개월 이내에 협회의 설립에 필요한 절차를 완료하여야 한다.
<17> 협회의 설립비용은 협회가 부담한다.
<18> 협회는 협회의 설립과 동시에 소멸한 합병대상협회 직원의 고용관계를 포함한 합병대상협회의 모든 권리·의무를 포괄 승계한다.
<19> 그 밖에 합병대상협회의 합병 및 협회의 설립에 관하여 필요한 사항은 대통령령으로 정한다.

제4조 (투자권유 등에 관한 적용례)
제46조부터 제48조까지의 규정은 이 법 시행 후 최초로 투자권유를 하는 경우부터 적용한다.

제5조 (신고에 의한 금융투자업인가 및 등록 특례)
① 이 법 공포 후 1년이 경과한 날 당시 제6조 제1항 각 호의 어느 하나에 상당하는 업을 영위하고 있는 자는 그 영위하고 있는 업무의 범위에서 제15조의 인가유지요건 또는 제20조의 등록유지요건을 갖추어 이 법 공포 후 1년이 경과한 날부터 2개월 이내에 금융감독위원회에 신고할 수 있다.
② 금융감독위원회는 제1항에 따른 신고를 받은 경우에는 신고인이 제15조의 인가유지요건 또는 제20조의 등록유지요건을 갖추었는지를 확인하여 이 법 시행일 전일까지 그 결과를 신고인에게 통보하여야 한다. 이 경우 제15조의 인가유지요건 또는 제20조의 등록유지요건을 갖춘 것으로 통보받은 자는 이 법 시행일에 금융투자업인가를 받거나 금융투자업등록을 한 것으로 본다.
③ 제1항에 따라 신고를 한 자는 제2항에 따라 제15조의 인가유지요건

또는 제20조의 등록유지요건을 갖추지 아니한 것으로 통보받은 경우
에도 제11조 및 제17조에 불구하고 이 법 시행 후 6개월까지는 종전
에 영위하고 있는 업무를 영위할 수 있다. 이 경우 그 업무를 영위하
는 범위에서 이 법에 의한 금융투자업자로 본다.

④ 제2항에 따라 통보를 받은 신고인 중 제15조의 인가유지요건 또는 제
20조의 등록유지요건을 갖추지 아니한 것으로 통보받은 자는 이 법
시행일부터 3개월 이내에 그 요건을 갖추어 금융감독위원회에 다시
신고할 수 있다.

⑤ 금융감독위원회는 제4항에 따라 신고를 받은 경우에는 신고인이 제15
조의 인가유지요건 또는 제20조의 등록유지요건을 갖추었는지를 확인
하여 이 법 시행일부터 6개월 이내에 그 결과를 신고인에게 통보하여
야 한다.

제6조 (업무 단위 추가에 따른 금융투자업인가 및 등록 특례)

① 이 법 공포 후 1년이 경과한 날 당시 제6조 제1항 각 호의 어느 하나
에 상당하는 업을 영위하고 있는 자는 그 영위하고 있는 업무에 인가
업무 단위 또는 등록업무 단위를 새로 추가하고자 하는 경우에는 이
법 공포 후 1년이 경과한 날부터 2개월 이내에 종전에 영위하고 있는
업무와 새로 추가하고자 하는 업무 단위를 종합하여 금융투자업인가
또는 금융투자업등록을 신청할 수 있다.

② 금융감독위원회는 제1항에 따라 인가 또는 등록의 신청을 받은 경우
에는 그 내용을 심사하여 이 법 시행일 전일까지 그 결과를 신청인에
게 통보하여야 한다. 이 경우 인가의 요건과 신청·심사 등에 관하여
는 제12조 및 제13조를 준용하고, 등록의 요건과 신청·검토에 관하
여는 제18조 및 제19조를 준용한다. 다만, 종전에 영위하고 있는 업
무의 인가요건과 등록요건에 관하여는 제15조의 인가유지요건과 제20
조의 등록유지요건을 준용한다.

③ 제1항에 따라 인가 또는 등록을 신청한 자는 제2항에 따라 인가 또는

등록이 거부된 경우에도 제11조 및 제17조에 불구하고 이 법 시행 후 6개월까지는 종전에 영위하고 있는 업무를 영위할 수 있다. 이 경우 그 업무를 영위하는 범위에서 이 법에 의한 금융투자업자로 본다.

④ 제2항에 따라 통보를 받은 신청인 중 인가 또는 등록이 거부된 자는 이 법 시행일부터 3개월 이내에 제2항의 요건을 갖추어 금융감독위원회에 다시 인가 또는 등록을 신청할 수 있다.

⑤ 금융감독위원회는 제4항에 따라 인가 또는 등록의 신청을 받은 경우에는 제2항에 따른 인가 또는 등록의 요건을 갖추었는지를 심사 또는 검토하여 이 법 시행일부터 6개월 이내에 그 결과를 신청인에게 통보하여야 한다.

제7조 (일반적 경과조치)

① 이 법 시행 당시 종전의 '증권거래법', 종전의 '선물거래법', 종전의 '간접투자자산 운용업법', 종전의 '신탁업법', 종전의 '종합금융회사에 관한 법률' 또는 종전의 '한국증권선물거래소법'에 따라 재정경제부장관, 금융감독위원회, 증권선물위원회 또는 금융감독원장이 행한 허가·인가·승인·등록·명령·처분, 그 밖의 행위는 이 법에 따라 재정경제부장관, 금융감독위원회, 증권선물위원회 또는 금융감독원장이 행한 행위로 본다.

② 이 법 시행 당시 종전의 '증권거래법', 종전의 '선물거래법', 종전의 '간접투자자산 운용업법', 종전의 '신탁업법', 종전의 '종합금융회사에 관한 법률' 또는 종전의 '한국증권선물거래소법'에 따라 재정경제부장관, 금융감독위원회, 증권선물위원회 또는 금융감독원장에 대하여 행한 신고·신청·보고, 그 밖의 행위는 이 법에 따라 재정경제부장관, 금융감독위원회, 증권선물위원회 또는 금융감독원장에 대하여 행한 행위로 본다.

제8조 (금융투자업자의 임원 자격에 관한 경과조치)

① 이 법 시행 당시 재임 중인 금융투자업자의 임원 자격에 관하여는 제
24조(제289조, 제301조 제4항, 제327조 제2항, 제382조 및 제402조
제6항에서 준용하는 경우를 포함한다.)에 불구하고 그 임기가 만료될
때까지는 종전의 '증권거래법', 종전의 '선물거래법', 종전의 '간접투
자자산 운용업법', 종전의 '신탁업법' 또는 종전의 '한국증권선물거래
소법'에 따른다.

② 제24조 제3호 및 제5호부터 제7호(제289조, 제301조 제4항, 제327조
제2항, 제382조 및 제402조 제6항에서 준용하는 경우를 포함한다.)까
지의 규정을 적용함에 있어서 '이 법'에는 종전의 '증권거래법', 종전
의 '선물거래법', 종전의 '간접투자자산 운용업법', 종전의 '신탁업법',
종전의 '한국증권선물거래소법' 및 종전의 '종합금융회사에 관한 법
률'이 포함되는 것으로 본다.

제9조 (금융투자업자의 사외이사 선임 및 이사회 구성에 관한 경과조치)
다음 각 호의 어느 하나에 해당하는 자로서 이 법 시행으로 제25조에 따
라 새로 사외이사를 선임하여야 하는 자는 이 법 시행 후 최초로 소집되는
정기주주총회일까지 같은 조에 따라 사외이사를 선임하여야 한다. 이 경우
주주총회에서 사외이사로 선임된 자는 제25조 제2항 및 제4항에 따라 사외
이사후보추천위원회의 추천을 받은 것으로 본다.

1. 종전의 '선물거래법'에 따른 선물업자
2. 종전의 '간접투자자산 운용업법'에 따른 투자자문회사
3. 종전의 '신탁업법'에 따른 신탁회사

제10조 (금융투자업자의 감사위원회 설치에 관한 경과조치)
다음 각 호의 어느 하나에 해당하는 자로서 이 법 시행으로 제26조에 따
라 새로 감사위원회를 설치하여야 하는 자는 이 법 시행 후 최초로 소집되
는 정기주주총회일까지 같은 조에 따라 감사위원회를 설치하여야 한다.

1. 종전의 '선물거래법'에 따른 선물업자

2. 종전의 '간접투자자산 운용업법'에 따른 투자자문회사

3. 종전의 '신탁업법'에 따른 신탁회사

제11조 (금융투자업자의 상근감사 선임에 관한 경과조치)

다음 각 호의 어느 하나에 해당하는 자로서 이 법 시행으로 제27조에 따라 새로 상근감사를 선임하여야 하는 자는 이 법 시행 후 최초로 소집되는 정기주주총회일까지 같은 조에 따라 상근감사를 선임하여야 한다.

1. 종전의 '증권거래법'에 따른 증권회사

2. 종전의 '선물거래법'에 따른 선물업자

3. 종전의 '간접투자자산 운용업법'에 따른 자산운용회사 및 투자자문회사

4. 종전의 '신탁업법'에 따른 신탁회사

제12조 (준법감시인에 대한 경과조치)

① 다음 각 호의 어느 하나에 해당하는 자로서 이 법 시행으로 제28조에 따라 새로 준법감시인을 선임하여야 하는 자는 이 법 시행 후 1개월 이내에 같은 조에 따라 준법감시인을 선임하여야 한다.

1. 종전의 '선물거래법'에 따른 선물업자

2. 종전의 '간접투자자산 운용업법'에 따른 투자자문회사

3. 종전의 '신탁업법'에 따른 신탁회사

② 이 법 시행 당시 종전의 '증권거래법' 또는 종전의 '간접투자자산 운용업법'에 따라 재임 또는 재직 중인 준법감시인에 대하여는 제28조 제4항에 불구하고 그 임기가 만료될 때까지(직원의 경우는 이 법 시행 후 3년까지로 한다.) 종전의 '증권거래법' 또는 종전의 '간접투자자산 운용업법'에 규정된 요건을 적용한다.

③ 제28조 제4항 제1호 라목을 적용함에 있어서 합병대상협회 임직원의 근무경력은 협회의 근무경력에 포함되는 것으로 본다.

④ 제28조 제4항 제2호에 규정된 제24조 제3호 및 제5호부터 제7호까지의 규정을 적용함에 있어서 '이 법'에는 종전의 '증권거래법', 종전의

‘선물거래법’, 종전의 ‘간접투자자산 운용업법’, 종전의 ‘신탁업법’, 종
전의 ‘한국증권선물거래소법’ 및 종전의 ‘종합금융회사에 관한 법률’
이 포함되는 것으로 본다.
⑤ 제28조 제4항 제3호를 적용함에 있어서 ‘이 법’에는 종전의 ‘증권거
래법’, 종전의 ‘선물거래법’, 종전의 ‘간접투자자산 운용업법’, 종전의
‘신탁업법’, 종전의 ‘한국증권선물거래소법’ 및 종전의 ‘종합금융회사
에 관한 법률’이 포함되는 것으로 본다.

제13조 (재무건전성 유지에 관한 경과조치)

법률 제6176호 증권거래법중개정법률 부칙 제3조 각 호의 어느 하나에
해당하는 증권회사가 이 법 부칙 제5조 및 제6조에 따라 투자매매업자 또
는 투자중개업자가 된 경우 재무건전성 유지 요건에 관하여는 법률 제6176
호 증권거래법중개정법률 부칙 제3조에 규정된 날까지 제30조 제1항을 적
용하지 아니한다.

제14조 (금융투자업자의 부수업무 등의 신고에 관한 경과조치)

이 법 시행 당시 종전의 ‘증권거래법’, 종전의 ‘선물거래법’, 종전의 ‘간
접투자자산 운용업법’ 및 종전의 ‘신탁업법’에 따라 제40조 제2호 또는 제5
호의 업무와 제41조 제1항의 부수업무를 영위하고 있는 경우에는 제40조
후단 및 제41조 제1항에 불구하고 이 법 시행일부터 1개월 이내에 금융감
독위원회에 신고할 수 있다.

제15조 (간접투자증권취득권유자에 대한 경과조치)

이 법 시행 당시 종전의 간접투자자산 운용업법령에 따라 간접투자증권
의 취득의 권유를 위탁받을 수 있는 요건을 갖춘 자에 대하여는 제51조 및
제52조에 불구하고 이 법 시행일부터 1개월까지는 집합투자증권 취득의 권
유를 위탁할 수 있다. 이 경우 집합투자증권 취득의 권유를 위탁받는 자는
제51조 제2항에 불구하고 투자권유를 할 수 있다.

제16조 (유사투자자문업자에 대한 경과조치)

이 법 시행 당시 종전의 '간접투자자산 운용업법' 제149조에 따라 유사투자자문업의 신고를 한 자는 제101조에 따라 유사투자자문업의 신고를 한 것으로 본다.

제17조 (신탁의 회계감사에 관한 경과조치)

법률 제6180호 신탁업법중개정법률의 시행일 전에 제정되거나 변경된 약관 또는 표준계약서에 따라 설정된 신탁에 대하여는 제114조 및 제115조를 적용하지 아니한다. 다만, 법률 제6180호 신탁업법중개정법률의 시행일 전에 제정되거나 변경된 약관 또는 표준계약서에 따라 설정된 신탁으로서 법률 제6180호 신탁업법중개정법률의 시행일 이후에 추가로 신탁을 한 신탁에 대하여는 제114조 및 제115조를 적용한다.

제18조 (유가증권신고서 등에 관한 경과조치)

이 법 시행 당시 종전의 '증권거래법'에 따라 금융감독위원회에 제출한 유가증권신고서, 일괄신고서, 정정신고서, 사업설명서(예비사업설명서 및 간이사업설명서를 포함한다.) 및 유가증권발행실적보고서에 관하여는 제118조부터 제132조까지의 규정에 불구하고 종전의 '증권거래법'에 따른다.

제19조 (자기주식 및 합병등의 신고에 관한 경과조치)

이 법 시행 당시 종전의 '증권거래법' 제189조의 2 및 종전의 '증권거래법' 제190조의 2에 따라 신고의무가 발생한 경우에는 제118조부터 제132조까지 및 제161조부터 제165조까지의 규정에 불구하고 종전의 '증권거래법'에 따른다.

제20조 (공개매수신고서 등에 관한 경과조치)

이 법 시행 당시 종전의 '증권거래법'에 따라 제출한 공개매수신고서, 정정신고서, 공개매수설명서 및 공개매수철회신고서와 공개매수공고 및 정정공고에 관하여는 제133조부터 제146조까지의 규정에 불구하고 종전의 ‘증권거래법’에 따른다.

제21조 (주식등의 대량보유등의 보고에 관한 경과조치)

① 종전의 ‘증권거래법’ 제200조의 2 제1항에 따른 주식등의 대량보유를 한 자 중 같은 조 같은 항의 보고의무를 면제받은 자가 이 법 시행 당시 제147조 제1항에 따른 보고를 하여야 하는 경우에 있어서 그 보고 기간은 제147조 제1항에 불구하고 이 법 시행일부터 1개월 이내로 한다.

② 이 법 시행 당시 종전의 ‘증권거래법’ 제200조의 2 제1항에 따라 보고한 자로서 그 보유 주식등에 관한 주요계약내용 등 대통령령으로 정하는 중요한 사항을 변경한 자는 이 법 시행일부터 1개월 이내에 이 법 제147조 제4항에 따른 보고를 하여야 한다.

③ 이 법 시행 당시 종전의 ‘증권거래법’ 제200조의 2 제1항 또는 제4항에 따라 보고의무가 발생한 경우에는 제148조를 적용하지 아니한다.

④ 이 법 시행 당시 종전의 ‘증권거래법’ 제200조의 2 제4항에 따라 보고의무가 발생한 경우에는 위반 주식등의 의결권 행사 제한 등에 관하여 제150조 제1항에 불구하고 종전의 ‘증권거래법’ 제200조의 3 제1항에 따른다.

⑤ 이 법 시행 당시 종전의 ‘증권거래법’ 제200조의 2 제1항·제3항 또는 는 제4항에 따라 주식 등의 보유목적을 발행인의 경영권에 영향을 주기 위한 것으로 보고할 의무가 발생한 경우에는 제150조 제3항을 적용하지 아니한다.

제22조 (의결권 대리행사의 권유에 관한 경과조치)

이 법 시행 당시 주주총회의 소집의 통지 또는 공고가 행하여진 경우 그 주주총회와 관련된 의결권 대리행사의 권유에 관하여는 제152조부터 제158조까지의 규정에 불구하고 종전의 ‘증권거래법’에 따른다.

제23조 (수시공시 및 사업보고서 등에 관한 경과조치)

이 법 시행 당시 종전의 '증권거래법' 제186조에 따라 신고의무가 발생하거나, 종전의 '증권거래법' 제186조의 2 및 제186조의 3에 따라 제출의무가 발생한 경우에는 제159조부터 제165조까지의 규정에 불구하고 종전의 '증권거래법'에 따른다.

제24조 (공공적 법인이 발행한 주식의 소유제한에 관한 경과조치)

이 법 시행 당시 종전의 '증권거래법' 제200조 제1항 제1호에 해당하는 주주의 주식 소유에 관하여는 제167조 제1항 제1호에 불구하고 종전의 '증권거래법'에 따른다.

제25조 (감사인의 손해배상책임에 관한 경과조치)

종전의 '증권거래법' 제194조의 3에 따라 회계감사를 한 감사인의 손해배상책임에 관하여는 제170조에 불구하고 종전의 '증권거래법' 제197조에 따른다.

제26조 (내부자의 단기매매차익의 반환에 관한 경과조치)

종전의 '증권거래법'에 따른 주권상장법인 또는 코스닥상장법인의 임직원 또는 주요주주가 이 법 시행 전에 주권등을 매수하거나 매도한 후 6개월 이내에 그 주권등을 매도하거나 매수(이 법 시행 후에 매도하거나 매수한 경우에 한한다.)하여 이익을 얻은 경우에 있어서 그 이익의 반환청구·산정기준·반환절차 등에 관하여는 제172조 제1항부터 제3항까지의 규정에 불구하고 종전의 '증권거래법' 제188조 제2항부터 제4항까지의 규정에 따른다.

제27조 (특정증권등의 소유상황 보고에 관한 경과조치)

① 종전의 '증권거래법'에 따른 주권상장법인 또는 코스닥상장법인의 임원 또는 주요주주로서 이 법 시행 당시 특정증권등을 소유하고 있는 자(주식만 소유하고 있는 자를 제외한다.)의 소유상황 보고 기간은 제

173조 제1항에 불구하고 이 법 시행일부터 1개월 이내로 한다.

② 종전의 ‘증권거래법’에 따른 주권상장법인 또는 코스닥상장법인의 임원 또는 주요주주로서 이 법 시행 당시 주식만 소유하고 있는 자가 이 법 시행 전에 그 소유주식 수에 변동이 있었던 경우 그 보고에 관하여는 종전의 ‘증권거래법’ 제188조 제6항에 따른다.

제28조 (간접투자기구 등에 관한 경과조치)

① 이 법 시행 당시 종전의 ‘간접투자자산 운용업법’에 따라 설정 또는 설립된 투자신탁(보험회사가 설정한 특별계정을 제외한다.) 및 투자회사에 대하여는 종전의 ‘간접투자자산 운용업법’에 따른다.

② 이 법 시행 당시 종전의 ‘간접투자자산 운용업법’ 제135조 제1항에 따른 보험회사의 특별계정은 제251조에 따른 보험회사의 특별계정으로 본다. 이 경우 특별계정을 운용하는 보험회사는 그 특별계정의 신탁계약이 이 법에 위반되는 때에는 이 법 시행 후 3개월 이내에 그 특별계정의 신탁계약을 이 법에 적합하게 변경하여야 한다.

③ 이 법 시행 당시 종전의 ‘간접투자자산 운용업법’에 따라 등록된 사모투자전문회사는 이 법에 따라 등록된 사모투자전문회사로 본다.

④ 이 법 시행 당시 종전의 ‘간접투자자산 운용업법’에 따라 금융감독위원회에 신고된 외국간접투자증권에 관하여는 종전의 ‘간접투자자산 운용업법’에 따른다.

⑤ 법률 제6987호 간접투자자산운용업법 부칙 제2조 제1항 단서에 따른 증권투자신탁 및 증권투자회사에 대하여는 종전의 ‘증권투자신탁업법’ 또는 종전의 ‘증권투자회사법’에 따른다.

⑥ 법률 제6987호 간접투자자산운용업법 부칙 제14조 제2항에 따른 금전의 신탁 및 특별계정에 대하여는 이 법 중 신탁업에 관한 규정 또는 는 ‘보험업법’에 따른다.

⑦ 이 법 시행 당시 다음 각 호의 어느 하나에 해당하는 법률에 따라 설정 또는 설립된 사회기반시설투융자회사, 부동산투자회사(자기관리부

동산투자회사를 제외한다.), 선박투자회사, 문화산업전문회사, 기업구
조조정조합, 중소기업창업투자조합, 신기술사업투자조합, 한국벤처투
자조합, 개인투자조합, 부품·소재전문투자조합, 해외자원개발투자회
사 및 기업구조조정투자회사에 대하여는 이 법을 적용하지 아니한다.

1. '사회기반시설에 대한 민간투자법'
2. '부동산투자회사법'
3. '선박투자회사법'
4. '문화산업진흥 기본법'
5. '산업발전법'
6. '중소기업창업 지원법'
7. '여신전문금융업법'
8. '벤처기업육성에 관한 특별조치법'
9. '부품·소재전문기업 등의 육성에 관한 특별조치법'
10. '해외자원개발 사업법'
11. 종전의 '기업구조조정투자회사법'

제29조 (간접투자기구의 전환에 관한 경과조치)

① 종전의 '간접투자자산 운용업법'에 따라 설정된 투자신탁(보험회사가
운용하는 특별계정을 제외한다. 이하 이 조에서 같다.)의 재산을 운용
하는 집합투자업자 또는 투자회사는 부칙 제28조 제1항에 불구하고
그 투자신탁 또는 투자회사를 제182조에 따라 이 법에 따른 집합투
자기구로 금융감독위원회에 등록할 수 있다. 이 경우 제119조 제1항
및 제2항에 따라 증권신고서를 금융감독위원회에 제출하여야 한다.

② 종전의 '간접투자자산 운용업법'에 따라 금융감독위원회에 신고된 외
국간접투자증권을 발행한 외국투자신탁의 집합투자업자 또는 외국투
자회사는 부칙 제28조 제4항에 불구하고 그 외국투자신탁 또는 외국
투자회사를 제279조에 따라 이 법에 따른 외국 집합투자기구로 금융
감독위원회에 등록할 수 있다. 이 경우 제119조 제1항 및 제2항에 따

라 증권신고서를 금융감독위원회에 제출하여야 한다.

제30조 (간접투자증권 등의 판매 등에 관한 경과조치)

① 종전의 '간접투자자산 운용업법'에 따른 판매회사는 이 법 시행 후 3
개월이 경과한 날부터 종전의 '간접투자자산 운용업법'에 따른 간접
투자증권(종전의 '간접투자자산 운용업법'에 따라 금융감독위원회에
신고된 외국간접투자증권을 포함한다.)을 판매하여서는 아니 된다. 다
만, 대통령령으로 정하는 경우에는 그러하지 아니하다.

② 종전의 '간접투자자산 운용업법'에 따른 판매회사는 법률 제6987호
간접투자자산운용업법 부칙 제11조에 따른 증권투자신탁의 수익증권
및 증권투자회사의 주식을 판매하여서는 아니 된다. 다만, 대통령령
으로 정하는 경우에는 그러하지 아니하다.

③ 법률 제6987호 간접투자자산운용업법 부칙 제14조에 따라 자산운용
업의 허가를 받은 것으로 보는 '은행법'에 따른 금융기관 및 '보험업
법'에 따른 보험회사는 법률 제6987호 간접투자자산운용업법 시행 전
에 설정한 금전의 신탁 및 특별계정을 추가 설정하여서는 아니 된다.
다만, 대통령령으로 정하는 경우에는 그러하지 아니하다.

제31조 (투자회사 발기인 등의 자격에 관한 경과조치)

제194조 제1항 및 제199조 제4항 제1호에 규정된 제24조 제3호 및 제5
호부터 제7호까지의 규정을 적용함에 있어서 '이 법'에는 종전의 '증권거래
법', 종전의 '선물거래법', 종전의 '간접투자자산 운용업법', 종전의 '신탁업
법', 종전의 '한국증권선물거래소법' 및 종전의 '종합금융회사에 관한법률'
이 포함되는 것으로 본다.

제32조 (집합투자기구 관계회사 및 그 임원에 대한 경과조치)

① 이 법 시행 당시 종전의 '간접투자자산 운용업법' 제25조, 제154조
및 제155조에 따라 금융감독위원회에 등록된 일반사무관리회사, 간접

투자기구평가회사 및 채권평가회사는 각각 제254조, 제258조 및 제
263조에 따라 등록된 일반사무관리회사, 집합투자기구평가회사 및 채
권평가회사로 본다. 이 경우 이 법 시행일부터 3개월 이내에 각각 제
254조 제8항, 제258조 제8항, 제263조 제8항에 따른 등록유지요건을
갖추어야 한다.

② 이 법 시행 당시 재임 중인 일반사무관리회사, 집합투자기구평가회사
및 채권평가회사의 임원 자격에 관하여는 제254조 제2항 제5호, 제
258조 제2항 제6호 및 제263조 제2항 제6호에 불구하고 그 임기가
만료될 때까지는 종전의 '간접투자자산 운용업법'에 따른다.

③ 제254조 제2항 제5호, 제258조 제2항 제6호 및 제263조 제2항 제6호에
규정된 제24조 제3호 및 제5호부터 제7호까지의 규정을 적용함에 있어
서 '이 법'에는 종전의 '증권거래법', 종전의 '선물거래법', 종전의 '간
접투자자산 운용업법', 종전의 '신탁업법', 종전의 '한국증권선물거래소
법' 및 종전의 '종합금융회사에 관한 법률'이 포함되는 것으로 본다.

제33조 (투자목적회사에 대한 경과조치)

이 법 시행 당시 종전의 '간접투자자산 운용업법'에 따른 투자목적회사는
이 법 시행 이후 회사의 등기사항을 제271조 제5항에 따라 변경할 수 있다.

제34조 (한국예탁결제원에 대한 경과조치)

① 종전의 '증권거래법' 제173조에 따라 설립된 증권예탁결제원은 제294
조에 따른 한국예탁결제원으로 본다.

② 종전의 '증권거래법' 제173조의 7에 따라 증권예탁결제원이 지정한
예탁대상유가증권은 제308조에 따라 한국예탁결제원이 예탁대상증권
등으로 지정한 것으로 본다.

③ 종전의 '증권거래법' 제174조의 2에 따른 고객계좌부는 제310조 제1
항에 따른 투자자계좌부로 본다.

④ 종전의 '증권거래법' 제176조의 2 제4항에 따라 증권예탁결제원이 행한

승인은 제322조 제4항에 따라 한국예탁결제원이 행한 승인으로 본다.

제35조 (증권금융회사에 대한 경과조치)

① 이 법 시행 당시 종전의 '증권거래법' 제145조에 따라 재정경제부장
관의 허가를 받은 증권금융회사는 제324조 제1항에 따라 인가를 받
은 증권금융회사로 본다. 이 경우 이 법 시행일부터 3개월 이내에 제
324조 제9항에 따른 인가유지요건을 갖추어야 한다.

② 제324조 제2항 제5호에 규정된 제24조 제3호 및 제5호부터 제7호까
지의 규정을 적용함에 있어서 '이 법'에는 종전의 '증권거래법', 종전
의 '선물거래법', 종전의 '간접투자자산 운용업법', 종전의 '신탁업법',
종전의 '한국증권선물거래소법' 및 종전의 '종합금융회사에 관한 법
률'이 포함되는 것으로 본다.

제36조 (종합금융회사에 대한 경과조치)

① 종합금융회사는 이 법 시행으로 제344조 제1항에 따른 증권의 투자한
도를 초과하게 된 경우에는 이 법 시행 후 1년 이내에 같은 조 같은
항에 적합하도록 하여야 한다.

② 이 법 시행 당시 재임 중인 종합금융회사의 임원의 자격에 관하여는
제350조에서 준용하는 제24조에 불구하고 그 임기가 만료될 때까지
는 종전의 '종합금융회사에 관한 법률'에 따른다.

③ 제350조에서 준용하는 제24조 제3호 및 제5호부터 제7호까지의 규정
을 적용함에 있어서 '이 법'에는 종전의 '증권거래법', 종전의 '선물거
래법', 종전의 '간접투자자산 운용업법', 종전의 '신탁업법', 종전의
'한국증권선물거래소법' 및 종전의 '종합금융회사에 관한 법률'이 포
함되는 것으로 본다.

④ 제350조에서 준용하는 제25조 제1항에 따라 사외이사를 선임하여야
하는 종합금융회사는 이 법 시행 후 최초로 소집되는 정기주주총회일
까지 같은 조 같은 항에 따라 사외이사를 선임하여야 한다.

⑤ 제350조에서 준용하는 제26조 제2항에 따라 감사위원회를 설치하여
야 하는 종합금융회사는 이 법 시행 후 최초로 소집되는 정기주주총
회일까지 같은 조 같은 항에 따라 감사위원회를 설치하여야 한다.

⑥ 이 법 시행 당시 종전의 '종합금융회사에 관한 법률'에 따라 재임 또
는 재직 중인 종합금융회사의 준법감시인에 대하여는 제350조에서 준
용하는 제28조 제4항에 불구하고 그 임기가 만료될 때까지(직원의 경
우는 이 법 시행 후 3년까지로 한다.) 종전의 '종합금융회사에 관한
법률'에 규정된 요건을 적용한다.

⑦ 제350조에서 준용하는 제28조 제4항 제3호를 적용함에 있어서 '이
법'에는 종전의 '증권거래법', 종전의 '선물거래법', 종전의 '간접투자
자산 운용업법', 종전의 '신탁업법', 종전의 '한국증권선물거래소법'
및 종전의 '종합금융회사에 관한 법률'이 포함되는 것으로 본다.

제37조 (자금중개회사에 대한 경과조치)

① 종전의 '종합금융회사에 관한 법률' 제9조 제1항에 따라 금융감독위
원회의 승인을 받아 설립된 자금중개회사는 제355조 제1항에 따른
인가를 받은 자금중개회사로 본다. 이 경우 이 법 시행일부터 3개월
이내에 같은 조 제9항에 따른 인가유지요건을 갖추어야 한다.

② 이 법 시행 당시 재임 중인 자금중개회사의 임원의 자격에 관하여는
제355조 제2항 제5호에 불구하고 그 임기가 만료될 때까지는 종전의
'종합금융회사에 관한 법률'에 따른다.

③ 제355조 제2항 제5호에 규정된 제24조 제3호 및 제5호부터 제7호까
지의 규정을 적용함에 있어서 '이 법'에는 종전의 '증권거래법', 종전
의 '선물거래법', 종전의 '간접투자자산 운용업법', 종전의 '신탁업법',
종전의 '한국증권선물거래소법' 및 종전의 '종합금융회사에 관한 법
률'이 포함되는 것으로 본다.

제38조 (금융기관의 단기금융업무 겸영에 관한 경과조치)

종전의 '종합금융회사에 관한 법률' 제3조의 2 제1항에 따라 금융감독위원회의 인가를 받은 금융기관은 제360조 제1항에 따라 단기금융업무에 관한 금융감독위원회의 인가를 받은 것으로 본다. 이 경우 이 법 시행일부터 3개월 이내에 같은 조 제9항에 따른 인가유지요건을 갖추어야 한다.

제39조 (명의개서대행회사에 대한 경과조치)

이 법 시행 당시 종전의 '증권거래법' 제180조에 따라 금융감독위원회에 등록된 명의개서대행회사는 제365조 제1항에 따라 등록된 명의개서대행회사로 본다. 이 경우 이 법 시행일부터 3개월 이내에 같은 조 제8항에 따른 등록유지요건을 갖추어야 한다.

제40조 (한국거래소에 대한 경과조치)

① 이 법 시행 당시 종전의 '한국증권선물거래소법'에 따른 한국증권선물거래소는 제373조에 따른 한국거래소로 본다.

② 이 법 시행 당시 종전의 '한국증권선물거래소법'에 따른 한국증권선물거래소가 개설한 유가증권시장·코스닥시장 및 선물시장에서 성립된 유가증권의 매매거래 및 선물거래로서 결제가 종결되지 아니한 것은 이 법에 따라 설립된 한국거래소가 개설하는 유가증권시장·코스닥시장 및 파생상품시장에서 같은 조건으로 거래가 성립된 것으로 본다.

③ 종전의 '증권거래법' 제95조 제1항 또는 종전의 '선물거래법' 제27조 제1항에 따라 적립된 위약손해배상공동기금은 제394조에 따라 적립된 손해배상공동기금으로 본다.

④ 이 법 시행 당시 종전의 '한국증권선물거래소법' 제25조에 따라 설치된 시장효율화위원회는 제414조에 따른 시장효율화위원회로 본다.

제41조 (벌칙 등에 관한 경과조치)

① 이 법 시행 전에 행한 종전의 '증권거래법', 종전의 '선물거래법', 종

전의 '간접투자자산 운용업법', 종전의 '신탁업법', 종전의 '종합금융
회사에 관한 법률' 및 종전의 '한국증권선물거래소법'의 위반행위에
대한 벌칙 및 과태료의 적용에 있어서는 종전의 규정에 따른다.

② 이 법 시행 전에 행한 종전의 '증권거래법', 종전의 '선물거래법', 종
전의 '간접투자자산 운용업법', 종전의 '신탁업법', 종전의 '종합금융
회사에 관한 법률' 및 종전의 '한국증권선물거래소법'의 위반행위로서
이 법 시행 전에 종료되거나 이 법 시행 후에도 그 상태가 지속되는
위반행위에 대한 과징금의 부과처분, 그 밖에 행정처분의 적용에 있
어서는 종전의 규정에 따른다.

제42조 (다른 법률의 개정)

① 금융감독기구의설치등에관한법률 일부를 다음과 같이 개정한다.

제17조 제4호 중 '선물시장'을 '파생상품시장'으로 한다.

제19조 제1호 · 제3호 및 제4호 중 '선물시장'을 각각 '파생상품시장'으로
한다.

제20조 제2항 제1호 및 제3호 중 '선물'을 각각 '파생상품'으로 한다.

제38조 제2호를 다음과 같이 하고, 같은 조 제3호 · 제5호 · 제8호 및 제
10호를 각각 삭제한다.

2. '자본시장과 금융투자업에 관한 법률'에 따른 금융투자업자, 증권금융
회사, 종합금융회사 및 명의개서대행회사

② 금융기관부실자산 등의 효율적 처리 및 한국자산관리공사의 설립에
관한 법률 일부를 다음과 같이 개정한다.

제26조 제1항 제11호 및 같은 조 제2항 중 "'신탁업법'에 의한 신탁업"
을 각각 "'자본시장과 금융투자업에 관한 법률'에 따른 신탁업"으로 한다.

제37조 제2항 중 "'증권거래법' 제2조 제1항 제3호의 규정에 의한 채권"
을 "'자본시장과 금융투자업에 관한 법률' 제4조 제3항에 따른 특수채증권"

으로 한다.

③ 금융산업의 구조개선에 관한 법률 일부를 다음과 같이 개정한다.

제2조 제1호 다목·라목·사목 및 아목을 각각 다음과 같이 한다.

다. '자본시장과 금융투자업에 관한 법률'에 따른 투자매매업자·투자중개업자

라. '자본시장과 금융투자업에 관한 법률'에 따른 집합투자업자, 투자자문업자 또는 투자일임업자

사. '자본시장과 금융투자업에 관한 법률'에 따른 신탁업자

아. '자본시장과 금융투자업에 관한 법률'에 따른 종합금융회사

제4조 제3항 제4호 중 '증권거래법'을 '자본시장과 금융투자업에 관한 법률'로 한다.

제5조 제10항 본문 중 "'증권거래법' 제173조의 규정에 의한 증권예탁결제원(이하 '증권예탁결제원'이라 한다.)은 '증권거래법' 제174조의 6 제5항 제3호의 규정"을 "'자본시장과 금융투자업에 관한 법률' 제294조에 따른 한국예탁결제원(이하 '예탁결제원'이라 한다.)은 '자본시장과 금융투자업에 관한 법률' 제314조 제5항 제3호"로 하고, 같은 항 단서 중 '증권예탁결제원'을 각각 '예탁결제원'으로 한다.

제11조 제5항 중 "'종합금융회사에 관한 법률' 제10조·제11조·제14조·제15조·제15조의 3·제17조·제19조"를 "'자본시장과 금융투자업에 관한 법률' 제340조·제342조·제344조·제347조"로, "'간접투자자산 운용업법' 제88조"를 "'자본시장과 금융투자업에 관한 법률' 제81조"로 하고, 같은 조 제6항 각 호 외의 부분 중 "'종합금융회사에 관한 법률' 제17조"를 "'자본시장과 금융투자업에 관한 법률' 제344조"로 한다.

제12조 제5항 본문 중 '신탁회사'를 "'자본시장과 금융투자업에 관한 법률'에 따른 신탁업자"로 하고, 같은 조 제6항 단서 중 '증권거래법'을 '자본시장과 금융투자업에 관한 법률'로, '증권예탁원'을 '예탁결제원'으로 한다.

제28조 제1항 제8호 중 '신탁회사'를 "'자본시장과 금융투자업에 관한 법

률’에 따른 신탁업자”로 한다.

④ 금융실명거래 및 비밀보장에 관한 법률 일부를 다음과 같이 개정한다.

제2조 제1호 다목을 다음과 같이 하고, 같은 호 라목·타목 및 파목을 각각 삭제한다.

다. ‘자본시장과 금융투자업에 관한 법률’에 따른 투자매매업자·투자중개업자·집합투자업자·신탁업자·증권금융회사·종합금융회사 및 명의개서대행회사

제3조 제2항 제3호 라목을 다음과 같이 한다.

라. ‘자본시장과 금융투자업에 관한 법률’ 제329조에 따라 증권금융회사가 발행한 사채

제4조 제1항 제4호 각 목 외의 부분 중 ‘증권·선물시장’을 ‘증권시장·파생상품시장’으로 하고, 같은 항 제6호 나목 중 “‘증권거래법’ 제206조의4 및 ‘선물거래법’ 제95조의 7의 규정에 의한”을 “‘자본시장과 금융투자업에 관한 법률’ 제437조에 따른”으로 하며, 같은 항 제7호 각 목 외의 부분 중 “‘한국증권선물거래소법’에 따라 설립된 한국증권선물거래소(이하 ‘한국증권선물거래소’라 한다.)”를 “‘자본시장과 금융투자업에 관한 법률’에 따라 설립된 한국거래소(이하 ‘한국거래소’라 한다.)”로, ‘증권회사 및 선물업자’를 ‘투자매매업자·투자중개업자’로 하고, 같은 호 가목 중 “‘한국증권선물거래소법’ 제19조의 규정에 의한”을 “‘자본시장과 금융투자업에 관한 법률’ 제404조에 따른”으로 하며, 같은 호 나목 본문 및 같은 조 제4항 단서 중 ‘한국증권선물거래소’를 각각 ‘한국거래소’로 한다.

⑤ 금융지주회사법 일부를 다음과 같이 개정한다.

제2조 제1항 제8호 다목 중 “증권투자회사법에 의한 증권투자회사(이하 ‘증권투자회사’라 한다.)”를 “‘자본시장과 금융투자업에 관한 법률’에 따른 투자회사(이하 ‘투자회사’라 한다.)”로, ‘당해 증권투자회사’를 ‘해당 투자회사’로 한다.

제7조 제2호 중 '증권투자회사'를 '투자회사'로 한다.

제8조 제6항 중 '증권투자회사'를 각각 '투자회사'로, '증권투자회사법 제28조 제2항 제1호 및 같은 항 제2호의 규정'을 "'자본시장과 금융투자업에 관한 법률' 제81조 제1항 제1호 가목 및 다목"으로 한다.

제40조 제4항 중 '증권거래법 제54조의 5 제4항 각 호의 1'을 "'자본시장과 금융투자업에 관한 법률' 제25조 제5항 각 호의 어느 하나"로 한다.

제43조의 제목 중 '유가증권'을 '증권'으로 하고, 같은 조 제1항 전단 중 "'증권거래법'에 따른 유가증권"을 "'자본시장과 금융투자업에 관한 법률'에 따른 증권"으로, "이하 이 조에서 '유가증권'이라 한다."를 "이하 이 조에서 '증권'이라 한다."로 하며, 같은 조 제2항 각 호 외의 부분 및 같은 항 제2호 중 '유가증권'을 각각 '증권'으로 한다.

제48조의 2 제2항 중 '증권회사는 증권거래법 제59조의 규정에 불구하고 당해 증권회사를 통하여 유가증권'을 "'자본시장과 금융투자업에 관한 법률'에 따른 투자매매업자 또는 투자중개업자는 해당 투자매매업자 또는 투자중개업자를 통하여 증권"으로, '유가증권의'를 '증권의'로 하고, 같은 조 제3항 중 '유가증권'을 '증권'으로 한다.

제62조의 2 제3항 제1호 중 '증권거래법에 의한 주권상장법인 또는 협회등록법인'을 "'자본시장과 금융투자업에 관한 법률'에 따른 주권상장법인"으로, '유가증권시장'을 '증권시장'으로 한다.

제64조 제1호 중 '유가증권'을 '증권'으로 한다.

제70조 제3항 제4호 중 '유가증권'을 '증권'으로 한다.

⑥ 기술신용보증기금법 일부를 다음과 같이 개정한다.

제2조 제5호 자목을 다음과 같이 한다.

자. '자본시장과 금융투자업에 관한 법률'에 따른 신탁업자

⑦ 담보부사채신탁법 일부를 다음과 같이 개정한다.

제5조 제2항 중 '신탁업법에 의한 신탁회사'를 "'자본시장과 금융투자업

에 관한 법률’에 따른 신탁업자”로 한다.

⑧ 보험업법 일부를 다음과 같이 개정한다.

제15조 제4항 중 ‘증권거래법 제54조의 5 제4항 각 호의 1’을 “‘자본시장과 금융투자업에 관한 법률’ 제25조 제5항 각 호의 어느 하나”로 한다.

제91조 제1항 제2호를 다음과 같이 한다.

2. ‘자본시장과 금융투자업에 관한 법률’에 따른 투자매매업자 또는 투자중개업자

제105조 제2항 중 ‘선물거래법에 의한 선물거래’를 “‘자본시장과 금융투자업에 관한 법률’에 따른 파생상품시장에서의 거래”로 한다.

제106조 제1항 제9호 중 ‘증권거래법에 의한 한국증권거래소 및 한국증권업협회 또는 이와 유사한 시장으로서 외국에 있는 시장에 상장 또는 등록’을 “‘자본시장과 금융투자업에 관한 법률’에 따른 한국거래소 또는 이와 유사한 시장으로서 해외에 있는 시장에 상장”으로 하고, 같은 항 제11호 중 ‘해외선물거래’를 ‘해외 파생상품거래’로 한다.

⑨ 상호저축은행법 일부를 다음과 같이 개정한다.

제10조의 3 제4항 중 ‘증권거래법 제54조의 5 제4항 각 호의 1’을 “‘자본시장과 금융투자업에 관한 법률’ 제25조 제5항 각 호의 어느 하나”로 한다.

제25조의 2 제1항 제5호의 3 중 ‘증권거래법 제2조 제1항 제1호 및 제2호의 규정에 의한 유가증권’을 “‘자본시장과 금융투자업에 관한 법률’ 제4조 제3항에 따른 국채증권·지방채증권”으로 한다.

⑩ 신용보증기금법 일부를 다음과 같이 개정한다.

제2조 제2항 제3호 중 ‘증권거래법 제8조의 규정에 의하여’를 “‘자본시장과 금융투자업에 관한 법률’ 제119조에 따라”로 하고, 같은 조 제3항 제9호를 다음과 같이 한다.

9. ‘자본시장과 금융투자업에 관한 법률’에 따른 신탁업자

⑪ 신용정보의 이용 및 보호에 관한 법률 일부를 다음과 같이 개정한다.
제2조 제11호 중 ‘증권거래법에 의한 유가증권’을 “‘자본시장과 금융투자업에 관한 법률’에 따른 증권”으로, ‘유가증권에’를 ‘증권에’로 한다.
제9조의 2 제2항 및 제3항 중 ‘유가증권’을 각각 ‘증권’으로 하고, 같은 조 제5항 중 ‘유가증권’을 ‘증권’으로, ‘증권거래법에 의한 한국증권거래소 및 한국증권업협회’를 “‘자본시장과 금융투자업에 관한 법률’에 따른 한국거래소 및 한국금융투자협회”로 한다.
제12조 제1항 제2호 단서 중 ‘증권거래법에 의한 유가증권시장 또는 협회중개시장에 상장 또는 등록’을 “‘자본시장과 금융투자업에 관한 법률’에 따른 증권시장에 상장”으로 한다.
제26조 제8호 중 ‘유가증권’을 ‘증권’으로 한다.

⑫ 신용협동조합법 일부를 다음과 같이 개정한다.
제78조 제1항 제5호 바목을 다음과 같이 한다.
바. ‘자본시장과 금융투자업에 관한 법률’ 제4조 제3항에 따른 국채증권 및 지방채증권의 인수·매출

⑬ 예금자보호법 일부를 다음과 같이 개정한다.
제2조 제1호 차목 및 타목을 각각 다음과 같이 한다.
차. ‘자본시장과 금융투자업에 관한 법률’ 제12조에 따라 증권을 대상으로 투자매매업·투자중개업의 인가를 받은 투자매매업자·투자중개업자(같은 법 제78조에 따른 전자증권중개업무를 영위하는 투자중개업자를 제외한다.)
타. ‘자본시장과 금융투자업에 관한 법률’에 따른 종합금융회사
제2조 제2호 가목 중 ‘신탁업법 제10조 제3항의 규정에 의하여’를 “‘자본시장과 금융투자업에 관한 법률’ 제103조 제3항에 따라”로 하고, 같은 호 나목 중 ‘증권회사’를 ‘투자매매업자·투자중개업자’로, ‘유가증권’을 ‘증권’

으로, "'신탁업법' 제10조 제3항의 규정에 따라"를 "'자본시장과 금융투자업에 관한 법률' 제103조 제3항에 따라"로 하며, 같은 호 다목 중 "'신탁업법' 제10조 제3항의 규정에 따라"를 "'자본시장과 금융투자업에 관한 법률' 제103조 제3항에 따라"로 하고, 같은 호 라목 중 '증권회사가 종합금융회사에관한법률 제7조 제1항의 규정에 의하여'를 "투자매매업자·투자중개업자가 '자본시장과 금융투자업에 관한 법률' 제336조 제1항에 따라"로 한다.

제24조의 3 제2항 중 '증권회사'를 '투자매매업자·투자중개업자'로 한다.

제26조의 2 제6항 중 '증권거래법 제2조 제1항 제3호의 규정에 의한 예금보험기금채권'을 "'자본시장과 금융투자업에 관한 법률' 제4조 제3항에 따른 특수채증권"으로 한다.

제36조의 3 제5항 중 '증권회사'를 '투자매매업자·투자중개업자'로 한다.

제36조의 8 제1항 중 '증권거래법·보험업법·종합금융회사에관한법률'을 "'자본시장과 금융투자업에 관한 법률'·'보험업법'"으로 한다.

⑭ 은행법 일부를 다음과 같이 개정한다.

제2조 제1항 제9호 다목 중 "증권투자회사법에 의한 증권투자회사(이하 '증권투자회사'라 한다.)"를 "'자본시장과 금융투자업에 관한 법률'에 따른 투자회사(이하 '투자회사'라 한다.)"로, '당해 증권투자회사'를 '해당 투자회사'로 한다.

제15조 제6항 중 '증권투자회사'를 '투자회사'로, '증권투자회사에 대하여는 증권투자회사법 제28조 제2항 제1호 및 제2호'를 "투자회사에 대하여는 '자본시장과 금융투자업에 관한 법률' 제81조 제1항 제1호 가목 및 다목"으로 한다.

⑮ 자산유동화에관한법률 일부를 다음과 같이 개정한다.

제2조 제1호 나목 중 "신탁업법에 의한 신탁회사(신탁업무를 겸영하는 금융기관을 포함한다. 이하 '신탁회사'라 한다.)"를 "'자본시장과 금융투자업에 관한 법률'에 따른 신탁업자(이하 '신탁업자'라 한다.)"로 하고, 같은

호 다목 및 라목 중 '신탁회사'를 각각 '신탁업자'로 하며, 같은 조 제2호 바목을 다음과 같이 하고, 같은 호 아목 및 자목을 각각 삭제한다.

　바. '자본시장과 금융투자업에 관한 법률'에 따른 투자매매업자·투자중개업자·집합투자업자 또는 종합금융회사

　제3조 제1항 본문 및 제2항 중 '신탁회사'를 각각 '신탁업자'로 하고, 같은 조 제4항을 삭제한다.

　제6조 제1항 제1호 나목, 제9조 제2항 및 제10조 제1항 각 호 외의 부분 중 '신탁회사'를 각각 '신탁업자'로 한다.

　제16조의 제목 중 '신탁업법'을 '자본시장과 금융투자업에 관한 법률'로 하고, 같은 조 제1항 각 호 외의 부분 중 '신탁회사'를 '신탁업자'로, '신탁업법 제15조의 2의 규정에 의한'을 "'자본시장과 금융투자업에 관한 법률' 제105조에 따른"으로 하며, 같은 항 제1호 및 제2호와 같은 조 제2항 및 제3항 중 '신탁회사'를 각각 '신탁업자'로 한다.

　제22조 제1항 제1호 중 '신탁회사'를 '신탁업자'로 한다.

　제27조 중 '증권거래법'을 '자본시장과 금융투자업에 관한 법률'로 한다.

　제32조 제1항 중 '신탁회사'를 '신탁업자'로 하고, 같은 조 제2항 중 '신탁업법 제17조의 2의 규정'을 "'자본시장과 금융투자업에 관한 법률' 제110조 제1항부터 제4항까지"로 한다.

　<16> 장기신용은행법 일부를 다음과 같이 개정한다.

　제8조 제1항 제5호 중 '유가증권'을 '증권'으로 한다.

　제23조 제2항 중 '증권거래법'을 '자본시장과 금융투자업에 관한 법률'로 하고, 같은 조 제4항을 삭제한다.

　<17> 주식회사의 외부감사에 관한 법률 일부를 다음과 같이 개정한다.

　제2조의 2 제1항 각 호 외의 부분 중 "주권상장법인('증권거래법'에 의한 주권상장법인을 말한다. 이하 같다.) 및 코스닥상장법인('증권거래법'에 의한 코스닥상장법인을 말한다. 이하 같다.)"을 "주권상장법인('자본시장과 금융투

자업에 관한 법률'에 따른 주권상장법인을 말한다. 이하 같다.)"으로 한다.

제3조 제1항 각 호 외의 부분 단서 중 '주권상장법인'을 "유가증권시장상장법인('자본시장과 금융투자업에 관한 법률'에 따른 유가증권시장에 상장된 주권을 발행한 법인을 말한다. 이하 같다.)"으로 하고, 같은 조 제4항 및 제5항 중 '주권상장법인 또는 코스닥상장법인'을 각각 '주권상장법인'으로 하며, 같은 조 제6항 중 '코스닥상장법인'을 "코스닥시장상장법인('자본시장과 금융투자업에 관한 법률'에 따른 코스닥시장에 상장된 주권을 발행한 법인을 말한다.)"으로 한다.

제4조 제2항 단서 및 제6항 중 '주권상장법인·코스닥상장법인'을 각각 '주권상장법인'으로 한다.

제4조의 2의 제목, 같은 조 제1항 전단 및 후단 중 '주권상장법인 또는 코스닥상장법인'을 각각 '주권상장법인'으로 한다.

제4조의 3 제1항 제7호 중 '주권상장법인'을 '유가증권시장상장법인'으로 한다.

제4조의 4 제3호 중 '주권상장법인·코스닥상장법인'을 '주권상장법인'으로 한다.

제13조 제6항 중 "'증권거래법' 제206조의 8 제1항 제2호의 규정에 의하여"를 "'자본시장과 금융투자업에 관한 법률' 제442조 제1항에 따라"로 한다.

제15조의 3 제5항 중 '주권상장법인 또는 코스닥상장법인'을 '주권상장법인'으로 한다.

제16조의 2 제2항 중 "'한국증권선물거래소법'에 의한 한국증권선물거래소(대상회사가 주권상장법인 또는 코스닥상장법인인 경우에 한한다.)"를 "'자본시장과 금융투자업에 관한 법률'에 따른 한국거래소(대상회사가 주권상장법인인 경우에 한한다.)"로 한다.

제18조 본문 중 '증권거래법'을 '자본시장과 금융투자업에 관한 법률'로 한다.

<18> 주택저당채권유동화회사법 일부를 다음과 같이 개정한다.

제11조 제4항을 삭제한다.

제12조 제8항 전단 중 '신탁업법 제3조의 규정에 의한'을 "'자본시장과 금융투자업에 관한 법률' 제12조에 따른"으로 하고, 같은 항 후단 중 '신탁업법 제7조·제15조·제15조의 2·제16조·제17조의 2·제21조 및 제22조의 규정은 이를'을 "'자본시장과 금융투자업에 관한 법률' 제38조 제6항, 제105조, 제107조 및 제110조 제1항부터 제4항까지를"로 한다.

제14조 제2항을 삭제한다.

<19> 한국주택금융공사법 일부를 다음과 같이 개정한다.

제2조 제11호 바목을 다음과 같이 한다.

바. '자본시장과 금융투자업에 관한 법률'에 따른 신탁업자(부동산신탁업만을 영위하는 신탁업자를 제외한다.)

제31조 제4항 중 "'증권거래법' 제2조 제1항 제3호의 규정에 의한 채권"을 "'자본시장과 금융투자업에 관한 법률' 제4조 제3항에 따른 특수채증권"으로 한다.

제32조 제9항 전단 중 "'신탁업법' 제3조의 규정에 의한"을 "'자본시장과 금융투자업에 관한 법률' 제12조에 따른"으로 하고, 같은 항 후단 중 "'신탁업법' 제7조·제8조 제3항·제15조·제15조의 2·제16조·제17조의 2·제21조·제22조·제24조의 2·제24조의 3·제25조·제25조의 3·제26조의 2·제28조·제29조의 2 및 제38조의 2의 규정은 이를"을 "'자본시장과 금융투자업에 관한 법률' 제30조부터 제33조까지, 제38조 제6항, 제105조, 제107조, 제110조 제1항부터 제4항까지, 제415조, 제416조, 제420조 및 제422조를"로 한다.

<20> 공기업의경영구조개선및민영화에관한법률 일부를 다음과 같이 개정한다.

제20조 제1항 중 '증권회사'를 '투자매매업자·투자중개업자'로 한다.

<21> 국고금관리법 일부를 다음과 같이 개정한다.

제34조 제1항 제3호 중 '증권거래법에 따른 증권금융회사 또는 종합금융회사에관한법률에 따른 종합금융회사'를 "'자본시장과 금융투자업에 관한 법률'에 따른 증권금융회사 또는 종합금융회사"로 한다.

<22> 국유재산법 일부를 다음과 같이 개정한다.

제32조 제3항 중 '증권회사'를 '투자매매업자·투자중개업자'로 한다.

제33조 제1항 단서 중 '유가증권의 경우에는 증권거래법 제2조 제4항의 규정에 의한 유가증권매출'을 "증권의 경우에는 '자본시장과 금융투자업에 관한 법률' 제9조 제9항에 따른 증권매출"로 한다.

제45조의 2 제1항 각 호 외의 부분 본문 및 제45조의 4중 '신탁회사'를 각각 '신탁업자'로 한다.

<23> 외국환거래법 일부를 다음과 같이 개정한다.

제18조 제3항 제2호 중 '선물거래법에 의한 선물업자'를 "'자본시장과 금융투자업에 관한 법률'에 따른 투자매매업자·투자중개업자"로 하고, 같은 항 제4호 중 '증권거래법에 의한 증권회사 또는 증권투자신탁업법에 의한 위탁회사'를 "'자본시장과 금융투자업에 관한 법률'에 따른 투자매매업자·투자중개업자 또는 집합투자업자"로 한다.

<24> 한국투자공사법 일부를 다음과 같이 개정한다.

제14조 제3항 제2호를 다음과 같이 하고, 같은 항 제5호를 삭제한다.

2. '자본시장과 금융투자업에 관한 법률' 제283조에 따라 설립된 한국금융투자협회 회장이 추천하는 1인

제26조 제4항 중 "'간접투자자산 운용업법' 제11조 제4항 각 호의 요건"을 '대통령령으로 정하는 요건'으로 한다.

제31조의 제목 중 '운용방식'을 '운용방식 등'으로 하고, 같은 조 제1항 제1호 중 "'증권거래법' 제2조 제1항의 규정에 의한 유가증권"을 "'자본시

장과 금융투자업에 관한 법률’ 제4조에 따른 증권”으로 하며, 같은 조 제2
항 중 “‘간접투자자산 운용업법’에 의한 국내·외 자산운용회사”를 “‘자본
시장과 금융투자업에 관한 법률’에 따른 국내외 집합투자업자 또는 투자일
임업자”로 하고, 같은 조에 제5항을 다음과 같이 신설한다.

⑤ 공사는 자산운용의 전문성을 높이기 위하여 대통령령으로 정하는 요건
을 갖춘 투자운용인력을 대통령령으로 정하는 수 이상을 확보하여야 한다.
　제38조 제4항을 삭제하고, 같은 조 제5항 중 “‘간접투자자산 운용업법’
제9조 제1항·제15조·제21조·제121조 및 제125조”를 “‘자본시장과 금융
투자업에 관한 법률’ 제54조·제63조·제88조 및 제91조”로 한다.

<25> 감사원법 일부를 다음과 같이 개정한다.
　제7조 제5호 중 “‘증권거래법’ 제2조 제13항 제3호 및 동 조 제15항의
규정에 의한 주권상장법인·협회등록법인”을 “‘자본시장과 금융투자업에
관한 법률’ 제9조 제15항 제3호에 따른 주권상장법인”으로 한다.

<26> 건축물의분양에관한법률 일부를 다음과 같이 개정한다.
　제4조 제1항 제1호 중 ‘신탁업법에 의한 신탁회사’를 “‘자본시장과 금융
투자업에 관한 법률’에 따른 신탁업자”로 한다.
　제6조 제4항 중 ‘신탁회사’를 ‘신탁업자’로 한다.

<27> 공유재산 및 물품 관리법 일부를 다음과 같이 개정한다. 제29조
단서 중 “유가증권의 경우에는 ‘증권거래법’ 제2조 제4항의 규정에 의한 유
가증권매출”을 “증권의 경우에는 ‘자본시장과 금융투자업에 관한 법률’ 제9
조 제9항에 따른 증권매출”로 한다.
　제42조 제1항 및 제43조 중 ‘신탁회사’를 각각 ‘신탁업자’로 한다.

<28> 공인중개사의 업무 및 부동산 거래신고에 관한 법률 일부를 다음

과 같이 개정한다.

제31조 제1항 중 "'신탁업법'에 의한 신탁회사"를 "'자본시장과 금융투자업에 관한 법률'에 따른 신탁업자"로 한다.

<29> 공직자윤리법 일부를 다음과 같이 개정한다.

제4조 제2항 제3호 각 목 외의 부분 및 같은 호 다목 중 '유가증권'을 각각 '증권'으로 하고, 같은 조 제3항 제7호 본문 중 '한국증권선물거래소에 상장된 주식, 한국증권업협회에 등록된 주식'을 '한국거래소에 상장된 주권'으로, "'증권거래법' 제194조의 규정에 의하여"를 "'자본시장과 금융투자업에 관한 법률' 제166조에 따라"로, '유가증권시장'을 '증권시장'으로 하며, 같은 호 단서 중 "'증권거래법' 제194조의 규정의 의하여"를 "'자본시장과 금융투자업에 관한 법률' 제166조에 따라"로, '유가증권시장'을 '증권시장'으로 한다.

제14조의 4 제1항 제2호 바목 본문 중 "'신탁업법'에 의한 신탁회사(신탁업을 겸영하는 금융기관을 포함한다.) 또는 '간접투자자산 운용업법'에 의한 자산운용회사"를 "'자본시장과 금융투자업에 관한 법률'에 따른 신탁업자 또는 집합투자업자"로 한다.

제14조의 7 제1항 본문 중 "'신탁업법' 제17조의 10 및 '간접투자자산운용업법' 제125조의 규정"을 "'자본시장과 금융투자업에 관한 법률' 제91조 및 제113조"로, '신탁회사·자산운용회사·투자회사 또는 판매회사'를 각각 '신탁업자·집합투자업자·투자회사·투자매매업자 또는 투자중개업자'로 하고, 같은 항 단서 중 '신탁회사·자산운용회사·투자회사 또는 판매회사'를 '신탁업자·집합투자업자·투자회사·투자매매업자 또는 투자중개업자'로 한다.

제28조의 2 제1항 중 '신탁회사·자산운용회사·투자회사 또는 판매회사'를 '신탁업자·집합투자업자·투자회사·투자매매업자 또는 투자중개업자'로 한다.

<30> 교육공무원법 일부를 다음과 같이 개정한다.

제19조의 2 제1항 중 '증권거래법 제2조 제19항의 규정에 의한'을 "'자본시장과 금융투자업에 관한 법률' 제9조 제3항에 따른"으로 한다.

<31> 법률 제8541호 국민연금법 전부개정법률 일부를 다음과 같이 개정한다.

제102조 제2항 제3호 및 제4호를 각각 다음과 같이 한다.

3. '자본시장과 금융투자업에 관한 법률' 제4조에 따른 증권의 매매 및 대여

4. '자본시장과 금융투자업에 관한 법률' 제5조 제1항 각 호에 따른 지수 중 금융투자상품지수에 관한 파생상품시장에서의 거래

<32> 근로자복지기본법 일부를 다음과 같이 개정한다.

제32조 제1항 중 "'증권거래법' 제2조 제13항 제3호의 규정에 의한 주권상장법인 또는 주식을 '증권거래법' 제2조 제12항의 규정에 의한 유가증권시장에 상장하고자 하는 법인이 증권거래법에 따라 주식"을 "'자본시장과 금융투자업에 관한 법률' 제9조 제15항 제3호에 따른 주권상장법인(코스닥시장에 주권이 상장된 법인을 제외한다.) 또는 주권을 같은 법 제9조 제13항 제1호에 따른 유가증권시장에 상장하고자 하는 법인이 같은 법에 따라 주권"으로 하고, 같은 조 제2항 중 '증권거래법'을 '자본시장과 금융투자업에 관한 법률'로 한다.

제38조 제1항 중 "유가증권시장 또는 '증권거래법' 제2조 제14항의 규정에 의한 코스닥시장"을 "'자본시장과 금융투자업에 관한 법률' 제9조 제13항에 따른 증권시장"으로 하고, 같은 조 제2항 중 '유가증권시장 또는 코스닥시장'을 '증권시장'으로 한다.

<33> 근로자퇴직급여 보장법 일부를 다음과 같이 개정한다.

제14조 제1호를 다음과 같이 하고, 같은 조 제4호를 삭제한다.

1. '자본시장과 금융투자업에 관한 법률'에 따른 투자매매업자·투자중개업자 또는 집합투자업자

<34> 농업협동조합법 일부를 다음과 같이 개정한다.

제134조 제1항 제4호 바목 중 '신탁업법에 의한'을 "'자본시장과 금융투자업에 관한 법률'에 따른"으로 하고, 같은 항 제9호를 다음과 같이 한다.

9. '자본시장과 금융투자업에 관한 법률'에 따른 파생상품시장에서의 거래

<35> 도시개발법 일부를 다음과 같이 개정한다.

제12조 제4항 중 "'신탁업법'에 의한 신탁회사"를 "'자본시장과 금융투자업에 관한 법률'에 따른 신탁업자"로 한다.

<36> 독점규제 및 공정거래에 관한 법률 일부를 다음과 같이 개정한다.

제8조의 2 제2항 제2호 각 목 외의 부분 본문 중 "'증권거래법'에 따른 주권상장법인이나 코스닥상장법인"을 "'자본시장과 금융투자업에 관한 법률'에 따른 주권상장법인"으로 한다.

제10조의 2 제2항 제4호를 다음과 같이 하고, 같은 항 제5호를 삭제한다.

4. '자본시장과 금융투자업에 관한 법률'에 따른 투자매매업자·투자중개업자 및 종합금융회사

제11조의 2 제3항 전단 중 '증권거래법 제186조(상장법인의 신고·공시의무 등)의 규정에 의한'을 "'자본시장과 금융투자업에 관한 법률' 제161조(주요사항보고서의 제출)에 따른"으로 한다.

제11조의 3 제1항 제1호 중 '증권거래법 제188조 제1항의 규정에 의한'을 "'자본시장과 금융투자업에 관한 법률' 제9조 제1항 제2호에 따른"으로 한다.

제12조 제3항 제3호 중 '간접투자자산운용업법에 의한 투자회사(동법 제142조 제1항의 규정에 의한 기업인수증권투자회사를 제외한다.)'를 "'자본시장과 금융투자업에 관한 법률'에 따른 투자회사"로 한다.

<37> 범죄수익은닉의 규제 및 처벌 등에 관한 법률 일부를 다음과 같이 개정한다.

별표 제10호를 다음과 같이 하고, 같은 표 제16호를 삭제한다.

10. '자본시장과 금융투자업에 관한 법률' 제443조 및 제445조 제42호의 죄

<38> 부동산 실권리자명의 등기에 관한 법률 일부를 다음과 같이 개정한다.

제2조 제1호 다목 중 '신탁업법에 의한'을 "'자본시장과 금융투자업에 관한 법률'에 따른"으로 한다.

<39> 산업입지 및 개발에 관한 법률 일부를 다음과 같이 개정한다.

제16조 제1항 제5호 중 '불동산신탁회사'를 '부동산신탁업자'로 한다.

제20조의 2 제1항 중 "'신탁업법'에 의하여 설립된 불동산신탁회사"를 "'자본시장과 금융투자업에 관한 법률'에 따라 설립된 부동산신탁업자"로 하고, 같은 조 제2항 중 '불동산신탁회사'를 '부동산신탁업자'로 한다.

<40> 새마을금고법 일부를 다음과 같이 개정한다.

제67조 제1항 제5호 사목 중 "'증권거래법' 제2조 제1항 제1호·제2호에 따른 유가증권"을 "'자본시장과 금융투자업에 관한 법률' 제4조 제3항에 따른 국채증권 및 지방채증권"으로 한다.

<41> 수산업협동조합법 일부를 다음과 같이 개정한다.

제138조 제1항 제3호 바목 중 '신탁업법'을 '자본시장과 금융투자업에 관한 법률'로 하고, 같은 항 제7호를 다음과 같이 한다.

7. '자본시장과 금융투자업에 관한 법률'에 따른 파생상품시장에서의 거래

<42> 우체국보험특별회계법 일부를 다음과 같이 개정한다.

제6조 제1항 제2호 중 '증권거래법 제2조 제1항의 규정에 의한 유가증권'을 "'자본시장과 금융투자업에 관한 법률'에 따른 증권"으로 하고, 같은

항 제6호를 다음과 같이 하며, 같은 조 제4항 중 '유가증권'을 '증권'으로, '선물'을 '장내파생상품'으로 한다.

6. '자본시장과 금융투자업에 관한 법률' 제5조 제2항에 따른 장내파생상품의 거래

<43> 우체국예금·보험에 관한 법률 일부를 다음과 같이 개정한다.

제18조 제1항 제3호를 다음과 같이 하고, 같은 항 제4호 중 '종합금융회사에관한법률 제9조의 규정에 의한'을 "'자본시장과 금융투자업에 관한 법률' 제355조에 따른"으로 하며, 같은 항 제5호를 다음과 같이 하고, 같은 조 제2항 중 '유가증권'을 '증권'으로, '선물거래'를 '파생상품시장에서의 거래'로 한다.

3. '자본시장과 금융투자업에 관한 법률'에 따른 증권의 매입

5. '자본시장과 금융투자업에 관한 법률' 제5조 제1항 각 호에 따른 지수 중 금융투자상품지수에 대한 파생상품시장에서의 거래

제19조 제1항 전단 중 '유가증권'을 '증권'으로 한다.

<44> 유통산업발전법 일부를 다음과 같이 개정한다.

제20조 제1항 제2호 중 "'신탁업법'에 의한 신탁회사"를 "'자본시장과 금융투자업에 관한 법률'에 따른 신탁업자"로 한다.

제32조 제1항 중 "'신탁업법'에 의한 신탁회사"를 "'자본시장과 금융투자업에 관한 법률'에 따른 신탁업자"로 하고, 같은 조 제2항 전단 중 '신탁회사'를 '신탁업자'로 한다.

<45> 전기통신사업법 일부를 다음과 같이 개정한다.

제6조 제2항 중 "'증권거래법' 제36조 제3호의 규정에 의한"을 "'자본시장과 금융투자업에 관한 법률' 제9조 제1항 제1호에 따른"으로 한다.

제6조의 3 제1항 제1호 중 "'증권거래법' 제36조 제3호의 규정에 의한"을 "'자본시장과 금융투자업에 관한 법률' 제9조 제1항 제1호에 따른"으로 한다.

<46> 전자상거래 등에서의 소비자보호에 관한 법률 일부를 다음과 같이 개정한다.

제3조 제4항 중 '증권거래법 제2조 제9항의 증권회사에 의한 유가증권'을 "'자본시장과 금융투자업에 관한 법률'의 투자매매업자·투자중개업자에 의한 증권"으로 한다.

<47> 주택법 일부를 다음과 같이 개정한다.

제40조 제7항 중 '신탁업법의 규정'을 '자본시장과 금융투자업에 관한 법률'로 한다.

<48> 중소기업 사업전환 촉진에 관한 특별법 일부를 다음과 같이 개정한다.

제12조 제1항 및 제20조 제1항 중 "'증권거래법'에 따른 주권상장법인과 코스닥상장법인"을 각각 "'자본시장과 금융투자업에 관한 법률'에 따른 주권상장법인"으로 한다.

<49> 중소기업협동조합법 일부를 다음과 같이 개정한다.

제111조 제2항 제1호 전단 중 "'증권거래법' 제2조 제1항에 따른 유가증권"을 "'자본시장과 금융투자업에 관한 법률' 제4조에 따른 증권"으로 하고, 같은 항 제3호 전단을 다음과 같이 한다.

'자본시장과 금융투자업에 관한 법률' 제5조 제2항에 따른 장내파생상품의 거래

<50> 증권 관련 집단소송법 일부를 다음과 같이 개정한다.

제1조 중 '유가증권'을 '증권'으로 한다.

제2조 제1호 및 제2호 중 '유가증권'을 각각 '증권'으로 하고, 같은 조 제6호를 다음과 같이 한다.

6. '증권'이란 '자본시장과 금융투자업에 관한 법률' 제4조에 따른 증권을 말한다.

제3조 제1항 제1호 중 '증권거래법 제14조의 규정에 의한'을 "'자본시장과 금융투자업에 관한 법률' 제125조에 따른"으로 하고, 같은 항 제2호를 다음과 같이 하며, 같은 항 제3호 중 '증권거래법 제188조의 3 또는 제188조의 5의 규정에 의한'을 "'자본시장과 금융투자업에 관한 법률' 제175조, 제177조 또는 제179조에 따른"으로 하고, 같은 항 제4호 중 '증권거래법 제197조의 규정에 의한'을 "'자본시장과 금융투자업에 관한 법률' 제170조에 따른"으로 하며, 같은 조 제2항 중 '증권거래법 제2조 제13항 제3호의 규정에 의한 주권상장법인 또는 동법 제2조 제15항의 규정에 의한 협회등록법인'을 "'자본시장과 금융투자업에 관한 법률' 제9조 제15항 제3호에 따른 주권상장법인"으로, '유가증권'을 '증권'으로 한다.

2. '자본시장과 금융투자업에 관한 법률' 제162조(제161조에 따른 주요사항보고서의 경우를 제외한다.)에 따른 손해배상청구

제5조 제2항 중 '유가증권'을 각각 '증권'으로 한다.

제7조 제4항 중 "증권거래법 제71조의 규정에 의하여 설립된 한국증권거래소(이하 '증권거래소'라 한다.) 또는 동법 제162조의 규정에 의하여 설립된 한국증권업협회(이하 '한국증권업협회'라 한다.)"를 "'자본시장과 금융투자업에 관한 법률' 제373조에 따라 설립된 한국거래소(이하 '한국거래소'라 한다.)"로, '증권거래소 또는 한국증권업협회'를 '한국거래소'로 한다.

제9조 제2항 제1호 중 '유가증권'을 '증권'으로 한다.

제12조 제1항 제1호 중 '유가증권'을 각각 '증권'으로 한다.

제19조 제1항 및 제2항 중 '증권거래소 또는 한국증권업협회'를 각각 '한국거래소'로 한다.

제34조 제1항 중 '증권거래법'을 '자본시장과 금융투자업에 관한 법률'로 한다.

<51> 지역신용보증재단법 일부를 다음과 같이 개정한다.

제2조 제3호 마목을 다음과 같이 한다.

마. '자본시장과 금융투자업에 관한 법률'에 따른 신탁업자

<52> 집단에너지사업법 일부를 다음과 같이 개정한다.

제44조의 2 제1항 중 '증권거래법 제8조 제1항의 규정에 의한 유가증권'을 "'자본시장과 금융투자업에 관한 법률' 제119조 제1항 및 제2항에 따른 증권"으로, '동법 제9조 제1항의 규정에 의하여'를 '같은 법 제120조 제1항에 따라'로 한다.

<53> 채무자 회생 및 파산에 관한 법률 일부를 다음과 같이 개정한다.

제120조 제2항 중 '증권거래법', '선물거래법'을 '자본시장과 금융투자업에 관한 법률'로 한다.

제206조 제4항 제3호를 다음과 같이 한다.

3. '자본시장과 금융투자업에 관한 법률' 제344조

제277조의 제목 중 '증권거래법'을 '자본시장과 금융투자업에 관한 법률'로 하고, 같은 조 중 "'증권거래법' 제8조"를 "'자본시장과 금융투자업에 관한 법률' 제119조"로 한다.

<54> 특정경제범죄 가중처벌 등에 관한 법률 일부를 다음과 같이 개정한다.

제2조 제1호 다목을 다음과 같이 하고, 같은 호 차목·카목 및 타목을 각각 삭제한다.

다. '자본시장과 금융투자업에 관한 법률'에 따른 투자매매업자·투자중개업자·집합투자업자·신탁업자·증권금융회사 및 종합금융회사

제11조 제1항 각 호 외의 부분 중 '종합김융회사에관한법률 제28조 제1항 제1호의 2'를 "'자본시장과 금융투자업에 관한 법률' 제444조 제22호(단기금융업무에 한한다.)"로 한다.

<55> 특정금융거래정보의보고및이용등에관한법률 일부를 다음과 같이 개정한다.

제2조 제1호 다목을 다음과 같이 하고, 같은 호 자목·차목 및 파목을 각각 삭제한다.

다. ‘자본시장과 금융투자업에 관한 법률’에 따른 투자매매업자·투자중개업자·집합투자업자·신탁업자·증권금융회사·종합금융회사 및 명의개서대행회사

<56> 한국농촌공사 및 농지관리기금법 일부를 다음과 같이 개정한다.

제30조 제5항 제2호 본문 중 “‘증권거래법’ 제2조 제1항의 규정에 의한 유가증권”을 “‘자본시장과 금융투자업에 관한 법률’ 제4조에 따른 증권”으로 하고, 같은 호 단서 중 ‘증권 또는 증서는’을 ‘증권을’로 한다.

제34조 제3항 제2호 중 “‘증권거래법’ 제2조 제1항의 규정에 의한 유가증권”을 “‘자본시장과 금융투자업에 관한 법률’ 제4조에 따른 증권”으로 한다.

<57> 사회기반시설에대한민간투자법 일부를 다음과 같이 개정한다.

제2조 제16호 바목을 다음과 같이 하고, 같은 호 아목을 삭제한다.

바. ‘자본시장과 금융투자업에 관한 법률’에 따른 신탁업자 및 종합금융회사

제41조 제2항 중 ‘간접투자자산운용업법에 의한’을 “‘자본시장과 금융투자업에 관한 법률’에 따른”으로 하고, 같은 조 제3항 중 ‘간접투자자산운용업법 제45조 제1항의 규정에 의한 환매금지투자회사’를 “‘자본시장과 금융투자업에 관한 법률’ 제230조 제1항에 따른 환매금지형집합투자기구”로 하며, 같은 조 제4항 중 ‘간접투자자산운용업법’을 ‘자본시장과 금융투자업에 관한 법률’로 한다.

제41조의 5 제2항 중 ‘간접투자자산운용업법 제175조 제1항의 규정에 의한 간접투자기구’를 “‘자본시장과 금융투자업에 관한 법률’ 제9조 제19항에 따른 사모집합투자기구”로 한다.

제41조의 8 제1항을 다음과 같이 하고, 같은 조 제2항 중 '제1항의 규정에 의한 유가증권시장 또는 코스닥시장'을 '제1항에 따른 증권시장'으로 한다.

① 투융자회사는 '자본시장과 금융투자업에 관한 법률' 제390조 제1항에 따른 상장규정의 상장요건을 갖추게 된 때에는 그 주식을 증권시장에 상장하기 위한 절차를 지체 없이 진행하여야 한다.

제41조의 9 제1항 및 제2항 중 '자산운용회사·자산보관회사'를 각각 '집합투자업자·신탁업자'로 한다.

제44조 제1항 중 '간접투자자산운용업법 제37조 제5항·제41조 제2항 제2호·제45조 제2항 내지 제4항·제46조·제53조 제2항·제87조·제88조·제89조 제2항 내지 제4항·제94조·제96조 제2항 및 제177조의 규정'을 "'자본시장과 금융투자업에 관한 법률' 제81조, 제83조, 제86조, 제183조, 제186조 제2항(같은 법 제87조를 준용하는 경우에 한한다.), 제194조 제5항, 제196조 제5항 후단, 제230조 제2항부터 제4항까지 및 제238조 제7항"으로 한다.

<58> 법률 제8510호 부동산투자회사법 일부개정법률 일부를 다음과 같이 개정한다.

제2조 제2호를 다음과 같이 하고, 같은 조 제3호 각 목 외의 부분 중 '유가증권'을 '증권'으로 하며, 같은 호 나목 중 "'간접투자자산 운용업법' 제2조 제13호의 간접투자증권중"을 "'자본시장과 금융투자업에 관한 법률' 제9조 제21항의 집합투자증권 중"으로 하고, 같은 호 사목 중 '유가증권'을 '증권'으로 한다.

2. '증권'이란 '자본시장과 금융투자업에 관한 법률' 제4조 제1항에 따른 증권 및 같은 법 제5조 제2항에 따른 장내파생상품의 대상이 되는 증권지수를 말한다.

제7조 제1항 제3호 중 '신탁업법'을 '자본시장과 금융투자업에 관한 법률'로 한다.

제13조 제1항 제2호 중 '유가증권'을 '증권'으로 한다.

제14조 제2항 제1호 중 '증권거래법 제21조 제1항의 규정에 의한'을 "'자본시장과 금융투자업에 관한 법률' 제133조 제3항에 따른"으로 한다.

제20조 제1항을 다음과 같이 하고, 같은 조 제2항 중 '한국증권선물거래소의 유가증권시장 또는 코스닥시장'을 '증권시장'으로 한다.

① 부동산투자회사는 '자본시장과 금융투자업에 관한 법률' 제390조 제1항에 따른 상장규정의 상장요건을 갖추게 된 때에는 지체 없이 같은 법 제9조 제13항에 따른 증권시장에 주식을 상장하여 그 주식이 증권시장에서 거래되도록 하여야 한다.

제21조 제4호 및 제22조의 2 제3항 본문 중 '유가증권'을 각각 '증권'으로 한다.

제22조의 3 제1항에 제3호를 다음과 같이 신설한다.

3. 자산관리회사와 투자자 간, 특정 투자자와 다른 투자자 간의 이해상충을 방지하기 위한 체계를 갖출 것(제49조의 3 제1항에 따른 공모부동산투자회사의 자산관리회사에 한한다.)

제26조 제1항 중 "'한국증권선물거래소법' 제2조 제1항에 따른 유가증권시장 또는 같은 법 제2조 제2항에 따른 코스닥시장"을 "'자본시장과 금융투자업에 관한 법률' 제9조 제13항에 따른 증권시장"으로 한다.

제27조의 제목, 같은 조 제3항 본문 및 단서, 같은 조 제4항 및 제32조 제1항 각 호 외의 부분 중 '유가증권'을 각각 '증권'으로 한다.

제35조 제1항 중 '유가증권'을 '증권'으로, "'신탁업법'에 따른 신탁회사(신탁업을 겸영하는 금융기관을 포함한다.)"를 "'자본시장과 금융투자업에 관한 법률'에 따른 신탁업자"로 하고, 같은 조 제2항 전단 중 '신탁업법'을 '자본시장과 금융투자업에 관한 법률'로 하며, 같은 항 후단 중 "'신탁업법' 제7조 제1항·제8조의 2·제15조 및 제21조"를 "'자본시장과 금융투자업에 관한 법률' 제24조"로 하고, 같은 조 제3항 중 '유가증권'을 '증권'으로, "'증권거래법' 제173조에 따른 증권예탁결제원"을 "'자본시장과 금융투자업

에 관한 법률’ 제294조에 따른 한국예탁결제원”으로 한다.

제39조 제2항 각 호 외의 부분을 다음과 같이 한다.

건설교통부장관은 부동산투자회사등이 이 법 또는 이 법에 따른 명령이나 처분을 위반하거나, 제49조의 3 제1항에 따른 공모부동산투자회사 또는 자산관리회사(공모부동산투자회사가 아닌 부동산투자회사로부터만 자산의 투자·운용을 위탁받은 자산관리회사를 제외한다.)가 ‘자본시장과 금융투자업에 관한 법률’ 또는 같은 법에 따른 명령이나 처분을 위반한 경우에는 다음 각 호의 어느 하나에 해당하는 조치를 취할 수 있다.

제39조의 2 제2항을 다음과 같이 한다.

② 금융감독위원회는 부동산투자회사등이 이 법 또는 이 법에 따른 명령이나 처분을 위반하거나, 제49조의 3 제1항에 따른 공모부동산투자회사 또는 자산관리회사(공모부동산투자회사가 아닌 부동산투자회사로부터만 자산의 투자·운용을 위탁받은 자산관리회사를 제외한다.)가 ‘자본시장과 금융투자업에 관한 법률’ 또는 같은 법에 따른 명령이나 처분을 위반한 경우에는 제39조 제2항 각 호의 어느 하나에 해당하는 조치를 취하도록 건설교통부장관에게 요구할 수 있고, 건설교통부장관은 특별한 사유가 없는 한 이에 응하여야 한다. 이 경우 건설교통부장관은 그 조치내역을 금융감독위원회에 통보하여야 한다.

제49조 제6항을 다음과 같이 한다.

⑥ ‘자본시장과 금융투자업에 관한 법률’ 제186조 제2항(같은 법 제87조를 준용하는 경우에 한한다.)은 위탁관리부동산투자회사의 의결권 행사 제한에 관하여 준용한다. 이 경우 ‘투자회사등’은 ‘위탁관리부동산투자회사’로, ‘집합투자업자’는 ‘자산관리회사’로 본다.

제49조의 2 제2항 중 ‘기업구조조정부동산투자회사’를 ‘기업구조조정부동산투자회사(제49조의 3 제1항에 따른 공모부동산투자회사인 기업구조조정부동산투자회사를 제외한다.)’로 하고, 같은 조 제6항을 다음과 같이 하며, 같은 조에 제7항을 다음과 같이 신설한다.

⑥ 대통령령으로 정하는 채권금융기관이 기업구조조정부동산투자회사에

출자하는 경우 해당 출자에 대하여는 다음 각 호의 어느 하나에 해당하는 법률에 따른 출자한도제한, 재산운용제한 및 투자제한 등을 적용하지 아니한다.

　1. '은행법' 제37조 제1항 및 제2항

　2. '보험업법' 제106조, 제108조 및 제109조

　3. '자본시장과 금융투자업에 관한 법률' 제344조

　4. 그 밖에 대통령령으로 정하는 법률

　⑦ 기업구조조정부동산투자회사가 '은행법' 제2조 제1항 제2호에 따른 금융기관(이하 이 항에서 '금융기관'이라 한다.)의 자회사에 해당하는 경우 '은행법' 제37조 제3항에 따른 자회사에 대한 신용공여한도를 산출하는 데 있어서는 해당 기업구조조정부동산투자회사를 금융기관의 자회사로 보지 아니한다.

　제7장에 제49조의 3을 다음과 같이 신설한다.

　제49조의 3(공모부동산투자회사에 관한 특례) ① '자본시장과 금융투자업에 관한 법률' 제11조부터 제16조까지, 제22조부터 제27조까지, 제29조부터 제32조까지, 제34조부터 제43조까지, 제48조, 제50조부터 제53조까지, 제56조, 제58조, 제60조부터 제65조까지, 제80조부터 제83조까지, 제85조 제2호·제3호 및 제6호부터 제8호까지, 제86조부터 제95조까지, 제181조부터 제183조까지, 제184조 제1항·제2항·제5항부터 제7항까지, 제185조부터 제187조까지, 제194조부터 제206조까지, 제229조부터 제253조까지 및 제415조부터 제425조까지는 공모부동산투자회사('자본시장과 금융투자업에 관한 법률' 제9조 제19항의 사모집합투자기구에 해당하지 아니하는 위탁관리부동산투자회사 및 기업구조조정부동산투자회사를 말한다. 이하 같다.) 및 자산관리회사(공모부동산투자회사가 아닌 부동산투자회사로부터만 자산의 투자·운용을 위탁받은 자산관리회사를 제외한다.)에 대하여는 적용하지 아니한다.

　② 건설교통부장관은 공모부동산투자회사의 영업인가 또는 자산관리회사(공모부동산투자회사가 아닌 부동산투자회사로부터만 자산의 투자·운용을

위탁받은 자산관리회사를 제외한다.)의 제22조의 3에 따른 인가를 하는 경우에는 미리 금융감독위원회와 협의하여야 한다.

제50조 제1호 중 "'증권거래법' 제2조 제3항·제4항에 따른 유가증권의 모집 또는 유가증권의 매출"을 "'자본시장과 금융투자업에 관한 법률' 제9조 제7항·제9항에 따른 모집 또는 매출"로 한다.

제51조 제1호 단서 중 "'증권거래법' 제2조 제3항에 따른 유가증권의 모집"을 "'자본시장과 금융투자업에 관한 법률' 제9조 제7항에 따른 모집"으로 한다.

제52조 제8호를 다음과 같이 한다.

8. 제35조 제3항을 위반하여 증권을 한국예탁결제원에 예탁하지 아니한 자

<59> 선박투자회사법 일부를 다음과 같이 개정한다.

제2조 제3호 중 '신탁업법에 의한 신탁회사(은행법 제28조의 규정에 의한 은행 등 신탁업을 겸영하는 금융기관을 포함한다.)'를 "'자본시장과 금융투자업에 관한 법률'에 따른 신탁업자"로 한다.

제17조 제1항을 다음과 같이 하고, 같은 조 제2항 중 '제1항의 규정에 의한 유가증권시장에의 상장이나 한국증권업협회에의 등록'을 '제1항에 따른 증권시장에의 상장'으로 한다.

① 선박투자회사는 '자본시장과 금융투자업에 관한 법률' 제390조 제1항에 따른 상장규정의 상장요건을 갖추게 된 때에는 지체 없이 증권시장에 주식을 상장하여 그 주식이 증권시장에서 거래되도록 하여야 한다.

제30조 제2항 본문 중 '증권거래법 제28조 제1항의 규정에 의한 증권업 허가'를 "'자본시장과 금융투자업에 관한 법률'에 따른 투자매매업 또는 투자중개업 인가"로 하고, 같은 항 단서 중 '증권거래법 제28조 제1항의 규정에 의한 증권업 허가'를 "'자본시장과 금융투자업에 관한 법률'에 따른 투자매매업 또는 투자중개업 인가"로, '증권업 허가를'을 '투자매매업 또는 투자중개업 인가를'로 한다.

제31조 제1항에 제7호를 다음과 같이 신설한다.

7. 선박운용회사와 투자자 간, 특정 투자자와 다른 투자자 간의 이해상충을 방지하기 위한 체계를 갖출 것(제55조의 2 제1항에 따른 공모선박투자회사의 선박운용회사에 한한다.)

제36조 제2항 중 ‘증권거래법에 의한 유가증권’을 “‘자본시장과 금융투자업에 관한 법률’에 따른 증권”으로, ‘증권거래법 제173조의 규정에 의한 증권예탁원’을 “‘자본시장과 금융투자업에 관한 법률’ 제294조에 따른 한국예탁결제원”으로 한다.

제44조 제6항 각 호 외의 부분을 다음과 같이 한다.

해양수산부장관은 제2항에 따른 검사결과 선박투자회사 또는 선박운용회사가 이 법 또는 이 법에 따른 명령이나 처분을 위반하거나 제55조의 2 제1항에 따른 공모선박투자회사 또는 선박운용회사(공모선박투자회사가 아닌 선박투자회사로부터만 선박 등 자산의 운용을 위탁받은 선박운용회사를 제외한다.)가 ‘자본시장과 금융투자업에 관한 법률’ 또는 같은 법에 따른 명령이나 처분을 위반한 경우에는 다음 각 호의 조치를 할 수 있다.

제45조 제3항을 다음과 같이 한다.

③ 금융감독위원회는 선박투자회사 또는 선박운용회사가 금융감독에 관련된 업무를 행함에 있어서 이 법 또는 이 법에 따른 명령이나 처분을 위반하거나 제55조의 2 제1항에 따른 공모선박투자회사 또는 선박운용회사(공모선박투자회사가 아닌 선박투자회사로부터만 선박 등 자산의 운용을 위탁받은 선박운용회사를 제외한다.)가 ‘자본시장과 금융투자업에 관한 법률’ 또는 같은 법에 따른 명령이나 처분을 위반한 경우에는 그 회사에 대하여 관련 법령에 따라 필요한 조치를 하도록 해양수산부장관에게 요구할 수 있고, 해양수산부장관은 특별한 사유가 없는 한 이에 응하여야 한다. 이 경우 해양수산부장관은 그 조치내역을 금융감독위원회에 통보하여야 한다.

제53조 제1항 중 ‘증권거래법 제2조 제3항 및 제4항의 규정에 의한 모집·매출 이외의 방법’을 “‘자본시장과 금융투자업에 관한 법률’ 제9조 제8항에 따른 사모의 방법”으로 한다.

제18장에 제55조의 2를 다음과 같이 신설한다.

제55조의 2(공모선박투자회사에 관한 특례) ① '자본시장과 금융투자업에 관한 법률' 제11조부터 제16조까지, 제22조부터 제27조까지, 제28조(수탁자산 규모 등을 고려하여 대통령령으로 정하는 선박운용회사에 한한다.), 제29조부터 제32조까지, 제34조부터 제43조까지, 제48조, 제50조부터 제53조까지, 제56조, 제58조, 제60조부터 제65조까지, 제80조부터 제83조까지, 제85조 제2호·제3호 및 제6호부터 제8호까지, 제86조부터 제95조까지, 제181조부터 제183조까지, 제184조 제1항·제2항·제5항부터 제7항까지, 제185조부터 제187조까지, 제194조부터 제206조까지, 제229조부터 제253조까지 및 제415조부터 제425조까지는 공모선박투자회사('자본시장과 금융투자업에 관한 법률' 제9조 제19항에 따른 사모집합투자기구에 해당하지 아니하는 선박투자회사를 말한다. 이하 같다.) 및 선박운용회사(공모선박투자회사가 아닌 선박투자회사로부터만 선박 등 자산의 운용을 위탁받은 선박운용회사를 제외한다.)에 대하여는 이를 적용하지 아니한다.

② 해양수산부장관은 공모선박투자회사의 제13조에 따른 인가 또는 선박운용회사(공모선박투자회사가 아닌 선박투자회사로부터만 선박 등 자산의 운용을 위탁받은 선박운용회사를 제외한다.)의 제31조에 따른 허가를 하는 경우에는 미리 금융감독위원회와 협의하여야 한다.

제58조 제4호를 다음과 같이 한다.

4. 제36조 제2항을 위반하여 증권을 한국예탁결제원에 예탁하지 아니한 자

<60> 문화산업진흥 기본법 일부를 다음과 같이 개정한다.

제51조 제2항 제1호를 다음과 같이 하고, 같은 항 제2호를 삭제한다.

1. '자본시장과 금융투자업에 관한 법률'에 따른 신탁업자

제55조 제4항 각 호 외의 부분 중 '이 법'을 "이 법(제56조의 2 제1항에 따른 공모문화산업전문회사의 경우에는 '자본시장과 금융투자업에 관한 법률'을 포함한다. 이하 제56조에서 같다.)"으로 한다.

제6장에 제56조의 2를 다음과 같이 신설한다.

제56조의 2(공모문화산업전문회사에 관한 특례) ① 공모문화산업전문회사

('자본시장과 금융투자업에 관한 법률' 제9조 제19항에 따른 사모집합투자 기구에 해당하지 아니하는 문화산업전문회사를 말한다. 이하 같다.)는 제51조 제1항에 불구하고 다음 각 호의 요건을 갖춘 자로서 문화관광부장관에게 등록한 자에게 제49조 각 호의 업무를 위탁하여야 한다.

1. '상법'에 따른 주식회사

2. 1억 원 이상으로서 대통령령으로 정하는 금액 이상의 자기자본을 갖출 것

3. 사업관리자로서의 업무를 수행하기에 충분한 인력과 설비를 갖출 것

4. 사업관리자와 투자자 간, 특정 투자자와 다른 투자자 간의 이해상충을 방지하기 위한 체계를 갖출 것

② 제1항에 따른 등록요건에 관하여 필요한 세부사항은 대통령령으로 정한다.

③ 제55조 제4항 및 제56조는 공모문화산업전문회사의 사업관리자에 대하여 이를 준용한다.

④ '자본시장과 금융투자업에 관한 법률' 제11조부터 제16조까지, 제22조부터 제27조까지, 제28조(수탁자산 규모 등을 고려하여 대통령령으로 정하는 사업관리자에 한한다.), 제29조부터 제32조까지, 제34조부터 제43조까지, 제48조, 제50조부터 제53조까지, 제56조, 제58조, 제60조부터 제65조까지, 제80조부터 제83조까지, 제85조 제2호·제3호 및 제6호부터 제8호까지, 제86조부터 제95조까지, 제181조부터 제183조까지, 제184조 제1항·제2항·제5항부터 제7항까지, 제185조부터 제187조까지, 제194조부터 제212조까지, 제229조부터 제253조까지 및 제415조부터 제425조까지는 공모문화산업전문회사 및 사업관리자(공모문화산업전문회사가 아닌 문화산업전문회사로부터만 제49조 각 호의 업무를 위탁받은 자를 제외한다.)에 대하여는 적용하지 아니한다.

⑤ 문화관광부장관이 공모문화산업전문회사 또는 사업관리자(공모문화산업전문회사가 아닌 문화산업전문회사로부터만 제49조 각 호의 업무를 위탁받은 자를 제외한다.)를 등록하는 경우에는 미리 금융감독위원회와 협의하

여야 한다.

⑥ 금융감독위원회는 공익 또는 공모문화산업전문회사의 주주·사원을 보호하기 위하여 필요한 경우에는 공모문화산업전문회사 및 사업관리자(공모문화산업전문회사가 아닌 문화산업전문회사로부터만 제49조 각 호의 업무를 위탁받은 자를 제외한다.)에 대하여 업무에 관한 자료의 제출이나 보고를 명할 수 있으며, 금융감독원장으로 하여금 그 업무에 관하여 검사하게 할 수 있다.

⑦ 금융감독위원회는 공모문화산업전문회사 또는 사업관리자(공모문화산업전문회사가 아닌 문화산업전문회사로부터만 제49조 각 호의 업무를 위탁받은 자를 제외한다.)가 이 법 또는 이 법에 따른 명령이나 처분을 위반하거나, '자본시장과 금융투자업에 관한 법률' 또는 같은 법에 따른 명령이나 처분을 위반한 경우에는 제55조 제4항 각 호에 해당하는 조치를 취하도록 문화관광부장관에게 요구할 수 있고, 문화관광부장관은 특별한 사유가 없는 한 이에 응하여야 한다. 이 경우 문화관광부장관은 그 조치내역을 금융감독위원회에 통보하여야 한다.

<61> 산업발전법 일부를 다음과 같이 개정한다.

제14조 제1항 제1호 중 '증권거래법의 규정에 의한 상장유가증권 및 협회중개시장에 등록된 유가증권'을 "'자본시장과 금융투자업에 관한 법률' 제9조 제15항 제1호에 따른 상장증권"으로 하고, 같은 항 제9호 중 "'간접투자자산 운용업법' 제144조의 2의 규정"을 "'자본시장과 금융투자업에 관한 법률' 제9조 제18항 제7호"로, '동법 제144조의 10의 규정'을 '같은 법 제272조'로 하며, 같은 조 제3항에 제6호를 다음과 같이 신설한다.

6. 기업구조조정전문회사와 투자자 간, 특정 투자자와 다른 투자자 간의 이해상충을 방지하기 위한 체계를 갖출 것(제20조의 4 제1항에 따른 공모기업구조조정조합을 결성하고자 하는 기업구조조정전문회사에 한한다.)

제20조 제1항 제9호를 다음과 같이 하고, 같은 조 제2항 제7호 중 '그 밖에 이 법'을 "그 밖에 이 법(제20조의 4 제1항에 따른 공모기업구조조정

조합을 결성한 기업구조조정전문회사의 경우에는 '자본시장과 금융투자업에 관한 법률'을 포함한다. 이하 이 호에서 같다.)"으로 한다.

9. '자본시장과 금융투자업에 관한 법률' 제174조·제176조 또는 제178조를 위반한 때

제20조의 2 제2항을 다음과 같이 한다.

② 금융감독위원회는 제1항에 따라 기업구조조정조합의 등록을 취소한 경우에는 산업자원부장관에게 해당 기업구조조정조합을 결성한 전문회사에 대한 등록의 취소를 요구할 수 있다. 이 경우 산업자원부장관은 제20조의 4 제1항에 따른 공모기업구조조정조합을 결성한 전문회사에 대한 등록의 취소의 요구에 대하여는 특별한 사유가 없는 한 이에 응하여야 하고, 그 조치 내역을 금융감독위원회에 통보하여야 한다.

제20조의 2 제3항을 다음과 같이 한다.

③ 금융감독위원회는 기업구조조정조합의 업무집행조합원이 다음 각 호의 어느 하나에 해당하는 때에는 시정명령을 할 수 있다. 이 경우 금융감독위원회는 전문회사인 업무집행조합원에 대하여 시정명령을 한 때 또는 그 업무집행조합원이 시정명령을 받고 이행하지 아니한 때에는 산업자원부장관에게 그 사실을 통보하여야 한다.

1. 제15조의 3을 위반한 때

2. 그 밖에 이 법(제20조의 4 제1항에 따른 공모기업구조조정조합을 결성한 전문회사의 경우에는 '자본시장과 금융투자업에 관한 법률'을 포함한다. 이하 이 호에서 같다.) 또는 이 법에 따른 명령이나 처분을 위반한 때

제20조의 6을 다음과 같이 신설한다.

제20조의 6(공모기업구조조정조합에 관한 특례) ① '자본시장과 금융투자업에 관한 법률' 제11조부터 제16조까지, 제22조부터 제27조까지, 제29조부터 제32조까지, 제34조부터 제43조까지, 제48조, 제50조부터 제53조까지, 제56조, 제58조, 제60조부터 제65조까지, 제80조부터 제83조까지, 제85조 제2호·제3호 및 제6호부터 제8호까지, 제86조부터 제95조까지, 제181조부터 제183조까지, 제184조 제1항·제2항·제5항부터 제7항까지, 제185조부

터 제187조까지, 제218조부터 제223조까지, 제229조부터 제253조까지 및 제415조부터 제425조까지는 공모기업구조조정조합('자본시장과 금융투자업에 관한 법률' 제9조 제19항에 따른 사모집합투자기구에 해당하지 아니하는 기업구조조정조합을 말한다. 이하 같다.) 및 전문회사(공모기업구조조정조합이 아닌 기업구조조정조합만을 결성하여 그 업무를 집행하는 전문회사를 제외한다.)에 대하여는 적용하지 아니한다.

② 산업자원부장관은 공모기업구조조정조합의 업무집행사원인 기업구조조정전문회사를 등록하는 경우에는 미리 금융감독위원회와 협의하여야 한다.

<62> 중소기업창업 지원법 일부를 다음과 같이 개정한다.

제10조 제2항에 제4호를 다음과 같이 신설한다.

4. 창업투자회사와 투자자 간, 특정 투자자와 다른 투자자 간의 이해상충을 방지하기 위한 체계를 갖출 것(제47조의 2 제1항에 따른 공모창업투자조합을 결성하고자 하는 창업투자회사에 한한다.)

제22조 제1항 제1호 중 "'간접투자자산 운용업법' 제23조 제1항에 따른 수탁회사"를 "'자본시장과 금융투자업에 관한 법률'에 따른 신탁업자"로 하고, 같은 항 제2호 중 '수탁회사'를 '신탁업자'로 하며, 같은 조 제3항 중 "'한국증권선물거래소법' 제2조 제1항에 따른 유가증권시장이나 같은 법 제2조 제2항에 따른 코스닥시장"을 "'자본시장과 금융투자업에 관한 법률' 제9조 제13항에 따른 증권시장"으로 한다.

제43조 제1항 제11호 중 '위반한 때'를 "위반한 때(제47조의 2 제1항에 따른 공모창업투자조합의 업무집행조합원의 경우 '자본시장과 금융투자업에 관한 법률' 또는 같은 법에 따른 명령이나 처분을 위반한 때를 포함한다.)"로 하고, 같은 조 제2항 제6호 중 '위반한 때'를 "위반한 때(제47조의 2 제1항에 따른 공모창업투자조합의 경우 '자본시장과 금융투자업에 관한 법률' 또는 같은 법에 따른 명령이나 처분을 위반한 때를 포함한다.)"로 한다.

제6장에 제47조의 2를 다음과 같이 신설한다.

제47조의 2(공모창업투자조합에 관한 특례) ① '자본시장과 금융투자업에

관한 법률' 제11조부터 제16조까지, 제22조부터 제27조까지, 제29조부터 제32조까지, 제34조부터 제43조까지, 제48조, 제50조부터 제53조까지, 제56조, 제58조, 제60조부터 제65조까지, 제80조부터 제83조까지, 제85조 제2호·제3호 및 제6호부터 제8호까지, 제86조부터 제95조까지, 제181조부터 제183조까지, 제184조 제1항·제2항·제5항부터 제7항까지, 제185조부터 제187조까지, 제218조부터 제223조까지, 제229조부터 제253조까지 및 제415조부터 제425조까지는 공모창업투자조합('자본시장과 금융투자업에 관한 법률' 제9조 제19항에 따른 사모집합투자기구에 해당하지 아니하는 창업투자조합을 말한다. 이하 같다.) 및 창업투자회사(공모창업투자조합이 아닌 창업투자조합만을 결성하여 그 업무를 집행하는 창업투자회사를 제외한다.)에 대하여는 적용하지 아니한다.

② 중소기업청장은 공모창업투자조합 또는 창업투자회사(공모창업투자조합이 아닌 창업투자조합만을 결성하여 그 업무를 집행하는 창업투자회사를 제외한다.)를 등록하는 경우에는 미리 금융감독위원회와 협의하여야 한다.

③ 금융감독위원회는 공익 또는 공모창업투자조합의 조합원을 보호하기 위하여 필요한 경우에는 공모창업투자조합 및 창업투자회사(공모창업투자조합이 아닌 창업투자조합만을 결성하여 그 업무를 집행하는 창업투자회사를 제외한다.)에 대하여 업무에 관한 자료의 제출이나 보고를 명할 수 있으며, 금융감독원의 원장으로 하여금 그 업무에 관하여 검사하게 할 수 있다.

④ 금융감독위원회는 공모창업투자조합 및 창업투자회사(공모창업투자조합이 아닌 창업투자조합만을 결성하여 그 업무를 집행하는 창업투자회사를 제외한다.)가 이 법 또는 이 법에 따른 명령이나 처분을 위반하거나, '자본시장과 금융투자업에 관한 법률' 또는 '자본시장과 금융투자업에 관한 법률'에 따른 명령이나 처분을 위반한 경우에는 제42조 제1항 각 호, 제43조 제1항·제2항의 어느 하나에 해당하는 조치를 취하도록 중소기업청장에게 요구할 수 있고, 중소기업청장은 특별한 사유가 없는 한 이에 응하여야 한다. 이 경우 중소기업청장은 그 조치내역을 금융감독위원회에 통보하여야 한다.

<63> 여신전문금융업법 일부를 다음과 같이 개정한다.

제6조 제1항에 제7호를 다음과 같이 신설한다.

7. 신기술사업금융업자와 투자자 간, 특정 투자자와 다른 투자자 간의 이해상충을 방지하기 위한 체계를 갖추지 아니한 자(제44조의 2 제1항에 따른 공모신기술투자조합을 결성하고자 하는 신기술사업금융업자에 한한다.)

제44조의 2를 다음과 같이 신설한다.

제44조의 2(공모신기술투자조합에 관한 특례) '자본시장과 금융투자업에 관한 법률' 제11조부터 제16조까지, 제22조부터 제27조까지, 제29조부터 제32조까지, 제34조부터 제43조까지, 제48조, 제50조부터 제53조까지, 제56조, 제58조, 제60조부터 제65조까지, 제80조부터 제83조까지, 제85조 제2호·제3호 및 제6호부터 제8호까지, 제86조부터 제95조까지, 제181조, 제183조, 제184조 제1항·제2항·제5항부터 제7항까지, 제185조부터 제187조까지, 제218조부터 제223조까지, 제229조부터 제251조까지 및 제415조부터 제425조까지는 공모신기술투자조합('자본시장과 금융투자업에 관한 법률' 제9조 제19항에 따른 사모집합투자기구에 해당하지 아니하는 신기술투자조합을 말한다.) 및 신기술사업금융업자(공모신기술투자조합이 아닌 신기술투자조합만을 설립하여 그 자금을 관리·운용하는 신기술사업금융업자를 제외한다.)에 대하여는 적용하지 아니한다.

제48조 제3항을 삭제하고, 같은 조 제4항 중 '제1항 내지 제3항'을 '제1항 및 제2항'으로 한다.

제50조의 4 제4항 중 "'증권거래법' 제54조의 5 제4항 각 호의 1"을 "'자본시장과 금융투자업에 관한 법률' 제25조 제5항 각 호의 어느 하나"로 한다.

<64> 법률 제8602호 벤처기업육성에 관한 특별조치법 일부개정법률 일부를 다음과 같이 개정한다.

제2조의 2 제1항 제2호 가목(6) 중 '제4조의 7'을 '제4조의 8'로 한다.

제4조의 2 제3항 제4호를 다음과 같이 한다.

  4. '자본시장과 금융투자업에 관한 법률' 제9조 제18항 제7호에 따른 사모투자전문회사

  제4조의 7 및 제4조의 8을 각각 제4조의 8 및 제4조의 9로 하고, 제4조의 7을 다음과 같이 신설한다.

  제4조의 7(공모한국벤처투자조합에 관한 특례) ① '자본시장과 금융투자업에 관한 법률' 제22조부터 제27조까지, 제29조부터 제32조까지, 제34조부터 제43조까지, 제48조, 제50조부터 제53조까지, 제56조, 제58조, 제60조부터 제65조까지, 제80조부터 제83조까지, 제85조 제2호・제3호 및 제6호부터 제8호까지, 제86조부터 제95조까지, 제181조부터 제183조까지, 제184조 제1항・제2항・제5항부터 제7항까지, 제185조부터 제187조까지, 제218조부터 제223조까지 및 제229조부터 제253조까지는 공모한국벤처투자조합('자본시장과 금융투자업에 관한 법률' 제9조 제19항에 따른 사모집합투자기구에 해당하지 아니하는 한국벤처투자조합을 말한다. 이하 같다.) 및 그 업무집행조합원에 대하여는 적용하지 아니한다.

  ② 중소기업청장은 공모한국벤처투자조합을 등록하는 경우에는 미리 금융감독위원회와 협의하여야 한다.

  ③ 금융감독위원회는 공익 또는 공모한국벤처투자조합의 조합원을 보호하기 위하여 필요한 경우에는 공모한국벤처투자조합에 대하여 업무에 관한 자료의 제출이나 보고를 명할 수 있고, 금융감독원의 원장으로 하여금 그 업무에 관하여 검사하게 할 수 있다.

  ④ 금융감독위원회는 공모한국벤처투자조합이 이 법 또는 이 법에 따른 명령이나 처분을 위반하거나, '자본시장과 금융투자업에 관한 법률' 또는 같은 법에 따른 명령이나 처분을 위반한 경우에는 제28조 각 호의 어느 하나에 해당하는 조치를 취하도록 중소기업청장에게 요구할 수 있고, 중소기업청장은 특별한 사유가 없는 한 이에 응하여야 한다. 이 경우 중소기업청장은 그 조치내역을 금융감독위원회에 통보하여야 한다.

  제9조 제1항 중 "'증권거래법' 제2조 제16항"을 "'자본시장과 금융투자업에 관한 법률' 제9조 제16항"으로, '같은 법 제203조를'을 '같은 법 제168

조를'로 한다.

제13조에 제8항을 다음과 같이 신설한다.

⑧ 개인이 제1항에 따라 조합을 결성하고자 하는 경우에는 '자본시장과 금융투자업에 관한 법률' 제9조 제8항에 따른 사모의 방법으로만 조합가입을 권유하여야 한다.

제15조 제1항 및 제15조의 8 제1항 중 "'한국증권선물거래소법' 제2조 제1항에 따른 유가증권시장 및 같은 법 제2조 제2항에 따른 코스닥시장"을 각각 "'자본시장과 금융투자업에 관한 법률' 제9조 제13항에 따른 증권시장"으로 한다.

제19조 제3항 전단 중 "'신탁업법' 제2조에 따른 신탁회사"를 "'자본시장과 금융투자업에 관한 법률'에 따른 신탁업자"로 한다.

<65> 부품·소재전문기업 등의 육성에 관한 특별조치법 일부를 다음과 같이 개정한다.

제7조 제2항 중 "'증권거래법' 제2조 제16항의 규정에 의한"을 "'자본시장과 금융투자업에 관한 법률' 제9조 제16항에 따른"으로, '동법 제203조의 규정은 이를'을 '같은 법 제168조를'로 한다.

제8조의 2를 다음과 같이 신설한다.

제8조의 2(공모부품·소재전문투자조합에 관한 특례) ① '자본시장과 금융투자업에 관한 법률' 제22조부터 제27조까지, 제29조부터 제32조까지, 제34조부터 제43조까지, 제48조, 제50조부터 제53조까지, 제56조, 제58조, 제60조부터 제65조까지, 제80조부터 제83조까지, 제85조 제2호·제3호 및 제6호부터 제8호까지, 제86조부터 제95조까지, 제181조부터 제183조까지, 제184조 제1항·제2항·제5항부터 제7항까지, 제185조부터 제187조까지, 제218조부터 제223조까지 및 제229조부터 제253조까지는 공모부품·소재전문투자조합('자본시장과 금융투자업에 관한 법률' 제9조 제19항에 따른 사모집합투자기구에 해당하지 아니하는 부품·소재전문투자조합을 말한다. 이하 같다.) 및 그 업무집행조합원에 대하여는 적용하지 아니한다.

② 산업자원부장관은 공모의 방법으로 결성되는 조합을 제6조 제1항에 따라 등록하는 경우에는 미리 금융감독위원회와 협의하여야 한다.

③ 금융감독위원회는 공익 또는 공모부품·소재전문투자조합의 조합원을 보호하기 위하여 필요한 경우에는 공모부품·소재전문투자조합에 대하여 업무에 관한 자료의 제출이나 보고를 명할 수 있고, 금융감독원의 원장으로 하여금 그 업무에 관하여 검사하게 할 수 있다.

④ 금융감독위원회는 공모부품·소재전문투자조합이 이 법 또는 이 법에 따른 명령이나 처분을 위반하거나, '자본시장과 금융투자업에 관한 법률' 또는 같은 법에 따른 명령이나 처분을 위반한 경우에는 해당 부품·소재전문투자조합의 등록취소 또는 그 밖에 조합원 보호에 필요한 조치를 취하도록 산업자원부장관에게 요구할 수 있고, 산업자원부장관은 특별한 사유가 없는 한 이에 응하여야 한다. 이 경우 산업자원부장관은 그 조치내역을 금융감독위원회에 통보하여야 한다.

제15조 각 호 외의 부분 중 "'증권거래법' 제2조 제13항 및 제15항에 따른 주권상장법인 및 코스닥상장법인"을 "'자본시장과 금융투자업에 관한 법률' 제9조 제15항 제3호에 따른 주권상장법인"으로 한다.

<66> 해외자원개발 사업법 일부를 다음과 같이 개정한다.

제13조 제3항 중 '간접투자자산 운용업법'을 '자본시장과 금융투자업에 관한 법률'로 한다.

제13조의 3 및 제13조의 4 제1항 본문 중 "'간접투자자산 운용업법' 제41조 또는 제144조의 6의 규정"을 각각 "'자본시장과 금융투자업에 관한 법률' 제182조 또는 제268조"로 한다.

제13조의 7의 제목 중 '자산운용회사'를 '집합투자업자'로 하고, 같은 조 제1항 중 "'간접투자자산 운용업법'에 따른 자산운용회사(이하 이 조에서 '전문자산운용회사'라 한다.)를 설립하려는 경우 동법 제5조 제1항 제1호의 규정"을 "'자본시장과 금융투자업에 관한 법률'에 따른 집합투자업자(이하 이 조에서 '전문집합투자업자'라 한다.)인가를 받고자 하는 경우 같은 법 제

12조 제2항 제2호”로, ‘동법 제9조 제1항의 규정’을 ‘같은 법 제12조 제2항 제4호’로, ‘운용전문인력’을 각각 ‘투자운용인력’으로 하며, 같은 조 제2항 전단 중 “‘간접투자자산 운용업법’에 따라 설립된 자산운용회사(이하 이 조에서 ‘일반자산운용회사’라 한다.)”를 “‘자본시장과 금융투자업에 관한 법률’에 따라 설립된 집합투자업자(이하 이 조에서 ‘일반집합투자업자’라 한다.)”로, 같은 항 후단 중 ‘일반자산운용회사’를 ‘일반집합투자업자’로, ‘동법 제9조 제1항의 규정’을 ‘같은 법 제12조 제2항 제4호’로, ‘운용전문인력’을 각각 ‘투자운용인력’으로 하고, 같은 조 제3항 중 “일반자산운용회사는 ‘간접투자자산 운용업법’ 제176조 제2항 각 호 외의 부분 전단”을 “일반집합투자업자는 ‘자본시장과 금융투자업에 관한 법률’ 제42조 제4항”으로 하며, 같은 조 제4항 중 ‘전문자산운용회사 및 일반자산운용회사’를 ‘전문집합투자업자 및 일반집합투자업자’로 한다.

제14조 중 “‘간접투자자산 운용업법’ 제45조 제1항의 규정에 따른 환매금지투자회사”를 “‘자본시장과 금융투자업에 관한 법률’ 제230조 제1항에 따른 환매금지형집합투자기구”로 한다.

제14조의 2 제2항 제1호를 다음과 같이 하고, 같은 항에 제1호의 2를 다음과 같이 신설한다.

1. ‘자본시장과 금융투자업에 관한 법률’ 제83조 제4항에 따른 단기대출(이하 ‘단기대출’이라 한다.)

1의 2. 금융기관 예치

제15조 제3항 제1호를 다음과 같이 하고, 같은 항에 제1호의 2를 다음과 같이 신설한다.

1. 단기대출

1의 2. 금융기관 예치

제22조 제2항을 다음과 같이 한다.

② 해외자원개발투자회사등과 해외자원개발투자회사의 집합투자업자·신탁업자 및 일반사무관리회사는 이 법에서 특별히 정하는 경우를 제외하고는 ‘자본시장과 금융투자업에 관한 법률’의 적용을 받는다. 다만, 같은 법

제270조 제4항부터 제6항까지, 제271조 및 제274조 제1항은 해외자원개발 투자전문회사에 적용하지 아니한다.

<67> 공공기관의 운영에 관한 법률 일부를 다음과 같이 개정한다.

제20조 제4항 중 "'증권거래법' 제54조의 6(감사위원회)"을 "'자본시장과 금융투자업에 관한 법률' 제26조(감사위원회의 설치)"로 한다.

제43조 (다른 법률의 개정에 따른 경과조치)

① 이 법 시행 당시 종전의 '사회기반시설에 대한 민간투자법'에 따라 설립된 투융자회사에 대하여는 부칙 제42조 제57항에 따라 개정되는 '사회기반시설에 대한 민간투자법'의 개정규정에 불구하고 종전의 규정에 따른다.

② 부칙 제42조 제58항에 따라 개정되는 '부동산투자회사법' 제7조 제1항 제3호의 개정규정을 적용함에 있어서 '자본시장과 금융투자업에 관한 법률'에는 종전의 '신탁업법', 종전의 '증권거래법', 종전의 '선물거래법', 종전의 '한국증권선물거래소법', 종전의 '간접투자자산 운용업법' 및 종전의 '종합금융회사에 관한 법률'이 포함되는 것으로 본다.

③ 이 법 시행 당시 종전의 '부동산투자회사법'에 따라 설립된 부동산투자회사 및 자산관리회사가 이 법 시행 전에 위탁받은 자산의 투자·운용업무 등에 관하여는 부칙 제42조 제58항에 따라 개정되는 '부동산투자회사법'의 개정규정에 불구하고 종전의 규정에 따른다.

④ 이 법 시행 당시 종전의 '선박투자회사법'에 따라 설립된 선박투자회사 및 선박운용회사가 이 법 시행 전에 위탁받은 업무 등에 관하여는 부칙 제42조 제59항에 따라 개정되는 '선박투자회사법'의 개정규정에 불구하고 종전의 규정에 따른다.

⑤ 이 법 시행 당시 종전의 '문화산업진흥 기본법'에 따라 설립된 문화산업전문회사 및 사업관리자가 이 법 시행 전에 위탁받은 업무 등에 관하여는 부칙 제42조 제60항에 따라 개정되는 '문화산업진흥 기본법'의 개정규정에 불구하고 종전의 규정에 따른다.

⑥ 이 법 시행 당시 종전의 '산업발전법'에 따라 등록된 기업구조조정조합 및 기업구조조정전문회사가 이 법 시행 전에 결성한 기업구조조정조합

의 업무 등에 관하여는 부칙 제42조 제61항에 따라 개정되는 '산업발전법'
의 개정규정에 불구하고 종전의 규정에 따른다.

⑦ 이 법 시행 당시 종전의 '중소기업창업 지원법'에 따라 등록된 창업
투자조합 및 창업투자회사가 이 법 시행 전에 결성한 창업투자조합의 업무
등에 관하여는 부칙 제42조 제62항에 따라 개정되는 '중소기업창업 지원법'
의 개정규정에 불구하고 종전의 규정에 따른다.

⑧ 이 법 시행 당시 종전의 '여신전문금융업법'에 따라 결성된 신기술투
자조합 및 신기술사업금융업자가 이 법 시행 전에 결성한 신기술투자조합
의 업무 등에 관하여는 부칙 제42조 제63항에 따라 개정되는 '여신전문금
융업법'의 개정규정에 불구하고 종전의 규정에 따른다.

⑨ 이 법 시행 당시 종전의 '벤처기업육성에 관한 특별조치법'에 따라
등록된 한국벤처투자조합 또는 개인투자조합에 대하여는 부칙 제42조 제64
항에 따라 개정되는 '벤처기업육성에 관한 특별조치법'의 개정규정에 불구
하고 종전의 규정에 따른다.

⑩ 이 법 시행 당시 종전의 '부품·소재전문기업 등의 육성에 관한 특별
조치법'에 따라 등록된 부품·소재전문투자조합에 대하여는 부칙 제42조
제65항에 따라 개정되는 '부품·소재전문기업 등의 육성에 관한 특별조치
법'의 개정규정에 불구하고 종전의 규정에 따른다.

⑪ 이 법 시행 당시 종전의 '해외자원개발 사업법'에 따라 설립된 해외
자원개발투자회사에 대하여는 부칙 제42조 제66항에 따라 개정되는 '해외
자원개발 사업법'의 개정규정에 불구하고 종전의 규정에 따른다.

제44조 (다른 법률과의 관계) ① 이 법 시행 당시 다른 법률에서 종전의
'증권거래법', 종전의 '선물거래법', 종전의 '간접투자자산 운용업법', 종전
의 '신탁업법', 종전의 '종합금융회사에 관한 법률' 및 종전의 '한국증권선
물거래소법' 또는 그 규정을 인용하고 있는 경우 이 법 중 그에 해당하는
규정이 있는 때에는 종전의 규정을 갈음하여 이 법 또는 이 법의 해당 규
정을 인용한 것으로 본다.

② 이 법 시행 당시 다른 법률에서 종전의 '증권거래법'에 따른 증권회

사, 종전의 '선물거래법'에 따른 선물업자, 종전의 '간접투자자산 운용업법'에 따른 자산운용회사 및 종전의 '신탁업법'에 따른 신탁회사를 인용하고 있는 경우에는 그 범위에서 이 법에 따른 금융투자업자를 인용한 것으로 본다.

③ 이 법 시행 당시 다른 법률에서 종전의 '종합금융회사에 관한 법률'에 따른 종합금융회사, 자금중개회사 또는 단기금융업무를 영위하고 있는 자를 인용하고 있는 경우 이 법에 따른 종합금융회사, 자금중개회사 또는 단기금융회사를 인용한 것으로 본다.

무리수와 금융재테크

1. 무리수 e의 경제적 의미

원금 A를 금리 r로 n 기간(year) 동안 투자한다고 생각해 보자. 이를 매년 복리로 계산하면 n 기간 후 투자한 금액의 가치는 다음과 같다.

$$A \cdot (1 + r)^{\,n}$$

여기서 금리가 매년 m번 복리로 계산되면, n 기간 후 투자원금의 가치는 다음과 같이 표현할 수 있다.

$$A\left(1 + \frac{r}{m}\right)^{m \cdot n}$$

예를 들어, A = 100, r = 10%일 경우에 m의 증가에 따르는 1년 후 원리금의 가치는 다음과 같다.

· m = 1: $100(1 + 0.1) = 110$

· m = 2: 100(1 + 0.1/2)2 = 110.25

······

· m = 365: 100(1 + 0.1/365)365 = 110.52

식 (1)에서 m = ∞이면, 이를 연속복리(continuous compounding)라고 하며
$A \cdot e^{rn}$로 표현 가능.

식 (1)에서 $k \equiv \dfrac{m}{r}$로 두면, $A \cdot \left[(1 + \dfrac{1}{k})^{k} \right]^{rn}$

m = ∞일 때 k = ∞이므로, 식 (2)에서 n 기간 후 원리금(V)은 다음과 같다.

$$V = \lim_{k \to \infty} A\left[(1 + \dfrac{1}{k})^{k} \right]^{rn} = A \cdot e^{rn} \quad \text{for } m = \infty.$$

여기서 무리수 e는 $\lim_{k \to \infty} \left[(1 + \dfrac{1}{k})^{k} \right]$이며, 이는 연속복리 수익률이
기대되는 투자의 미래가치를 표현하는 데 유용하다.

t − 1기의 자산가격을 P_{t-1}라고 하면 기대수익률이 r이며
연속복리로 계산되는 1 기간 후의 자산가격은 다음과 같다.

$$P_{t-1} \cdot e^{r} = P_{t} \qquad e^{r} = \dfrac{P_{t}}{P_{t-1}} \quad \text{식의 양변에 자연로그를 취하면,}$$

$$r = \ln\left(\dfrac{P_{t}}{P_{t-1}} \right)$$

이를 연속복리 수익률(또는 로그수익률)이라고 하며 수리통계학에서는 로
그차분(log difference)이라고 부른다.

로그함수의 특성상 r가 크지 않을 경우 $\log r \cong \log(1 + r)$가 성립하므로
t시점의 수익률은 다음과 같이 표현 가능.

$$r_t = \log\left(\frac{P_t}{P_{t-1}}\right) \cong \log\left(\frac{P_t - P_{t-1}}{P_{t-1}}\right)$$

이러한 로그수익률은 k 기간의 수익률을 계산할 때, 다음과 같이 나타낼 수 있으므로 계산상 편리하다.

$$r_t(k) = \ln\left(\frac{P_t}{P_{t-k}}\right) = r_t + r_{t-1} + \ldots + r_{t-k+1}$$

확률과정(stochastic process)

대부분의 경우, 자산가격의 미래 시간경로는 불확실성을 가지고 있는데, 여기서 비롯되는 주요한 문제는 이러한 확률적 요인을 어떻게 모형화할 것인가 하는 것이다.

여기서는 금융변수의 예측 불가능한 부분을 확률과정(stochastic process)으로 정의하고 금융이론에서 널리 이용되고 있는 기하 브라운과정(Geometric Brownian Motion)에 대해 살펴보면 다음과 같다.

앞서의 로그수익률의 개념을 이용하여 주가의 기대수익률(μ)을 구하면,

$$S_t = S_0 \cdot e^{\mu t} \qquad \text{(이산적 시간모형)}$$
$$S(t) = S(0) \cdot e^{\mu t} \qquad \text{(연속적 시간모형)}$$

식 (4)의 양변을 시간 t에 대해 미분하면,

$$\frac{dS(t)}{dt} = \mu \cdot S(0) \cdot e^{\mu t} = \mu \cdot S(t)$$

$\frac{dS(t)/dt}{S(t)} = \mu$ 이는 $G = \ln S$일 경우, 시간에 대한 G의 미분 값이 기대수익률(μ)임을 의미한다.

앞서 Black－Scholes의 옵션가격결정모형의 기본가정인 주가의 시간경로 (GBM)에서 불확실성을 나타내는 항을 0으로 제약한 형태가 된다.

$$dS = \mu \cdot S \cdot dt + (volatility)$$

(1) 표준 브라운과정(Standard Brownian Motion)

확률변수 z가 표준 브라운과정을 따른다면, 작은 시간간격에서 확률변수의 증분 dz는 다음을 따른다.

$dz = \varepsilon \cdot \sqrt{dt}$ 여기서, ε은 (0, 1) 사이에서 랜덤 샘플링으로 구한 난수임.

다른 시간 구간에서 얻어진 각각의 증분(dz)은 서로 독립이며 다음과 같은 정규분포를 따른다.

$$dz \sim N(0, dt)$$

즉 SBM을 따르는 확률변수 z는 평균이 0이고, 분산이 dt인 정규분포를 따르게 되는데, 직관적으로 분산이 dt라는 사실은 불확실성이 시간이 흐름에 따라 일정하게 비례하여 증가한다는 사실을 의미한다.[6]

이토과정(Ito's process)

자산가격의 시간경로에 대한 모형화는 일반적으로 앞서 설명한 SBM을 이용하여 다음과 같이 표현된다.

$$dS = a \cdot dt + b \cdot \varepsilon \sqrt{dt}$$

여기서, a와 b는 상수이며, $\varepsilon \cdot \sqrt{dt}$는 SBM이다.

---

6) 하지만, 이러한 T－square rule은 금융시장분석 시 여러 가지 문제를 발생시키는데 이에 대한 자세한 논의는 조하현, 이승국, 『금융리스크 측정과 관리』(세경사, 2002)를 참조.

- Generalized Wiener process!

식 (6)을 보다 일반화시키면 다음 식으로 표현 가능.

$$dS = a(S, t) \cdot dt + b(S, t) \cdot \varepsilon \sqrt{dt}$$

식은 Ito과정으로 $a(\cdot)$와 $b(\cdot)$의 함수형태에 따라 주가와 이자율에 대한 다양한 모형을 표현 가능하다.

이토정리(Ito's Lemma)

S를 기초자산가격으로 하는 파생상품이 있을 경우 그 파생상품의 가격경로를 구하기 위해서는 먼저 Ito's lemma를 도입해야 한다. 파생상품의 가격을 기초자산과 시간의 함수형태인 $C(S_t, t)$로 표현하면, 우리가 알고 싶어하는 것은 시간변화 및 기초자산가격의 변화에 따른 파생상품의 가격(C)의 변화이다.

이를 표현하기 위해서는 테일러전개(Taylor expansion) 이용.

$$dC \simeq \frac{\partial C}{\partial S} dS + \frac{\partial C}{\partial t} dt$$

$$dC = \frac{\partial C}{\partial S} dS + \frac{\partial C}{\partial t} dt + \frac{1}{2} \frac{\partial^2 C}{\partial S^2} (dS)^2 + \frac{1}{2} \frac{\partial^2 C}{\partial t^2} (dt)^2 + \frac{\partial^2 C}{\partial S \partial t} dSdt + R$$

여기서는 dS와 dt의 순간적인 변화를 고려하므로 이러한 변화에 대응되는 파생상품가격의 변화(dC)는 다음과 같이 생각할 수 있다.

즉 dt가 0으로 수렴할 경우, $dS \cdot dt$, $(dt)^2$와 같은 고차항은 무시할 정도로 작아지므로 이를 생략하면 다음과 같이 단순화 가능.

$$dC = \frac{\partial C}{\partial S} dS + \frac{\partial C}{\partial t} dt + \frac{1}{2} \frac{\partial^2 C}{\partial S^2} (dS)^2$$

식에 의해 파생상품가격의 순간 변화는 기초자산가격의 변화, 시간변화, 기초자산가격의 2차 미분 값으로 구분 가능.

식에 일반적인 위너과정인 $dS = a \cdot dt + b \cdot \varepsilon\sqrt{dt}$를 대입하여 정리하면, 다음과 같은 표현식을 얻을 수 있다.[7]

$$dC = \frac{\partial C}{\partial S}[adt + b\varepsilon\sqrt{dt}] + \frac{\partial C}{\partial t}dt + \frac{1}{2}\frac{\partial^2 C}{\partial S^2}b^2 dt$$

$$dC = [\frac{\partial C}{\partial S}a + \frac{\partial C}{\partial t} + \frac{1}{2}\frac{\partial^2 C}{\partial S^2}b^2]dt + \frac{\partial C}{\partial S}b\varepsilon\sqrt{dt}$$

- 이를 Ito's lemma라고 부른다.

(4) 기하 브라운과정(Geometric Brownian Motion)

주가(S_t)가 기하 브라운과정(GBM)을 따른다고 가정.

$$dS_t = \mu \cdot S_t dt + \sigma S_t \varepsilon\sqrt{dt}$$

이는 추세와 불확실성을 나타내는 $a(\cdot)$와 $b(\cdot)$의 함수가 다음과 같은 형태로 구체화된 것이며, 식 (7)인 Ito과정의 특수한 형태임.

$$a(S, t) = \mu \cdot S_t$$

$$b(S, t) = \sigma \cdot S_t$$

식 (11)을 주식수익률 형태로 나타내면 다음과 같다.

$$dS_t / S_t = \mu \cdot dt + \sigma \cdot \varepsilon\sqrt{dt}$$

주식수익률 = 순간 수익률 + 순간 변동성

stock return = Instananeous expected return + Instananeous volatility

순간 변동성에서 SBM인 $\varepsilon \cdot \sqrt{dt}$가 N(0, dt)인 정규분포를 따르므로 주가

---

7) 여기서 $(dS)^2 = [adt + b\varepsilon\sqrt{dt}]^2 = a^2(dt)^2 + b^2\varepsilon^2 dt + 2ab\varepsilon dt\sqrt{dt} = b^2\varepsilon^2 dt$인데, 이는 다음과 같이 분산이 0이므로 $b^2 dt$의 상수로 간주할 수 있다.
$$E[dS^2] = E[b^2\varepsilon^2 dt] = b^2 dt E(\varepsilon^2) = b^2 dt$$
$$V(dS^2) = E[dS^2 - E(dS^2)]^2 = E[b^2\varepsilon^2 dt - b^2 dt]^2 = b^4 dt^2 E[\varepsilon^2 - 1]^2 \approx 0 \cdot$$

의 (순간)변화율도 다음과 같은 정규분포를 따름.

$$\frac{dS_t}{S_t} \sim N(\mu dt, \sigma^2 dt)$$

$$Black - Scholes - Merton의\ 편미분방정식$$

BSM모형에서는 주식의 기대수익률은 무위험이자율과 동일하다는 원칙에 기반하고 있는데, 이를 위험중립가치평가(risk - neutral valuation principle)라고 한다.

이를 이해하기 위해 다음과 같이 콜옵션과 주식으로 구성되어 있는 포트폴리오를 고려해 보면 다음과 같다.

$$P(portfolio) = \theta_1 C + \theta_2 S = C - \frac{\partial C}{\partial S} \cdot S$$

여기서, θ_i는 콜옵션과 주식에 대한 투자비율(weights)을 의미한다.

식을 전미분하여 정리하면, 아래와 같다.

$$dP = dC - \frac{\partial C}{\partial S} dS$$

$$= \frac{\partial C}{\partial S} dS + \frac{\partial C}{\partial t} dt + \frac{1}{2} \frac{\partial^2 C}{\partial S^2} \sigma^2 S^2 dt - \frac{\partial C}{\partial S} dS$$

$$= [\frac{\partial C}{\partial t} + \frac{1}{2} \frac{\partial^2 C}{\partial S^2} \sigma^2 S^2] dt$$

식에서 불확실성을 나타내는 부분인 SBM을 제거시키는 투자 ①과 애초부터 무위험자산에만 투자하는 방안 ②를 고려.

$$① \quad \theta_1 = 1, \quad \theta_2 = - \frac{\partial C}{\partial S}$$

② 불확실성이 없는 무위험자산에 투자 - $\frac{dP/dt}{P} = r$

① & ②가 동일한 투자로 간주하여 위험자산에 대한 가치평가를 하는 방식이 **위험중립가치평가(risk - neutral valuation)인 것이다.**

위 식을 dP 대신 $rPdt$를 대입하면,

$$rPdt = [\frac{\partial C}{\partial t} + \frac{1}{2}\frac{\partial^2 C}{\partial S^2}\sigma^2 S^2]dt$$

$$rP = [\frac{\partial C}{\partial t} + \frac{1}{2}\frac{\partial^2 C}{\partial S^2}\sigma^2 S^2]$$

위 식에 $P = C - \frac{\partial C}{\partial S} \cdot S$를 대입하면,

$$rC - r\frac{\partial C}{\partial S}S = \frac{\partial C}{\partial t} + \frac{1}{2}\frac{\partial^2 C}{\partial S^2}\sigma^2 S^2$$

$$-rC + rS\frac{\partial C}{\partial S} + \frac{\partial C}{\partial t} + \frac{1}{2}\frac{\partial^2 C}{\partial S^2}\sigma^2 S^2 = 0$$

BSM의 편미분방정식(stochastic differential equation)

그러나 이 확률미분방정식은 해가 유일하지 않을 수 있으므로, 특정 상품에 해당되는 경계조건(boundary condition)이 필요하다.

※ 콜옵션의 경계조건(Boundary condition for call option)

$$C_T = \max[S_T - K, 0]$$

BSM의 SDE에서 이러한 경계조건을 만족하는 해는 유일하며 이것이 바로 유명한 Black-Scholes의 옵션가격결정식이다.

$$C_t = N_1 S_t - N_2 K e^{-r(T-t)}$$

여기서, $N_1 = F_1(z_1)$이고 $N_2 = F_2(z_2)$로, F는 누적 정규확률분포이다.

$$z_1 = \frac{\ln \dfrac{S_t}{K} + (r + \dfrac{1}{2}\sigma^2)(T-t)}{\sigma\sqrt{T-t}}$$

$$z_2 = \frac{\ln \dfrac{S_t}{K} + (r - \dfrac{1}{2}\sigma^2)(T-t)}{\sigma\sqrt{T-t}}$$

위 식에서 σ^2은 기초상품가격의 변동성을 나타내는 것으로 이를 측정하는 것이 옵션의 가격결정에서 가장 핵심적인 문제인 것이다.

가격결정은 이러한 여러 가지 변인 결정과 대입에 따라 각자 다양하게 만들어지기도 하며, 새롭게 변형되기도 한다.

IV

재테크 성공하려면

재테크 성공하려면 보험부터 관리하라

우리나라 사람들의 가구당 보험 가입률이 95%를 넘어서고 있고, 가입건수가 5건 이라고 통계청이 밝힌 바 있다. 국민 대다수가 보험가입자인데 대다수 국민이 가입한 보험의 내용이나 특이사항 등 약관까지 면밀히 뜯어보고 보험에 가입하는 사람이 별로 없다. 필자도 보험가입 매니저의 말에 그냥 사인하고 믿는 상황이다. 재테크와 재무설계를 필사적으로 노력해 봐도 매번 힘들게 살고 있으며, 줄줄 새 나가는 누수자금이 있다. 소위 말하는 밑 빠진 독에 물붓기식 재테크 전략이 되고 있는 실정이다. 자동차 종합보험도 매 분기마다 엄청나게 보험료를 내지만 정작 사고났을 때는 보험료 올라가는 부담 때문에 보험회사에 사고처리 안 하고 돈으로 막든가, 사고처리를 안 하는 수가 많다. 왜 보험을 들었는지 의구심이 갈 정도이다.

이것이 누수 재테크 금전이라는 것이다. 우리는 재테크 성공을 위해 누수되는 자금을 동결하거나 관리하여야 할 것이다.

대부분 보험을 가입한 상품별로 보면, 질병치료보장, 재해보장, 종신보험, 연금보험, 저축성보험, 교육보험, 사후보험, 사전보험, 상조회보험 등이 있는

데 가구별 총 저축에서 보험료가 차지하는 비중이 40%를 육박하고 있는 실정이다.

가입경로를 보면 보험설계사(60%), 은행(15%), 인터넷(10.4), 전화(5%) 등이고, 고연령층이나 저소득층은 은행을 선호하고, 저 연령층이나 화이트칼라층은 인터넷을 통한 가입이 늘어난다고 한다. 그리고 한 집에 보험 하나 이상의 가입자가 늘어난다고 할 수 있다. 그만큼 복잡하고 다원화된 사회에 살고 있다는 것이다.

우리는 보험의 종류가 아무리 많아도 자신에 맞는 보험을 들어야 한다.

재테크의 성공 기준은 얼마나 자기 가정과 나에게 맞느냐에 달려 있다.

재테크 성공을 위해 보험을 정리하여야 한다.

1. 위험보장이 되는지
2. 얼마만큼의 비용과 경비가 투여되고 혜택을 받을 수 있는지
3. 중복가입이나 보장 누락이 있는지
4. 소득대비 보험료 지출이 과다한지
5. 보험료와 보장금액, 환급금이 제대로 되는지
6. 보험의 목적에 맞는지
7. 위험보장의 공백은 없는지를 살펴야 한다.
8. 소득의 30%를 넘어서 가입하면 문제가 생긴다. 최저기준은 10%이다 .
9. 해약 시 손해 공백이 많지 않아야 한다.
10. 내 몸에 맞는지
11. 광고에 현혹되지 말고, 가입설계를 확인할 수 있어야 한다.
12. 강요에 의한 가입인지
13. 장래성이 있는지
14. 보장성이 있는지를 따져야 한다.

이상과 같이 재테크의 기본은 보험을 관리하는 데서부터 시작하여야 한다.

누수성 보험이라면 과감히 바꾸어 수익을 내는 회사와 종목으로 갈아타야 할 것이다.

02

재테크 성공하려면
전세부터 살면서 자금줄을 배워라

재테크에 성공하려면 전세부터 살아야 한다. 그것은 전세 살면서 자본금을 불려 나가야 하며, 처음부터 아파트를 사면 관리비와 세금의 과중으로 힘들어질 수 있기 때문이다. 그리고 아파트를 장만하였다면 장만한 아파트를 전세를 주고 자신 또한 전세를 살면서 또 다른 부동산 장만을 위해 노력하여야 한다. 갈아타려면 전세와 월세를 거쳐 가는 것이 재테크의 성공 비결이다.

1) 세대수가 많은 단지를 골라야 한다. 임대인이 집을 비워달라고 할 때 단지 내에서 쉽게 전셋집을 구할 수 있는 곳이어야 한다. 그렇기 위해서는 대규모 단지이어야 한다.

2). 학군이 좋아야 한다. 재테크에 성공해서 부를 누리지만 자녀들이 학업을 등한히 하면 재테크의 목적이 흐려지거나 가정의 우환으로 자리잡을 가능성이 있기 때문이다.

3) 신도시를 선택하면 좋다. 주거요건이 안정되기 때문이다. 그리고 이곳은 투자가 활발하여 모든 것이 원활하게 이루어진다.

4) 부동산 회전이 빠른 곳을 선택하여야 한다. 결국은 자금회전이다. 손쉽게 자금회전이 안 되면 어려움을 겪게 되기 때문이다.

03

재테크에 성공하려면 누수를 잡아라

재테크에 성공하려면 새어 나가는 누수를 잡아야 한다. 연체료, 과태료, 추가요금, 수수료를 줄여야 한다. 각종 공과금의 연체료는 누수의 중요한 금전이 된다.

또한 과태료 또한 중요한 돈이다. 필자는 몇 달 전에 자동차 책임보험료를 미납하여 자동차 한 대당 38만 원의 과태료를 물었다. 보험회사에서 꼼꼼히 챙겨주지 못해서 벌어진 일인 데도 그 책임은 필자에게 있었다. 일일이 챙기지 못한 불찰 때문이다.

이사 가면 자동차 이전에 따른 기일을 지켜 이전신고하여야 하고, 범칙금은 제때에 내야 하며, 버스전용차로 위반 등도 잘 지켜야 한다.

추가요금은, 주말극장요금, 야간 할증, 핸드폰 콘텐츠가입 무료 기간이 지난 후 해약을 제대로 했는지도 따져 보아야 할 것이다.

수수료는, 통장 분실 시 수수료, 카드 발급 수수료, 돈을 인출할 때 드는 수수료, 마감 전과 마감 후에 할증이 붙는 수수료 등이 있다.

각종 수수료와 연체료를 줄이면 적게는 몇 만 원에서부터 몇 백만 원까지 줄일 수 있다.

재테크에 성공하려면 기본에 충실해야 한다

단번에 수십 억 원씩 만지는 것은 로또밖에 없다. 종자돈을 모으는 것부터 시작하여, 부동산투자, 주식투자, 펀드투자, 연금투자 등을 하는 사람들의 공통된 말은 기본에 충실하였다는 것이다. 그 기본은 돈에 대한 좋은 습관을 들이는 것이다.

되는 대로 저축하지 말고 트리폴리오를 짜서 계획적으로 하여야 한다. 중기, 장기 순으로 하여야 한다. 주택마련, 종자돈 마련, 노후대비, 자녀교육, 결혼준비, 자녀교육 등이다.

이자 계산과 세금을 제대로 파악하고 있어야 한다. 부자처럼 생각하고 부자의 마인드로 생활하여야 한다.

재테크 지식이 많다고 해서 반드시 투자에 성공하는 게 아니었다. 만약에 성공하는 데 재테크 지식만이 필요하다면, 박사나 교수들이 제일 먼저 부자가 되었어야 한다. 그러나 실제로 그렇지 않다는 것을 우리 모두 다 안다. 실전 재테크에서 성공하기 위해서 지식보다 더 중요한 건 실행능력이다.

재테크 지식보다 실행능력이 더 중요하지만 많은 사람들은 오해를 하고 있다. 재테크에 성공하기 위해선 재테크 지식이 중요하고, 재테크 지식은 박사나 교수 정도 되어야 겨우 이해할 수 있을 만큼 복잡하고 어려울 것으로 착각한다. 그러나 재테크에 성공하기 위해서 반드시 복잡하고 많은 지식을 알아야 할 필요는 없다.

재테크 성공 요인으로는 지식보다 실행능력이 더 중요하다. 많은 사람이 재테크에 실패하게 되는 이유는 지식이 부족해서가 아니라 아는 것도 실행에 옮기지 못하기 때문이다. 길을 아는 것과 길을 실제로 가는 것은 완전히 다르다.

마찬가지로 재테크도 머리로 아는 것과 실행하는 것이 완전히 다르다. 당신이 재테크에 성공하고 싶다면 재테크 지식과 실행능력 둘 다를 갖추어야 한다.

바둑을 잘 두려면 바둑 책도 열심히 읽고 실전 대국도 병행해야 하는 것과 마찬가지다. 재테크에 대한 지식을 가지고 그것을 현장에 옮길 수 있는 노력이 필요하다.

재테크 성공하려면 비법대로 해야 한다

돈은 쫓는다고 해서 모이는 것이 아니다. 돈을 멀리하거나, 비방하거나, 험담하거나 욕해도 돈은 따라오지 않는다. 돈을 쫓아가면 푼돈은 모을 수 있을지언정 훨씬 큰 것을 잃게 됨을 너무도 흔히 보아왔다. 당신이 돈을 목표로 할 것이 아니라, 돈이 당신을 따라붙게 해야 원하는 돈이 모인다. 돈이 따르게 하는 방법을 알아야 한다. 돈이 따라오게 하려면 어떻게 하여야 할까.

1) 수익률에 대한 기대를 이젠 버리라는 것이다.

결코 인정하고 싶지 않은 진부한 잔소리로만 여겨질 테지만 가장 중요한 재테크 공식이다. 원금 까먹는 위험은 부담하기 싫고, 수익률은 최소한 10% 이상은 욕심나고…… 그 조급한 심정을 이해 못하는 것은 아니지만, 포기할 건 일찌감치 포기해야 정신건강에도 좋음을 왜 그리도 모를까? 재테크를 잘하느냐 못 하느냐의 기준은 수익률 높은 상품을 고르는 안목이 아니다. 자신의 생활과 소비패턴에서 최대한 거품을 줄여서 '덜 쓰는 단호함과 꾸준히 더 모으는 성실함'이 재테크의 王道 라는 것이다! 이것 외에 다른 지름길은 아직도 찾지 못하였다.

거품도 빼고 싶고, 꾸준하게 모으고 싶어도 내 뜻과는 달리 매번 딴죽을 거는 주변 환경 때문에 힘들다는 핑계는 대지 마라. 그런 주변 환경을 만들어 낸 것은 바로 당신 자신의 선택이었다. 내 팔자가 남의 탓이라는 무책임주의는 成功 경계대상 1호이다. 경천동지할 만한 재주를 지닌 奇人이 아니라면 제아무리 발버둥 쳐 봤자 여러분들이 더 얻을 수 있는 수익률은 불과 1~2%에 불과하다.

2) 돈을 모으려는 목적을 분명히 해야 한다.

지난 몇 년 전부터 비암장사들처럼 한참 지껄여 대던 '10억모으기' 구호 따위에 이젠 정신 좀 차리시고 지금이라도 '위기에 대한 대비'를 재테크의 주목적으로 삼으라는 것이다.

형편도 안 되는 자신을 뻔히 알면서 그런 걸 목표로 했다가 정작 선결되어야 할 '내공쌓기'에는 소홀한 채 어디 대박정보는 없나 여기저기 기웃거리다가 가랑이만 찢어지고 만다. 돈을 모으는 목적은 앞으로 어떻게 될지 모르는 미래를 대비해야 함이 正道라고 본다. 물론 돈이 모든 것을 해결해 주는 것은 결코 아니지만, 미리 준비된 돈은 그 위기를 보다 원만하게 극복할 수 있게끔 도와준다는 것이다. 그런 위기가 다가왔을 때 한 푼도 없다면 택할 수 있는 길이 있을 테고, 100만 원, 1,000만 원, 1억 원…… 준비된 돈이 많으면 많을수록 선택할 수 있는 방법이 기하급수적으로 늘어난다. 당신은 지금 현재 누군가처럼 위기에 닥쳤을 때 현재 모아놓은 돈으로 선택할 수 있는 것이 무엇이 있는가? 이번 기회에 한번 미리 당겨서 생각해 보자.

3) 돈을 어떻게 모을 것인지, 돈이 모이면
어떻게 쓸 것인지도 알아야 한다.

　재테크란 단시 수익을 내는 것이 아니라 재를 얼마나 효율적으로 운영하는 것이다. 효율적으로 운영해서 수익을 창조했다면 재테크에 성공한 것이고, 또한 손실을 가져왔다면 재테크에서 실패한 것이다. 재를 얼마나 어떻게 효율적으로 운영해야 하는가의 질문에는 재테크의 근본적인 목적이 있는 것이다. 재테크의 목표를 세우고 계획을 실행하면서 직접투자도 해 보고 간접투자도 해 보고 투기도 해 보는 것이 좋다. 재테크에서 투기를 하지 말라는 법은 없다. 어느 누가 투기로 부를 창조했다고 해서 재테크가 아니라고 할 것인가. 다만 투자와 투기는 재화의 운영 면이 다른 것뿐이다. 즉 재테크란 꼭 정당한 투자만 해서 부를 창조한 것만이 재테크가 아니란 것이다. 재테크는 투기로 해서 재를 창출했다면 그것 또한 재테크이고 다만 투기로 인한 책임을 질 뿐이다. 여기서 투자와 투기에 대해서 간단히 짚고 넘어가 보자. 재를 운영하면서 법의 테두리에서 정당한 목적으로 운영하면 투자요, 법을 어기면서까지 단지 시세차익 목적만으로 운영하면 투기가 되는 것이다. 우리가 흔히 볼 수 있는 투기머니 중 핫머니가 있다.

　주식시장에서 단기성 투기만을 목적을 가지고 단기 시세 차익만을 목표로 운영되는 외국자본을 일컫는 데 사용한다. 외국의 핫머니(투기자금)가 국내로 들어올 때 투기자금이라고 밝히고 들어오는 경우는 없다.

　국제 금융 시장에서, 유리한 금융 시장을 찾아 투기적으로 유동하는 단기 자금.

　대부분 중장기 투자자금으로 포장해서 들어온다. 그래서 투기자금을 객관적으로 판별하기도 어렵고 단속하기도 쉬운 일이 아니다. 이처럼 투자와 투기는 재의 목적도 다르고 효율적으로 사용하는 방법도 다르다. 그래서 재테크란 또한 꼭 투자를 해서 부를 창출하는 것만을 말하는 것이 아니다. 소비하는 것도 재테크이다. 이 말은 투자는 안 하고 재를 효율적으로 사용하는 데 의미가 있는 것이다. 즉 본인의 재화를 투자나 투기를 안 하고 또한 소비도 줄이면서 밖으로 새는 것을 막는 것 또한 재테크이다. A와 B 두 사람이 각각 1,000만 원씩 있다고 가정했을 때 A는 투자나 소비도 안 하고 그대로 1,000만 원을 보유했고 B는 투자를 해서 100만 원 손실을 봤다면 결론적으로 재테크의 고수는 A가 되는 것이다. 물론 A는 투자나 경제활동을 안 하고 묵묵히 지킨 것뿐이고 B는 투자를 해서 100만 원을 잃었지만 그보다 더 많은 부를 창출할 수도 있었는데 시기가 안 맞아 100만 원을 잃었다고 한다. 그렇다고 해서 꼭 B만 재테크에 관심 있다고 말할 순 없다. A가 투자를 안 하고 경제활동을 안 하고 그냥 지켰던 이유는 진정한 투자의 시기가 아니었기에 잠시 휴식했을 뿐이라고 말한다면 그것 또한 재테크인 것이다. 이처럼 재테크는 꼭 재를 직접 움직이는 것만이 전부가 아니다. 재를 가만히 놔두는 것도 효율적인 운영방법 중의 하나란 것이다.[8] 재테크하면 필연적으로 따라붙는 것이 바로 투자이다. 투자를 하지 않고는 적극적인 재테크를 하기 어렵다. 물론 사실이다. 그런데 애매하게도 이러한 투자와 투기를 쉽게 구별되지 않는다. 그래서 외국의 투자펀드에는 투기성을 띠는 정크펀드까지 있다.

(1) 투자란

투자란 특정의 목적을 가지고 기업이나 부동산이나 어떤 대상물에 대하여 이루어지는 것이다. 대여와는 구별된다. 대여는 말 그대로 돈을 빌려주고 이자를 받는 것이다. 하지만, 투자란 이자를 받는 것이 아니라, 그것이 성공했을 때 그에 따른 수익을 얻는 것이다. 이러한 관점에서 보면 적은 투자로 많은 이익을 내는 것이 당연히 경제의 법칙에도 부합하고 좋은 것이다. 하지만 적은 투자로 많은 이익을 낸다는 것은 말처럼 쉽지 않다. 거의 투기성에 가까워진다. 하지만, 정상적인 투자라고 해도 고수익이 나지 말란 법은 없다. 여기서 우리는 투자란, 투자 대상에 대한 정확한 정보와 사실관

---

8) http://kin.naver.com/open100/db_detail.php?d1id=4&dir_id=403

계에 따른 분석, 그리고 향후 성장 가능성에 대한 판단(내적 요소와 외적 요소를 고려)을 한 후 그에 따른 적정한 금액을 투자라고 본다. 이러한 요소를 배제한 채 막연히 이렇게 하면 이만큼의 이익이 생긴다는 것은 투자가 아니라 투기라고 할 것이다.

(2) 투기란

투기는 말 그대로 합리적인 예측 가능성과 분석을 배제한 채 도박처럼 어떤 감이나 운을 믿고 행하는 것을 말한다고 할 것이다. 하지만, 투기는 기본적으로 인간의 욕심에서 비롯된다고 본다. 아니 말처럼 그렇게 고수익이 난다면 어느 바보가 하지 않겠는가? 그렇지만 그 위험성보다는 그 고수익이라는 달콤함에 빠져서 돈을 일단 던지고 보는 것이 바로 투기라고 할 것이다. 투자에 따른 정상적인 수익이 저수익이건 고수익이건 투자분석을 통해서 이루어지지만, 투기는 말 그대로 투자분석은 처음부터 없고, 이렇게 하면 이렇게 수익이 생긴다는 설명만 있을 뿐이다.

그런데도 이러한 설명이 설득력이 있고 먹히는 것은 바로 인간의 욕심에 호소를 하기 때문이다. 인간은 기본적으로 욕심을 버리기 어렵기에 이러한 욕심에 기대면 다소 위험하다고 해도 욕심이 그 위험을 잊게 만들어 결국 투기를 할 수 있도록 한다.

(3) 투자라 하면

결국 투자를 하려면 우선 자신이 갖고 있는 욕심에서 자신이 자유로워져야 한다.

그 욕심을 벗어나야 정확한 사물이 보이고, 현명하게 판단할 수 있는 것이지, 욕심으로 둘러싸여서는 정상적인 판단을 할 수 없는 것이다.

재테크의 형태는 전문가에 따라 여러 가지로 나눌 수 있지만, 필자는 재테크를 하기 위한 목돈이 아직 없기에, 이러한 목돈을 마련할 수 있는 소극적 재테크와 적극적 재테크로 나누어 본다.

가. 소극적 재테크

소극적 재테크는 현재의 가용한 소득을 가장 합리적은 재분배해서 적은 지출로 현재와 같은 만족(효용)을 달성할 수 있도록 하고, 나머지 부분을 적극적 재테크로 진출하기 위한 교두보로 만드는 것을 말한다.

무조건 소비를 안하는 것이 절약이라며 궁핍하게 사는 것은 올바른 절약방법이 아니다. 생필품이나 내구재의 구입을 최대한 효율적으로 구매할 수 있는 방법을 생각해보자.

예를들면 생필품 구입은 할인점을 이용하거나 네트워크를 활용한다. 네트워크는 가입비가 없다. 가입해서 계속 생필품(신라면, 행주, 쌀, 고기, 김치)을 이용하다 보면 언젠가 그 누적점수가 쌓여서 수당을 받을 수 있는 위치로 간다. 그러면 이때부터 수당을 받으면, 생필품구입비가 그만큼 저렴해지는 것이다. 궁상을 떨 필요도 없다. 이러한 소극적인 재테크를 사람들은 무조건 안 쓰고 절약하는 것으로 생각하는데, 안 쓰고 절약만 한다면 뭐 하러이 세상에 태어나서 사는가 반문해 볼 필요가 있다. 삶의 의미가 무엇인가, 돈만 벌어서 쌓는 건가? 아니다. 돈을 벌어야 하지만 또 그때 나이에 맞게 지출도 해서 그에 따른 재미도 누려야 할 것이다. 단지 절약이 아니라, 재테크를 활용하는 소비생활이다. 소비도 재테크라는 생각을 가져야 할 때인것 같다. 사람들은 재테크라고 하면 그저 돈을 굴려서 이익을 어떻게 올리느냐만 생각하는데, 쓸데없이 사라지는 돈을 막는 것도 중요한 재테크라고 생각한다.

나. 적극적 재테크

적극적 재테크는 이처럼 소극적 재테크를 통하여 어느 정도의 자금이 마련되었을 때 그 자금을 활용해서 보다 많은 이익을 추구하는 것이다. 여기에는 부동산투자도 있고 주식투자도 있고, 여러 가지 방법이 있을 수 있다. 하지만, 부동산 투자는 장기적이고 목돈이 많이 든다. 적은 자금으로 할 수 있는 주식투자도 있다. 액면가 100원 이하의 주식도 많다. 다만 부도가 나서, 상장 폐지될 날이 언제인지를 분간 못 하는 것인데, 그것은 또한 대박 아니면 쪽박인 위험성을 가지고 있다. 투자란 미래가치를 보아서 하는 것이기에 당연히 위험성을 내포하고 있다. 대부분의 재테크는 이러한 위험을 최소한으로 줄이면서 수익을 높이려 하고 있다. 고위험 고수익이고, 저위험 저수익이 만고의 진리가 있다. 따라서 결국 고위험이지만 개인의 판단으로 그 위험을 줄이거나, 또 충분히 감수할 수 있을 때 투자가 가능한 것이다.

결국 재테크를 하려면 어느 정도의 위험을 감수해야 한다. 이런 위험을 피하려고만 한다면, 결국 투자를 통한 재테크는 불가능하다고 할 것이다. 재테크는 위험을 수반하는 투자라고 할 수 있다. 대다수 사람들은 자동차 굴리고 외식하면서 카드 쓰고 나니 목돈이 생길 시간이 없다. 부자들의 공통점은 자금운용을 잘한다. 일단 장기자금과 단기자금으로 운용을 해야 한다. 일반직장인이 단기에 목돈마련을 하기에 가장 좋은 상품은 적립식펀드를 권한다. 적립식펀드는 매년 평균 수익률이 15%~20% 정도 된다. 물론 투자 기간이 3년 이내라면 마이너스가 될 수도 있다. 적립식펀드에 대한 이해를 해야 마음 놓고 투자할 수 있다.

적금과 적립식펀드 수익률 비교하면 다음과 같다. 님이 매월 50만 원을 불입한다고 생각하면.

① 은행적금(연 4% 가정)에 7년간 적금한다고 가정(세전)
　 3년 후 원금 1,800만 원, 원금＋이자＝1,948만 원
　 5년 후 원금 3,000만 원, 원금＋이자＝3,380만 원
　 7년 후 원금 4,200만 원, 원금＋이자＝4,923만 원
② 적립식펀드에 50만 원을 매월 불입한다고 가정(7년 평균수익률 16.9% 적용)
　 3년 후 원금 1,800만 원, 원금＋이자＝2,480만 원
　 5년 후 원금 3,000만 원, 원금＋이자＝4,900만 원

수익률이 높다고 무조건 적립식에 올인하는 것은 위험하다. 왜냐하면 3년 안에 급하게 돈이 필요할 경우 적립식펀드를 해지하는 경우가 생기는데 다

행히도 수익률이 플러스일 경우는 문제가 없겠지만 마이너스일 경우에는 열받는 결과가 생긴다. 그래서 정기적금과 적립식펀드로 단기나 중기로 운용하면 된다. 또한 비과세장기상품도 이용하는 것이 바람직하다. 단기나 중기로 목돈을 마련했다면 그 후에는 세금이 문제가 된다(미래에 목돈이 마련이 되었다고 가정).

미래에 예금과 투자로 인해 발생되는 이자소득과 배당소득도 감안해서 장단기로 포트폴리오를 짜는 게 현명한 방법이다. 이러한 훌륭한 포트폴리오를 구성하면 질문하는 분은 적어도 15~20년 후에 대다수 사람들이 걱정하는 애들 대학등록금이며 노후 자금은 걱정할 필요가 없다. 그런데 불행하게도 성인남성이 계획대로 목표를 달성한다는 것은 참으로 어렵다. 현재 성인남성 상당수가 딸아이를 시집보내기 전에 사망을 하거나 암 또는 심장질환으로 고생하는 사람들이 증가하는 추세이다. 아무리 훌륭히 재테크를 잘한다고 하더라도 효과적인 헤지상품이 구성되어야 한다. 헤지란 어떤 사건이 발생할 경우 경제적인 손실을 메워 주는 역할을 하는 금융상품을 말한다. 즉 목표를 달성하기 위해서 일정부분을 보험으로 헤지를 해야 한다는 것이다. 부자는 세금이 리스크가 될 것이고 보통의 사람은 조기사망이나 암, 심장질환이나 중대질병이 인생의 커다란 리스크라고 생각하면 되겠다.[9] 돈을 모으려는 목적을 확고히 했다면, 모으는 방법과 그 과정을 명확히 할 필요가 있다. 이제 막 재테크를 시작하는 초짜라면 우선적으로 종자돈의 의미를 깨달아야 한다. 종자돈은 당신의 미래를 담보해 주는 피눈물의 씨앗이라는 점. 그래서 어떤 상황이 오더라도 그 씨앗을 지킬 것이며, 조만간 반드시 찾아올 투자타이밍을 발견할 때까지는 꾸준히 공부하면서 수많은 유혹에도 견뎌내야 한다는 점을 알아야 한다. 조심할 것은 그런 자식같이 소중한 종자돈을 호시탐탐 뜯어먹으려는 하이에나(업자들)가 당신들을 위하는 척 가장해서 유혹의 손길을 뻗치더라도 단박에 알아챌 수 있도록 냉철한 판단력도 길러야 한다는 것이다. 여차여차해서 잘 모은 돈을 어떻게 써야 할 것인가는 모으는 것보다 더 중요하다고도 하였다. 잘 모으는 기술 말고

---

9) http://kin.naver.com/knowhow/entry.php?d1id=7

잘 쓰는 예술도 알려달라는 분도 몇 분 계셨지만, 그런 질문은 제발 안 했으면 좋겠다. 초, 중, 고등학교 도덕책에도 나와 있고, 지금까지 살아오면서 수천 번은 들었을 것 같은데, 그 뻔한 것을 묻는 심정은 아마 그 막연한 자신이 못 미더워서 누구에겐가 확신을 얻고 싶어서라고 이해하고 싶다. 굳이 친절한 척, 부연을 하자면, 잘 쓴다는 것은 바로 '인간에 대한 조건 없는 베풂'이라고 말하고 싶다. 여기서 인간은 타인뿐만 아니라 자신과 주변 환경까지 포함한다. 쓸 때 쓸 줄 아는 사람이 성공한다는 것은 두말할 필요가 없다. 그 쓰는 타이밍을 안다는 것이 쉽진 않지만, 어렵다고 해서 해 보지도 않는다면 자신도 모르는 사이에 쓸 줄 모르는 노랑이와 수전노에 가까워지는 것이다. "무엇을 어떻게 시작해야 할지 모르겠어요."라는 말은 이제 그만하자. 모르는 것이 아니고 아직은 진심으로 실천하고픈 의지가 없는 것은 아니었는지, 자신의 능력을 넘어선 욕심을 가져서 그런 것은 아닌지 겸허하게 자신을 돌아볼 일이다. 여기에 인용해도 될는지 모르겠지만, 선도소설 『단』의 주인공이자 대종교 총전교이셨던 봉우 선사의 좌우명이 떠오른다.

"거거거중지(去去去中知) 행행행리각(行行行裏覺)"
　　가고 가고 가는 중에 알게 되고, 행하고 행하고 또 행하면서 깨닫게 된다.[10]

　무언가 허황된 꿈을 잡으려거나 바람을 붙잡으려는 것처럼 막무가내로 재테크투자를 하지 말고 우선 알고 덤벼야 할 것이다. 조금씩 조금씩 재테크투자에 대한 지식이 쌓이다 보면 세상을 흘러다니고 있는 '돈'이 보일 것이다. 그러나 아무 노력 없이 얻으려고 하지 마라.[11] 그리고 돈을 미워하지 말아야 한다. 사람도 미워하면 떠난다. 그리고 적이 된다. 돈도 마찬가지다. 사랑하고 좋아하고 예뻐해야 가까이 온다. 미워하면 달아난다. 재테크의 기본은 돈을 사랑하고 소중히 하는 것이다. 물질 만능이 되라는 것은 아니다. 물질의 노예가 되라는 것은 더욱더 아니다. 다만 미워하거나 욕하거나 하지

---

10) http://wealth.moneta.co.kr에서 발췌.

11) http://wealth.moneta.co.kr에서 일부 발췌.

말고 사랑하라는 것이다.

가난한 사람들의 공통점은 돈을 미워한다. 그까짓 돈 있어도 그만, 없어도 그만이라고 말하고 돈을 퉤퉤 하며 업신여긴다. 그러는 사람 앞에는 돈이 가까이 가지 않는다. 이것이 자연의 이치인 것이다. 종교인들 중에 돈이 없어서 돈 때문에 어려움을 겪는 개척교회 목회자가 많다. 그 사람들의 지론은 무엇인가, 그들은 모두 돈을 일만 악의 근원으로만 본다. 그러다 보니 돈이 멀리 간다. 돈을 신이 주신 축복으로 여기는 목회자와 교회는 부흥을 한다. 이런 이치를 우리는 알아야 한다. 재테크 비법에 대한 것은 본 책 중간 중간에 숨겨 놓았다. 이것을 여러분이 읽기만 하면 그 비법을 찾아갈 것이다. 그리하여 재테크 성공으로 나아갈 수 있다. 비법은 바로 공식적이다. ~이렇게 하면 바로 성공이라는 식이다. 그래도 이해가 안 가면 연락을 주기 바란다. 어느 곳이든지 달려가 재테크에 대해서 명쾌하고 즐겁게 강의하여 줄 것이다. 다만 300명 이하는 초빙하지 말아 주었으면 한다. 귀중한 시간을 들여 수익, 성공, 재테크를 청취하는 데 누수역할이 되기 때문이다. 필요로 하는 많은 사람들이 기다리는데 시간 낭비가 되어 금융적 손실이 따르기 때문이다.

모쪼록 금융재테크를 정독하고, 법률적인 지식도 높이고, 현실의 재테크 성공이 무엇인지 이해하며, 한 사람 한 사람 모두가 성공하여 잘 사는 그런 삶이 되길 바란다.

공자의 말에 和而不同(화이부동)하고 小人(소인)은 同而不和(동이불화)이라는 말이 있다. 군자는 목표를 향해 쉽게 흔들리지 않으며, 굳건한 모습으로 나아간다는 것이다. 소인배는 쉽게 움직이고 조바심 내고 안절부절못하고 출랑대고 묵직하지 못하고 간신배처럼 쉽게 움직이고, 흔들린다는 것이다. 금융 재테크 성공을 위해서는 굳건한 모습으로 목표를 향해 전진하며, 크게 보고 멀리 보는 그리하여 묵직하고 중후한 모습으로 삶을 살아가는 것일 것이다. 이 책을 통하여 화이부동하는 여러분들이 되고 성공하는 여러분들이 되길 기원한다.

참고문헌

강민 外.『국가와 공공정책』. 서울: 법문사, 1993.

김동현 外編.『행정학사전』. 서울: 고시원, 1993.

김번웅 外.『현대한국행정론』. 서울: 박영사, 1991.

김영식.『행정학』. 서울: 대명출판사, 1994.

김영평 編,『행정개혁의 신화와 논리』. 서울: 나남출판, 1994.

박동서.『한국정부론』. 서울: 법문사, 1991.

박동서 外.『발전행정론』. 서울: 법문사, 1992.

서울대학교 행정대학원 編,『행정조직개혁』. 서울: 장원출판사, 1993.

성균관대학교 사회과학연구소 編,『행정학개론』. 서울: 대영문화사, 1990.

안병만.『한국정부론』. 서울: 다산출판사, 1994.

유봉영.『한국지방자치의 발전정책론』. 서울: 녹원출판사, 1991.

윤재풍 譯.『관료제와 민주주의』. 서울: 대영문화사, 1991.

21세기위원회.『2020년의 한국과 세계』. 서울: 동아일보사, 1992.

정세욱.『지방행정론』. 서울: 법문사, 1993.

최병선.『정부규제론』. 서울: 법문사, 1994.

한원택.『도시. 지방행정론』. 서울: 법문사, 1993.

한만봉.『행정복지론』. 서울: 한국학술정보(주), 2007.

한만봉.『행정정책기획론』. 서울: 한국학술정보(주), 2007.

한만봉.『인사행정론』. 서울: 한국학술정보(주), 2007.

한만봉.『교육정책학』. 서울: 한국학술정보(주), 2007.

한만봉.『사회복지행정론』. 서울: 한국학술정보(주), 2008.

한만봉,『행정학』. 서울: 한국학술정보(주), 2008.

한만봉,『멘토』. 서울: 한국학술정보(주), 2008.

한만봉,『대박마케팅』. 서울: 한국학술정보(주), 2008.

한만봉,『사회복지정책론』. 서울: 한국학술정보(주), 2009.

▌약력

1994. U.S.A. Midwest University(M. Div)
2002. 고려대학교(교육정책학 석사 – 수석장학생)
2005. 성균관대학교 대학원 박사 Cand(교육행정학 전공)
1991. 한국세무신문사 전문취재부 기자
1995. 한국어린이선교원신학교 캠퍼스 분교장
2002. 고려교육정책학회 상임회장(학진 학회검색 가능)
2002. 몬테쏘리학회 상임회장(학진 학회검색 가능)
2002. 고구려대학교 설립추진위원회 법인이사
2003. 한주신학 학술원 설립이사(신학원 교수)
2003. U.S.A. Glenford University 교육학과 교수 역임
2004. U.S.A. Cohen University 정책학과 외래교수 역임
2004. 한국복지상담학술재단 이사 겸 홍보처장
2005. U.S.A Holy People University Campus 유학담당 지도교수
2005. PHILIPPINE PRESBYTERIAN THEOLOGICAL COLLEGE 객원교수
2005. 대통령직속기관 사법개혁추진위원회 모의재판 배우(광주법원, 서울 공연)
2005. 혜전대학 adjunct professor 역임
2006. 고위직 직무교육 콘텐츠 연기자(기아, 현대, 대우 자동차)
2006. 장애인복지시설, 행복한재단 이사
2008. 혜전대학 초빙교수
2008. 지방분권신문사 사장(대표이사)
2008. 중부권발전연구소 소장

▌주요논문

우리나라의 복지행정제도에 관한 고찰 연구(1988)
Kal Barth의 신관 연구(1988)
한국 민중문화와 민중 신학 연구(1992)
Rein hold Niebuhr & Marx에 대한 상관관계 연구(1993)
A CHRONOLOGICAL HARMONY OF THE RESURRECTION
APPEARANCES OF JESUS THE MESSIAH(1994)
북한종교의 변화 전망 연구(2002)
교육위원회와 지방의회 간의 갈등 현상에 관한 연구(2001)
조선조 과거시험 방식의 정책적 분석(공동, 2005)
조선의 과거제도에 대한 정책적 연구(공동, 2005)
조선왕조 과거제도 인사정책 연구(공동, 2005)
조선왕조 과거시험주기 정책적 주장 분석연구(공동, 2005)
조선왕조 과거제도가 현대 정책에 주는 의미(공동, 2005)
과거제도 시험주기의 정책 분석연구(공동, 2005)
북한 종교지형 변천 정책 분석연구(공동, 2005)

▌주요저서

『대학생활영어』(공저)　　　　　　　『행정정책기획론』(저술)

『행정경제교육』(저술)　　　　　　　『국회의원학』(저술)

『의원학』(저술)　　　　　　　　　　『교육정책학 하』(저술)

『교육정책학 상』(저술)　　　　　　　『현대교육학실기론』(저술)

『산학협동교육학』(저술)　　　　　　『행정사무관리론』(공저)

『현대환경행정론』(공저)　　　　　　『인사행정학』(저술)

『영재교육심리』(저술)　　　　　　　『동양환경행정』(저술)

『행정복지론』(저술)　　　　　　　　『7만교인 교육론』(저술)

『조직신학』(공저)　　　　　　　　　『아다르마 성공비법』(저술)

『CEO 지도자론』(공저)　　　　　　『교육학과 비서행정』(저술)

『경영행정학』(저)　　　　　　　　　『지방자치발전론』(저술)

『실기교육방법론』(저)　　　　　　　『NGO 행정론』(공저)

『사회복지행정론』(공저)　　　　　　『직업과경제』(저)

『모세오경의 교육론』(공저)　　　　　『전산실무』(저)

『브랜드 지역발전론』(저)　　　　　　『대박마케팅』(공저)

『행정학』(저)　　　　　　　　　　　『멘토』(저)

『사회복지정책론』(공저)　　　　　　『금융재테크성공론』(공저)

외 다수

▌연락처

doctor@skku.edu

010－4432－8561　　　041－633－8561　　　633－5741　　　631－2094

장석숙 ───────────────────────────────────────

▌약력

홍성여자고등학교 졸업
혜전대학교 행정전산과 Candidate
수익증권(펀드). 퇴직연금.변액보험판매관리사
종합금융컨설틴트
MIRAE ASSET   FC 중부지역본부/홍성지점
(사)한국공공행정학회 대학생논문상 공동수상
지방분권신문사 우수정책 제안상 수상
MIRAE ASSET   FC 우수직장인상 수상

▌주요논문 및 저서

『금융재테크 성공론』(공저) 외 다수

▌연락처

재테크 상담   010 - 8292 - 3340

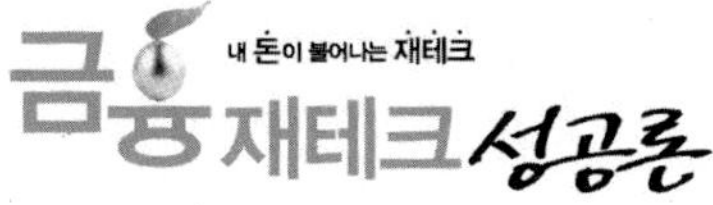

초판인쇄 | 2009년 4월 10일
초판발행 | 2009년 4월 10일

지은이 | 한만봉, 장석숙
펴낸이 | 채종준
펴낸곳 | 한국학술정보㈜
주 소 | 경기도 파주시 교하읍 문발리 513-5 파주출판문화정보산업단지
전 화 | 031) 908-3181(대표)
팩 스 | 031) 908-3189
홈페이지 | http://www.kstudy.com
E-mail | 출판사업부 publish@kstudy.com

등 록 |
가 격 | 53,000원

ISBN   978-89-534-2312-1 93320 (Paper Book)
        978-89-534-2315-2 98320 (e-Book)

내일을여는지식 은 시대와 시대의 지식을 이어 갑니다.